好望角

在这里，看见新世界

谨以此书献给我的孙子女莉亚、本、莱昂和阿密特，
以及他们的父母希拉和伊泰

A STATE AT ANY COST

THE LIFE OF DAVID BEN-GURION

2019年美国国家犹太图书奖

为了国家不惜一切

本·古里安传

[以色列] 汤姆·塞格夫 著

李栋 单凌 译

浙江人民出版社

A State At Any Cost：The Life of David Ben-Gurion
Copyright © 2019 by Tom Segev
Published by arrangement with The Deborah Harris Agency，
through The Grayhawk Agency Ltd.

浙江省版权局
著作权合同登记章
图字：11-2019-403号

图书在版编目（ＣＩＰ）数据

为了国家，不惜一切 ： 本-古里安传 ／（以）汤姆·
塞格夫著 ； 李栋，单凌译. — 杭州 ： 浙江人民出版社，
2023.7（2025.3重印）
　ISBN 978-7-213-11098-6

Ⅰ．①为… Ⅱ．①汤… ②李… ③单… Ⅲ．①本-古
里安(Ben-Gurion，David 1886-1973)—传记 Ⅳ.
①K833.827

中国国家版本馆CIP数据核字(2023)第103492号

为了国家,不惜一切:本-古里安传

[以色列]汤姆·塞格夫 著 李 栋 单 凌 译

出版发行：浙江人民出版社(杭州市环城北路 177 号　邮编　310006)
　　　　　市场部电话：(0571)85061682　85176516

丛书策划：王利波　　　　　　　营销编辑：陈雯怡　陈芊如　张紫懿
责任编辑：汪　芳　徐雨铭　　　责任校对：陈　春　汪景芬
责任印务：程　琳　　　　　　　封面设计：张庆锋
电脑制版：浙江新华图文制作有限公司
印　　刷：浙江新华数码印务有限公司
开　　本：880 毫米×1230 毫米　1/32　　印　　张：26.75
字　　数：642 千字　　　　　　　　　　　插　　页：10
版　　次：2023 年 7 月第 1 版　　　　　印　　次：2025 年 3 月第 3 次印刷
书　　号：ISBN 978-7-213-11098-6
定　　价：178.00 元

如发现印装质量问题,影响阅读,请与市场部联系调换。

◄ 1904年，华沙，本-古里安(右)与什穆埃尔·福切斯(左)告别(本-古里安故居)

▲ 1913年，伊斯坦布尔，本-古里安(左)与伊扎克·本-兹维(右)(本-古里安故居)

▲ 1924年，本-古里安在耶路撒冷(以色列政府新闻办公室)

◄ 1918年，开罗，本-古里安身着英国陆军制服(以色列政府新闻办公室)

1924 年，本－古里安在特拉维夫（本－古里安故居）

1933 年，特拉维夫，本－古里安（左二）与宝拉（右二）、阿摩司（右一）、雷娜娜（左一）在家中（阿里耶·本－古里安、伯莫纳）

1935 年，维也纳，本－古里安（右）与雷加·克拉珀兹（左）在一起（感谢埃德娜·拉兹提供照片）

▲ 1935年,本-古里安与宝拉在佩特拉古城(本-古里安故居)

▲ 1941年,耶路撒冷,本-古里安(左四)在迎接高级专员的队伍中(施瓦茨、伯莫纳)

1947年，耶路撒冷，联合国通过巴勒斯坦分治决议后（本－古里安故居）

1948年5月14日，特拉维夫，本－古里安签署《独立宣言》之后（弗兰克·谢尔舍尔、以色列政府新闻办公室）

1949年，本－古里安（中）去埃拉特途中（大卫·埃尔丹、以色列政府新闻办公室）

1957年，以色列某地（以色列国防军档案馆）

▲ 1954年，特拉维夫，本-古里安（右）与尼希米·阿尔戈夫（左）（本-古里安档案馆）

▲ 1950年，本-古里安（右四）与也门的新移民（大卫·埃尔丹、以色列政府新闻办公室）

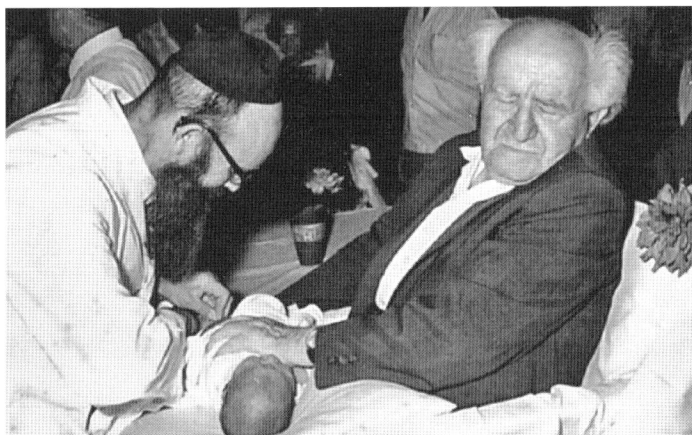

◀ 1970年，本-古里安（右）在萨德博克学院（阿里耶·巴尔·列夫，感谢贝利一家提供照片）

◀ 1954年，萨德博克，本-古里安（前）和宝拉一起检查一头羊的牙齿（弗里茨·科恩、以色列政府新闻办公室）

1951 年 10 月，耶路撒冷，本－古里安（左）、小富兰克林·罗斯福（中）与约翰·肯尼迪（右）（弗里茨·科恩、以色列政府新闻办公室）

1951 年，特拉维夫，本－古里安与宝拉一起访美后回国（汉斯·平、以色列政府新闻办公室）

1960 年，巴黎，本－古里安（左）与戴高乐总统（右）（弗里茨·科恩、以色列政府新闻办公室）

顺时针方向：柏林的街
道标牌，伦敦的纪念匾，
巴黎的人行道标牌

1949 年，本-古里安（右）
在海边某处（以色列政府
新闻办公室）

◀ 1962年，耶路撒冷，本-古里安（左）与果尔达·梅厄（右）在国会上（弗里茨·科恩、以色列政府新闻办公室）

ללא פרושים

▲ 1959年，赫鲁特竞选海报。本-古里安对梅纳赫姆·贝京说："你是个小丑。"（梅纳赫姆·贝京遗产中心）

▲ 1962年，本-古里安在萨德博克（弗里茨·科恩、以色列政府新闻办公室）

1968年，本-古里安在内盖夫沙漠的观景台（弗里茨·科恩、以色列政府新闻办公室） ▶

出版者言

当今的世界与中国正在经历巨大的转型与变迁,她们过去经历了什么、正在面对什么、将会走向哪里,是每一个活在当下的思考者都需要追问的问题,也是我们作为出版者应该努力回应、解答的问题。出版者应该成为文明的瞭望者和传播者,面对生活,应该永远在场,永远开放,永远创新。出版"好望角"书系,正是我们回应时代之问、历史之问,解答读者灵魂之惑、精神之惑、道路之惑的尝试和努力。

本书系所选书目经专家团队和出版者反复商讨、比较后确定。作者来自不同的文化背景,拥有不同的思维方式,我们希望通过"好望角",让读者看见一个新的世界,打开新的视野,突破一隅之见。当然,书中的局限和偏见在所难免,相信读者自有判断。

非洲南部"好望角"本名"风暴角",海浪汹涌,风暴不断。1488年2月,当葡萄牙航海家迪亚士的船队抵达这片海域时,恰风和日丽,船员们惊异地凝望着这个隐藏了许多个世纪的壮美岬角,随船历史学家巴若斯记录了这一时刻:

"我们看见的不仅是一个海角,而且是一个新的世界!"

浙江人民出版社

这是一部令人赞叹的传记……一部关于一个事业未竟的大人物的杰作……一部关于权力和权力带来的孤独感的引人入胜的研究之作。

——《经济学人》

为了此书，塞格夫进行了详尽的调查研究，甚至查阅以前无法获得的档案材料。这本书展示了一个充满矛盾的人……塞格夫对本–古里安生活轨迹的巧妙展现表明，他的遗产正是以色列国本身。

——戴安娜·科尔，《华盛顿邮报》

鸿篇巨著且细节详实。本书以通俗易懂的语言，讲述了本–古里安风云激荡的一生及其复杂的性格。塞格夫将本–古里安青少年时期的忧郁、对世俗的反抗，以及19世纪末的意识形态融为一体，处理手法颇为高明。他能将单调平凡和关键重大、私人生活和政治事件融为一体。正如塞格夫在其所有著作中所展现的那样，他不仅陈述事实，还激发情感。

——阿萨夫·沙龙，《纽约书评》

以色列历史学家汤姆·塞格夫在其不朽巨著《为了国家，不惜一切》中，将以色列的奠基者描绘成矛盾的形象……之前有不少本–古里安的传记作者，即使是最优秀的也会时不时发现自己绕不出圣徒传记的路径，而塞格夫却与他们截然不同，他对本–古里安私生活和政治人格中不那么光彩一面的描写毫不留情。同样，他用一丝不苟且令人信服的笔触将本–古里安建构为一位具有远见卓识的领导人、高效务实的组织者和极具说服力的倡导者，没有他的努力，作为独立主权国家的以色列可能永远不会出现。

——安谢尔·普费弗,《泰晤士报》

对于任何一个对犹太复国主义和以色列历史中光荣与暗淡的时刻感兴趣的人来说,汤姆·塞格夫这部经过精心研究并以最优雅的方式撰写的本-古里安的新传记都是一本必读书。

——索尔·弗里德兰德,普利策奖获奖作家

塞格夫耗费40年时间探察本-古里安对以色列的影响,其成果都体现在这部作品中,无论是讲故事水平之高,还是分析之辛辣独特,市面上的作品都无出其右者。针对本-古里安,他既不是煽情高手,也不像新历史学家那般将其拉下神坛,即便他常常被人归为新历史学家。

——亚当·沙茨,《伦敦书评》

这是一部研究深入、引人入胜,但在某些方面又引发争议的传记。在探察领导人物复杂的人性方面,没有哪个人能比得上塞格夫。本-古里安常常以粗鲁无礼的举止、胸有成竹的表现和钢铁般的信念示人,却将自己最隐秘的情感付诸纸笔,记录在自己的日记和书信中……塞格夫的这部巨著通过对本-古里安戏剧性一生的记述,将他刻画成一个富有远见且人格健全的人,即便他在个人生活和政治生涯中失败不断。

——弗朗辛·克拉格斯布伦,《纽约时报书评》

这是一部经过详细调查研究写成的传记……塞格夫对史学界影响巨大,他挑战了前人针对本-古里安的评价以及他领导以色列时期的所作所为的传统叙事……他以巧妙的手法揭示,本-古里安的众多决定至今仍在以色列人和巴勒斯坦人的生活中发挥影响。

——约书亚·莱弗,《阻击者》

塞格夫在书中使用了大量的自传和传记材料,以此为基础,将一位不断遭遇挑战而又具备挑战精神的领导人描绘得栩栩如生。他的犹太复国主义梦想，是其以胆识和毅力穿过艰险重重的治国之路，才最终得以实现的。塞格夫将本-古里安的性格刻画得生动翔实，使他为以色列和犹太人所作出的努力极具个性化又无比动人。这是一部引人入胜、幽默诙谐，而又不时令人惊讶的作品。

——乔纳森·法斯，犹太图书委员会

塞格夫是挑战以色列建国神话的新历史学家之一，这部本-古里安的新传记叙事内容丰富且资料翔实，透过以色列最重要的创始人和政治领袖的生活与所处时代，讲述了犹太复国主义的历史，以及以色列国的缔造。

——塞缪尔·法伯，《雅各宾》

书中对本-古里安的个人生活和所处时代所作的描述鼓舞人心……汤姆·塞格夫的这部皇皇巨著将成为那些态度严谨、希望了解以色列崛起的人的必读之作。

——科林·辛德勒，《犹太纪事报》

这是一部睿智之作，必然会成为一个标准的参考性文本……那些熟知塞格夫杰作，诸如《一个完整的巴勒斯坦》《1967》等作品的人都知道，他不可能写出一个无趣的句子来。没有人能像塞格夫那样如此会讲故事，也没有人能像他那样知道这是一个什么故事，更没有人能像他那样为了一个叙事文本而发展出一套历史语境。

——杰尔姆·A.查内斯，《纽约犹太人周刊》

写作这部书时，汤姆·塞格夫既不偏颇，亦无恐惧，具备无可辩驳的权威……这也是一部关于以色列国建立的非直接但却极具启发意义的历史书籍。

——大卫·普赖斯-琼斯，《新标准》

如果说塞格夫撰写了又一部本-古里安个人史的话，这种说法无疑太过保守了……这是一部关于以色列前总理的权威传记……在未来几十年间，政治史尤其是中东政治史的学者和忠实读者，将为塞格夫对这位关键领导人的睿智分析所深深吸引。

——《图书馆杂志》

身为以色列知名记者和历史学家，汤姆·塞格夫记录了一位作风强悍的领导人的一生，这位领导人激励其他人投身对以色列国这个令人精疲力竭而又无休无止的伟大追索中……这是对一个内心复杂、顽强且执着的人物的真实写照。

——《柯克斯书评》

一部经过审慎研究后写出的不带有主观评判色彩的传记……汤姆·塞格夫的这部作品恰当地总结了本-古里安一生的指导性原则。

——亚伯拉罕·阿维·哈伊，《耶路撒冷邮报》

历经六年的研究发掘，塞格夫……发现了一位充满矛盾、反差强烈的领导者……揭示了重大的历史真相。

——奥弗·安德莱特，《国土报》

这部本-古里安传记的妙处在于，与其说作者是一位分析者，不如说他是一名一丝不苟的历史侦探。展现在我们面前的并不是一篇关于反犹主义、民族主义抑或是犹太人向以色列地历史性移民模式的论文，而是一份从本-古里安的角度观察历史事件的记录。非常有价值。

——本·朱达，《美国利益》

塞格夫的这部作品之所以具有重大价值，是因为它避开了神话模式，将主人公本身的复杂性展现得淋漓尽致。

——阿兹列尔·伯曼特，《深度》

目　录

第二部分 权力的局限

序言
追随历史的足迹

1940年1月的一天，天气寒冷，大卫·本-古里安（David Ben-Gurion）驱车前往位于死海边的卡莉亚酒店，这里是地球上海拔最低的陆地。他在此严肃地思考一个问题：未来的传记作家们定会为他和他的同僚——以色列的这些创建者们著书立传，而这些传记作品将以何种方式呈现自己？他希望有一个"年轻、聪明、优秀的传记作家"为他们立传。显然，这样的传记作家才能觉察到他和他的同僚的"弱点、缺陷和不足"，正如本-古里安本人所写的：他们可不是什么"救死扶伤的天使、六翼天使和小天使"。但是，这样的传记作家是否能够同时对他们保持尊重，并真正领悟他们辉煌成就的历史意义呢？在人归尘土后才开始探究、了解他们的情况下，他是否可能意识到自己究竟错过了多少重要的内容呢？[1]死亡常常萦绕在本-古里安心头，挥之不去。

和其他国家的领导人一样，本-古里安孜孜以求地塑造他本人和他所处时代的历史叙事。在以色列建国十周年的时候，他曾想象，在3000年之后，有一位考古学家发掘出以色列的手工制品。他可能会发现关于1948年独立战争的一部编年史，并从中了解到以色列的胜利。但是，如果这位考古学家找到的是埃及、叙利亚、约旦和伊拉克的报纸残留，上面记载的是阿拉伯人的胜利的话，这该如何是好呢？本-古里安想知道，这位来自4958年的考古学家应该相信哪一方呢？[2]

本-古里安写的日记、文章、书籍、信件和演讲词足有数百万字，每一天他都会奋笔疾书上几小时。他有一回说道："有时我都吃惊于自己的笔耕之勤。"[3]他写的很多东西其实都是为了赢得后来者的同情，并试图影响他人的创作。在以色列国防部决定出版一部1948年独立战争的官方史书时，本-古里安要求该书着重强调他为获取武器装备所付出的努力，也正是这些武器使战争胜利成为可能。他告诉该书的作者，"枪可不是凭空而来的"。和本-古里安不对眼的几位以色列国防军军官撰写和编辑了另一本书，对该书，本-古里安如此写道："本书的编纂者们玷污了伟大的独立战争和为此而献身的数千名勇士。"[4]

作为一名人物传记的狂热读者，他经常试图再现这些作者的不同动机。本-古里安针对他随身带到卡莉亚酒店的其中一本书，这样写道："普鲁塔克显然不喜欢马吕斯，所以对其极尽侮辱诽谤之能事。即便如此，他依然不能抹杀马吕斯令人钦佩的男子汉气概。"[5]盖乌斯·马吕斯（Gaius Marius）是罗马的一位将军和政治家，他之所以引起本-古里安的注意，很可能是因为其性格的内在冲突和个性的变化无常。

本-古里安与数位传记作家合作过几次，这些作家都将他视为以色列国父。不过，也并非所有人都将他奉若神明。1967年初，《希伯来百科全书》要收录"本-古里安"这个词条，此举引发了争议。该词条的编纂者是这部著作的主编、希伯来大学教授叶希亚胡·雷博维茨（Yeshayahu Leibowitz），他也是本-古里安的宿敌。他向《晚报》（Ma'ariv）这家日报表示，"我认为本-古里安是犹太人和以色列

国有史以来最大的灾难"。他所撰写的词条也采用了这种观点。表面
看来，本-古里安对此不以为意。他回应说："我不在乎雷博维茨教
授写了什么，我在乎的是我做了什么，无论好坏都是如此。"但事实
上，他相当生气。他写信给《希伯来百科全书》的出版商："雷博维 5
茨被仇恨和愤怒冲昏头了。"他的所作所为与普鲁塔克对马吕斯的行
为如出一辙。几年后，一位雕塑家告诉他关于将在海法建造"万神
殿"的计划，"万神殿"中将会展示该国伟人包括政治家、作家、艺
术家、军队将领、科学家、运动员和其他杰出人物的半身雕像。本-
古里安听后自然十分高兴，他写道："我告诉他说，我喜欢这个主
意，但除此之外，我也不会再多说什么。"[6]

根据果尔达·梅厄（Golda Meir）的说法："我们由衷地祈祷，
本-古里安能够承载着光环，永载史册，但可悲的是这几无可能。这
对他与对我们而言都是个不幸的消息。"[7]为本-古里安立传的传记作
家们发现，他们面对的是浩如烟海的档案材料，而这些材料会影响
他们对本-古里安或好或坏的判断与评价。总体看来，这些材料展示
了本-古里安之坚强、优点和成就，同时也凸显了他的局限性、弱点
和失败。

他的一位熟人曾说过："本-古里安这个人从始至终都没有改变
过。"从一开始，他就展现出意识形态上的虔诚，并让周围的人深感
敬畏。[8]犹太复国主义的梦想是他最大的愿望，也是他身份的本质和个
性的核心。他在18岁时就用希伯来语写道："犹太国家的重建需要
我们这些人的牺牲。如果我们这些承受国破家亡之灾的年轻人都尚
且不能勇于牺牲自我的话，我们就彻底完了。"[9]直到生命的最后，他
都是如此坚信。他把自己视作，也被其他人视为一个历史的化身。
他的思想条理清晰、体系严整，即便自相矛盾时，也给人如此印象：
他的言论反映了持久的、深刻的、一致的、不变的和审慎的判断。

他准备着在任何情况下随机应变。

他非常希望成为一名领袖人物，而且也渴望着领导权威所能赋予的一切，即实现梦想，这对他而言也意味着自我实现、责任、权力和历史地位。他时常唤起人们对《圣经》和犹太人命运的思考，但他也认识到要实现建立一个犹太国家的梦想路阻且长，需要苦其心志、劳其筋骨。许多人和他一样胸怀远大目标，但却没有几个人如同他那般从小就痴迷于政治，也没有几个人如他那般勤奋，或者像他那样能够把控细节。这些特征使他成为一名不可或缺的领导者，即便他并非无所不能。

在他的生命历程中，也有一些颇不寻常的戏剧性时刻，比如，他在故乡波兰挥舞手枪威胁犹太资本家，在牛津一家书店的地下室中度过了几个小时，在沙漠中牧羊，在白宫中体味权力的气息，在莫斯科红场等待列宁的到来。他投身政治事业，作出改变命运的决定，把人们送到战场上，站在战死的伞兵的遗体旁，深深着迷于尼亚加拉大瀑布的壮美，并在巴勒斯坦最古老的橡树下寻求和平。对以上所有经历，他都付诸纸笔，记述得完整而精妙，并在其中常常透露出一种诗意的情愫，几乎没有人会想到，这种情愫竟出自本-古里安的手笔。

在记录他一生的数千张照片中，没有哪一张能够像 1948 年 5 月 14 日星期五这天在特拉维夫的罗斯柴尔大街上拍摄的那张照片那样，能如此准确地表达他的个性。这张照片中，一个头发花白且浓密的矮个子男人，正从一辆看上去官气十足的黑色林肯轿车上下来。他的妻子宝拉（Paula）在他之前下车，他跟随在妻子身后，向通往市立艺术博物馆的楼梯走去。一群人围在这栋建筑旁。本-古里安身穿深色西装，打着领带，一只银色的领带夹把领带固定住。他左手拿着一顶汉堡帽，手臂下夹着一个细窄的公文包，看起来更像是一位经验老到的律师，而不是一位有魄力的革命家。下车后，他用力关上了车门。一位普通青年身着制服，站在汽车旁不知所措，这身制服正是代表着这个即将诞生的国家。本-古里安在这位青年面前停下，突然向他鞠了一躬，并将右手置于前额，庄重而又充满活力地向他敬了个礼。在那一瞬间，他似乎将这位不知所措的青年与犹太历史上的英雄联系在一起。

当时他 62 岁，身材有些矮胖，看上去比他实际年龄要大。几分钟后，他将宣布以色列国的建立，并监督《独立宣言》的签署。他即将成为这个新国家的首任总理，并将领导这个国家应对建国初期近 15 年的各种挑战。他跑上楼梯，似乎要确保他不会错过这历史性的时刻。

❖

宣布国家成立之前的那一周繁忙而紧张。他努力工作，忧心忡忡，而且睡眠不足。大部分时间他都和军队将领在一起，他们中的一些人并不满意，甚至声称要发动政治叛变。巴勒斯坦战争半年前就已打响，并且造成了重大的人员伤亡。耶路撒冷长时间以来一直被围攻，通往该城的各条通路都被阻塞。几个犹太人定居点被迫向阿拉伯军队投降。一些军事行动出师不利，已经有 1500 名犹太人阵亡，这其中大多数是军人，其余的则是平民百姓。[10]本-古里安匆匆写下了一长串需要他作决定的问题，其中一个问题是："阿拉伯人是否应该被驱逐出去？"[11]

此时，全国各地成千上万的阿拉伯人已经无家可归了。在许多城市中，包括在海法和雅法，许多阿拉伯房屋已经空无一人。那是"巴勒斯坦大灾难"（Nakba）的第一阶段。本-古里安从未如此接近自己的人生目标——在巴勒斯坦的一个犹太人占多数的独立国家。

宣布建国的前一天晚上，他一直在修改完善《独立宣言》的最终版本。这份文件有数份草稿。即将被任命为以色列外交部部长的摩西·夏里特（Moshe Sharett，当时用名仍为谢尔托克 Shertok）将它们校对整合成一个版本。后来他谈道："我编撰的这个版本相当完美。该版本采用了'有鉴于此、有鉴于彼、有鉴于其他一些因素'的表述形式，最终得出的结论措辞为'因此'！"他认为如此的结构和行文构建出了"内部的悬念"。但是本-古里安想要的可不是一份类似租赁合同的文件——他想要的是一份令人印象深刻且铿锵有力的历史性宣言，而且这份宣言要能达到在子孙后代中耳熟能详的效果。他将文稿带回家，几乎完全推倒重写了一遍。为此，夏里特从未原谅过他。[12]

　　本-古里安的版本强调以犹太复国主义的叙事模式记述犹太历史。开篇的头两句话就贬低了大流散时代的犹太人对犹太历史的贡献："以色列地是犹太民族的诞生之地。在这片土地上，犹太民族的精神、宗教和民族特性得以塑造。"夏里特的版本从犹太人的流亡写起，而本-古里安重新撰写的版本则强调了犹太国被毁灭之前的独立地位。他着重强调了 20 世纪初移居巴勒斯坦的犹太人的身份，这其中也包括他本人，认为他们是"拓荒者、突破封锁的新抵达者（ma'apilim，不顾英国当局的限制性规定，仍然进入巴勒斯坦的移民）和捍卫者"。这就将犹太复国主义事业与劳工运动紧密地联系在一起。夏里特引用了联合国在 1947 年 11 月 29 日通过的关于巴勒斯坦的决议，该决议呼吁在巴勒斯坦建立犹太国家和阿拉伯国家。该决议还规定，在两个民族间分割巴勒斯坦，而本-古里安在自己的版本中则有意忽略了这个事实。该《独立宣言》承诺人人享有平等的权利并享有宪法保障。这个新国家将成为一个"犹太国家"，但没人真正知道这意味着什么，本-古里安本人也不知道。

　　仪式组织得很仓促，这样的话就可以赶在安息日丌始之前结束。

事实上，因为针对上帝是否应在宣言中被提及存在分歧，整个仪式在最后一刻都险些被取消。宗教团体的代表们坚持认为应当提及，而左派的一些成员则表示反对。本－古里安说服所有人都同意使用"以色列磐石"（Rock of Israel）这样的措辞。由于为大典所准备的书法艺术作品无法按时完成，宣言的签署人都将他们的名字签到了一张空白羊皮纸的底部。[13]本－古里安将该宣言视作跨越2000年历史、重返过去的一步，以此重新确立了希伯来国家的独立地位。他完全有理由在签署这份宣言时展现出积极乐观的态度，但他在日记中写道，他感觉自己是一群庆祝者中唯一悲伤的人——这个国家还有种种不确定性。他引用《塔木德》中的一种表述说："国家不会被盛在金盘里呈送给一个民族。"本－古里安也可以用简单易懂的语言表述这个意思："以色列国的未来不会一帆风顺的。"[14]他的悲观主义使他不再沉迷于幻想。他有一回说道："我已经觉察到了可能发生的最糟糕情况，这些年来我一直在这样做。如果这没有发生，那很好，但是，你需要为最坏的情况做准备。人类可不是理性的动物，你根本不知道驱动他的究竟是什么力量，在一些情况下他会产生什么念头。"[15]他预判周边阿拉伯国家的军队会入侵以色列，并将其摧毁。他坚信以色列能够取得胜利，相信自己有能力带领他们赢取胜利，也相信为此付出的代价是值得的。他声称这个国家的建立是对犹太大屠杀中"数百万人惨遭屠杀的补偿"。[16]

庆典结束后，他返回到"红房子"——军队总部的别称，坐落在离海滩不远的地方。前线战报纷至沓来，情况危急，令人不安。夜里，他被叫醒两回，一次被告知杜鲁门总统已经承认这个新国家，另一次则是被送到电台，以便向美国广播他的讲话。在广播过程中，埃及的战机出现在特拉维夫的上空，爆炸声隐约可闻。本－古里安告诉美国人："此时此刻，他们正在轰炸特拉维夫。"回到家后，他把这一切都记在了日记中："身着睡衣的人们从自己的房子中探头向外张望着，但没有过度恐慌的迹象。"他回忆起闪电战期间他在伦敦的情景，似乎期待着特拉维夫也能经历这一决战时刻。他认识到文字创造历史的力量，在20年后试图纠正特拉维夫的居民不够勇敢的印象，他在原来的日记中添加了以下几个字："我感觉，他们会坚持下去。"[17]

他没有把以色列国的建立归功于自己，这样做其实合情合理。30年前，英国人决定协助犹太复国主义运动在巴勒斯坦建立一个犹太国家，开启了建立以色列国这项伟大事业的进程。本-古里安领导一代人投身这一进程，特别是在独立之前的10年。他已经投身政坛40年，几乎在到达巴勒斯坦时就开启了政治生涯。他几乎参与了犹太社区生活的方方面面。他24岁时发表的第一篇文章使他卷入了政治斗争，从那时起，他就努力争取并维持自己在整个民族中的领导地位。那些比他资历老的前辈，首先是伯尔·卡兹尼尔森（Berl Katznelson），再加上几个潜在的宿敌，一个又一个地死去。右翼劲敌泽夫·雅博廷斯基（Ze'ev Jabotinsky）去世，再加上世界犹太复国主义组织主席哈伊姆·魏茨曼（Chaim Weizmann）的身体日渐衰弱（本-古里安试图继承这位犹太高层政治家的衣钵），这使他在世界范围内的犹太复国主义运动中几乎没有对手。

通常来讲，他尊重政治体系的基本规则，并且倾向于将自己放于中心的位置。他愿意付出几乎任何代价来实现犹太复国主义的理想，同时在处理问题时，他也会考虑战术上的让步和务实的妥协。同僚们对他的批评之声不绝于耳，批评者中既有他的反对派，也有执政联盟的同事。有时人们对他的要求和主张视而不见，他的提议提案遭到否决。但是，总的来说，他们接受他的领导。他所在的政党将他视为政治和民族的财富。有时候，同僚的所作所为像极了背后说老师坏话的学生。"我口头上反对他，但还是把票投给他，因为我信赖本-古里安，而且我自己不想承担责任。"他的一位内阁部长曾如是说。[18]

他在大庭广众下频频露面，回复人们写给他的信件，而且对于很多访客也是来者不拒，这其中不乏形形色色讨人厌的人。[19]他通常会事先写好演讲稿，但他的高明之处在于，在发表演讲时，他的种种表现会让人们感觉他好像是在即兴演说。他的许多演讲都持续数小时，演讲中的句子冗长、复杂，更适合观众阅读而不是倾听。他尖锐的嗓音和矮小的身材，不利于在人们心目中留下好印象。但是随着年龄渐长，本-古里安越来越成为正确且可行的犹太复国主义的象征。

他有一回说道："在我遇到一个具体问题，如今天该怎么办、明天该怎样做的时候，我就变成了一台计算机。"在另外一个场合，他借机解释说："我用科学的方法处理、解决所有犹太复国主义的问题。我总是以理性的方式提出问题、处理问题。"[20]他将自己比作正准备建造房子的工程师。他说，建造房屋的动机可以是"审美的、宗教的和超验的"，但是到了实际建造的时候，"你必须去称重、去测量……治国之道也同样如此"。[21]实际上，他经常受到强烈情绪的支配，进而左右他的行为，影响他的决定。有时人们会惊异于他那种自以为是的态度和不顾一切的顽固立场。[22]这种情绪的爆发可能源于精神忧虑的刺激，而这种精神忧虑状态可能会使他失去自控能力。其他时候，他会事先计划好这样的情绪爆发。他不仅常常将挑战自己领导权威的举动视作对他个人的侮辱，还将其视作对国家利益的侵犯。在本-古里安身上，犹太复国主义理念和他的自我融为一体。在他当时领导的这个国家生活并不容易。当时，以色列人都被期望将集体的需求置于个人的期待和愿望之前。在为历史服务的过程中，每个公民都是一名战士，而本–古里安则是这部历史的指挥官。

❖

认识他的人，包括他的妻子宝拉在内，都一致认为"他并不了解人"；这也许是对他自我中心主义和他习惯于挖苦、羞辱别人的一种婉转的表达。有时他是一个报复心强又吹毛求疵的人，他也会时不时地撒谎。他毫无幽默感，是个输不起的人，很少道歉。一位熟悉他的人说，他对人本身并无兴趣，他唯一关心的是，他如何能够利用他们。[23]

11　　他的文章总给人这样一种印象，他对各种拈花惹草类的轻浮行为全无兴趣，但事实上，情况并非如此。瑞秋·亚奈特·本–兹维（Rachel Yanait Ben-Zvi）是以色列国创建者之一，她给后人留下了一个隐藏极深的秘密，多年来对此一直守口如瓶。直到她去世后，这个秘密才被本–古里安遗产研究所的研究人员公之于众。1940 年那天，亚奈特也住在卡莉亚酒店，她看到本–古里安身边有一个年轻的女子。亚奈特对本–古里安非常了解。她说，他艳遇不断。[24]而且，他似乎是更爱"爱情"这件事本身，而不是爱某个特定的女子。

同样，他深深爱着的还有他的梦想，而且很害怕梦想会离自己而去。他说："弥赛亚时代比弥赛亚本身更为重要。在弥赛亚真的到来的那一刻，他就不再是弥赛亚了。当你可以在电话簿中找到弥赛亚的居住地址时，他就不再是弥赛亚了。"有时，他似乎很希望自己梦想成真，同时却又害怕梦想真的成真。他想实现犹太复国主义的目标，同时又害怕未来的自己在每天醒来后就重复那种一成不变的生活。[25]有一回，他召集一些作家开会，会上与作家们分享了自己对弥赛亚的这种思考。他倾向于认为自己的个人梦想是人类面临的重大生存问题之一。

1948 年 9 月的一天，他从指挥作战中抽出身来，为柏拉图进行了一番辩护。《达瓦尔报》（*Davar*）的作家兼记者叶吉尔·哈珀林（Yechiel Halperin）写了一篇文章，本-古里安对此作出了回应。哈珀林在文中声称，柏拉图"认为让奴隶制度万古长存没有什么不好"。本-古里安在一封信中作了纠正：柏拉图在他的《理想国》中根本就没有提及奴隶制度。他写道："没错，柏拉图是一名贵族，他的政治理念也是贵族式的，但他的政治主张是一种纯粹和正确意义上的贵族制度，也就是，国家应当由优秀的人来治理，或者如他所言，国家应由哲学家治理，也就是让那些拥有绝对正义、真实正直的人来统治，这些人不会因为自己居庙堂之高而为自己谋利，他们甚至都不愿意身居高位，统领一方，但他们必须这么做，这是他们的责任。"

三周后，在（独立战争的）几场终极战斗烽烟将起之时，他又给哈珀林写了封信，在其中关注了柏拉图的《法律篇》。他过去一直打心里认为这部著作（以对话形式出现）是伪造的，当他得知这部著作确实是由柏拉图所著时，感到很是遗憾。他认为，与《理想国》中浸染其中的人文主义精神形成鲜明对比的是，《法律篇》几乎把生活看作一个严厉的审问者。他尝试着向自己解释，这究竟是如何发生的。他写道："这两本书写于人生的不同阶段。柏拉图撰写《理想国》时差不多50岁，正值其文学才能和智力的鼎盛时期，无论从哲学还是从艺术上讲，这本书都是他的巅峰之作。而在创作《法律篇》时，柏拉图已处人生的暮年，当时他已经80岁了，他的心灵不再柔软，灵魂也愈发无情，思想中满是愤懑。"同样的事情也会在本-古里安身上重演。然而，他急于为柏拉图辩护，为此又补充说："我并不确定奴隶制是不是那个时代最不公正的事情——在我看来，战争比奴隶制更糟（而且也是造成奴隶制的一个成因），而且至今仍然存在。"他补充说，这也是柏拉图的观点，我们应该感激他。[26]本-古里安其实错了——柏拉图在《理想国》中确实提到了奴隶制。不

12

过，柏拉图的对话录成为他建国的指南。他将柏拉图的半身雕像，连同佛陀和摩西的雕像一道，摆放于自己书房之中。[27]

他在自己的家中发起并主办了一个《圣经》学习班，并积极提倡两大概念以界定以色列国的道德准则和命运，以及其对本国和世界的责任：第一个是"上帝选民"，这个术语出自上帝与以色列人之间的约定（《出埃及记》19：5-6）；第二个是犹太人本着先知的精神，对正义原则与和平原则的尊崇及承诺，这使得以色列成为"列国之光"（《以赛亚书》49：6）。他在演讲和著述中，频繁地提到这两大概念。很大程度上，他将这些概念视作他为自己有关该主题的一篇文章所选的一个标题："位高则任重"（Noblesse Oblige）。[28]以一种能使以色列成为"列国之光"的方式行事，反映了这个国家的脆弱和对全世界支持者的依赖。但他也作过截然相反的陈述。他宣称："真正重要的并不是非犹太人说了什么，而是犹太人做了什么。"[29]实际上，他通常相当重视其他民族。同他的绝大部分同胞一样，他是一个充满矛盾的人。他喜欢引用《塔木德》中的一句话来形容和界定以色列人："这个民族被比作尘土，比作星辰。当他们衰退之时，他们卑微如尘土，而当他们腾飞时，他们崛起如星辰。"[30]这是他在很大程度上认可的一种心理结构，对此他心知肚明。他写信给夏里特："如果你要使用批判性《圣经》学术研究的方法来细读我的日记……您可以证明这本日记实际上是由两个生活在不同时期的人所写的。"本－古里安具备一种能力，可以以一种审慎而又有勇气的方式进行自我剖析，而且乐此不疲；而这也是令他如此魅力四射的一个原因。[31]

❖

在本书的撰写过程中，我得到了许多人的帮助。他们的名字将出现在致谢里。我花费了五年多的时间写完本书，在此期间，以色列的媒体几乎每个星期都会提及本－古里安的名字。最重要的是，市面上已经有四本他的传记，此外，在很多其他书籍中，他也是核心人物。[32]有一部关于本–古里安的纪录片是根据以前对他的私密采访制作的，吸引了大量观众。这足以表明以色列人是多么渴望正直诚实、充满力量的领导，多么希望了解这位充满魅力的人物和他戏剧性的一生。

第一部分
问鼎权力之路

本-古里安：打三岁起我就知道，我不会住在我的出生之地。我也不想学习那个国家的语言。

记者：本-古里安先生，您三岁时就已经这么想了吗?!

本-古里安：三岁的时候，我就知道我不会住在那个国家！从我三岁起……所有犹太人都是这样的。我们知道，我们的土地并不是我们所生活的地方。以色列地才是我们的土地，我们的国土。[1]

约瑟夫·巴斯（Joseph Bass）《在路上》（1947）

第一章　誓言

"我们一起游泳，一同讲希伯来语"

华沙以西约45英里处流淌着一条风景秀美的小河——普朗克河，它贯穿整个普仑斯克（Płońsk）市。1903年夏末的一天，有三位挚友到河中游泳。他们中年龄最大的是什穆埃尔·福切斯（Shmuel Fuchs），当时已经快19岁了；什洛莫·齐马赫（Shlomo Zemach）则刚刚庆祝了他17岁的生日；大卫·约瑟夫·格鲁恩（David Yosef Gruen）年龄最小，比齐马赫还小了几个月，他后来改名为本-古里安。这三人时常在一起，他们在年少时就是亲密无间的好友。很多年后，本-古里安如此回忆："我们一起游泳，一同讲希伯来语。"[1]有时，另一个比他们年龄都要大的年轻人什洛莫·列夫科维茨（Shlomo Levkowitz）也会和他们一起。

像他们那一代的很多人一样，不论是否为犹太人，他们都常常忧郁不安，也常常苦恼于现实中的种种问题，此外，他们还都陷入了爱河。列夫科维茨和本-古里安当时爱上了同一个女孩，福切斯则爱上了齐马赫的妹妹，而齐马赫则对福切斯的妹妹一见钟情。齐马赫和本-古里安也都与什穆埃尔·福切斯擦出了爱的火花，他们间的友谊历经磨难，但却维系一生；福切斯和列夫科维茨［后改名为拉维（Lavi）］都在本－古里安之前去世，齐马赫则比本－古里安晚一年离世。70 多年来，本－古里安和齐马赫之间爱妒交织，始终紧密相连，正如 1903 年夏末他们在普朗克河岸边的日子一样。

他们随身携带着华沙出版的最新一期的希伯来语报纸《哈齐菲拉》（*Hatzefirah*）来到河边。通过阅读，他们了解到犹太复国主义运动正在慎重考虑在东非，而非在巴勒斯坦，建立一个犹太国家。这就是久负盛名的 "乌干达方案"，其目的是至少为欧洲犹太人建立一个临时避难处。广受敬重的西奥多·赫茨尔（Theodor Herzl）是犹太复国主义运动的创始人和该组织的第一位领导人，他不同意直接回绝这个提议。经过激烈辩论，该运动的最高权力机构犹太复国主义者代表大会，以多数票通过决议，决定向该地区派出一个考察团。几个月前，在当时隶属沙俄的基希涅夫（Kishinev）市，几十个犹太人惨遭杀害。俄国的犹太人由此急需一个庇护所，这种需求非常迫切，以至于许多犹太复国主义者愿意考虑乌干达，即便乌干达地处非洲。普仑斯克的三个男孩一直密切关注着来自基希涅夫的消息。拉维后来写道，他们倍感羞辱和无助，"身心俱疲"。[2] 但他们三人还是为 "乌干达方案" 所深深震惊。他们感到，犹太复国主义背叛了自己；三个男孩为此泪流满面。此时此刻，身体浸于河水中的三个男孩情绪高涨，他们发誓要离开波兰，然后定居巴勒斯坦。这是在他们一生中举足轻重、影响深远的时刻。

❖

几乎可以确定的是，本－古里安和他年轻的朋友们当时所熟识的人中，大多数都首先将自己认定为犹太人，而非波兰人。自犹太人首次定居波兰以来的 800 年间，他们一直受到歧视、迫害，但总体数量仍然上升到数百万，波兰犹太社区成为世界上最重要的犹太社区

19 之一。在波兰，他们拥有稳固的经济和文化根基、自治机构以及活跃的政治话语。[3]本-古里安和他的朋友们出生时，犹太人定居普仑斯克已有 400 年时间。1815 年，小城被纳入沙俄的管辖之下。所有政府官员包括警察和法官，都效忠沙皇；其中一些官员本身就是俄国人。孩子们被要求学习俄语，年轻人则被征入帝国军队。但正如镇上的犹太人并不把自己看作波兰人一样，他们也不认为自己是俄国人。

本-古里安 10 岁时，在普仑斯克的 8000 名居民中，有一半以上是犹太人。据本-古里安本人所言，他从未在当地遇到过赤裸裸的反犹主义。他当时觉得根本用不着担忧针对犹太人的集体迫害。[4]在离开普仑斯克多年之后，一些曾经居住于此的犹太人依然为自己曾是普仑斯克人而自豪，但他们首先还是犹太人。除此之外，他们觉得没有必要界定他们的犹太人身份。这是一个很小且相当封闭的社区，人们之间都相互认识，相互了解。他们中的大多数从事贸易和手工业，有些人很富裕。

齐马赫的父亲是一位商人，几代以来，他的家庭一直位列该社区的上层之流。福切斯的家庭同样富裕。但在普仑斯克，很多犹太人生活贫穷，饱尝艰辛。列夫科维茨就在一个幽暗的巷子里长大，那里污水横流，泥坑遍布，臭气熏天。在他 12 岁时，霍乱疫情在整个小镇肆虐开来。他的父亲受雇于齐马赫家，他本人则是一家面包店的学徒工。他没怎么读过书，本-古里安称他为"野蛮人"。[5]齐马赫的父亲似乎并不介意列夫科维茨的卑微身世，他并未干预两人间的友谊。但是，他却禁止其子去格鲁恩家玩，在齐马赫违抗时，他父亲扇了他耳光。齐马赫写道："格鲁恩一家在普仑斯克名声不佳。"而另一位普仑斯克人则表示："在普仑斯克，人们不会说起这家人，既不会说这家人好，也不会说他们坏，就好像这家人已被彻底遗忘了一般。"[6]

本-古里安的父亲维克多（阿维格多，Avigdor）·格鲁恩通过为当地居民提供一系列的法律辅助服务谋生。他的大多数客户都是波兰人，其中许多人大字都不识一个。他帮客户们填写各类表格，撰写诉状，安排与当局有关的各类事务，有时也会充当中介，进行仲裁，负责解决争议。齐马赫写道，格鲁恩家的收入低且不稳定，生活并不富裕，但也不穷。他们在山羊胡同有一栋两层的木结构房屋，这个胡同后来变成了瓦普那大街，直通集市广场。本-古里安的大哥及其家人住在隔壁的一栋房子里，这两栋房屋中间隔着一个围着篱笆的小花园，花园里种植着苹果树、梨树、李子树和樱桃树。这片地产是本-古里安的母亲辛德尔（Sheindel）的嫁妆，紧邻着天主教堂和牧师的花园。

格鲁恩与巡视员、警察、官僚及法官们来往频繁，和他们成了朋友，逢人喜事他便送去祝福，逢人丧事他便给予慰藉；他很可能也向这些人行贿，自然而然地，他的犹太同胞对他的这些行为相当不齿。在普仑斯克，格鲁恩并非唯一一个与基督教徒共事和交易的犹太人，另类的是，他的"穿着打扮一点也不像犹太人"。他对传统习俗不屑一顾：他身着短外套，而非传统的长大衣；他有时会戴上一顶大礼帽，而普仑斯克的犹太人断然不会如此穿戴。在邻居的眼中，他举止轻佻，哗众取宠。有传言说，这家人总聚在一起打牌。此外，他还参与了当地的政治活动，有时还被卷入激烈的斗争和冲突。[7]

❖

本-古里安出生于 1886 年 10 月 16 日，在家中三兄弟中排行老小，家人常用他的乳名都博茨（Dubche）或德威达（Dovidel）称呼他，他还有一个姐姐和一个妹妹。家里人都讲意第绪语，不过他们的语言环境中也有波兰语和俄语。本-古里安出生前的几年，政府在镇上建立了一所犹太人学校。但该镇的大多数犹太人仍然倾向于让孩子们接受犹太教育，因此他们将男孩子们送往犹太儿童宗教学校学习。这种学校通常只有一间教室，导师在自己的家中授课，男孩子们几乎一整天都在导师的调教之下，学习希伯来语和意第绪语的读写，更重要的是学习"摩西五经"（Torah）和《塔木德》。在普仑斯克，有些孩子三岁就开始上学，本-古里安则在五岁入学。他曾入读几所犹太儿童宗教学校，其中一所是此类学校的现代版本，这所学校的希伯来语教学采用全新的、浸入式教学方法，"用希伯来语学习希伯来语"。此外，他也按照法律要求，每天也在政府开办的学校中待几个小时。[8]

21　　齐马赫还有其他的老师，这些教师的出身更为高贵，收费也更加高昂。他还学习历史、地理和希腊神话。他还记得，本-古里安是个骨瘦如柴的孩子，身材矮小，看起来有点病恹恹的。本-古里安自己回忆说，他当时饱受间歇性晕厥之苦。医生建议他到临近村庄和外婆家过暑假，以此静养；也正是在那里，他后来回忆道，他第一次接触到了农业生产。齐马赫和列夫科维茨当时也在附近的这些村庄中打发时光。[9]

"彻彻底底的成年人"

本-古里安满 11 岁后又过了几个月，他的母亲再次生产。孩子在出生时即告夭折，本-古里安的母亲几天后死于血液中毒。这真如晴天霹雳一般。他在其耄耋之年写道："夜复一夜，我与母亲在梦中相遇，我问她：'妈妈，我们为什么见不到你？'她都不曾回答。"他继续写道："世间没有什么东西可以媲美母爱。母子间全无任何障

碍……在母亲眼中，儿子永远都是她的儿子，在母亲故去后，没有
任何的爱可以替代和弥补。这不是无间的亲密，也不仅仅是爱。这
是一种密切的关联和认同，而且远远不止于此。母爱在这世间是独
一无二的。人人生来只有一个母亲，对子女而言她就是一切和全部。
如果她故去，没有人可以取代她的位置，熟人不能，友人不能，恋
人亦不能。这世间只留下一片空虚，这空虚中满是悲伤、期待，无
尽的悲伤和期待。又有谁能取代她的位置呢？没妈的孩子啊，没妈
的孩子……"后来的日子里，本-古里安时常谈到和写到他的母亲。
他不止一次地提及，虽然他记不起母亲的模样，也没有留存任何母
亲的照片，但母亲去世所带来的那种刻骨铭心的痛苦从未消散，即
便在梦中也是如此。在母亲逝世多年后，他写道："我从未从母亲离
世的阴影中走出。""虽然她生育过十一回，但她对我的那种关爱就
如同我是她唯一的孩子一样。她就是那种我难以描述却又实实在在
存在的'爱之源泉'。"他将母亲与他的犹太复国主义信仰相提并论。
他曾在内阁会议上宣称："母亲是国之根基。"[10]他或许也已经在以色
列地看到了母亲的形象，他写道："以色列地的梦想和母亲的乳汁一
起哺育了我的成长。"在他要求将巴勒斯坦移交给犹太人时，他说
道："照料孩子的责任不可以委任于任何女性，即便是一位正直且合
适的女性也不行。但可以放心地把每个孩子交到他们的母亲手中。"[11]
显然，在决定以色列妇女地位时，他母亲的形象一而再地显现在他
眼前。当他试图任命果尔达·梅厄为他的第一届政府成员时，他说：
"我们每个人都要感恩母亲。"[12]他说，对他而言，他的父亲曾经既当
爹又当妈。他写道："我曾经是个没妈的孩子，这种经历真的令人刻
骨铭心。但幸运的是，我有一个慈爱的父亲，他活到了86岁，我的
学习教育都归功于父亲，但是，这与母爱依然不可相提并论。"本-
古里安的母亲去世两年后，他的父亲阿维格多·格鲁恩再婚了。和

其他失去母亲的孩子一样，本-古里安称他的继母为"阿姨"，在意第绪语中是 momeh。他在给父亲写信时只要提到继母，都会小心翼翼，对继母极其尊敬。但是，在他反对将在大屠杀中幸存的儿童移交给以色列收养时，他写道："只有杰出的人才能收养孤儿，我们都知道继母是什么样的。"正如他的传记作家沙巴泰·特维斯（Shabtai Teveth）所写，这时候他似乎一直在回想自己的生活和经历。[13]无论如何，母亲的离世导致了他童年的破碎。有时候，为了凸显失去母亲所带来的毁灭性打击，本-古里安会说她的母亲离世时他只有 10 岁。[14]他时常会回忆起他短暂的童年和早熟的人生，"除象棋以外"，没有欢乐，没有嬉戏。

在犹太成人礼后，一些无须工作或学手艺的男孩会进入经学院——宗教神学院，在老师的指导下学习或自学数年，直到他们结婚、成家后才离开学院，有些人甚至在学院待得更久。其他男孩子则被送到城外的学校去学习，在当时的中欧和东欧，这种学校被称为学术高中，完成这一阶段的学业后，他们会去更高级的学习研究机构进一步深造。本-古里安在经学院学习了一段时间，恰与齐马赫同窗，据齐马赫回忆，本-古里安当时的表现并不出彩。齐马赫写道，"本-古里安的大脑没有掌握这些研究中的抽象逻辑路径"，而他本人则在学习《塔木德》的过程中表现出色。[15]简言之，本-古里安就是个没妈的孩子，一个比别人矮小的继子，一个学业上无甚天赋的差生，一个走到哪儿都能听到关于他父亲的非议的倒霉蛋。他应对童年创伤的方式同许多人一样——他将自己的童年故事稍加改动，换了一种说辞。他通常称自己的父亲为"律师"，并声称父亲还是"该镇犹太人公认的领袖"。他还表示，自己从未因身材矮小而受到困扰，因为他的母亲就是五短身材。本-古里安还喜欢讲述他童年的另外一件事，在他五岁时，一位医生对他进行身体检查时发现，他的头相对较大，而且在后脑勺上有一个凸起。这位医生据此推断，这个男孩天赋异禀，必然前程远大。为此，他尽可能地将童年的忧郁、悲伤统统抛于脑后。他后来说，"14 岁时，我就觉得自己是一个彻彻底底的成年人了"。[16]

实际上，那时他正赋闲在家，既没有就学，也没有工作。一位传记作家表示，本-古里安当时在为他的父亲当助理，学着撰写诉状，父子俩一起混迹于法院门前台阶上的人群中招揽客户。他博览群书，并开始写日记。1900 年光明节期间，他与齐马赫、福切斯三人建立了一个名为以斯拉（Ezra）的组织，该名称取自《希伯来圣经》。他们的目标是在日常生活中推广使用希伯来语。在巅峰时期，以斯拉有几十名成员，这个组织存续了大概六年时间。这是本-古里安的首次公开倡议。[17]

本-古里安后来表示，他的犹太复国主义观念形成时，自己不过三五岁而已，还是个蹒跚学步的幼童，甚至有一回他公然宣称："我就是个天生的犹太复国主义者。"他曾记述道："在我仍无法理解各种讨论和辩论的实质时，我就深深沉迷于犹太复国主义理想，这种理想在我家氛围浓厚，无处不在。"这种说法似乎更为真实可信。[18]他的父亲属于普仑斯克最早的一批犹太复国主义活动人士，他认同霍夫威锡安（Hovevei Zion）运动提出的一系列倡议。这场运动中较年长的成员大多经历了民族之春（也称 1848 年欧洲革命——译注），即 1848 年席卷欧洲的一系列民族革命和政治革命。欧洲犹太人的民族意识及民族独立的希冀不断高涨，霍夫威锡安运动就是在这种情况下产生的。这场运动的追随者不仅认为自己是犹太宗教的信徒，还认为自己是犹太民族的一员。这些来自不同社会团体的成员试图建立一个国际组织，只是霍夫威锡安运动本身带有浪漫化甚至宗教性，并没有政治色彩。许多人支持这场运动，认为这是犹太人在遭受迫害和歧视时的一种应对策略。在当时沙俄的犹太社区，社会主义思想也流行起来。一些社会主义团体积极鼓吹在巴勒斯坦地区建立农业定居点，并组织定居者在此建立耕种社区，对这些社区进行进一步的扶持。这就是后来的实践性的犹太复国主义运动的开端。[19]

犹太复国主义是一场始创于欧洲的运动，受到欧洲文化的启迪，也是欧洲历史的组成部分。犹太复国主义中的民族主义、浪漫主义、自由主义以及社会主义，均源于欧洲大陆。从这个意义上讲，犹太复国主义在巴勒斯坦演变的历史从属于欧洲历史。

"一名身材高大、英俊的男子"

阿维格多·格鲁恩当时尚未考虑在锡安定居。事实上，他在热衷于霍夫威锡安运动之后，就更不愿意离开波兰了。他几乎独来独往，因此他曾想过移民，然而在参加犹太复国主义运动之后，他原本孤立的社交状态被打破了，那些之前对他嗤之以鼻的人也慢慢与他有了接触。他组织成员们到他家中召开每周一次的例会，在处理一些事务之余，还一起阅读希伯来语报纸《哈齐菲拉》和《哈默利兹》（*Hamelitz*）。本-古里安已不记得他的祖父是否也参与了这个组织，他只记得幼时他坐在祖父怀中，从音节、单词再到完整的句子，一步一步学习希伯来语的情景。[20]

在距本-古里安10岁生日大约还有四个月的时候，《哈默利兹》首次提到一个叫西奥多·赫茨尔的人，他是新书《犹太国》（*The Jewish State*）的作者。这本书不久前在维也纳出版，其主题非常正面、积极。[21]赫茨尔的观点迅速传播开来。在普仑斯克，有传言称弥赛亚已经降临了。本-古里安回忆说，他们当时心心念念谈到的都是一名身材高大、蓄着黑胡须的英俊男子。[22]事实上，赫茨尔身材并不高大，他也从未承诺过神的救赎。不仅如此，与霍夫威锡安运动的理念截然相悖的是，他并不相信个别犹太人定居巴勒斯坦会有任何作用和效果。他的目标是要建立一个羽翼丰满的民族国家，为此，他创建了一个国际组织，希望与奥斯曼帝国和欧洲列强谈判达成协议，以寻求犹太民族的独立地位。换句话说，他所倡导的是政治上的犹太复国主义，而非实践性的犹太复国主义。阿维格多·格鲁恩很快就成为赫茨尔的铁杆粉丝。同样为之着迷的还有当地的商店店主西姆哈·艾萨克（Simcha Isaac）。两人一道创建了一个社会团体，并将其命名为贝纳锡安（Bnei Zion）。他们以收取会员费的名义开始募集"谢克尔"，然后将募集来的款项寄往巴勒斯坦，而"谢克尔"正是犹太复国主义运动中会费的名称。到 1900 年 9 月，该组织宣布其会员人数已超过 200。[①]

❖

　　普仑斯克的犹太复国主义活动引发了外界的关注。《哈默利兹》报道了在格鲁恩家中举行的一次会议。与会者先是高声朗读了一本由著名作家沙洛姆·阿莱赫姆（Shalom Aleichem）用意第绪语撰写的小册子，名为《为什么犹太人需要有他们自己的国家?》。随后，大家一起高唱犹太复国主义的系列歌曲。[23]本-古里安当然很有可能在他的童年时期就接受了犹太复国主义的熏陶。与他的几位朋友不同，他的父亲并没有反对他遵循犹太复国主义。因此，他更容易走上他的理想之路。

　　该报道也指出，普仑斯克的犹太复国主义集会意义非同一般。

---

　　① 什洛莫·齐马赫曾经表示，格鲁恩"并没有急着"将收到的会费款项存入该组织的保险箱。他实际上将这笔钱挪作家用，而且在被问起时无力偿还。因此，该组织决定停止募集"谢克尔"。本-古里安后来说，他原想从同学那里募集"谢克尔"，但大人们都不同意。（Zemach 1983, p. 19; Ben-Gurion 1974b, p. 31; *Hatzefirah*, Sept. 14, 1900.）

25

实际上，绝大多数的波兰犹太人，包括那些本-古里安的同龄人，都不是犹太复国主义者。因此，作为犹太复国主义者的本-古里安和他的朋友们有些与众不同，甚至被当作异类。他能讲一点希伯来语，这使得他在周围人当中脱颖而出，他的朋友们在这一点上都远不如他。齐马赫说自己的希伯来语在起初听起来很滑稽，列夫科维茨则觉得学习希伯来语更加困难——当时，他几乎不能用任何语言进行阅读，更谈不上书写了。除了会讲希伯来语外，本-古里安还会通过手势和面部表情与朋友们交流。[24] 福切斯的希伯来语知识源自《圣经》，以及在犹太会堂参加的宗教仪式，他对希伯来语日常用语则一窍不通。本-古里安有生以来第一次拥有可以傲视别人的资本。

一所神学院允许他们在此开办夜校，所授课程包括希伯来语课程和各种有关犹太复国主义主题的讲座；本-古里安开设了犹太复国主义和文化方面的讲座。有那么一两次，他们传阅了一本油印的小册子，本-古里安在其中发表过自己的诗作。有一天，本-古里安前往华沙，向《哈齐菲拉》的编辑纳胡姆·索科洛（Nahum Sokolow）寻求支持。这是他第一次试图在家乡以外公开发表主张。《哈齐菲拉》没有报道任何有关以斯拉的信息。索科洛极有可能没有看到这个组织的任何新意。[25]

可以肯定的是，并不是本-古里安和他的朋友们将希伯来语从其漫长的沉睡中唤醒的。早在 100 年前，波兰已经是全新的欧洲希伯来语文学文化的中心之一。许多地方也早已有推广希伯来语的机构和组织。仅在普仑斯克，在以斯拉出现的 30 年前，就已经出现过一个类似的团体。[26]

在普仑斯克，意第绪语依然是犹太人最主要的语言，不过加入以斯拉的男孩们都逐渐娴熟地掌握了希伯来语，而且将其当作一种相互交际的暗语。他们使用现代希伯来语写信，用语通常是正确的，有时甚至辞藻华丽。不仅如此，他们还精通希伯来语书法艺术。

"我以为我已然升天了"

在四个朋友天各一方后相互往来的信件中，以及他们晚年各自出版的回忆录中，都流露出青少年时期备受折磨的焦虑。他们感觉自己被困在即将逝去的旧世纪和曙光初现的新世纪之间。"我的心灵不得安宁，"本-古里安写道，"我不知道为什么有时我会如此悲伤、如此沮丧，我感受到了内心深处的空虚，这在我心中若隐若现，挥之不去……我对某样东西有一种强烈的向往，我不知道那究竟是什么……"[27]列夫科维茨也回想起"青春年少时对未知的向往"和"对远方的憧憬"。他感受到"一种极度的渴望"，想投身"伟大的事业"，但又感到强烈的沮丧和焦虑。他厌倦了当时的生活。齐马赫也被类似的想法折磨。他在回忆录中写道："我们对这种不死不活的日子感到十分困惑，却仍然从这种生活里汲取了一些东西。"他写信给福切斯说："真是欲生不能，欲死不得。"[28]

齐马赫长得高大帅气，留着一头卷发，蓄着黝黑的胡须。他是一个骄傲、自负的人，喜欢说长道短。他会和其他男孩一道，嘲笑列夫科维茨的无知，甚至一起在犹太会堂公开羞辱他的父亲。他也会因为本-古里安的父亲（他称其为"阿维格多先生"）俄语拼写错误而嘲笑对方。[29]据齐马赫所言，福切斯是个"感性""脆弱"和有些"被动"的男孩。他写道："他的心思过于细腻，有一种温婉的女性气质，但这种温柔的气质令人愉悦，很吸引人。"[30]

福切斯倒不像他的朋友们那般压抑，但他和列夫科维茨一样，对"远方"满怀憧憬。1904年，他远赴伦敦，把他的爱人即齐马赫的妹妹留在了普仑斯克。齐马赫写信告诉他，他的妹妹有时会问起

27

他，但他主要还是写自己对福切斯妹妹的爱慕之情，当然还有他自己对福切斯本人的感情。"我太想你了，特别迫切地想要见到你，我亲爱的朋友，天哪，要是在你启程前，我能握住你的手，或者能够拥抱你、亲吻你就好了。"他曾在一封信的信尾如此落款："你的兄弟用狂热之爱拥吻你。"[31] 有时他也会摆出一副高高在上的架势教训福切斯。福切斯当时计划到伦敦的犹太拉比学院学习，但又苦于无依无靠，难以支撑生活。齐马赫告诫他："你才刚刚跨过门槛，但我现在就已经听到了你的不满、愤懑和伤心。你还指着你到伦敦后，他们会派出一支乐队欢迎你吗？"齐马赫说，当时他与本-古里安间的关系可谓亲密无间，两人每天都会见面，据齐马赫所言，他们之间几乎无所不谈，有一件事除外——他并没有提过对福切斯妹妹的爱慕之情。他可能也没有提过他对福切斯的爱恋。

本-古里安对福切斯说过，他的初恋发生在他 12 岁时。六年后，他用充满诗意的言语回忆他的初恋："我的爱如同初春的花骨朵儿般娇柔，但随着时间的流逝，爱之激荡如同熊熊燃烧的火焰——去年夏天，我得知她也爱我……我以为我已然升天了。"[32] 本-古里安第一次见到他的初恋——一个名叫瑞秋·内尔金（Rachel Nelkin）的小女生时，她大概 10 岁左右，留着黑色发辫，和他就读于同一所公立学校。这极可能也是那个让列夫科维茨"一见倾心"的女孩。

列夫科维茨是个身材细长的年轻人，小眼睛，长鼻子。齐马赫写道："他长相并不英俊。"[33] 此外，他生性腼腆。他第一次注意到瑞秋还是在她的继父西姆哈·艾萨克的家中，西姆哈·艾萨克经常在他商店后面的侧室中为年轻人举办犹太复国主义会议。列夫科维茨后来写道："有时候我会想，这些男孩与其说被西姆哈·艾萨克所吸引，倒不如说他们是为他的漂亮女儿而着迷。"[34] 有很长一段时间，他都无法鼓起勇气跟她说话，他只与她的父亲交谈，口吻非常严肃。

正如他暗地里羡慕那些比他更成功的朋友，表面上却装出一副毫不在乎的样子。他无法控制对女孩的朝思暮念。最终，他巧妙设计，与女孩单独相遇。他苦苦等待，当女孩真的与他面对面时，他却脸一红，头一转，假装没有看到女孩，然后骂自己愚蠢至极。列夫科维茨似乎比他的朋友们更能体会生活之沉重不易。他后来写道，要不是犹太复国主义吸引了他的注意，使他不再囿于自身的困境，他的这种羞涩的个性很可能已经送他去见上帝了。[35]

有时他会去格鲁恩家，那个被他称为"犹太复国主义的中心"的地方。在出身低微贫寒的列夫科维茨看来，格鲁恩一家生活优裕。格鲁恩家中有"一种神奇的、未知的魔力"吸引他，也有一些人排斥他，特别是本-古里安的两个姐妹。在她们面前，他简直无所适从，他在会上也假模假样地表演了一番，似乎自己来此就是为了讨论犹太复国主义的未来。[36]在那个时代，青少年时光仍然是一段特别难熬的日子。在普仑斯克，两性之间的社会交往依然要遵循异常严格的规则。本-古里安曾经表示，一旦男女青年之间互生情愫，双方家庭就会聘请媒人来安排一应事务。如列夫科维茨所言："我们男孩子手捧着《塔木德》，学习着、幻想着、等待着我们的好姻缘。"[37]在他发现本-古里安已然赢得瑞秋·内尔金的芳心之时，列夫科维茨的心都碎了。[38]

齐马赫就没有此种困扰。他18岁时，在某个夜里辗转反侧，无法入睡，于是穿衣起床，打开了卧室的窗子，向外望去。透过街对面房子的窗子，他看到了邻居家的女儿即福切斯的妹妹肖莎娜（Shoshana）。接下来的一个小时里，两人各自坐在窗前，凝望着对方直至破晓。齐马赫后来写信给福切斯说，他当时"激动得难以言表"。"如果当时我没有发疯的话，（那一定是因为）我内心超级强大……大卫·格鲁恩对我说，我当时表情看上去一定和精神病无二。"

在随后的几个月中，他继续与福切斯分享自己对他妹妹狂热的迷恋。他写道："我爱得太深太投入，以至于有时我为自己感到羞耻。"他信誓旦旦地表示，自己甚至从未想过要碰触她的身体，这里他再次引用了他们共同的朋友的话："格鲁恩告诉我，我过于理想主义了，他对我的做法表示不能理解。"[39]

齐马赫的犹太复国主义理念不仅仅是一种民族—意识形态的渴望和抱负，它有如雏鸟对离开鸟巢、振翅翱翔、到达它所期待的地方的渴求。在普仑斯克的生活对他来说好似"死水一潭"。他想去敖德萨（Odessa，今乌克兰南部港口城市——译注）学习科学和外语，其中包括阿拉伯语和土耳其语，这是当时巴勒斯坦使用的语言。然后，他将返回普仑斯克，不是为了"再次踏入那一潭死水"，而是为了带上肖莎娜，一起去以色列地定居。他的梦想是成为希伯来语作家。[40]与此同时，青年人的血气方刚令他倍感困扰。他感叹道："我不快乐，我的命途满是邪恶和痛苦。我什么时候才能真正摆脱父母的控制，掌握自己的人生呢？"[41]

其他青少年也有同感，这让他们的父母深受困扰，他们觉得自己和孩子渐行渐远。镇上的女孩子们日常会步行穿越小镇，每当此时，齐马赫和他的同伴都会竭尽所能地引起她们的注意。他们在街道另一侧的人行道上闲逛，用希伯来语尽力大声讲话，齐马赫还会抽烟。这个时期的照片中，男孩都以光头示人，也不戴传统的帽子，还会有女孩相伴左右。[42]本-古里安走路昂首阔步，大摇大摆，希望以此打动漂亮的瑞秋·内尔金。有一次，他与一位从华沙来的女孩外出散步，这个女孩是世交的女儿。他记述道："没多久，整个镇的人都倾巢而出，来看这难得一见的场面。"[43]父母们很难接受这种伤风败俗的行为，许多人将这种丑行归咎于犹太复国主义的影响。

"对自由和自然生活的激情"

希伯来语报纸《哈默利兹》在针对《犹太国》发表的头一篇评论文章中，公然宣称，赫茨尔"在敬畏上帝的人群中是不会有市场的"，如有不然也仅是少数。[44]对以色列地的向往和憧憬一直以来都是犹太教的组成部分。正如《创世记》中在描述亚伯拉罕之流散时所说的那样，它酝酿了一种回归圣地的梦想，一种阿利亚（Aliyah，移民以色列——译注）的梦想，阿利亚的字面意思就是"上升"。然而，犹太复国主义者却激怒了绝大多数正统派领袖，特别是那些自称为哈瑞迪人（Haredim）的极端正统派领袖。[①] 本-古里安的长兄阿夫拉罕·格鲁恩（Avraham Gruen）由此写道，这就成了一场"规模宏大的内战"，人们相互迫害和对抗，"使得他们难以谋生"。一些拉比禁止他们的信众与犹太复国主义家庭通婚。

犹太复国主义要求其支持者重新思考他们的犹太身份，并在犹太传统价值观和新的犹太民族主义价值观之间找到自己的定位，而这在当时是一个革命性的挑战。在本-古里安和他的朋友们建立的以斯拉的成立大会上，他们与哈瑞迪人进行了一系列的交锋，哈瑞迪人试图对以斯拉的成立进行阻挠。齐马赫写道："犹太复国主义运动的反对者们将我们视作魔鬼撒旦。"[45]但犹太复国主义运动并未将犹太教徒拒之门外。尽管如此，大多数犹太人，包括大多数马斯基里姆

---

① 有关抵制犹太复国主义的宗教论据其实是一段《塔木德》经文，该经文涉及上帝对流亡中犹太人施加的两项禁令：他们不可攻击城墙（通常被理解为，不可采取主动或者使用武力夺回圣地），亦不可在所在国造反。同时，非犹太人也被要求不可过分欺压犹太人。传统上，这三项内容被称为上帝对犹太人和非犹太人立下的"三大誓言"，这被理解为是在要求犹太人不可主动采取行动。他们要做的是等待上帝出手相助，而非将命运掌握在自己手中。（Salmon 1990, p. 51；Bacon 2001, 2, p. 453ff.；Zemach 1963a, p. 42ff.）

（Maskilim，现代化的"开明"犹太人、领导犹太启蒙运动的思想家——译注）和犹太复国主义者，仍然继续以宗教术语来界定他们的犹太身份。

本-古里安形容自己的父亲是一个"观念开放"的人。他的父亲格鲁恩曾经抱怨，普仑斯克小城的宗教教育体系导致了"一代人的无知"。[46]他把儿子送到现代化的犹太儿童宗教学校接受教育，学生在这里也可以学习世俗课程。但他依然深深迷恋自己的宗教。他的儿子都博茨7岁时突然过起了一种严守教规和戒律的生活，他对此很可能也无甚意见。在孩子稍大些后，学校开始重视《塔木德》的学习，并将其设为主课，对此他也不反对。本-古里安14岁时，不再佩戴经文护符匣子，这是犹太人在晨间祈祷时所佩戴的经匣，他的父亲为此而心烦意乱。格鲁恩每天早上都会到犹太会堂参加宗教仪式，不过照片中的他光着头，没有佩戴任何帽饰。[47]他的正统派对手们谴责他是犹太启蒙运动的支持者。简言之，在普仑斯克，哈瑞迪人和早期的犹太复国主义者之间的冲突实际上是犹太教徒内部矛盾中的一种，他们在奉行律法及各自生活方式的严苛程度上存在差异。在很大程度上，这是一场权力斗争。格鲁恩抱怨说，哈瑞迪的那帮官派十足的家伙掌控了犹太社区的领导权，他们当中有人向警察告发了他，指控他向国外走私货币。本-古里安与其父的关系总体看来还是不错的，而他的朋友们则不得不面对更大的挑战。

什洛莫·列夫科维茨和他父亲间的冲突对立由来已久，双方都因此而苦闷不堪。齐马赫了解到，有几位父亲在得知自己的儿子投身犹太复国主义运动之后，公然宣告自己的儿子已死，并举行哀悼仪式为儿子治丧。他给福切斯写信说："你根本无法想象那种痛苦。"[48]对本-古里安的许多朋友而言，为了犹太复国主义的信仰，他们要比本-古里安展现出更强大的意志力，有时甚至需要更多的勇气。

❖

在普仑斯克很容易接触到犹太复国主义文化。小镇有一个图书馆，由一个叫利帕·陶布（Lipa Taub）的人经营。此人在以斯拉担任秘书，只是图书馆早在以斯拉成立前就存在了。[49]显然，本-古里安就是在这个图书馆找到了他想阅读的书籍，其中有些是希伯来语的。当时他痴迷于比亚利克（Bialik）的诗歌，还读了其他一些诗人和作家的作品。《锡安之恋》（*Love of Zion*）是阿夫拉罕·马普（Avraham Mapu）在 1853 年发表的作品，被视为有史以来第一本希伯来语小说，这部作品更为强烈地激起了他对以色列地的热切渴望。阿夫拉罕·辛格（Avraham Zinger）于 1896 年翻译出版的《汤姆叔叔的小屋》，则激发了他对奴隶制的憎恨，以及对受制于人、屈从于人的厌恶。这两部作品都给他留下了极为深刻的印象。此外，他也阅读俄语书，在读过托尔斯泰的《复活》之后，有一段时间他奉行素食主义理念。和其他年轻人一样，齐马赫也读了很多书。他们都是乌克兰裔犹太作家米嘉·约瑟夫·别尔季切夫斯基（Micha Josef Berdichevsky）的忠实读者。

本-古里安后来写道："我想起我年轻时，别尔季切夫斯基的文章给我们这些小城青年留下了最为深刻的印象。"他的影响力，比那位笔名为阿哈德·哈姆（Ahad Ha'am）的作家——阿谢尔·金兹伯格（Asher Ginsberg）要大得多。两位作家极富争议，他们的立场截然不同。对于这些年轻人而言，阿哈德·哈姆听起来像传统的代言人，他目光短浅，文字生涩，态度冷淡，观点老气横秋；别尔季切夫斯基给人的感觉则是年轻、叛逆、充满阳刚之气，且令人振奋。"我们没有地方去！……是时候找寻我们通往广阔天地的道路了！"在致阿哈德·哈姆的公开信中，他言之凿凿地写道。本-古里安和他的同伴们在别尔季切夫斯基的作品中感知到了一种振奋人心的呐喊——他们的命运应当掌握在自己手中，他们要去创造历史。

他们并不总能准确理解别尔季切夫斯基针对犹太复国主义的立场，只是他的声音可以表达他们内心激荡的情绪。列夫科维茨在其作品中发现，那"思想的情愫从心中升腾起来，直入脑海，然后又返回心中，激起一片涟漪"。本-古里安在他的著作中发现了一种"到祖先的土地上去过自由和自然生活的激情"。[50]在别尔季切夫斯基的著作中，他们似乎已经找到了那逃离青春期沮丧抑郁的避难所，也找到了能够解决困扰折磨他们的人生问题的答案。

❖

在普仑斯克，他们日益感觉到那无所不在的压抑。齐马赫写道："这个犹太小镇逐渐空心化。普仑斯克的生活变得空虚和无聊，我要寻找一种新生活。"[51]外面的世界不仅召唤着他和他的朋友们，也对其他许多人充满着诱惑。在第一次世界大战（以下简称"一战"）爆发前的15年间，大约170万犹太人离开东欧，绝大多数移民至美国、英国和阿根廷。这种移民状况并非首次出现，且移民浪潮不断壮大，最终形成了一次规模巨大的移民潮。在这个时期，该地区流失了三分之一的犹太人口。[52]这些移民海外的犹太人都会往家中寄信，有些人还会回来探亲。在他们口中，外部的世界已跟上20世纪如火如荼发展的节奏，自己在异域的新生活也充满刺激，令人向往。正如赫茨尔所写："这是一个美国梦，美国一定会征服欧洲，正如广阔的土地定会吸附小片的土地。"[53]

从那时开始，犹太复国主义运动将自身标榜为与时俱进的代言人，而且承诺要将现代技术引入巴勒斯坦，其中包括"公路和铁路网、电线、电话和水管"。[54]因此，本-古里安和他的朋友们20世纪初就勾画了一张美好世界的蓝图，他们将犹太复国主义运动看作通往美好世界的必经之路。在 1904 年的春天，本-古里安的父亲同意他移居华沙。在华沙，本-古里安第一次用上了电灯、看起了电影，并且第一次见到了汽车和电话。斯蒂芬·茨威格（Stefan Zweig，奥地利犹太小说家、诗人、剧作家——译注）写道："科学技术给平常的生活插上了翅膀。"[55]独自一人在大城市长大可能会令人兴奋，但这种经历也可能会让人倍感抑郁。

第二章 《火卷》

"我将成为一名杰出的哲学家"

本-古里安先于他的朋友们离开普仑斯克。福切斯在本-古里安之后离开小城，他是他们当中最早离开波兰的人。临行前，他和本-古里安去了华沙一家照相馆合影留念。他们两个人按照当时流行的服饰搭配，穿着深色外套，佩戴着黑色的领结，拍了一组照片。摄影师安排他们站在一个布景台前，这个布景台让人联想到贵族豪宅内的沙龙，照片中的他们看起来颇显正式且喜气洋洋。福切斯蓄着胡须，肩宽胸阔，比本-古里安几乎整整高出了一个头。他看起来目空一切，强悍决断，充满男子气概；他右手插入上衣口袋之中，左臂挽着本-古里安的右臂，看起来就好像是在保护和引导着本-古里安。本-古里安看起来身形瘦小，有些弱不禁风，左手紧抓着一个精美的茶几。他神情紧张，带有稚气的脸上写满了对他身边这位大朋友的信赖和依靠，而且很明显，他很骄傲自己和这位朋友建立了友谊。为了能和福切斯对视，他不得不仰起头来。[1]

福切斯先是到了伦敦，后来又前往纽约，福切斯的离去令他很是痛苦。本-古里安写信告诉他："我感到如此的孤独，就如同被遗弃在荒芜的孤岛上，晚上我梦到，他们已经抓到了你，并五花大绑把你押回普仑斯克。"[2]除了他后来写给妻子和其他几个女人的情书以外，本–古里安从未像他年轻时在写给福切斯的信中那样，对另一个人，无论男女，表现出如此亲密的感情。"我真的好想你……你知道吗，有时我对自己的这种情绪和期待也非常震惊，而且我也想知道为什么会如此，但我从来都没找到过答案。"有一回，他写信告诉福切斯，在他读到福切斯的书信时，他感到自己好似受到"爱抚"一般。24 小时后，他却因为自己的上一封信而感到惴惴不安，并专门为此而道歉。他写道："多么荒谬的情感体验啊！"他称福切斯"我的大哥哥""我的挚爱"，并且通常在信末正式地签上他的全名：大卫·约瑟夫·格鲁恩。在他的名字上方，他写下了这几个字——"锡安保佑我们"。①

本–古里安的回忆录给人这样一种印象，他去华沙是为了信守他在普沃卡（Płonka）立下的誓言。他写道："我当时的计划是当一名工程师，学成之后去巴勒斯坦。我当时认为：这片土地需要建设者，所以我将成为一名工程师。"[3]但是，在他写给福切斯的信中，他这样说："我不能再待在普仑斯克了。"他解释道，他对瑞秋·内尔金的爱"似火山喷发"般炽烈，并且这炽烈的爱情已让他变得飘飘然忘乎所以。但他突然又对自己的感觉产生了怀疑。他问自己："我是真的恋爱了吗?"这个问题让他彻夜难眠。鉴于自己的爱恋之深切，有时他也会吃惊，自己竟然会问出如此愚蠢的问题。慢慢地，他逐渐意识到，自己并不爱她。他继而写道："在我的内心深处，我持续感

---

① 齐马赫、福切斯和本–古里安曾一起参与过一场由《哈齐菲拉》赞助的作文竞赛。他们仨都曾有过文学梦。齐马赫 13 岁时，就把歌德的一首诗翻译成希伯来语。本–古里安也尝试过诗歌创作，在福切斯批评了他的诗歌作品后，他很快就放弃了。他写道："你对我诗歌作品的严厉批评让我及时更正了我的错误，使我没在错误的道路上走得太远。"（Ben-Gurion to Shmuel Fuchs, June 15, 1904, in Erez 1971, p. 15; Zemach 1983, pp. 17, 29ff.）

到爱潮涌动，但这爱潮并非为她而动。"他沉思着，或许他喜爱另外什么人，又或许他根本从未爱过她。"当时正值隆冬，在此之前，我享受着无尽的欢愉和快乐，在那之后，却又感到痛苦不堪……我的心如此深沉地跳动，悔恨自责深深困扰着我，以至于我有时会在床上坐整整一个晚上……暗自流泪……这也是促使我在夏天前往华沙的原因之一。"[4]

他返回普仑斯克，与家人共度五旬节。五旬节后的一天，他在以斯拉大会上作了一个演讲，谈到了巴鲁赫·斯宾诺莎（Baruch Spinoza）。他演讲的核心观点是，不是上帝选择了犹太人，而是犹太人选择了上帝。大多数听众听得云里雾里。他的发言也未经组织，因为他在头一天晚上才突然想到这个观点。回到华沙后，他的经济状况恶化，难以维生。他向熟人借钱，却从不想向父亲开口。那时，他窘迫到几乎没钱买面包。幸运的是，他当时还是素食主义者。[5]

本-古里安的父亲希望他致力于学术研究，成为一名学富五车的知名学者。他本想送他儿子出国学习，如果他的儿子能入读维也纳拉比神学院，他一定会非常高兴的。但糟糕的是，他没钱资助儿子来实现这一梦想。作为一名可以煽动非富即贵者情绪的行家里手，格鲁恩写信给素未谋面的西奥多·赫茨尔，希望得到他的支持。他用华丽的希伯来语写道："我无力支持我的儿子，虽然我对他的爱是无与伦比的。"字里行间充满对赫茨尔的溢美之词。为了增加说服力，他称赞儿子在《塔木德》、俄语和数学方面都很有天赋。虽然他的儿子好学上进，但所有学校都对他关上大门，就因为"他是一个犹太人"。他把这看作是犹太人面临的一个问题，应当引起赫茨尔的注意。"我们这些不幸的孩子啊，他们有过人的才智，却得不到用武

之地，我们应该怎么办呢？"①⁶

　　在当时的波兰，犹太人读大学绝非易事。不过，华沙市内有一所技术学院，由犹太慈善家希波利特·瓦维尔伯格（Hipolit Wawelberg）创立，并以他的名字命名。本–古里安申请入读这所学校。入学考试非常严格；本–古里安告诉福切斯，他们的一位熟人没有通过考试。该学院倾向于录取具有某种专业从业经历的候选者。本–古里安则指出："我对任何专业领域都一窍不通。现在凭一张伪造的文凭根本入不了学，因为校方对此查验甚严，非常谨慎。"这似乎是他首次考虑靠歪门邪道达成目的。

　　他捉襟见肘的日子并没有持续很长时间。一名来自普仑斯克的年轻人决定移民美国，行前，他让本–古里安接替自己在一所现代犹太儿童宗教学校的教职。本–古里安拿到了他人生中的头一份薪水。他上了补习班，参加了俄语、数学和物理学的私人授课，并且相信自己一年后就会被瓦维尔伯格学院录取。他写道："我真的非常高兴，因为我现在完全独立了。"他和另外一个叫雅科夫·布加图（Ya'akov Bugato）的年轻人合租了一个房间。他是这样向福切斯描述这间屋子的：两张铁床靠着窗子，各置一边，有一张搁满书的桌子、几台"烹饪机"，还有几个茶壶。四周墙壁装饰着图片和绘画，地板总是一尘不染，一切都井井有条。

　　尽管福切斯对本–古里安的诗歌创作能力不以为然，有一次，本–古里安还是抑制不住，诗兴大发，写了一首简短的抒情诗寄给了福切斯："展望未来，我们欢欣鼓舞，怀揣希望，我们奋发有为，因

36

――――――――

　　① 大约70年后，本–古里安总理谈道："我不知道父亲是否收到赫茨尔的回复。我想他应该没收到。"他说他的父亲从未向他谈起过这封信。这封信是被寄出半个世纪后，在犹太复国主义中央档案馆中被发现的。（Ben-Gurion to George Herlitz, Nov. 5, 1950, BGA; Ben-Gurion to his wife and children, May 14, 1942, BGA.）

为未来和希望会将一切美好呈现给我们。"他补充写道："最近，我发现自己很有哲学天赋，这让我一直无法平静。在我看来，我将成为一名杰出的哲学家。"事实上，他当时尚不知道自己将如何度此一生。他写信给福切斯："我思量很久，自己究竟有何才能，能做什么事情。"他写道："如果我能知道如何克服自己心中那种不可名状却又深刻的'缺失感'就好了。"

他的房东有两个女儿，当时都在读高中。其中一个令本-古里安一见倾心。她"天真、活泼、自然"。他写道，他"对她简直毫无抵抗力"，这种迷恋远不止于此。"无声的渴望在我耳边轻声呢喃，诉说着那深藏于心底的爱恋和倾慕，就在那一刹那，我觉察到心中那股爱之激情，它如此巨大而有力，就如同秋天里的风暴一般。我向往着、期待着，时不时地，我期盼着在她怀里大哭一场，将那我自己都说不清、道不明的希望和期待，一股脑儿地向她的灵魂倾吐。"[7]

❖

37　　福切斯从伦敦发出的信简直悲观至极。有一段时间，普仑斯克盛传，福切斯纠结于做裁缝还是做熨烫工。本-古里安回信中的措辞简直和齐马赫的毫无二致："你真认为伦敦人会用烤乳鸽来欢迎你的到来吗？"齐马赫告诉福切斯，不要再寄这样的信件了。对于本-古里安而言，他则试图让他的朋友振作起来。他以过来人的口吻对他说："忧郁悲观是一种很自然的情绪，是可以理解的。"他让福切斯给他写信告诉他所有郁结在心中的那些不快。他还建议福切斯学习英语，参加犹太复国主义运动团体。他问道："你在伦敦听到过有关赫茨尔病情的消息吗？"[8]赫茨尔在五天后去世。齐马赫写道："我们像突然失去父亲的孩子一样放声大哭。"列夫科维茨感到非常沮丧，以至于他完全失去理智，像疯子般在普仑斯克的大街上狂奔，街边的路人错愕不已。回到家后，他开始痛哭流涕。他的家人吓坏了，却也没办法让他平静下来。当天夜里，他整整哭了一夜。[9]本-古里安回到普仑斯克，在他家的犹太会堂中悼念赫茨尔。[10]

赫茨尔的死，再加上个人生活的困顿，让本-古里安痛苦不堪。与他合租的室友雅科夫·布加图决定离开。赫茨尔死后第二天，他在写给福切斯的信中哀叹："就剩下我一个人了，我感觉被抛弃了一般。哎，真难过啊……在我孤身一人的时候，我却承受如此之多，实在是太糟糕了，我的心都碎了。"他向福切斯承诺，过几天，他会寄出一封长信，就赫茨尔的离世作出回应，他照做了。

在该信的开头，他这样写道："唉，想想就让人难受！"他把赫茨尔形容为"诸神的使者"，将他认作犹太历史上的伟大人物之一，把他和犹大·马卡比和大卫王相提并论。他写道："每隔1000年才会出现一个如此伟大的人物。"但是他断言，他此时"比任何时候"都坚信，犹太复国主义必然胜利。他写道，"在这片诗意与真理的土地上，在繁花盛开、先知预言的土地上"，一条"圣河"在湛蓝的天空下流淌，这条河从远古时代起就聆听牧羊人的歌声和神奇之爱。在那片土地上会出现一位新的"上帝诗人"，他会拨动人们的心弦，唱出一首"弱小却伟大"的民族重生的圣歌。①

本-古里安再次以歉疚的口吻告诉福切斯，他实际上并没有打算把这一切都写下来，他的室友走了，他只是想倾诉他的孤独和寂寞。"寂寞显然影响到了我的精神和想象力，以至于我到现在都无法停下来，也无法控制我紧张不安的神经……是的，整个夏天我都要孤身一人了，因为显然雅科夫·布加图在冬天到来前是肯定不会回来的，那之后，谁知道又是什么情况呢……"几天后，他再次哀叹自己的孤寂。他有时会向福切斯谈起他们的熟人，这些人当时正在为移民

38

---

① 70年后，当谈及这段浪漫情感之爆发时，本-古里安似乎很有些尴尬。他解释说："当时我还很年轻。"随后，他信誓旦旦地说，从那之后他再没写过类似的东西。

美国做准备。[11]

他告诉福切斯，为了能考上瓦维尔伯格学院，他不得不学习一些他觉得非常无聊又没有用处的科目，比如俄国历史、基督教和初级地理。这对他而言是一个沉重的负担，因而，他决定申请一所比瓦维尔伯格学院档次低一些的私立技术学校。问题是，这所私立学校只接受 17 岁以下的学生，而他已经快 18 岁了。他毫无愧疚地提交了虚假的证明文件和材料。他写道："我父亲正在试图更改我的出生证明。"他相信自己会被录取。他的学习生涯将会历时三年，学校有建筑、技术和化学三个专业可供选择。他打算选择技术。他的父亲似乎已经设法为他搞到了一份新的出生证。[12]

"我该怎么办？"

1904 年 9 月，本-古里安写道，困扰他的那些事都让他焦心不已。三天后，他写道，"许多可能性和想法"一直在他头脑中闪现。一种可能性是他选择定居巴勒斯坦，出于经济原因，他估计这种可能性最大——如果去欧洲生活，他就不得不向父亲求助了，而他不想这样做。另一种可能性是移民美国。但在美国，他可能不得不经商，而这不是一个合适的选择。他说："我不适合经商，我根本受不了商业活动。"他也不想留在波兰。因此，在他面对着这个"熟悉的问题"时，他写道："我该怎么办？"

当时，他还是打算竭尽全力，到大学读书。他并不确定自己能否如愿。他写道："如果我没被录取……我真不知道接下来要做什么。"他试图说服自己，自己最想做的其实是去巴勒斯坦定居，即便这意味着要到那里去做老师。他还没有最终作决定，也用不着仓促决定——毕竟他有的是时间去考虑，他写信给福切斯，征求他的意见。他在 1904 年 11 月写道："距离服兵役还有四年，我还有足够的时间去学习。"12 月份，他又写道，如果他有足够的钱作路费的话，那年冬天他就会去巴勒斯坦。他估计自己不会被技术学院录取，如果真是这样他就即刻动身。[13]

四天后，对他而言，一切都变得清晰明了。他公然宣称："明年夏天我一定会去以色列地。"他解释说，这个悲惨民族正濒临亡族灭种，而定居以色列地是为这个民族尽一份力的唯一方式。"我们别用那空洞的陈词滥调欺骗自己了！我们的处境简直糟糕透顶、恐怖至极，我们兴许处在历史上最危险的时代！"[14]很显然，这是他的顿悟。因为就在一两天之前，去巴勒斯坦至多只是诸多选择之一，而且并不一定是首选。即便现在，他也并没有觉得自己有义务在巴勒斯坦为这个不幸的民族提供具体的帮助，仍然没有。他在 1905 年 1 月写道："至于我自己入学的事，我现在还一无所知。有人说今年被这所学校录取较为容易，而有人则表示恰恰相反。"[15]

福切斯很可能会形成这样的印象：他的朋友其实是为了逃避作决定而找借口。本–古里安写道："一方面，我认识到去以色列地工作的紧迫性。"他之所言明显指的是政治工作。他坚持说："组织民族的、强有力的力量，并且对其进行统筹协调。"我们的未来将取决于此。另一方面，他仍希望获得技术和工程领域的教育。他写道："我现在真不知如何取舍。"当时看来，似乎一切都取决于福切斯，他给福切斯的信中说："如果你去的话，我也会努力到那里去。"对他而言，重要的是，福切斯对他的犹太复国主义信念丝毫没有怀疑。头封信发出后的第十天，他决定将继续求学，他还写道："相信我，要不是期望着在我们的土地上能够一展身手、干成大事的话，我可能早就放弃完成学业的想法了。"[16]其实，他们之中迈出前往巴勒斯坦第一步的是齐马赫，他比本–古里安行动更早。

40

❖

就在同一时期，兴许是受到赫茨尔去世的影响，齐马赫情绪高涨，要实现自己在普沃卡立下的誓言。他首先给一个叫摩西·斯米兰斯基（Moshe Smilansky）的男人寄了封信。摩西·斯米兰斯基是一位农民兼作家，齐马赫曾经拜读过他发表在《哈齐菲拉》上的一些文章。齐马赫咨询他有关在巴勒斯坦找工作的事。斯米兰斯基回复说，他应该先来这边落下脚，然后再找工作。齐马赫写道，犹太复国主义提供了逃离波兰的机会，但他依然在等待合适的时机。[17]

从法律上讲，他当时仍是未成年人。没有父母的准许，他就拿不到准许其出境离开波兰的证明文件，更何况，他身无分文。此外，他也不愿意抛弃自己心爱的肖莎娜而独自出走。在他们这个几无秘密可言的小镇，几乎所有人都知道福切斯家正张罗给她找婆家，因此他更不能一走了之。移民过程中的种种困难是小镇青年平常聊天讨论的中心话题。这其中的一位青年——列夫科维茨，竟向齐马赫求助。对列夫科维茨来说，向齐马赫开口求助其实并不容易。他忘不了齐马赫曾一而再地贬低、刁难他们父子。但是他太孤独了，身边没有朋友可以诉衷肠。出人意料的是，齐马赫没有轻蔑地拒绝他。相反，两人紧紧握手，正如列夫科维茨所描述的，"两人心心相通"，开始一起规划他们的旅程。

细节讨论得越多，他们就越清楚，一同离开是很困难的。于是，两人间的竞争由此开始，他们都想成为第一个离开的那个。列夫科维茨先是尝试了简单易行的方法。他希望父亲允许他定居巴勒斯坦，同时想向父亲借一笔钱来支付途中的花费，他承诺会偿还这笔钱。他信誓旦旦地向父亲保证，如果当不上农业工人，他总可以回归老本行，去做面包师。毕竟，无论在哪里，人们都得吃面包。对此，他父亲断然拒绝，他声称，犹太复国主义分子正给他们自己和犹太人民带来巨大的灾难，所以他绝不允许他的儿子和这种疯狂的活动扯上关系。父子间的裂痕早在列夫科维茨开始放弃宗教信仰和宗教学习时就出现了，只是现在变得更深了。[18]

41

在此过程中，一则谣言传遍了整个小镇——齐马赫从他的父亲那里偷走了 300 卢布，然后潜逃出境了。齐马赫后来回忆，当时父亲已经开始带他接触生意上的事情。一天，父亲给了他 300 卢布让他去存入银行，这在当时可是一笔巨款。他说："我收到那 300 卢布，并将钱攥到手中时，我猛然意识到，自己一直在等待的时机终于到来了。"他说，他可能本不想"真的偷走"这笔钱，但当卢布就在眼皮底下的时候，他无法抵制那种诱惑。在准备去乘马车出走普仑斯克的路上，他碰巧遇到了利帕·陶布，齐马赫托他向父亲转交一封信。几个小时后，他已经到达本-古里安在华沙的寓所。

他也没有告知列夫科维茨，就这么不辞而别了。列夫科维茨非常气愤。他后来写道，他当时非常嫉妒，深感受辱，同时也非常惊讶。但在内心深处，他也真的为齐马赫最终梦想成真而高兴。[19]列夫科维茨之所以深感受辱，是因为齐马赫并非一个人孤军奋战，本-古里安帮助了他。

不出所料，齐马赫的父亲试图阻止他的儿子。一天后，他本人现身本-古里安在华沙的住处。本-古里安告诉他，什洛莫（齐马赫）已经走了。其实，他没讲真话，本-古里安也并不确定他朋友的父亲是否相信自己的话。但不管怎样，齐马赫的父亲还是回普仑斯克去了。齐马赫最终抵达巴勒斯坦。他的出走以及他从巴勒斯坦寄来的信件，在镇上引起了轰动。本-古里安认为，他们开始改变人们的观念，人们也开始考虑移民去巴勒斯坦，而不再是美国。他写信给福切斯说："我们的什洛莫他就是一个明星！！！"

❖

最终，本-古里安未被学校录取，原因并非如其父在给赫茨尔的信中所言，是因为他是犹太人，而是因为，他和其他犹太申请人一样，并没有达到技术学校的录取要求。[20]他尝试着调整心态，应对失败。他没有丧失信心，而是继续学习，阅读歌德、莎士比亚和托尔斯泰的作品。在此期间，他时不时会回家看看，但普仑斯克的一切也让他感到无聊和厌倦。[21]

42

齐马赫写道，本-古里安信誓旦旦地说自己想要学习，但他觉得这其实毫无意义，因为本-古里安就不是块学习的料，他缺乏追求学问所必需的那种耐心、勤奋、规律性以及系统的方法。但失之东隅，收之桑榆，齐马赫笔锋一转，本-古里安却在政治领域崭露头角，他参与了社会主义犹太复国主义的政治活动。[22]本-古里安在写给福切斯的信这样说："正如人们所言，如果我当不成一个伐木工，那我就去做一名内阁部长。"他另起一段接着写道："我被叫去参与组建一个传播犹太复国主义理念的组织。"

"那种冰冷刺骨的绝望，如同死亡一样可怕"

赫茨尔在 1904 年的夏天离世，紧接着，犹太复国主义者代表大会搁置了"乌干达方案"。但是围绕该方案的争议仍在持续，邀请本-古里安参与在华沙组建新组织的人当中也有这种争议。这是他头一回涉足政治。他们召集了一次全体会议，选出了执行委员会，并开始起草宣言。开始时，似乎一切都充满希望。宣言明确，该组织的目标是宣扬犹太复国主义理念，并推广希伯来语的使用。委员会还决定建立一个图书馆并募集书籍。会议当天正逢犹太新年，但是仅仅两周后，在犹太住棚节的当口，风向突变。正如本-古里安写信给福切斯时所言，整个活动如"水上的泡沫般消散殆尽"。

他为此极为失望，而且这种情绪带有很深的情感和个人色彩。

有一阵子，他对犹太复国主义产生怀疑，他拿出自己在语言和词汇上的看家本事来表达自己的怀疑，而这也是他惯用的做法："怀疑和不确定性正在吞噬着我沸腾的热血，消磨着我的雄心壮志，而且那种冰冷刺骨的绝望充斥着我的灵魂，如同死亡一般可怕。"[23]像往常一样，他从福切斯那里寻求鼓励。"兄弟!"他写道，"无论我何时产生怀疑或者绝望情绪，也许唯有你才可以让我重新树立简单、热切、至善至美的信念吧!"[24]

他需要某种东西来转移自己的注意力，并且他知道这种东西是什么。他写道："我渴望去工作，那种可以让我全身心投入的工作，可以使我不为七情六欲所扰，不为杂七杂八的想法所动，不受制于各种极端的情绪，忘却所有烦恼和不快的工作。"与此同时，他阅读了大量的报刊，并与福切斯分享报道中令他兴趣盎然的事情。他也关注着世界犹太复国主义组织的各种政治进展，包括即将举行的赫茨尔接班人选举。①[25]

马克斯·诺道（Max Nordau）是其中的一位候选人，他相信美国新任总统西奥多·罗斯福（Theodore Roosevelt）会进一步推动和促进犹太复国主义各项目标的实现。本-古里安曾询问福切斯，美国犹太人在大选中是如何投票选举的，这也是他头一回对这个问题产生兴趣。他定期向福切斯发送有关华沙犹太复国主义运动进展情况的报告。没多久，革命就在华沙爆发了。[26]

❖

起义的形式包括声势浩大的罢工和群情激昂的暴动，其风潮早已席卷整个俄罗斯帝国，现在则来到了华沙。沙皇的军队以雷霆手

---

① 该组织的会员资格面向全世界犹太人开放，通过出售所谓的犹太复国主义"谢克尔"来征收会费。犹太复国主义者代表大会的全国代表团选出了该组织的执行机构，其最高领导为主席。后来，该组织被称为世界犹太复国主义组织。

段镇压了起义。本-古里安在此过程中展现出了天生、敏锐的新闻才干。他在信件中将很多方面娴熟地糅合在一起，这其中，既有针对真实事件带有评论性观点的描述，也有对个人经历的描写和对事件本身丰富、多角度的观察，而所有这些都用流畅而清晰的希伯来语写成。在他的描述中，有很多示威者横尸街头，根本没有人为他们收尸。

后来，本-古里安声称，他过去曾支持过起义。"我曾经是一名革命者，"他说道，"但是在起义爆发时，我的心中依然一片空白。因为我知道，虽然革命可以解放沙俄，但革命是不会解放犹太人民的。"《哈齐菲拉》的报道措辞更为谨慎，但却表达了类似的失望情绪。起义之后，紧接着的是针对犹太人的数百起集体迫害，直到第二年依然在持续，在乌克兰情况尤为严重，有数千犹太人被杀害。[27]

❖

1905 年 3 月，本-古里安给犹太复国主义运动的领导人之一——梅纳赫姆·乌西什金（Menachem Ussishkin）寄了一封信，以征求他的意见和建议。他说，自己是代表一群想移民巴勒斯坦的年轻单身汉给他写信的。

乌西什金领导了反对"乌干达方案"的斗争，他坚持认为犹太复国主义激进运动不应仅局限于外交层面。在国际社会就建立一个犹太国家达成一致之前，他就开始主张犹太人定居巴勒斯坦。本-古里安写信的本来用意可能是，让自己前往巴勒斯坦的行程变得更为容易，或许相关的费用都可以由世界犹太复国主义组织支付。年轻的犹太人，包括本-古里安的朋友们在内，完全是自愿前往巴勒斯坦的。本-古里安却写道："我们不想，也不能（自顾自地）仅凭自己的一腔热情，来采取如此重大的行动。"

本-古里安将乌西什金的政治纲领寄给了福切斯。第七届犹太复国主义者代表大会计划四个月后在巴塞尔（Basel）举行。本-古里安想到现场去，这将是他头一回离开波兰，前往境外。同时，这也是与福切斯重聚的一个机会。本-古里安在给乌西什金去信两周后，又写信告知福切斯："我会尝试着出席代表大会，如能成行，我今年夏天就会在瑞士，这样的话我们就可以见面了。"

这个期望最终落空了。短短几个月后，本-古里安几乎产生了自杀的念头。他写道："我再也找不到活下去的乐趣了。"过去，他对生活、对周围的人都充满了信心，对自己理想的实现，以及对真理和正义的胜利怀有坚定的信念。但总有一些时候，当置身其中时，似乎一切都变得平淡、乏味、令人沮丧，感觉一切都是徒劳。而且，有这种感觉的时候并不少见，他会频繁经历这种情绪。往往在这时候，他倾向于将个人的困境与犹太人的苦难联系起来，并将犹太复国主义视为解决这两方面问题的良方。有时，这种想法令他志得意满，颇有飘飘然之感；但是在他陷入失望的深渊时，犹太复国主义对于他似乎也爱莫能助。他写信给福切斯说："有时候，我心中会产生痛苦可怕的疑问。那种骇人的绝望就如同一只蚊子咬噬我的大脑，像一只蚂蟥一般吸食我的血液，直到我将怒火发泄出来，彻底臣服于恐惧才结束。我不求能在生活中获取到什么，我既不祈求快乐也不向往教育，不想要荣誉也不期待爱情，我可以放弃这一切，我想要的只有一件事——希望!!! 我想要有让我有所期待、有所信仰的力量，然后我准备配戴最沉重的枷锁，去承担最艰苦的劳作!"他内心痛苦的倾诉势必使福切斯倍感压抑，为此，本-古里安再次道歉，他请求道："请原谅我吧，亲爱的朋友。"[28]

齐马赫同样想念并需要福切斯，为此，他不停地从巴勒斯坦寄信过去。他梦想着他们三人一起生活在以色列地，为此他使出浑身解数试图说服福切斯来以色列地。他谈到了他的犹太复国主义职责，

45

试图用他们珍贵的共同回忆来引起福切斯的共鸣——在他们听说"乌干达方案"时，他们不是一起抱头痛哭吗?[29]福切斯不能理解的是，为什么齐马赫去巴勒斯坦当了一名农场工人。为此，他写信对齐马赫说："在我看来，与其在这片土地上耕种，还不如去做更高尚、更富精神感召力的工作，那样也许对你的家园和人民帮助更大。任何人都可以做体力劳动。而一个头脑敏锐的人，去担任公职、做一名知识分子或从事综合性工作的话，也许更可以人尽其才，发挥更大的作用。"[30]齐马赫回复了长长的一封信，详尽阐述了躬耕于土地的种种好处。对回归自然的渴望确是犹太复国主义运动所培育的精神核心。[31]

但这样的观念在当时完全是凭空想象出来的空中楼阁。福切斯选择了一条与他的朋友们不同的道路，他要去纽约发展，他已经计划好去那里学牙医学。在准备这一切的时候，他听取了他的朋友本-古里安的建议，而他的这位朋友自己都尚未决定是否要定居巴勒斯坦。本-古里安在给他的信中说："你当然应该去美国，因为你的父母现在都已经改变主意，表示同意了。"福切斯刚到纽约，便开始迫不及待地在当地希伯来语周刊《旗帜》（*Hadegel*）上发表文章。本-古里安此时给他写了封口吻幽默且风趣的信，这种语气几乎只出现在他青年时代写给福切斯的信中："这篇文章的风格精妙绝伦，我都怀疑这是不是你写的了。"他这样和朋友开着玩笑。本-古里安继续写道，如果福切斯真的打算在纽约安家，他应该在当地出版一份希伯来语报纸，并自告奋勇担任该报驻波兰的特约通讯员。[32]

从齐马赫那里，福切斯得到了截然相反的回应："别听大卫·格鲁恩的建议。"齐马赫以一个朋友、兄弟、爱人的身份恳求他，他作出最后一搏，主动提出承担福切斯来巴勒斯坦的花费，试图以此说服他。[33]福切斯不为所动，仍然留在美国。这是犹太复国主义提供给全世界犹太人的历史性选择，他们中的大多数不愿意定居巴勒斯坦，本–古里安本人当时也尚未作出最终决定。

❖

在此期间，本–古里安参与了华沙的犹太复国主义工人运动——该运动由 10 多个团体共同组成，其中的许多团体从始至终都籍籍无名，但也有几个在后来的以色列政坛发挥了重大的影响力。

本–古里安遇到的其中一个团体就是"犹太人联盟"（Bund），该派别基于社会主义立场，提供了一种可以替代犹太复国主义的其他选择。与犹太复国主义运动一样，犹太人联盟也坚持认为，犹太人构成了一个民族，但并不认为犹太民族是一个流亡的民族。相反，他们一直相信，犹太人有不同的家园，这些家园位于他们目前居住的国家。犹太人联盟培育、推广意第绪语，将其作为该团队目标的一部分。1906 年，犹太人联盟在波兰拥有数万名支持者，成为犹太复国主义运动的劲敌。犹太人联盟也组织犹太人进行自卫。[34]本–古里安希望将他的犹太复国主义信仰与不断高涨的犹太社会主义浪潮结合起来，在此过程中，他接触到一位与他年龄相仿的年轻人，此人名叫伊扎克·塔宾金（Yitzhak Tabenkin），他在母亲的家中召集了一个意识形态—政治方面的集体讨论小组。塔宾金长相英俊而富有魅力，是个极具感召力的人。和本–古里安差不多，他并没有接受过太多的正规教育，平常也不怎么工作，但他博览群书。该小组成员自称为锡安工人党（Po'alei Zion）人。

随着旧秩序的崩溃瓦解，在华沙的犹太社区内出现了各种小团体、政治小组，以及种类繁多的组织机构、俱乐部、派系，总体数量过于庞大，锡安工人党就是其中的一个。和此前成立的霍夫威锡安一样，锡安工人党首次露面时也是以独立社团的形式出现的，其初期的运作缺乏统一的协调。成员们则热衷于没日没夜地展开意识

46

形态方面的辩论，辩论中会借用部分社会主义话语体系中的概念，而希伯来语中当时尚没有这些概念的对应词语。

当时，本-古里安还是一名教师，正在为申请大学做着准备，这样他就有足够的自由时间，从而可以全身心投入辩论当中。这些讨论的参与者会频繁地从各个派系机构退出、回归，然后再度离开。不同的派系会分化瓦解为更小的组织，然后这些组织也会再次联合、分裂。[35]

1905 年 12 月，锡安工人党召开了该党派波兰分部的代表大会，本-古里安作为普仑斯克的代表出席了本次会议。参加会议的其他代表都比本-古里安资深，他在其中只不过是个处于边缘的小人物。但是他在那里学到了很多政治技巧，并在该党派中有了立足之地。

❖

47　　本-古里安在华沙的最后几个月似乎过得极不寻常。他几次被警察逮捕，在监狱中待了好几个星期。据他本人说，他第一次被捕是因为他留了长发，这使得警察觉得他是革命者。

第二次逮捕则与拉琼日（Racionz）小镇的犹太社区冲突有关。这个社区因为新拉比的人选问题发生了争执，而本-古里安则介入其中试图进行调停，此举导致了他的二度入狱。他似乎已经干起了父亲的老本行，即试图运用仲裁、调解和协商等方式化解纠纷。两次被捕后，他均获释放，这都得益于他父亲的社会关系。有线索显示，他还在锡安工人党特别法庭中工作过。他后来回忆说，此后几个星期，他的医生考虑到他的身体状况，让他放弃学业，随后，父亲把他带回了普仑斯克老家，这里相比暴力肆虐的华沙还是要安全一些。[36]

"我们随身都带着手枪"

回到家乡后不久，本-古里安告诉福切斯，犹太复国主义运动在普仑斯克的发展态势要好得多。他谈道，小城设立了一个中央委员会，该委员会的目标是承担起"全面管理监督社区事务的责任"。

他说道，自己之所以决定返回家乡，是因为犹太人联盟已经派人过来，要将工匠学徒招募进他们的组织；用本－古里安的话来说，犹太人联盟正在对普仑斯克发动"进攻"。他写道："我急忙赶回普仑斯克，就是想彻底根除这种邪恶势力对我们家乡的袭扰。"[37] 同时，他带回来了他在华沙学到的开展政治行动的不同方法。与其他各种组织一样，锡安工人党也需要资金，以便开展工作，包括购买武器、创立罢工基金、组织集会以及支付差旅费、宣传费和出版费等，在普仑斯克也同样如此。本－古里安后来回忆说："我们随身都带着手枪。"本－古里安组织起一帮高大强壮的年轻人，他们在镇上着实让人望而生畏。"我们专找大户人家拜访，进门后就把枪撂到桌子上，然后开始谈钱的事。"他当时的同伙之一，耶赫兹克尔·布拉特尼克－尤西芬（Yehezkel Blatnik-Yosifon）回忆说："锡安工人党拥有的武器产生了强大威慑，雇主们不敢造次，这使得改善犹太工人的生活条件成为可能。"

普仑斯克是一个服装产业中心，而该地服装工厂的工作条件非常恶劣。本－古里安开始和工厂主们谈判。他提出一天 12 小时的工作制，但双方没谈拢，工人们开始罢工。罢工后来演变为暴力冲突，最终警察不得不介入其中。有部分罢工工人吃了官司，但锡安工人党最终永载普仑斯克史册，因为它赢得了这场战斗的胜利。

当时，针对犹太人的集体迫害事件司空见惯，本－古里安在他父亲家中藏匿了一批武器，万一哪一天，普仑斯克的犹太人需要进行自卫的话，这些武器能派得上用场。[38] 他和他的哥哥阿夫拉罕都是委员会的委员，同为委员的还有什洛莫·列夫科维茨和另外两个人。[39] 1905 年 6 月，列夫科维茨也动身前往巴勒斯坦。

48

❖

列夫科维茨将自己的出国之旅描述为一次痛苦的经历。为了支付旅费，他也从父亲那里偷了钱，但在离开之前就被父亲发现了。父亲对他大发雷霆，并且强迫他还钱。后来，列夫科维茨如此描写自己和父亲："父子两人都深深关爱着对方，而且这种爱绝无任何虚情假意，两人都可以为了对方而牺牲自己。但在当时，我们站在那里，如同誓不两立的敌人。"他陷入沮丧抑郁、孤立无援的境地。最终，他还是逃了出来，并在车子启动前的最后一刻上了车。他希望能够悄无声息地离开。就在那一刻，他的母亲却出现了，呼唤着他的名字，抓住他的外套，想把他从车上拉下来，但车子还是启动了。[40]

本-古里安童年时代的三个朋友现在都已经离开了家乡。在他自己创立的这个锡安工人党分支机构中，他坐上了第一把交椅，这在他的人生中还是头一回。齐马赫借机奚落本-古里安，他写信给福切斯说，当本-古里安在普仑斯克大搞政治活动的时候，他本人正生活在犹地亚（Judea）的土地上，凝视着初升的月亮。"大卫肯定会在普仑斯克建立一些社团组织，并以极大的热情讨论'人民与土地''奴役与自由''强大与弱小''同化与自我意识''世界主义与民族主义'和其他相关的问题。"同一时期，在齐马赫的另外一封信中，他提到本-古里安"似乎已经达成了他的目标，比我们做得都好"。[41]齐马赫说得没错。

本-古里安在 14 岁时与他的朋友们共同创立了以斯拉，在 19 岁时又在普仑斯克建立锡安工人党普仑斯克分部。他将两个组织中的人员整合成一股力量。他后来如此说道："我将社会主义因素融合进我的犹太复国主义理念当中。"

"犹太人联盟和锡安工人党时常在镇上的犹太大会堂中举行公开

辩论。本-古里安并不是一个魅力四射的演说家——他讲话嗓音尖利。但是，因为自己是本地人，他认为自己享有"地利"方面的优势。犹太人联盟的代表是个外地人。双方辩论经常充溢着火药味，本-古里安身边跟着一个保镖。他写道："双方都佩枪而来，这在当时其实是很普遍的做法。"该镇许多居民都会赶来参加辩论会，有些人为此甚至早早关店歇业。

本-古里安开始备受瞩目，他的名字也出现在报纸上，这还是从来没有过的事儿。犹太人联盟出版的一本书中这样描述本-古里安：在一场辩论中，他开始大喊，"我们有枪，我们会像杀狗一样把你们全宰了"。这本出版物公然称本-古里安为流氓。而本-古里安则毫不掩饰地宣称："我击败了犹太人联盟，我把他们从普仑斯克赶走了。"这个之前从没有快乐过的矮个儿男孩，这个历经坎坷、屡次失败、悲观抑郁、几乎濒临自杀边缘的年轻人，现在是小镇上粗野蛮横的工人运动领导人了。可他依然高兴不起来。[42]

❖

此时的齐马赫，正尝试着在巴勒斯坦的农活中一显身手。这可不是一项轻松的营生，之前他没有为从事这种工作而做过准备。最初的那段时光让他失望透顶。他遇到了太多的阿拉伯人、太多雇用阿拉伯人的犹太人和反对犹太复国主义的哈瑞迪人，以及各种各样的怪人。他写道，当时他还是个"温和、天真、善良的大男孩"。这片土地上的各种丑陋深深震撼了他的灵魂。在这个艰难的当口，他的所作所为与本-古里安在华沙的行为如出一辙——他向福切斯发出了数封令人心碎的信，并参与组建了一个新的劳工党——青年工人党（Hapo'el Hatza'ir）。

1906年的夏天，在离开普仑斯克几个月后，齐马赫收到了一封令他精神振奋的信。他的父亲原谅了他，并敦促他回家，为此还专

50　门为他汇来了路费。他返回普伦斯克的原因还不仅仅是这些，他当时对肖莎娜·福切斯已经没啥感觉了。"我得告知女孩，我们之间的爱情已经烟消云散了，而且我不想通过写信告诉她，我想面对面地向她解释这一切。"

　　抵达家乡后，他和本-古里安之间因为青年工人党和锡安工人党这两个政党究竟哪一个的意识形态正确，产生了争执。本-古里安提议将两个政党合二为一。齐马赫则指出，与锡安工人党不同，他所在的青年工人党拒绝"承认意第绪语"，而且拒绝接受马克思主义。因此，两党之间的分歧是无法掩盖的。六周后，齐马赫决定返回巴勒斯坦，本-古里安决心与他同行，瑞秋·内尔金也加入了他们。

　　瑞秋·内尔金当时18岁，本-古里安则快20了。她加入了本-古里安所在的锡安工人党。她的两个兄弟已移居美国，其中一个兄弟给她寄去了信件，其言辞洋溢着激情，充斥着犹太复国主义色彩。兄弟告诉她，他们已经组建了一个犹太复国主义者社团，取名为Halutzei Zion，也就是"犹太复国主义拓荒者"的意思。福切斯也加入了他们的行列。他们还共同创办了一份新报纸——《意第绪语战士》（*Der Yiddisher Kempfer*），意为"犹太战士"。[43] 瑞秋·内尔金写道："他们有同一个梦想——前往巴勒斯坦，但是他们没有实力，因为美国的生活蒙蔽了他们的双眼。"[44]

"唯一的，也是最终的指望"

　　如果当时瑞秋·内尔金不随本-古里安一同前往巴勒斯坦，那本-古里安是否还会去那里定居呢？这个事情现在当然已经无从知晓了。其实，实践犹太复国主义理念并非是他移民的唯一动机。但无论如何，瑞秋·内尔金作出了前往巴勒斯坦的决定，这让本-古里安在踌躇中轻松了些。他在回忆录中解释说，他之所以推迟了行程全是因为齐马赫的来访，他打算和齐马赫一同返回巴勒斯坦。阿维格多·格鲁恩对此很不高兴。本-古里安写道："我的决定令他深感失望。"他一直梦想他的儿子大卫会成为一个学识渊博、声名显赫的人。[45]尽管如此，他还是给儿子送上了自己的祝福。在本-古里安启程之前，他们都聚集在格鲁恩家的院子里，在一面犹太复国主义的旗帜下拍了一张合照。诚如人们所期，照片中的他们穿得像过节似的，但是没有一个人看起来是开心的。本-古里安坐在瑞秋和另外一个女孩之间。[46]瑞秋后来回忆道：当时她忐忑不安。此外，人们还搞了一个聚会，好几个人在这里发表了告别演说。她写道："在场的每个人都落泪了，但依然强颜欢笑，以享受这依依惜别的深情。"聚会结束前，他们用意第绪语唱起了锡安工人党的颂歌。她的兄弟埃拉扎尔（Elazar）从纽约来信说："你意志坚定，准备把自己的灵魂奉献给我们的民族和我们的土地。"她当时压根儿不知道自己去巴勒斯坦后会从事什么工作，但有一条，她想去那里生活，并且尽自己的一份力量，让这片不毛之地变得繁荣兴盛。[47]本-古里安写信给别尔季切夫斯基的儿子说，他将"以犹太复国主义者、拓荒者和社会主义者的身份"前往巴勒斯坦。①[48]

但是，他的瑞秋可是了解内情的。他们两人可都不是以什么拓荒者的身份离开普仑斯克的。他有一回写信给她时提道："我绝望地走来，或更准确地说，我从绝望中走了出去。"[49]他在后来写给列夫科维茨的信中也表达了类似的观点。激励他的不是使命感，也不是紧

① "拓荒者"（halutz）一词取自《圣经》，其出现于《圣经》中一段有关军事的描述。按字面意思翻译后，它被法语吸纳，并由此被多种其他语言吸纳：位于大部队之前或用于引导大部队的先头部队。本-古里安称拓荒者为"使犹太复国主义理念得以实现的武装力量。"（Ben-Gurion 1971a, p. 336.）

51

迫的拓荒者之责——他希望找到一种自我救赎的方式，来改变自己早已厌倦的生活。他做这一切的初衷都是为了自己，用他的话来表述，这是作为一个无处容身的年轻人"合情合理的自私想法"，也是他唯一能找到的出路。[50]本-古里安有一种对民族的绝望感，其中夹杂着他对个人生活的失望。他还写道，这是"对犹太流散的彻底绝望，也是对当时犹太复国主义和社会主义的彻底绝望"。俄国1905年革命的失败也令他倍感沮丧。他说："出于这四重绝望，我移民到巴勒斯坦。我相信这片土地是我们唯一的，也是最终的指望。"[①][51]

即便本-古里安当时决定继续留在普仑斯克，瑞秋也有可能还是会前往巴勒斯坦。在他们出发前几个月，一个年轻人在前往巴勒斯坦的途中路过普仑斯克，并到家中拜访了瑞秋的继父。这位青年当时名叫叶海兹·哈尔波夫斯基（Yehezkel Halbovski），后来改名为拜特·哈拉赫米（Beit Halahmi）。瑞秋是这样形容他的：他是个英俊潇洒、五官精致的男孩，有着蓝色的眼睛和卷曲的头发。多年后她写道："我现在可以把这个小秘密说出来了，当时我为这个青年所深深吸引，为之着迷和倾倒。"在这位青年的记忆里，瑞秋是个身材高挑、眼睛乌黑的漂亮女孩。[52]本-古里安可能已经知道瑞秋的移情别恋。

❖

本-古里安和瑞秋·内尔金在普仑斯克度过了最后一段时光，其间，本-古里安将哈伊姆·纳赫曼·比亚利克（Hayim Nahman Bialik）在几个月前出版的爱情史诗《火卷》，誊抄在一个方形的笔记本上。

---

① 布拉查·哈巴斯（Bracha Habas）在他撰写的本-古里安传记中记载了本-古里安前往巴勒斯坦时的绝望情绪。他将这本传记在《达瓦尔周刊》（*Dvar Hashavua*）上连载发布，但两年后，在整本书结集出版时，这段描述被删除了。（*Dvar Hashavua*, March 9, 1950; Habas 1952, p. 61; see also Ben-Gurionat assembly with recruits, April 20, 1943, in Ben-Gurion 1949, 3, p. 140.）

这首诗是一部长篇神话作品，其主人公都是耶路撒冷圣殿被毁后最后的幸存者，有男女青年各 200 人，他们历尽艰辛到达了一个荒岛，所有人都赤身裸体。诗歌中的两名核心人物是两位"个头相仿且能力相当"的男孩。[53]其中一位性情平和，长着一双俊俏的眼睛，他抬头仰望星空，找寻他的明星。另外一位眉宇间怒气冲冲，让人不寒而栗，此人低头俯望大地，"寻找他失去的灵魂"。

在这首诗的后半部分，有着漂亮双眸的男孩遇到了同行者中的一个女孩，由此引发了一段长长的独白。其中，他讲述道，自己失去了父亲，他"年轻、孤独，并且充满梦想"。而女孩则让他领教了无声的痛苦和爱情的折磨。他说："我的眼睛贪婪地凝视着她那雪白、裸露的肌肤，我的灵魂颤抖地抚摸着她少女的乳房，入夜后，在辗转反侧间，我在我休息的地方找寻她。"他悲叹失去了青春，就如同失去了一个朋友："我还像个孩子一样追着他，黏着他。我抱紧并亲吻他的大腿，抓住他衣服的下摆，挣扎着咆哮：'请别离我而去！'"他感觉自己像一条狗，像一个奴隶。他找寻着他的爱人，但是她也消失了。痛苦万分时，他喊道："火！火！火！"最终，他在心中发现了火，并准备将火带给他的流亡同胞，并且为他们高声呼喊，没有人能受得了他锐利的目光。他是一个异类，他对所有人来说都是一个谜。

比亚利克的《火卷》曾被一些人称为一部犹太复国主义的史诗和一首歌颂禁忌之爱的颂歌，其中充斥着情色描写，整体创作也受到波兰浪漫主义的影响。[54]本-古里安逐字逐句地誊抄了这首诗，字体精美绝伦，他还特别注意到了标点符号的使用。这首诗占据了笔记本中的 30 页纸，本-古里安将其寄给了福切斯。

53

第三章　鸟儿

"我以为我是在做梦"

促使本-古里安决定前往巴勒斯坦的那种抑郁情绪，以及他离开前的那种忧郁的心境很快烟消云散了，取而代之的是振奋的精神和高昂的情绪。距离目的地越来越近，他也情不自禁，越来越兴奋。他寄回的家信再次展现出他敏锐的新闻嗅觉和富含诗意的愉悦心境。他们一行人乘火车到达敖德萨，在此见到了几位犹太复国主义的领导人，其中包括梅纳赫姆·乌西什金。本-古里安一年前曾给乌西什金写过信，但乌西什金一直都没回信。这回，本-古里安打算与齐马赫一道，说服乌西什金给他们一笔钱，用来创办报纸。乌西什金并不为之所动，本-古里安后来说，他还是没收到乌西什金的回信，但他当时已经一点都不惊讶了。①[1]

本-古里安当时已经拿到了护照。为规避官僚主义和各种繁复规定的掣肘，他伪造身份、使用假名，用另一个家族的成员的名义申请护照，当时这种做法在希望到海外旅行的沙俄公民当中司空见惯。[2]

---

① 列夫科维茨在前往巴勒斯坦的途中，也向乌西什金表达了自己的敬意，而且同样受到了冷遇。(Lavi 1957, p. 121.)

邮轮起航前，他诗兴大发、豪情万丈："几小时后，我就将远离这昏暗阴郁的流散之谷，我将在宽阔无垠的大洋之上，在去往重生之地的途中，向您发来我的问候和敬意。愿我们能尽快在锡安山上重聚！"[3]

❖

这是他头一次走出国门，到沙俄之外旅行，这也是他有生以来第一次坐船。大海之澎湃，令他备受鼓舞。"海浪起起伏伏、奔腾翻滚，波涛汹涌间激起无数晶莹剔透的水珠直冲云天。在升腾于天际的浪花下，闪耀着七色的彩虹。"[4]在土耳其的港口城市伊兹密尔（Izmir），他第一次见识了东方神韵。当邮轮驶离港口、向大海深处驶去的时候，他得以一探伊兹密尔的风光，那里就如同一座散布着星星、蓝宝石和珍珠的山脉。"我在船舱中目不转睛地凝望着这个景象，我以为我是在做梦……"乘客中有土耳其人和阿拉伯人，他们给人留下"很好的印象"。他写道："几乎所有人都很热心、很友善。可以说，他们就是些大孩子。"他们唱歌、讲笑话，并且尽一切可能逗大家开心。[5]

1906 年 9 月 7 日是一个星期五，离开敖德萨九天后，邮轮驶近雅法。本-古里安走上甲板，他的心怦怦地跳着。他写道："一阵清新的海风吹过我们的脸庞，这时突然闻得一声鸟啼，在整个行程中这还是头一回。"[6]

当时巴勒斯坦还是奥斯曼帝国版图中的一片闭塞之地，自 16 世纪以来，这里几乎一直在奥斯曼帝国的统治下。在本-古里安到来之前的很多年，那里就流传着一个传说。和其他的圣地传说一样，它有不止一个版本。根据保存在本-古里安档案馆的版本，传说的主人公是三名骑马的犹太创业者。那是 1878 年的一个清晨，他们先从耶路撒冷出发前往雅法，再去一个名为马勒布斯（Um Malabes）的阿

56　拉伯村庄，他们打算在那里购买一块土地，以建立一个农垦基地。和他们同行的还有一位博士，出于某种原因，他们相信这位博士是生态环境领域的专家。这位博士爬上了屋顶（有人说是山顶），然后一言不发地站在那里。他环视四周，兼顾南北东西各个方向。几位创业者在下面满怀期待地看着他。最后，博士从屋顶下来，告诉他们，很不幸，无论是在天空中还是在树枝上，他连一只鸟都没有看见。博士告诉创业者们，众所周知的是，鸟类不能生存的地方，人类同样不能。

三位骑马的创业者非常失望。他们可是对这个项目抱有极大期望的，就在不久前，他们甚至都给这个新村镇想好了名字——佩塔提克瓦（Petah Tikvah），意为"希望之门"。最终，其中一位创业者脱口而出："无论如何！"另外一位则高声喊道："我们要尝试一下！"第三位创业者顺势拥抱了他的伙伴，他们都激动地流下了泪水。[7]

在巴勒斯坦定居绝非易事，因为这里的条件本不适合居住，更何况他们是创业者、冒险家和梦想家，而非农民。去圣地耕种的渴望也吸引了其他很多人，既有犹太人，又有基督徒。通常而言，他们初来乍到，对当地的情况并不熟悉。

1906 年，在本-古里安和他的朋友们到达这里的时候，他们发现，这个国家刚刚从漫长的沉睡中醒来，正睡眼惺忪地进入 20 世纪。当时，这里交织着理想主义的进取和宗教的癫狂，展现出一片狂乱却极富魅力的混沌，充斥其间的还有勇敢的突破、犹豫的尝试和数不清的幻想。在这里将清头绪可不是一件容易的事情。

"一个伟大的奇迹"

当时，巴勒斯坦的人口正在稳步增长。到 19 世纪 80 年代，人口总数已经接近 40 万，其中大约五分之四是阿拉伯人，他们中的绝大多数是穆斯林，此外还包括数千名未计入该地区常住人口的游牧民。[8]较为公认的说法是，当时在该地区有大约有 3 万犹太人，不到其总人口的 8%，不到全世界犹太总人口的 0.5%。基督徒的数量和犹太人的大体相当。

　　宗教觉醒运动横扫欧洲和美国，一批具有远见卓识的冒险家、浪漫主义者和寻求救赎的人受此影响，纷纷涌向圣地。他们中不少人相信弥赛亚即将降临。一些新近到来的人都是因为宗教方面的越轨行为而不被原居住地宗教社区所接受，例如德国的坦普勒斯人（Templers），以及来自芝加哥并建立了"耶路撒冷美国殖民地"的那一批人，他们都在故国遭到了迫害。他们通常在经历了人生顿悟、飞来横祸或离奇事件后离开故国，前往圣地。有一位来自沙俄的农民就是这种情况，他原本的工作是为村里的教堂敲钟。一天，他爬上钟楼后，眼前突然一片漆黑，完全失去了方向感。他坐在台阶上，恢复了视觉，然而当他再次尝试爬上钟楼时，他眼前又一片漆黑。这个农民意识到这绝非偶然，上帝之手在指示他，他必须放弃自己的基督教信仰，回归犹太教。当他抵达加利利地区时，他发现那里有一个谨遵安息日的俄国社区，居住着苏博特尼基人（Subbotniks），其中一些人已皈依犹太教。[9]那个时候的巴勒斯坦可谓怪象丛生。

　　本地的大多数犹太人也是从别处移民到这里的，其中，塞法迪（Sephardim）犹太人占多数。塞法迪的字面意思是"西班牙"，但几个世纪以来，它已经被用来指代所有来自伊斯兰世界的犹太人。从19 世纪中叶以来，大多数来巴勒斯坦定居的犹太人都来自欧洲基督教国家，这些犹太人被称为阿什肯纳兹（Ashkenazim）犹太人；在19 世纪 60 年代，这一犹太群体成长为犹太人中的多数派。与阿拉伯人明显不同的是，大多数犹太人生活在巴勒斯坦大大小小的城市中；

57

一半多的犹太人居住在耶路撒冷，他们曾是欧洲犹太社区的虔诚子孙，从他们的名字中就可看出，他们曾被寄予厚望，要专门从事宗教研究和宗教祈祷。大多数人依靠家乡社区提供的资助维持生计。[10]欧洲犹太慈善家也伸出援手，帮助犹太人在城市以外定居。

在本-古里安和他的朋友们到来之前的25年间，有大约3万犹太人先后定居巴勒斯坦，据估计，犹太人的数量因此翻了一番。他们中的大多数是来自东欧的难民。这波移民潮后来被称为第一次阿利亚。其中许多人都是遭遇了集体迫害或其他形式各异的迫害和歧视的受害者。

❖

58　　许多遭受集体迫害的其实都是贫苦的犹太人。他们在原住地忍受着野蛮迫害和攻击，所以移民到美国或其他地方，正如这些年来其他数以千万计的欧洲人所做的那样。逃亡巴勒斯坦的路线比前往美国的路程要短，花费也更低。那些想着有朝一日重返俄国的人觉得，从巴勒斯坦返回俄国要比从美国返回来得容易。除了这种利好因素之外，吸引人们移民巴勒斯坦的还有传统意义上对"重返锡安"的期盼。但是大多数犹太人都是在恐慌中逃离俄国的，很多人在逃离的当口都遭遇了巨大的折磨和不幸。有消息称："贫困使他们面目丑陋，也导致很多家庭中年龄稍大的女孩整日游荡于城市街头，甚至遇人不淑，堕落沉沦。"他们大部分乘船抵达雅法，许多人就留在了这个城市。[11]

新来的犹太移民面临很多困难，这也促使当地的创业者和海外富裕的犹太人为他们提供帮助，最终建起了一些新的犹太小村镇，这些小村镇被称为莫沙夫（Moshavot，其单数形式为 Moshavah，希伯来语，村庄或定居点的意思——译注）。居民们主要靠耕种谋生。在这些犹太定居者中，有许多古怪的人，也有些理想主义者。他们在很多方面受益于基督徒的经历，并形成了理念相似的各个组织和宗派。[12]

1882 年，乌克兰哈尔科夫大学兽医学院的一些学生决定前往巴勒斯坦，并准备到这些风景优美、恬静怡人的犹太小村镇工作，"让这个民族恢复生机"。这个自称比卢（Bilu，第一次阿利亚中移民巴勒斯坦的一群俄国学生——译注）的组织目标远大：他们当时计划发动三四千名定居者前往巴勒斯坦。最终，有 50 名左右的青年男女来到这里，不久后团队分裂了，有些人选择离开，最后只有十几个人留了下来。他们没有达成远大目标，留给犹太复国主义运动的只不过是一个辉煌的传说。

1890 年，一个由几十名农场工人组成的小团体在犹太小村镇雷霍沃特（Rehovot）过着集体公社生活，他们组建了一个秘密组织，并将该组织划分为更小的基层组织。每个基层组织由 10 名"兄弟"组成，受一位"大哥"领导，这名"大哥"被冠以"十人队长"的头衔。新人想要加入的话，必须通过严格的资质审查，并参加秘密的入会仪式。这个组织开始被称为"兄弟会"，不久后改称"十人会"。迈克尔·哈珀林（Michael Halperin）是该组织的精神领袖，他来自俄国，是一名极有远见的传教士，他曾敦促俄国犹太人组织起来自卫。他是最早一批提议在以色列地创建犹太军队的人之一。官方版本的《哈加纳历史书》（*Haganah History Book*）称赞他是巴勒斯坦犹太人自卫的"先驱"，此外，该书还将其比作堂吉诃德。一个熟悉他的人形容他长相极其英俊，就如同一个神话人物。他金色的卷发长及双肩，这赋予他先知般的威严气质。他坚信自己是大卫王的后代。有一次，一个巡回马戏团到达雅法，迈克尔·哈珀林走进了狮笼中，并在其中高唱犹太复国主义歌曲《希望》（*Hatikvah*，希伯来语，这是以色列国歌的名字，写于 1878 年——译注），以此证明

59

犹太人的勇敢无畏。许多人都被他深深吸引。劳作一天之后，他们会集合起来到一棵梧桐树下进行准军事训练。他们当中的激进分子要求对偏离正道的"兄弟"处以死刑。[13]与此同时，在加利利湖南岸的一个公社里，住着一个名叫诺亚·纳夫祖西（Noah Naftulksy）的人，他想让以色列成为世界素食主义的中心。[14]

本-古里安到达巴勒斯坦时，这片土地上已经建立了25个犹太小村镇，总共居住着大概6000名犹太人。佩塔提克瓦就是其中的一个小村镇，这原本是片鸟不拉屎的荒蛮之地，在几年后这里还是建立了小镇。[15]本-古里安总理后来表示，佩塔提克瓦是"一个伟大的奇迹"，是恢复犹太国家主权的第一步。[16]他刚到佩塔提克瓦时，就想起了波兰的犹太小镇。本-古里安不喜欢佩塔提克瓦。

"源源不断的兴奋"

刚到巴勒斯坦时的那段经历可谓惨痛。邮轮在港外抛锚，阿拉伯搬运工们将乘客和行李物品装到小船上，划船送这些乘客上岸，这一切自然不是免费的。本-古里安说："这些阿拉伯人手脚并用地爬上我们的船。船上一片慌乱，乘客们感到十分的紧张不安……我们费了九牛二虎之力才保住随身携带的行李物品……当时看来，这艘船随时都可能倾覆，然后被从四面呼啸而来的海浪彻底吞噬。"

60　　列夫科维茨和齐马赫初到雅法时，也经历了痛苦。列夫科维茨比本-古里安早几个月到达，他形容阿拉伯搬运工都是"披着人皮的野兽"，他们"目露凶光，面目狰狞"。他们收费颇高，在小船离开邮轮到达海岸前，又声色俱厉地漫天加价，对乘客进行威胁恐吓。列夫科维茨写道："他们大喊大叫时，就把手做出猛禽爪子的造型，然后伸向年轻的乘客，似乎他们随时会把黑爪子伸进乘客的眼睛中一样。"

齐马赫则称阿拉伯搬运工为"海盗"。事实上，他不得不乘阿拉伯人的船进入这片自己祖先居住的土地，这让他感到"自己孤立无援且备受屈辱"。在他看来，阿拉伯人看起来像是能主宰自己的命运并为之骄傲的人。他们强壮的手臂令他心有余悸。他写道，那一刻，他觉得自己像流亡的战犯。

坐在阿拉伯船工宽阔的肩膀上，本-古里安似乎并没有意识到以这种方式重返故土的象征性的讽刺。他写道："我感受到源源不断的兴奋从我的灵魂深处涌来，不断冲击着我的心灵。"①[17]

列夫科维茨正在码头上等本-古里安。叶海兹·哈尔波夫斯基也早早到此迎接瑞秋。[18]本-古里安不喜欢雅法这个城市。他给父亲写信抱怨道："就像所有的东方城市一样，这里的街道狭窄弯曲。由于没有铺路石，集市总是弥漫着遮天蔽日的灰尘。"他不想留在这个肮脏的海滨城市。多年以后他回忆说："从我看到雅法的第一眼起，我就讨厌这个城市。我觉得这个城市比普仑斯克还要糟糕。"[19]他对雅法有如此看法，可能与在此见到叶海兹·哈尔波夫斯基有关。

尽管如此，周五下午，他还是和一群人一起，动身前往佩塔提克瓦。他相当享受这段旅途。他写道，空气真好，"满是香甜的味道，就如同天堂的空气，好似那毫无杂质的玻璃般清澈透亮"。他还提道："我当时骑着一头驴。"他后来补充说，这是他有生以来头一回见到驴子。池塘中鸣叫的青蛙、黑暗中幽深的柑橘园、暮色下深蓝天空中的点点繁星，这一切都那么新鲜。他在回忆录中重温了自

61

---

① 他后来写道，当他到达巴勒斯坦时，感觉自己好像获得了"新生"。这意味着，从心理学角度考量，他可能已将把以色列地视作新母亲。本-古里安在晚年时，开始从他到达巴勒斯坦的那一天起算自己的年龄。这个日子被永远地铭刻在了他的墓碑上。（Ben-Gurionto Shazar, Nov. 11, 1969; Falk 1987, p. 45ff; Neumann2009, p. 61ff.）

己那夜的感受。"我满是喜悦……我仿佛在一个神话王国中漫游。我的心中激荡万千，升腾起一种'我现在就在以色列地'的感觉，这种感觉令我如痴如醉，我甚至在想：这一切都是真的吗？"当晚，他们抵达佩塔提克瓦时已经 10 点钟了。在小村镇的入口，他们突然听到孩子的痛哭声。本-古里安十分吃惊。他的朋友向他解释说，他听到的是狐狸的尖叫声。那天晚上，他睡在来自普仑斯克的熟人家中，他们彻夜长谈直至黎明。[20]

❖

在一战前的 10 年间，有大约 3.5 万犹太人到巴勒斯坦定居，这波移民潮后来被称作第二次阿利亚。这些移民的社会经济状况与同期移居美国的犹太人非常相似。绝大多数是已婚人士，许多人拖家带口，40％左右的是女性，而只有 30％的移民是像本-古里安和他朋友那样的年轻人。[21]大多数都是为追求更高生活品质而移民的穷人。几家犹太报纸将他们描述为饥饿、贫穷的移民，"过着暗无天日的悲惨生活"。许多人到巴勒斯坦后依然一贫如洗。

齐马赫、列夫科维茨等人经常被问起为什么来这里，提问的人心态复杂，既有嘲笑愚弄之意，又有同情惋惜之心。第二次阿利亚中的移民至少有一半最终离开了这里，甚至可能更多（本-古里安本人估计，其中90％的人最终离开）。离开的人当中，有许多都是和他年纪相仿的年轻人。雷切尔·亚奈特比本-古里安晚两年到达这里，她认为，离开的人并不了解，也不能真正体会到犹太人与这片他们祖先居住的土地间的历史关联。她写道："他们像以往一样，依然是在大流散中失落、彷徨的孩子，所以他们放弃了这片土地。"她坚持认为，他们中的有些人来巴勒斯坦只是为了逃避在俄国军队服兵役。本-古里安写道，要留在巴勒斯坦，真的需要"超强的意志力"。[22]在巴勒斯坦，他的犹太复国主义情绪仍然高涨，就和他以往在普仑斯克时一样。像他这样的意识形态工作者，不论男女总共也就几百人。他们的人数甚至不到德国坦普勒斯人的一半。[23]他们彼此间也有不同，并不归属于同一个派系。其中一些人是为自己寻求新生活的斗士。他们向往人人平等、亲近自然的简朴生活，也向往集体主义，以及通过农业劳作实现自我。每个人都自成一体，有自己的困难和独有的世界观。[24]本－古里安写道，他是到达后才开始将自己视为拓荒者的。

62

❖

抵达佩塔提克瓦的第二天，本－古里安搬进了齐马赫租住的房间。他和他的同伴们周六到达了这个犹太小镇。最晚在周日清晨，本－古里安肯定就已经目睹了齐马赫所说的"成群结队的阿拉伯人"来为犹太农户打工。[25]这不是他所期望看到的，不过至少他也并不吃惊，何况他也用不着自己管理这些阿拉伯人；齐马赫给他讲过很多小镇的事情，他觉得凭此可以认出这里的一些居民。[26]佩塔提克瓦当时是巴勒斯坦最大的犹太村镇，超过1000人在此居住，其中约有一半人是农民，许多是讲意绪语的哈瑞迪人。[27]他们都是在一家食堂吃饭，雷切尔·亚奈特后来在她的回忆录中对这家食堂有过如此描述："肮脏的墙壁旁，摆放着粗陋的木凳，旁边的木桌上沾满了油迹和食物斑点；空气沉闷，令人窒息，让人讨厌的苍蝇满屋乱飞，厨房中散发出阵阵恶臭。"[28]

"我的提议绝不是幻想"

起初，本－古里安写给父亲的信中满是欢欣，把这片土地描述得如诗如画一般。他写道："一轮残阳如血，渐渐没入大海，留下一抹金色的余晖在海面上闪耀。"他坚称，唯有在以色列地才能看到如此壮美的日落之景，他"既兴奋又感动"。冬天即将来临之际，本-古里安却认为他可以"感知到"以色列地的春天的花儿，并描述了一番"重生的景象"：一个希伯来小男孩自信地策马疾驰，一个八岁的希伯来女孩骑驴而行。他宣称道："我的健康状况良好，在外貌上也是英姿勃发！"[29]

63　　两个星期后，那种欢欣就完全烟消云散了。如同在华沙一样，他突然间陷入严重的抑郁。他再次向福切斯敞开心扉，倾诉这一切。当时他到达以色列尚不满四个月，本-古里安却写道："我已经在以色列地待了五个月了，有时我感到特别孤单寂寞，没有亲人也没有朋友，甚至没有心心相印的伙伴。内心的期待和焦灼让我不能自已。"他继续写道，一旦这种情绪来袭，他就会拿出福切斯的回信，如饥似渴地品读，"过往的点点滴滴逐渐涌上心头，那种悲伤真的痛彻心扉"。

他写道，他似乎啥都不缺，生活给予了他想要的一切，但他"心理上的孤独感"却折磨着他。"在我认识的所有人中，我就找不到那么一个关系亲密、心心相印的朋友或兄弟。"他想，这样的关系很可能只能在"朝气蓬勃的青年时代"才能形成，又或许他的孤单寂寞只是一个偶然事件。无论如何，他也找不到一个爱人或一个通常意义上的朋友，作为他人生中和心目中不可或缺的伙伴。有那么一刻，他又一次紧紧抓住最后一根救命稻草——他幻想着福切斯会来巴勒斯坦，为此他写道："真希望我们很快能在地中海岸边相见。"10 年后，他回忆起"那些神秘莫测的夜晚，充满玄幻的色彩……一切都充满了神秘，那种随着期待感而产生的躁动，莫名其妙的焦虑，以及对那些得不到的东西充满着热切的渴望"。[30]他当时还没有女朋友。他写道，齐马赫是唯一一个他能以自己理想的方式与之交谈的人，但齐马赫很快就离开了佩塔提克瓦，迁往加利利湖附近去了，本–古里安依然"孤独，虽然有许多伙伴和朋友"。[31]

❖

他的日常生活并不如意。他写道，"比起出工劳作，我更多的时间是在发烧和饿肚子中挨过的"。只有为数不多的犹太农场雇工拥有稳定工作，而本–古里安并不是其中之一。他曾经谈到过一段雇工接受农场主挑选的经历，听起来像是在一个奴隶市场发生的事，如其所言："犹太雇工们必须站在犹太会堂旁边，接受犹太农场主们的挑选。农场主会查看雇工们的肌肉，而后带他们去农场；在大多数情况下，会让他们留在原地继续等待其他可能会挑中他们的雇主。"到达这个犹太小镇几天后，本–古里安在一个橘子园中找到了工作。他不无讽刺地告诉父亲："我的工作体面又干净，就是给农作物上粪肥。"他首先将肥料置于运货板上，接着把运货板抬进果园，这之间的距离与他从普仑斯克家中到集市的几乎一样远，然后将粪便倾倒于果园的肥料坑中。还有那么几天，他在一个阿拉伯人手下工作。他写信告知父亲此事时，在"阿拉伯人"一词前加了个省略号，用以强调这种情况的荒诞。他说，那就是份"肮脏的工作"。他的任务是将满满一铲又一铲的黏土和水泥递给阿拉伯人。

但是，有时候他找不到工作，连买食物的钱都没有，那就只能挨饿了。他写道："白天时，我尝试过各种办法来回避饥肠辘辘之感，或者至少让自己不去想这个事。但到了晚上，在我夜不能寐的时候，饥饿的感觉愈发强烈，使我心头一阵刺痛、脑海一片昏暗，吸取我的骨髓，压迫我，折磨我，令我生不如死，然后在黎明时分，在我崩溃地昏昏入睡之后，这种感觉才会离我而去。"他在克努特·汉姆生（Knut Hamsun）的著作《饥饿》中发现了一段有关夜间幻觉的描述，而他自己就经历过这一切。他回忆说："当时我眼前出现了面包、黄油和肉的幻象，我觉得自己就要发疯了。"

他的身体在饥饿状态下愈发羸弱。每两周，他就会遭遇一回疟疾发作。他写道："刚开始时，我的身体会因彻骨的寒冷剧烈颤抖，但很快，半个小时后，我又开始浑身灼热，发烧症状往往持续三到四个小时。"每次疟疾发作都要持续五到六天，这意味着他每个月有两周生着病。越是得病，越是不能干活，而干活越少，越是要挨饿。他在早晨洗漱的时候，看到自己的头发开始长出来了。他的主治医生建议他返回故乡。[32] 他的回忆录很典型地体现了他这种情绪的急剧变化。"过去，我们都是精力充沛、幸福快乐、热情洋溢、无忧无虑，"在描写了自己夜里挨饿的经历后，他又写了几句话，"晚上，劳作了一天或者发烧一天之后，我们会在工人的厨房里小聚，在葡萄园和果园间的沙石小路上载歌载舞，手挽着手，肩并着肩，围成一个大圆圈，又唱又跳。"那里的自然环境、工作和生活，一切都是新鲜的。他写道，他们在一起找到了各自的救赎。[33] 和所有人一样，他期盼着下雨，到了丰收的时节，他感到非常满足——在这里，他把橘园中清甜的空气吸入肺腑，橘子则是想吃多少就吃多少。10 年后，他以一个农民的口吻骄傲自豪地补充道："它们是我们的……我们是这片土地的劳动者，而且这片土地就是我们的家园。"[34] 后来，犹太小村镇的一个老人回忆，他曾看到本-古里安驾着一辆两匹马拉的车，车上装满了干草。[35]

但是本-古里安并不擅长也不喜欢干农活。菲利普（平哈斯）·克鲁索［Philip（Pinhas）Cruso］是本-古里安在橘子园的工友，他回忆了他们如何一同在一排排的果树间辛苦劳作，如何拖着沉重的装满水果的柳条箱缓慢前行。这可不是轻松的营生，在阴雨天气更是如此，他们必须小心翼翼，协调一致，以防柳条箱掉落摔碎。本-古里安往往心不在焉，若有所思。克鲁索后来回忆："想和他在工作中密切配合、步调一致，可不容易。"齐马赫说："如果谁想招优秀、高效的工人，我绝不会推荐他。"与其说他在挥动锄头，倒不如说是锄头在挥动他，这还不算，锄头还会把他拖拽到泥土里，他就是那样的人。他当时名声在外，被誉为"闲散高人"。他写道，这里的工作令他厌烦。耕种果林时单调的敲击声让他抓狂。[36]

他经常独坐一边，或读或写。和在华沙与普伦斯克时一样，即便身处巴勒斯坦，他还是在一群农场雇工中脱颖而出。当时，本-古里安有一位名叫雅科夫·卡兹曼（Ya'akov Katzman）的工友，他们曾一同住在一个仓库里，他回忆起当时为雇工和农场主举办的一场派对。派对上有美酒佳肴，气氛热闹欢腾。聚会进行到要有人"讲两句"的那个环节时，没人自告奋勇，工头和雇工们都不愿意说。其中有一位主动站了起来，想讲两句，这个人以他的社会主义思想而著称，但参加派对的人们都怕他会再次进行关于马克思的演说，因为农场主们都对此很反感。此时，另一名不怎么招人待见的雇工站了出来，此人就是大卫·格鲁恩。他说："我来讲。"卡兹曼所能回忆起来的是，他讲得很好，而且每个人都很兴奋。[37]

❖

和很多移民一样，本-古里安一直牵挂着他的家，一直为之魂牵梦绕，难以割舍。他写道："有时候思乡之情突然爆发，心痛欲裂。"随后，他解释说，他"就像已获释的犯人，所有的伙伴和密友都还在监狱，虽然他可以自由行动，但吸引他的仍旧是那牢房的方寸之间"。[38]他每一封信的开头都流露着悲苦和失望：为什么他们不多给他写写信？而且，他几乎总是抱怨邮政服务。他想知道普伦斯克发生的一切新鲜事，越详细越好：工作进展得如何？他的弟弟妹妹们在忙什么？他哥哥阿夫拉罕买的彩票中奖了吗？[39]

有人从普伦斯克回来，给他捎来了家里的一个包裹，但他也并不是特别高兴。包裹里的靴子太小了，他让他父亲给他寄双大些的

66

过来；袜子太多了，香肠已然坏掉了，不过蛋糕很好吃。他几次写信回家，要他临行前在普仑斯克拍的留影，还要订一份俄国政治期刊。有时候，他会问他的故交是否已经成婚，普仑斯克的选举进行得如何，以及家乡的犹太复国主义运动形势如何。[40]在一封写给福切斯的信中，他问到了从普仑斯克到纽约去的一些人的情况。[41]有一回，他写信给他的小侄子："本雅明，我的小乖乖，有人和你一起玩吗？"本-古里安答应他，如果他来巴勒斯坦的话，他会带他骑阿拉伯骏马、把玩步枪，这样的话，他就可以做一个犹太英雄了！他还承诺要买葡萄、杏仁、桃子和橘子之类的甜食给他："就做一个希伯来小淘气吧！"他还建议哥哥的小女儿学习希伯来语，如此一来，她今后可以在犹太小村镇上做一名教师。[42]在抵达巴勒斯坦一年后，他建议他的父亲也来这里。

❖

他的想法是，父亲应该带领整个家族到此定居，买上一块土地，做一个农场主。本-古里安在 1907 年寄出的一封信中这样写道："这次我写这封信的用意贴近实际，我提议，举家来巴勒斯坦定居、殖民。因为事关实际情况，我会尽可能写得简明扼要、重点突出，符合经营常识。"他信心满满地为这个家族勾画出了未来的蓝图，其中的一切，哪怕是最微小的细节，他都了然于胸。如果他父亲要在一片土地上经营一个杏树果园，这个园子占地大小如何、成本如何等耕种的各项投入及其费用，他都详尽列出。头三年会亏损，第四年将会收支相抵，第五年将开始实现盈利。他把款项总额计算到小数点后第一位，并列出了支付计划表。他似乎已经考虑好，果园就设在距离拉姆拉（Ramla）镇不远的一个地方。他承诺："我的提议绝不是幻想。"本-古里安信中的工作设想是，在父亲带领一家人到达后，他自己也将成为一名农场主。四五年以后，他们将在自己家园的土地上劳动，过上安宁、快乐和幸福的生活。他断言，"这绝无损失风险"，并坚持让他们最好用电报"立即"答复。[43]

举家迁到巴勒斯坦，这种自负的念头有可能表达了他自己的一种期望，他期待着成为一家之主，期盼着塑造这个家庭的未来。最重要的是，他想和家人们在一起。实际上这个提议并不可行，同时也表明他根本不了解他的家庭。他希望家人沿着他为他们设定的道路前行，但是那个时候，家人们根本没打算放弃在普仑斯克现有的生活，去巴勒斯坦做一个农民。阿维格多·格鲁恩在闲暇时会想想儿子的提议，权作消遣，而且打趣般的向儿子提出越来越多的问题。这压根儿就不是一个严肃的行动计划，而是一个远在天边、思乡心切的孤独游子不断调整自己、适应环境的产物而已。

"我现在独自一人生活"

孤独感也困扰着齐马赫，这种感受在晚上来得尤为强烈。在搬去和本-古里安同住之前，他也渴望有一个朋友能随时陪伴在身边，但这位他中意的伙伴却喜欢满世界到处跑。齐马赫抱怨道："他就像一只迁徙中的鸟儿，在不同的地方流连徘徊。"有一段时间，他住在里雄莱锡安（Rishon Letzion）的一间出租房里，幻想着与一个叫法玛（Fatma）的阿拉伯女孩私通，这个女孩是他房东家的女仆。他觉得这个女孩有猫一般的个性。他写道："坐在一间昏暗的房间中长吁短叹简直让人抓狂。"[44]

什洛莫·列夫科维茨，这位普仑斯克情场上的失意人，有一回谈道，他有一次傍晚时步行穿过佩塔提克瓦的大街小巷，看到了一对对的恋人，此情此景更令他感到孤独之折磨。他想："现在谁能给我一张温暖的床，给我一抹可爱之温柔，让我可以拥入怀抱呢？"[45]禁欲是生活的常态。而有时候，这也是对自身形象的表现，毕竟他们是革命者，要投身于自己的事业；而这也是对一种文化转变的宣誓，以往年轻人遵循父母之命、媒妁之言，而现如今这完全取决于个人选择，其中包括对家庭的重新思考。在一些雇工公社中，男性要远远多于女性。本-古里安后来表示，关于情爱的话题他们可是没少谈及。①

❖

本-古里安从未忘记他的初恋瑞秋·内尔金，但瑞秋很快就选择了本-古里安的情敌。内尔金后来回忆说，在果园中工作辛苦不易。有一回，她的手被割伤，鲜血淋漓。她的农场主老板远远地看到了这一幕。到了晚上，工头对她说，她有这样一双手，真应该去弹钢琴，在柑橘园里干农活真是浪费了。她写道："我被解雇了，感到很羞愧，我不想接受朋友的任何安慰和支持。"她很可能希望从本-古里安那里听到些宽慰话。但安慰她的人是叶海兹·哈尔波夫斯基。对于哈尔波夫斯基，她如此写道："他是个好人，心地善良，总是给我鼓励，让我满怀信心和希望。"[46]两个人最终走到了一起。1906 年 10 月 16 日，本-古里安写信给父亲说："今天一整天我都是孤孤单单一个人。"这天是他 20 岁生日。[47]孤独寂寞是他最大的困扰。对付这种情况，他有两个办法：进行写作和思考政治。

---

① 这些拓荒者们在当地有他们自己的精神导师，这位名叫阿哈龙·大卫·葛丹 (Aharon David Gordon) 的导师比绝大多数人都要年长 30 岁。在这个规模不大的犹太复国主义劳动者社区，人们把他视作向导、精神导师和道德权威。除了在政治和意识形态方面接受他的教导之外，他们也在性和家庭生活方面从他那里获得指导。(Zemach 1983, p. 61; Muki Tsur 1998, p. 112ff.; Ben-Gurion interview with Hayerushalmi, Feb. 28, 1972, BGA.)

第四章 外国劳工

"一个普通人"

他笔耕不辍，有一种不吐不快的热情，用希伯来语进行写作也是愈发炉火纯青，他就像个任务在身的记者或者某个事实调查委员会的成员。到达圣地还不到六周，他几乎天天写信，向父亲报告他的新生活。他还嘱托父亲保管好他的信件，他解释说："若干年后，我想借这些信件去了解我在每个时刻和每个阶段对以色列地的所思所想，这对我来说特别重要。"与此同时，他极尽所能使其每次信件的内容客观、可靠，而且从不掩盖自己不时遇到的困难和问题。他说这里的工资比俄国要低，但食品的价格更便宜。他提供了一份包含茶、黑面包、糖的价格的清单；牛奶很贵，而且在夏天还很难买到；一顿大餐包含甜菜汤、法式扁豆汤、肉制品，不包含面包，价格如何如何。他用土耳其货币报价，然后他会换算为相当价值的俄国卢布。这里盛产美酒，蜂蜜的品质也比俄国的好。橙子和柠檬则是供人随意自取。一个每天都出工的劳工的生活支出要低于他的收入，收入大体相当于每天六个半的俄国小铜板。但是，他特别说明，大多数雇工不可能天天都有活干。[1]

他估计，佩塔提克瓦每年可为约 300 名犹太劳工提供工作机会，而这些劳工可以形成"一个健康、有力的劳动阶层……而这正是每一个自由、正常民族之希望所在"。他一次次地向他父亲保证，这既非幻想也不是梦境。他写道："在流亡时期，我们怀揣梦想。在这里，在我们的重生之地，我们理解了这些梦想的真实含义。"简言之，这就是他的犹太复国主义哲学观。他写信告诉福切斯："犹太复国主义并不是一个遥远的理想，而是一个现实的存在，它就在我眼皮底下不断发展完善，如同自然之力般不可阻挡。"[2]他提到他感染了疟疾，但正尽全力控制病情。有一回，他告诉父亲，他的体温升到了 41.4℃（106.5℉）。他写道："如果此种情况发生在俄国的话，情况会相当危险，足以致命，但是在巴勒斯坦这边，这根本就不算什么！"一位医生给他开了药，但他甚至还没去配药，就已经痊愈了。他写道，按当地的说法，"疟疾压根儿就不是病"。通常来讲，患者一到三天就会自愈；如果持续数周的话，则表明患者本身的身体状况欠佳。本-古里安专门提道，他的普仑斯克老乡、图书管理员利帕·陶布一次疟疾都没得过，壮得像匹马。

他用同样的乐观态度向父亲介绍了当时的政治局势。他惊叹于当时土耳其当局所给予巴勒斯坦犹太人的高度自治权。政府会征收赋税，但除此之外，并不干涉犹太人的生活。他写道，这些犹太小村镇合并起来就是"微缩版的希伯来共和国"。而"每个犹太小村镇就是'一个微缩版的犹太国家'。[①] 小村镇经选举产生的委员会几乎完全独立地开展各项事务。

其实，真实情况并非完全如他所言。大多数新移民是持旅游签

71

---

① 佩塔提克瓦印制自己的邮票和纸币。巴勒斯坦境内的大多数犹太人都是其他国家的公民，因此享有相应权利，并受母国政府保护。（Ben-Gurion to his father, Nov. 13, 1906, Jan. 27, 1907, in Erez 1971, pp. 86ff., 99.）

证进入巴勒斯坦的，而且通常会非法滞留。当局会不时发布各项规定，使得犹太人入境、在当地滞留和购买土地都变得愈发困难。本-古里安在其描述中也夸大了希伯来文化的发展，其实它尚处于起步阶段。当时，大多数居住在巴勒斯坦的犹太人并不讲希伯来语。

本-古里安的信在普仑斯克广为流传，他知道这个情况。他也知道，一些曾经在巴勒斯坦待过的普仑斯克人返回故乡后散播关于巴勒斯坦的"恶毒的诽谤"。他称这些人为"新间谍"，其典故源于以色列间谍，当年他们被摩西派去探查应许之地，返回后却不断地说应许之地的坏话，以此吓唬同胞们。他写道，这些人不过是些"在大流散的沼泽地中被泥水没过脖子的犹太干尸"而已。即使他们听说以色列地的街道都是由黄金铺成的，他们也不会感到精神亢奋的。本-古里安表示，他为自己的言论负责。"你们可以从我以前的来信中看出，我并没有掩饰巴勒斯坦的任何糟糕情形，我甚至还说过我罹患疟疾的情况。但是，正如我不会容忍对这个国家浮夸的赞美一样，在它受到无端诽谤的时候，我也不会保持沉默。"[3]

他给普仑斯克寄送报告，势必要求他及时了解巴勒斯坦正在发生的事件，从而有助于他融入当地社区。他在信中表现出的乐观主义，不但鼓舞了他自己，也鼓舞了他的读者们。他写道："从现在算起，再过 25 年，我们将生活在一个最繁荣、美丽和幸福的国度，一个古老而全新的民族将在这片古老而全新的土地上繁荣昌盛，到那时，我们也将诉说我们过去如何受过疟疾的袭扰、如何艰苦劳作、如何颤抖而又满怀着梦想……"[4]

❖

他有时会谈及犹太移民素质的下降。他把许多新近抵达的移民称为"不良分子，因为这些人给巴勒斯坦社区带来的伤害多于益处"。他到巴勒斯坦四个月后给福切斯去了一封信，该信表明了他从幻想中突然而痛苦的觉醒。他思索着，他们分开只不过短短三年。"你可以说三年前我们还是孩子……天真，喜欢做梦、充满幻想的孩子——而我们现在早已经开始了真正的生活，残酷、粗鄙、真实的生活。"其他人也一样，年幼时的梦幻破灭了。①5

　　他在巴勒斯坦学到的第一课就是，那些仅仅为实现理想而来的人通常无法在此生存下去——只有在特殊情形下他们才可能成功。正如他所说，"一个普通人"首先需要满足自己的物质需要。6很快，本-古里安发现自己正在重操旧业。他离开了佩塔提克瓦，搬到了附近的城市雅法，并利用他在波兰组织工人运动的经验（这是他在波兰时唯一的工作经验），开始了自己的职业生涯。就像在华沙一样，他开始寻求实现自己的个人救赎，就像一个普通人一样。

"鸿沟"

　　本-古里安在雅法上岸时，他当时的身份是锡安工人党的成员。当天早上，他遇到了对家青年工人党中的一名激进分子，齐马赫曾参与帮助组建该党。两个党派的规模都很小，并且都将自身视作当地工人运动的一部分，而当地的工人运动当时尚缺乏影响力。这一激进分子试图就历史唯物主义和本-古里安展开辩论。本-古里安告诉他，他可以带着他的历史唯物主义见鬼去了。71906 年 10 月，本-古里安接受邀请，参加在雅法举行的锡安工人党大会（以下简称为"雅法会议"）。青年工人党也在同一日安排召开代表大会。因此，本-古里安和齐马赫一同前往雅法。他们一路步行，花费了三个小时，中途穿过柑橘林、葡萄园、杏树园和橄榄园。他后来写道："我

---

　　① 齐马赫写道："苦涩的现实触动了我们的灵魂，将我从海外带来的梦想击得粉碎。"（Zemach 1965, p. 65.）

们周围的景色如此摄人心魄，以至于我们都没有感觉到头顶烈日的暴晒，也没有感觉到一路步行的疲惫。"[8]他们很可能一路上都在辩论各自党派的意识形态问题。①　本-古里安本已重申了他的观点，他认为党派间种种分歧都可以忽略不计，而齐马赫则强调了他所属党派的独有观点。当时，两党都在争取同一批公众、同种渠道的政治支持和海外资金来源，这使得彼此之间嫌隙颇深。他们在雅法道别，分别与各自的党派汇合。

本-古里安在雅法遇到了一个熟人——伊斯雷尔·肖哈特（Israel Shohat），他和本-古里安年龄相仿，从俄国来，比本-古里安早几年到巴勒斯坦。在俄国，肖哈特也曾是锡安工人党的支持者，本-古里安在普仑斯克时就曾听说过他。当他在巴勒斯坦初次见到他时，他发现肖哈特身上有一种特质，本-古里安称之为"独立思想"，而这其中，他坦言，"有些有意义，而其他的则毫无价值"。[9]肖哈特在一家名为幽灵的不起眼的旅店中组织了雅法会议。他似乎也已从海外支持者那里设法筹集到了必要的资金。他是这次会议的幕后推手，同时，他也庇护着本-古里安。

锡安工人党在巴勒斯坦仅有150位支持者。雅法会议的目标就是建立一个成系统、有组织的政党。[10]显然，大多数的与会者之前从未参加过这样的政治活动，而这凸显了本-古里安的优势——在前一年于华沙召开的该党代表大会上，这位来自普仑斯克的代表已经了解了该运动的发展动态和政治用语。在雅法，他展示了他的政治手腕和政治力量。肖哈特希望留在幕后，并巧妙安排促成本-古里安当选会议主席。这是本-古里安第一次主持这样的大会，他严格按照议程

---

① 本-古里安称，青年工人党的几位成员要求齐马赫解释他与锡安工人党成员本-古里安间的友谊，并说明为什么与他同住一间房。齐马赫很可能因此回想起，童年时期因到本-古里安家玩耍而挨了父亲的那一巴掌。（Ben-Gurion 1971a, p. 23.）

把控会议进度。讨论发言环节使用的语言为意第绪语和俄语，但本-古里安自己坚持使用希伯来语。很多在场的人可能根本听不懂他在说什么。与会者和该党派在华沙的成员一样，花费了大量时间来探讨社会主义理论的精髓。本-古里安则提出了一项切实可行的决议，即组建劳工工会，该工会最终发展为犹太工人总工会（Histadrut，伊休夫的首要工会，后来成为以色列一股强大的政治力量——译注）。没有人提反对意见。不过本-古里安提议，只有犹太人才能成为该工会会员。[11]

❖

在那时，巴勒斯坦的大多数犹太农场主都居住在犹太小镇，而且更偏向于雇用阿拉伯劳工，因为他们的工资更低，更有经验，也没那么多事，相比犹太人更加顺从。阿拉伯工人的平均工资大约只是犹太工人工资的40%，而且和那些最近刚到巴勒斯坦的犹太年轻人不同，阿拉伯人并不会向他们的雇主宣扬历史唯物主义。[12]本-古里安和他的朋友们都很反感农场主们的"小算盘"，农场主们则毫不掩饰对这些初来乍到的犹太劳工的厌恶和鄙视。本-古里安写道："一道深深的鸿沟横亘在这些农场主和新劳工之间。"他后来则把犹太农场主和犹太劳工描述为两个立场不同且相互敌对的群体。[13]

很多犹太劳工认为，阿拉伯劳工提供廉价劳动力是不正当的竞争行为。一些犹太年轻人因为无法如其所愿地养活自己，不得不离开巴勒斯坦。但是，本-古里安儿时的一个朋友说，"不论是谁，凡是想工作且能工作的，都能找到工作。游手好闲的人当然找不到工作"。[14]本-古里安提到的"鸿沟"并不仅仅是工作问题造成的。他在多年后谈道："农场主们并没有给予我们基本的民权。"他解释道："他们可不希望我们同他们的女儿们勾搭在一起。"[15]他自抵达巴勒斯坦之日起，就对农场主非常反感，他与农场主们的斗争，为自己所属的左翼运动与敌对派别间的政治竞争奠定了基础。农场主们以同样的方式看待这些问题，他们声称，本-古里安并不是为了"希伯来劳工"而斗争，而是为了有组织的劳工运动而斗争。也就是说，他想要控制劳动力市场。[16]事实的确如此，但本-古里安和他的同志们之所以需要"希伯来劳工"，主要还是因为这才是在巴勒斯坦建立一个强大、稳固的犹太人存在体的最佳方式。

❖

齐马赫和什洛莫·列夫科维茨每天都能见到阿拉伯劳工，而且他们对这些人心怀芥蒂。列夫科维茨有一回离开里雄莱锡安，前往雷霍沃特。他当时已打定主意要步行前往，因此日出前就出发了。但是，在主干道上，他遇到了一大群前往里雄莱锡安的劳工，这其中，有些人骑着驴，有些人步行。这群劳工总共有几百号人，男人、女人和孩子都有，全部是阿拉伯人。列夫科维茨不禁开始担心犹太小镇上犹太劳工们所面对的危险。"我不敢想象，如果这些阿拉伯劳工发生了小规模的叛乱，会导致怎样的后果。他们可能眨眼间就把这些数量本就不多的犹太男女斩尽杀绝。"但是，这种担忧并不是困扰他的主要因素。他感到实实在在地被羞辱了一把。他写道："你发现没几个犹太人身着工装，犹太人大多衣着考究，穿着浅色套装，头戴巴拿马草帽。"他继续走自己的路，与那帮阿拉伯劳工反向而行。[17]

列夫科维茨讲述了各种针对阿拉伯劳工的抗议行动，其中一些抗议行动针对的是由世界犹太复国主义组织运营、受益格鲁-巴勒斯坦银行资助的一些项目。列夫科维茨和另一个年轻人动身前往雅法，要去面见该银行的董事扎尔曼·戴维·莱文汀（Zalman David Levontin）。他们到达的时候，天色已晚。尽管列夫科维茨随身带了一把匕首，两人还带着棍棒，当他和他的同伴孤零零地行走在雅法

75

幽深的街巷时，还是非常害怕。他们并不知道莱文汀的住址。最后，他们遇到了两名犹太巡夜者，还是这两名巡夜人把他们带到了这位银行家的家门口。银行家的妻子拒绝给他们开门，说她的丈夫已经入睡。他们则不依不饶，死缠烂打，让她去叫醒她的丈夫。

莱文汀穿着睡衣走了出来，并让他们将棍棒和匕首留在门口。他有些不耐烦，但还是听他们讲下去。他们说，在犹太人得到利达（Lydda，今已改为《希伯来圣经》中的名字"罗德"——译注）附近地块上的工作之前，他们是不会放弃的，他们还威胁说要制造一个臭名远扬的丑闻。莱文汀说，他相信他们的犹太复国主义理想，只是不相信他们有劳动能力。尽管如此，他还是承诺，在他接到银行管理层从伦敦发来的指令前，暂停该地块的现场工作。[18]他在信中声称，犹太工人总是手持棍棒和刀具四处乱晃，在他们为希伯来劳工争取权利时，在阿拉伯人面前展示出傲慢、敌视和高高在上的感觉。[19]

"最下流的阿拉伯话"

在前往巴勒斯坦的轮船上，当本-古里安发现自己周围都是阿拉伯人时，他说阿拉伯人在他看来都像是些大小孩，即便他当时还不能明确，也一定已经意识到，这个国家有几十万阿拉伯人。当时，一些笃信基督的犹太复国主义者喜欢将巴勒斯坦看作一片没有民族的土地，巴勒斯坦就是为了一个没有土地的民族而存在的。一些犹太人（包括犹太复国主义者）也表达了同样的观点。本-古里安将该立场称为"幼稚的犹太复国主义"。他坚信以色列地原本就属于犹太人，尽管那里当时居住着阿拉伯人，犹太人还是理应得到这片土地。摩西·夏里特后来写道："我们并不是跑到一片荒芜之地上去承继这片土地。相反，我们是要从居住在那里的民族手中夺取这片土地。"[20]

❖

本-古里安可能在 15 岁时就读过一篇来自巴勒斯坦的报道，撰写这篇报道的记者是一名犹太复国主义激进分子，该报道发表在《哈齐菲拉》上。这位记者在报道中描写了很多事，其中包括他在旅程中与阿拉伯人数次相遇的事。他说当时自己已感受到了威胁，并与读者分享了他收到的与阿拉伯人相处的建议："别给他们好脸色，不要对他们说的话作出任何反应。"[21] 阿拉伯人攻击、袭扰乃至谋杀犹太人的情况并不罕见，而这些并不一定是出于政治原因。有关犹太农场主与阿拉伯人之间的暴力冲突，《哈齐菲拉》无一例外地进行报道，有的暴力冲突由放牧场地的争端引发。[22]

阿拉伯人常常会被比作犹太人原住国的基督教多数派民众，这些人对犹太人充满恶意，侵犯犹太人的权益，对犹太人进行迫害。许多犹太人在到巴勒斯坦之前都曾经历过针对犹太人的集体迫害事件。[23] 犹太农场主虽然更喜欢雇用阿拉伯人而非犹太人，但在面对阿拉伯劳工时，往往摆出一副高高在上的样子，对阿拉伯人充满了鄙视和不屑。19 世纪 80 年代末，阿哈德·哈姆曾在巴勒斯坦旅行，他写道："他们对阿拉伯人满是恶意、铁石心肠，通常会毫无理由地侵害阿拉伯人的利益，有时会不由分说地将他们痛打一顿，而且事后还会对此大放厥词。" 在另一篇文章中，他写道，犹太农场主对待阿拉伯佃农的方式与对待农场牲畜毫无二致。雅法居民伊斯雷尔·罗卡奇（Israel Rokach）在致信银行家莱文汀时写道："他们没把阿拉伯劳工当人看。"[24] 哈德拉（Hadera）的犹太农场主们为他们的阿拉伯劳工印发了特殊的身份证件。犹太小镇的管理委员会坚持认为："此举并非为了利用他们，而是为了让他们闭嘴。"[25]

1886 年，一名远在俄国的犹太革命者伊利亚·鲁比诺维奇（Ilya

Rubinowicz）曾如此发问："但是，阿拉伯人问题应该如何处理呢？犹太人会同意做阿拉伯人中的异类吗？或者他们想把阿拉伯人变为犹太人中的异类吗？"[26]在本-古里安定居巴勒斯坦约一年之后，当地的一名犹太教师伊扎克·爱泼斯坦（Yitzhak Epstein）写了一篇文章，质疑犹太移民对待阿拉伯人的方式，这引发了针对阿拉伯人问题的一个重要讨论。[27]

77

❖

　　为定居巴勒斯坦，犹太人会在此购买土地，而这有时会导致在此耕种的阿拉伯佃农被驱赶出自己劳作的土地。有时他们会因此得到一笔补偿金，而有时则一分一厘都拿不到。作家摩西·斯米兰斯基本身也是一位农场主，本-古里安和他的朋友们在普仑斯克时就读过他的文章，他详述了自己亲眼所见的一幕：阿拉伯人失去了土地和家园，且未获得任何补偿，阿拉伯农妇为此而悲痛欲绝。他写道，犹太定居者用棍棒将他们赶走，并引以为豪，"玩世不恭之心态令人咋舌"。[28]他特别指出，在选择购买阿拉伯人的土地时，犹太人要特别当心，他坚持认为不要购买有阿拉伯人居住的土地。为此，他言之凿凿地说："阿拉伯佃农与他们的土地唇齿相依，因而绝不会轻易离开。"斯米兰斯基补充说："他们已经深深扎根于此，修筑了房子和庭院，也在这里埋葬了他们的亲人和圣贤。"阿拉伯人将新来的犹太定居者视作威胁，并且发自心底地深深憎恨他们。他解释说，这没啥大惊小怪的，"土地对阿拉伯佃农而言至关重要，而［犹太］定居者却在不断地蚕食他们的土地……阿拉伯佃农对我们产生了憎恨，我们决不可对此掉以轻心"。[29]

　　针对犹太民族和阿拉伯民族关系的问题，当地媒体组织了长期的讨论，斯米兰斯基是参与讨论的常客。该辩论的历史可以追溯到本-古里安出生前，甚至是赫茨尔建立世界犹太复国主义组织之前。

随着阿拉伯领导人开始公开发声反对犹太复国主义，并呼吁限制犹太移民，这个问题变得更为紧迫。在很大程度上而言，这是一场"鸽派"和"鹰派"间在意识形态与政治领域的辩论："鸽派"相信犹太复国主义与阿拉伯人之间有和谐共生的可能，而"鹰派"则坚持认为要实现犹太复国主义的理想，犹太人口得占绝对多数并且具有强大的威慑力，此外，暴力冲突可能无法避免。其中一个摆在台面上的问题是，犹太人的行为，包括他们对待阿拉伯劳工的方式，是否真的会对两个民族之间的关系产生任何实质性的影响。

　　这也是知识分子间的一场文化辩论。有人宣扬要完全融入阿拉伯文化，也有人坚持认为犹太文化优于阿拉伯文化，并且该文化有可能使犹太人成为这片土地的主人。赫茨尔认为，犹太国家将会是"欧洲对抗亚洲的堡垒、文明抵制野蛮的前哨"。[30]巴勒斯坦境内的很多阿拉伯人当时的确生活在落后、愚昧、肮脏和疾病蔓延的悲惨境地。

　　两大民族的相遇不仅产生了一系列为人们熟知的负面问题，也引发了犹太人的惶恐，他们担心犹太人会接受阿拉伯文化。[31]阿拉伯劳工有时独自或与家人一起住在犹太农场主的庭院里，有时睡在谷仓中。本-古里安提道，在位于卡梅尔山南部支脉的奇科隆雅科夫（Zichron Ya'akov）社区劳作时，他发现几乎在每个犹太农场主的庭院里都住着两个阿拉伯家庭，他们日日夜夜都住在这里。这让他非常担心，之所以如此，部分原因是他发现犹太儿童正在跟阿拉伯儿童学"最下流的阿拉伯话"，虽然他们尚不理解其中的含义。[32]

　　大多数犹太移民抵达之时，都会有一种清晰的感觉：他们来到了真正属于自己的这片土地，这片上帝应许给亚伯拉罕的土地。第二次阿利亚中，移民以色列的犹太定居者绝大多数来自东欧，他们称阿拉伯人为"外国人"和"异类人"。[33]

78

本－古里安在当地组织劳工运动，并由此开启了自己的职业生涯，他当时的主要兴趣仍然在于如何以犹太劳工取代阿拉伯劳工。因此，他研究了雷霍沃特工会历史，在他到达巴勒斯坦的 15 年前，该工会的章程指出，该国的希伯来劳工就同 "血液对一个人的身体健康那般关键，血液赋予人以生命，让他免于腐败和死亡"。[34]

他坚持认为，控制巴勒斯坦的劳工市场将帮助犹太人变回 "正常人"。他和他的朋友们从俄国带来的社会主义理念把体力劳动和土地耕种奉为至高无上的美德。在犹太小镇中，阿拉伯人的落后和犹太农场主居高临下的态度，更让他们意识到建立独立的犹太经济至关重要，可以帮助犹太劳工免受偏见和剥削之苦。[35]

斯米兰斯基也出于经济原因抵制阿拉伯劳工。他估计，每一个犹太农场主供养着三个阿拉伯家庭。他发现，没有犹太劳工的话，这片土地就不会回归 "以色列"，即不会回到犹太人手中。[36] 在此之前，斯米兰斯基曾称赞南非的布尔人用自己勤劳的双手工作，并把他们作为犹太人定居巴勒斯坦的光辉榜样。[37] 也正是在此背景下，本－古里安将自己置于为犹太劳工而战的领导地位。他认为这是 "一个将决定犹太复国主义整体命运的根本性问题"。[38] 他进一步拓展了在华沙时就已形成的理论——工人的利益和民族利益是一致的。虽然犹太人在剥削阿拉伯人，但是这就比他们压根儿不雇用阿拉伯人要强。他写道："像所有工人一样，阿拉伯劳工同样厌恶他的监工和剥削者。""但是，除了阶级冲突，劳工和农场主间还存在着民族差异，事实上民族问题压过了阶级问题，因此这种仇恨表现为民族仇恨，阿拉伯劳工群体心中对犹太人的极端仇恨也被熊熊燃起。"[39]

这场将阿拉伯人驱逐出工作岗位、由犹太人取而代之的运动被称作 "占领劳动力运动"，这一名词由齐马赫首先提出。[40] 本－古里安和其他人给阿拉伯劳工贴上了一个富有《圣经》和宗教意味的标签：

"avodah zara"，其字面意思是"外国劳工"，来源于犹太教文献，原意为"偶像崇拜"，这对犹太人而言是行为禁区。而在本-古里安和他的同伴们谈及"占领劳动力运动"时，他们指的是占领这个国家。[41]

"我所有的空闲时间"

本-古里安还在华沙的时候，就反对雇用阿拉伯人。乌西什金在自己的犹太复国主义规划中将雇用阿拉伯人的行为定义为"癌性麻风病"，本-古里安将该规划寄送给了福切斯。乌西什金担心阿拉伯工人总有一天会醒悟过来，然后要求从他们用辛勤汗水建立起来的犹太小镇中分一杯羹。他警告说："在马儿意识到自己具备力量时，就会将其背上的骑手甩翻在地。"他还补充说，雇用阿拉伯人还会提升他们的经济地位和水平，这样的话，他们就不会再同意将自己的土地卖给犹太人了。[42]他提议建立"全巴勒斯坦工人组织"，由单身的年轻人组成，成员们将保证自己在巴勒斯坦待满三年，"并且为犹太人民履行兵役，他们手中的武器不是刀和枪，而是铲和犁"。身体健康、头脑聪慧的他们将前往犹太小镇，并主动要求成为农场雇工，挣取与阿拉伯人同样的工资。

一些犹太人在当时写的私人信件和日记则坦率直接得多。其中一些在本-古里安到巴勒斯坦之前的许多年前，甚至在他出生之前就写下了。1882 年，弗拉基米尔（泽夫）·多博诺夫 [Vladimir (Ze'ev) Dubnow] 在给他的兄弟、历史学家西蒙·多博诺夫（Simon Dubnow）的信中，阐述了他所谓的终极目标："逐渐控制巴勒斯坦，恢复犹太人被剥夺了 2000 年的政治独立。"为实现这一目标，他提议"要争取确保土地和所有收获都牢牢掌握在犹太人手中"。他没有排除犹太人使用武力夺取对巴勒斯坦控制权的可能性。"到那时候，犹太人民将会挺直腰杆、手持武器（如果需要的话）站起来，而且他们会大声宣告自己才是这片古老家园的主人。"[43]本-古里安在自己的回忆录中全文转引了多博诺夫的数封信件，并且对他关于犹太复国主义的开阔眼界赞叹不已。[44]

在雅法举行的锡安工人党代表大会上，一些左派人士反对本-古里安关于新劳工组织只接受犹太人为成员的提议。他以爱国情怀为自己的立场辩护，提议最终被接受。

雅法会议选出了一个中央委员会，本-古里安被任命为该委员会的五名成员之一。其首要任务就是起草一份锡安工人党的宣言。为此，他们在拉姆拉的一家阿拉伯旅馆召开会议。[45]在此次秘密会议期间，本-古里安写信给父亲说，"我们非常忙"，他只有在晚上才有空在拉姆拉四处稍稍转转。他通常在散步回来后就坐下来，撰写一篇有关他所见所闻的详细报告。他沿着 127 级台阶而上，到达了白塔，在那里欣赏到了摄人心魄的日落之景，也激发了他的想象力。他感叹道："谁能知道呢，兴许我们的英雄前辈几千年前曾在这里与侵占他们领土的人战斗过。"[46]很多年后，雷切尔·亚奈特认为这次会议其实没那么重要。她写道，整个会议只不过是在几个头发蓬乱、人品不错的小伙子间进行的一场哲学辩论，不过他们当时仍然对巴勒斯坦犹太劳工的需求没有任何概念。[47]

1907 年 1 月，锡安工人党的成员在雅法再次开会，以批准所谓的《拉姆拉宣言》。本-古里安是会议的主要演讲者之一，他公然宣告无产者的使命是建立一个独立的犹太国家，并重申了当时在俄国流行的一种理念，俄国的社会主义者明确表示，工人阶级的利益与整个俄国的利益休戚与共。[48]

本-古里安已经开始逐渐找到自己的定位，并认识到自己肩负的政治使命。

他写信给父亲说："我把所有的空闲时间都花在公共事务上。"因而他不能更频繁地给家里写信。这是他第一次将公共事务置于家庭责任之上。[49]在此期间，他移居雅法。他讨厌雅法这座阿拉伯城市，部分原因是大量犹太移民聚居在这座城市狭窄的街道上，但他在这里的收获比佩塔提克瓦要多，就如同他在华沙的收获比在普仑斯克更多一样。

❖

他依然不能通过从事政治活动来维持生计，因而和在华沙时一样，他在雅法也靠教书为生。他时不时地会去佩塔提克瓦，他在那里建立了一个工人组织，正如他以前出于同样的原因从华沙返回普仑斯克一样。后来他写道："在佩塔提克瓦，我们建立了第一个工会组织。"他以此呼应赫茨尔的著名宣言："在巴塞尔，我建立了犹太国。"[50]

他尝试为裁缝、木匠和鞋匠建立相似的组织。他向锡安工人党美国分部呈送他的活动报告，以寻求财政支持，并要求将资金汇至他的个人地址。他补充说，如果纽约的同志想要将他的信件内容传播出去，扩大影响力，他也并不反对。纽约的同志的确这样做了。由此，他的第一部意第绪语专著得以出版。[51]

1907 年 1 月初，里雄莱锡安酒厂的犹太工人爆发了罢工，后来演变为暴力冲突，枪声四起。本-古里安成功促成了和解。这一事件中，没有赢家，也没有输家，没有人为此而高兴。在一次又一次会议中，几乎每个参会者都指责本-古里安给锡安工人党造成的损失。他政治地位的上升戛然而止。在他尝试为自己辩护时，一个名为伊扎克·希姆谢列维奇（Yitzhak Shimshelevich）的新人物登场了。他是一位来自俄国的声名显赫的锡安工人党资深领导人，高中毕业，比本-古里安大两岁。在巴勒斯坦，他给自己起名为本-兹维（Ben-Zvi）。与此同时，本-古里安与原来在锡安工人党中的同志肖哈特间的合作关系也走到了尽头。两个人合作组建的中央委员会分崩离析，本-兹维重组了锡安工人党。该党的第三届代表大会于1907年9月在雅法的一所女子学校召开。

"如果我们结婚的话就会有孩子"

本-兹维在上一次访问巴勒斯坦时曾见过肖哈特，他的印象是，这位热衷保密的年轻人乐于接受俄国党派的政治指导。他还是头一回见到本-古里安，但本-兹维很快就意识到这是个倾向于不听指示就行动的人。参加锡安工人党代表大会的代表们投票选派本-兹维和肖哈特去海牙参加犹太复国主义者代表大会。中央委员会经选举产生了两名委员，本-古里安不在其中，但本-兹维给他安排了一个职位，作为中央委员会的第三名成员。就他当时所处的政治环境来看，这实际上是一种降职。

与此同时，肖哈特幻想着建立地下民兵组织。受哥萨克人和希伯来英雄传奇的启发，他在自己周围聚起了一个秘密团体。该团体打算取代犹太人定居点雇用的阿拉伯护卫人员。肖哈特的追随者很崇拜他，对他的话言听计从。

雅法会议进行到第三天，在讨论即将结束时，本-兹维邀请肖哈特和六七名心腹到他本人的房间。据本-兹维的说法，这是"一个具有特殊目标的特别委员会，他们要在这个小圈子内对特殊目标展开讨论"。根据《哈加纳历史书》的记载，会议的氛围充斥着地下行动的"神秘和浪漫主义色彩"。肖哈特是主讲人。所有的与会者都对他如火的个性印象深刻。他们决心组建一个秘密的军事组织，名为巴尔-吉奥拉（Bar Giora），取自公元 66—70 年犹太人反抗罗马人起义时其中一位领袖的名字。本-兹维提出了一个口号：“犹地亚在血与火中陷落，犹地亚亦将在血与火中崛起。”本-兹维写道，对与会者而言，这是一种身处上帝造物现场的感觉。[52]伊斯雷尔·肖哈特被任命为总指挥，而本-古里安当时未被邀请参会。尽管本-古里安并非肖哈特的心腹密友，他还是为此而大动肝火。这个新组织的目的是要发展成为锡安工人党的安保部门，但本-古里安完全不知情。布拉查·哈巴斯（Brcha Habas）是本-古里安的半官方传记的作者，他曾问过肖哈特，为什么要将本-古里安排除在该会议之外。当时是 1952 年，本-古里安正担任总理，而肖哈特则是警察部的高级官员。肖哈特言辞谨慎，他解释说，“就他的天性和在巴勒斯坦的生活方式而言，他很适合成为我们与会者中的一员”，但他们当时已经将本-兹维视作他们的精神领袖和“社会主义拉比”，他会告诉他们什么事情能做、什么事情不能做。他说：“我们担心会多出一位精神领袖。”[53]换句话讲，本-古里安当时是不会接受肖哈特和本-兹维的领导的。此外，很可能还有另外一个原因。

1904 年初，一名 25 岁的女子现身巴勒斯坦。她的名字叫曼娅·威尔伯什维兹（Manya Wilbushewitz），在她稚嫩的肩膀上却承载着激进主义和暴力行动留下的烙印。她是个俄国革命者，而且坦言自己杀过人。她偏执且无畏，看上去着实有些疯狂。[54]她在巴勒斯坦遇到了伊斯雷尔·肖哈特，巴尔-吉奥拉成立后不久，他们就结婚了。她比肖哈特大七岁。本-古里安后来提到了青年工人之间的一场重要辩论。他写道：“第二次阿利亚的成员们，我们会见面的，并且我们还将讨论婚姻在意识形态上是否被允许的问题。”这个问题之所以出现，是因为在当时他们无法妥善地抚养孩子，毕竟“如果我们结婚的话就会有孩子”。当时，他还没有女朋友。在朋友们聊天时，他属于反对结婚的那一派。在他的设想中，最完美的家庭应当由两名工作的兄弟和一位全职在家负责烹饪、清洗的姐妹组成。他说道："事实上当时并没多少人结婚。第一个反对我们的立场、选择结婚的人就是伊斯雷尔·肖哈特。"[55]因此，肖哈特有不止一条理由要把本-古里安排除在他的心腹密友圈子之外。在本-古里安的几部回忆录中，巴尔-吉奥拉仅仅被提到过一次，并且不是在正文中出现，而是在圆括号中出现的。[①][56]

❖

84 　　在开展政治活动的同时，本-古里安继续在犹太小村镇工作。他给父亲的信件依然洋溢着积极乐观的情绪。第一场雨淅淅沥沥，冬季里也下着雨，春天的最后一场阵雨更是如约而至。天空一尘不染，空气纯净宜人，在柑橘园中的工作轻松愉快。[57]他在犹太小镇卡法萨巴（Kfar Saba）、雷霍沃特和里雄莱锡安都工作过，甚至一度尝试过一份全新的工作——他在一个桶中一口气待了 36 个小时，几乎浑身赤裸地去踩压葡萄，对此，他并没有写信告诉家人。他后来说："在那之后的几个月里，我根本受不了葡萄酒的味道。"[58]这是一个找寻不同生活方式的好理由。

---

① 后来，在曼娅·肖哈特写给本-古里安总理的信中，她说她记得他是个"挺不错的小伙子"。（Reinharz et al. 2005, pp. 34, 579.）

第五章　塞杰拉

"进攻开始的号角"

1908 年一个寒冷的清晨，日头刚刚破晓，在塞杰拉（Sejera）的一块耕地上，本-古里安牵着几头牛犁地，他踩着刚刚犁出的沟，沉浸在深深的思索中，感觉自己好像是在做梦。塞杰拉是一个风景如画的阿拉伯村庄，坐落于下加利利的一片宁静的土地上，19 世纪时，一位到访过这里的欧洲旅行者对夏日散布村庄各处的紫色蓟花赞不绝口。考古遗迹表明，基督徒，可能还有犹太人，都曾经在该地区生活，而且也许就是他们中的一个混淆了村庄的原名"Shajar"，该名在阿拉伯语中意为"树"。19 世纪 90 年代末，犹太殖民协会购买了该村庄及其周边地区的一大片土地，并在一座小山的顶部建起了一个农场，用于培训犹太农业技术员。[1]

就像他刚到佩塔提克瓦时写的信一样，本-古里安最早从塞杰拉发出的信件也热情洋溢，充盈着欢欣鼓舞，就好像信是从加利利的埃尔多拉多（Galilean El Dorado，传说中的黄金国——译注）寄来的一样。远远地，他可以看到加利利湖的最南端。本-古里安告诉父亲，远远望去，海天一色，"一片碧蓝"。在波涛汹涌之时，那一片碧蓝却变成一团暗黑："席卷而来的白色浪沫为那暗黑的水增添了特殊的亮色，你站在那儿，惊叹于这壮阔的风景，忍不住问：这忤逆之风是如何找寻到这片袖珍之海的呢？"他暗想，兴许加利利湖为自己深陷高地之间而愤慨。他写道，在北面隆起的是黑门山，山顶积雪，终年不化，是"群山中的长者"，"它那白色的山顶俯视着加利利周围所有的土地"。在南面，"孤峰耸立着的"是塔博尔山。他言之凿凿地表示，在耕种以色列地时，人们都会情不自禁地进入诗情画意的梦境。他坚持说，这片土地之神奇及色彩之绚丽几乎只可能出现在梦中。[2]

在山脚下，一些犹太培训农场的毕业生们建起了一个犹太小镇，并将其命名为伊兰尼亚（Ilaniya），但所有人都称其为塞杰拉。本-古里安区分该犹太小镇和阿拉伯村庄的方式是将前者称为"我们的塞杰拉"，他认为塞杰拉全然不同于佩塔提克瓦。在他的塞杰拉小镇上，没有商店店主或投机倒把的人，也没有"外国"劳工。群山环绕、岩石遍布的加利利地区在他的信中呈现出一种比犹地亚更深的犹太渊源，犹地亚是拓荒者们对巴勒斯坦西南部地区的称谓。该地区的风格也更为粗犷，但两个地区间的主要区别还在于在加利利地区没有阿拉伯劳工。因而，他更有"在家"的自在感。[3]

实际上，加利利地区的犹太定居者也雇用阿拉伯劳工，在塞杰拉同样如此。但本-古里安依然更希望这里只有犹太工人。[4]他写道，塞杰拉对于佩塔提克瓦而言，正如同佩塔提克瓦之于普仑斯克。与佩塔提克瓦的农场主不同的是，塞杰拉的居民从不居高临下地对待他们的雇工，相反，他们把雇工看作生产劳动中的合作伙伴。他写道，他们所有人都耕种土地，享受工作，并且乐于干体力活——男人们耕种，妇女们挤牛奶。他似乎把这里的居民视作全新的、骄傲的且富有战斗精神的犹太人，在这一时期他给父亲的家信中对这里的犹太人有过描述，信中流露出来的情感和精神与他年轻时阅读别尔季切夫斯基的作品和后来其他的著作中所流露的并无二致。什洛莫·列夫科维茨写道："彻底摆脱父辈的文化吧。"他将自己的名字改为拉维（Lavi），意为"狮子"。[5]

❖

本-古里安再一次为这里的孩子们惊叹不已，他初到巴勒斯坦时就曾为那些"新生的人类"魂牵梦绕。他写道："他们骑着马去耕地上找父亲。他们是乡野的孩童，浑身上下散发着成熟谷物和粪肥的气味，小脸被阳光晒伤了。"他听到孩子们在讲希伯来语，这让他深深为之陶醉，热泪盈眶。他说，犹太建国大业"进攻开始的号角"已然吹响。"你就如同建国大业中的一位成员。"[6]在塞杰拉，他发现了犹太复国主义梦想的精髓。他在去世的前几周曾说道，在塞杰拉的生活是他一生中最深刻的一段经历："我会永远满怀爱意、满怀渴望地记住那段日子。"这是一个规模不大、地处偏远的社区，在1909年其人口约为200人。[7]

塞杰拉吸引本-古里安并不是因为他想要在这片土地上耕种劳作，而是因为他对他在巴勒斯坦的头18个月里住的地方十分失望，而塞杰拉离那里非常遥远。这里给了他第二次机会。召唤他到加利利地区的人是什洛莫·齐马赫；什洛莫·拉维后来也加入了他们。正如本-古里安所言，齐马赫比本-古里安早一年"发现"塞杰拉这个地方，之前他也比本-古里安早一年定居佩塔提克瓦。齐马赫在他的新家园中是一个劳工团队的创建人之一，团队名为耕种者（Hahoresh），他开始在世界犹太复国主义组织主办的名为《世界》（Ha'olam）的周刊上发表作品，他没有忘记他在佩塔提克瓦的朋友。本-古里安总理多年后说"他回来了"，似乎他仍然深深眷恋着他们之间的友谊。"他回来后对我说：有这么一个地方，你可以在此安居。跟我来吧，我们一起去塞杰拉。然后他带领我步行前往。"他们走了整整三天。他们到达目的地时已筋疲力尽，几乎撑不住了。[8]

❖

本-古里安后来说道，他在塞杰拉待了三年。实际上，他只在那里生活了 13 个月，而且那里的生活也并非全然如意。[9]这是因为，在他 1908 年 10 月抵达塞杰拉的仅仅几天之后，由伊斯雷尔·肖哈特和曼娅·威尔伯什维兹率领的巴尔-吉奥拉一帮人就到培训农场参加生产劳动。这个被称作"集体"的组织有 20 名成员，其中包括 6 名女性，他们知道如何劳作，并且能够在耕作一年后获得丰收。作为一个组织严密的团体，他们征用了公用厨房和洗衣房，并把控了犹太临时工的社交生活。他们主导了犹太临时工的多场歌舞派对，这些派对持续到深夜。齐马赫从一开始就非常讨厌他们。他说，这些人怪异、吵闹且傲慢，他们来这里接管培训农场，言行举止如同征服者一样。他很快就离开了塞杰拉，他说，因为他不想听曼娅·威尔伯什维兹发号施令。然而，他离开的原因可能和一个来自罗斯托夫（Rostov）的女子有关，该女子在农场的谷仓工作，和农场里的所有小伙子都玩过暧昧。在齐马赫看来，她真正喜欢的人是他自己，但她实际上选择了另一个小伙子。齐马赫又一次离本-古里安而去，而本-古里安则声称威尔伯什维兹对农场经理说其他农场劳工的坏话。[10]

"集体"的成员们和本-古里安年龄相仿，他们知道他在锡安工人党中进行的政治活动。不过他们是崇尚权势、媚俗成功之人，那时本-古里安的党派活动影响力有限，他尚未成为一名领导人物。他们在密谋下一次的行动时，像极了一个神秘的邪教组织，我行我素、狭隘排外。实际上，在整个塞杰拉，他们再也找不出一个能比本-古里安更热情、更积极的支持者了，但是他们又一次将他排除在外。

"这个切尔克斯人不见了"

本-古里安在到达塞杰拉几天后，就了解到农场的安保是由受雇的阿拉伯和切尔克斯（Circassian）保安负责的，而这违反了希伯来劳工原则。这是有原因的。犹太垦殖协会（Jewish Colonization Association）的领导人已经提醒过巴勒斯坦地区的协会代表们，要和在塞杰拉的阿拉伯人搞好关系，其中有些阿拉伯人被驱逐出该公司已经购买的土地。[11]当地保安对周边地区和当地居民非常熟悉，做保安不仅满足了他们的虚荣心，也为他们提供了生计。因而，有充分的理由相信他们可以在这一岗位上干好。巴尔-吉奥拉那一帮人却密谋除掉那些"外族人"，然后取而代之成为该定居点的安保人员。

对此的合理解释并不是巴尔-吉奥拉的保安可以提供更好的安保服务，而是因为他们是犹太人。伊斯雷尔·肖哈特曾写道："我们不能接受由异族人来护卫犹太殖民地。"他的这一观点也令本-古里安十分兴奋。本-古里安写道，生活在自己土地上的犹太人应当以己之力保卫自己。他宣称，这事关民族荣誉，而且对犹太人在自己家园的重生至关重要。

巴尔-吉奥拉正是在这一理念的指导下，演变成一个具有强大凝聚力的组织。他们也期待着做保安能比在农场做雇工获得更高的收入。最重要的是，安保工作能够激发起他们朝气蓬勃、仗剑走天涯的男子汉气概，而此种气概有时则以粗暴的形式表现出来。讽刺的是，他们却总是把阿拉伯人作为榜样。巴尔-吉奥拉的成员们盗用了许多体现当地阿拉伯人身份的标志：他们哗众取宠般的佩戴起阿拉伯男子使用的方头巾，他们使用带长柄的阿拉伯咖啡壶煮制咖啡，他们的演讲中夹杂着许多阿拉伯词语，向贵宾展示他们的骑术。矛

89

盾的是，他们也在不断地试图摆脱自己从原籍国所带来的移民文化。他们想成为"新犹太人"，而且向世界展示，他们属于巴勒斯坦这片土地，巴勒斯坦也属于他们。①[12]

后来，本-古里安怀着自豪的心情，用第一人称详细讲述了当地保安被解雇的经过。农场雇用了一个名叫哈桑（Hasan）的切尔克斯保安。"集体"的成员们要求培训农场的经理用一名犹太保安替代哈桑。经理埃利亚胡·克劳斯（Eliyahu Krause）不同意，他提醒道："阿拉伯保安对犹太小镇的每一个藏身之处、每一条进出的道路都非常了解，他们会是第一波来袭击、劫掠我们的人……将会发生流血事件。"本-古里安意识到，社区的防御是不会即刻移交给他们的。他写道："有必要进行斗争，一步步地与每一名保安斗争。"他们决定从对付切尔克斯人哈桑开始。一天晚上，他们把经理克劳斯最爱的那匹马牵到一个隐秘的地方，然后把他叫醒，告诉他他的马不见了。克劳斯试图把哈桑叫过来，但无济于事。本-古里安记述道："这个切尔克斯人不见了。"克劳斯派出几个农场雇工去阿拉伯村庄找哈桑，结果找到他时，他却在朋友的饮酒聚会上喝得酩酊大醉、不省人事。克劳斯解雇了他，然后让"集体"的一名成员兹维·贝克尔（Zvi Becker）顶替了他的位置。本-古里安写道："我们已经赢了第一回合的斗争。"他又一次觉得，自己也是胜利者之一。1908年1月，巴尔-吉奥拉被安排负责夜间放牧。本-古里安时常讲起这个故事，并且后来还说道，如果克劳斯当时没能促成希伯来"保安"胜利的话，以色列国就不会存在了。[13]切尔克斯人的反应正如预期的一样，一连几个星期，他们每晚都在向农场开火。敌对行动爆发的风

90

---

① 西奥多·赫茨尔访问雷霍沃特时，欣赏了一场丰富精彩的表演。他看到这些犹太骑士后不禁潸然泪下。他禁不住赞叹道，过去卖裤子、做小贩的犹太人现在真像极了狂野的西部牛仔。（Herzl, Diary, Oct. 29, 1898, in Herzl 1960, 2, p. 74.）

险增大了。

巴尔-吉奥拉发起的针对非犹太保安的行动要求他们自身加强戒备，做好准备。包括本-古里安在内的犹太劳工们轮流在农场巡逻。他谈到了一个伸手不见五指的冬日雨夜。他回忆说："我和我的搭档必须手拉着手。"他们甚至无法说话，因为"声音被彻底湮没在暴风雨中"。克劳斯购买了一批简易的双管猎枪供他们使用，为此他们欣喜若狂。本-古里安写道："我们像小孩一样爱不释手地把玩着枪。我们吃饭、走路、洗浴、读书、聊天时都会手握着枪或是肩扛着枪。"他说，他们看起来就像一帮盗贼。"大约十几个小伙子坐在床上，每个人手里都拿着一支枪！有的在擦拭枪管，有的在练打靶，有的在装卸子弹，还有的把子弹装到子弹带上。他们比较着各自的枪，列出每支枪的优缺点，将枪挂在墙上，之后又拿下来，挎在肩膀上又取下来，这样反反复复直到睡觉才罢休。"

但是，巴尔-吉奥拉作为当地的"精英部队"，依然对本-古里安紧闭大门。本-古里安再次感到深受其辱，于是离开了培训农场，到犹太小镇的一位农场主门下做雇工。

❖

定居点的房屋都坐落于一座山的山坡上，而这座山的山顶就是培训农场之所在。在培训农场的安保工作移交给巴尔-吉奥拉后，农场主们也开始雇用犹太保安。本-古里安后来写道："这是第一个部署着希伯来保安的犹太小镇。"对他来说，重要的是，他是那里的"第一位夜班保安"。[14]

91

他的雇主阿夫拉罕·罗加切夫斯基（Avraham Rogachevsky）把他带回了家，当自家人一样对待，本-古里安在那儿感觉很好。他兴奋地说道："在这里耕作真是简单轻松、令人愉悦！"拉犁的耕牛时不时会偏离耕种的路线，他得把牛儿重新拉回正道，这样一来就打断了他的思绪。他写道："当牛儿们重回正道后，我也重新回到了我的梦境。"只要这个雇主还在世，本-古里安就一直在心里为他保留一个位置。[15]在晚上，他和他的朋友们相处得很开心；罗加切夫斯基的孙子曾经写道，本-古里安曾在粮仓中与犹太小镇的女孩子们卿卿我我。[16]本-古里安读了很多书，有时也会去太巴列（Tiberias）放飞一下自我。但是，雇主的热忱相待和相对舒适的生活并没有让他从孤独寂寞的心境中走出来。1908 年 5 月 5 日，他寄给父亲一封令人心碎的求助信。几个月前，他的父亲寄给他 10 卢布，并建议他回家。本-古里安觉得面子上挂不住，把钱退了回去。瑞秋·拜特·哈拉赫米后来回忆说，其他许多年轻人也是这么干的。但是，他的自尊心受到打击，因为他又向父亲要钱，准备动身回普仑斯克去了。[17]

"我们知道我们中的一位将会付出生命的代价"

临行前，他心中尚有很多困惑，比如他的朋友瑞秋马上要和叶海兹·拜特·哈拉赫米结婚了。本-古里安似乎想要从另一个男人的故事中获得安慰和鼓舞，这个男人也失去了他的"瑞秋"。"先祖雅各不也是因为他的爱情而遭受白天酷热的煎熬和夜里苦寒的折磨吗？"（根据《圣经》，犹太人祖先雅各与其爱人瑞秋间有一段刻骨铭心的爱情故事——译注）他写信给父亲解释说，如果为了爱一个女人值得承受这样的苦难，那么为了爱以色列地就更值得如此了。[18]瑞秋和叶海兹·拜特·哈拉赫米结婚当天，本-古里安已经回到普仑斯克。实际上，他此行的原因和俄国军队的强制兵役有关，他当时在征召范围内。如果他继续留在巴勒斯坦的话，他将被列为逃兵，而他的父亲将不得不为此支付一大笔罚款。讽刺的是，有些公民的儿子已经应征入伍，后来又开小差逃离部队，俄国人却没有要求他们缴纳罚金。实际上，本-古里安也是这么干的，他像当时的许多人一样，利用了一些伪造的文件，并且行贿了官员。什洛莫·齐马赫也返回了普仑斯克，同样解决了自己的兵役问题。[19]

92

❖

在家期间，本-古里安继续做父亲的思想工作，想要说服父亲定居巴勒斯坦，或许就去塞杰拉。他失败了，但也没放弃努力。他写道，他在家里无所事事地待了六个月，此次返乡后，他继续向家里施加压力，让一家人都来巴勒斯坦。最终，在他初到巴勒斯坦两年半后，父亲的立场有所动摇，似乎想要把他的其他孩子也送到那里。本-古里安此时却坐不住了，他事先早就承诺，如果他们来的话，他也将加入家庭农场，但实际上他根本不想这么干。回到巴勒斯坦后，他写道："我厌恶土地所有权，它会彻底束缚土地所有者，我所爱的是那种完全彻底的自由，那种灵魂和身体上的自由。"他考虑去伊斯坦布尔学习法律；他几乎找不到一个更"犹太"的专业了，或者其他更加远离种地的专业了。他写道："我有一个目标：为了巴勒斯坦的希伯来劳工而工作。这是我生命的实质，无论情况如何，我都将全力以赴投身此项事业。"换句话说，就是投身政治。对他来说，这是一项"神圣的工作"，况且他从中体会到乐趣。[20]

本-古里安从普仑斯克返回巴勒斯坦时，已是 1908 年末，他没有直接回塞杰拉，而是在各地辗转漂泊。他正在找寻自我，并且缺少一个明确的规划。他四处工作，还参与了锡安工人党的一些事务。后来他写道："到处都是一片杂乱、一片荒凉、一片空虚。"随着 1909 年逾越节的临近，他前往塞杰拉出席锡安工人党在加利利地区的代表大会。早在去年夏天，巴尔-吉奥拉的成员就已经离开塞杰拉，此举是为了安抚切尔克斯人。[21]

为准备逾越节的家宴，工人们把他们睡觉的大房间腾出来，并

用桉树和漆椒树枝，以及锄头、干草叉、步枪和刀剑装饰步道。他
们将木板置于柳条箱上，用白色的桌布将木板覆盖住，以此代替餐
桌。他们想"在家一样"享用这有酒有无酵饼的家宴。本-兹维背诵
了《哈加达》（Haggadah，逾越节庆典手册——译注）。那些参加了
本次家宴聚会的人后来针对这次聚会给出了相互矛盾的表述，但在
有一点上他们没有争议——那里根本就不像家。在庆典仪式进行到
一半时，有一个人姗姗来迟，此人就是莫西·帕切特（Moshe
Pachter），他本是逾越节家宴的摄像师。他告诉人们，他和一个同伴
在离农场不远的地方被几个阿拉伯人给截了下来，这几个来自库弗
卡纳村（Kufr Kana）的家伙不由分说地把他们随身携带的一应细软
统统占为己有，其中包括他的照相器材。帕切特用手枪射击了其中
一名劫匪。本-古里安写道："我们随即抄起武器冲了出去。我们花
了很长时间寻找劫匪的踪迹，可惜一无所获。不过，我们在事发地
发现了血迹。一条长长的红色血带沿路而下，蜿蜒曲折，然后就消
失了。"第二天，农场的人们得知，库弗卡纳村有一个受伤的阿拉伯
人被送往拿撒勒（Nazareth）的医院接受治疗。据该村的村民说，这
名伤者的枪走火，误伤了他自己。

逾越节家宴之后的第二天，锡安工人党代表大会召开，会议氛
围令人紧张不安。当时，锡安工人党还是个小众的党派，大部分成
员都相互认识。雷切尔·亚奈特回忆说："参会者们看上去都比他们
的实际年龄要大。"她的目光停留在其中一个人身上，他坐在一个角
落里，看起来沉默而阴郁。很久之后她写道："他具备那么一种特
质，这种特质令他鹤立鸡群、与众不同。"他之所以显眼是因为"他
的眉毛皱成一团，竟然完全遮住了眼睛；只有他的额头在昭示着他
的存在。他的额头高且宽，脑袋则出奇地大，大脑袋上顶着一头卷
发"。这人正是大卫·格鲁恩。她和他对视了一分钟，注意到了"他

那深沉而悠远的目光"。她说，他表面上看起来平静而安详，但他极具穿透力的眼神表明一场风暴在他内心深处激荡肆虐。当时他还留着胡须。

代表大会的组织者之一伊斯雷尔·科恩戈尔德（Israel Korngold）介绍了他们两位。他提名本-古里安主持本次会议，并任命亚奈特为秘书处的两名成员之一。伊扎克·本-兹维发表了主旨演讲。本-古里安只是断断续续地勉强听着。他后来回忆说，"当时我的手都没从我的勃朗宁手枪的皮套上移开过"。会议期间，消息传来，阿拉伯人从培训农场偷走了几头牛，于是会议中断，大多数与会者离开。亚奈特和本-兹维动身前往马斯哈（Mes'ha），那个地方也被称为卡法塔沃尔（Kfar Tavor）。

两天后，那名在实施犯罪时被摄影师莫西·帕切特击中的阿拉伯抢劫犯因枪伤身亡。临死前，他口吐真言，说自己受伤的原因并非像他对家人交代的那样是自己的枪走火，而是被一个塞杰拉的犹太人枪击。他的临终告白令气氛骤然紧张。本-古里安写道："我们知道仇杀的习俗在阿拉伯人中仍相当普遍，因而我们知道我们中的一位将会付出生命的代价。"[22]

1909 年 4 月 12 日，这天是逾越节的最后一天，下午两点，科恩戈尔德全副武装地出现了，携带着他的步枪和手枪。他说，他刚才遇到了两个陌生的阿拉伯青年，两人坐在墓地旁的山上。他们询问了他一些事，但他听不懂他们在说什么，因此他来找个会用阿拉伯语和他们交流的人。被选中的是一位名叫阿德勒的农场主。"现在，"他对他的同志们说，"我们去揪着他们的耳朵，把他们拉过来。"半小时后，枪声响起，又过了几分钟，阿德勒返回说，他们射中了科恩戈尔德。

本-古里安后来回忆："我们随即抄起家伙就冲出去了。"警铃响彻整个后院。他们在山背面找到了科恩戈尔德，他当时就剩一口气了，在做最后的挣扎。本-古里安注意到在他胸口有一个深红色的伤口。他写道，一颗子弹刺穿了这个垂死之人的心脏，又从他的背部飞出。他的步枪被人偷走了。他们在科恩戈尔德身边留下两个人，而其他人则开始搜寻凶手。据本-古里安自己回忆，他也参与了搜寻，但一无所获。他解释说："在加利利山区，山丘的巨石和洞穴之中有许多藏身之处。"他们无功而返，感觉"十分郁闷，一种无助的愤怒和彻骨的绝望充斥心间"。

夜幕降临，他们都聚到了培训农场旁边的一座山上，其中一位是西蒙·马拉末德（Shimon Melamed）。本-古里安写道，马拉末德应该是整个犹太小镇上最幸福的人了，他已如愿成为一名事业有成的农场主。本-古里安高度赞扬他的勇气。当时马拉末德听到枪声后，立马飞奔到培训农场。作为一个特别注重细节的人，本-古里安注意到，马拉末德在匆忙之中忘记拿帽子和枪了。"他年轻的妻子拿起枪追上去，把武器交给丈夫。她返家照看孩子，而她的丈夫则直接前往农场。"

故事进展到现在，本-古里安叙述了一系列事件，但具体的细节含糊不清。事情的主要经过是这样的，三个阿拉伯人朝阿拉伯村庄塞杰拉飞奔而去，在后面紧紧追赶他们的是培训农场的两个人。本-古里安、马拉末德和另外一个人准备到三个阿拉伯人逃跑的必经之路上堵截他们。他们靠近阿拉伯人，朝他们开枪，逃跑的阿拉伯人发现他们腹背受敌。塞杰拉的阿拉伯村民赶来了，但本-古里安和他的朋友们没有看到他们。留守在培训农场的人看到了那些阿拉伯村民，并拉响了警报。本-古里安和他的同伴们意识到自己的处境很危险，纷纷撤离。本-古里安写道："突然间，我听到西蒙的声音：'我中枪了!'他倒在了地上，我慌忙跑到他身旁时，他已经不行了。"根据本-古里安的说法,一个阿拉伯人藏在刺梨仙人掌的树篱后面开了一枪,子弹射穿了这位农场主的心脏。科恩戈尔德和马拉末德的尸体裹着白色的布单,被放置于一个房间里,第二天大家将为他们举行共同葬礼。本-古里安专门提道,他们的尸体被放置于"举办逾越节家宴的大房间中"。现在已知至少还有两名目击者亲历了整个事件,但这两人的陈述中都没有提到本-古里安。[23]

这是本-古里安第一次直接同阿拉伯人发生枪战。当所有这一切发生的时候,他实际上在卡法塔沃尔遭受了他政治生涯中最痛苦的一击,或许也是有史以来最严重的一次打击。

"你为什么不选择我呢?"

卡法塔沃尔是位于塞杰拉以南大约 6 英里处的一个犹太小镇。作为锡安工人党的特使,亚奈特和本-兹维在那里受到了热烈的欢迎。亚奈特写道:迎接他们的 "是一个个激动的面庞,到处洋溢着喜悦之情,但是他们的所作所为让人觉得他们似乎隐藏了一个巨大的秘密"。他们已经组建了一个公开活动的安保组织,用来代替即将解散的地下组织巴尔-吉奥拉。但是针对这个名为哈绍莫(Hashomer,希伯来语,"守卫者"的意思——译注)的新组织的各种讨论也是在"密室中秘密进行的"。她很紧张。别的事姑且不谈,她思索着,这里的妇女会被分配什么任务,扮演什么角色。

第二天,也就是逾越节的第七天,在犹太小镇角落的一间小屋中召开了一次会议。亚奈特和其他参会者还不知道那天在塞杰拉发生的事情。他们大多数人都坐在地板上,余下的则坐在沿墙摆放的板凳上,会议的氛围 "既开诚布公,又充斥着窃窃私语"。他们将建立哈绍莫视为一个 "勇敢且具有解放意义的" 行动。[24]据亚奈特所言,这是为了给"我们最优秀的人"提供一个平台。他们所建立的这个组织运行了大概 10 年，在其顶峰时期，有 100 多名成员，其中还包括 23 名女性。他们既是安保人员，又参加劳动，而且还身体力行地建立了很多定居点。和比卢相似的是，哈绍莫的重要性主要在于其遗留给后世的神话或传说。该组织被视作以色列国防军的基石之一。然而，本-古里安当时又一次没有获邀加入。

❖

塞杰拉发生的暴力事件导致了科恩戈尔德和马拉末德两人的丧生，悲剧的发生使得本-古里安没把心思放在哈绍莫的成立这件事上，但这只是暂时的。肖尔·阿维格（Shaul Avigur）是本-古里安最亲密的同伴之一，他曾说过："这种屈辱感深深地折磨着本-古里安直到他生命的最后一天。在他和我谈起这件事时，他抑制不住自己的怒火——怎么会发生这种事情呢？"多年后，他仍会问亚奈特，这位当时嫁给了本-兹维的女士："你为什么不选择我呢？"

亚奈特·本-兹维使出浑身解数对此作出了解释，给后人一个交代。她给出的解释与之前巴尔-吉奥拉没有接纳本-古里安的原因在很大程度上是相似的。她解释说，哈绍莫有铁一般的纪律，而本-古里安根本受不了这种纪律的约束。他想的太多，说的也太多，而且没有谁能压得住他。她坚持认为，想掌控他的思想是根本不可能的。[25]

阿维格则给出了一个更为直接的解释。司令官只能有一个，名叫伊斯雷尔·肖哈特，他可不想再来一个司令官，尤其是本-古里安，这个反叛者从不尊重权威，与每一个人都会争执不休，本-古里安绝对不行。阿维格补充说，他一直不明白的是，这么多人中，为什么单单是肖哈特成了这个组织的领袖人物。在当时有更好的人选。他将其归咎于"大众心理"，他此言其实道出了一个事实，肖哈特当时对该组织的一些成员有一种神秘的把控能力。[1][26]

本-古里安的屈辱感在他的笔墨中体现得淋漓尽致。在巴尔-吉奥拉的成员们前去参加哈绍莫的秘密会议后，他写出了几段精彩的文字，描述他和在塞杰拉的其他人的经历与感悟，这称得上是他写过的最富戏剧性的文字之一。他写道："我们被笼罩在一片暗黑的阴影之中，那片死亡的阴影潜伏在那里，等待着我们。没有人直截了当地将其挑明，但我们每个人的内心都很清楚，也能从朋友们的眼中发现它的踪迹——复仇之剑在我们的头顶高悬，而且必定会落在我们其中一个人的头上。命运将决定谁生谁死。当时我们都做好了万全的准备，我们等待着。"他对科恩戈尔德和马拉末德两人的葬礼如此描述："我们不是去田地中劳作，而是站在墓地中，为两位倒下的战友，即我们的两位同志掘地建坟。我们默默地将尸体从劳工的房间中移了出来，默默地把尸体扛在肩膀上，朝塞杰拉墓地走去，默默地将尸体放进墓室，没有说一句悼词。"

❖

在本-古里安看来，阿拉伯人袭击塞杰拉事件对巴勒斯坦整体而言是一则寓言。他说，这次事件让他第一次清楚地意识到"来自阿拉伯的敌对势力之大"。在给父亲的一封信中，他解释了他当时对人们所谓的"阿拉伯问题"的基本观点。关键问题在于犹太人之软弱。他说："这里的局势十分严峻，而且这足以引发人们对未来的不安和恐慌，因为周围的所有阿拉伯人在意识到我们的软弱之后，就开始了挑衅等行动，嘲笑、烦扰我们，这种情况蔓延到其他的犹太小镇。"马拉末德的死让他想到了许多，他把这些想法和朋友们分享交

---

[1] 曼雅·肖哈特书信的编辑们认为，她和丈夫当时感到，他们即将成为巴勒斯坦犹太人的未来领导人。哈绍莫中的大部分成员都来自人数相对较少的家族，而这加重了该组织的孤立性，也使其带有一种宗族的特性。(Sinai 2013, p. 160ff.; Reinharz et al. 2005, p. 34.)

流："我知道我可能会像他一样被杀，而且他被杀完全事出偶然……
从那时起我就明白，死亡是躲也躲不掉的。"[27]塞杰拉的经历给他上了
一课，这是实现犹太复国主义梦想所付出的代价。

❖

伊斯雷尔·肖哈特后来为了纪念哈绍莫、宣扬其神话般的历程
做了很多工作，其中就包括寻找哈绍莫遗失的档案。为此，他需要
财政支持。同撰写巴尔-吉奥拉的历史一样，撰写哈绍莫的历史需要
格外谨慎。1956 年，他给本-古里安总理寄去一份自己回忆录的草
稿，以期获得认可。本-古里安对此作出很多更正，并寄回给他。
1957 年，肖哈特希望本-古里安能够参加该组织的五十周年庆典。他
和其他两位组织成员写信邀请他说："即便您当年实际上不是我们的
成员，但我们也知道这不过是事出偶然而已。"本-古里安最终没有
出席，不过发来了一份祝词敷衍了事。[28]

大约在肖哈特去世前一年半时，他口授了一篇文章，发表在
《达瓦尔报》上，在该文章中他提到很多人仍然在问他为什么某些人
没有被接纳进哈绍莫。他说，现在是时候对此作出解释了。"我们选
择的人都是我们认为最适合担任警卫的人员，"他说道，"我们在挑
选人员时非常谨慎，入选的人都通过了一系列的测试，而当事者本
人对此并不知情。"他在提及本-兹维和本-古里安之间的友谊时，冷
嘲热讽地说："如果我们接受某人和他的好友加入我们的行列，谁还
会留在哈绍莫呢？"[29]在离开塞杰拉 60 年后，本-古里安辞去总理职务
也几乎有 10 年了，但他仍然觉得有必要强化自己在历史上的地位，
为此，他将伊斯雷尔·肖哈特为他写的赞词原封不动地搬到了他的
回忆录中："这是一个充满活力和献身精神的年轻人，他对以色列复
国怀着坚定的信念……而且时刻准备着投身开拓性的工作。"

❖

他在塞杰拉一直待到 1909 年夏天。他一次又一次地企图说服他

的姐妹们来这加入他的行列。他一整年都在盼望她们，可她们最终也没有来，这使他又失望又愤怒。他写信给父亲，而当他们不回信时，他几乎担心到发狂。他担心的是，她们没有告诉他家中发生过不幸的事情。现在看来他只是一厢情愿而已，她们没有来巴勒斯坦找他的意愿，也缺乏坚定的决心。他写信告诉她们，他现在只剩下一个小小的请求——希望她们不要再和他玩"绕弯弯"了。[30]他仍然不知道自己应该何去何从。他在1909年8月写道："关于我的目标，究竟是继续做一名农场雇工，还是去学习法律，目前我无法作出决定。"而在此前，他再次落选，因而不能代表锡安工人党去参加犹太复国主义者代表大会。

他声称，他在圣洁日（High Holidays，圣洁日以犹太新年为起点，以九天后的赎罪日结束——译注）之前离开了塞杰拉，以此抗议对一名雇工的不公正解雇。其余的工人此前已进行罢工，但随后又回到工作岗位，这与三名离职工人的立场背道而驰，什洛莫·拉维就是其中的一位。本-古里安将他的个人物品打包装进一个小篮子里，启程前往位于东南方向数英里外的犹太小镇雅夫内尔（Yavne'el）。在途中，一名阿拉伯牧羊人悄悄接近他，抢走了他的小篮子并逃跑了。本-古里安到达雅夫内尔后，向当地的土耳其警察报案，警察去讯问邻近阿拉伯村庄的村长。村长自称一无所知。警察则不由分说，当着本-古里安的面用马鞭一次又一次地对村长大打出手，直到他起身去把抢走篮子的牧羊人带过来。牧羊人在阿卡（Acre）受到审判，被判处两年监禁。但那个篮子一直没有归还给本-古里安。[31]

本-古里安的姐妹们决定不来巴勒斯坦（至少暂时不会来），这促使他作出决定，去法学院读书。在随后的几个月中，他都在奇科隆雅科夫劳作，这个地方位于卡梅尔山南麓的山嘴，可以俯瞰地中海。他当时学习了阿拉伯语和法语，在此沉浸在愉悦之中。他写信给父亲说："如果伊甸园有点像奇科隆雅科夫的话，那奇科隆雅科夫不枉是真正的伊甸园。"他不遗余力地描述了这个犹太小镇的美：这里有碧蓝的大海，有花园、葡萄园和杏树园，还有橄榄树园和橘子园，草地上到处都点缀着美丽的百合花。他在这里的薪水还不错，农场主的女儿们对待雇工们都很友善。[32]

但是塞杰拉依然深深扎根于他的记忆深处，这是他人生中的高光点。随着时间的流逝，那段经历愈发遥远，就愈发显现出其在本-古里安人格塑造方面的重要性。在离开塞杰拉几年之后他写道："我们不是雇工，我们是征服者，是这片土地的征服者。我们形成了一个征服者的阵营……我们辛勤工作，我们努力征服，我们为胜利而兴奋而雀跃。"他写道，如果他有机会重新开始生活的话，他仍会选择做一名农场雇工。"我在这里找到了我梦寐以求的以色列地。"他深情地写道。美国的捐助者们在听闻这些时，一定会为此而感动。[33]无论怎样，他的那条命运之路引领着他前往三个迷人的城市：耶路撒冷、萨洛尼卡（Salonica，希腊东北部港口城市，也是希腊第二大城市——译注）和伊斯坦布尔。

第六章　驱逐出境

"噩梦般的幻觉"

耶路撒冷对本-古里安没有吸引力。这个城市就是由各种臭烘烘的巷子、种类繁多的信仰、幻觉、原始冲动、狂热、腐败和无知愚昧构成的巨大迷宫。在这个城市里，人们相互之间冲突不断，无论是阿拉伯人还是哈瑞迪人，这里的大多数居民都很憎恶犹太复国主义。在他抵达巴勒斯坦后的头两年，本-古里安已经游遍全国，却单单没有去过耶路撒冷。他在雅法和佩塔提克瓦遇到的阿拉伯人与虔诚的犹太人似乎已经够多了。直到他从普仑斯克回来后不久，他才第一次到访耶路撒冷。1908 年底，他与本-兹维一同前往耶路撒冷，为即将在塞杰拉召开的锡安工人党代表大会做准备。他曾用生动的色彩记录加利利湖的美景，但与之不同的是，耶路撒冷并没有激发他的灵感。他在此后的一封信中，将他与哈伊姆·纳赫曼·比亚利克在雅法相遇的情形告诉父亲，为此他情绪颇为振奋，但对他到访耶路撒冷的事只字未提。[1] 在此期间，巴勒斯坦已经发生了巨大的变化。

1908 年初，世界犹太复国主义组织在巴勒斯坦设立了一个官方办事处——犹太代办处，并任命了德国经济学家兼法学家阿瑟·鲁平（Arthur Ruppin）为该代办处主任。这一任命反映了一个事实：人们越来越清醒地意识到，为了实现犹太复国主义梦想需要采取切实的举措。而在此之前，该组织都将其大部分精力放在了外交领域。这个资金充裕的巴勒斯坦办事处设在雅法，并很快成为该国的中流砥柱。鲁平最终被视作犹太新定居点之父。他的成就包括建立犹太人的培训农场、开展劳工工作。其中一个培训农场于1909年建于加利利湖南岸，成员们过着类似公社的集体生活，这里被称为德加尼亚（Degania，劳工犹太复国主义运动建立的第一个基布兹），"基布兹之母"[2]。

1909年4月的一天，本-古里安和他的战友在塞杰拉正经历着可怕的一周，其中某一天，数十名来自雅法的犹太人在城市北部的海滩上集会，参加数块土地的抽签活动，他们筹划着在这些土地上建立一个新的社区——阿胡扎特巴伊特（Ahuzat Bayit）。[3]这就是第一座希伯来城市特拉维夫的雏形。本-古里安关注着这几起事件，但是当时他自己的实际工作还没有超出他那个小政党的范畴。

在逾越节期间，锡安工人党大会决定在耶路撒冷出版一份希伯来语报刊，该出版物后来被命名为《团结报》（Ha'ahdut）。本-兹维邀请一些人加入该报编辑部，其中有几个人回绝了，因此他建议本-古里安来耶路撒冷。本-古里安志不在此，打算拒绝。他声称自己根本不懂写作，而且自己收到邀请不过是因为本-兹维想要在编辑团队中安插一个名副其实的劳工而已。但是说服他也没花多少功夫。本-兹维为他提供了第一个机会去做他擅长和喜欢的事情。本-古里安是一位经验丰富的作家，而且，犹太人的未来成就可比犹太小镇的牛和鸡更能激发他的兴趣。在报社的工作将有助于他实现目标。他当时24岁，城市生活也可能会疗愈他内心的孤独和寂寞。

❖

　　他没有参与该报纸的创办，在他抵达耶路撒冷的时候，几乎一　　102
切都已经安排妥当了。另一位党派领导人也即将到达，他来自俄国，
与本-兹维来自同一个小镇。雅科夫·维特金（Ya'akov Vitkin）成为
《团结报》的总编辑，他很快将自己的姓氏改为泽鲁巴维尔
（Zerubavel）。本-古里安自称编辑，但实际上他是做校对和翻译工作
的。他的薪水只比他在奇科隆雅科夫做雇工时高一点，但在耶路撒
冷的生活成本要高得多。他把大部分钱交给一名同为党派成员的妇
女，作为交换，这名妇女为他做饭。他后来说道，有的时候他会饥
肠辘辘。[4]

　　他在耶路撒冷的第一个住处位于弗洛伊德大厦，这幢建筑由一
位从美国到耶路撒冷希望找到上帝的基督徒所建造。世俗犹太人很
难在这个城市找到住所，因为大多数哈瑞迪人拒绝租借房子给他们。
本-古里安在这栋建筑里找到一个昏暗的房间。他在两个箱子上放了
几块木板，就做成了一张简易床铺。所有的租户共用一个洗手间。[5]

　　对于本-古里安来说，这就是一场赌博。本-兹维是锡安工人党
的领导人；他到达后，阻碍了本-古里安的升迁，而现在，他又给了
本-古里安一份工作。本-兹维是一个热心肠，本-古里安接受了他的
领导，两个人成了朋友。只要本-古里安安分守己，不将本-兹维撇
在一边，亚奈特也可以与他相安无事。她回忆起他说话的语气，总
是语速很快且咄咄逼人。[6]他在为报纸的发刊号撰写的一篇文章中，采
用了同样清晰明了、锐利果敢的风格。这是针对奥斯曼帝国犹太大
拉比的一篇措辞严厉的战斗檄文。身在伊斯坦布尔的哈伊姆·纳胡
姆（Haim Nahum）拉比不仅是帝国首屈一指的犹太宗教权威，还在
奥斯曼当局担任犹太社区的高级代表。这篇文章刊发时，他正在巴
勒斯坦访问，显然是在扮演一个政治角色。本-古里安称呼纳胡姆为

"宗教官员"，他要求这位"宗教官员"将其活动范围限制在纯粹的宗教事务上。但与他所主张的政教严格分离相矛盾的是，他认为纳胡姆的举措没有像其他民族在青年土耳其革命运动中所做的那样促进犹太民族的整体利益，为此他又严厉批评了纳胡姆。

由于人手不足，《团结报》编辑部的每名成员要为每一期报纸撰写多篇文章，所以他们也会在文章上不署名或者使用笔名。在同一期刊物里，本-古里安在他撰写的另一篇文章里严厉批评了佩塔提克瓦的几位头面人物，谴责他们不允许雇工们用犹太复国主义旗帜欢迎纳胡姆拉比的做法。按照当时新闻写作的习惯，以及他之前在信件中的写法，本-古里安用了一些他所知道的最激烈的言辞来描述这件事："在一个骇人的夜晚，产生了噩梦般的幻觉……令人毛骨悚然……可耻的背叛……对民族的挑衅……"

本-古里安为发刊号所撰写的第三篇文章是一篇实地报道，源于他在奇科隆雅科夫做雇工时的个人经历。他的这篇报道观点中立，作者署名为 Tzofeh，意为"观察家"。[7] 有一回，在海法时，本-古里安迷上了新闻报道，在得知雅夫内尔的农场主遭到袭击后，他立马给编辑部发了封电报："我要去加利利。"[8] 不过，他通常写的都是见解独到的分析类文章。

"精神优势"

第一本激进的希伯来语社会主义期刊刚面世时是一本 44 页的月刊，后来又变为周刊，印数为 450。[9] 刊头显示，该刊物由巴勒斯坦社会-民主希伯来工人党出版。正如亚奈特后来提到的那样，这些文章都是字斟句酌选出来的。这表明，锡安工人党已不再视自己为马克思主义政党了。他们并没有否认社会主义理念，但正如本-兹维所言："当务之急是在巴勒斯坦建立一个犹太社会，并且把工人组织起来捍卫他们的利益。"[10]

正是在这种大背景下，犹太复国主义运动发现了也门犹太人这一群体，有一些也门犹太人在 19 世纪末就到了巴勒斯坦，他们表示自己可以并且应当取代阿拉伯劳工。一家报纸写道："这就是天然、质朴的劳工，他们可以从事任何工种，不会有羞愧之感，当然也不会有哲学思想和诗意。你当然不会在他的口袋里或大脑里找到马克思先生。"[11]巴勒斯坦犹太代办处领导人阿瑟·鲁平也主张雇用犹太工人，而非阿拉伯人。他所中意的是愿意接受与阿拉伯人同工同酬的"犹太阿拉伯人"，而也门人就完全符合标准。他们的薪水虽然比阿拉伯人高，但还是低于从欧洲过来的工人。他决心将更多的也门犹太人带入巴勒斯坦。这对他来说是一个艰难的决定，因为也门犹太人大多拥有深肤色。鲁平坚持认为根本没有深肤色的犹太人这一说，但他希望能在也门找到肤色更浅一些的犹太人。[12]

这是犹太复国主义运动第一次主动将犹太人带入巴勒斯坦，而这并非因为表面上展示的那样要为他们提供庇护或救赎，而仅仅是因为需要这些人来实现犹太复国主义的目标。鉴于大量在第二次阿利亚中到巴勒斯坦的欧洲犹太移民纷纷离开，从也门输入劳工的需求变得更为迫切。正是在这种情况下，本-古里安的一位朋友什穆埃尔·华沙斯基（Shmuel Warschawski）被派往也门。当时，他担任后来发展成为特拉维夫市的新建社区的秘书。他和本-古里安第一次见面还是在雅夫内尔。华沙斯基后来改名为亚夫涅利（Yavnieli）。他乔装打扮成一位寻求解答哈拉契克（halachic，犹太教律法）方面各种问题的拉比，借机在也门找寻身体健全的犹太人，并为他们支付前往巴勒斯坦的路费。[13]

本-古里安没有参与这项行动，但给予热切的支持。他坚持认

为，"阿什肯纳兹犹太工人显然比也门人更为优秀"，因为他们的
"文化"修养高，而且具有"智力优势"，但他承认，只有少部分阿
什肯纳兹犹太人适应巴勒斯坦当地的环境条件。而也门人拥有一种
别样的"人类素质"。他们从小就习惯于劳作，而且也没有太多的需
求。他说："结合这些因素，可以培养出一类与土地密切相连的工人
阶级。"他支持他们来巴勒斯坦还有另一个原因：也门人也是奥斯曼
帝国的公民。他写道："也门劳工的到来可以巩固我们的政治地位。"
最终，"亚夫涅利移民"总数超过1200，其中许多人在巴勒斯坦遭遇
了偏见和羞辱。本-古里安为这些人的利益振臂高呼，他主张要给予
这些人"无论何时何地都毫无例外的完全平等的"地位。[14]

在报社工作期间，本-古里安从一开始就专注于犹太复国主义的
政治目标，借此他为自己创建了一个稳固的位置，因为比他资历高
的作者通常都不会涉及这一领域。他通过在《团结报》的工作经历，
进一步完善了关乎犹太国家生存前景的几个基本问题的初步想法。
他坚信自己懂得如何解决巴勒斯坦的犹太人问题，而且为参与解决
这个问题而不断做准备。

105　　他仍然不懂得如何做一名领导者。他的政党缺乏影响力，而且
他在党内的地位也并非举足轻重。到目前为止，他还没有发表过任
何原创性的言论。他在创设新思想、新理念方面无甚才华，却在将
新思想、新理念付诸政治执行方面才华横溢。[15]但是他通过作政治分
析成为一名备受瞩目的权威人士。后来，在他求助于美国领事馆的
时候，美国领事馆已经知道有他这一号人物。在这种背景下，本-古
里安作出了人生中最重要的决定之一：他放弃了自己原有的姓氏，
并为自己选了一个希伯来语的名字，从那时起，他便用这个名字来
为自己的文章署名。当时，这个名字仅仅作为笔名使用。

❖

约瑟夫·本-古里安是公元1世纪的一位希伯来政治家。他与犹

太大祭司共同领导耶路撒冷。当时，犹太叛军开始组织起来反抗罗马的统治。犹太人之间爆发了流血冲突。当代历史学家约瑟夫·本·马提亚胡（Yosef Ben Matityahu）有一个更为人们所熟知的名字——约瑟夫斯（Josephus），他对约瑟夫·本-古里安赞誉有加，不仅因为他出身贵族家庭，还因为他"为了民主"而畅所欲言。他身上具备"那种犹太人特有的英勇无畏和自由精神"。他致力于筑防耶路撒冷要塞，却在一次席卷全城的狂热动乱中被杀害。根据约瑟夫斯的研究，约瑟夫·本-古里安之所以丢掉性命，不仅因为他的高贵血统，还因为他的"口无遮拦"。他给人们留下这样一种印象：他在试图拯救分裂的民众时丢了性命。约瑟夫斯仅列举了他作为政治家的高尚品格，就好像他是一个没有过往经历的天生的英雄，这就如同本-古里安乐于相信自己生来就是犹太复国主义者一样。改名的做法在当时被广为接受，这样做是为了使人们彻底摆脱流散时期的生活，在巴勒斯坦构建一个全新的希伯来身份。历史上的这位约瑟夫·本-古里安的名字和大卫·约瑟夫·格鲁恩这个名字倒也很相配。本-古里安可能早就读过约瑟夫斯的著作了，或者他甚至可能已经在耶路撒冷见过这位历史学家一面了。瑞秋·亚奈特之前的名字是果尔达·利尚斯基（Golda Lishansky），她也是约瑟夫斯的狂热读者，并且还在耶路撒冷的希伯来高级中学教授过他的著作。本-古里安也许还知道，他为之倾倒的作家米嘉·约瑟夫·别尔季切夫斯基在1899年就采用了本-古里安这个名字。本-古里安取此名还有其他一些原因——历史上的这位约瑟夫·本-古里安最大的敌人是西蒙·巴尔·吉奥拉（Shimon Bar Giora）。约瑟夫斯将西蒙·巴尔·吉奥拉描绘成一个恐怖帮派的残暴头目，此人还试图成为巴勒斯坦的独裁寡头。显然，杀害约瑟夫·本-古里安的凶手是巴尔·吉奥拉的一名心腹。大卫·约瑟夫·格鲁恩采用这样一个新名字，把他对巴尔-吉奥拉和哈绍莫两个组织的敌意融入他的新身份。[16]

"净化污秽"

有一段时间，《团结报》的印刷厂和编辑部办公室都位于雅法路以北的埃兹拉特（Ezrat）犹太人社区。显然，如此安排并非偶然，因为这是一个租金相对便宜且较为开放自由的地区。许多工作人员也居住在这里。长期居住于此的雅科夫·耶霍舒亚（Ya'akov Yehoshua）回忆说，他们看上去像一群俄国革命者，穿着刺绣的俄国衬衫和打补丁的裤子，戴着平顶帽，光着脚穿着凉鞋。他们在当地的理发店和药店聚会，每回都喝掉很多茶水，每周至少有一回辩论到深夜。他们在周六的晚间聚会上用希伯来语和俄语唱歌。

本-兹维的兄弟阿哈龙·鲁维尼（Aharon Reuveni）写了一篇关于他们的隐去真名的纪实小说。他将报纸的名字由《团结报》改成《大路报》（Haderech），把本-古里安的名字改为吉沃尼（Givoni），这是一个不怎么讨巧的角色，"性格怪癖固执，表情僵硬刻板"。杂志的其他撰稿人在他不在时都会谈论他，并且在背后嘲笑他。他们常常对他说长道短——他喜欢喝非常甜的茶，一杯茶水中他会放半杯糖。小说中的一个角色说，所有追求崇高理想的人都很喜欢甜食。所有人都笑了。他与众不同，他所感兴趣的是抽象的思想和理念。他们称他为狂热者，并将他与萨沃纳罗拉（Savonarola）相提并论，后者是一位多明我会男修士，也是一位世界末日传教士，在15世纪一度成为佛罗伦萨的权贵。当本-古里安与别人意见相左时，他会给对方一个不屑的眼神。他们不喜欢他。小说的主人公说："他对活生生的人缺乏真真切切的感觉。"[17]

本-古里安曾经写过一个短篇故事来赞美耶路撒冷世世代代的凿

石工人。他尝试着写得风趣诙谐一些。这篇文章相当幼稚，之所以
值得一提只是因为他的同事竟然没有阻止他发表这篇文章。一个月
后，为纪念"五一"国际劳动节，他写了一部短剧，剧名为"劳工
的节日"。这个短剧剧本也同样不值得发表，但没有人阻止他出丑。
没有人对他说："大卫，这个不行。"这两部作品都以他的笔名"巴
阿勒·哈哈洛莫特"（Ba'al Hahalomot）署名，意为"梦想家"。他至
少看了一回戏剧，并用笔名"丹"（Dan）发表了一篇措辞严厉的批
评性文章。他坚持认为，"希伯来戏剧爱好者"在台上的表演，无论
故事本身，还是导演和演出都"毫无灵魂"，且缺乏对内心世界的
描写。[18]

　　本-古里安在耶路撒冷安家后不久，齐马赫也紧随他而来。两人
经常见面，有时还会与本-兹维一起聚会。齐马赫在另一份报纸《青
年工人》（Hapo'el Hatza'ir）上发表作品。他们两个人每周约一次，沿
着老城的城墙散步、聊天、拜谒西墙，然后再去一家土耳其浴室，
最终在黎明前返家。[19]齐马赫当时交往了一个女朋友，她没多久就成
为他的妻子。本-古里安则依然是孤身一人。有时，他会尝试着联系
瑞秋·拜特·哈拉赫米，而此时的瑞秋已经是一个小女孩的妈妈了。
他曾寄给她一张签有自己和什洛莫·齐马赫、亨达·齐马赫（Hemda
Zemach）名字的明信片，邀请她到耶路撒冷来转转。她最终也没
有来。[20]

❖

　　1910年底，本-古里安发表了一篇文章，呼吁建立一个代表奥斯
曼帝国犹太人来游说政府和国会，以争取犹太人权益的"民族政治
组织"。此前，这样的中央机构尚不存在。这是他的第一篇政治类文
章。他表现得像一位老到的评论员，这让人们很难猜出他其实是一
个新手。在文中，除了赞扬帝国长久以来对犹太人的优待外，他还

107

抱怨青年土耳其党政府对犹太复国主义定居点的怀疑态度。他详细描述了阿拉伯人对犹太定居者的袭击："犹太小镇处于战争状态。"他还大胆地宣称："地方政府几乎在教唆杀人犯和抢劫犯，如此一来，他们将继续进行这些不法勾当，对政府无所畏惧。"他特别强调了他对信仰基督教的阿拉伯人的憎恶。在此背景下，他提到了纳吉布·阿祖里（Naguib Azoury），一位早期的阿拉伯民族主义者，此人曾在 1905 年宣称，犹太民族运动和阿拉伯民族运动必然会相互战斗，直到一方彻底打败另一方。本-古里安写道，阿祖里的追随者们正在阿拉伯人中散布针对犹太人的仇恨。[21]

1911 年初，犹太世界和本-古里安本人被希伯来语小说家约瑟夫·哈伊姆·布伦纳（Yosef Haim Brenner）发表在《青年工人》上的一篇文章所震惊。文章的主题是皈依基督教的犹太人。[22]布伦纳坚持认为，犹太民族身份是独立于宗教而存在的，并且无须奉行犹太宗教之戒律。在敖德萨的《青年工人》的支持者们，其中包括阿哈德·哈姆，要求这家报纸解雇布伦纳；如果不这么办的话，他们将中断向《青年工人》提供财力支持。

《青年工人》和《团结报》两家报纸间本是竞争关系，本-古里安此时却站到了布伦纳这一边。他特别强调这是对布伦纳言论自由的侵犯。他质问道："是谁在限制内心真实想法的表达？"他置身争论的实质问题之外，只是表示"宗教和政治不应混为一谈"。他声称："宗教是宗教，民族是民族。"但他还是忍不住将哈瑞迪人称为"黑人"。[23]

本-古里安和他在《团结报》的同事住在一块世俗飞地里，但他们并没有全然丢弃所有的宗教仪式和活动。雷切尔·亚奈特后来谈到了一次赎罪日前夕的情景。"我们前往犹太会堂，并透过百叶窗往里面偷看，"她写道，"说不清是出于什么原因，我们最终没敢走进会堂，也许是因为我们身上的世俗服装，也许是因为自从成为犹太复国主义工人运动的成员后，我们就用不着再去犹太会堂了……"[24]

当时耶路撒冷大约有 7 万人口，而其中有 4.5 万是犹太人。本-古里安在此前还从未经历过这样的情况——犹太人口占据了绝对多数，他也是其中一分子。他想将犹太人整合为一支统一的力量，并想让哈瑞迪人成为耶路撒冷政府的伙伴和帮手。但是在这样的背景下，他谈到了"征服那些社区"，意思是要对哈瑞迪人的生活方式进行一场革命，并倡导让叶施瓦（yeshivot）——大多数哈瑞迪男性从事学习研究的宗教神学院——也提供通识教育和专业教育。但是哈瑞迪派的生活方式极其根深蒂固，无法接受如此的改变；当时的本-古里安还不了解这一点。

本-古里安提出改变哈瑞迪人生活方式的那篇文章并不是反宗教的，其中他还谴责了那些对哈瑞迪人不屑一顾的同事们。但是，文中的语言一如往常，相当直率。他呼吁"净化污秽"，代之以"健康元素"。[25]他并不反对巴勒斯坦犹太人向海外犹太人寻求财政支持的做法。非哈瑞迪犹太新移民被称为"新伊休夫"（the New Yishuv，伊休夫，希伯来语，"定居区"的意思。一般指以色列建国前巴勒斯坦的犹太社团——译注），他们对其他国家的犹太慈善家的依赖程度并不亚于"旧伊休夫"，也就是哈瑞迪人。他自己也曾为锡安工人党寻求过捐助。[26]党内的争议主要是围绕资金控制权而展开。在他最终成功当选当地的党代表，去参加 1911 年 7 月在维也纳召开的锡安工人党世界联盟大会时，资金控制权的话题也引发了他的兴趣。他很高兴能踏上这次旅程。那年夏天，他再次饱尝思乡之苦。

移民巴勒斯坦之后的第五年，他再次踏上那片生养他的故土。齐马赫和瑞秋·拜特·哈拉赫米当时恰好都在普仑斯克，瑞秋返回故乡生下了她的第二个女儿。本-古里安当时不敢贸然到镇上去，因

109

为他还是被官方登记在册的逃兵，而且原来离开波兰时所持有的护照也不是他本人的。不过在华沙这就没什么问题，那里没几个人认识他。所以，他让瑞秋到华沙和他碰面，瑞秋最终也没去。[27]他的妹妹里夫卡（Rivka）此前嫁给了一个来自罗兹（Łódź）的富商，他们热情地接待了他。本-古里安早就不再催促他的家人移民巴勒斯坦了；他的妹妹费格勒（Feigele）想要去柏林学习，本-古里安则请求父亲支持她的想法。[28]

❖

布伦纳不久就辞掉了在《青年工人》的工作，转投到《团结报》的门下。这对报社而言是喜得良才，本-古里安也借此向父亲炫耀。他写道："著名作家约瑟夫·哈伊姆·布伦纳已经取代了我，担任这家报社的文学编辑。"[29]

这个25岁的年轻人（本-古里安）对于自己的定位相当明确，他想要在土耳其议会代表所有在巴勒斯坦的犹太人。或许他甚至可以担任土耳其政府的犹太事务大臣。[30]与此同时，他打算像他的一些朋友那样去伊斯坦布尔学习。但首先，他得到萨洛尼卡待上一段时间，当时那里也在奥斯曼帝国的治下。

"战争的阴影"

到达萨洛尼卡几天后，有人给了本-古里安一条忠告：在任何情况下都不要对他的犹太女房东透露自己是阿什肯纳兹犹太人。这座城市中有很多犹太人，但几乎所有这些犹太人都是塞法迪犹太人，像本-古里安这样的阿什肯纳兹年轻男子常常被认为是参与贩卖妇女这类勾当的。[31]他时不时就要解释为什么他不讲当地犹太人的主要语言拉迪诺语（Ladino）。在大多数情况下，他不能理解当地人，而当地人也听不懂他在说什么。他写信告诉父亲："我周围全是塞法迪犹太人，他们在风俗和语言上与我如此不同。"[32]他住在一个小房间里，地板上放了一个床垫，床垫旁是一盏小煤油灯，各类书籍和纸张凌乱地散布四周，在夜里他通常是在灯熄灭后才休息。[33]

他去萨洛尼卡时心里并不高兴。他没有高中文凭，但伊斯坦布尔大学立场很坚定，他必须完成中学课程后才能入学。本-兹维和伊斯雷尔·肖哈特因为有高中文凭，现在已经直接去伊斯坦布尔就学了，本-古里安在和他们会合之前，想到另外一座城市补上自己的中学课程。萨洛尼卡的生活成本比首都伊斯坦布尔要低。本-古里安在回忆录中写道，他之所以选择萨洛尼卡，是因为它是"世界上最具犹太性的城市"。令他特别惊叹的是这里的犹太劳工数量庞大。此外，还发生了"一件麻烦的事"，他向父亲暗示，伊斯坦布尔大学对他在萨洛尼卡完成的课程并不满意，要求他出示他在波兰读高中时的成绩单，而他显然没有。当时的人们对付这种讨厌的官僚做派也有自己的办法，本-古里安则如法炮制——本-兹维从他在俄国曾就读的高中为本-古里安拿到了一张假文凭。本-古里安让父亲支付了假文凭的费用，并叮嘱父亲马上把他的信销毁。[34]

❖

他的父亲也为他在萨洛尼卡的花费埋单。格鲁恩的法律辅助业务进展顺利，而且他还将业务范围扩展到金融辅助服务。[35]本-古里安告知父亲自己取得的进展。他写道："土耳其语并没有我以前想得那么难。"[36]四周后，他觉得自己对这门语言已经足够了解，因而断言土耳其语根本不值得被称作一种语言。他坚持认为："您无法用土耳其语恰当地表达一个现代理念。"[37]后来，他又开始上法语课。

他的土耳其语老师名叫约瑟夫·斯特罗姆萨（Yosef Stroumsa），他本身也是一名学生，比本-古里安小三岁。两个人后来成了朋友，

111

三个月后，斯特罗姆萨不再收本-古里安的上课费用。他们每天都会在海滩上散步，用土耳其语沟通，无所不谈，似乎成就了又一段令人难忘的友谊。他们都彼此需要。斯特罗姆萨后来回忆说："那是我那一年最快乐的时候。我真的很感激他。"本-古里安则写道："他是我的土耳其语老师，而我是他的生活向导。"

但是本-古里安讨厌在这九个月里待在萨洛尼卡的每一天。他常常写下自己的孤独寂寞。斯特罗姆萨下意识的反应就是否认他当时的伙伴曾是如此的孤独。他说："本-古里安不需要有人在他身边。"不过，他想了想之后还是确认，本-古里安当时非常想念家人和朋友，并且每周都会给他们写信。[38]

像他以前的信件一样，他从萨洛尼卡寄出的信显示了从兴奋到抑郁的急剧变化。随着他的逐渐成熟，他对自己的情绪变化更加了解。他曾经写道："在这里，我从欢乐开始，以悲伤结束。那是我生活境遇的结果还是我的根本个性使然？即使在我最幸福的时刻，我也无法摆脱那种深入骨髓的忧郁。"[39]

他为《团结报》写了几篇文章，其中一篇是用土耳其语写的，并密切关注着自己党派的动向。[40]同时，他还试手了一下当地政治。有一回，一名犹太议员正在一场集会上发表演说，他径直闯入会场，抗议这位议员的演说完全没有提及巴勒斯坦。斯特罗姆萨回忆说："所有在场的犹太人都顿时目瞪口呆：'他想要我们做什么？他在说什么？'"他想要在这座城市建立一个锡安工人党的分支机构，而且希望能将犹太水手吸纳进来，让他们成为巴勒斯坦希伯来舰队的骨干力量。该市几乎所有的社会主义者都是犹太人，而他们都很不友好。大多数人并不是犹太复国主义者。这是犹太复国主义者和社会主义者之间的另一场冲突，让人联想起他在普仑斯克时与犹太人联盟间的斗争。[41]

　　他已经将政治深深融入他的血液，他也依然非常想家。本-古里安写道，他的房东是一位虔诚的犹太教徒，家里的一切都遵循"犹太教规"，他在犹太教规这几个字眼上加了双引号，"但是，《哈加达》于我而言毫无意义，而且汤饺真是索然无味"。在他父亲的家中，响起了"我隐藏在心底的呻吟……交织着悲伤与期待……我的全部身心都被吸引到了那里"。他补充说，他在巴勒斯坦也经历了这样的时刻，而且常常是在假期。他用土耳其语写道，如上帝所愿，他们将在巴勒斯坦重聚。[42]

❖

　　当本-古里安还在萨洛尼卡时，土耳其与意大利打了一仗。这是他经历的第一场战争。土耳其人针对意大利人发布了驱逐令，在萨洛尼卡，几乎所有遭驱逐的都是犹太人。本-古里安本着实事求是的态度报道了这场悲剧，指出那些遭到驱逐的人是咎由自取。这些犹太人已经在这个城市生活了几个世纪，但仍没有接受奥斯曼帝国的公民身份。本-古里安指出，"犹太人态度顽固，即便深受其害也不愿意改变，而且他们从不为自己的将来考虑"。他父亲注意到，本-古里安自己也没有接受奥斯曼帝国的公民身份。本-古里安对此的解释是，他首先需要被大学录取，因为学生是可以免除兵役的，不然他会被征入奥斯曼帝国军队。[43]

　　他真的被大学录取了，然后搬到了伊斯坦布尔，但当时奥斯曼帝国和巴尔干国家联盟之间的战争爆发了。本-古里安当时寄出的信读起来就像是战地记者的报道。他写道："战争的阴影笼罩了整个城市。"[44]他看到很多士兵，有些骑着战马；火车站都已被关停，因为所有的火车都被军队征用。这是他经历的第二场战事。

112

"我尝试了，也成功了"

在本-古里安入学的第一天，上了两节课后，大学校长走进教室，要求学生自愿加入军队。这所大学当年录取了 7000 名学生，但其中应征入伍的只有 29 人。校长说，他为这些学生感到羞愧，然后夺门而出，学生则纷纷回家。土耳其之所以打这一仗是为了继续控制巴尔干地区。本-古里安想，这真是帝国最黑暗的时代，可以与犹太人在第二圣殿被毁之前的困境相提并论。他将这场战争视作伊斯兰教和基督教之间的冲突，而且他坚持认为，即便土耳其赢得战争，欧洲也断然不会允许其品尝胜利的果实。他说道："一场欧洲大战可能濒临爆发。无论如何，我们显然处在极为关键的历史事件的边缘，这些事件会将欧洲政治引入一条全新的道路。"[45]

只有处在欧洲战区边缘、置身风暴之外的人才有可能作出这样的预言。在处于风暴之中的人们看来，一切都很稳定且充满希望。和赫茨尔同住维也纳的斯蒂芬·茨威格写道，40 年的和平生活让世界有了一种自满情绪，"整个欧洲从未像当时那样强大、富有、美丽，也从未像当时那样对更加美好的未来充满信心"。[46]

大学的教室挤满了伤兵，学校已经停课。本-古里安和本-兹维返回到了巴勒斯坦。本-古里安当时并不确定自己是否回得去。他考虑去大马士革学习阿拉伯语。他的想法是，对他而言，如果在巴勒斯坦做律师，阿拉伯语比土耳其语更有用。[47]但在接下来的几个月，他几乎什么都没做。他回到了《团结报》，和锡安工人党的几位成员会面，并参加了一个医疗队前往太巴列，当时那里爆发了霍乱疫情。他给一个熟人写信说："如果我没活着走出太巴列的话，请你担任我遗产的保管人。"[48]四个月后，他回到了伊斯坦布尔。

❖

他的父亲继续给他汇钱。很明显，由于战争的缘故，普伦斯克的银行转账常常会延误。同样的事在萨洛尼卡也曾发生过。本-古里安在每封信中都会以不耐烦的责备语气抱怨一番。当然，他对自己能够得到资助还是心存感激的。他写道："我永远都无法补偿您为我的学业所作出的牺牲，哪怕是其中一小部分。"不过，他提醒父亲，父亲出钱，他去学习，这可是他们之间的约定。[49]

他的一些信件似乎是为了让父亲感到内疚。有一回他写道，缺钱的窘境几乎置他于死地。他的饮食中严重缺乏维生素 C，导致他患上坏血症。医生将此情况归咎为"长期不吃饭"。本-古里安告诉父亲，他的口腔疼痛难忍、苦不堪言："我无法入睡，也无法进食。"有时他也会借钱。在第二学年即将结束时他写道："我经历过许多糟糕的状况，但我这辈子还从未有过这样的光景。"他的健康状况"一如往昔地"不断恶化，在最艰难的时候，他依然身无分文。是时候进行总结反思了。他写信给父亲说："显然我们俩都犯了一个严重的错误。您承担了超出您能力范围的事情，而我则是同意生活在势必会击垮我的身体健康和道德操守的境遇中。"[50]1914 年 1 月，他病得很重，以至于在医院里待了几个星期。[51]

本-兹维与本-古里安在一个不大的寄宿公寓中合租了一个房间。萨洛尼卡人约瑟夫·斯特罗姆萨当时也到伊斯坦布尔来完成自己的学业，本-古里安邀请他住到他们租的房间。这间大学生宿舍十分拥挤，也不怎么干净，但是很显然，与本-古里安信中所写的截然相反，他们根本就没挨过饿。本-兹维半工半读，通过当老师来支付自己的学习费用。本-古里安则全靠父亲的资助，自己没有去工作。斯特罗姆萨后来回忆说："他们就像兄弟俩一样，甚至比兄弟俩还亲。他们总是在一起。"本-兹维有女朋友雷切尔陪伴左右，其他人也都

114

有女朋友。有些人已经结婚了。据本-古里安所说，他也有土耳其朋友和阿拉伯朋友，但他们之间从来不谈犹太方面的事情。[52]

有时候他也为自己的不耐烦而向父亲道歉。他解释说，等钱等得真是让人着急上火。"在我看来，我压根儿不是那种脾气火爆的人，但是如果你生活在伊斯坦布尔，遇到像我这样的境况，你也会像我一样陷入危机，即便拥有铁一般的意志力也会撑不住而垮掉。"但是当时他不必担心自己的生活会没有着落。斯特罗姆萨多年后证实，阿维格多·格鲁恩每月都会给儿子寄钱。斯特罗姆萨称，他汇出的钱并不多，但每次都很准时。如果是这样的话，汇款姗姗来迟这件事本身并不会使本-古里安陷入他所描述的那种深重的危机。他抱怨"精神紧张状态下的愤怒和抑郁"以及"忧虑和痛苦"，并补充说："我无法忍受我在精神上的痛苦，这对我而言就是自己内心深处的炼狱。"几天后，他写道："有时候我觉得，要是能像小孩子一般恸哭一番，我保准能高兴起来。或许眼泪可以带走一些无处发泄的、压抑在心底的痛苦情绪。"他再次道歉："有时候，被压抑着的情绪在我长叹一声后冲破了禁锢，而我自己甚至都没有意识到。"[53]

他父亲和妹妹里夫卡都建议他回家，父亲以前就这样建议过他。本-古里安非常气愤。他写道，他给自己设定的目标"事关生命之价值"，只有死亡才会阻止他实现这一目标。暗示他放弃自己的目标等同于建议他在"道德上和精神上"自杀。因此，他想知道他的父亲是否还愿意资助他。里夫卡也经常给他寄钱。他让她别再寄了，如果她还是坚持的话，他就把钱寄回去。不管怎样，她还是给她在柏林的妹妹费格勒寄了更多钱。他愤愤地说："她的钱她想怎么用就怎么用，但不要干涉我的事。"①[54]

他在学业上表现出色，在大部分考试中都获得了最高分 10 分。有一回，他给瑞秋·拜特·哈拉赫米发了一张明信片，把自己得高分的事告诉了她——他还专门提道，本-兹维在一次考试中只得到了 6 分，肖哈特也只得了 8 分，而他得了 10 分。在给父亲的信中，他也频繁提道，他的绝大多数朋友的考试分数都没有他高。[55]在考试季即将结束时，他告诉父亲："我尝试了，也成功了。"起初，他还想贬低大学的教学质量，正如他贬低土耳其语和东方文化一样。而当他不断进步并在学业上取得优异成绩时，他就不再发表如此的评论了。事实上，大学的师资队伍实力相当强。[56]

❖

一群来自巴勒斯坦的年轻人，被青年土耳其运动的革命精神吸引到伊斯坦布尔，许多阿拉伯人也是如此。他们中的一些人后来进入巴勒斯坦的司法系统工作，有三个人成为法官，一个人在最高法院任职，其他人则成为政治精英。伊斯雷尔·肖哈特和曼雅·肖哈特也在其中。约瑟夫·斯特罗姆萨回忆说，伊斯雷尔·肖哈特时不时会来拜访本-兹维，两人在哈绍莫时就是挚友。如果本-古里安也在场，他和肖哈特肯定会展开争论，而且很快就会升级为两人间的大喊大叫。[57]

肖哈特种种装腔作势的表现让人感觉他好像是一位民族领袖，是一个流亡政府的首脑。巴尔干战争爆发时，他声称已经说服土耳其陆军部长在土耳其军队中建立一个犹太团以保卫巴勒斯坦。在后来被证实纯属子虚乌有后，肖哈特又声称将向土耳其军队输送 50 名

116

---

① 他的长兄阿夫拉罕在此期间正在计划到巴勒斯坦碰碰运气。本-古里安写信对他说，如果他觉得犹太人居住区的"污秽和肮脏"能使他在巴勒斯坦获得救赎，那他可是大错特错了。（Ben-Gurion to his father, April 3, 1913, in Erez 1971, p. 264.）

骑兵志愿者，他将从巴勒斯坦的学生和哈绍莫的成员中招募。他还公然称自己已被任命为该部队的指挥官，并获得了军官军衔。这也被证实完全是空穴来风。本-兹维也没闲着，他试图说服萨洛尼卡的犹太水手迁往巴勒斯坦，但没能成功。[58]他和本-古里安在伊斯坦布尔的犹太学生协会中非常活跃，而且两人一同参加了在克拉科夫举行的锡安工人党代表大会和在维也纳召开的犹太复国主义者代表大会。这是本-古里安第一次参加犹太复国主义者代表大会，大多数与会代表的资历都比他深。此时，他似乎已经和里夫卡重归于好。他去罗兹的妹夫家过逾越节，父亲当时也在那里。自从他离开波兰以来，这是他第三次重返故国。

❖

1914 年 7 月 28 日，本-古里安和本-兹维在完成考试后在伊斯坦布尔登上了一艘俄国客轮。他们原定 10 天后抵达雅法。奥匈帝国的王储在一个月前遇刺身亡，战争风云已经开始席卷欧洲。8 月 1 日星期六这天，他们在伊兹密尔停留后刚启航不久，就有消息传来，俄国已向德国宣战。本-古里安和本-兹维发现自己正面临人生中的第三次战争。当时，在世界的各个角落有无数的梦想破灭，本-古里安希望成为一个真正律师的梦想同样未能幸免，何况，这也是他父亲的梦想，但父亲终其一生也没有达成。

几个月后，他已经在考虑，战争对犹太复国主义的未来究竟意味着什么。他在大战爆发的几周后宣称："别人断不会拱手送给我们一个国家，国家都是征服而来的。"他写道："我们将通过不断发展巴勒斯坦来征服巴勒斯坦。"这是实践性的犹太复国主义的核心要义，这种理念在赫茨尔去世后，以及他通过外交手段争取巴勒斯坦的努力失败之后，开始引起人们的关注。但这篇文章的核心观点可能还是来自赫茨尔本人：犹太人的主要任务还是为战后将要召开的和平会议做准备。世界要在巴勒斯坦给予犹太人一片自治的家园，犹太人可以不受限制地移民到此地。他的措辞十分谨慎，说"巴勒斯坦属于土耳其"，而且强调巴勒斯坦的犹太民众仍然"一如既往地"忠于奥斯曼帝国。[59]

"我要闭关锁国，封锁整个国家"

1914 年 12 月 17 日是星期四，当天下午，在即将点燃光明节第五个晚上的蜡烛之前，土耳其警察包围了雅法城边的几个犹太社区，包括特拉维夫、涅夫特塞德克（Neveh Tzedek）和涅夫沙洛姆（Neveh Shalom），并在这些社区实行宵禁。警察闯入民房，拖出里面的居民，并将他们押解到附近的一个警察局大院。几个小时后，警察将这些犹太人驱赶上了意大利轮船，这些轮船当晚就驶离雅法，开往埃及，因为英国当局在一个月前就宣布埃及成为它的保护国。

一位目击者描述了当时令人心碎的场景："一个六个月大的婴儿被遗弃在摇篮中，因为他的母亲在街头被捕后随即被遣送到船上，都没给她机会带上孩子……而孩子们则在没有父母陪伴的情形下被送上船……许多孩子掉入海中，生机渺茫，其他人的命运究竟如何至今也无从知晓。"在此之前，当局已下令驱逐所有敌国公民，当时居住在巴勒斯坦的 8.5 万犹太人中，有 5 万人被驱逐了。这些人几乎都是俄国公民。星期六，发生了另外一场大规模的驱逐行动。[60]

在耶路撒冷《团结报》的办公室中，爆发了一场激烈的辩论。自本–古里安和本–兹维从伊斯坦布尔返回后的三个月中，他们尝试着说服在巴勒斯坦的犹太人放弃他们的俄国公民身份，转而申请奥斯曼帝国公民身份。他们眼前的目标就是避免数千名犹太人被迫选择离开奥斯曼帝国或被驱逐出境。本–古里安在这一点上的政治考量有些不同寻常——土耳其不可能成为犹太人的盟友。他非常清楚困扰"欧洲病夫"的体内腐败，他对土耳其文化的态度明显是东方主义的。此外，他已经目睹了奥斯曼帝国在巴尔干战争中的惨败。尽管如此，他还是认为土耳其最终胜出也不是没有可能。

118 他认为自己是奥斯曼帝国的爱国者，在土耳其人废除了外国居民在巴勒斯坦享有的种种特权后，他欢呼雀跃。他宣称："土耳其正远离被奴役的状态，迈向自由。"他称奥斯曼帝国为"我们的国家"。数千名犹太人现在失去了他们原籍国的领事保护，因此本-古里安相信，忠于奥斯曼政权可以在战后切实促进犹太复国主义的利益。他考虑在奥斯曼帝国内部设立一个犹太民族区。他也没有放弃他的梦想——成为土耳其内阁部长来代表犹太民众的利益。[61]他与本-兹维一道重申了一项提议，即建立一个犹太志愿民兵组织来保卫耶路撒冷。在此期间，他每天早晨去大拉比的办公室，然后坐在一个盖着绿布的桌子旁边，为那些已决定加入奥斯曼帝国国籍的犹太人登记造册。他和本-兹维都戴着一顶红色的土耳其毡帽。阿哈龙·鲁维尼在自己的小说中这样描述他们："名副其实的土耳其官员！"

放弃俄国公民身份并不是轻而易举就可以作出的决定，对于那些逃避沙皇兵役义务的年轻人而言更是如此，因为这样的话他们就有义务应征加入土耳其军队。两个犹太复国主义工人政党都号召犹太人留在巴勒斯坦，但对此也有其他的看法和意见，包括《团结报》编辑部的工作人员就是如此。好几名工作人员对同事坦白，他们可不愿意为捍卫奥斯曼帝国的家园而牺牲自己。

阿哈龙·鲁维尼小说中的人物吉沃尼的原型就是本-古里安，吉沃尼宣称他愿意不计代价，哪怕牺牲许多人的生命也要达成他同族人民的使命。他表示，无论是谁，只要离开这个国家的就是叛徒，并且补充说："如果我有权力的话，我要闭关锁国，封锁整个国家，不让一个人离开。"作者鲁维尼让吉沃尼作出了这样的解释："对我们而言，对我们的未来而言，5000 名牺牲在巴勒斯坦的犹太人比1 万名逃走并在埃及苟且偷生的犹太人更重要。"他的同事不无讽刺地说，他身上背负着这么多的人命，而他似乎对此毫无愧疚；人们应该感谢上帝将犹太人交由杰马尔帕夏（Djemal Pasha）而非交给吉沃尼处置。[62]

　　杰马尔帕夏是青年土耳其运动的领导人之一，也是叙利亚和巴勒斯坦阵线的指挥官。他将在亚美尼亚大屠杀中发挥关键作用，他公开反对犹太复国主义。[63]《团结报》的编辑们不确定是否要报道雅法发生的驱逐犹太人事件。这是一个相当艰难的决定，对本-古里安这位奥斯曼帝国的支持者而言更是如此。他勉强同意发表一篇令人痛苦的报道，报道认为，驱逐实际上并非针对外国人，而是直接针对犹太人，包括那些还是奥斯曼帝国公民的犹太人。几天后，当局关停了这家报社，没收了在其办公室发现的最新一期的最后 127 份报纸，并查封了该报的印刷厂。[64]

❖

　　几周后，本-兹维和本-古里安被捕，并被押解到了老城穆斯林区的那座宏伟的市政大厦。根据本-古里安的说法，他们被捕是因为他们的名字出现在 1913 年的犹太复国主义者代表大会的参会名单上。当局并没有特别为难他们。本-古里安写道，负责讯问他的是一个举止粗鲁的男人，"但他也没粗鲁到过分的程度"。讯问的人想了解所有关于锡安工人党和哈绍莫的情况，看起来他并不知道两者之间的区别。在他看来，这两个都是密谋颠覆国家的秘密组织。本-兹维回忆说，他们与看守员交上了朋友，以至于他们获准来去自由。

　　为了避免被驱逐出境，他们两人用土耳其语给杰马尔帕夏写了一封感人肺腑、爱国情深的信。本-兹维也是煞费苦心，亲自跑到杰

119

马尔位于橄榄山奥古斯塔维多利亚大厦的总部见他。雷切尔·亚奈特随他一同前往，然后躲在了一片柏树林中远远看着。本-兹维最终设法见到了这位土耳其指挥官；杰马尔知道他和本-古里安是谁，但是表示他和他们没什么可说的。两个人正密谋在巴勒斯坦建立一个犹太国家，因此他们会被驱逐到埃及去。本-兹维和本-古里安一下子变得沮丧起来。他们的朋友在当地一家酒店为他们举行了欢送会，但本-古里安宁愿一个人静静地待着。他曾坚信犹太复国主义在土耳其会拥有美好的未来，但现在这个信念已经彻底崩溃，让他认清并接受这个事实并不是件容易的事。当局勒令他们到雅法报道以备驱逐，第二天他们自费租了一辆马车，前往雅法。他们抵达后被监禁了几天，当局允许亚奈特来向她的爱人告别。桌上放着一支点燃的蜡烛，蜡烛熄灭后，本-兹维和他的女友走到走廊上，他弯下腰亲吻了她，本-古里安则留在了房间里。[65]

一旦驱逐出境就是永久性的，他们也已经被伊斯坦布尔大学开除。他们抵达开罗时，身上没有任何证明文件，只有一封美国驻耶路撒冷领事奥蒂斯·格拉泽布鲁克（Otis Glazebrook）写给他们的推荐信。美国驻伊斯坦布尔的特使亨利·摩根索（Henry Morgenthau）也密切关注着这两个人。在接下来的几周里，本-兹维和本-古里安结伴旅行，去博物馆，爬金字塔，等着领取埃及发放的通行证。在逾越节前夕，本-古里安在日记中写道："我们即将讲述出埃及的故事，并在法老的坟墓旁举行逾越节家宴。"[66]

随后几周里，两人对数千名巴勒斯坦难民的命运产生了兴趣，并关注了两位著名的俄国犹太人的活动。其中一位是军官，名叫约瑟夫·特朗普德尔（Joseph Trumpeldor），此前他是一名牙医，他在日俄战争中英勇奋战并失去了左臂。1912 年，他与几个同伴一起来到了巴勒斯坦，最初加入了加利利湖边的一个公社农场，后来又去德加尼亚基布兹工作。第二位则是出生于敖德萨的著名犹太复国主义记者、作家和翻译家。他的笔名是"阿尔塔莱纳"（Altalena），在意大利语中意为"秋千"。他的真实姓名为泽夫（弗拉基米尔）·雅博廷斯基。他在家乡主张建立一支犹太自卫民兵队伍。在被威胁驱逐出境之前，特朗普德尔成功逃离了巴勒斯坦，雅博廷斯基则以巡回记者的身份抵达埃及。由于当时埃及是英国的附庸国，两人向英国当局提议，招募犹太难民以组建一个志愿军事组织；这一提议获得批准，由此锡安骡马队（Zion Mule Corps）得以组建，并参加了加里波利之战。两人猜想土耳其人将被击败，因此帮助英国人才是明智之举。[67]

本-古里安和本-兹维则基于两个原因反对这项提议。一方面他们有充分理由担心，向土耳其的敌国提供军事援助，可能会给巴勒斯坦的犹太社区带来灾难性的后果，然而他们还是相信，土耳其在战后可能会继续掌控巴勒斯坦，到时可能会给予犹太人自治权。毕竟，土耳其是站在德国这一边的，很多人相信，德国会最终胜出。另一方面，本-古里安对土耳其的支持实际上也遵循了悠久的犹太传统，犹太复国主义也沿袭了这一传统——无论何时、何地、何人掌权，服从当局权威都是最好的做法。除此之外，令两人恼怒的是，他们向土耳其人提出的想法以失败告终，而雅博廷斯基和特朗普德尔两人却把同样的想法变为了现实。这是本-古里安没有参与的另一个犹太武装部队组建方案。

从犹太复国主义者的立场来看，阻止犹太人离开巴勒斯坦是合乎逻辑的。同样合乎逻辑的是敦促犹太人取得奥斯曼帝国公民身份以避免被驱逐出境。但确实有一些犹太人因此应征加入土耳其军队。

然而，对于许多人来说，无论是出于犹太复国主义的爱国热情还是出于其他原因决定留在巴勒斯坦，他们都要付出生命的代价。

121

随着战争的持续，巴勒斯坦的局势恶化，数千人死于饥饿。本-古里安仍将这视为实现犹太复国主义所要付出的代价之一。①[68]

　　他本人尚未获得奥斯曼帝国的公民身份。他后来表示，他和本-兹维都提出了申请，甚至已经支付了所需的费用；也许在整个流程走完之前，他们就已经被驱逐出境了。在他进入美国的时候，他的证明文件显示他是俄国公民。在 1917 年初，他仍然宣称自己是俄国公民。[69]多年后，本-古里安知道，自己当年鼓动巴勒斯坦的犹太人去申领奥斯曼帝国国籍是不对的，但他发现要承认自己的错误还是很困难的。他写道："这也许是我的错，但如果再碰到那样的情况，我还是会反对人们离开这个国家。"[70]

❖

　　如果本-古里安愿意的话，他似乎本可以继续留在埃及的，但是他当时想着去新世界。他 29 岁了，无一技傍身，他知道自己永远不会成为一名律师了，而且基本也不可能成为土耳其的内阁部长了。他已经不再从事体力劳动，靠从海外寄来的钱（有部分来自父亲）维持生计。但是相比很多同龄人，他有一个巨大的优势——他知道自己想要什么，而且能够沉下心来学习。他的下一站是美国。

　　在去美国的途中，他惊叹于大西洋的壮阔，以充满诗意的笔触描写那起伏的浪和多彩的光，正如他第一次从普仑斯克远航至巴勒斯坦时所做的那样。[71]他的朋友和熟人通常认为他是一个忧郁而内向的人，因而很难相信如此浪漫而多情的文字出自他之手。

❖

　　1915 年 5 月 16 日，本-古里安从船上远远望去，遥远的地平线

---

　　① 历史学家估计，约有 1.5 万犹太人申请了奥斯曼帝国居民身份，而有约 1.8 万犹太人离开巴勒斯坦或是被驱逐出境。战争期间，巴勒斯坦的犹太人口减少了约 3.5 万人，从 8.5 万人降至 5 万人。（Giladi and Naor 2002, p. 457.）

上隐约出现了幢幢摩天大厦。他为之深深惊叹。自打与本–兹维在这艘希腊邮轮"帕特里斯号"的三等舱铺位安顿下来后，他的思绪就沉浸在自己的美国梦中不能自拔。自他儿时起，也就是在人人称之为"美国世纪"的开端，他就怀揣着这个梦想。美国激发了他的想象力，他去美国就像以前去巴勒斯坦那般兴奋和激动。他写道，在这个世界上最现代、最民主的国家里，生生不息的搏动令他着迷。当海鸥开始在"帕特里斯号"上空盘旋时，他不再对船上糟糕的食物耿耿于怀，突然与美国开国元勋们的伟业产生了共鸣。他在日记中写道："我们这些想要在一片废墟中建造出一片新天地的人们，需要学习那些在英国横遭驱逐、备受迫害的人们究竟是如何建立起一个辽阔、富饶，有无与伦比的财富和创造力的伟大国家。"后来，他将征服美国西部与征服巴勒斯坦相提并论。就在这次旅程中，他开始学习英语。

他的日记记录了不时出现在头脑中的幻想：他到了纽约，他在那里的朋友们又惊又喜，因为他并没有通知他们自己会来。他没有提到什穆埃尔·福切斯的名字，但他所写到的"朋友们"在日记的下一页就只剩下仅有的一个了。他期待着他们之间的会面，这再次勾起了本–古里安对往事的怀恋，他回忆起他们"纯真而充满梦想的少年时代"，那时的他们仍然"充满着天真而纯粹的幻想"。当他们再次见面时，他们就可以认真思索下他们两人中究竟是谁作出了正确的选择，是去巴勒斯坦并投身政治的梦想家，还是他在纽约布鲁克林做牙医、碰运气的挚友。无论怎样，本–古里安写道："我既然已经来到美国，那就要为巴勒斯坦做点事情。"他意识到他到纽约时，正好还赶得上在那里欢庆五旬节，他欣喜若狂。[72]

123

第七章　新世界

"这着实有些荒谬"

美国热情地欢迎了本-古里安，移民程序简单，过程迅速。他充满敬畏地说："美国人知道速度的奥秘。"强制性体检也不像他所担心的那样让人羞愧难当，他表达了自己成为美国公民的意愿，同时获得了允许他在美国生活和工作的签证。他在日记中写道："万岁！"正如他第一次在雅法上岸时所写的一样。埃利斯岛位于曼哈顿的南部，是移民中心所在地，锡安工人党当地分部的几名成员在岛外迎接他。他们告诉他一条来自普仑斯克的坏消息——一枚德国炸弹命中了一个犹太会堂，导致约80人死亡，其中就包括什洛莫·齐马赫的父亲。当时，《纽约时报》密切关注并报道了普仑斯克周边发生的战事。本-古里安的父亲和其他家人都平安无事。[1]

　　第一次来纽约的人通常会遭遇传说中的文化冲击，本-古里安也未能幸免。这种冲击如"狂风暴雨"般直直抽打在他的身上，力道之大令他终生难忘。在他刚到纽约的头两天，他漫步在曼哈顿的街头，感到眼花缭乱，如坠云间。到第三天，他感觉自己好像已经在这里待了好几个星期了。他的日记中充盈着热情，时不时夹杂些讽刺的话语来调侃那鳞次栉比的高层建筑、体量巨大的商场、一望无际的道路、马车和汽车汇成的车流、摩肩接踵的行人、旋风似的声音和色彩、永远急匆匆的步履与每个人都无法控制的展示欲。

美国向他提出了两大挑战，而这促使他重新审视自己最基本的信条。作为一个自诩为社会主义者的人，他不得不承认美国的力量是资本主义的力量，这里对社会主义没有什么大的需求。作为一个犹太复国主义者，他试图与200多万在美国落地生根、把美国当成家园的犹太人开展对话。在这里，犹太复国主义也没有什么市场。美国的犹太人使他想到了自己的父亲："他们自称是犹太复国主义者，但他们却不会到巴勒斯坦来。"[2]只有少数人懂希伯来语，而他的英语仍然不怎么流利。在多数情况下，他都讲意第绪语，但这并不利于了解美国。

❖

本-古里安和本-兹维到达美国时，特地说明自己是从巴勒斯坦来的特使，并强调他们只在这里做短暂停留。在填写某些官方表格时，不得不注明自己的职业，于是本-古里安填了"新闻记者"，这使他跻身于希望进一步推进犹太复国主义事业的其他作家之列，这其中包括赫茨尔和雅博廷斯基。在赴美途中，本-古里安就已经考虑过在美国出版一份希伯来语日报的可能性。[3]

他的美国东道主们对此信以为真。他们决定让本-古里安和本-兹维到锡安工人党的各个分部进行巡回演讲，从巴勒斯坦来的特使可比难民和流亡者有趣多了。同时，他们组织了一系列喜庆的招待会，为他们发表长篇演说，并且向犹太媒体报道了他们的到来。本-古里安说："这着实有些荒谬。"[4]接待他们的人认为本-兹维是两人中的老大。他们在布鲁克林一起合租了一个房间，起初本-兹维讲课，本-古里安写文章，只能勉强糊口。锡安工人党也在接济他们。

126

美国的锡安工人党是作为俄国党派在美国的分支而建立起来的，其活跃分子几乎都是俄国移民，其中有一些还是本-古里安的亲戚，他们带来了该党的政治纲领和在俄国曾困扰他们的意识形态分歧，还有各种阴谋诡计及与其他政党的纷争。锡安工人党在好几个美国城市都有分部，但成员和同情者总共也就 3000 人左右，约占了美国犹太复国主义劳工运动支持者的一半。该党在纽约发行了一份意第绪语报纸《犹太战士报》（*Der Yiddisher Kempfer*），每期发行 6000 份。①

在来美之前，本-古里安已经认识一些美国锡安工人运动的成员，他们都听说过本-古里安。纳赫曼·瑟金（Nahman Syrkin）是该党在美国公认的军师，几年前他曾试图从土耳其苏丹那里购买巴勒斯坦。他建议让成千上万的年轻人加入犹太复国主义先锋青年运动世界联合会（Hehalutz），该运动的成员致力于定居巴勒斯坦，开展农业生产。俄国革命者和恐怖分子平哈斯·鲁滕贝格（Pinhas Rutenberg）向本-古里安透露了自己要建立一支犹太部队以攻占巴勒斯坦的计划，借此以取悦本-古里安。[5]

❖

在大多数情况下，本-古里安初到美国遇到的犹太人都境况堪忧。他几乎都认不出他的堂兄了。他写道："他的脸瘦削憔悴，弓着腰，真是老了。"而且他还注意到，他堂兄的孩子们用英语沟通，只懂得一点儿意第绪语。[6]瑞秋·拜特·哈拉赫米的一个兄弟将他介绍给普仑斯克在美青年联谊会。他发现这里的人让人生厌。他在日记中写道："这些人空虚、空洞，没有真本事，缺乏上进心。"[7]

127　　什穆埃尔·福切斯并不在这些人当中，当时他不在城里。本-古

---

① 宗教犹太复国主义运动米兹拉希（Mizrahi）的成员数量是锡安工人党成员的三倍。1918 年，美国所有意第绪语报纸的总发行量约为 50 万。（Raider 1998, pp. 33, 41; Teveth 1977, p. 312, note 30.）

里安见到了他的女友，她是犹太人联盟的成员。几个星期过去了，福切斯还是没有回来。1915 年 7 月 7 日星期天，本-古里安在他的日记中写道："今天有一个锡安工人党举行的野餐会。我听说福切斯会来。我们已经 12 年没见过面了……明天我要离开。"第二天，本-古里安启程前往该党派在纽约州罗切斯特的分部，这是他巡回演讲的第一站，这次巡回演讲还包括其他几个城市。他在日记中记道："本来应该 1 点动身的，但我晚到了几分钟，结果错过了那班火车，浪费了一整天的时间，到晚上 11 点才能到达罗切斯特。"关于福切斯，他只字未提。他是否真正去过野餐会，已无从得知。或许福切斯在场而本-古里安不在，也有可能两人都没露面。或许两人都去了，且见到了对方，而本-古里安当时决定跳过这个话题，甚至未在日记中提及。多年后，在他担任总理时，他说他和福切斯在纽约见过面。本-古里安写道："我告诉他我们在巴勒斯坦所做的努力，他则慢慢地回归犹太复国主义。"这其实并非完全准确。[8]

福切斯初到美国时还是锡安工人党的成员，但他似乎逐渐对该党失去了兴趣。他在纽约大学学习牙医学，后来成婚，在职业上颇为成功，买了一栋公寓楼。他用意第绪语发表诗歌和故事，这些作品中有一部分是以"伊曼纽尔"（Emmanuel）署名的，这个笔名后来成了他儿子的名字。他与其他一些意第绪语作家和诗人走动频繁，给予他们金钱资助，并且支持意第绪语剧院的发展。[9]

"如果我是一个黑人"

本-古里安在全美各地锡安工人党不同分部的演讲旨在找寻出可能会去巴勒斯坦的年轻人，同时为犹太复国主义先锋青年运动世界联合会招募成员，该组织标榜，要致力于促进巴勒斯坦的开拓性定居活动的展开。[10]为配合巡回演讲的开展，锡安工人党的中央委员会还号召所有成员加入该组织。但是，仔细探究后会发现，犹太复国主义先锋青年运动世界联合会还希望把招募来的移民集结成军事力量，以发挥作战作用。针对其目标的表述历经几轮修订，在一个时期是这样行文的："在巴勒斯坦组建一个特别行动组织以进行自卫。"在一个保存在本-古里安档案馆的废弃版本中，这段话用意第绪语撰写，紧随这段话后的是括号中的两个希伯来单词，意思是"防卫组织"。[11]本-兹维在其回忆录中引用了犹太复国主义先锋青年运动世界联合会的宪章，该宪章是这样表述的：本组织将会运营"健身和军事训练俱乐部"。成员必须按照要求服从和接受上级下达的纪律与指令。

❖

本-古里安通常独自乘火车往来各地，他和锡安工人党的活跃分子们住在一起。他到达时，也并不知道他们是否在等他，他们有时候也不等他。有时他的东道主都忘了要组织讲座。他有一回抱怨说："同志们根本没做任何准备。"这种情况"和预期的一样"，发生在扬斯敦（Youngstown）和坎顿（Canton），就和之前发生在匹兹堡的一样。他说，坎顿那边并非一败涂地，一开始就不值得他送到那里。但是在扬斯敦和匹兹堡的更大的犹太社区，他被那里的混乱局面搞得心烦意乱。①

锡安工人党在纽约的成员视他为密使，可能是希望他的出现有助于为该党募集资金，吸引更多的人订阅其报纸。但他当时还不是一位伟大的演说家，并没有吸引大批的听众；一些听过他演说的人

---

① 他非常详尽地记录了旅行期间的开支，例如火车票 1.91 美元，卧铺车厢附加费 0.50 美元，搬运工小费 0.20 美元。（Ben-Gurion, Diary, July 26, 1915, Dec. 2, 1917, BGA; Ben-Gurion to Hirsch Ehrenreich, Dec. 29, 1915, Jan. 6, 7, 1916, in Erez 1971, pp. 330, 333, 334.）

后来回忆说，他的演讲很乏味，而且缺乏想象力。其他演说者是在讲故事，而本-古里安则是在列举事实。有时他的演讲给人留下了深刻的印象，但没有营造出热情奔放的氛围。因此，他不是很受欢迎。有时他面对的观众满打满算也就 20 人，若是有 40 名听众就已经相当可观了。有一回，他不得不取消在辛辛那提的活动，因为当晚大法官路易斯·布兰代斯（Louis Brandeis）计划在该城的另一个地方发表演说。[12]

❖

1916 年 8 月下旬，本-兹维和本-古里安请求布兰代斯与美国驻伊斯坦布尔的摩根索大使交涉，以此帮他们获取返回巴勒斯坦的许可。[13]当时，本-兹维和本-古里安仍然认为，奥斯曼帝国很可能会继续控制巴勒斯坦，尽管他们也意识到与此相反的情况当然也有可能发生。因而，他们根本无从知晓他们想要整合的军事力量究竟是应当与土耳其人一道共同战斗，还是应当反抗土耳其人。无论如何，也许在本-古里安的控制之下，犹太复国主义先锋青年运动世界联合会大概旨在针对阿拉伯人，但并没有取得什么效果。本-古里安写道："反响并不是很热烈。"犹太复国主义先锋青年运动世界联合会在美国的分支机构只有大约 100 名成员。[14]这是一个失败的案例。要让美国犹太人移居巴勒斯坦，本-古里安还有很长的路要走。

他大部分时间都与同党派的其他成员在一起，但是他时不时也会跳出这个狭窄的人际圈，到处去看看。他密切追踪当时的美国总统竞选，并且后来回忆起伍德罗·威尔逊（Woodrow Wilson）是否连任的巨大悬念。他写道："世界大战之命运在很大程度上取决于这次选举的结果。"在纳什维尔（Nashville，美国田纳西州州府——译注），他第一次看到了他所谓的"黑人定居区"（the Negro Pale of Settlement）。在俄国，"Pale"指代俄国当局强迫犹太人居住的区域。

在登上有轨电车后，他看到两个标志，分别标明前面的几排座位是白人专属座席，而后面的座椅则是"有色人种"的专区，在当时，美国的黑人被称为"有色人种"。本－古里安写信告诉本－兹维："你上车后，白人坐在前面的几排座位上。如果还有空位的话，黑人也可以坐下来（但绝对不能同白人坐在同一张长椅上）。下车时，白人先下，然后才是黑人。"① 本－古里安还见到了将黑人和白人分开的浴室。他写道，读着《汤姆叔叔的小屋》长大的他，感觉很气愤、很受伤、很羞愧。他还告诉本－兹维，他去看电影时与黑人坐在了一起，一位引座员立刻走过来，要求他不要坐在黑人附近。[15]

他有时也会从政治工作中脱身。他震撼于尼亚加拉瀑布的壮美风景，以至于几乎忘记了他到布法罗（Buffalo）是来参加一场会议的。会议是在一个宽敞的大厅里召开的，会场人山人海，而这似乎也不足以吸引他。他经常会写到关于水的景物，当沉浸于这"一个接着一个幽深而壮阔的大自然的奇迹"时，他获得了一种近乎宗教般的体验。他在日记中写道："亚当的子嗣啊，静静地坐在这儿，聆听那自上帝创世以来就从未停歇过的咆哮之音吧！静静地坐在这儿，看着这笼罩在水雾间的绝美风景吧！就这样静静地凝视着。"[16]

从他的一些信件和稿件中可以看出，在美国期间，本－古里安的情绪依然起伏不定。他的笔迹通常工整、清晰，一行行排列整齐，行间距和字间距大致相同。但有时候他的笔法变得如狂草一般，有棱有角，难以辨识，看起来相当狂放，行与行之间相互交叠，没有行距，都一股脑儿堆积到了页面的左下角。[17]在接下来的几个月中，

---

① 多年后，本－古里安总理回忆起他在美国第一次目睹黑人受到的歧视时自己是多么的震惊。尤其困扰他的是，很多犹太人竟然支持这种行为。他说："如果我是一个黑人，我会是一个彻底的反犹主义者。"（Ben-Gurion, Diary, Nov. 9, 1940, BGA; Ben-Gurion to Ben-Zvi, Feb 3, 1918, BGA, general chronological documentation; Ben-Gurion to the Cabinet, Feb. 12, 1953, May 3, 1960, NA.）

他全身心投入写作。这是一个明智的决定，正是得益于他的写作，他很快成为比本－兹维更为重要的人物。

"太初有为"

在《团结报》创刊后不久，本－兹维写了一篇文章，来纪念在塞杰拉惨遭杀害的雅科夫·普洛特金（Ya'akov Plotkin）。该文章被收录进1911年在雅法发行的一本纪念文集《伊兹科尔》（*Yizkor*）中，该书将成为记录以色列地劳工运动英雄传奇的奠基性作品。该书的封面显示，这本书是为了纪念倒下的希伯来劳工的——他们并没有被认作是哈绍莫的成员。此书是献给八位勇士的，其中有六位是在塞杰拉牺牲的。除了悼文之外，该书也包括文学作品，其中有什穆埃尔·约瑟夫·阿格农（Shmuel Yosef Agnon）的几篇文章和什洛莫·齐马赫的一篇文章。这本书依然是在犹豫中尝试着塑造民族记忆中的世俗文化。在犹太节日期间，人们会在犹太会堂吟诵传统《伊兹科尔》纪念祷告文，并对祷告文作了修改；开场词中的"上帝会记得"被改为了"犹太人会记得"。一篇文章围绕为伟大的事业献出生命的价值，写到数千名犹太教徒"以上帝的名义"而殉难，他们如此做只是为了拯救他们个人的灵魂，而本书所纪念的劳工们"甘愿牺牲自己是为了挽回民族的荣誉"。书中的序言部分包含一条政治信息，即号召阿拉伯人与犹太定居者携手合作，以此使"我们贫瘠的土地"繁荣起来。这本书是以希伯来语撰写的，编辑们都很资深，包括 Y. Z. 拉比诺维茨（Y. Z. Rabinowitz）和约瑟夫·哈伊姆·布伦纳。书中有许多印刷排版错误，本－古里安也没有为此书撰文。[18]

到美国几个月后，他们开始到锡安工人党的不同分部进行巡回演讲，此后，本－兹维和本－古里安意识到，这里缺少用意第绪语写

131

的有关锡安工人党和巴勒斯坦的书面材料。在他们的建议下，该党决定发行一本意第绪语版的《伊兹科尔》，尝试为巴勒斯坦犹太人和美国犹太人构建共同的传奇读本。该书的编写任务被分配给了许多当时居住在纽约的《团结报》的资深编辑，其中包括本-兹维。他们剔除了书中的文学作品，将那些未能出现在希伯来语版本的遇难者名字加了上去，并将他们描绘成伟大光荣的英雄人物。

雅科夫·泽鲁巴维尔为这本书撰写了新的序言。序言部分采用细密的小字体印刷，篇幅超过六页，所以让人读起来很吃力。其主要目的是颂扬世俗犹太教，贬低宗教的生活方式。这可以从约瑟夫·哈伊姆·布伦纳撰写的一篇态度轻蔑的文章中看出来，不过这篇文章并未在希伯来语版的原书中出现。封面上有一幅画，展现的是哈绍莫的一名骑兵队员。书中还出现了几幅新艺术主义风格（Art Nouveau style）的类似画作。副标题则开宗明义，本书是为了纪念巴勒斯坦的"卫士和劳工们"；泽鲁巴维尔在他的序言中提到了西蒙·巴尔-吉奥拉。本-古里安写了一篇很有趣的自传体文章，讲述他在巴勒斯坦头几年的生活。这篇文章出现在书的末尾部分。[19]

这本书的出版获得了巨大的成功。全美各地都在为此书举办纪念之夜，本-古里安成了炙手可热的贵客。他终于讲起了他的故事——他如何到达巴勒斯坦，如何因疟疾发烧而浑身颤抖，如何忍饥挨饿，当时的感受如何。[20]自然而然地，他的情绪高涨起来。他问当时正在华盛顿特区的本-兹维："你见到伍德罗·威尔逊总统了吗？"[21]

❖

132　　大多数对该书的评论和反馈都是积极正面的。但是犹太人联盟的同情者约瑟夫·奥尔金（Joseph Olgin），用笔名摩萨耶（Moissaye）写了一篇题为《在巴勒斯坦的犹太殖民地建立在阿拉伯人灾难之上》

的文章，发表了他对这本书的"想法"。文章的主要观点是，阿拉伯人自古以来就是巴勒斯坦的主人，他们针对犹太定居者的战争是正义的。

在这一点上，犹太复国主义运动经常被要求解释它如何看待犹太人与阿拉伯人朝夕相处的生活。本-古里安当时强调，巴勒斯坦可以准备吸纳 400 万—500 万的犹太人来此生活。他称赞犹太人在文化和道德上的优越性，并承诺这里的发展也将为当地阿拉伯居民带来复兴。他引用佩塔提克瓦的例子：该地有 5000 名居民，另外还有 3000 名阿拉伯劳工在此谋生。在他雄心勃勃的计划中，并没有以犹太劳工取代阿拉伯劳工的意图。[22]意第绪语版的《伊兹科尔》供不应求，因而在该书售罄后，锡安工人党决定出第二版，再版项目由本-古里安负责。

本-古里安的所作所为显示出他是一个很有主见的编辑。他坚称泽鲁巴维尔所写的序言不过是"以表面上的诗歌形式进行言过其实的争辩"，遂弃之不用，然后自己写了一个新的序言，只有三页，是原序言篇幅的一半。与泽鲁巴维尔不同，他写的句子简短而有力。他所纪念的英雄在文中如同神灵一般，本-古里安这样开头："他们到这里不是来乞讨的，而是来征服的"，紧随其后的是一个句号，然后另起一句："太初有为"（In the beginning was the deed，直译：世界开始于行动，即只有行动才能改变世界——译注）。他就这样继续写了下去。整篇文章中传递的信息是民族主义的、世俗的，而且与这些慷慨就义的英雄本身是相关的。这些英雄已经创立了一个"劳工的宗教"，他们为捍卫这片土地而流血牺牲。与泽鲁巴维尔不同，本-古里安并没有向阿拉伯人发出和平的呼吁。他说，他们只尊重那些知道如何保护自己的人。他将自己的自传文章移到了新版本的开头位置，紧随他的序言之后。而且他重新安排了牺牲者在书中出现

的次序。他将头两个位置留给了在塞杰拉事件中牺牲的两个人，他

本人就曾参与了该事件。他特意按"先工人后卫士"的顺序来写。此外，但凡提到巴尔-吉奥拉的内容，他都一概删除。

他几乎全凭一己之力完成了编辑工作，并且监督了生产印制的全过程。在此过程中，他不得不学习出版这一新的领域，并作出无数决定，而且连最微小的细节也得由他拍板，包括使用什么纸张、以什么版式印刷，以及使用什么图形和插图等。最终的成品是一本质量上乘、用银色布面精装的纪念册，纸张质地考究，印刷精致高雅。本-古里安写信告诉父亲，这本书"给人留下了极其深刻的印象"。[23]

看起来，本-古里安似乎已经开始意识到谁才是他的目标受众。他编辑的这本书为读者介绍犹太爱国主义精神和催人泪下的正义之举。这两方面内容的混编可以让读者崇拜这些新的英雄，这些和他们一样讲意第绪语的人，让读者认同这些英雄并以他们为傲，不用为了追随以往英雄的足迹而离开这个已经接纳他们的好国家。本-古里安编辑的《伊兹科尔》更有乐观色彩，这就是与该书的意第绪语第一版的区别。他似乎已经领会了"希望"在美国民族精神中所扮演的角色。

在他的生命中，截至当时，还没有哪件事能够像编辑这本书这样让他如此名声大振。读过他所有文章的读者和听过他所有讲座的观众加起来，也没有读过他这本书的读者多。突然之间，他成为锡安工人党最显要的人物之一。本-古里安编辑此书时，他要求本-兹维从华盛顿返回纽约来帮他做些编辑工作，这清楚表明，对本-兹维而言，他不会是一个地位平等的合作伙伴。本-兹维没有来。在意第绪语的第一版面世之后不久，本-古里安又筹划着如此庞大的编辑工作，再加上他对序言的替换，所有这些都无疑是在打本-兹维的脸。

本-古里安甚至将他朋友的名字从编委会名单中删除，他本应该更克制一些。这本书的巨大成功似乎是对本-兹维的又一个挑衅。本-兹维在自己的回忆录中说："我和本-古里安之间发生了争执。"[24]但本-古里安提供给他一个新项目，一个更加雄心勃勃、更有挑战性的项目，即两人将合作完成一本用意第绪语写的有关巴勒斯坦地理和历史的综合性学术专著。本-兹维表示同意。本-古里安每天一早都会前往位于第五大道和第四十二街的纽约公共图书馆，走过伏在楼梯口的石狮子，进入一间巨大的阅览室，在一张木质书桌旁坐下，在这里一待就是一上午。他非常喜欢这项工作。他把精力主要放在阅读19世纪时访问巴勒斯坦的调查团和基督徒所写的书籍上。

134

"一个伟大的奇迹"

两个人对该书的撰写任务进行了分工。本-兹维主要负责撰写有关该地区历史和地理方面的内容，本-古里安则负责撰写关于其名称、边界、法律地位的内容，尤其是该地区居民的相关情况。他们相互交换各自完成的章节草稿，然后点评对方的成果。他们在华盛顿的国会图书馆和其他图书馆做了一些研究。本-古里安告诉他父亲："我谢绝了一切活动，全身心投入我的研究中。"他每天从早上九点工作到晚上十点，他甚至每天在从家前往图书馆的途中阅读报纸，以节约时间。本-兹维也全身心投入这个项目上。有一两回，两人恢复了党派活动。1917年4月，本-古里安的名字首次出现在《纽约时报》上，这是因为他作为发言人之一出现在了俄国沙皇倒台后的一次大型集会上。[25]

他在纽约的一位熟人回忆说，他也会找时间到康尼岛游玩，看电影，和女人约会。宝琳·穆恩维斯（Pauline Moonweis）就是他交往过的女性之一，她同意陪他一起去图书馆，并帮他誊抄他标记的页面内容。著书的工作持续了一年半。1918 年 1 月 15 日，本-古里安在他的日记中写道，他已经完成了最后一章。[26] 与此同时，犹太历史上意义极为重大的一幕已然发生，他自己人生中的非凡一幕也已然上演。

❖

大约在两年之前，英国外交大臣阿瑟·詹姆斯·贝尔福（Arthur James Balfour）吃过晚饭后，在哈伊姆·魏茨曼的陪同下离开了自己的家。魏茨曼出生于俄国，后来定居英格兰，他是一位化学家，同时也是一位犹太复国主义活跃分子。当时已是午夜过后，大部分时间都是魏茨曼在讲话，贝尔福在倾听。魏茨曼在过去就陈述过他的基本观点，即犹太复国主义运动的利益与大英帝国的利益是一致的，反之亦然。因此，英国占领巴勒斯坦并在那里建立一个犹太保护国是非常值得的。魏茨曼极具个人魅力，他为贝尔福展现了一幅宏大的历史画卷。他讲的都是治国理政的政治语言，却又表现出强有力的宗教意识。贝尔福倾向于接受犹太复国主义理念，并将其作为他的基督教信仰的一部分。那是一个美丽的夜晚，明晃晃的月亮挂在天空。1917 年 3 月，贝尔福告知内阁："我现在是一名犹太复国主义者了。"

1917 年 4 月，美国与英国一同加入一战；11 月，贝尔福发布了一个书面宣言，承认犹太人有权在巴勒斯坦建立一个"民族家园"。埃德蒙·艾伦比（Edmund Allenby）将军的部队正在耶路撒冷一路高歌猛进。与他的一些朋友们不同，本-古里安也许一直在关注战情走向，这是他支持美国参战的原因之一。[27]

❖

几乎可以肯定的是，本-古里安在《纽约时报》上读到了《贝尔福宣言》，报纸上的文章标题为《英国支持犹太复国主义》。这意味着英国意识到犹太复国主义运动代表着广大犹太人民。魏茨曼使用《圣经》般的语言评价了《贝尔福宣言》："自居鲁士大帝以来，在过去的所有记载中，从来没有一份宣言像这份宣言一样令人难忘，体现出更高的政治智慧、远见卓识和对犹太人的民族正义感。"[28]在公众眼中，魏茨曼现在是犹太人民的领袖。本-古里安认识他，知道他正在伦敦为这项事业而奔走。不仅如此，"民族家园"这一表述对他而言并不陌生，犹太复国主义运动使用该表述其实是为了回避表明其建立一个犹太国家的真正目标。但是，《贝尔福宣言》完全出人意料。显然，他花费了一些时间来领悟其历史意义。他将此次公众承认"犹太人有权在巴勒斯坦建立一个民族家园"称为"一个伟大的奇迹"，是自巴尔·科赫巴（Bar Kokhba，犹太领袖，带领犹太人反对罗马统治——译注）反抗罗马人以来前所未有的。但是他倾向于弱化其实际意义。他写道，英国无法将巴勒斯坦送还给犹太人民，只有犹太人民通过劳动和定居才能收回巴勒斯坦。他在一次演讲中，用一个例子阐述了这个观点：就像一个女人不可能顶替另外一个女人生孩子一样，一个国家也不可能为另一个国家创建一个民族家园。[29]

136

他没有为《贝尔福宣言》的发布贡献力量，想必这深深困扰着他。因此，他最初对此的怀疑中有一股强烈的"酸味"——他坐在第五大道读书时，魏茨曼却已然创造了历史。如果这是赫茨尔的成就，魏茨曼也很可能会作出同样的反应。本-古里安后来将他在1915年写的一篇文章原封不动地搬到了他的回忆录中，在这篇文章中，他呼吁采取行动，以便战后和平会议承认犹太人在巴勒斯坦有创造他们未来的权利。他强调说，该文章比《贝尔福宣言》早了两年，而且在《贝尔福宣言》"成形"时，他和他的朋友已经与英国代表接触，商讨组建一支将在巴勒斯坦作战的犹太军团了。[30]

"我几乎疯了"

《贝尔福宣言》引发了巨大的民族觉醒，同时重新燃起了有关犹太复国主义本身的讨论。《纽约时报》刊登了一位著名的改革派拉比的一篇长文，否认犹太人具有民族身份。他声称，犹太人的历史使命是传播他们的精神要义。为此，犹太人需要散居在世界各国。本-古里安对《贝尔福宣言》的反应冷淡，而美国犹太复国主义领导人对此并不感冒，因此他试图再写两篇文章，以表明他改变了此前的保留态度。他写道，《贝尔福宣言》使犹太复国主义在一瞬间，"仿佛奇迹般的"到达了"梦想成真的边缘"，但是希伯来的家园仍然有待创建，这是比达成《贝尔福宣言》"更重要、更严肃、更困难的任务"。[31]《贝尔福宣言》所产生的戏剧性变化，也迫使他彻底地放弃他到达巴勒斯坦后对土耳其一直寄予的希望。这不是一件容易的事。承认雅博廷斯基比他更早看出了土耳其的失败也不是件容易的事。

137 　　几周后，他却突然顿悟了，内心有了一个新的且令人不安的认识——土耳其时代已经结束，英国时代已然到来。这一切都发生在著名的库伯联盟学院大礼堂，亚伯拉罕·林肯曾在这里发表过反对奴隶制扩张的演说。整个礼堂人多得快被挤爆了，人们来这里庆祝《贝尔福宣言》的发布，并宣布设立一个4万美元的行动基金。《纽约时报》报道称，现场的人们情绪热情高涨，并在介绍发言人时提到了本-古里安。本-古里安告诉父亲，另一份报纸称他的现场演讲"狂暴却又令人叹服"。本-古里安当时的情绪非常狂热，他写道："我知道，在我发表演说时，我几乎疯了。我只感觉到，狂暴的激情在我的心中激荡，使得一个又一个词从我口中迸发而出。"[32]

　　五天后，他和宝琳·穆恩维斯结婚了。

❖

　　宝琳·穆恩维斯在妇产科医生什穆埃尔·埃尔斯伯格（Shmuel Elsberg）的诊所做护士。这位医生喜欢在家里招待锡安工人党的年轻知识分子们。有时候，本-古里安也会到他家中做客，他就是在这里第一次见到她的。她比本-古里安小四岁，出生于明斯克，当时明斯克还属于俄国，她十几岁时来到纽约。像许多移民一样，她在成长的过程中讲两种语言，因而她的意第绪语和英语都很流利。当他们在埃尔斯伯格医生家中碰面时，本-古里安尚不能用英语清晰表达意思，他们使用意第绪语交谈。

　　正如人们所期待的，作为一位上过护理学校的年轻女性，她自信、坦率，幽默中流露着些许讽刺。在本-古里安之前，她还有过一段恋爱经历。她被本-古里安的理想主义，抑或说他有主见的个性所吸引。从他当时拍的照片来看，他还是一个相当英俊的小伙子——他面部轮廓中最突出的是他的鹰钩鼻，再加上他厚厚的嘴唇，显示出他的阳刚和自信。她看起来聪明而开朗。他当时或许很高兴找到一个比他个子矮的女子。她当时戴着圆框的眼镜，就是美国无政府主义运动的领导人艾玛·戈德曼（Emma Goldman）喜欢的那款眼镜。据本-古里安说，她很钦佩戈德曼，并且她自己就是一名无政府主义者。她后来含蓄地承认了这一点。[①]

　　此外，她当时不是犹太复国主义者。在遇见本-古里安之前，她从未想过要去美国以外的地方生活。他们谈恋爱时，他告诉她，如

138

---

　　① 多年以后，西蒙·佩雷斯（Shimon Peres）说道，宝拉（Paula，所有人都这么称呼她）告诉他，如果她愿意的话，她本可以嫁给当时住在纽约的俄国革命家列昂·托洛茨基（Leon Trotsky）的。佩雷斯问本-古里安这是否属实。本-古里安回答说，宝拉有一回去听托洛茨基演讲。回来后，她说他已经爱上了她。她表示："在整个演讲过程中，他的视线就没有离开过我。"当他问起这件事时，她告诉他她的座位在前排的正中间。（Peres and Landau 2011, pp. 30-31.）

果她同意嫁给他，她就得离开美国，陪伴他到一个贫穷的小国，那里没有电也没有煤气。她同意嫁给他了。于是，在 1917 年 12 月 5 日星期三早上，他们两个去了曼哈顿的市政办公室，正式结为夫妻。他当时 31 岁，她 27 岁。① 当时正是早上 11 点 30 分，本-古里安在他的日记中写下"我是有妻子的人了"，他没有提及她的名字，他们也没有邀请任何人。离开市政办公室后，她一如往常地继续过这一天的生活，而他则去了锡安工人党的总部。当时就认识他们的菲利普（平哈斯）·克鲁索回忆说，本-古里安消失了整整三天。他说，他们当时开了几个会，但他都没露面；第四天，本-古里安出现了，并且对大家说："恭喜我吧，我结婚了。"众所周知的是，宝拉当时爱上了该党的另一名成员，而这位男士对她没什么兴趣。克鲁索解释说："这就是为什么大家都如此震惊的原因。"本-古里安前往《犹太战士报》报社的编辑部办公室，并用希伯来语发了一则结婚告示。在此过程中，他给她起了一个希伯来语名字"佩尼纳"（Penina），并将"宝拉"这一名字放在括号中。他还用希伯来语，把她的姓氏拼成和公元 1 世纪的阿迪亚伯尼（Adiabene）国王莫诺巴兹（Monobaz）的一样，根据传说，这位国王皈依了犹太教。

　　他们没有举办婚礼派对，也没有去度蜜月。宝拉说，她的家人**139**反对这桩婚事，原因是本-古里安是犹太复国主义者。② 多年后，有

---

　　① 根据人口调查记录，她生于 1890 年，但她的以色列身份证显示她生于 1892 年。不过她没有理由给美国人口调查员提供错误的信息。（1910 United States Federal Census, Pauline Moonvess, ancestry. com; identity card, Paula Ben-Gurion, BGA, personal documents.）

　　② 宝琳·穆恩维斯这一姓名在美国人口统计记录中有多种不同的拼法。该家族的另一位成员是以色列作家加布里埃尔·莫克（Gabriel Moked），他的姓氏在被希伯来语化之前为穆恩维斯。他回忆说，在他小时候，宝拉曾向他吹嘘自己高贵的血统，这与本-古里安的无产阶级家庭出身截然相反。结婚证上显示他的名字为大卫·G.本-古里安。在其他一些美国文档中，他将自己的名字确定为大卫·格鲁伦·本-古里安。（Gabriel Moked in conversation with the author; United States World War I Draft Registration Cards 1917－1918, Family Search https：//familyserach. org.）

人问她哪一天是她生命中最快乐的一天，她回答说是她生下大女儿的那一天。[34]

"大量犹太人的鲜血"

在接下来的几个月中，本-古里安与本-兹维合作，一起携手完成了他们的书。紧随《贝尔福宣言》之后，他们认为这是绝佳时机，因此将书付梓。据估计，该书售出 2.5 万册。[35]封面上显示的作者为大卫·本-古里安和伊扎克·本-兹维，他的名字终于位居在前了。他写信给父亲说："这本书的三分之二都是我写的。"[36]该书的核心观点是：大多数费拉欣（fellahin，阿拉伯语，意为农民），也就是巴勒斯坦的阿拉伯农民，并非阿拉伯血统。相反，他们是在阿拉伯人征服巴勒斯坦之前就住在巴勒斯坦的犹太人的后代。他认为，只有贝都因人部落（Bedouin tribes，贝都因人，阿拉伯人的一支，分布在西亚和北非的荒漠地带——译注）的阿拉伯人才是真正的阿拉伯人。①

该观点的基本假设是：在公元 70 年罗马人摧毁第二圣殿之后，居住在那里的犹太人并没有被清肃。他们继续留在巴勒斯坦，主要是生活在加利利一带，其中的大多数人都是农民。在阿拉伯人于 7 世纪初到达巴勒斯坦时，这些犹太人大多改信伊斯兰教并开始讲阿拉伯语，因此得以幸存。其结果是形成了各种混杂的身份，但居住在约旦河和地中海之间的大多数穆斯林农民属于"一个单独的族群"，本-古里安这样断言。"他们的血管中流淌着大量犹太人的血液，他们在艰难时刻选择背弃自己的宗教，以免被赶出自己的土地。"他的这一主张主要基于他在各个图书馆中发现的人类学知识。他写道，

140

---

① 本-兹维和亚奈特以前曾试图找到拥有犹太血统的贝都因人。（Yanait Ben-Zvi 1962, pp. 34, 58, 74ff.）

这些阿拉伯农民有许多像《圣经》中所描述的犹太传统。他们保留了《圣经》中的人名和定居点的名称，以及希伯来语单词。[37]

从科学的角度来看，该观点是存在争议的，不过其政治意义在于说明犹太人其实从未离开过自己的土地，而是一直在那里生活。这个强有力的证据可以表明，犹太复国主义无须与阿拉伯农民发生冲突；还可以证明，是"犹太血统"而不是宗教最终决定了犹太人的身份。本-古里安和本-兹维并没有深入细究。他们只是简单地陈述了他们的发现，就好像这些发现代表着已被证明的科学真理。

他们还绘制了以色列地的地图，就好像这只不过是一个地理问题而已。绘制过程中，他们放弃了根据宗教信仰绘制上帝应许给他子民的领土边界。他们将这些边界称之为"理想边界"，而能让他们得以满足的是"实际边界"。在北边，他们将黑门山、雅尔穆克河、利塔尼河的上游地区以及西顿（Sidon）城纳入版图。东部边界远远超出约旦河，包括了霍兰高地。他们没有在东部沙漠地区标明边界，因为他们认为那片地区面积会随着民族家园开发荒地的能力的变化而变化。南部地区的边界从阿里什（El Arish）延伸到埃拉特（Eilat）。这种边界处理方式是对本-古里安后来所谓的大巴勒斯坦地区和小巴勒斯坦地区的一个折中。本-古里安和本-兹维指出，在这片狭小的区域内却生活着超过 100 万的居民。换句话说，他们并没有说这片土地荒芜而空旷。然而，他们确实断言这是一片"一个民族也没有的土地"，而且它"等待着一个民族"。他们不仅提出历史论据来说明犹太民族有在这片土地上定居的权利，还提出了生态学方面的论据。他们写道："这片阳光普照、鲜花遍野的土地，本是地球上无与伦比的美好之地。"而现在这里已然变成一片不毛之地，"无数的荆棘和蓟覆盖着美丽的山谷"。花园和森林不复存在，山坡上毫无生气。之所以出现这样的境况，都是因为这片土地上没有民族。随着民众的回归，其自然的瑰宝将再次绽放。[38]

　　他们尽力保持低调的学术风格，提出了论断和反论断，并使用许多日期和图表进行论证。事实证明，该项目的工作量比他们此前预期的要大得多，需要出版很多册；在此期间，他们实际上只完成了第一册。本-古里安说他并不满意。但是在为期两年、每天 16 个小时的工作后，他得出结论，如果要将这部作品写得如他所愿的那样全面而详尽，需要花费 15 年的时间。[①]

141

　　他写道，与此同时，当时的局势迫使他放下笔而拿起剑。他指的是为建立犹太军团所付出的努力。[39]

❖

　　故事始于特朗普德尔的锡安骡马队，并在伦敦延续。泽夫·雅博廷斯基与维拉（Vera）和哈伊姆·魏茨曼在伦敦的切尔西共住一套公寓。他寻求建立一支犹太军团，以便在英国军队的指挥下参与占领巴勒斯坦的行动。魏茨曼并不反对这个提议，他了解犹太军团的政治价值和象征意义，但他仍然非常谨慎。他的主要目标是推进《贝尔福宣言》，为此他不希望遇到任何阻碍。

　　当英国宣布全面征兵时，出现了一个问题，那就是如何处理约 3 万名从俄国移民来的适龄犹太男性，他们被称作"施耐德"（schneiders，意思是"裁缝"）。他们中的大多数人都想逃避兵役。内政部部长赫伯特·塞缪尔（Herbert Samuel）想方设法对他们手下留情，并一直延缓对他们的征召。与此同时，英国的死亡人数却在不断上升，而且正如本-古里安后来所说，"巨大且合乎情理的反犹主义骚动开始了"。1917 年 2 月，政府要求犹太人作出最终决定，即

---

　　① 这本书的希伯来语版本在他们去世数年后才在以色列出版。这是一个半官方的版本，其中删减了几个章节，包括有关阿拉伯农民血统的那一章。（Ben-Gurion to his father, July 1, 1919, BGA; Ben-Gurion to his father, Dec. 5, 1919, in Erez 1971, p. 445.）

要么应征入伍，要么返回俄国。魏茨曼虽万般不情愿，但也别无选择，只得应付这个问题。他提议接受雅博廷斯基建立一个犹太军团的计划。美国参战时，魏茨曼为美国犹太人提出了类似的安排。

平哈斯·鲁滕贝格已经和本-古里安谈过这个事情，他和本-古里安一道，去面见布兰代斯法官，并提议在美国陆军中也组建一个犹太营，并将该营部署到征服巴勒斯坦的战事中。布兰代斯法官将这个想法转达给威尔逊总统。总统派布兰代斯前往英国，并将这个提议转达给伦敦的魏茨曼和雅博廷斯基。1917年7月底，英国战争部宣布可以开始征兵。[40]

本-古里安与在华盛顿的英国驻美大使会晤，在伦敦批准该计划前的几个月中，他一直致力于推动犹太人参军入伍。本-兹维也鼓励犹太人自愿入伍，他写道："穿着卡其布军服移民巴勒斯坦成为一个非常流行的口号。"[41]与此同时，本-古里安已经受够了锡安工人党内的种种阴谋和争执，他称自己受到了"人身攻击"，还描述了党内的"恼怒情绪和污秽氛围"，他将这些都归因于美国政治的影响。他们为了包括党内在美活动基金的分配问题和其他事务而相互争斗。本-古里安辞去锡安工人党中央委员会的职务。[42]1918年4月底，他向英国驻纽约的领事报到，几周后宣誓加入英国皇家陆军，并前往加拿大温莎开始进行军事训练。[43]此前，他已经开始称呼妻子潘宁奇卡（Paulichke）。两人结婚仅仅半年，本-古里安就离开妻子远去，潘宁奇卡感到十分痛苦。她感觉自己被冒犯了，她很受伤、很害怕——而且她当时还怀着孕。

"我找寻着你的唇"

在前往训练营的途中，他经过了好几个城市。当地犹太社区的成员专门等着他，抢着和他握手，请他发表演讲，把他扛在他们的肩上，并给他和他的同伴送来鲜花与巧克力。接踵而至的是为期六周的军事训练和步枪练习。士兵们要时不时地拆搭帐篷，负责烹饪和警卫，有时还要接受检阅并外出参加阅兵式。

他们做的这些事没有一件让人感觉到他们是要被部署到真正的前线。本-兹维写道："以任何标准来看，我们所接受的军事训练都是不够的。"确实，它的主要目的并非体现在军事上，而是在政治上和象征意义上。犹太军团代表着犹太复国主义的理念，并且拥有自己的军旗和徽章。士兵们组织了一个委员会，作为在指挥官们面前代表他们的机构。他们提出了很多要求，比如说要求提供符合犹太教规的食物。他们的专有信纸上都印着希伯来语标识。本-古里安在营区接打电话，为赫茨尔组织了一次纪念集会，还阅读《纽约时报》。英军指挥官们也适应了军团的特殊性质。作为其中的一部分，他们与列兵3831——这是本-古里安在军事文件中的正式称谓——进行了冗长的会谈，大卫·本-古里安同意接受下士军衔。他原本想着自己作为一名军人能够拥有更大的职权，但最终他还是接受了这一事实。他告诉妻子："我的工作很特殊，任何人如果有抱怨，或者觉得自己受到了不公正对待，都会来找我。而且如果有人想要知道什么，也会来找我。我还得出席委员会的三次会议，你现在知道我每天的全部日程安排了吧。"[44]

一份文件显示，在美国有2700人应征加入了犹太军团。本-古里安写道，这些人中既有出于犹太人和犹太复国主义原因而自愿参加的，又有一些"天性粗野的匪徒"。他尤为自豪的是，自己与一名曾被囚禁在纽约州新新监狱的男子打交道。这名男子是"来自宾夕法尼亚州的小偷"，他吹嘘自己的老婆是个妓女。他与该男子的相遇使他对人性的信念更为坚定，他说："我对有罪过的人也是有信心的。"这位前罪犯捐赠了 5 美元，用以资助纪念赫茨尔的活动。[45]

❖

他给宝拉的信读起来就像一个参加夏令营的男孩写给母亲的信。他写道"我又成为学生了"，并且说他看起来就像个十四五岁的男孩。谁也不会想到，这名士兵自愿参加一场已夺走 1500 万人生命的战争后，还会写出这样的信。他告诉妻子："我有点陶醉于我现在的新生活。伴着阳光醒来真是惬意，呼吸着早上清新的空气到草坪冲个凉真是舒服。"写信给这位他离开后需要独自经历整个孕期的女人，或许不是一件合适的事，但他还是经常写信给她，告诉她自己对她的爱，并将这种爱描述为一个小男孩的爱。就宝拉而言，她努力地扮演着新妈妈的角色，她一次又一次地提醒他要刷牙。他向她保证，他就是按照她说的那样去做的，而且他也会洗自己的手帕。本-兹维写给雷切尔·亚奈特的信也差不多。[46]

宝拉经常给他写信，差不多每周写三次，信是用英语写的。有时候本-古里安一次就能收到四五封信。他给妻子写了几十封信，都是用意第绪语写的。在两人分别几个月后，他写道："我想抱着你，不仅在我心里，而且在我怀里。我不仅想看你的照片，还想看看你本人，我想紧紧抱住你、亲吻你，用压抑如此之久的爱去吻你。"再过几个月，他写道："我觉得我好像是第一次爱上你，我找寻着你的唇、你的胳膊，我想紧紧搂住你，用火热的双手抱着你，站在你的床边，趴在你身上，紧紧偎依着你，投入你的怀抱，除了你之外，什么都不想，就像往常一样，沐浴在你的爱中幸福快乐着，臂挽着臂，唇对着唇，心连着心。"

他回想起了那个奇妙的夜晚，夜幕用"一张狂喜和幸福的床单"将他们遮盖住后，诱使他们"缠绵在一起"入睡。他令她回想起那个清晨的时光，那时他们都陶醉于恋爱之中，"我们相拥入怀，我们心心相印"。在那时，他似乎对如何在工作和恋爱之间分配时间感到很头疼，不过他当时也没有办法，还是把工作放在了第一位。"你还记得吗？有几回在早上我放下手头的工作走到你身旁；还有几回，我通宵工作后，发现你还睡着，我把你吻醒，抱住你光溜溜的臂膀，你的眼神恳求我再多待一会儿。在你眼波流转的同时，我的心也在呐喊：就这样子别动，就这样子别动。我们两个人都格外珍视当时那短暂的时光。"[47]

但是，他们在信中描述的不仅是一个私密的爱情故事，还展示了两个象征性人物间的角色扮演游戏，这两个角色取代了真实的大卫和宝拉。起初，正如他在结婚当天的日记中所写的，她只是他的"妻子"；就在同一天，他为她起了一个新名字。在信中，她还是使用她原有的名字"宝琳"落款。她称呼她的丈夫为"本-古里安"，这也是他给妻子的信中落款所用的名字。他像爱一个"妻子""母亲"和"姐妹"一般爱着她。他在当时写的一份遗嘱中，将婴儿的监护权分给了她和在普伦斯克的父亲。①

在角色扮演中，她是受到伤害、遭受苦难、进行控诉的一方；而他则是负罪之人，被愧疚感深深折磨。

"圣地的救赎已经完成"

她在信中流露出严重的、有时令人心碎的痛苦心境。她写信向

---

① 本-古里安，又名大卫·格鲁恩，正如他在遗嘱中写的那样，请求将婴儿起名为亚里夫（Yariv，意为"战士"）。他期待生一个男孩。如果是一个女孩的话，他请求给她起名为盖拉（Geula，意为"救赎"）。他希望把孩子送到巴勒斯坦上学，而且让宝拉教他希伯来语，这样的话他就可以和儿子用这门语言交流了。他遗赠给她2000美元，这是人寿保险的赔付金，给他父亲500美元，而且要求父亲用这笔钱每年至少拜访巴勒斯坦一次。（Ben-Gurion, will, May 28, 1918, BGA, general chronological documentation, 1916-1918; Ben-Gurion 1971a, p. 104ff.）

他抱怨那些令人厌烦的邻居，倾诉她在整个孕期双腿肿胀的疼痛。她难以入睡、牙痛，而且腹中的婴儿时不时会踢她。他给她汇的钱迟迟收不到。但是，她写道，她最难忍受的还是孤独寂寞。他是唯一一个可以与她分担烦恼的人，而他却不在身边。她恳求本-古里安允许她去加拿大找他，他却回复说路费太高，而且他可能随时都会离开训练营。她写信指责他说，"你是一个不称职的爱人、丈夫和父亲"，并且一次又一次地提醒他要对她信守诺言，这显然在要求他不要不忠于她，也不要丢了性命。她写道："我生活中的一切都是阴暗抑郁、令人沮丧的。我感觉糟糕透了……今天我把你所有的来信都读了一遍，你可以想象到我哭得有多厉害……我为什么不能哭，有人能像你与我这般亲近吗？你就是我生命的全部……而我对其余的一切似乎都死了心……我之前从没想过我的爱会如此崇高，但是（上帝）知道我有多爱你……我想象着，在我从医院返回时，没人来迎接我们……因为没人能代替你，你这么好，尤其是对我而言……我想我不配得到任何更好的了，我必须承受这一切。"[48]

他的回应也是分层递进、逐步展开的。起初，他用自己的无奈和难受回应她那颗受伤的心："亲爱的，你认为，如果我爱你更多些的话，我就不会自愿报名参加军团了。你怎么这么不了解我啊！"他向她保证，他的爱永远不会变。接着，他又开始同情起她的遭遇，如果可能的话，他试着分担她的一些痛苦。他写道："在我读你的来信时，我对你的情绪和遭遇感同身受。"他说，他非常想念她，真想不顾一切地和她在一起。然后，他尝试着弥补自己的过错："我真想拜倒在你的脚下，祈求你的谅解。"他向她保证，她的痛苦遭遇只会增加他对她的爱。他写道："现在我对你已经不仅仅是爱了。你是我的圣人，是围绕着我盘旋而我却看不到的受难天使；我的灵魂被你吸引，随你而去；我的眼睛朝着天国的方向注视着你，因为我看到你高高地立于我之上。你的所作所为是如此的伟大，以至于我有时想向你脱帽鞠躬，向你的勇气深深致敬，我一生都会为之惊叹，为之折服。"最后，他将他在军团服役的事实描述为他们爱情和幸福的本质："我现在能为你做的最伟大的事就是先与你分开，自愿加入军团，留下你和未出世的孩子，然后出发去前线，因为这能够让我们的爱情更神圣，并为我们今后的幸福生活做好准备。"

在他们两人相爱并决定要永远在一起时，他写道，他不想给她"微小、廉价、平常的幸福"，而是为她准备了"最伟大、最圣洁、最具人性的幸福，为此他们要历经痛苦和磨难"。他高兴地发现，她能够与他一起"为了伟大的事业"而受苦。他处理问题的方式展现出一种近似契约的精神和理念，就如同他求学期间制约他与父亲的那种契约一样。他写道："我们在爱中融合，不分'彼此'，取而代之的是心心相印，你中有我，我中有你……而且我仍然相信我不是孤零零一个人自愿加入犹太军团的，而是我们一道自愿加入军团。"[49]

这里再次展现出了犹太复国主义斗争的需要，与他个人的情感之间的完全统一。或许只不过是他仍在以自我为中心。或许他对已婚男人一成不变的生活感到焦虑不安。或许他将婚姻看作是一种男女之间的角色分工：男人就应当是战士，而女性的职责则是抚育下一代。或许他正如他母亲多年前抛弃他那样抛弃了宝拉。或许他真的相信，犹太军团值得宝拉为此所付出的代价，仿佛这是历史的公断。无论如何，没有人强迫他入伍，他当时的选择完全出于自己的自由意志。参军可能是他当时能够返回巴勒斯坦的唯一途径，而在军团中的服役经历最终为他的政治履历添上了军事色彩。因此，在第二次世界大战（以下简称"二战"）期间，本-古里安才能在看似不经意间作出如下评论："当一名士兵既不轻松也不愉快。我清楚地记得当年我和我的朋友们当兵的时候，日日夜夜过着多么无趣和

令人厌倦的生活。"那些听他讲话的人可能会认为，眼前这位演讲者
是一位饱经战火洗礼的战士。[50]

❖

截至战争结束，共有 5000 名士兵在犹太军团中服役，他们来自
英国、美国、加拿大、阿根廷和巴勒斯坦，其中有部分士兵参加了
从土耳其人手中夺取巴勒斯坦的最后阶段的战事。在美国建立的犹
太部队只不过是一个犹太复国主义的假象而已，没有任何军事价值。
就像犹太复国主义先锋青年运动世界联合会在美国的分支机构一样，
它对犹太复国主义斗争的主要贡献是它遗留给该运动的虚幻的
传说。①

从加拿大前往苏格兰的途中，本-古里安在想象着自己"站在希
伯来营的最前面，率领部队日夜兼程，为救赎这片土地而战"。他在
日记中提道，海上的风浪有些大，他感觉有点晕船。本-古里安下士
显然没有站在营队的最前面，而且他还将会错过"救赎这片土地"
的机会。当时，英国人早已从土耳其人手中夺得了耶路撒冷，并已
实际控制这个城市长达半年之久。哈伊姆·魏茨曼早已与英军驻巴
勒斯坦部队司令埃德蒙·艾伦比将军一起乘坐劳斯莱斯汽车到达了
斯科普斯山的顶峰，他在那里以"希伯来部队的名义"为希伯来大
学安放下一块奠基石。约 6000 位嘉宾参加了这个奠基典礼，贝尔福
勋爵阁下也发来了贺信。本-古里安和他的战友们于两天前在英国的
海岸上登陆。之后，他随即动身前往伦敦，去锡安工人党在伦敦的
办公室所在地——伦敦东区的白教堂。[51]

1918 年 8 月 12 日，本-古里安得到了一支步枪，三天后，他和

---

① 多年后，以色列国防军的一份官方出版物明确表示："之所以组建犹太军团，不过是
为了证明犹太人民已做好了准备，要为以色列地而战斗，要为以色列地而流血牺牲。"（Elam
1984, p. 332.）

148

军营的其余战友启航前往法国，又从法国继续向意大利进发。在去往前线、准备给土耳其人最后一击的征途中，他告诉自己，他真得感谢他们，多亏了土耳其人，他这个内向、无知的家伙得以去往美国。他不想当劳工，而且也当不成律师。在纽约的三年中，他的青年时代画上了句号；他结了婚，收获了自信。在此过程中，他逐渐了解到资本主义美国的强大力量、其宪法和政府结构的利弊，以及美国大熔炉的优缺点。①52

伦敦当时仍然是犹太复国主义活动的中心，但本-古里安已经感觉到，未来属于美国。他在与美国犹太人的接触后感到失望，即便正如他所告诉他们的，巴勒斯坦当时尚未为大规模移民做好准备。53他知道如何以宽恕、原谅的态度对待像什穆埃尔·福切斯这样的人，但作为一名犹太复国主义者，他还是对他们感到沮丧。他很清楚犹太复国主义的未来在很大程度上要依靠美国犹太人的财力支持，而这使他感觉更加沮丧。

但是，他人生中的第一段美国经历完全改变了他的自我认知，而且使他个性中的一些关键性因素得以加强，如学习能力、书面表达能力和他对浪漫情感的感知能力。他作为记者和作家而出名，并得以维持生计，虽然不富有，但足以养活妻子。他看上去仍然不像是一个民族的领导人，但他从未停止在锡安工人党的活动，而这拓展了他的政治经历。他与有影响力的人物接触，其中包括美国最高法院法官路易斯·布兰代斯。有了这位熟人，他就可以声称自己能和美国总统说得上话。他感到，他的党派肩负着重大的历史使命：

149

---

① 俄国流亡革命家利奥·德意志（Leo Deutsch）曾在纽约公共图书馆中与本-古里安使用同一张书桌，他回想起本-古里安当时博览群书，阅读了大量美国政党历史方面的书籍，以及"如何影响、说服广大民众的各种实用指南"。到达图书馆后不久，本-古里安在日记中记录了乔治·华盛顿的军队中黑人士兵比例之高的数据。（Grodzensky 1965.）

"我们现在必须领悟我们命运的伟大；否则，我们将给子孙后代造成悲剧。"他如此写道。[54]

❖

他们花了差不多三个星期才到达埃及塞得港。他写信告诉姐姐："我作为犹太军团的一名战士，手握钢枪，在飘扬的希伯来军旗下，回到了我们的土地。"[55]无论其参军的目的和动机是什么，他的军旅生涯到此就结束了，他甚至都没听到过战场上的一声枪响。艾伦比将军对该营成员前往巴勒斯坦的事并不热心，这些成员大多数留在了埃及。本-古里安因为痢疾而病倒，再次到一家军队医院住院治疗了几周时间。在此期间，他关注着有关前线的新闻报道并写道："我担心我们的营无法及时赶到并参加攻占圣地的战斗了。"[56]雅博廷斯基所属的营参加了在外约旦（Transjordan，就是现在的约旦，指今约旦河东岸的约旦地区——译注）的战斗。

1918 年 9 月 17 日，当时还在住院的本-古里安收到了一封纽约发来的电报，这封电报在发出六天后他才收到，通知他女儿盖拉出生了。他的第一次回复拘谨且克制，几乎有些冠冕堂皇。他写信给宝拉说："我和你一样感到幸福、快乐，也希望分担你的痛苦、担心和折磨。"他补充说："上帝送给我们一份珍贵、伟大且可爱的礼物……在你眼前展开了一个全新的世界。"他继续道，他想要拥抱与亲吻妻子和刚刚降生的宝宝。然后他宣告说："我们的国土已是一片自由之地。我们民族伟大、自由、幸福的明日之光已然降临在朱迪亚和加利利地区的群山间。"之后，他问妻子钱够不够用，她的希伯来语课程进展如何，并让妻子把他的希伯来语-法语词典寄给他，他补充说，那个词典的封面是红色的。

一周后，他信中的话则更有温度，更有人情味。按照希伯来历，那天正是他 32 岁的生日。"我根本无法用语言表达我收到电报后的感受……我的心因兴奋而颤抖。虽然电报只有短短几句话，但是上帝啊，他们带给我多么实实在在的幸福和快乐啊！"他把自己"火热的爱带给亲爱的宝宝和你，我亲爱的潘宁奇卡"。不同寻常的是，他甚至表现出一点幽默："寄给我一张你和孩子的照片吧，写信告诉我，我们的女儿是否像她父亲那样有点聪明，是否像她母亲那样充满魅力。"宝拉回信给他："尽管她长得像你，她还是很漂亮。"也是在这封信中，他专门提道，盖拉是在一个悲惨而神圣的时刻降生到这个世界的，她所面对的是伟大而美好的未来，他再次提到了他在她怀孕和生子时离她而去的决定。他写道："这种决定像一块沉重而可怕的石头一样重重压在我的心上，但是，潘宁奇卡，这都是不得已的。"

　　在他的第三封信中，他完全没提到历史。他第一次告诉她自己生病住院的事，提到孩子出生时他如何噩梦不断，并且说自己从她的电报中获得多少快乐。他保证，他的离开只会让他们之间更亲密。他对她说："这种亲密关系比整天腻在一起的亲密更真实、更纯粹，这是一种伟大且永恒的精神层面的亲密，是灵魂的永恒的统一。"他在住院期间读了罗曼·罗兰的《约翰·克里斯托夫》，并在信中和妻子交流了他的阅读感想："整本书都流露着对人类的大爱。"他建议她读完整部书的全部十卷，虽然这本书的某些部分会让她感到无聊。

　　1918 年 10 月 2 日，他在日记中写道："昨天早晨，英国人进入了大马士革。圣地的救赎已经完成。"[57]世界大战又持续了大约六周。

第八章　权威

"我赢了"

　　1923 年 11 月 7 日是十月革命胜利六周年纪念日，这天清晨本-古里安站在莫斯科的红场，等待着列昂·托洛茨基的到来。托洛茨基在结束流放返回俄国后，已成为苏联最有权势的人物之一，只有列宁地位在其之上，而列宁当时身体状况糟糕，离其大限已然不远了。广场上到处都是红旗和革命标语。大量身着共青团员衬衫的市民和学生挥舞着他们自己的小旗子。本-古里安和其他的海外来宾站在靠着克里姆林宫围墙搭建起的主席台旁边。他们都想亲眼看看列夫·戴维多维奇·托洛茨基（Lev Davidovich Trotsky），大卫·本-古里安在日记中这样称呼他，以此凸显他的犹太血统。

　　座座教堂的金色圆顶、革命标语，以及克里姆林宫墙上的诸多
列宁肖像都令他着迷。他写道："历史是多么讽刺啊，这座中世纪的沙俄堡垒现在竟然成为世界革命的中心。"一支军乐队奏响了苏联国歌《国际歌》，本-古里安注意到，外交官们迅速起身、脱帽，将他们的光头暴露在秋日的寒意中。看到这世界无产阶级的圣歌受到如此资产阶级式的礼遇，他觉得很滑稽。那天早上他起得很早，在去

往红场的途中，他看到几乎每个窗户上都有列宁的肖像。卡尔·马克思的照片也到处出现。街道只对持有邀请函的人开放。他有邀请函，他此次是以官方贵宾的身份来苏联的，他正担任巴勒斯坦希伯来工人组织的秘书长，该组织更为人们所熟知的名字是"希斯达德鲁特"（Histadrut），即犹太工人总工会。[1]本-古里安是犹太工人总工会秘书处的三名成员之一，该组织于1920年底在海法成立，已迅速成为巴勒斯坦最主要的工会。因为他是这个组织的实际掌权者，该组织的成员都称他为秘书长，这也是他在自己的回忆录中使用的头衔，实际上这个称谓并不恰当。[2]他人生中第一次发挥了政治影响力。

四年前，犹太工人总工会在埃及的沙漠中初步成形。

❖

本-古里安还在那家军队医院接受治疗的时候，就读到了备受尊敬的劳工领袖伯尔·卡兹尼尔森的一次演讲，据卡兹尼尔森的传记作者安妮塔·夏皮拉（Anita Shapira）所说，卡兹尼尔森是个复杂的人物，"他不仅仅是个政治领袖"。这使得任何想要和他谈论政治的人都很难开口，但本-古里安在该演讲中看到了一个提升自己进入领导层的机会。他在痢疾痊愈后，被派往泰勒-基比尔（Tel-el-Kebir）军事基地，这里距离开罗不远，是英国人在战争即将结束时，为监禁在巴勒斯坦俘虏的数千名土耳其士兵而建造的一座大型监狱。本-古里安成为该监狱警卫部队的一员。他安慰自己："至少我们在这里所从事的工作很有必要且非常有用。"犹太军团巴勒斯坦营的其他一些成员也被派到了这里。他们等待着退役返乡的命令。在此期间，他们百无聊赖。卡兹尼尔森也在他们中间。[3]

两人相识已经有些时间。他们甚至可能在华沙时就见过面，当时两人都是锡安工人党成员伊扎克·塔宾金的朋友。卡兹尼尔森比本-古里安还小几个月，但他的许多仰慕者都认为他成熟稳重，堪称

153

模范人物。他作为一位教育家而备受钦佩，作为一名精神导师而广受爱戴，而且他扮演了可供他人依靠的老大哥的角色。所有人都亲切地直呼其名。他的个人声望基于人们广为认同的事实：他唯一追随的是自己的道德准绳，而对功名利禄无甚野心。在加入军团之前，他游走于不同的农业工作岗位，徘徊于他爱着的两个女人间。在战争的最后几年，他在耶路撒冷列王墓附近种植蔬菜。他当时的公共活动被局限在一个农场工人组织中。他们自称为无党派人士，而卡兹尼尔森希望将他们与锡安工人党和青年工人党联合起来，组建成一支独立的政治力量。这就是本-古里安在医院读到的那篇演讲的主题。万事俱备，他准备采取行动了。[4]

虽然早在 13 年前他就在新家园定居了，但这中间差不多有 7 年的时间他是在海外度过的。在危机四伏的战争年代，他并没有和他的人民在一起，也没有分享到随艾伦比将军进入耶路撒冷的那种狂喜。当生活开始恢复正常时，他还是没在巴勒斯坦，因而错过了当地政治的第一缕曙光。英国当局开始在生活的各个领域，包括安全和法制方面，收拾土耳其人留下的烂摊子。与军事政权同时运作的还有从伦敦来的、与英国政府协作的犹太复国主义委员会。该委员会的任务是为犹太民族家园奠定基础。该委员会的主席先由哈伊姆·魏茨曼担任，此后心理分析师蒙塔格·大卫·埃德（Montague David Eder）接替魏茨曼成为主席。雅博廷斯基也加入该委员会，担任联络官兼发言人。委员会的成员们还在等待着战争期间流亡伊斯坦布尔的阿瑟·鲁平的回归。美国犹太社区派来了一个健康医疗队；布兰代斯法官也来到圣地，看看哪里他可以帮上忙。一个临时委员会，也就是一个犹太社区议会的雏形，在雅法召开会议。在英国军政府、犹太复国主义运动和海外犹太慈善家的赞助支持下，犹太社区的第一批自治机构也应运而生了。[5]

令本-古里安颇为恼怒的是，当时新的管理机构正在逐渐成形，而他却没有参与其中。他从美国带回来一腔想要获取政治影响力并创造历史的热血，但他也知道，锡安工人党的残余力量分散，所以他根本走不远。卡兹尼尔森的合并倡议则为本-古里安提供了一个机会，他不想错过。

❖

1918 年 11 月，卡兹尼尔森在他的帐篷中接待了本-古里安，给他开了绿灯，同意让他着手整合两个劳工党。他们当时仍然被困在埃及的沙漠中，但本-古里安写信给宝拉，让她把他那套质地优良的西装给他寄过来，他已经在计划他的下一次欧洲之行了。[6]并非劳工运动中的所有人都赞成合并一事。为了推进合并事宜，他们召开了几次会议，而作为会议主席，本-古里安的日子不好过。他写信给宝拉说："我必须避免混乱，因为每个人都知道，混乱很快就会导致失控。"他说，他这一生中从未见过如此混乱激烈的会议。[7]

最主要的反对声来自青年工人党。该党的领导人约瑟夫·斯普兰扎克（Yosef Sprinzak）至少在当时拒绝放弃其党派的独立地位。本-古里安从他原来与什洛莫·齐马赫的争辩中就知道了他的心思。和齐马赫一样，斯普兰扎克所担心的是锡安工人党的社会主义性质，他认为这种社会主义过于激进。这三个劳工派别加在一起总共也就几百名成员，但本-古里安却坚持认为，几个党派的合并将决定犹太人的命运："一个不见底的深渊正张着血盆大口等着我们的人民，威胁着我们的生存。"他如此大声疾呼，显然他是指战后摧毁多个犹太社区的令人发指的集体迫害，尤其是在乌克兰。他解释说，这就是在巴勒斯坦建立民族家园至为关键的原因。如果犹太劳工不能团结成一个统一的整体，以此给人民以教化和启迪，并在犹太复国主义运动中赋予他们力量的话，他们将永远无法克服卑劣的、非犹太劳

155 工所带来的危险。[8]他强调说，合并的目的在于进一步推进犹太复国主义的计划，而不是推动无产阶级的愿望的实现。但斯普兰扎克和他的大多数同事都不为所动。只有三个人赞成合并并离开了青年工人党，其中一位是本-古里安在普仑斯克的朋友什洛莫·拉维。[9]1919 年 2 月底，成员们为庆祝合并而召开了一次大会，有 81 名代表出席，本-古里安写道，他们代表着 1871 名犹太人。[10]

新组建的以色列地犹太复国主义社会主义工人联盟（Zionist Social Union of the Workers of the Land of Israel），也就是劳工团结党（Ahdut Ha'avodah），将自己定义为"世界社会主义劳工运动的一个分支"。但它在措辞方面非常谨慎，避免使用激进的语言。其政治纲领包括要求对土地实行国有化、创设公共资本和平等权利，但是对阶级斗争或无产阶级专政只字未提。此外，合并产生的新党派要求"国际社会确保在巴勒斯坦建立一个自由的希伯来民族国家"。这个措辞非常大胆，完全背离了公认的犹太复国主义"民族家园"这一术语。[11]

在这个新党派中，卡兹尼尔森带过来的人比锡安工人党带过来的人要多，他所代表的农场劳工组织已经开始成立互助组织，其中包括一个医疗服务提供组劳工病患基金会（Kupat Holim）和一个市场合作组农业采购合作社（Hamashbir）。[12]本-古里安则带来了一份美国富人的地址清单，可以按图索骥寻求资助，此外，他还带来了自己在纽约市民主党核心机构，即他所谓的"犹太坦慕尼协会"（Jewish Tammany Hall）中收获的政治经验。锡安工人党也受益于由新党派海外分支机构为巴勒斯坦劳工设立的基金的帮助，尽管其作用有限。但本-古里安为新党派带来的主要财富还是他不屈不挠的毅力以及他可以为政治投入一切的热情。他愿意不停不歇地进行对话，以对别人施加压力或者说服他人，他也乐于达成幕后交易，发表和倾听冗长的发言。他写信告诉宝拉："我不得不进行艰苦且困难的斗争，最终我赢了。你没有亲眼看到这一幕真是可惜，如果你在现场，你不仅会为你的女儿骄傲，还会为你的丈夫骄傲。"就如同前一年他在纽约离她而去时他向她保证过的，在他成功的那一刻，如果她在现场的话，这种荣耀将弥补她所承受的一切。[13]

"一切都会好起来的"

156

小宝宝盖拉现在已经六个月大了。宝拉一股脑儿地告诉她丈夫很多关于宝宝的趣闻，比如她顽皮好动，她有双漂亮的眼睛。宝拉预言："她将来肯定追求者众多。"当他还在雅法为新党派的建立进行最终投票的时候，盖拉的头两颗小牙冒了出来。但这是宝拉生活中少有的欢乐时刻。孤独寂寞不断折磨着她。她和另一个女子住在一起，她还得到了什穆埃尔·埃尔斯伯格医生的帮助，她就是在这位医生家中和本–古里安初遇的。什穆埃尔·福切斯也曾来探望过她一次。但随着时间的流逝，她对本–古里安的思念与日俱增，这加重了她的抑郁情绪。有好几回，她告诉他关于死亡的噩梦般的预兆。她写信说："恐怕你只能带着你女儿去巴勒斯坦了。"西班牙流感疫情使她非常恐惧，她知道有一些人病死了。几个月后她写信给他，如果她也死去，盖拉可就成"孤零零的一个人了"。"我没法再过这样的日子了。生活于我而言就是负担。如果没有你和宝宝，我早就自杀了。我记挂着你们，所以才没做傻事。"[14]她其实还是想留在美国。她听说在巴勒斯坦孩子们喝不到好牛奶。尽管如此，如果有可能即刻安排她的行程，夏天前就启程的话，她还是会去巴勒斯坦的。她宣称："我再也受不了了。"有一天，他一次就收到了她寄来的八封信。[15]

他尽力安抚她。"一切都会好起来的，"他向她保证，"战争已经结束了。"他们很快就会团聚。他有机会去伦敦，如果真能成行，他接着会去美国，接上她一起回巴勒斯坦——这是他当时唯一考虑的事。他很想带着她和盖拉回普仑斯克老家一趟。他告诉妻子，他已经付首付在特拉维夫的一个新房产项目中购买了一套房产。而且他强调说，巴勒斯坦并不缺乏牛奶——在她们抵达巴勒斯坦后，他会给盖拉洗个牛奶浴。在他告诉她本-兹维和亚奈特结婚的消息时，他以已婚男人特有的尖刻，幽默了一把。他写道："瞧，我不是唯一一个昏了头结婚的人吧，我想我得对他们的婚礼负点责任，我做了个坏榜样，还影响到别人。"①

157 宝拉根本不信他的话。她写道，他不会去伦敦的，因为那里没有人想要他过去。他在纽约倒是颇受追捧，但他不想去纽约。丈夫的来信让宝拉对他的所思所想看得清清楚楚。他写信告诉她："雅法有许多会议和集会，而且这些活动往往持续很长时间，我挪不出空闲时间给你。"两周后，她拆开了他写的一封信，信中写道："我正用空闲的一点时间给你写几句话。"尽管如此，他有时也会把政治搁在一边，写一封感情真挚的家信，表达自己对还未曾见过面的孩子的思念，并对宝拉的困境表达深切的同情。他写道："当我读到你孤独无助地经历这一切时，我感觉这有如在我的伤口上撒盐。"他为她伟大的爱所深深陶醉，正是这种爱使她同意丈夫将她一个人留在纽约。他告诉父亲："我认为没有哪个女人做过如此巨大的牺牲。"[16]

❖

他尝试安排她来巴勒斯坦。他写信给她说："我一直在期待着你

---

① 写这封信的当天，他兴致如此之高似乎还有另一个原因：他已经到佩塔提克瓦去见了他的初恋瑞秋·拜特·哈拉米。（Ben-Gurion to Paula, Oct. 8, Nov. 18, Nov. 20, 1918, July 25, May 17, 1919, Dec. 28, 1918, in Erez 1971, pp. 398, 400, 493, 427, 420, 406; Ben-Gurion to his sister Tzipora, Dec. 29, 1918, in Erez1971, p. 409.）

的到来，你就是我的弥赛亚。"但在当时，要拿到移民巴勒斯坦所有必要的许可证，仍然不是一件易事。他想出了各种各样的计策，其中包括让宝拉在移民证申请书上谎称她是在战争期间受土耳其人驱逐的难民，现在她想回到巴勒斯坦。

这件事再次证明，在法律构成障碍时，本-古里安会绕开法律，就如同他曾经托人伪造出生证明和高中文凭，拿别人的护照往来各国，并设法逃避在俄国军队的强制兵役一样。他为了达成目标，可以使用各种手段。他的正式身份还是一名军人，但是，1918年11月，他的司令官同意他去巴勒斯坦休假。有一回，他擅自离队好几天，为此还受到处分。[17]

他设法凑到900美元，为宝拉购买了邮轮一等舱的船票。她和盖拉于1919年11月抵达，他们三人很快搬入了特拉维夫的一间出租房内。几个月前，盖拉已经过了她的两岁生日，本-古里安写信告诉父亲，盖拉是他所见过的最可亲、最暖心、最可爱、最漂亮、最伶俐的女孩。但问题是，当时她还只能听懂她妈妈用英语对她说的话，但本-古里安确信，女儿很快就能学会希伯来语。他写道："她还在吃奶，但我们已经决定给她断奶了。"他们的第二个孩子将在几个月后出生。[18]

158

"没有解决办法"

当时巴勒斯坦在政治上处于空位期。1922年7月，国际联盟批准了授予英国对巴勒斯坦的管辖权的法律文书，而在此之前，国际社会就该国的未来进行了长期的讨论。正是在这样的背景下，哈伊姆·魏茨曼达到了其作为政治家的巅峰。如同为达成《贝尔福宣言》所付出的努力一样，犹太复国主义的外交行动也在远离巴勒斯坦的地方进行，巴勒斯坦当地居民则对此一头雾水，本-古里安也不例外。与此同时，巴勒斯坦的阿拉伯居民中爆发了抗议运动。

临时委员会于1919年6月召开会议，来应对不断升级的紧张局势。部分参会者要求出台一份和平方案，部分原因是当时阿拉伯佃农从犹太复国主义运动购买的土地上被驱逐出去。其他人则认为与阿拉伯人和平共处是不可能的，本-古里安就持此观点。他的话简短而直率："所有人都明白犹太人和阿拉伯人之间相处的困难，但并不是所有人都清楚，这个问题是没有解决办法的。真的没有解决办法。这是一个无法填平的鸿沟。"两个民族相互敌对。他解释说："我们希望巴勒斯坦成为我们的国家。阿拉伯人则希望巴勒斯坦成为他们的国家……阿拉伯人会同意巴勒斯坦成为犹太人的吗？想都不要想。"在辩论中，有人提议，要鼓励阿拉伯人学习希伯来语，要鼓励犹太人学习阿拉伯语。本-古里安懂一点阿拉伯语，而他对该提议的回应却颇为讽刺——他不明白他为什么要学习阿拉伯语，并且他也用不着要穆斯塔法（Mustafa，也就是阿拉伯人——译注）来学习希伯来语。事实上，他根本不在乎赶走阿拉伯劳工的犹太农场主是否懂阿拉伯语，或者杀害犹太人的阿拉伯人是否懂希伯来语。无论怎样，阿拉伯人都不会同意将巴勒斯坦拱手让给犹太人，即便犹太人学会了阿拉伯语也还是一样。[19]

很多年后，本-古里安说道，当时犹太复国主义处理阿拉伯问题的主导思路是所谓的"轻松解决方案"，他对此不屑一顾，他认为该方案没有正视事实，并称其是"大话空谈"。从他到美国开始，直到他生命的终结，他努力呈现出他（对阿拉伯问题）积极乐观的态度，不过实际上，他在经历了两件令他刻骨铭心的事后，就形成了对阿拉伯问题的真实看法，并迅速认清现实，不再抱有希望。一件事发生在塞杰拉，他曾眼睁睁地看着农场主西蒙·马拉末德被杀害。另一件事则是发生在他被土耳其当局驱逐出境之前：一天他遇到了一位大学同学，他告诉同学自己即将被驱逐出境时，这个年轻人对本－古里安说，作为他的朋友，他非常遗憾，但作为一名阿拉伯民族主义者，他为此而高兴。他在四年之后才和父亲谈及此事。本－古里安如是说，这位同学的坦率直言比他的朋友在塞杰拉被杀害一事更令他受伤。很多年后他说："这是我有生以来第一次听到阿拉伯知识分子的诚实回答。这句话深深地烙印在我心里。"[1]

他最为担忧的就是这个问题。他的档案中保留着几份英文版情报研判报告，这几份报告都印证了他的基本观点——巴勒斯坦许多城市的阿拉伯领导人已经得出结论，只有使用武力才能阻止犹太人移民巴勒斯坦，并防止他们掌控这个国家。[20] 阿拉伯人的反抗会迅速变为有组织的暴力活动，并且随着暴力的不断升级，本－古里安愈发相信，双方冲突无法避免，不能解决。他认为，至多可以控制事态发展。他越来越相信从塞杰拉一事中获得的启示——这就是实现犹太复国主义梦想所付出的代价。

❖

七个月内，冲突造成了重大的人员伤亡。1920 年 3 月 1 日是星期一，这天早上，数百名阿拉伯人聚集在上加利利地区的特拉海农场门口，这是个地处偏远的犹太农场，距离黎巴嫩边境不远。随着该地区紧张局势的加剧，临时委员会针对是否应向上加利利地区派出自卫部队，或者是否应指挥那里的犹太定居者离开的问题产生了意见分歧。这是犹太复国主义运动必须经常面对的基本困境之一。雅博廷斯基认为无法护卫犹太定居者。他坚持要把这严酷事实告知

160

---

[1] 一直到老，他都会屡屡提到这个故事。后来，他表示，他曾尝试着找到这位同学，但没能成功。（Ben-Gurion to his father, Dec. 5, 1919, in Erez 1971, p. 443; Ben-Gurion 1971a, p. 71; Ben-Gurion interview with Dov Goldstein, *Ma'ariv*, Sept. 28, 1966.）

他们，并把他们带到南方。部分辩论所围绕的议题是，是否应该让特拉海农场的犹太定居者在冲突中战死，以给他们的国家留下不朽的英雄传奇；雅博廷斯基则认为不能这么做。他写道，自世界大战以来，为义举而殉难的价值已大大降低。本-古里安相信犹太人要对犹太复国主义的历史负责。他宣称："我们要去护卫每一个有犹太劳工工作的地方。如果我们在匪患当头时逃跑，我们将失去的就不仅仅是上加利利地区，整个巴勒斯坦也保不住。"这是一个针对现有基本价值观的争执——爱国者表面上支持防守加利利地区，而失败主义者则表示反对。临时委员会决定派出一支代表团前往加利利地区，但当时大雪封路，无法通行，待成员们穿越大雪后，为时已晚。

那天早上在特拉海农场究竟发生了什么，到今天仍然不得而知。当地居民向附近的定居点卡法吉拉迪（Kfar Giladi）请求支援。约瑟夫·特朗普德尔率领10个人赶到现场，他是犹太军团的英雄，战后返回故地，因为努力团结工人运动，在当地广受尊敬。在特拉海农场他承担起指挥职责。有一个时段相当混乱，大家似乎都在朝彼此开枪。特朗普德尔被杀，和他一起倒下的还有其他三男两女。特拉海农场被丢弃，但却成为一个象征。这场战斗的重要性在于：它产生了犹太复国主义英雄主义的一个神话。有人为特朗普德尔盖棺论定说了些鼓舞人心的豪言壮语："为国捐躯，死得其所。"犹太公众和领导人需要这个神话，因为他们没能帮上加利利的定居者们。特拉海之战是他们的败笔。本-古里安常常提起这件事，它使哈绍莫的传奇黯然失色。事件发生时，一个代表国际犹太复国主义运动的代表团正在巴勒斯坦访问，该代表团通过了一系列决议，本-古里安将这些决议原封不动地搬到了他的回忆录中，其中包括：巴勒斯坦将来不会被分割，巴勒斯坦全境将是犹太人建设民族家园的领土，巴勒斯坦所有无人居住的土地都将移交给犹太人民。一年后，英国殖民大臣温斯顿·丘吉尔（Winston Churchill）来到巴勒斯坦，并将外约旦从划定给犹太人的领土上切分了出去。[21]

"我们正在应对的是一场民族运动"

卡兹尼尔森、塔宾金和本-兹维在别人看来，或者他们自己也感觉到，他们并不屑于做新的合并党派内部日复一日的事务性工作。有时，他们也许就是懒得做这些事。他们还有更崇高的事情要去关注和处理。本-古里安发现，自己所担任的劳工团结党的秘书职务给他提供了许多机会。政治是他现在的唯一职业。由于没有其他人愿意做这项工作，该政党机构仍处于发展萌芽阶段，本-古里安成为其中最有权势的人物。在此期间，他名义上仍然是一名英国士兵。魏茨曼为他请了长假，并让他成为犹太复国主义委员会的成员。这是一个很合适的安排，因为他还能继续领军队的薪水。[22]从那时起，直到他生命的终结，他一直是位全职政治家。在他看来，犹太复国主义委员会就是个外国政府。[23]刚开始就来了个大丑闻。劳工团结党秘书本-古里安以诽谤罪起诉犹太复国主义委员会主席大卫·埃德，并要求他向雅法治安法院或其他法院应诉。事情是这样的，当时本-古里安正努力为想留在巴勒斯坦的250名犹太营战友获取移民和工作许可。在士兵们等待过程中，他们无事可做，一些士兵与他们的英国指挥官发生了冲突，并因企图叛变被判入狱。埃德坚称，这些人罪有应得，而且指控他们骚扰阿拉伯妇女。本-古里安对朋友说："他简直一派胡言，他的诽谤和亵渎真让人毛骨悚然。"埃德傲慢且冷漠地拒绝应诉，声称这是"对神圣而伟大的言论自由权的破坏"。最终，本-古里安让步，并与对方达成庭外和解。[24]

与犹太复国主义委员会的冲突就是一场权力斗争。本-古里安咄咄逼人时如一位敏捷的击剑手，他还吓跑了一个名叫内莉·施特劳斯（Nellie Strauss）的妇女，她从美国带来了资金，怀着良好的愿望要在耶斯列谷地（Jezreel Valley）为犹太军团的老兵们建立一个农业定居点。她是一个名为凯希拉特锡安（Kehilat Zion）组织的代表。贝尔福勋爵准许以他的名字为该定居点命名，此地被命名为贝尔福利亚（Balfouria）。本-古里安希望由他所在的犹太营的士兵委员会来负责该项目，换句话说，他想自己控制这个项目。他对待施特劳斯的态度就好像她代表了邪恶的敌人，他要求对该项目进行准法律调查，查清谁说了什么，谁讲了实话，谁说了假话。[25]

当时，他似乎已经具备了调查的才华和能力。这种调查可以宽慰一个受伤的自我，也可以恢复他的自制力，避免情绪崩溃和遭受新的伤害。与此相反，他以一名资深政客的专业和老练参加了犹太人代表大会的选举。

❖

犹太人代表大会是一个旨在推进建立民族家园并使犹太人和阿拉伯人之间的隔离制度化的机构。它是巴勒斯坦第一个通过普遍和平等的无记名投票选举产生的议会性质的机构。巴勒斯坦的每一个犹太居民，不论性别，只要年龄在 20 岁及以上，均享有选举权。候选人由党派提名产生，但当选与否则完全取决于候选人的个人实力。总共有 20 个党派参加选举。

本-古里安曾出色地完成了纪念文集《伊兹科尔》的制作出版，在此过程中他还与本-兹维密切合作成功撰写了其中有关巴勒斯坦地理的章节，与此相似，在这次竞选中，本-古里安证明了自己在研究一个全新领域并全力以赴完成任务方面的卓越表现和出色才能。他本人是一位备受追捧的演讲者，但他认为党派机构的实际组织和运作比花言巧语和夸夸其谈更为重要。他想了解其中的一切，甚至连最微小的细节也不愿放过；他曾在日记中用好几页的篇幅，记录下最偏远的投票站中每一位潜在投票人的量化数据。这让人想起独裁者的信息掌控和收藏家的收藏瘾头。他对细节的痴迷成为他政治权势的基石之一。[26]

❖

1920 年 4 月 4 日星期日，正处于逾越节期间，这天一大早本-古里安在耶路撒冷拜访了本-兹维夫妇。他们谈到有必要组建一支由犹太军团的老兵构成的警卫队。耶路撒冷局势紧张。雷切尔·亚奈特（所有人在她与本-兹维结婚后仍然这样称呼她）感到焦虑不安。在特拉海之战以后，耶路撒冷犹太社区建立了防卫委员会，雅博廷斯基担任领导人，而雷切尔·亚奈特则是该委员会的成员。本-古里安正在公开训练几十名年轻人，甚至带领他们行军穿过城镇，尽管没有穿越耶路撒冷老城。他写信给魏茨曼说："集体迫害随时可能爆发。"老城犹太区的居民仍未得到保护。

当日午后不久，本-古里安和本-兹维听说阿拉伯人正在老城袭击犹太人。他们急忙赶到那里，身上仍然穿着英军的制服。亚奈特随后在一条小巷里发现了他们，两人正用担架抬着一名伤员。很多手持大刀和铁棍的阿拉伯暴徒闯入犹太人的家中，大肆抢劫奸淫。一些目击者后来报告称，看到有羽毛从房屋中飘出，这是集体迫害的明确标志之一。雅博廷斯基设法带领他的一些人进入老城，但为时已晚。最终，犹太人这方，有 5 人被杀，216 人受伤，其中 18 人伤势严重；阿拉伯人这方，有 4 人被杀，死者中包括 1 个小女孩，23 人受伤，其中 1 人伤势严重。此外，有 7 名英军士兵受伤，显然都是被阿拉伯暴徒殴打所致。[27]

本-古里安和本-兹维一同去了犹太复国主义委员会设在雅法路的办公室。亚奈特和他们同行。她写道："看到他们穿着制服，却无

163

法尽希伯来士兵的职责，心里真是痛苦难受。"本-古里安和本-兹维也一定有如此的感受。雅博廷斯基与其他参与冲突的犹太人和阿拉伯人一道被英方判处 15 年监禁。作家摩西·斯米兰斯基在犹太日报《国土报》（*Ha'aretz*）中写道："有一个世纪没见过这样的冲突了。"本-古里安关于犹太人与阿拉伯人相冲突的思想得到了进一步加强。一段时间后，他在日记中写道："我们正在应对的是一场民族运动。除了大量增加犹太移民的数量、巩固我们的地位之外，我们没有任何办法应对这一民族冲突。"[28]

❖

164 　　由于骚乱，犹太人代表大会在耶路撒冷的投票被推迟了。但骚乱并非投票推迟的唯一原因，屡次推迟是因为围绕投票事宜出现的争议，而解决该争议则花了好几个月时间。该市的哈瑞迪人宣称将抵制选举，因为他们坚决反对允许女性投票的行为，即便隔离出一些投票站仅供女性使用也不行。而没有哈瑞迪人的参与，举行选举几乎毫无意义，因为哈瑞迪人在耶路撒冷势力最大。本-古里安以自己的三寸不烂之舌无情地奚落、讽刺他们。就如同 10 年前他在自己第一批发表的文章中所做的那样，他称他们为"黑人"。现在，他则断言他们是"毁灭和腐朽"的力量。哈瑞迪人认为不允许女性投票是他们的原则，对此本-古里安坚持强硬路线，他表示绝不能让他们得逞。如果他们得偿所愿，"他们会用各种神秘的宗教律法操控我们的全部生活"。[29]

　　即便如此，他并没有站在为妇女争取权利的前沿。他指出，妇女在许多国家都没有选举权。他说，耶路撒冷在这方面无须带头充愣。最终，本-古里安认可了一个极富创造性的高明安排——妇女有选举和被选举权，但是在哈瑞迪人社区，男人将投两次票，一次是为自己投票，另一次是为他们的妻子投票。[30]这是本-古里安与哈瑞迪人间第一回达成如此协议。这种安排与他的政党所宣称的两性平等原则不符，但他和他的朋友们坚信，犹太复国主义事业要求巴勒斯坦的整个犹太社团尽可能广泛地参与选举，只有这样才可以向阿拉伯人和英国人展示犹太人的力量与犹太民族的大团结。在此过程中，要求男女平权的女性不得不一次又一次地妥协，或者至少等到时机更为成熟时才能享有她们的平等权，而这一切都是为了民族的利益。[31]

选民的参与度很高。劳工团结党成为犹太人代表大会上最大的一支力量，但它没有赢得多数席位——在全部 314 个席位中，该党收获 70 席。本-古里安有充分的理由感到自豪——在他所在的劳工团结党的所有候选人中，他获得的选票数最高，甚至比伯尔·卡兹尼尔森还高。与此同时，他退出现役。[32]

"也要让他们付出血的代价"

1920 年 6 月，本-古里安再次收拾行装出发前往伦敦，这次宝拉随同前往。8 月，他们的儿子阿摩司（Amos）在伦敦出生。他们此行离开了差不多一年时间，主要目的是为劳工团结党筹集资金。哈绍莫已遭解散，犹太社区的防卫已交由名为哈加纳（Haganah，在希伯来语中为"防御"之意，以色列国防军前身——译注）的新机构负责，该机构在劳工团结党和犹太工人总工会的资助下运作；换句话说，它在很大程度上受本-古里安的控制。[33]

他到伦敦时斗志昂扬，抵达后不久，就在一个犹太复国主义会议上宣称，"绝大多数的犹太小镇，从它们的人员构成来看都是属于阿拉伯人的"，此言旨在表明，大多数犹太小镇不接受犹太劳工去工作，此言一出，立刻引起了轩然大波。犹太小镇的农场主们在该会议上也有一位代表，他操着意第绪语大喊大叫，说犹太劳工毫无价值。会场立刻"吵翻了天"。劳工代表们盛怒之下骂这位农场主代表"肮脏污秽"，并称他为叛徒。本-古里安这天走了大运。他还在这次会议上谴责了魏茨曼，而且这已经不是第一次了。结束在美国的流亡回到巴勒斯坦后不久，本-古里安就严厉斥责了魏茨曼，因为魏茨曼认可了要在巴勒斯坦建立一个犹太民族家园，而非一个犹太国家的承诺。魏茨曼回应说，他没有要求建立一个国家，是因为他不会凭空如愿。他认为此事应该循序渐进，步步为营。[34]本-古里安当时认为，魏茨曼在巴勒斯坦推进犹太复国主义运动方面做得不够。他用这种行为继续反抗犹太复国主义委员会。[35]

在魏茨曼耀眼的光环下来代表一个小党派可不是一件容易的事，魏茨曼还在继续创造着犹太民族的历史，而本-古里安能做的只不过是为他的党派筹点小钱。他在英格兰并没有派得上用场的社会关系，他找到的有些捐赠者似乎还不明白为什么他们要把钱捐给劳工团结党，而不是给世界犹太复国主义组织。最夸张的是，锡安工人党纽约分部压根儿都没回复他的来信。[36]

❖

166　　　孩子们带给他很多的欢乐。宝拉生下阿摩司后在医院康复期间，他留在家中照顾盖拉。他写道："我只是希望阿摩司能像他姐姐那样就好了。"许多年后他写道，他更喜欢男孩，但在他们还很小的时候，他以一位父亲的自豪的口吻，对他们俩大加赞赏。有时他也会去大英博物馆图书馆。他的读者卡显示，他曾借过两本有关黎巴嫩德鲁兹人（阿拉伯人的一支，主要居住在黎巴嫩、叙利亚和以色列——译注）历史的书籍，其中一本是法语的，还借过一些关于东正教和英国国教历史方面的图书。[37]

但是他常常会情绪低落，在英格兰的日子寒冷而单调。他长时间待在办公室中，就如同坐监一样。他收到来自巴勒斯坦的信件，字里行间满是悲苦忧虑，这必定加剧了他的挫败感，就如同他获悉雅博廷斯基已经获得 1 万英镑捐赠所带给他的感觉一样。雅博廷斯基从一位名叫阿尔弗雷德·蒙德（Alfred Mond），后称梅尔切特勋爵的富有的犹太人那里得到了这笔捐赠。"绞索正在收紧，"卡兹尼尔森写信给他说，"对我们而言，我们正走向毁灭。"梅尔切特勋爵的捐献资金被指定用作防卫之需。与此同时，本-古里安曾试图向英国的犹太人兜售"谢克尔"，以此赋予他们在犹太复国主义者代表大会中投票选举的权利。多年前在波兰时，他曾对他的同学这么做，但这次与多年前一样没有反响。[38]

最终，本-古里安认识到，再在伦敦这么耗下去毫无意义。1921年 4 月初，他将宝拉和孩子们送到了父亲在普仑斯克的家中。三个星期后，他也返回父亲家中与家人团聚。在此期间，他仍然处理着党派内的事务。[39]

❖

战争造成的破坏在波兰随处可见，尤其在东部和南部地区。很多城镇被焚毁。数十万难民的生活还没有回归正轨，而这其中就有一些犹太人。许多人受益于联合分配委员会（通常简称为"联合"）提供的援助，并因此而得以幸存，这是一家总部设在纽约的犹太福利机构。[40]什穆埃尔·福切斯医生是战后"联合"派往东欧的第一支医疗队的成员之一，他的任务是为波兰犹太人提供牙齿护理服务。他成立了八家新诊所，发放了 21576 支牙刷，并根据自己的独特配方生产了超过 2.5 万支牙膏。他出于工作需要，访问了很多犹太社区，普仑斯克就是其中之一。[41]本-古里安和福切斯各自不同的轨迹曾一度在此交汇：福切斯相信在未来犹太人要继续过着流散的生活，他来到波兰就是要帮助这里的犹太人重建家园；而本-古里安，正如他所

167

写的，则是来寻找"合适的人选以满足我们在巴勒斯坦的劳工需求"，也就是说，他是来招募移民的。[42] 显然，他们错过了彼此，没能见上面。在本-古里安离开几周后，福切斯似乎才抵达波兰。

普仑斯克的探亲之行简直就是一场噩梦。格鲁恩一家让他们的美国儿媳和她的孩子们住的房间，天花板上长满霉斑，房间里没有暖气，水也不干净，两个孩子都生病了。本-古里安将这个问题轻描淡写为互相误会。他写道："两个来自不同世界的人相遇，他们对彼此都有些陌生。"他说，他和他的家人已经习惯了普仑斯克的水质，但是宝拉无法理解正常人怎么会喝"如此混浊的水"。宝拉非常受不了格鲁恩一家的日常习惯，他们聊天的方式、他们在餐桌上的举止，"所有这些日常生活的细节在表面上看来似乎都毫无价值和乐趣"，正如本-古里安所说的，"但这些实实在在在支配着人与人之间的关系"。宝拉觉得他们很讨厌她，而且都在试图羞辱她。她很痛苦。本-古里安尝试让双方言归于好，但没能成功。有一天，他把她留在普仑斯克，自己返回了巴勒斯坦。[43]

❖

触发他动身离开的原因是报纸《哈齐菲拉》在 1921 年 5 月 3 日刊载的新闻头条"雅法暴乱详情"。该报的报道基于英联邦高级专员发布的官方声明，根据该声明，有 30 名犹太人和约 10 名阿拉伯人在暴乱中丧生。犹太复国主义委员会的声明则显示，有 27 名犹太人被杀，150 人受伤。在该版面的两个声明之下，这家报纸还刊登了一篇来自犹太新闻机构的文章，指出备受赞誉的作家约瑟夫·哈伊姆·布伦纳被发现死于谋杀。第二天，《哈齐菲拉》在这篇关于布伦纳死讯的报道后面加了一个问号，但事情本身确定无疑。布伦纳一直在编辑他的朋友约瑟夫·特朗普德尔的稿件，直到生命的终结。在他被害的当天，什洛莫·齐马赫和伊斯雷尔·肖哈特还打算去探望他。

在路途中，他们听到了枪声，有人告诉他们千万别去布伦纳住的地方，因为那边正在屠杀犹太人。在他临死前，布伦纳还写到了阿拉伯人："我们之间相互仇恨，现在必须如此，将来也一样。"他的尸体被暴徒肢解，成为犹太复国主义斗争的代表性标志之一。[44]

那天阿拉伯人原本主要袭击的是一个象征性地标，即在雅法由犹太复国主义委员会经营的移民旅馆。但是骚乱迅速蔓延到了其他地方。数十名目击证人，包括犹太人、阿拉伯人和英国人，他们的证词都如出一辙。他们看到很多阿拉伯男子手持棍棒、刀、剑，还有部分拿着手枪，袭击犹太路人，闯入犹太人家和商店，殴打、杀害犹太人，连孩子都不放过。有些行凶者甚至劈开受害者的头骨。紧随这些行凶者而至的是阿拉伯妇女，她们前来大肆抢劫。许多目击者表示，其间，加害者们撕开枕头和被子，把羽毛扔到大街上，这与俄国集体迫害的情景何其相似。一个调查委员会后来称其为"掠夺的狂欢"。摩西·夏里特写道："大屠杀猛然间就降临了。"[45]

这是巴勒斯坦犹太复国主义定居点设立以来受到的最致命的打击。这让定居者们清楚地认识到他们是多么依赖海外的犹太人社区。犹太日报《国土报》向流散犹太人发出了充满真情实感的呼吁："不要单独把我们留在前线。不要无视先驱者的鲜血，他们先于整个民族到达这里。来加入我们吧，把你们的伟大领袖带到我们这里来——以巩固希伯来的地位，用劳动之手、护卫之手来壮大我们民族的影响力！"那不是民族先锋的声音，而是一个处于困境中的犹太社区的声音。民族委员会（the National Council）是巴勒斯坦犹太社区的执行机构，它号召全世界的犹太人为巴勒斯坦的犹太人募集更多的资金，就如同虔诚的巴勒斯坦犹太人自古以来所做的那样。[46]

英联邦高级专员赫伯特·塞缪尔担心巴勒斯坦有可能变成第二个爱尔兰。他立即禁止（任何人）进入巴勒斯坦，这导致本-古里安的返程之路困难重重。他在读到布伦纳被杀害的报道后几乎立刻动身离开了普伦斯克，但在三个月之后他才最终到达巴勒斯坦。在此期间，他在布拉格参加了一个会议，然后回到了在普伦斯克的妻子和家人身边。布伦纳被杀后，他对犹太复国主义的立场变得更加坚定。他宣称："我们是作为一个民族，而非少数民族，在巴勒斯坦享有权利的。在巴勒斯坦享有权利的是我们，而不是阿拉伯人。从道德的角度来看，我们应当而且可以使用一切手段来粉碎阿拉伯人的反对势力……当他们攻击我们时，我们有权自卫，必要时也要让他们付出血的代价。"他要求犹太复国主义运动的领导人在巴勒斯坦建立一支强大且纪律严明的自卫组织。在返程途中，他访问了几个意大利城市，包括威尼斯、佛罗伦萨和罗马，他的有关巴勒斯坦的书籍已被译为意大利语，此行目的就是处理书籍意大利语版本的出版事宜。本-古里安返程时乘坐的移民船"西西里号"，显然还装载着他负责运送到巴勒斯坦的一批军火。他在 1921 年 8 月初给父亲写信说："我们静悄悄地下了船，完全没遇到任何麻烦。"他写道："阿拉伯水手的面部表情一如既往。"[47]

"我对您罪孽深重"

"犹太人总工会是从零开始创建的。"后来成为该劳工组织高级官员的贝尔·雷佩图尔（Berl Repetur）如是说。戴维·扎凯（David Zakai）是本-古里安在书记处的三名同事之一，他和本-古里安在离耶路撒冷一个名为米亚谢阿里姆（Meah She'arim）的哈瑞迪人社区不远的地方租了一栋阿拉伯小房子，并在里面布置了几张桌子，这就成了犹太工人总工会的第一个办公室。有一段时间，他们两人住在同一个房间，因为只有一张单人床，所以本-古里安和扎凯一人一晚轮流睡床。本-古里安后来搬到了耶贾卡帕伊姆（Yegia Kapayim），这是在耶路撒冷西部新建的一个租金相对昂贵的社区。这里的租金是 5 个埃及镑，相当于他工资的四分之一至三分之一。他的薪水不错，差不多是犹太工人当时工资的两倍。[48]

他非常详细地记录了自己的所有开销。他通常一天三顿都在由犹太工人总工会经营的工人厨房用餐。除了面包、糖、鸡蛋、鱼、可可粉、咖啡、肥皂、手表维修、煤油、擦皮鞋，他的支出还包括报纸、剃须、内衣、一次抽奖和香烟。抽奖的费用只出现了一次，而香烟是他当时的一笔固定支出。[49]

此外还有书。他一直在买书，不论是在巴勒斯坦还是在海外，书多到他根本读不过来。这是他每月预算中最大的一笔支出。绝大多数书是历史学和政治学方面的著作，也有一些犹太研究方面的书籍，大部分都是外文书。他并不是一个书呆子，而是一个对大部头、多卷本著作毫无抵抗力的图书收藏者。1922 年 3 月，他曾统计过藏书的数量，总计 775 本，他把这些书按照语言而非主题进行分类：其中德语 219 本、英语 340 本、阿拉伯语 13 本、法语 29 本、希伯来语 140 本、拉丁语 7 本、希腊语 2 本、俄语 7 本、土耳其语 2 本，还有 15 本多种语言的辞典。①

❖

1920 年犹太工人总工会组建后不久，本-古里安就提议组建"一个由巴勒斯坦所有工人组成、实行军事化管理的总公社"，他称其为"劳工军团"。在第一阶段，他希望他的党派的所有成员都加入这支

170

----

① 这些书加起来总计是 774 本。就在本-古里安统计当天，又有 24 本书被他收入囊中，他在兴奋之余可能算错了总数。1922 年夏天，他花了几周在通货膨胀肆虐的柏林和莱比锡购买了几十本书籍，充分利用了德国马克日益贬值的机会疯狂购书。（Ben-Gurion, Diary, March 20, Aug. 27, Sept. 3-Oct. 10, 1922, June 11, 1926, July 16, 1930, BGA.）

劳工军团，而且要二话不说地服从军团指挥部的调遣，去规定的地方从事相应的行业。这是他年轻时在梅纳赫姆·乌西什金的犹太复国主义项目中读到的一个想法。本-古里安称其为"面向全国劳动大众的普遍劳工经济"，但该提议听起来相当专制。他宣称："这不是无政府状态，而是强调秩序和纪律。"他提出很多具体措施，其中之一是，至少工人的部分工资不是以现金支付的，而是打欠条，用欠条可以换取食品和其他日常必需品。[50]他解释道："我的计划是希伯来劳工阶级专政。对我们来说最重要的是希伯来人的巴勒斯坦。"他重申了他在早期文章中所写的一个原则：希伯来无产阶级将是"民族利益的推动者和国家倡议的发起者"。如果这意味着"犹太复国主义专政"，那就正合他的心意，如果需要的话，甚至也可以意味着"一

171

个犹太复国主义组织的专政"。[51]他真正想的是他的党派和犹太工人总工会专政。他的目标是让两个组织负责居民生活的方方面面，包括就业、住房、健康、教育和文化。

他的提议引起了轩然大波，并遭到了反对和抵制。他的同志们更加现实，思想也更加民主。本-古里安辞职了。他写信告诉父亲，说他已经决定去参加法律资格考试。后来他又回归理智，撤销了他的辞职申请。他在 1922 年 3 月写道："我现在要对犹太工人总工会的所有活动负责，责任重大而艰巨。"他说的没错。[52]

❖

在这些事情发生期间，宝拉差不多一整年都待在波兰，尚不清楚她当时为什么没有返回巴勒斯坦。无论如何，她在波兰的这一年过得十分艰难。她和格鲁恩一家的关系紧张到无法忍受。她写信给本-古里安："我无法理解你的态度。你知道我是多么不愿意待在普仑斯克。我的生活简直糟透了，我不想再忍下去了，我已经受够了。"她告诉他，他的弟媳米歇尔（Michel）抛弃丈夫离家出走，所

有人都说她沦落为一名娼妓。米歇尔性格暴躁，她根本受不了孩子们哭闹，而宝拉却不得不承受这一切。"如果你还爱我的话就带我回家吧。"[53]很快，她和孩子们就搬到了本-古里安的其他亲戚家，住在一个叫拉比埃斯（Rabiez）的村庄中。那里的条件比普仑斯克还要差，她就这样熬过了波兰的漫漫严冬。

本-古里安称，他事先并没想让她在普仑斯克待一整年，而且他原本也不会同意这样做。他写道："但是，由于一些突发状况，实际上也就只能如此安排了。"他并没有表明他提到的"状况"究竟是什么事。他对父亲说："如果佩尼纳（宝拉的希伯来语名）回来或将要从村里返回，我请求您，好好打扫一下她的房间，再给她雇用一个女佣。"同时他对父亲承诺，自己会支付所有费用。这给人的印象是，他没有尽其所能将她带回到巴勒斯坦。他的父亲给他写了一封字里行间满是痛苦的信，本-古里安即刻回信说，这封满是怨念的信出自"一位既当爹又当妈的人的慈爱之手"。妻子和父亲之间的争执摩擦要求他表明自己的立场，他站到了父亲一边。他敷衍了事般的请求父亲理解一下宝拉——像她这样尽心尽力的母亲，是不可能对她认为的糟糕的卫生条件睁只眼闭只眼的。他父亲家没有浴缸，而且厕所在院子里。但是他没有为她辩护。"您在信中提到的事情让我很难过，很痛苦，我会就此给佩尼纳详细写封信，我不会为她的行为辩解，因为她做得就不对。"但他并没有明说这件事的原委。

这是一封充满感情和恭顺的信。他写道："即便您没有公正地对待我或者我的妻子和孩子——如果这种事情可能发生的话——我也不会生您的气。"他的关注点并不在宝拉和父亲间的紧张关系上，而是在他本人与父亲的关系上。他回想起自己离开普仑斯克的那一天，一种孩子对父亲的愧疚感涌上心头。"我知道您对我有多么失望和生气，我也知道您是对的……我对您罪孽深重，我不指望您宽恕我。"

172

他给父亲寄了些钱，这样的话他的侄女佘恩德勒（Sheindele）就可以完成她的学业了。[54]

1922 年 4 月上旬，宝拉回到了巴勒斯坦，她看起来瘦弱且疲惫。本－古里安写道："盖拉状态非常好。"他还惊叹于阿摩司瘦长的身形，不过他的肤色并不怎么健康。为了庆祝他们返家，本－古里安买了一束金雀花。耶路撒冷的条件不比曼哈顿，但也没有普仑斯克那么糟，宝拉很快就恢复过来了。①

他的日记反映了他们家中的劳动分工。"我每周给佩尼纳 2.5 个埃及镑，用于家庭支出"，这样的支出在当时是相当节俭的，后来在此基础上又增加了肉、酒和美味佳肴的开销。盖拉开始上学前班了。就在同一天，他又买了几本别尔季切夫斯基的书，两个月后又买了一个新的书架。他和宝拉一起出门的时候并不多，他晚上常常一个人出去。[55]

173

"是否只有一个犹太工人总工会？"

约瑟夫·特朗普德尔遇难六个月后，一个以他的名字命名的劳工营组建起来。这是一个公社性质的民族组织，其成员从事农业生产和其他类型的劳动，例如铺设道路、建筑施工等。它的大多数成员是来自俄国的年轻单身人士，他们是第三次阿利亚中抵达的移民，这次移民潮有 3.5 万犹太移民到来，他们主要来自东欧，于 1919—1923 年定居巴勒斯坦。他们中许多人，或许绝大部分人都认为自己是犹太复国主义先驱者，并打算在巴勒斯坦从事农业、建筑业和制

---

① 宝拉回来约四个月后，本－古里安仍觉得有必要给父亲写封信说明："您怀疑宝拉私藏了我写给您的信，这让我感觉很受伤。这是毫无根据的。我向您保证（并恳求您相信我），宝拉未曾对您怀有任何不满。"（Ben-Gurion to his father, Aug. 9, 1922, BGA.）

造业的工作。[56]他们与第二次阿利亚中到来的移民非常相似，被描述为一群"感性的、有诗意的、想改变世界的、想法大胆且想象力丰富的人"。[57]

第三次阿利亚中到来的一些先驱者建立了一批实验社区，类似于犹太人和基督徒自 19 世纪末以来建立的社区。1920 年 8 月，20 个年轻男子和 4 个青年妇女在一个可以俯瞰加利利湖的偏僻小山上定居下来，他们都是一个被称为青年卫士（Hashomer Hatza'ir）的社会主义–犹太复国主义青年运动的成员。他们修路、打井，阅读尼采和弗洛伊德，其中有些人还着迷于拿撒勒的耶稣。即使他们追寻着自己的梦想，还是会因为自己的孤独寂寞和性需求方面得不到满足而感到痛苦。他们完全听命于一位大他们几岁的领导者，领导者会引导他们互诉衷肠，直至深夜。该社区被称为比坦亚伊利特（Bitanya Ilit）；其成员后来创立了拜特阿尔法（Beit Alfa），这是青年卫士创建的第一个基布兹，青年卫士在随后几年中创建了数十个基布兹。[58]犹太工人总工会也鼓励建立基布兹。这些社区在很大程度上划定了民族家园的边界，并且在整个巴勒斯坦被误认为是犹太社会的精英社区。实际上，这些社区比较罕见，仅吸引了一小部分人而已。

以特朗普德尔命名的劳工营在其巅峰时期有大约 800 名成员，但在该组织存在的大多数时候，其成员数量都要远小于 800 人。他们辛苦劳作，收入却常常难以糊口。有一些"劳工连"——这是工作团队的别称——过着集体生活。他们难得居住在帐篷中，实际上常常在工作地点露天住宿。作为翻身得解放的人，他们情绪高昂，许多人本着俄国的革命精神对红色的未来充满憧憬。劳工按照预想的那样服从犹太工人总工会的管理，本–古里安也心满意足，但好景不长。[59]劳工营很快就会威胁到犹太工人总工会和本–古里安本人的地位，导致本–古里安有生以来第一回展现出作为领导者的无情和冷酷。故事的中心人物是什洛莫·拉维。

❖

1921 年 6 月初的一个早晨，拉维出发前往耶斯列谷地，去探寻一片区域，这个地区位于山谷东端，有一个名为努里斯（Nuris）的阿拉伯小村庄，这片区域也因此被称为努里斯。几个月后，犹太复国主义运动决定购买所谓的努里斯地块，这也是截至当时犹太人购买的最为重要的一块土地。拉维是个不怎么读书、头脑简单的年轻人。本-古里安说："他从生活这本大书中汲取智慧。"⁶⁰他是哈绍莫的首批成员之一，而且，与他青年时代的其他三个朋友不同，他仍然是个农民。

拉维在写到自己的首次努里斯之行时表示，"在我看来，这里就是一片应许之地"，但是地里到处都是阿拉伯农民，以及妇女和孩子——当时正值丰收季的末期。他说："我向地里的人打招呼，有些人心不在焉地回应，其他的人则恶狠狠地看着我。我感觉到，那种刻骨的仇恨让人不寒而栗。"此外，还有全副武装的贝都因人，骑着马，"都蒙着面，只看见凌厉的眼神，凶光毕露"。然后一群群绵羊和牧羊人挡住了他的去路。他们也"恶狠狠地看着"他，并且相互间"嘟囔着"，他一眼就能猜出他们在说什么。他几乎忘记了此行的目的，心里只盘算着如何自卫，如何脱身，而又不会让他们察觉出自己是在逃跑。

当他从他所谓的"我的梦想之地"回来后，他难以入睡。他对自己说："在这片土地上我们可以建设一个多么美丽的世界啊！我们会排干沼泽，移除枣树，然后慢慢地、慢慢地赶走贝都因人。"他起身下床，用一支小火苗点燃了煤油灯，开始在房间来回踱步。他自言自语道："我的世界变得如此之大。就在那么一瞬间，这片广阔的土地与我所有的想法如此相得益彰。那里可以形成一个好几千人的社区，一个完全自给自足的经济体。"[61]

　　他所提议成立的是一个大公社，而不是此前他工作过的一系列小社区。他曾工作过的最后一个小社区是科沃扎特加利利（Kevutzat Kinneret），那里的成员间相互憎恨，由此导致社区的最终解体。拉维将这场危机归因于在如此小的社区被迫保持亲密关系。他的想法是建立一系列的定居点，每个定居点至少有150个家庭构成。任何人都可以加入进来，在农业、建筑业、工业，甚至是高等教育等各种领域工作。为了提高效率和经济性，这些定居点将相互协作，相互配合。

　　劳工营将该计划视作一个实验，并同意派出几十名成员到该地区，拉维马上找到了世界犹太复国主义组织的土地经纪人耶霍舒亚·汉金（Yehoshua Hankin），让他去买下这片土地。在要求阿拉伯佃农腾出自己住处的同时，拉维问汉金："我们该如何处理掉贝都因人的帐篷呢？"这些阿拉伯人被迫搬迁到其他地方，有些拿到了赔偿金。艾因哈罗德（Ein Harod）基布兹就在这片区域上建立起来。在它旁边的是另一个基布兹——特拉约瑟夫（Tel Yosef），那里的大多数居民是劳工营的成员。拉维抱怨阿拉伯人留下的房屋的糟糕状况。他说，房子没有地砖，甚至连门都没有。[62]为定居者们供水的是一孔泉水，《圣经·士师记》（7:5）中提到了这孔泉水，在那里，英雄基甸，也被称为耶鲁巴力，考验了跟随他而来的那些人，并从中选出了300人去与米甸人作战。

　　拉维将自己的帐篷扎在了特拉约瑟夫基布兹的香蕉园旁边，同往常一样，他的孤独寂寞感深深折磨着他。但是有一天，他在一片桉树苗中看到一个令自己魂牵梦萦的女孩，她的名字叫雷切尔。本-古里安说，这是一个非常美丽的女子。[63]就在当晚，他们在深秋的星光下一起散步，爱情之火熊熊燃烧。他们结了婚并有了两个儿子，取名为耶鲁巴（Yeruba'al）和希勒尔（Hillel）。木麻黄树在此生根发芽，黄瓜的收成也很不错。小鸡在鸡舍中探头探脑，伯尔·卡兹尼尔森来探望他，拉维流下了喜悦的泪，一切似乎都如此美好。但事实并非如此。艾因哈罗德基布兹和特拉约瑟夫基布兹（劳工营的成员们定居于此）的成员们，彼此相互仇恨、相互敌视，简直让人无法承受。[64]

❖

176　　　许多年后，当拉维试图回想起当时发生的这一切时，他很难理解，为什么邪恶势力和极端主义会反对甚至粉碎他们对更加美好、公平的世界的共同信仰。他无法提供真正的解释，只能描述那些参与其中的人。"一群狼被圈在一个大笼子里。朋友之间不再好好交流，而是相互鄙视，相互争吵。"拉维和他在艾因哈罗德基布兹的大部分朋友，都比定居在特拉约瑟夫基布兹的大多数劳工营成员大了10岁。他们中的许多人都在艰难困苦中认识到，他们在一战前所持有的那些理想是不可能实现的；而劳工营的大多数男女则尚未抛弃思想上的狂热，以年轻人特有的傲慢，在他们的前辈面前表现得盛气凌人，并且声称他们能更好地把握生活的动向。在俄国革命期间，他们当中的许多人都有令人振奋的经历。拉维永远不会忘记与他们第一次相遇的情景。他们只是问他是否带了香烟，而对他的大公社的理念毫无兴趣。[65]

　　当然，有时候两派人也会因为钱的问题产生争执，这也是一场权利的斗争。艾因哈罗德基布兹的人比劳工营的人获得了更多的公共资金，这在一定程度上要归功于拉维的不懈努力，但也与一位广受尊敬的人物伊扎克·塔宾金居住在此有关。劳工营要求对共同的金库进行监管。他们声称："要让所有人共享这些资金。"拉维反驳说，他们的要求与意识形态无关，在经济上也毫无意义。他要求艾因哈罗德基布兹要在预算上保持独立。最终，他指责劳工营的盗窃行为，劳工营则要求他收拾行李走人。拉维还谈到两个基布兹中阴郁的氛围，欢歌乐舞的景象已不复存在。他写道："在晚上进入我们两个营地中的任何一个，就如同进入一户守孝的人家一样。"[66]

本-古里安很不情愿地被卷入了这场乱局之中。在他看来，这件事让他分心，且费时费力，他情愿没有牵扯其中。他写到劳工营的领导人："埃尔金德深知问题的症结所在，他想妥协让步。"但是本-古里安很快意识到，劳工营正在寻求独立，而这毫无道理。梅纳赫姆·埃尔金德（Menachem Elkind）头脑冷静且善于分析形势，他呼吁将劳工营改造为一个"民族基布兹"。这一想法的逐渐成形，听起来越来越像本-古里安曾经提议组建的劳工军团。不同之处在于，本-古里安是想将其作为一种加强犹太工人总工会的手段，而埃尔金德则希望以他的民族基布兹取代犹太工人总工会。

本-古里安接到线报称，对犹太工人总工会的敌意在劳工营中蔓延。布尔什维克的倾向偶尔露一下头。当殖民大臣丘吉尔进入驻扎在罗德（Lod）的一个劳工小分队的餐厅时，几名劳工在他面前站成一排，用希伯来语唱起了《国际歌》，这首歌在一年半前就被翻译成希伯来语版，这是一个非常令人尴尬的挑衅举动。丘吉尔离开后，一些犹太工人总工会的忠实分子袭击了这些布尔什维克，并"打断了他们的骨头"（其中一位这样写道，他用引号将该短语标注出来）。有一回，本-古里安和卡兹尼尔森拜访了其中一个劳工连，还没开口讲话就被赶出来了。[67]

还有另外一个问题，劳工营将哈绍莫的老兵招至麾下。伊斯雷尔·肖哈特和曼雅·肖哈特反对拆散他们一手建起来的哈绍莫，他们同自己的最后几名心腹一道加入了劳工营，而且重新恢复了哈绍莫，使其成为一个秘密民兵组织，简称为基布兹。该民兵组织囤积武器，训练战士，并在特拉约瑟夫建起了一个小型的准军事学院，培训了两批指挥官。有大约 18 名战士完成了体能训练课程，并进行了专业学习。[68]

本-古里安采取了果断的行动。

起初，犹太工人总工会领导层中的大部分人都站在艾因哈罗德基布兹这一边，反对劳工营。他解释说："艾因哈罗德基布兹的失败将是一场巨大的灾难，以至于我们将无法恢复过来。"他在夜深人静时参与了一些长时间的谈话。他在日记中写道："昨晚这里有一个营的集会，他们在会上互殴起来。"[69]当无法达成妥协时，本-古里安极不情愿地同意各自为政。特拉约瑟夫基布兹将继续受劳工营控制。但是后来，正如预期的，双方无法在一些问题上达成一致，比如哪个基布兹能分得仅有的一台打字机和缝纫机，哪个能够获得孵化场，哪个能分得给浴室供电的引擎，哪个能得到母马莎罗娜。

随着冲突的加剧，本-古里安自己也介入其中，这使得局势进一步激化。他警告说："犹太工人总工会可能会面临一场内战。"他在此引述了一位劳工营成员的话，此人声称他们正面临一场"生死战"。他坚持认为，真正的问题是"是否只有一个犹太工人总工会"。[70]他的几个同事，包括本-兹维在内，都以为他被自己的激进立场冲昏头脑，遂提出了一条更温和的路线。在艾因哈罗德，雷切尔·亚奈特也敦促丈夫缓和他的极端主义立场——她试图说服他：和平比正义更重要。显然为时已晚，因为在此期间，犹太工人总工会在特拉约瑟夫的支持者已转移至艾因哈罗德，在艾因哈罗德的劳工营支持者则搬到了特拉约瑟夫。接下来，特拉约瑟夫基布兹的定居者突袭了艾因哈罗德基布兹，并抢走了很多设备，这违背了犹太工人总工会促成的安排。犹太工人总工会执行委员会决定给他们一个选择：被盗劫的设备设施要在 24 小时内归还给艾因哈罗德，否则"他们将被逐出犹太工人总工会"。

后来发生的事情是这样的。未经进一步讨论，本-古里安就指示犹太工人总工会及其附属机构切断与特拉约瑟夫的一切联系。这无异于给其判了死刑，因为这个基布兹的大部分食品都是通过犹太工人总工会的购销合作社，即农业采购合作社获取的。除此之外，几乎没有其他供应商。他们的医疗保健服务则是由医疗服务提供组劳工病患基金会负责的。负责照料这两个基布兹人员的医生已经警告他们说，他们的健康状况不容乐观。甚至在本次危机之前，他们就受到营养不良、疟疾和肺结核病的困扰。[71]

本-古里安当时 37 岁，在他所处的政治环境中，他的地位并非最高的。艾因哈罗德危机赋予他有史以来第一次展示领导才干、施展权威手段的机会。为达目的，他试图以一种他的同事从不敢尝试的方式行事：用断粮断食的方式让整个定居点的人屈服，并调走医生，让定居点无医可用。实际上，犹太工人总工会并没真的打算将威胁举措付诸行动，所以在本-古里安这样干时，他们感到很沮丧。本-兹维说："我认为如此的行为是错误且轻率的。"其他人也都这么说。他们决定推迟将特拉约瑟夫从犹太工人总工会中驱逐出去，并试图达成一个新的解决方案。与此同时，本-古里安启程前往苏联。[72]

"一个铁腕人物"

布尔什维克政权非常乐于展示自己的成功。在 1923 年夏天，它举办了一场大型博览会，以展示其在农业方面的成就。苏联仍在为获得国际认可、提升国际形象而努力，因而，它想将这次博览会办成举世瞩目的国际盛会。[73]就本-古里安本人而言，他想去实地看一看苏联，这也是接触当地犹太复国主义活动家的机会。巴勒斯坦的犹太人社区在博览会上有自己的展馆，因此犹太工人总工会的官员们

179

打包携带了谷物、橄榄、杏仁、无花果、柚子和刺梨，以及巴勒斯坦的犹太经济体自产的罐装食品、香烟和巧克力。他们还准备了照片和图表，本-古里安还专门用俄语写了一本小册子，介绍犹太人口的增长及犹太工人总工会取得的成就。他带了另一位犹太工人总工会的官员与他同行，历经多次延误和艰难险阻后，他们到达了苏联。他们找到当地一名犹太官员，这位官员许可他们同时使用蓝白相间的犹太复国主义旗帜和犹太工人总工会的红色旗帜。[74]

本-古里安在这无产阶级专政国家的首都待的时间不短，这使得他几乎每天都在思考与审视他作为社会主义者、犹太人和犹太复国主义者的身份。在他此次出访之前，他告诉锡安工人党世界联盟代表团的代表们，他赞成布尔什维克主义。他断言："我相信无产阶级专政。"[75]这不是真话。本-古里安有时会说一些言不由衷的话，让自己看起来作出了让步，以此来安抚自己的敌人。他在一生中都自称为社会主义者，但是在巴勒斯坦生活一段时间后，他意识到，在他到达巴勒斯坦之前，自己对社会主义的思考只不过是一出"彻头彻尾的闹剧"。他说得没错，因为在巴勒斯坦，他的社会主义理念并不是一个广受追捧的理想，而是一个达成目的的方式。他在回忆录中写道："我几乎一到巴勒斯坦，就认识到一个简单而重要的事实，我们这些年轻人不是工人阶级的使者，而是整个民族的使者……"[76]

他花了很多时间来讨论这个问题，在数不清的论坛上发表了长达数小时的有关意识形态方面的演讲，但他只不过是一个有条件的社会主义者。他有时声称自己的犹太复国主义理念和社会主义理念之间并没有分界线，他的犹太复国主义信仰越坚定，他对社会主义的信仰也就越坚定。[77]实际上，他是用社会主义理念服务于民族主义。这促成了"从阶级到民族"的过渡需求，这也是本-古里安即将要采用的措辞，并以此作为自己一部书的书名。这是一个清晰明确的选择——一旦犹太复国主义理念和社会主义理念之间出现矛盾冲突时，他总是选择犹太复国主义。[78]

在访问苏联之前，他想竭尽所能了解那里的情况。他还在美国时，就孜孜不倦地关注着俄国革命的进程，惊叹于布尔什维克的胜利，但主要还是对其表现出无尽的好奇。在犹太工人总工会的高官雷佩图尔的印象中，本-古里安是怀着对革命的巨大同情和对革命精神的敬意前往苏联的。本-古里安自己后来说，这是一个有关"忠贞爱情"的故事。革命所牵涉的暴力活动并没有困扰他，因为一战已经动摇了他对民主的信念。[79]他对托洛茨基很感兴趣。雷佩图尔曾告诉过他，托洛茨基的演讲很有感召力，让人热血沸腾。列宁对他而言，也是一个谜一般的人物。他期待着苏联人能够看到他们的革命和犹太复国主义革命之间的相似之处，并因此欢迎他这位来自巴勒斯坦的访客。[80]

❖

莫斯科真是令人惊喜，这是他第一次到访这座城市，他喜欢这里。他说："行人的神色流露出坚定与活力。"在集市上，一个青年游行展演给他留下了深刻的印象。他们三人成行，两个小伙子赤膊穿着短裤，中间的一个姑娘也穿着短裤。本-古里安这样写道，"这些青年工人们身体健康、充满活力且自信满满"。他还喜欢一个巨大的花坛，里面用花朵摆放出列宁肖像的造型。[81]

红场的庆祝活动持续了很长时间。在此期间，本-古里安在俄国《消息报》（*Izvestia*）上读到，托洛茨基病了，因而不会出席。他写道："我把这个消息告诉周围的人后，大家都非常失望。我也有类似的感觉，我们就是冲着他来的，如此一来就意义不大了。"他仍然留下来观看阅兵，其中包括一场飞行表演。[82]

他在苏联一直待到 1923 年 12 月底。当时，约有 1500 名年轻的犹太人正在那里接受培训，为到巴勒斯坦垦殖做准备，这些青年认为自己是犹太复国主义先锋青年运动世界联合会的成员。其中一个培训农场被命名为特拉海。他写道："这才是我们在这里最重要、最关键的事情。"在秘密警察的监视下，他与他们进行了长时间的交流。他写道，仅仅为此来一趟也是值得的。[83]他遇到的一位年轻犹太人成员带他转了几家书店，另外两名成员则在对面的人行道上保护着他。这次他关注的是军事方面的著作，包括教人如何制造手榴弹、如何进行游击战的各种实用手册和指南；他总共买了大约 150 本书。[84]他还两次前往哈比玛剧院观看希伯来语版的《恶灵》（The Dybbuk）。这部经典的意第绪语戏剧出自剧作家安斯金（S. Ansky）之手，由叶夫根尼·巴格拉蒂诺维奇·瓦赫坦戈夫（Yevgeny Bagrationovich Vakhtangov）执导，本-古里安看后非常感动。在剧院里，这位来自巴勒斯坦的劳工领袖发现自己又一次置身于一个犹太小镇，那"犹太教的古老灵魂……经文研习室和小型犹太会堂构成的世界……犹太精神、《托拉》、那种虔诚和狂喜"，所有这一切都让他深深怀念，无限憧憬。他为演员们买了一瓶麝香葡萄酒。[85]

本-古里安回家的行程轻松而愉快。海面平静，天空晴朗。站在甲板上欣赏着希腊绵延的海岸线，他放松下来，回想着自己在俄国的经历。从那里返回后，他对俄国革命既怀疑又同情。革命热情激发了他的想象力；直到他去世，他一直对苏联持有一种特殊且模棱两可的态度。但是他也明白这场革命的专横和腐败。他想知道，"对解放和正义的崇高希望，以及丑陋和悲惨的现实，究竟哪一方会最终胜出呢？"但他没有给出答案。他认为无产阶级政权不会在短期内被取代，而且犹太复国主义运动在那里没有太多成功的机会。然而，他认为还是有必要与苏联保持良好的关系。[86]

❖

列宁当时尚在人世，本-古里安却写道，"他思想的光辉已然熄灭"。此后不久，这位苏联领导人就去世了，本-古里安为他写了一篇悼文，这是他第二次写悼文。但是，当年赫茨尔去世的时候，他还是个迷茫孤独的 18 岁少年，而现在已经完全不同了，列宁的死没有让他产生"可怕、痛苦的想法"。相反，这件事促使他对这位理想中的领导人的特质进行了客观、公正的评估。本-古里安写道："他藐视一切障碍，忠于自己的目标，而不作任何让步或妥协，他是精英中的精英；在最困难最危险的时候，他为达目标而卧薪尝胆，矢志不渝；他有铁一般的意志，为了革命他对生命毫不怜惜，也不在乎无辜孩童的流血……他不怕出尔反尔，他今天所反对的可能正是他昨天所呼吁的，他明天所呼吁的可能正是他今天所反对的；他不会陷入陈词滥调的束缚或教条之陷阱中；在面对赤裸裸的现实时，残酷的真相和权力关系的真实都逃不过他敏锐而通透的目光……他的唯一目标即伟大革命，犹如一团熊熊燃烧的火焰。"[87]

　　这一个句子包含了 130 个希伯来语单词，而"布尔什维主义"和"社会主义"两个字眼却都没有出现，"犹太复国主义"也没有出现。因为那就是领导力的典范，他将其拆分为几个组成部分，几乎句句都是对民族领导人的教导和训诫。这趟苏联之行对他影响深远。从感情上来讲，他认为自己不虚此行，收获满满，但他在苏联待了四个月，回来时并没有对社会主义更加热忱，而且他也从来都不相信共产主义。他钦佩的并不是列宁的意识形态理念，而是他重塑人民命运的能力。在他所处的政治环境中，还没有其他人如此系统地学习专制体制的领导结构，也没有人如此清晰地设定自己的人生目标。本-古里安想成为犹太复国主义运动中的"列宁"。

182

第九章　丑闻

"犹太工人总工会的伟大时代开始了"

1926 年 3 月的一个晚上，本-古里安做了一场噩梦，梦到了一头狮子；当时距他 40 岁生日还有几个月。在又一次回到普仑斯克的几天前，他在柏林把这个梦记到日记中，这成为他那本感情充沛、多姿多彩的日记本中最真情流露的几篇日记之一。在梦中，他想去参加一个庆祝活动。活动在牧师家花园的另一头举行，而父亲与这位牧师毗邻而居。但有人警告他不要去，他的敌人埋伏在他去的路上，可能会杀了他。他不记得他们是谁，但他写道："我想他们可能是阿拉伯人。"因此，他决定去参加一个离他更近的庆祝活动。那里有很多人，但是人群"逐渐散去"，只剩下了从雷霍沃特来的农民领袖阿哈龙·艾森伯格（Aharon Eisenberg）和哈伊姆·魏茨曼的一位密友。他和艾森伯格坐在一辆由狮子拉着的大汽车上，这头狮子如马一般高大，眼睛却是瞎的。在本-古里安试图开车时，汽车却来回打滑。他猛然发现自己竟在车外，就在汽车旁边，然后狮子向他扑了过来。本-古里安声嘶力竭地喊着，让艾森伯格开动汽车，艾森伯格却没听到。他写道："我差点没逃出狮子的魔爪。"他醒了过来，但是当他再次入睡时，他又回到了刚才的梦境中。他写道，这真是奇怪。他查阅了弗洛伊德的《梦的解析》一书，但没有找到任何解释。[1]

在做这个梦的四天前，他曾写道："我的健康状况急剧恶化，而且精神完全垮掉了。"两个月前，他不得不到疗养院住了几天，但情况似乎并无改善。他当时写道，"我的精神已经垮掉了，工作能力也被消耗殆尽"。[2]他当时工作很努力。自他到访苏联已经过去了两年半时间，其间危机四伏，斗争四起，其中一些极其猛烈，此外，各种丑闻和冲突不断，有些也是相当暴力。在时局最震荡的时候，本-古里安揭穿了一起要谋杀他的阴谋。这时，自他定居巴勒斯坦并投身政治已经有差不多20年了。他经常感到身体不适，精神也大不如往日。他饱尝失望之苦，并且常常出门在外。但是到20世纪20年代末，他已经成为犹太复国主义劳工运动中最有权势的人物之一，在整个巴勒斯坦犹太社团中也是如此。他苦心经营犹太工人总工会，就如同它是一个正在组建中的政府一样。在其鼎盛时期，犹太工人总工会负责武装保卫巴勒斯坦的犹太人、建立新的定居点，以及为成千上万劳工提供工作机会、医疗服务和教育机会。

❖

犹太工人总工会是民族家园的第一个行政机构，每个人都想在其权力体系中分一杯羹。其领导人间相互竞争，并且常常相互憎恨、嫉妒和阻挠。他们中有一些人是工会的受薪雇员，另一些积极分子则来自两大劳工党派——劳工团结党和青年工人党，他们是犹太工人总工会的主要组成部分。斯普兰扎克和他的大多数同事仍然不为所动。"犹太工人总工会政府"挥霍浪费，并且到处充斥着违规行为和裙带关系，因此声名狼藉。[3]

本-古里安建立劳工军团的提议遭到否决，但这并没有让本-古里安停止努力，他想将犹太工人总工会变成巴勒斯坦犹太社团中唯

185

一的劳工组织，并由其控制社团的整个劳动力市场。人们之所以愿意加入犹太工人总工会，很大程度上是因为，犹太工人总工会的劳工局可以为他们提供就业机会。为此，该组织设立了一个功能类似一家承包公司的公共工程办公室；1924 年，这个机构有了一个新名字——索莱尔博内（Solel Boneh），意思是"铺路工建筑工"，顾名思义，这家公司雇用劳工铺路建房，主要是为英国当局和世界犹太复国主义组织的当地代表服务，犹太复国主义委员会已被犹太复国主义组织所取代。人们加入犹太工人总工会的另一个原因是为了享有犹太工人总工会的分支机构劳工病患基金会所提供的医疗服务。1922 年 10 月底，本-古里安惊叹于加入的工人数量之多——差不多有 1.6 万人。其中大约有一半是已经注册的缴费会员，该数量已是两年前的两倍之多。他在日记中写道："我从未想到过数量会如此之多。犹太工人总工会的伟大时代开始了。"[4]

从莫斯科返回后不久，他建议犹太工人总工会将其活动范围扩展到工业领域。他宣称："现在是时候建立从属于广大工人，并受工人阶级管控的大型工厂了。"他设想着由此产生"成千上万"的新工作岗位。他还提出一种可能性，即犹太工人总工会可以为这些企业寻找私人投资者。他看起来颇为担心的是，他所在的运动的左派人士可能会就意识形态问题提出反对意见，为此他公然宣称，苏联已经接受了私人资本与"工人阶级企业"之间的协作，并且这一做法在苏联实践成功。[5]1924 年，他要求世界犹太复国主义组织执行委员会为城市工人住房的建设提供资金，并警告说，如果不能尽快完成，后果将是灾难性的——人们将离开这个国家。[6]

他的政敌们指责他将犹太工人总工会变成了他的私人领地，就好像"犹太工人总工会即我，我即犹太工人总工会一般"。[7]一定程度上而言确实如此，但绝非全然如此。没有第二个人如他这般夜以继日地拼命工作，本-古里安为犹太工人总工会倾注了大量心血，他一如既往坚持了他之前工作中所展示出的工作方面的高标准——他对学习的热情和能力，以及勇往直前、追求卓越的品质。他会专心研究会议上将讨论的问题，即使在会议上他通常发言不多。必要时，他会在开会之前为自己的立场观点展开游说，以此确保他的提案能够通过。

他在犹太工人总工会的头五年中，总共爆发了 158 次罢工，涉及 5000 多名工人。他对这些罢工进行了仔细分类，并由此得出结论，大多数罢工成功了，有些以妥协告终，只有少数最终失败。[8]他积极促进犹太工人总工会文化活动的开展，其中包括推进其教育项目和组建剧院公司，而且很快还会成立一家出版社，至于应该将哪些作者的书翻译成希伯来语，他的观点相当明确。[9]他亲自编辑劳工团结党的政治和文学杂志《孔特雷斯》（*Kontres*）。[10]1922 年 2 月，英国工党领袖拉姆齐·麦克唐纳（Ramsay MacDonald）访问巴勒斯坦，本-古里安以东道主身份接待了他。他写道："我们为自己赢得了一位朋友，他对我们满是钦佩。"不久之后，对他而言很重要的一件事就是将阿尔伯特·爱因斯坦（Albert Einstein）请到犹太工人总工会的一次会议的现场，并请他用德语简短致辞。[11]虽然他翻译过思想家们的著作，并获得外国贵宾的认可，但这些并没有在维持对犹太工人总工会的控制权上助他一臂之力。他此前还从未掌管过活动范围如此宽泛的一个组织，这里有太多的利益、自我、阴谋和欺骗，有太多自立山头的土皇帝，这些人在自己的地盘上根本不接受他的领导，比如索莱尔博内、劳工病患基金会、工人银行（Bank Hapoalim）等的领导者，举不胜举。因此，本-古里安在工人群众中建立了自己的权力根基。通常每周一次，有时一天一回，他会到城市的工地、农业定居点以及公路上探访。工人们开始在他的身上了解到犹太工人总工会。

当时的贝尔·雷佩图尔是海法港的一名工头，他表示，对他们来说，本-古里安就是犹太工人总工会。[12]

"我跑到比尼亚米尼医生那"

雷佩图尔如此描述探访中的本-古里安：他个头不高，穿着长款皮大衣，他的长裤看起来像马裤，裤腿利落地被塞到高筒靴中。他在几个工人面前停下来，和他们聊天，问他们问题，并将他们的回答记录在一个小笔记本上，包括他们是谁、来自哪里、何时到达、隶属什么机构。他对他们的工作很感兴趣，提问涉及他们的板条箱、铁、木头，他们工作了多长时间，能赚多少钱。大多数工人只懂俄语和意第绪语。然后，本-古里安要求与工头对话。雷佩图尔当时18岁，大约一年半前从苏俄来到巴勒斯坦。本-古里安要求参观工地，他很失望，抱怨说，这里阿拉伯工人太多了。然后他问雷佩图尔犹太工人是否持有武器，雷佩图尔告诉他，他们有四支手枪，万一遭到袭击可以防身。本-古里安又问起了工人们的情绪，他们中有多少人会留在巴勒斯坦，有多少人要返回苏联，他们政治倾向如何。之后，他坐到一条干燥的划艇上，工人们则围在周围。他让工人们发言，自己则认真地倾听。雷佩图尔提道："他有时喜欢打破砂锅问到底，这真能把人逼疯。"[13]他还会到基布兹来获取最新的有关山羊、桉树和小扁豆作物的相关实情。[14]

有时候他和同志们围坐成一圈，有时候他站到一个柳条箱上对大家发表演说。虽然他身材矮小，但这不妨碍他表现出坚定与决心。他脑袋稍稍后仰，下巴冲向前方，一只手攥成拳头，另一只手斜插进裤子口袋。[15]他的演讲沉着坚定，他的言辞极富洞见，有时他直言不讳。曾听过他演讲的人后来说，在他无法承诺就业机会时，他会

187

用犹太复国主义给人们希望和信心。[16]他的群众工作其实说来就是他在 1920 年犹太人代表大会选举前自己竞选方式的延续。

❖

　　他密切关注着劳工的动向，打从他青年时期在普仑斯克起，他就展示出这种倾向，这使他成为颇受欢迎的、名副其实的劳工领袖。他无法驯服游走于犹太工人总工会办公室走廊上的政客和官僚，但是随着他在工人中得到越来越多的支持，他在劳工团结党的地位得到了进一步提升。[17]他还寻求在工人运动之外展开权力斗争，而且希望声势越大越好。有一场斗争就是围绕特拉维夫创建人之一什穆埃尔·大卫（Shmuel David）的住所展开的。

　　1923 年 6 月，大约十几名工人受雇建造这处房子，他们隶属宗教工人组织哈普尔哈米兹拉奇（Hapo'el Hamizrahi）。犹太工人总工会要求获得部分工程，并派人到工地上示威。本-古里安将其变为一个轰动的事件，把它描述为生死攸关的大问题。也有一些私人承包商与犹太工人总工会的劳工局和索莱尔博内进行竞争。这是一场"劳工左派"和"资产阶级右派"之间的斗争，后者当中有许多人支持雅博廷斯基的修正派运动。

　　斗争需要有一个明确的敌人，为此本-古里安找到了一名叫戴维·伊兹莫吉克（David Izmozhik）的商人，他也是特拉维夫市的副市长。当围绕什穆埃尔·大卫的房屋建造的斗争愈演愈烈时，伊兹莫吉克叫来了警察。这些从爱尔兰调到巴勒斯坦的英国警察，在阿拉伯骑警的配合下，包围了犹太工人总工会的示威者，并用棍棒驱散了他们。一些示威者受伤了，还有一些被捕。有几个人被定罪并被判监禁。在本-古里安看来，叫英国警察来处理问题，是对犹太民族的一种背叛行为。他坚持认为，伊兹莫吉克作为一名犹太复国主义运动的当选官员，本应将分歧提交内部仲裁，或向犹太治安法院提起诉讼。当然，他要求对此事进行调查。

犹太工人总工会号召发动了一次示威游行，有几千人参加。本-古里安是主要演讲人，他一遍遍地痛斥伊兹莫吉克，说他是一个流氓恶棍。后来两个人见了面并达成了一项协议：由宗教工人组织哈普尔哈米兹拉奇继续建造什穆埃尔·大卫的房屋，但要将其中27％的工时分配给犹太工人总工会。从政治上讲，这是一个有效的折中办法——不到一年时间，该宗教工人组织决定加入犹太工人总工会，成为其组成部分之一。这是与宗教派别的又一次妥协，其中本-古里安在原则问题上作了让步，以缓和犹太教徒和非犹太教徒之间的紧张关系，并保持犹太社区的团结。[18]

本-古里安作为犹太工人总工会的秘书长，并不意味着他无须面对普通人一地鸡毛的生活。当他一岁半大的女儿雷娜娜（Renana）突然出现呼吸困难时，他也得像大多数普通市民一样，拼命找寻医生。当时他家里还没有电话。他的日记如此记载道："我跑到比尼亚米尼医生那，但他不在家。我又匆匆赶到犹太工人总工会行政办公室，给劳工病患基金会打电话，但没有人接。我又去找埃利亚胡·葛朗勃（Eliyahu Golomb），见到了［他的妻子］阿达，并与她一起跑去找医生。我们先去找了［大卫·］德意志医生，但是他不想来。我说，孩子都快不行了，但是他必须去别的地方，并建议我找别的医生。我当时怒火中烧，与阿达跑到了［莫西·］科恩医生那里，他起初也是拒绝的，但看到我当时的状态后，立即跟我出了门。"他们赶到本-古里安家时，孩子已经缓过来了。本-古里安坦承道："我当时真不确定她还能否活过来。"第二天，雷娜娜再次出现呼吸困难，并发着高烧。她的爸爸又跑出去找医生了。他写道："我当时真是绝望了。"宝拉用冷敷的办法，成功让孩子的体温降了下来。[19]

1924年12月，本-古里安要求强化并集中自身的权力，几个月后他再次宣布辞职，这是当时流行的政治游戏的一部分，按照惯例，他的辞职是不会被接受的。在这种情形下，屈从于同仁们的要求、撤回辞呈是当时政治文化中的惯常做法。他仍然是当家掌权的人。[20] 同时，他不断骚扰共产主义者、劳工旅的人，尤其是哈绍莫的老兵，以及他们的秘密基布兹，也就是所谓的"圈子"（the Circle）。他把他们视作分裂主义军事集团，这么说其实也不为过。他为反制他们所作的努力相当于一次"清洗"运动，这就是本-古里安作为非共产主义的犹太复国主义布尔什维克者的所作所为。伊塞尔·哈雷尔（Isser Harel），这位以色列安全部门的全能领导人后来说，他这代人都是这样的。"我告诉他们，归根结底，你们就是布尔什维克，但不是共产主义意义上的，而是党派专政意义上的……你们是犹太复国主义者，但从你们的观念、你们的思想上来看，你们就是布尔什维克主义者。"[21]

"背信弃义，一派胡言"

1923 年 5 月，"圈子"的一名成员谋杀了一名叫图菲克·贝（Tewfiq Bey）的阿拉伯警察，许多犹太人认为这名警察对两年前雅法的移民旅馆被袭事件负有不可推卸的责任。《哈加纳历史书》指出，哈加纳的全国事务协调员约瑟夫·赫希特（Yosef Hecht）已事先得知了这"第一起政治谋杀"事件。第二名被害者名叫雅各布·伊斯雷尔·德·哈恩（Jacob Israël de Haan），是一名犹太人。一直以来，耶路撒冷吸引着一批古怪的冒险家、梦想家和狂热分子来到这里，德·哈恩就是其中之一。他是一名法学家、诗人和记者，从荷兰来到圣城耶路撒冷。他与阿拉伯年轻男性交朋友，还写同性恋诗歌。起初，他作为一个犹太复国主义知识分子而备受尊敬。他是欧洲几家报纸的记者，此外还讲授法律。但很快，他和哈瑞迪人社团越走越近，接受了其反对犹太复国主义的立场，并成为代言人之一。犹太复国主义组织谴责他是个反犹流氓，几乎所有人都认为他疯了。本-古里安指责他"背信弃义，一派胡言，搬弄是非，诽谤他人"。

德·哈恩收到了死亡威胁，并思量过自己被谋杀的可能性。"作为一只羽翼未丰的苍蝇/我振翅欲飞，我放声高歌/直到枪朝着我的心脏开火。"他如此写道。谋杀最终在 1924 年 6 月 30 日发生了，当时他出发前往一家犹太会堂参加晚祷，枪声响起，有三发子弹击中了他，其中一颗正中心脏。行凶者是 21 岁的阿夫拉罕·齐尔伯格（Avraham Zilberg），此人后来改名为特霍米（Tehomi）。他生于敖德萨，于 1923 年到达巴勒斯坦，并参加了哈加纳在耶路撒冷的第一波行动。想要谋杀德·哈恩的似乎有好几个人。特霍米后来声称，他从伊扎克·本-兹维那里得到了行动批准。①

本-古里安亲自到了葬礼现场，他估计大约有 200 人出席。他表示："在送葬者中，我没看到哪个人的表情流露出难以掩饰的愤怒情绪。显然，大多数犹太人平静地接受了这件事。"很快，社会上就产生了有关本-古里安是否参与该谋杀的疑问；换句话说，疑问是，本-兹维是否在没有通知本-古里安的情况下私自批准了此次行动。这也是可能的。这本就是一个耶路撒冷的故事，充满耶路撒冷所特有的病态癫狂和极端主义。耶路撒冷是本-兹维的地盘，他在哈加纳是老资格了，一直负责该组织在这座城市中的活动，说话也是一言九鼎。除了不得不承认本-古里安地位在他之上，也许没什么别的事能更让他恼火了。此外，也没有理由相信，本-古里安认为有必要除掉德·哈恩。

---

① 根据哈加纳的官方版本，该命令是由哈加纳的指挥官约瑟夫·赫希特下达的，赫希特本人对此也予以确认。

本-兹维与哈绍莫的老兵们一直保持着联系，其中包括伊斯雷尔·肖哈特和曼雅·肖哈特。在这次谋杀案后，曼雅·肖哈特被捕，但没被起诉就释放了。至于究竟是谁下的命令，至今历史学家仍争论不休。[22]

❖

本-古里安对德·哈恩的死无动于衷，但对该次行动很有看法。在他看来，本次暗杀只是一系列颠覆破坏行动中的一个，而这些行动却均未获得犹太工人总工会的批准授权，这不可容忍。

本次谋杀案发生前几个月，几名来自卡法吉拉迪基布兹的哈绍莫老兵袭击了一帮来自黎巴嫩的走私商，抢走了他们价值 1.5 万英镑的金币。很显然，这笔钱是被预留出来用于购买袭击阿拉伯人的武器的。本-古里安怀疑，这批武器不仅会被用于该基布兹的防卫，而且还将被一个地下共产主义民兵组织用来密谋控制加利利地区，甚至是整个巴勒斯坦地区。[23]

哈绍莫的老兵对犹太工人总工会构不成真正的威胁，他们的煽动叛逆行为最多就是一种旧梦重温，他们不过是在怀念在加利利度过的无拘无束的青春时光。即便是发动一场小规模的暴动，对他们而言似乎也不大可能，尤其是考虑到他们内部也纷争不断，互相倾轧，组织外的人对此一头雾水。拓荒者之间在过去多年形成的友谊就此终结，取而代之的是相互间的侮辱和打击。看到这般光景，很多人都潸然泪下。在这种背景下，本-古里安毫不费力地解散了"圈子"和劳工营。他说道，在他着手推进这件事时，本-兹维托人带话给他，警告他小心自己的项上人头。本-兹维承认他确实这么做过。1924 年 4 月，共产主义者们也经历了相似的命运。共产党内部的工人派别是一个抗议声不断，且时而暴力的反对派组织，但鉴于其成员很少，他们对控制犹太工人总工会的各党派均不构成威胁。本-古里安却对他们开展了坚决的斗争，就好像他们对犹太复国主义的未来而言，是一个明确而现实的威胁；除了其他方面的事外，他还指控他们煽动阿拉伯工人来针对犹太人。[24]犹太工人总工会委员会将该工人派别污蔑为"在巴勒斯坦的希伯来民族和工人阶级的敌人"。几个月后，本-古里安解释说："这个派别背叛了工人阶级，因此委员会决定将他们作为叛徒开除出犹太工人总工会。"[25]一旦被犹太工人总工会开除，这些共产党人在找工作时就遇到许多困难，而且也无法从劳工病患基金会那里获得医疗护理服务。

与艾因哈罗德基布兹冲突的第一回合一样，本-古里安的行为遭到青年工人党领导人约瑟夫·斯普兰扎克的严厉批评。他说："当本-古里安讲到该派别的成员时，他的语气真让我听不下去。这是一场针对所有非劳工团结党成员的煽动性演讲。"他谴责本-古里安煽动仇恨，并指控他强行施加了"精神调查"。本-古里安回应说，像斯普兰扎克一样的人心肠太软，他们知道该如何应对这个派别，却展示出"基督徒般的隐忍"而回避那样做，他不是那样的人。他宣称："我们必须与他们战斗。"他谦恭地建议，让他的同志来审判他——如果他们发现他没有讲实话，他会接受他们强加的任何惩罚。[26]

❖

本-古里安原则上并不反对使用武力。最终，他指示约瑟夫·赫希特在哈加纳之外，建立一支犹太工人总工会的民兵组织，这就是后来被称为"皮鲁格特哈普尔"（Plugot Hapo'el）的工人小队，该组织后来与劳工运动的反对者多次互殴。然而，他在很多场合也反对暴力行为，特别是当他担心自己这边的人会失去自控力的时候。他的原则是，犹太工人总工会必须维持对武力使用的垄断地位。[27]

本-古里安本可以通过提起诉讼的方式来解散"圈子"，但他更倾向于采用更加可靠的办法——成立一个调查委员会，这在过去卓有成效。他任命了调查委员会的成员，并草拟了五个简单的问题用以作答，表面上看，这几个问题只需简单回答"是"或"不是"：在劳工营中有没有一个秘密组织？其成员是否偷过武器？他们有没有偷过黄金？他们是否在哈加纳指挥体制之外开展过行动？他们是否与苏联有联系？

这个骇人听闻的调查本应是头号机密，因为涉及武器走私和抢劫。但是，像往常一样，各种流言蜚语经口耳相传，事情就这么走漏了风声。在曼雅·肖哈特听到本-古里安的言论后，她给他写了封信："我怎么也想不到，为伤害劳工营，你竟使出如此手段。我过去对你太过尊重了。你选择的道路不但会毁了我们，也会毁了你自己。在我心里，我绝不会原谅你的。我现在就断绝我们之间所有的私人关系。"本-古里安给她回了一封措辞冷淡的信，说她的信没有改变他对她的态度。[28]当伊斯雷尔·肖哈特与劳工营负责人梅纳赫姆·埃尔金德结伴到苏联去了趟之后，本-古里安的疑心病更重了。肖哈特似乎实地考察了与莫斯科建立一个新政治轴心的可能性。苏联将发布一个全新的《贝尔福宣言》，声明苏联赞成在巴勒斯坦建立一个共产主义的犹太国家。他希望能够得到苏联的军火援助，并要求苏联对巴勒斯坦的年轻人进行飞行培训，使未来犹太国家能够拥有一支空军。[29]

不出所料，调查委员会发现由哈绍莫老兵构成的"圈子"是一支地下武装力量。此时的本-古里安俨然是挽回了劳工运动威风的人。[30]但是，到调查委员会提交所有调查结果时，劳工营已被解散，调查结果本身已经没什么意义了。[31]埃尔金德和其他几名成员又返回

193

了苏联。①

与此同时，巴勒斯坦已然发生了变化。

"鸟儿在我们身下飞过"

1924 年春，美国开始实施新的移民法案，根据该法案，除其他一些政策调整外，犹太人移民美国变得更困难。[32] 对犹太复国主义而言，这是自《贝尔福宣言》以来其遇到的又一次机会。在新的美国移民法案生效之际，波兰遭受了经济危机的重创，而在该国的犹太人也是危机的受害者。美国的大门不再向犹太人敞开，成千上万波兰犹太人选择定居巴勒斯坦。1924 年，有 1.3 万犹太人抵达巴勒斯坦；而到 1925 年，到达人数超过 3.4 万。[33] 这些人构成了第四次阿利亚的主体。要进入巴勒斯坦，他们需要获得英国当局的许可；犹太移民配额是随时调整的，与巴勒斯坦可提供的就业岗位数量保持一致。虽然犹太复国主义者对配额的抗议从未停止，但犹太民族领导层基本上认可配额这种方式。这体现了犹太复国主义弥赛亚主义谨慎、小心的一面。通常而言，英国当局也会批准由犹太复国主义运动提交的移民申请。②

作为犹太工人总工会的秘书长，本-古里安很讨厌这次"小货摊主"移民潮，他称呼特拉维夫的新居民为"小货摊主"，尽管其间除此之外也有体力劳动者抵达这里。小货摊主都是小商人，而非工人，

194

---

① 埃尔金德在苏联建立了一个农业公社。他在斯大林发动的"大清洗"期间被处决。（Tzachor 1990, 128ff; Tzachor 1994, 57ff; Kantrovitz 2007, 217ff.）

② 英国当局通常拒绝精神病人、肺结核病患者、妓女和性犯罪者入境。法律还规定可以出于政治原因而拒绝给予移民许可。英国担心信仰共产主义的犹太人大量涌入。魏茨曼承诺将竭尽所能阻止他们到来。（Ben-Gurion, Diary, June 4, 1929, July 30, 1924, BGA; Avraham Tarshish, interview transcript, BGA; Segev 2000, p. 228.）

这些人会倾向于同犹太工人总工会的敌对阵营联合，因此削弱犹太工人总工会的力量。他公然宣称："当前，我们运动的核心和关键需求是推动劳工移民。"[34]这是他为犹太工人总工会设定的任务之一，尽管这实际上对犹太人要来巴勒斯坦定居的决定毫无影响。

1924 年 4 月，英国托管当局签发了 2400 份移民证，其中 300 份发给了年轻妇女。犹太工人总工会将此消息告知了一些犹太社团，其中大多数社团都在东欧。本-古里安希望引进至少 2000 名工人，理由是一项新的产业——烟草种植业需要这些工人。但是他表示："巴勒斯坦呼吁工人们的到来，但他们没有来。"他原想，苏联犹太人可能会来，但是苏联政府严格限制出境移民。本-古里安想要去苏联解决这个问题，但这一次被拒签了。[35]他为此十分恼怒。犹太人在苏联遭受着"毁灭的威胁、死亡的恐惧和无休止的恐吓"，而他却无法将这些犹太人解救出来，这使他作为犹太复国主义者而倍感耻辱，并且作为犹太工人总工会的秘书长，这对他的地位也十分不利。[36]

❖

第四次阿利亚中，最初到来的移民属于中产阶级。[37]他们带来了自己的城市文化，并期望着在巴勒斯坦过上和在波兰一样的生活。他们中有一半人定居在特拉维夫，在短短一年内，这个城市的人口就翻了一番。1925 年底，这里的人口总数达到 4 万。当时一种叫"加佐兹"的饮料风靡一时，这种饮料混合了果汁和苏打水，售卖加佐兹的小货摊遍布这个城市的每个角落。加佐兹和出售它们的小货摊成为特拉维夫中产阶级文化的象征和标志，也是先锋精神的对立和参照。[38]

本-古里安有时喜欢将农垦移民与犹太复国主义等同起来，并宣称在土地上劳作是犹太复国主义的最高理想和终极目标。这场从城市到乡村的运动是犹太复国主义所独有的，而且几乎在其他任何国

195

家都没有被实践过，他宣称："回归故土首先就是回归土地。"[39]他还表示，自己之所以移民巴勒斯坦就是因为他渴望在这片土地上劳作。但是，除了有过短暂的农场劳动经历，本-古里安其实还是一个城里人，他过着典型的资产阶级生活方式，追求的也是中产阶级的品味。他的妹妹齐波拉（Tzipora）曾考虑加入一家基布兹，他写信给她说，该公社的社员们"和我们不是一路人"，因为他们都来自特兰西瓦尼亚（罗马尼亚中西部地区，经济以畜牧业、农业为主——译注）。他建议，最好在城里安家。[40]

他在1921年抱怨说，特拉维夫的房租在不断上涨。然而，这座城市的扩张令他兴奋。他写信告诉父亲，这里很快就将成为一个犹太大都市，而且还要兴建一个犹太港口。[41]他每月的房租是10英镑，这差不多是在特拉维夫的犹太工人总工会近40%的雇员的月工资。他家里买了一架钢琴，孩子们也开始上钢琴课，盖拉在希伯来高中表现出色。他们的公寓中有一整间房被腾出来专门存放图书。在1927年拍的一张照片上，本-古里安在自己的公寓里，穿着夹克外套，打着领带。[42]

伊格尔·雅丁（Yigael Yadin）是一位著名教授的儿子，后来他本人也成为一名著名的考古学家，他曾表示，本-古里安对书籍的热情源于其"在受过高等教育的人面前的强烈自卑感"。哈伊姆·魏茨曼就是这样一位受过高等教育的人，他是一名化学家，曾在一战时对英国战争行动作出重大贡献，这也助其促成了《贝尔福宣言》的发布。阿瑟·鲁平和哈伊姆·阿洛索洛夫（Haim Arlosoroff）均拥有经济学博士学位。伯尔·卡兹尼尔森和泽夫·雅博廷斯基也都是饱读诗书之人。本-古里安拥有数千本藏书，其中有些他读过，有些只是收藏，收藏这么多书是为了提升自己的层次，在他看来，至少可以把自己提升到那些受过更好教育的犹太复国主义领导人的水平。[43]

这些书也可以取代朋友的位置，弥补他缺朋少友之憾，而且还可以满足他对权力的渴望，这些书本笔直、有序地立于书架之上，如同队列中的士兵一样。他一直希望每本书都有自己固定的位置以便查找，就如同他日记中的统计数据表格一样井井有条。他将《圣经》和古希腊著作当作政治文件来阅读，几乎将其作为管理者的指南。[44]

他深谙文字的力量，尽管他不怎么读虚构类文学作品，他还是很清楚作家所具有的政治影响力。他不时召集小说家和诗人参加所谓的民族指导性对话，就像哲学王可能做的那样（柏拉图在《理想国》中提出，哲学王统治是实现柏拉图正义理想的关键——译注）。他的宽广胸怀仅限于犹太复国主义的话语范围。正如有一回，马丁·布伯（Martin Buber）充满怀疑地说："我们说我们要赎回这片土地，而我们的意思是要使其成为犹太人的土地。为什么必须是犹太人的土地呢？"本-古里安打断道："能从地上得到面包就行！"布伯反驳道："为什么？"本-古里安回应说："为了有吃的！"布伯坚持道："为什么？"本-古里安说："这就够了。"本-古里安想到，"为什么"这个问题是不合适的，正确的问题应该是"怎样才能做到"。[45]

作为 20 世纪的第一代人，他相信人类注定会"征服自然之力"，包括沙漠和海洋。"尤其是面对汹涌澎湃而浩瀚无垠的大海时，人类发挥出全部能力和才干，在这广阔的水域中开辟出一条安全通道，从而畅行其间，这正是无所畏惧的人类精神所希望的。"[46]1924 年 9 月，他决定第一次搭乘客运航班，他当时兴奋得像个孩子。

他本想从但泽（波兰滨海省省会，波兰北部最大城市——译注）飞到柏林，但却只能得到一张飞往沿途中一个城市的机票。他秉持着新闻记者特有的职业敏锐度，把这一切都记录了下来。他写到自己如何到达机场，如何被搜身，不得不为超重行李付费，机票费用是 11 马克。"我们非常缓慢地爬升……我看到我面前是明晃晃的太阳，好像它和飞机都挂在苍穹上一样……鸟儿在我们身下飞过……在路上，一辆马车摇摇晃晃……像小孩子的玩具……飞机缓缓穿越大气层；实际上飞机在以每小时 130 千米的速度飞行。我们当时的高度是 300 米……在这里，飞机再次着陆，又在地面上滑行了一会儿。它嘶吼着、咆哮着，并发出咯咯吱吱的声响，然后安静下来。我们飞了半个小时。"本-古里安记下了飞机的品牌和机型：埃莱伯费尔德 D-24。他后来说，这架飞机七周后坠毁，三名乘客和一名飞行员遇难，而这名飞行员正是他当时乘坐飞机时的那一位。[47]他返回后，又陷入了一场新的争端当中，或者像他们当时说的，一桩"丑闻"当中。

197

"恶毒的传言"

莫迪凯·莫泰尔·马科夫（Mordechai Mottel Makov）是雷霍沃特的一位富裕的柑橘种植园主，也是库帕特银行的创始人之一。1925年，他雇用了一些阿拉伯工人来为他建造房屋，而犹太工人则试图赶走这些阿拉伯人，马科夫选择了报警。双方大打出手，场面一片混乱，该冲突的影响范围远远超出了这个犹太小镇。马科夫得到由作家摩西·斯米兰斯基领导的农场主协会的支持，而犹太工人则得到了犹太工人总工会的支持。

这是一场政治纷争，源于农场主和劳工之间的传统对抗。作为对雇用阿拉伯人持反对意见的人，本-古里安不仅以劳工拥护者的身份出现，而且还以伟大的犹太复国主义的爱国者的形象示人。实际上，反对阿拉伯劳工的运动并没有取得很大成就，但他仍"高擎旗帜"坚持主张。

1925 年 12 月，在雅法的英国总督将包括本－古里安和斯米兰斯基在内的双方代表召集到一起。一位农场主代表为总督读了一份备忘录，本－古里安称之为"恶毒的传言"。斯米兰斯基则毫无保留地发表了自己的意见。[48]在代表大会上，斯米兰斯基批评了马科夫，但也严厉谴责了他所谓的犹太工人采取的"恐怖行径"。在一封私人信件中，他抱怨了本－古里安"蛊惑人心的政治"。[49]马科夫没有向犹太自治领导机构求助，反而求助于英国当局的做法，让本－古里安非常气愤，他称马科夫为"告密者"，而斯米兰斯基则一纸诉状将本－古里安告上了特拉维夫治安法院，起诉他诽谤。犹太工人总工会的一位关键人物试图在两方之间进行调解，并为此雇用了本－古里安的朋友什洛莫·齐马赫，他当时是斯米兰斯基侄女的丈夫。

❖

在巴勒斯坦定居五年后，齐马赫已经厌烦了做一名劳工。1909年，他前往法国学习农艺。在此之前，他结婚又离婚。在完成学业后，他回普伦斯克看望父亲，在他到达的当天，一艘德国齐柏林飞艇飞过小镇，战争爆发了。

在接下来的六年中，齐马赫和他的爱人汉娜·斯米兰斯基（Hannah Smilansky）在多个城市间流浪。他靠当老师勉强维持生计，也发表了一些作品。有时他和哈伊姆·纳赫曼·比亚利克或另一位著名的希伯来诗人肖尔·切尔尼科夫斯基（Shaul Tchernikovsky）待在一起。在敖德萨时，什洛莫·齐马赫和汉娜·斯米兰斯基结婚了，很快他们就有了一个女儿。苏维埃红军与反革命的白军之间的内战爆发，他们周围战火肆虐。有一次，一名哥萨克骑兵试图用剑刺穿齐马赫，但在最后一刻动了恻隐之心。齐马赫写信给本－古里安："别问我们经历过什么，这七年来，死亡的阴影一直如影随形。"

齐马赫写道，他全心全意地接受并赞成革命。苏联红军进入他

198

妻子的家乡时，他们正躲在他妻子的娘家，是红军救了他的命。又经历了一番波折，他们最终到达了雅法。他告诉"亲爱的兄弟"本-古里安："我现在就住在这，我是多么想见到你啊！"他向他的朋友保证，当年曾经横亘在他们之间的政治分歧已经不复存在。本-古里安当时在维也纳，他返回雅法后，曾试图说服齐马赫改换党派，加入劳工团结党，但齐马赫不同意。与此同时，他向本-古里安借了一点钱。叔叔摩西·斯米兰斯基也提供了帮助。齐马赫和汉娜被米克威以色列农业学校聘为教师，工资可观，而且还有一套公寓房供他们居住。他致力于写作和发表书文，开始逐步实现自己年轻时成为希伯来语作家的梦想。[50]

❖

齐马赫试图调解本-古里安与斯米兰斯基之间的争端，正如人们所料，他这回遇到麻烦了。本-古里安对调解争端毫无兴趣，他想要的是一场尽可能公开的政治审判，让更多的人知道，在审判中他要扮演一位光荣骑士的角色，为维护工人阶级的利益，与农场主、阿拉伯劳工以及"告密者"英勇斗争。最终如他所愿，双方上了法庭，但他败诉了。法官团裁定，他称呼斯米兰斯基为搬弄是非之人是毫无根据的。[51]

在随后的几个月里，本-古里安在一系列诸如此类的斗争中继续发力，扩大影响力和知名度。在一个案件中，犹太工人试图使用暴力阻止阿拉伯劳工进入一家柑橘园，这家柑橘园的老板是佩塔提克瓦的一个农场主，本-古里安甚至加入辩护律师团队，亲自为这些犹太工人辩护。根据《国土报》报道，这次审判在整个城市引起了轰动。法院周围聚集了大批群众，但只有记者被允许进入。[52]

犹太复国主义者主张，为了巴勒斯坦居民的福祉而发展巴勒斯坦，其为反对雇用阿拉伯劳工而进行的斗争显然与此主张相矛盾。

但是，本－古里安继续信誓旦旦地保证，如同他一开始撰写文章就曾经保证过的那样，犹太民族家园的建立并不会伤害阿拉伯人。相反，他坚称，犹太复国主义并没有认为犹太人是优等民族，也并没有试图建立一个贵族社会。犹太复国主义的一切都是关于民族和人类的价值的。他一次又一次宣称："只有反犹主义者才会认为，我们为获取在犹太小镇工作的权利所进行的斗争对阿拉伯劳工是有害的。"[53]有时本－古里安甚至会公然宣称，希伯来劳工运动的目标之一就是让阿拉伯劳工摆脱落后的状态，就好像这是一个道德上的任务和社会主义的使命。在他提到英国人为保持他们国家的民族性格，不愿意将印度劳工带到英国时，或许他就是从英国殖民主义声称要肩负的"白人的担子"的角度来考虑的。[54]

　　他曾主张，巴勒斯坦的冲突对立现状使得犹太人不可能向阿拉伯人妥协，对此立场他没有任何的松动，但在他寻求解决冲突的最佳办法时，他曾考虑过一个想法，即在犹太和阿拉伯劳工组织之间达成一项协议。[55]这个提议似乎有利于解决问题，符合工人运动的社会主义思想，而且说出了巴勒斯坦和海外的犹太复国主义支持者的心里话。巴勒斯坦的大多数犹太人在此居住的时间并不长，要想留下来，至少需要一点希望和一点点对和平的信念。本－古里安写道："每个现在或将来打算移民巴勒斯坦的犹太人都必须问问自己，他的生命和财产在这个国家是否安全。如果这里的犹太人感觉自己如同坐在火山口的话，这本身就可能破坏犹太复国主义运动的根基。"富裕的犹太人也不会投入金钱来成就注定冲突不断的建国之业。提倡共存，也会促进犹太复国主义外交的开展，推动其建立友好关系，获得公众支持。

❖

　　正如本－古里安所说的，当英国人开始雇用犹太人和阿拉伯人从事同一工作时，犹太复国主义领导层担心，诸如火车和邮局这样的服务部门的工资水平与工作条件配不上犹太人的需求和文化，只配得上阿拉伯人的低端需求和文化。[56]因此，也必须将阿拉伯工人组织起来，并要求他们获得与犹太人同等的工资水平和工作条件。大约在 10 年前，本-兹维曾对这一立场作过解释——如果阿拉伯工人的薪资不低于犹太人，雇主雇用阿拉伯人的主要动机就消失了。[57]本-古里安希望既照顾阿拉伯劳工的利益，又不用他们加入犹太工人总工会，而且他坚决反对从工会的全名"巴勒斯坦希伯来工人联合总会"中删除"希伯来"一词。取而代之的是，他试图说服阿拉伯人，支持犹太复国主义是符合他们自身的利益的。[58]他所收到的一份报告显示，许多阿拉伯人正在纠结是否继续接受犹太工人总工会的保护。[59]为促成犹太工人和阿拉伯工人合作的尝试没有成功。本-古里安在日记中列出了一系列犹太工人和阿拉伯工人之间的暴力冲突，其中一些后果严重，影响恶劣。[60]雷佩图尔则指出了另一个问题——一些犹太铁路工人利用他们的工作设备为哈加纳制造炸弹。[61]

"我的心在滴血"

阿维格多·格鲁恩现在 68 岁了，波兰的经济危机摧毁了他在战前苦心建立的信贷业务。他在回忆录中声称，由于他是犹太人，当局吊销了他的"私人律师"执照，因此他别无选择，只好担任普仑斯克犹太社区的秘书。[62]当时，距本-古里安试图劝说他们离开普仑斯克差不多已经过去了 10 年，一家老小现在真准备动身了，而此时，本-古里安却又不急着安排他们的行程了。他说，只有在他们有足以谋生的途径时，他才会帮助他们。[63]他的妹妹里夫卡现在成了寡妇，给他寄了一封他谓之"令人心碎"的信。信中她提到了普仑斯克犹太人的困境和她个人的困苦，询问她哥哥是否可以加快安排她的行程。本-古里安写信对父亲说"我能够真真切切地体会到她的悲惨处境"，但他还是无法下决心让她过来。里夫卡写道，她可以从事任何类型的工作，她的哥哥相信她是真诚的，然而正如他所写的那样："但我不相信她能够工作，也不相信她找得到能够胜任的工作。"他提道，一个两口之家在巴勒斯坦生活，每月需要 15 英镑的收入。他接着问道："你现有的钱能否足够维持一年的生活呢?"因为他当时不在巴勒斯坦，他建议把这件事推迟到他回来后再商量。在此期间，他给她寄去一本自己写的书。[64]

　　本-古里安的态度惹恼了父亲。他试着向父亲道歉："真的很遗憾，您认为您还没到巴勒斯坦来都是我的错。"他曾想着在那个冬天把父亲接过来，但糟糕的是他没能办成，他解释说，之所以如此是因为他手头的政治工作。至于里夫卡，她没有足够的费用来维持在巴勒斯坦一年的生活。她需要有足够的钱，靠利息就能生活，而不是吃老本，这意味着她至少要有 3000 英镑的存款。[65]就这样又过了一年，在此期间，他的妹妹齐波拉的丈夫也撒手人寰，留给她两个年幼的孩子。本-古里安写信给父亲说："我的心在滴血，就好像被闪电劈开一般。"第二天早晨，他承诺，他会努力为齐波拉和她的孩子拿到移民证。他保证说："有我吃的就有她吃的，我会将她的孩子视如己出，承担起父亲的责任。"

　　几个月后，他的妹妹问他，是否已经把她给忘了。本-古里安随即回复她说，这件事让他非常头痛。他写道："你的希望不就是我的希望，你的难处不就是我的难处，你的未来不就是我的未来，你的孩子不就是我的孩子吗?"他说，移民证之所以耽搁了这么久是因为他不知道她其中一个孩子的名字，由此无法为他申办。最终，齐波拉于 1923 年 5 月抵达巴勒斯坦，据本-古里安所言，此时距他着手安排这件事已经过去一年半了。[66]

202

在他办理齐波拉的移民事项时，本-古里安再一次答应接他父亲过去，"也许就在明年的年中"。[67]他的哥哥阿夫拉罕也想来。此时，本-古里安尝试着至少为哥哥的儿子本雅明搞到一张移民证，这没花费多少时间。1923 年 8 月，本-古里安告诉父亲，他的侄子本雅明已经在特拉维夫工作了，他是个很不错的小伙子。阿夫拉罕在巴勒斯坦没有合适的工作，直到他的其他孩子——儿子伊斯雷列克（Israelik）和女儿佘恩德勒——前往巴勒斯坦，本-古里安才同意他过来。他说，佘恩德勒去巴勒斯坦的前提条件是她要精通希伯来语。她在抵达之前，还要学习打字，如果可能的话，再学习一下记账。只有在孩子们都过来，且在经济上独立之后，才可以商量阿夫拉罕的移民事宜。他还特意在这几个字下加了下划线：但不是在此之前。如果里夫卡能有 500—600 英镑，她"不管怎样"都能够维持生活，但是只有当她通知他，自己已经为此次行程做好准备时，他才会发给她所需的文件资料。随后，他又开始着手解决父亲的移民问题。

听起来好像他的父亲根本不信，堂堂犹太工人总工会的秘书长竟然无法安排一家人到巴勒斯坦。本-古里安也没有急着回复。他解释说"我每天都在超负荷地工作"，他特别提道，除其他工作和职责外，他当时正在与英国工党政府进行会谈。他写道，"我知道您已经对我有些怀疑了"，并且再次表示，他公务缠身，所以还没有处理父亲移民的事。他还专门说道，他也没尽到作为丈夫和父亲的责任。当他身在海外时，他很想念孩子们，并期盼着再次和孩子们在一起，但很显然，在他生命中的那段时光，他的家人，包括他的父亲和妻子，甚至他的孩子们，对他来说都不如他的工作重要。

他的父亲写信告诉他，他现在可以卖掉房产，拿到卖房款 300—400 英镑。本-古里安同意父亲过来，并向父亲保证，哪怕钱再少，他也可以应付。他写道："我希望您也能够找到一份适合您的知识和能力水平的工作。"为了避免进一步的误会，他明确表示他无意帮父亲找工作。没错，巴勒斯坦犹太社团每个机构的大门都向他敞开着，而且其中任何一个都会欣然同意他雇用某个人的请求，但正是出于这个原因，他不会帮助他的父亲。"我不希望在巴勒斯坦有任何人这么认为：您在某机构工作，并不是因为您有能力胜任这份工作，而是因为您是由于我的缘故才得到这份工作。"这封信没有提到"阿姨"，也就是他的继母；这与他寄给父亲的大多数信件不同，在这封信中，他甚至没有问候继母。此外，他建议"也许您也可以和里夫卡一起盖一幢房子"。[68] 又一年过去了。

其实，格鲁恩本可以在不动用儿子关系的情况下和他的妻子定居在巴勒斯坦，正如其他成千上万的犹太人一样。但是，格鲁恩还是想利用儿子的影响力，最终看来，他如此坚持是对的。尽管年事已高，他还是立即在犹太工人总工会的建筑公司索莱尔博内的办公室找到了一份工作。他的妻子没有随他一起来。本-古里安把父亲接到了他在耶路撒冷的家中。四天后，他又动身到海外出差了。[69] 格鲁恩在海法找到了工作，他在那里与齐波拉一起生活，并改名为本-古里安。在他将普仑斯克的房产卖掉后，他的妻子别无选择只得搬到了罗兹的亲戚家中。大卫·本-古里安于 1926 年去探望了她。他在日记中写道："她年纪大了，身体虚弱，卧床不起。"一年后，她也到了巴勒斯坦。[1][70]

他们到达时正值本-古里安生命中最艰难的一段时光。犹太工人总工会面临着其成立以来最严重的危机，本-古里安本人在此之前从

---

[1] 本-古里安的两个妹妹里夫卡和齐波拉，都嫁给了巴勒斯坦的歌剧演员。他的哥哥米歇尔很长时间以来，一直在特拉维夫经营一个售货摊。他哥哥阿夫拉罕的女儿佘恩德勒则留在了波兰。（Giladi 1973, p. 47; Hagani 2010, p. 174ff.）

未面对过如此令人不安的指控。

"永恒的冰冷、毁灭、被遗忘"

在他 40 岁生日之前的几个月里，他的心情抑郁而沮丧，几乎动了自杀的念头。在巴黎待了很长一段时间后，他乘船回家，途中站在甲板上远远眺望，匆忙写下几行字，字里行间满是关于生命无意义的感叹。"这一切都会过去，都会结束，永恒的冰冷、毁灭、被遗忘，无尽的虚无。我们整个悲惨、短暂、毫无意义的生存究竟是为了什么呢？生命不会留下任何东西。谁能回答？谁能说说？这答案就是坟墓，我们唯一的终点。"[71] 在去巴黎之前，他到德国开了一个会，还顺道去普伦斯克看了看。他回到家几个小时后，就开始工作了。当时索莱尔博内倒闭了，由此而来的威胁可能会拖累整个犹太工人总工会。

❖

在第四次阿利亚中到来的移民需要住所，这样一来，在 1925 年犹太人对巴勒斯坦的全部投资中，有 64％用于筑屋建房。建筑业的繁荣惠及许多工厂和行业，人们也纷纷自建房屋用于出租。当时的设想是，移民将源源不断地到特拉维夫定居，这座城市将持续繁荣。移民的确如潮水般涌入，但随后情况急转直下，一切都濒临崩溃。其中一个原因是许多新移民带来的钱都是波兰货币。随着波兰通货膨胀的爆发，货币的价值暴跌。已付首付置业的人们无法支付剩余钱款，工程停工。建筑公司和相关行业接连倒闭，工人失业。1924年 6 月，本-古里安在日记中写道："工作岗位短缺的现象正持续加剧。昨天有人在劳工局失去知觉、不省人事。"他经常不得不和愤怒的失业工人打交道，因为犹太工人总工会不仅是一个工会组织，还拥有一家建筑公司索莱尔博内以及其他一些企业，工人们不仅把他视作自己的代表，还把他视为自己的雇主。随着失业率的攀升，每个求职者每周只能分配到几天的工作任务，怨声载道。雷佩图尔回忆说，有一段时间，为本–古里安委派一名保镖成为必要之举。[72]

在危机最严重的时候，犹太失业人口数量占到了劳动力人口的35%，每两个失业者中就有一人住在特拉维夫。[73]许多人离开了这个国家，1926 年，离开的人数是迁入人口数量的一半，而到 1927 年，离开的人口总数超过了迁入的人口总数。[74]犹太工人总工会还没准备好应对这一重大危机。英国当局扩大了公共工程建设，但只是勉强为之，且范围有限。

政客们抓住这次危机大做文章，相互攻击。本–古里安声称，中产阶级应当为此次危机负责，因为他们希望继续从事大流散时期犹太人所从事的工作，并以此谋生。他用近乎反犹主义的词语描述资产阶级。他说，他们是"售卖加佐兹的奸商、土地投机者和放高利贷的蛀虫，以及那些依靠剥削他人的劳动而生活的人"。他们是"一帮虚头巴脑、渴望投机的人，举止轻浮，晃来晃去，且毫无生气，活得像只寄生虫"。在他的回忆录中，他用第三人称来叙述他们的事，他常用这种方式来标记一些令人不快的事物，例如犹太人和阿拉伯人。①

他坚持认为，犹太复国主义运动在过去的 20 年中还没有遇到过如此低潮。他引述哈伊姆·纳赫曼·比亚利克的话说，这场危机是由整个民族巨大而可怕的失败导致的。本–古里安将诗人的话翻译成政治语言："整个民族"即世界犹太复国主义组织执行委员会，而其

205

---

① 在另一场合，本–古里安谈到"隔都犹太人的病态思维"。(Ben-Gurion 1971a, pp. 546, 333, 334; Ben-Gurion to the Fourth Convention of Ahdut Ha'avodah, May 13, 1924, in Ben-Gurion 1971a, p. 275.)

所在地位于伦敦，在那里由哈伊姆·魏茨曼说了算，并且整个机构都与"工人阶级相当疏远"。他的意思是，世界犹太复国主义组织执行委员会过去并未对中产阶级移民作出限制，也没有向工人阶级发放足够的移民证。他要求大幅增加投资，以发展巴勒斯坦，而且还要求得到大批支持犹太复国主义的劳工移民，来重新振兴犹太复国主义事业。[75]

他对犹太复国主义运动的口诛笔伐引起了很多关注。当地和美国的新闻媒体开始注意到他。《国土报》这样写道，他两手插入衣兜，站在那里，让他浑身散发出来的气场更为强大。"他总是感觉在自己身后有一个强大的团队……用他自己的话说就是，很有分量……"他把纽约的意第绪语报纸《犹太前进日报》（Forverts）赞扬他强势性格的话抄到自己的日记中。[76]他有支持者和反对者，也有仰慕者和仇视者，但朋友寥寥无几。

"就像一个滚下山坡的死人"

索莱尔博内的主要目标不是为了赚钱而是为犹太人提供工作机会，所以为其客户提供了非常慷慨的信贷政策。因此，在工程施工期间，公司贷款并发行债券以向工程项目注入资金。1926年，公司开始难以从客户那里回收欠款，也无法偿还贷款。1927年6月，该公司倒闭。[77]与其他公司一样，它也是经济危机的受害者。但这家公司最主要的问题似乎还是管理不善，其中包括支付给高管们的高工资。它对有组织的犹太劳工的意识形态的承诺，导致其忽视了劳动生产率。作为犹太工人总工会的秘书长，大卫·本-古里安应对此全面负责。作为一个极其关注细节的人，他对索莱尔博内的一应事务了如指掌。[78]

　　此事不仅仅牵涉经济方面，最主要的是，这是一场政治闹剧，或者说更是一场个人闹剧。索莱尔博内的主任是戴维·雷梅兹（David Remez），他也是劳工团结党的领导人之一。该党的对手党，其中最著名的是青年工人党，试图利用该公司的倒闭作为整体上重组犹太工人总工会的跳板。他们要求解雇雷梅兹，但他们剑锋所指的其实是本-古里安。本-古里安几乎毫无保留地支持雷梅兹，以此保护自己。1927 年 1 月，他所在的党通过了一项决议，要求世界犹太复国主义组织执行委员会在两周内提供至少 3000 个工作岗位；否则，犹太工人总工会将放弃对劳工的责任，停止帮助失业者，并指示其在世界犹太复国主义组织执行委员会中的代表们辞职。不仅如此，劳工团结党还将组织一场工人运动。他说："我们就像一个滚下山坡的死人，在下面等待我们的是张着血盆大口的深渊。"和过去一样，他的同事们并不急着支持他咄咄逼人的立场，犹太工人总工会委员会拒绝了他从世界犹太复国主义组织执行委员会辞职的提议。[79]

　　有一则在耶路撒冷流传了一段时间的谣言很快就被证实是真的。为了在耶路撒冷建造三座大型公共建筑，世界犹太复国主义组织执行委员会已经签署了合同。其中一份合同是与一位私人承包商签订的，该承包商的出价低于索莱尔博内，但该合同并没有要求本-古里安按照犹太工人总工会设定的条件雇用工人。世界犹太复国主义组织执行委员会还免去了他只能雇用犹太工人的规定。

　　这桩丑闻即将被人利用。数百名失业工人包围了世界犹太复国主义组织执行委员会的办公室，大肆打砸。紧张局势日益加剧。一位有三个孩子的母亲自杀了。谣言四起，说她是因为一家老小都在挨饿，被逼无奈才寻了短见。耶路撒冷工人委员会呼吁所有犹太工人总工会成员去参加她的葬礼。他们没有将她的遗体抬到墓地，而是抬到了世界犹太复国主义组织执行委员会的办公室。表面上看，

207

让工人走上街头的并不是犹太工人总工会，更准确地说，是耶路撒冷工人委员会让他们这么做的。但实际上，本-古里安是幕后操纵者。最终，承包商与耶路撒冷工人委员会双方同意进行新的协商。[80]这一事件使得本-古里安作为工人保护神的形象更加深入人心。与此同时，人人都在谈论着那个即将成为下一个丑闻的话题。

❖

这比索莱尔博内危机还要令人尴尬。风暴的中心，是犹太工人总工会的几位高级官员，包括本-古里安在内，他们都从犹太工人总工会金库中挪用了钱款。本-古里安的固定收入无法满足他的日常消费，尤其是他购书的嗜好。因此，他经常从熟人和他所在组织的不同机构那里借钱。[81]作为犹太工人总工会的秘书长，他的月薪起初是19英镑，后来降为17英镑。犹太工人总工会的一份人口调查显示，该地区每10名工人中就有9人的收入低于他。[①]

他还是犹太工人总工会高层中可以提前支钱，并获得慷慨贷款的大佬之一。根据其日记所载，他从工人银行获得了一笔贷款，以偿还他在犹太工人总工会的债务。他的档案中保存的文件证明，他当时有一笔相当于他两个月薪水的债务。[82]犹太工人总工会委员会一度决定清理其高级官员的债务。欠债最多的就是本-古里安，总共欠283.50埃及镑，约等于他16个月的工资。

在别无选择的情况下，他们只得任命一个内部委员会来调查索莱尔博内危机；本-古里安和他的同事们同意取消对他们债务的减免。剩下的唯一问题就是是否应该将委员会的调查结果公布于众。本-古里安坚决反对，声称公布将对犹太工人总工会产生不利影响。

208

---

① 在犹太工人总工会金字塔的顶端，有些人收入更高。工人银行是犹太工人总工会的分支机构，其总经理的月薪为30英镑。（Giladi 1971, p. 131ff; Ben-Gurion Diary, June 14, 1927, BGA.）

所有人都知道其中明细，本-古里安承诺将采取措施"清洗"犹太工人总工会，以使其更为合理。他用了两回"清洗"这个词，分别用希伯来语和俄语拼出。最终，没有人为此承担责任。而且，没有证据表明本-古里安偿还了所有债务。[83]

"最卑鄙的诽谤"

在本-古里安的记忆中，这一段日子仍然过得痛苦不堪。他谈到了恐慌、绝望、意识形态的混乱、无能为力，谈到了有人逃离战场。鉴于一切都因"内部之虚弱"而濒临崩溃，他有生以来第一次真正对犹太复国主义愿景实现的可能性表示了怀疑。他声称，第四次阿利亚中到来的"大部分"移民都已经离开了巴勒斯坦。其实，事实并非如此，而且这波移民潮也不像他说的那样失败。[84]经济危机并没有持续很久；很快柑橘产业就开始蓬勃发展起来，这主要归功于新的出口机遇和工业的发展。经济复苏在很大程度上得益于私营企业的兴盛。一个名叫辛查·惠特曼（Simcha Whitman）的人成为第一个在特拉维夫做冰激凌的人，他由此在历史上赢得了一席之地。他的冰激凌售卖摊非常出名，因为往来布伦纳宫（Brenner House，人们当时称特拉维夫工人委员会的办公室为布伦纳宫）的人们把这里当成了一个聚会的场所。[85]

❖

1926 年底，有 1.7 万余选民参加了犹太工人总工会代表大会的选举。本-古里安是本次选举的大赢家。劳工团结党破天荒收获了绝对多数的选票，得票率为 53％。[86]但是在召开大会时，领导层遭到了严厉的批评。本-古里安在日记中写道："工人群众难掩愤怒。针对工资、预付款以及缺少与公众联系这些问题，群众的意见尤其大。"[87]

从该次会议记录来看，这还是保守的说法。有一位参会代表怒斥道：
209 "犹太工人总工会恐怖蔓延，工人们根本不敢开口说话。"[88]

青年工人党的一位代表令本-古里安尤为震怒。此人就是哈伊姆·阿洛索洛夫，当年28岁，拥有博士学位，是一颗冉冉升起的新星。他针对他所谓的本-古里安犯的几点根本性错误进行了冷酷无情的分析，其中第一点就是冒进。这是一场关于原则性问题的辩论——阿洛索洛夫用索莱尔博内的丑闻打比方。他说："如果索莱尔博内知道其界限，没有陷入疯狂扩张的幻想，其本可以更稳健地逐步扩展，并且达成目标。"相反，他说"我们贸然向前跃进了50年"。该死的预付款问题一再出现，伯尔·卡兹尼尔森本人称其为"一大道德败笔"。①[89]

本-古里安告诉大会，他觉得自己像个被指控的人，针对冲着他来的"最卑鄙的诽谤"为自己辩护。对于批评的实质性内容，他并没有多说什么。他转而回归到一些老生常谈的话题，而他的语气听起来几乎带着一丝悲凉。"只有一个什么都不做的人才不用担心犯错，一个能做成事的人应当被允许犯错。"他说，如果他再次置身于同样的情况，他还是会这样处理索莱尔博内事件。毕竟，他的目标在于推进犹太复国主义的事业。他断言："如果我们不带着犹太复国主义的目的去挤牛奶的话，那么来奶牛场挤奶的就不是我们的合作社了，而将是穆斯塔法。"此时，他的语气变得伤感而抚慰，似乎想要讨好在座的每一位，听起来有如先知一般。他说："我们是一个小民族，而我们的需求却很大，并且极其渴望得到救赎。"当时，虽然

---

① 雷梅兹将针对预付款的批评称为"一场小规模的集体迫害"。他说，预付款被证实是正当的，而且仅给予七八名索莱尔博内的员工。他坚持说："他们本可以在别处谋生。但是我们却日夜骑着这些力畜。他们没有隐瞒所欠钱款，而且他们的债务也没有被注销。"（Ben-Gurion and Remez at the Third Histadrut Convention, July 10, 1927, Ben-Gurion, minutes, pp. 74ff., 72.）

国家的主权尚未实现，但他们与隔都的犹太人已经全然不同了。"历史上第一次，我们拥有了具有民族意识的犹太工人，在他的前方，在以色列地，他看到了自己的历史使命——成为决定同族人民命运的统治者和建设者。"他站在历史的高度，俯瞰全局，他的那些批评者们看起来就像是一群满怀怨念而又吹毛求疵的小丑。他压根儿没有提到预付款的事，本次大会完全在他掌控之下。

❖

发言结束之后，本-古里安就病倒了，待在家里闭门不出。大会的最后一场会议持续了一夜，直到第二天黎明才告休会。早晨 5 点 45 分，大会代表们先是唱起了《国际歌》，紧接着又同唱了《哈提克瓦》。在幕后，青年工人党和劳工团结党为了合并已经开始相互接触，这在此前是不可想象的。一个巴勒斯坦工人联合党，也就是马帕伊（Mapai，因"以色列地工人党"的希伯来语首字母缩写而得名），看起来成了一种现实的可能。代表们围成一圈，跳起了霍拉舞以驱散困倦和疲乏，之后，他们成群结队地前往本-古里安的住所。他再也没有度过比这更令人愉悦的清晨了。他的一个反对者此时展现出和解、团结的姿态，爬上楼来到他的公寓，拉着他来到阳台上，而他当时还穿着浴袍。至少有一位参与者后来表示，他看到本-古里安的眼中闪着泪花。[90]

210

第十章　联合

"灾难远比我想象的严重"

1930 年 9 月，本-古里安回到柏林，在这里他惊恐地发现纳粹党人的崛起。他称这些人为"德国的修正主义者"，将其和雅博廷斯基的修正派犹太复国主义运动扯到了一起。他写道："我今天读了希特勒在报纸上发表的文章，感觉好像是在读雅博廷斯基发表在《每日邮报》（*Doar Hayom*）上的文章似的，两者有相同的词语、相同的风格、相同的精神。"雅博廷斯基大部分时间待在欧洲，但他创建的修正派犹太复国主义运动的一个分支机构在巴勒斯坦开展工作。20 世纪 20 年代后期，他将自己定位为犹太复国主义反对派的领袖，成为哈伊姆·魏茨曼的对手和工人运动的死敌。作为一名广受欢迎的记者和备受推崇的诗人，他非常擅长公开演讲，这与本-古里安不同。与本-古里安进一步形成鲜明对比的是，他浑身魅力四射，并被公认为是一位杰出的犹太知识分子。

自打巩固了在犹太工人总工会无人可撼的领导地位后，本-古里安逐渐意识到，巴勒斯坦犹太社区的政治舞台在推进犹太复国主义目标方面力量有限。作为犹太工人总工会秘书长，只做一些日常工作已不能再满足他的雄心。魏茨曼、卡兹尼尔森、塔宾金和其他许多人物都比他更为出名、更受尊敬。这其中几位年龄较大的都曾与赫茨尔密切合作过，而且都是本-古里安青年时代的导师。梅纳赫姆·乌西什金是右翼圈子中的传奇人物，他是犹太民族基金会（Keren Kayemet）的领导人，而这家机构是犹太复国主义运动中负责购买土地的部门。本-古里安觉得乌西什金很讨人嫌，但表面上又很尊敬他。在此期间，他还与纳胡姆·索科洛打过交道，此人曾一度取代魏茨曼担任世界犹太复国主义组织的主席。本-古里安说："没人真把他当回事儿。"30年前，本-古里安曾建议《哈齐菲拉》刊载一篇有关他自己的以斯拉组织的报道，正是索科洛拒绝了这名16岁少年的提议，当时他是这家报纸的编辑。[1]此外，还有摩西·斯米兰斯基，本-古里安在少年时代就在普仑斯克读过他的文章；相比之下，本-古里安几乎还是个新手。即使在本-古里安自己的党内，他的地位也绝非至高无上，通向权力的道路依旧漫长，而他想要缩短这段行程。

❖

1928年5月25日是一个周五，五旬节的假期开始了。上午，本-古里安与耶路撒冷工人委员会理事会进行了会晤。下午，他带着宝拉、盖拉和雷娜娜去沿海平原上一个叫本谢门（Ben Shemen）的农垦小镇过周末，那里有一所新建的农业寄宿学校。伯尔·卡兹尼尔森和他们一同前往。本-古里安非常认可卡兹尼尔森的卓越才干，终其一生也未曾想要取代他的位置。他需要卡兹尼尔森的支持，也常常需要卡兹尼尔森为他提建议。晚年时，他常常说起，在他一生中只有三个真正的朋友。这三人的名单会有变化，但卡兹尼尔森每

次都位列其中。①²

213　　卡兹尼尔森也是一名政治家，他有自己的特点。他的演讲往往意识形态氛围过于浓重，也过于含糊不清，尤其是过于冗长。最重要的是，他需要别人的爱戴。本-古里安信奉权力。卡兹尼尔森欣赏本-古里安的政治才干，并且通常都支持他。与本-古里安不同的是，卡兹尼尔森有很多朋友。两人去本谢门参加一个青年集会。当时，劳工团结党和青年工人党之间为组建一个联合党派还在进行谈判。随着修订主义者和第四次阿利亚中中产阶级势力的壮大，合并的动力也进一步增强了。

　　去本谢门的汽车上非常拥挤。本-古里安自己不会开车，司机带上了他的老婆和两个女儿。本-古里安写道："当我们到一个弯道时，车子没能正常转弯，我眼睁睁地看着我们即将被甩下公路。我感到有那么片刻时间自己的呼吸都停止了，好像被什么人掐住脖子一样。"当他清醒过来时，发现自己正四仰八叉地躺在一片地里，周围散落着其他同行的人。宝拉和雷娜娜浑身是血。卡兹尼尔森正坐在一个土沟里，本-古里安问他怎么样，卡兹尼尔森冲他皱了皱眉头，表示自己现在没法动弹。"他肯定是骨折了。"本-古里安心想。他自己也受伤了。他说道："我感觉脚和头都很疼，鲜血从我的额头流下，衣服上满是血迹。"他们接受了治疗，之后被送回家。卡兹尼尔森伤势严重，需要长期住院。³

❖

　　这次事故耽搁了党派合并的谈判，谈判断断续续进行了好几年。两个党派进行了激烈的讨论，这给今天的读者留下了一种印象，即两方要弥合在意识形态上深深的鸿沟。正如他们的惯例一样，每个

---

　　① 名单中其他人包括伊扎克·本-兹维、什穆埃尔·亚夫涅利、什洛莫·齐马赫和什洛莫·拉维。

党派的成员都在理念和学说方面发生了激烈、狂热的冲突。阶级斗争问题是争执的焦点之一，但主要问题还是联合党派共同声明的措辞及党派的名称。本－古里安在谈判中使出浑身解数，拿出了这些年在政治上积累的看家本事，他一定要有钢铁般的意志，才能活着闯过这一片聒噪。

与此同时，阿拉伯恐怖威胁再次逼近。

❖

1921 年雅法的犹太人遇袭之后，接下来的几年倒相对平静。每年被阿拉伯人杀害的犹太人数量回归到平均每年两个的水平。而且在 1928 年，没有犹太人被害。⁴这似乎为本－古里安所言的犹太－阿拉伯工人联盟奠定了基础。然而，这不过是一种幻觉而已，只能维持到阿拉伯人打破这种平静之前。1928 年 9 月，阿拉伯人再次和犹太人撕破了脸，导火索是关于西墙祷告安排方面的争执。在赎罪日前夕，按照正统派犹太会堂的惯例，西墙现场放置了一个隔帘，以将男女分开。这已经不是第一次这么做了，但是此次掌控这片区域的伊斯兰当局要求移除隔帘。英国警察在赎罪日早晨来到这里，并通知犹太人移除隔帘。一些朝拜者明确表示拒绝，他们与警察之间爆发了冲突。这次事件使西墙成为整个城市紧张局势的焦点。犹太人和阿拉伯人之间不时发生暴力冲突。双方各自内部的冲突也加剧了紧张局势，阿拉伯和犹太领导人分别指责对方的软弱和失败。民族主义和宗教狂热煽动裹挟着双方的民众。

隔帘事件发生几天之后，乌西什金在民族委员会，也就是犹太人代表大会执行理事会的一次会议上发表演说。他表示，犹太人应当要求英国当局剥夺穆斯林对西墙的管辖权。《每日邮报》报道说，本次会议上，大家群情激愤，"怒气冲天"。本－古里安十分克制地回应道：每个犹太人，包括世俗犹太人，都对发生在西墙的事件感到十分震惊。他补充说，犹太复国主义运动已经错过了几次购买西墙地区的契机。他坚持说，他们应该继续向这个方向努力。他说，只有在"阿拉伯民族"拒绝出售的情况下，犹太人才应当提出要求剥夺他们的管辖权。他建议，对"赎回"西墙这件事必须谨慎且考虑周全。他表示："如果我们今天不能成功，我们要等上半年再说。"他似乎并没有被卷入这件事引发的群情激愤当中，他认为西墙问题

215　的解决不是一朝一夕的事情。他坚持认为，问题不在于谁控制西墙，而在于巴勒斯坦的犹太人还是不够多。

　　非常难得的是，雅博廷斯基本人也参与了讨论——他可是巴勒斯坦的稀客，所有人都焦急地等待着他的演讲。他在冲突发生的几天前刚刚到达耶路撒冷，即将接任《每日邮报》的编辑，《每日邮报》是当地一家日报，该报多年来主张针对劳工运动采取强硬的反对行动。他指责这个国家的犹太领导人没有对英国当局据理抗争，并表达了自己的担忧——过不了多久，阿拉伯人又要对犹太人发动一场"血腥屠杀"了。他引用了自己在1923年写的一段话："我们别指望着能与阿拉伯人达成自愿协议，现在不行，在可预期的将来同样不行。"他重申了他的观点，即阿拉伯人需要知道真相：犹太复国主义运动想在巴勒斯坦达成犹太人口占多数的目标。他们不用掩饰这个目标，掩饰也没有用，因为没有人会傻到相信他们的掩饰。他的演讲显示着谨慎的品质和领导的才干。他说，犹太复国主义运动需要时间和耐心。在讲话中，他完全没有提到工人运动。

　　本-古里安看起来很生气。他不相信犹太人与阿拉伯人之间存在和平共处的可能性，在这一点上，他与雅博廷斯基观点一致，他的发言同样会令人沮丧，就像10年前的那样。他也一直坚持认为，要把有关犹太复国主义的真正目标告知阿拉伯人。而如今这竟然成为反对派才有的一项特权。作为犹太工人总工会的秘书长，本-古里安

承担着一份民族责任，而且也致力于兄弟民族间的社会主义价值观。他对雅博廷斯基展开了人身攻击，回顾了他反对保卫特拉海农场的行为。[5]

随着 1929 年夏天的到来，耶路撒冷的紧张局势继续升温。各种谣言和小道消息再次在阿拉伯人中不胫而走，说犹太人正在密谋破坏"高贵圣所"上的圆顶清真寺，并要在那里重建他们的圣殿，对犹太人而言，这片地方就是圣殿山。与此同时，修正派与劳工运动成员之间的敌对态势正在上升，双方相互诽谤、威胁、斗殴、互掷石块。这主要是一场争夺权力和控制权的斗争。一名未加入犹太工人总工会的工人实际上是找不到工作的。此外，劳工运动几乎控制了世界犹太复国主义组织拨付给巴勒斯坦发展的所有资金，以及移民证书的发放。修正派希望通过斗争获取其中一杯羹。雅博廷斯基鼓动他的支持者们去破坏罢工。修正派在他们的准军事青年运动组织贝塔尔（Betar）的协助下展开了行动。犹太工人总工会则派出了工人小队。[6]

1929 年 8 月，在为纪念犹太圣殿被毁的圣殿节开斋的前夕，警察允许 300 名年轻的犹太人游行前往西墙。警察还为当晚去那里祈祷的数千名犹太信徒提供了保护。第二天是星期五，穆斯林庆祝先知穆罕默德诞辰。在圣殿山上的阿克萨清真寺的祈祷仪式结束后，数千名阿拉伯人鱼贯而出，涌向西墙，驱赶犹太人，并用火炬焚烧了几卷《托拉》经卷。这座城市还发生了其他一些事件，在接下来的两天中，整个国家都爆发了流血冲突，几十名犹太人在希伯伦被杀害。

❖

在最近经历了犹太复国主义者代表大会上的一番煎熬之后，此时的本-古里安正在法国地中海海滨的尼斯休养。起初，他断断续续

216

地收到来自巴勒斯坦的报告，这其中包括宝拉发来的一封电报，告诉他她和孩子们没有受伤，安全无恙。她的信息也许会让他对巴勒斯坦的恐怖场面感同身受。他在日记中写道："灾难远比我想象的严重。"他很快回到了家。当他还在归国的船上时，他就开始思考一个关键问题：骚乱究竟会阻碍还是促进犹太复国主义的事业呢？该问题的答案，他并不确定。他们有可能使公众失去信心、引发绝望、阻却移民、阻断资本投资并摧毁犹太复国主义。但是，他们也可能会展现"隐藏的力量"并增强取胜的决心。

在船上，本-古里安与他所属运动的几位成员会面。他们也是开完犹太复国主义者代表大会后返程的。他召集他们进行磋商。他们注意到了成就他如今地位的关键特质之一——他几乎可以对任何一种情况作出及时、正确、果断的回应，而且对自己的决策充满信心。他务实的处事方式几乎不带有任何感情色彩，这可能反映了一个事实，即 1929 年他并没有亲身经历那种恐怖场面，正像 1921 年那回一样。①

据在艾因哈罗德基布兹的什洛莫·拉维回忆，有 60 个孩子患上了百日咳，其中 3 个是他自己的孩子，这些孩子挤在基布兹的一个谷仓中。他写道："敌人就在那儿埋伏着等待时机，而你根本不知道他会在什么地方出现。""人们根本不担心其中的一名警卫会中弹倒下，但是，大家非常担心从远方射出的一颗子弹会击中其中一个孩子。"在艾因哈罗德基布兹没有孩子受伤。[7] 根据官方数据，总共有 130 名犹太人被杀，300 多名犹太人受伤；阿拉伯人方面，有 100 多名阿拉伯

①差不多两年后，他谈到了关于此次暴力事件最为私人的一件事。他说，1929 年 8 月的这次暴乱提醒了他，巴勒斯坦仍然还是犹太人的"继母"，而且这是一段"痛苦且悲惨的记忆"。在动乱发生几天之后他给父亲写了一封信，他没有提及继母，这非常罕见。（Ben-Gurion, "Hamediniyut Hahitzonit shel Ha'am Ha'ivri," Ben-Gurion 1931, p. 153；Ben-Gurion to his father, Oct. 1, 1930, in Erez 1974, p. 156.）

人丧命，200多人受伤，其中大多数是被英国安全部队打死打伤的。[8]这是一战以来在巴勒斯坦的犹太人受到的最严重的一次打击。

"从政治方面而言，这是一场民族运动"

大屠杀显然证实了本-古里安一直以来对阿拉伯人的看法——他坚持认为，他们"落后且原始"。他说："我们面对的是一帮具有最邪恶原始本能的野蛮人——他们具有狂热的宗教极端主义，对打砸抢有难以抑制的欲望，而且疯狂嗜血。"他给阿拉伯人对犹太人的仇恨提供了一种心理学上的解释，将其归咎为"沙漠之子"从自己的"小茅屋"看到特拉维夫时的嫉妒，甚至犹太人的谷仓在他们看来都犹如皇宫一般。现在，犹太工人和阿拉伯工人间的联盟对他来说似乎遥不可及，而且不像以往那般重要了，但是本-古里安仍然试图保留这种可能性，至少将其作为一种幻想。

他反对任何形式的报复，包括对阿拉伯商品的抵制。他宣称："即使在这个时候，我们也不要忘记我们必须与阿拉伯人共同生活在这片土地上。"他还特别指出，在特拉维夫曾发生过犹太人袭击阿拉伯人的案件，也有些阿拉伯人曾经救助过犹太人。宣传这些事对于树立犹太复国主义运动的公众形象是很重要的。他说："我们必须强调积极的一面。一味地认为'全世界都在反对我们'，对我们来说并不是什么好事。"

但是1929年的骚乱再次坚定了他对时局的判断，发生冲突的双方是不会相互妥协的，早在1921年的骚乱之后，他就有了如此判断。他指出，大量的阿拉伯人袭击犹太人，他们的目的很明确："彻底歼灭整个犹太人社区，破坏我们在巴勒斯坦的事业。"事实就是如此，讨论阿拉伯民族运动是否存在是没有意义的。"这是一场群众运动，这就是主要的事实。我们并没有看到一场民族复兴运动，而且其道德价值也很可疑，但是从政治方面而言，这是一场民族运动。"在本-古里安看来，阿拉伯人对与犹太复国主义者达成协议这件事情并不感兴趣，因为他们在这个国家的人口中占多数。他写道："他们正在为维持现状而斗争，为此，他们并不需要达成任何形式的协议。"他不知道阿拉伯人响应号召与犹太人战斗，究竟是出于他们真实的想法，还是他们担心不这么做不行。无论是哪种情况，如果他们的领导人呼吁和平，他们似乎都不会如此痛快地作出反应。他断言，阿拉伯工人也不仅仅是工人，他还属于自己的民族。他补充说："每个民族都会有与该民族相配的民族运动。"[9]

❖

在这种背景下，本-古里安需要采用巧妙的措辞，以将他所属的运动同右派和左派的对手区分开来；他的措辞需要听起来如同修正派那般爱国，还要像布里特沙洛姆（Brit Shalom，希伯来语，和平契约的意思，是巴勒斯坦一群知识分子于 1925 年成立的促进犹太人与阿拉伯人之间和平的组织——译注）那样热爱和平。布里特沙洛姆是一个小团体，其为犹太复国主义政策提供了另外一种选择。他担心的是修正派犹太复国主义运动会发展壮大，因此他指责他们简直是给暴力行为火上浇油。他声称，他们构成了犹太复国主义运动的"黑翼"（black wing，美国漫威漫画旗下的超级反派——译注），并将他们描述为民族主义者、沙文主义者和法西斯狂热分子。[10]雅博廷斯基此前曾发表过一篇反对犹太工人总工会控制巴勒斯坦的文章，标题为《红色的万字符（纳粹标志）》。他还不是右翼势力中最极端的人物。一个叫阿巴·艾希米尔（Abba Ahimeir）的记者建立了一个名为布里特哈比留尼宁（Brit Habiryonim，单词 biryonim 的意思是强人或暴徒）的小团体，并推出一份名为《人民阵线》（Hazit Ha'am）

的小报。1933 年 4 月，该报刊载了一篇文章，标题为《斯大林—本-古里安—希特勒条约》。[11]

布里特沙洛姆的成员人数不超过 100，与修正派犹太复国主义运动不同，他们对本-古里安的政治地位并不构成威胁。因此，本-古里安对待他们非常客气。在布里特沙洛姆中，有很多著名的知识分子，他们呼吁建立一个犹太-阿拉伯双民族国家。坚持这个立场的必然结果是，他们反对在巴勒斯坦实现犹太人占多数的目标，只同意在两类社区间构建平等。①

希伯来大学的校长犹大·莱昂·马格内斯（Judah Leon Magnes）并非布里特沙洛姆的正式成员，但他致力于推动一项和平计划，其中涉及针对阿拉伯人与犹太人之间在巴勒斯坦建立犹太民族家园的协议，犹太人在其中放弃了犹太人占多数及建立一个独立国家的要求。本-古里安显然认为，这是受到蒙骗后无伤大雅的天真举动，脱离了政治现实。他花费很多时间与布里特沙洛姆的支持者们交谈。让他颇感困扰的是，他们认为他们的犹太复国主义比他的更为公正合理，因此他与他们谈的主要是道德。他宣称：“根据我的道德观，我们没有权利去歧视哪怕是一个阿拉伯儿童，即使如此歧视会为我们带来我们所寻求的一切。”[12]

在这一点上，无须作出任何具体的决定。阿拉伯人并没有提出一份和平提案。在犹太复国主义与和平之间的选择最多也只是一个理论问题，就像本-古里安与马格内斯和布里特沙洛姆的争论一样。

---

① 10 年前，伊扎克·塔宾金曾估计，在一二十年之内可能会有 900 万犹太人到巴勒斯坦定居。本-古里安提到的数字则要少得多。事实上，当时没有人真正知道会有多少犹太人定居巴勒斯坦，也没人知道他们会在何时来。本-古里安说：“我们需要为最大规模的移民潮做好准备。”（Ben-Gurion to the Provisional Committee, June 9, 1919, CZA 1/8777; Ben-Gurion and Tabenkin to a Po'alei Zion delegation, March 7, 16, 1920, in Haim Golan 1989, pp. 189, 195.）

但是本-古里安却认为该问题需要有一个答案。他的选择是明确的——相比和平，他选择犹太复国主义，就如同相对于社会主义，他还是选择犹太复国主义一样。他写道，犹太工人总工会执行委员会并没有准备为"和平"而牺牲犹太复国主义，哪怕只是牺牲其1％的利益都不行，在此，他将"和平"一词加上了双引号。[13]针对这种背景，为了使自己和所属运动处于犹太复国主义话语的中心位置，本-古里安提出了一项分治方案。

220

"指挥官的叛变"

本-古里安充满狂热、孜孜不倦地工作，1929年11月，他拿出了一份6页纸的计划，其中明要在英国的宗主权下建立两个自治政权。他的想法是，在（巴勒斯坦的）犹太人口和阿拉伯人口总量差不多之后，通过长期努力，逐步建立一个由不同的州组成的联邦。犹太人和阿拉伯人之间相互分立，并对整个国家进行分治。该计划包括对政府机构和议事代表机构的明确规划，给人一种万事俱备、即可落实的印象。[14]他还提出了两项建议，并要求立即实施——其一是建立一支犹太军事力量，其二是移民4.5万先驱拓荒者。[15]

愿意将该地区分为犹太州和阿拉伯州，意味着不仅要保证犹太人的安全和生计，还要保证其核心价值不受侵害。如果犹太人口在巴勒斯坦不能占到多数，他们将"在流散之地陷入追逐他们的命运魔爪"中，并被同化为非犹太人，在现在这种情况下，当然是被同化为阿拉伯人。[16]

他没想着阿拉伯人会接受他的联邦计划，而且他也不太可能将其视作一个最终的安排。这是一个分阶段的计划，每一项成就在他看来，都是漫长征途中的一小步。[17]不过，该计划提供了一个平台，让他可以立足，并向国内左翼和右翼的政治对手，以及包括英国托管政府在内的外国人展示自己。

❖

本-古里安强调，要加快推进犹太复国主义运动，这使他成功避开了一个更为棘手的问题——对哈加纳的忽视。1929 年 8 月，巴勒斯坦的大多数犹太人在面对阿拉伯人的攻击和挑衅时不能进行有效防御。本-古里安义正词严地谴责了英国当局的软弱回应。针对阿拉伯人的煽动行为，他们没有采取行动，也没有采取必要措施来确保巴勒斯坦犹太人的安全。[18] 但是，自从哈绍莫解散后，犹太工人总工会已经承担起了自卫的责任，但哈加纳准备并不充分，该组织只有数百名成员，几乎全部是年轻的志愿者。他们人数太少，而且没有受过正规的训练，连适配的武器都没有，尤其是当时在巴勒斯坦的人想获得武器并走私入境，并不是一件困难的事。1929 年 8 月，阿拉伯人的攻击令这支民兵部队猝不及防。[19]

本-古里安很清楚，哈加纳的情况堪忧；哈加纳的全国事务协调员约瑟夫·赫希特时不时会提醒他这一点，并且他将所有这些细节都记在了日记中。写日记时他使用了暗语，就好像提到的东西都是农用物资，他用"犁"来指代"步枪"，用"锄头"来指代"手枪"，并将机枪称作"拖拉机"。赫希特告诉他，他们缺少所有这些装备。他专门提道，在过去的六年中，哈加纳没有从世界犹太复国主义组织执行委员会那里获得过资金支持。在 1929 年 8 月骚乱发生的三个月前，他告诉本-古里安，即便是现有的武器也没有得到妥善的保养和维护。他说，他需要一个军械员来维护保养这些装备。本-古里安更感兴趣的则是哈加纳与犹太工人总工会之间的关系。他说，"我们需要加强犹太工人总工会的影响力和责任感"，并表示，真正需要关注的是工人小队。到 1928 年夏，哈加纳中央司令部不过是有

221

名无实。赫希特要求犹太工人总工会执行委员会解除他的职务，但还没有其他人准备好来接手这份吃力不讨好的工作。[20]

作为犹太工人总工会的秘书长，本-古里安对哈加纳因缺乏准备而导致惨败负有责任。但是他回避批评，正如他曾经逃避对索莱尔博内承担责任一样。当时，他站在了公司负责人戴维·雷梅兹的一边；这次他站在了埃利亚胡·葛朗勃的一边，葛朗勃是哈加纳的一位著名活动人士，也被很多人视为该组织的正式指挥官。他们两人声称赫希特对犹太工人总工会不忠诚，并着手将赫希特解雇。[21]

这是另一场争夺犹太复国主义运动第一支安全部队控制权的斗争，同样惊心动魄，甚至连部分对手都是一样的。当赫希特试图继续保持其对该组织的控制权时，有人指控他发动了一场"指挥官的叛变"。质询、调查、走准法律程序，负责这些事项的是一个"五人委员会"，其中的成员无法解决这场争端。[22]在事态变得越来越复杂之际，哈加纳的耶路撒冷分部出现分裂，承认谋杀雅各布·德·哈恩的男子阿夫拉罕·特霍米于1931年成立了一个新的民兵组织，该组织与修正派犹太复国主义反对派联系密切。该组织最初被称为哈加纳贝特（Haganah Bet），随后改称埃策尔（Etzel），后改名为伊尔贡（Irgun），这是其希伯来语名称的首字母缩略词，意思是国家军事组织。本-古里安在多年后提到1929年哈加纳的"组织缺陷"时如此写道："在那之前，哈加纳实际上只受约瑟夫·赫希特一人领导，他拒绝接受任何公共机构的介入。"如他所描述的那样，这个问题是政治问题，并且部分牵涉"左派之仇恨"。[23]赫希特事件反映了本-古里安的领导者本能，以及他自巴尔-吉奥拉时代就发展起来的强烈欲望——摧毁任何一支不受他控制的武装力量。随着丑闻的逐渐发酵，本-古里安在其中的角色被人们所淡忘。赫希特被解雇了。

"颤抖吧，大英帝国！"

8月的暴乱事件给两个工人党为相互联合而进行的谈判注入了最终一针强心剂。到1930年1月，整个事情终于迎来了最终结局，在特拉维夫的拜特哈姆大厅，人们挂起了红色的社会主义旗帜和蓝白相间的犹太复国主义旗帜，在大厅中还可以看到这场运动的精神先驱的画像，其中包括卡尔·马克思和约瑟夫·特朗普德尔。在为期三天的演讲活动后，本-古里安宣布了新党的名称——巴勒斯坦工人党，该党很快就以其希伯来语名字的首字母缩写马帕伊①（Mapai，以色列地工人党，该党是一个左翼世俗政党——译注）而闻名。然后，他率领众人唱起了第二次阿利亚中第一批移民的颂歌，"上帝将建设加利利"。

根据《达瓦尔报》的报道，当时的场景"犹如被阻断的泉水突然开始喷射出来一般，大家欣欣雀跃，这种热情之火遍及大厅的角角落落，整个人群沸腾了，大家手牵着手，肩并着肩"。然后，他们唱起了《国际歌》和劳工运动的非官方歌曲《泰赫扎克纳》（Tehezaknah），以及犹太复国主义歌曲《哈提克瓦》。之后，本-古里安回家了。但是就如同犹太工人总工会的第三次会议后一样，他的同志们没有让他休息。《达瓦尔报》报道说，这一次，他们再次成群结队来到他家门口，当时大约是凌晨三点，天还下着雨，他们在本-古里安的带领下载歌载舞，"欢呼时声浪整齐划一，气势如虹"。[24]马帕伊的组建是自犹太复国主义运动开始以来，巴勒斯坦犹太社区在政治方面最重要的进展。这个合并想法的诞生要追溯到第一次世界

223

---

① 为了澄清可能由该党的名字引发的对该党民族性质的误解和怀疑，《达瓦尔报》明确表示，该党的英文名称是巴勒斯坦犹太劳工党。

大战之后，在埃及沙漠中，在伯尔·卡兹尼尔森的帐篷里，本-古里安见证了这一过程，他在马帕伊的建立过程中发挥了中流砥柱的作用。当时看来，这是他主要的政治成就：马帕伊在未来的数十年将一直是执政党，这也是他组织能力的体现。

❖

同时，调查委员会从伦敦返回，写了一份报告，直接导致英国人在 1930 年发布了一份白皮书——这是政府政策的一份官方声明，重新解释了《贝尔福宣言》，将其认定为是对犹太人和阿拉伯人双方平等的承诺。从那时起，只有在不造成阿拉伯人失业的前提下，犹太人才会被允许到巴勒斯坦定居。新政策同时对为犹太人定居点购买土地的行为进行了限制。[25]

在此之前，本-古里安为了不惹恼英方一直小心翼翼，当然他这么做是有必要的——犹太复国主义是在英国当局的资助和扶持下才得以迅速发展的。在英国统治巴勒斯坦的头 10 年中，约有 10 万犹太人定居在这里，并建立了十几个新的定居点。[①]

调查委员会的报告在犹太复国主义者内部激起了轩然大波，引发了强烈抗议。本-古里安起初还斥责了他的同事："一个调查委员会反对我们，我们就恐慌得不行了……一份重要的报纸发表了一篇对我们有利的文章，我们又开始欢欣雀跃。这种极端的情绪波动可不是什么好事，我们需要全力以赴加以克服。"自年轻时起，他就在内心类似的反复横跳中作出了反应，表明了立场。白皮书似乎就在一瞬间摧毁了他整个政治世界观。他说，魔鬼本人也想不出更恶毒

224

① 自本-古里安于 1906 年抵达巴勒斯坦直到 20 世纪 20 年代末，在巴勒斯坦的犹太人数量翻了一番，已经差不多有 18 万人。阿拉伯人口在 20 世纪 20 年代这 10 年中增长了约 20 万，总共约有 85 万人。(Tomaszewski 2001, 1, p. 422; Ben-Avramand Nir 1995, pp. 107, 193; Lissak 1986; Lissak 1994, pp. 173ff., 215; Palestine Royal Commission 1937, p. 279; Anglo-American Committee of Inquiry 1946, 1, p. 141.)

的诡计了。[26] 1930 年 10 月,他提议对大英帝国宣战。

这是到目前为止他最狂野的爆发。在指控英国工党政府敌对、背叛、反犹、谋杀、盗窃之后,他突然大喊道:"颤抖吧,大英帝国!"他要求向英国宣战。他信誓旦旦地说,没有什么巨石是不能用少量炸药炸开的。他明白,这样一场战争于犹太人而言,是一场不亚于第二圣殿被毁的巨大灾难,但还是必须这么做。此刻,他的演讲变得越来越不切实际。犹太人不会只凭一己之力与英帝国作战,而是要与从埃及到伊拉克的中东阿拉伯人结盟,共同应对英国。他补充道:"如果我们可以利用恶魔之力,我们也会用的。"

他是对马帕伊管理委员会发表的这番演讲,他所属党派的成员们感到非常震惊。有些成员公开抗议他的战争呼吁。本-古里安坚持立场,毫不退让,但还是试图安抚他的同事们。他表示,与英国开战之前,应该寻求所有政治渠道以获得支持,至少要用上 20 年时间。他没再提与阿拉伯人结盟这一想法。[27]

❖

大约半年前,本-古里安拜访了巴黎的一位著名内科医生。他当时感觉腿非常疼,这种症状已经不是第一次出现了,而且他还注意到小腿上长出了蓝色斑点。他当时 44 岁。医生说,从身体上讲,包括心脏和肾脏在内,他都非常健康,但是他的神经系统却"不堪重负",并且"濒临崩溃"。他将此归因于紧张和劳累。

在这几个月中,本-古里安时常抱怨自己筋疲力尽。他给父亲写信说:"我一点劲都没有,而且我根本没法工作。"他在给葛朗勃的一封信中说:"我现在全无力气,与人交往也特别困难,即便是简单的交流也不容易。"医生要他去城外的一家疗养院休养,并让他从工作中脱身出来"至少"两个月时间。[28] 因而,他在向大英帝国"宣战"的时候,正值他需要接受进一步精神治疗之际。本-古里安认为

225

巴黎那位医生说得没错，但他还是没有遵从医嘱，他的情况也没有得到改善。他写信给宝拉说："我真是累得够呛，很难集中心思。"魏茨曼很快就成功将新的白皮书政策悉数撤销，人们都忘记了本-古里安的爆发。[29]

❖

在这一时期，本-古里安在欧洲和美国待了很长时间。他每年至少出行一次，而且常常不止一次。有时他在外待的时间比在巴勒斯坦还长。1927—1933 年，他不在巴勒斯坦的时间累计超过两年。[30]他每次出行都是出于政治需要，但他喜欢观光游览，历遍旅游景点、风景名胜、城市中心、博物馆以及书店；他也乐于品尝在特拉维夫尝不到的美食。[31]他的行程开销由他所在的运动或邀请方支付，他通常都乘坐邮轮的三等或二等舱，同其他旅客一样挤在窄小的铺位中。一般而言，他不会住在那些最昂贵的豪华酒店里，而且有时别无选择，只能住在不太舒适的旅店中。他出行通常都不带宝拉。自从她在伦敦生下儿子阿摩司，13 年间，她一直没有离开巴勒斯坦。他独自在海外度过漫长时光，给了他结识其他女性的机会。宝拉怀疑过，并且实际上也知情。她责问他："你的来信越来越少了，怎么回事？你现在另寻新欢了吗？"[32]

❖

1929 年 8 月，世界犹太复国主义组织在苏黎世与几个非犹太复国主义犹太组织签署了一份协议，这些组织大多数是美国的。本-古里安感动得几乎流下泪来，就好像是时光机把他带回到了赫茨尔的第一次犹太复国主义者代表大会。这份协议就是在犹太复国主义者代表大会期间达成的。苏黎世音乐厅内洋溢着喜庆的气氛，约翰内斯·勃拉姆斯（Johannes Brahms，德国古典主义最后的作曲家——译注）就曾经参加过开幕仪式。阿尔伯特·爱因斯坦是贵宾之一。

谈判拖了好几年。最终，他们同意建立一个犹太代办处（Jewish Agency），犹太复国主义者和非犹太复国主义者都将参与其中。这个新机构旨在成为世界犹太复国主义组织的执行机构，将取代位于伦敦和耶路撒冷的世界犹太复国主义组织执行委员会，并与在巴勒斯坦犹太社区的准议会机构，即国民代表大会和民族委员会并行运作。

从意识形态上讲，犹太复国主义者作出了一个相当屈辱的让步，同意与非犹太复国主义组织协作。双方都自视甚高，而且相互看不顺眼，这使得建立合作关系变得非常困难。非犹太复国主义者也不得不作出艰难的妥协。他们不喜欢"民族家园"这一说法，但同意扩大移民，购买更多土地，促进希伯来劳工事业的发展，以及使用希伯来语。[33]

本-古里安写信给宝拉说："我被这难以置信的经历深深打动了。爱因斯坦是个天才，他的脸上闪着天使的光芒，使得整个讲台上都充盈着威严和光彩。"[34]犹太复国主义的金库亏空。有时，世界犹太复国主义组织甚至无法用尽英国当局颁发的所有移民证。当时的设想是，得到了美国非犹太复国主义者的资助，巴勒斯坦的犹太复国主义事业将免于灾难，就像巴勒斯坦在一战期间也是靠这些资助免于饥荒一样。他开始考虑"征服犹太复国主义"，意思是要控制世界犹太复国主义组织。那才是真正的权力中心。

雅博廷斯基及其追随者声称，犹太代办处的建立违反了民主代表制度。劳工运动中的一些人也难以克服要与美国资本家合作的抵触情绪，他们认为美国资本家对犹太复国主义和社会主义而言都是敌人。本-古里安宣称："我们对犹太代办处也并非完全放心……但我们还是接受了它，因为我们相信建设巴勒斯坦需要所有犹太力量之间的协作配合。对我们而言，民主不仅仅是一种空洞的表述，我们还有一个比民主更宝贵的原则——由犹太人建设巴勒斯坦。"[35]因而，民主就同社会主义、和平一起被归为一类——在本-古里安看来，民主和其他一些理念机制一样，都得服务于犹太复国主义的目标。1931 年，在巴塞尔召开的犹太复国主义者代表大会上，发生了极富戏剧性的一幕。哈伊姆·魏茨曼偏离了犹太复国主义的主流道路，被罢免了主席职位。

227

"毫无必要的蠢事"

1929 年的恐怖浪潮、随之而来的白皮书，以及犹太复国主义运动向非犹太复国主义者的开放，都重新引发了关于犹太复国主义最终目标的讨论。此外，人们还着眼实际，探讨了当前可以达成的目标。巴塞尔会议召开之前，魏茨曼表示，根据对将来的预期，在巴勒斯坦不可能实现犹太人口占多数，因此，在这种情况下要求建立一个犹太国家是没有意义的。他写道："在某些犹太复国主义者圈子里，如在修正派犹太复国主义者中，关于建立犹太国的宣传甚嚣尘上，这其实很愚蠢，且有百害而无一益。"他说，要求在巴勒斯坦建立一个犹太国家就如同要求在曼哈顿建立一个犹太国家一样不现实。在会议期间，他在接受犹太电讯社的采访时，说得更加直白：他反对在巴勒斯坦试图实现犹太人口占多数，理由是全世界都会将此举视为一个要驱逐阿拉伯人的计划。但是，他坚持认为，有可能在平等的基础上达成协议。[36]

魏茨曼的表态引发了群情激愤，引发了一桩丑闻。修正派犹太复国主义者充分利用了这一点，要求通过一项决议，明确声明犹太复国主义运动试图建立一个犹太国家。魏茨曼、本-古里安和其他许多人都认为，如此一条声明将对整个事业造成不利影响，最好还是维持模棱两可的状态。工人运动又一次难以决定立场。本-古里安认为魏茨曼在夸夸其谈间干了"毫无必要的蠢事",但鉴于犹太人在巴勒斯坦仍然是少数人群,他在当前是可以接受这一平等原则的。此外,如果他要公开反对魏茨曼的话,受益的是修正派。[37]

魏茨曼再一次参加世界犹太复国主义组织主席选举时差了一些选票。本-古里安决定帮他一把。魏茨曼给英国首相拉姆齐·麦克唐纳打了电话,请他当晚接见本-古里安,并同意发布一份支持平等原则的声明。本-古里安说,让他很吃惊的是,魏茨曼没有派哈伊姆·阿洛索洛夫去,而是派他去。魏茨曼也曾就这个问题咨询过阿洛索洛夫,阿洛索洛夫是犹太代办处政治部门的负责人,并且与英国首相的私交甚密,英语也更好。本-古里安坦承道:"当时我的英语很糟糕。"魏茨曼似乎一直心心念念的是,将本-古里安与麦克唐纳首相及首相的儿子马尔科姆(Malcolm)联系在一起,以团结劳工。魏茨曼让与自己关系很亲密的同事、著名的历史学家刘易斯·纳米尔(Lewis Namier)陪同本-古里安一同前往。

两人飞往伦敦。但是由于机械故障,他们到晚了。首相原本一直在等他们,但他们没有到,他于是起身去伦敦郊外荒凉的契克斯庄园度周末了。第二天早上,本-古里安和纳米尔受邀去那里吃早餐。

本-古里安还是第一次承担起如此棘手的政治使命,也是第一次得到级别如此之高的待遇。首相告诉他们,他永远都忘不了他对巴勒斯坦的访问,他指的是自己 1922 年的那次出访,本-古里安曾为此做过大量的工作,并在此次首相访问结束时写道,犹太复国主义已经赢得了一位朋友。他要求麦克唐纳发布的支持声明需要在积极的氛围中进行谈判,此外,还需要给魏茨曼打个电话。本-古里安对结果感到满意。而这时出现了一个问题,即本-古里安要如何返回巴塞尔。周日没有直飞的航班,而且他们已经错过了飞往巴黎的航班。

228

小麦克唐纳给父亲的办公室打电话，唐宁街已经考虑了几种方案，但费用都太高了。派出专机的方案被否决了，因为他们担心这会引发议会咄咄逼人的质询。最终决定是，他搭乘火车返回瑞士。这是一个绝妙的主意，但这又带来了另一个问题——本-古里安没有穿越法国领土的过境签证。小麦克唐纳因此打断了法国大使周末的休闲时光，为本-古里安作好安排。他亲自陪伴本-古里安去伦敦，本-古里安称呼他为马尔科姆。

这桩轶事显示了英国首相们与犹太复国主义运动之间持续的特殊关系，这种关系很微妙，敬畏之中夹杂着恐惧，而正是这两种情绪的结合才促成了《贝尔福宣言》的发布。魏茨曼利用这种情势在英国所向披靡——几乎伦敦的每一扇大门都一直向他敞开着；显而易见的是，基于同样的原因，本-古里安才可以在当天就受邀和首相共进早餐。本-古里安还从他的契克斯庄园之行中认识到，犹太复国主义运动需要拥有自己的飞机。[38]

229　　他在返回巴塞尔之前，收到了一封特拉维夫发来的电报。发报人是埃利亚胡·葛朗勃，他警告说，如果大会通过一项决议，宣布犹太复国主义的最终目标是建立一个犹太国家的话，这肯定会引发新一波的阿拉伯恐怖活动。修正派的决议被否决了。雅博廷斯基爬上一把椅子，撕毁了他的代表委任书，然后将纸片抛向空中。他的几个反对者一拥而上，试图殴打他，他的支持者们则保护着他，其中一位把雅博廷斯基扛在自己的肩膀上，将他带出了大厅。但魏茨曼还是被罢免了职务。[39]

❖

本-古里安从大会返回后，等待他的是枯燥且令人厌倦的日常工作。需要他参与解决的问题毫无挑战性。千头万绪中，他不得不抽出大量时间参与一个学校门卫的劳工行动。越来越多的人因私人问题来找他，他俨然成了犹太工人总工会高等法院的法官，出现在涉及反共斗争和反对雇用阿拉伯工人的诉讼中。至此，很明显，他反对雇用阿拉伯工人的行动已经失败了，即便这不是他的错。生活的现实比意识形态更为强大有力。他抱怨说："有一些犹太柑橘园根本没有犹太工人的身影。"他还提供了一份长长的犹太复国主义工程项目名单，从事这些项目的都是阿拉伯工人，这其中包括赫茨尔森林和特拉维夫第一个居住社区的奠基工程。[40]

他关照着他的家人，他家已经搬入了特拉维夫北部一个新工人社区的一栋房子里。房子有上下两层，实用面积 140 平方米（1500 平方英尺）。为了建这栋房子，本-古里安获得了抵押贷款、借款、折扣和很多其他的关照，这一切都要归功于犹太工人总工会执行委员会的慷慨相助。附近的房产也都属于犹太工人总工会的领导人，但他们的房子只有一层。[41]

搬入新房大约三个月后，本-古里安记录下了他在与工人的一次谈话中听到的牢骚和抱怨。工人们控诉说："犹太工人总工会的官员们都拿着高薪，你们都有房产，而且从索莱尔博内和劳工病患基金会拿到了大笔预付款。"海外旅行是另一个争议的焦点，另一位工人表示："如果领导人不是从巴黎到伦敦，或是从伦敦到纽约，而是坐车来看看这里的实际情况的话，那可能会更好。"[42]本-古里安在特拉维夫时，去犹太工人总工会的办公室是乘公共汽车的，但这似乎还不够。在那几个月中，他记下大量来自群众的不满和憎恶："冷漠""失职""歧视""剥削""腐败""失败""耻辱"和"绝望"，这些只是他听的一部分词语。他们告诉他，这一切都意味着犹太工人总工会已不再是代表正义的一方。他还发现，人们对犹太工人总工会在道德上的表现也十分失望。他们告诉他，在犹太工人总工会成立 10 年后，他们曾经所追求的理念已经蜕变、消失了，在年轻人

230

中间尤其如此。本-古里安在日记中悲伤地写道，他们根本不读书，而是踢足球、跳狐步舞。工人们在穿着打扮上花了太多的钱。[43]

这不仅给犹太工人总工会头 10 年的成就蒙上了一层阴影，更糟糕的是，这使本-古里安感到灰心丧气。他的日记满是失望和倦怠。此后不久，他前往维也纳。他在日记中写道："我终于有时间可以独自清静几天了。"这纯粹是瞎话。在维也纳有一位名叫雷加·克拉珀兹（Rega Klapholz）的年轻女子，本-古里安急切地想要见到她。他告诉她，他已经到了，还让她保密。[44]

"弗拉基米尔·希特勒"

巴勒斯坦的希伯来语报纸以头版头条报道了纳粹党的崛起。毫无疑问，局势的发展令人惊恐。从一开始，《达瓦尔报》就清楚明白地表达了自己的悲观态度，这家报纸宣称，希特勒在柏林掌权之后，意图将"犹太人连根铲除"。但是，这些报道的作者，很难理解和解释纳粹主义这一现象——他们之前还没有见识过如此邪恶的力量。同样，本-古里安对此最初也只是关注了德国大选。1933 年 1 月 30 日希特勒上台，几天之后，本-古里安以一席冗长、满是数据、充满乐观的讲话，拉开了犹太工人总工会大会的序幕。在演讲的最后，他提到了德国事态的发展。他说："这种毁灭和破坏性的力量并不会仅仅局限于一个国家。"他声称，"希特勒主义的使者们"也活跃于犹太复国主义运动中。他指的就是修正派犹太复国主义者。[45]在特拉维夫的一场公共集会上，他曾称他的这位宿敌（指弗拉基米尔·雅博廷斯基）是"弗拉基米尔·希特勒"。[46]

那几个月中，本-古里安从犹太工人总工会的沉闷工作中抽身出来，开始为他迄今为止面临的最伟大的战斗做准备——他希望在下一届犹太复国主义者代表大会上获得世界犹太复国主义组织的领导权。他打算从留在波兰城市中的大批犹太人中为自己招募士兵。他似乎并没有意识到这件事本身的讽刺意味，对他而言，这样做是自然而然的事。起初，他专门实地跑了一趟，以收集当地民众情绪、权力关系和他选举获胜的概率等方面的信息。这种经历类似于一种自学研讨班，自己既是记者，又是情报人员，他游走于不同的党派和党派内的不同官员之间，匆匆记下姓名和数字，并尝试着深入每个城镇的内部政治当中，在其中他发现了党派间和党派成员间很多愤怒的情绪与心胸狭窄的嫉妒。他无法将所有左翼派别团结成一个政党。他唯一能聊以慰藉的是，修正派犹太复国主义者也分裂了。1933 年 9 月，他经维也纳返家，第二年 4 月，他又重返波兰。这次他也写信给雷加·克拉珀兹，告诉她自己要来了。他写了"我想"，但没有写完这一句，他没有写句号，而是煞有介事地用了一个破折号，并补充道："到维也纳我就会告诉你我想要什么了……"这个神秘的省略号出现在他的信中。[47]

❖

从方方面面来看，他把竞选活动当作一次军事行动来实施。他的战略是从家里带过来的，战术则是在抵达后才制定的。其中第一步就是让波兰犹太人登记注册以参加投票，即吸引他们缴纳会费"谢克尔"，以换取他们在世界犹太复国主义组织的会员证。这其中的设想是，这些人将会费缴纳给某个政党的代表后，在选举中为该政党投票。这是第二步。在此之前，首先需要说服那些已缴纳会费的人去投票站投票。

本-古里安将自己的竞选总部设在了华沙巴勒斯坦劳工联盟的办公室，华沙巴勒斯坦劳工联盟是在波兰的犹太复国主义左翼各政党的协调机构。到达后不久，他从犹太复国主义先锋青年运动世界联

232

合会中召集了一名积极分子做他的助手，据本-古里安估计，该机构当时有大约 4 万名成员。25 岁的哈伊姆·菲施（Haim Fisch）当时在该联合会的总部工作，他显然是被推荐给本-古里安的。本-古里安向他提议，由他来协调谢克尔行动。第二天，他问菲施打算怎么干。这就是本-古里安的工作方式——一旦他选定了一名助手，通常该助手都比他年轻很多，他就放手让助手以自己认为最好的方式去做。菲施建议对犹太社区进行一次调查，以了解他们最新的政治站位，而这正与本-古里安的想法不谋而合。他自己起草了一份调查问卷，该问卷要求提供当地人口的数据、犹太人的数量、上一次犹太复国主义选举的结果、每个政党的成员数量以及每个政党售出的谢克尔的数量。参与问卷调查的人还需要提供居住在巴勒斯坦的亲戚的姓名和地址，以及选举集会信息、传单分发情况，最重要的则是对选举结果的预测。[48]

在本-古里安竞选总部就职的工作人员后来回忆说，本-古里安是一位要求严格的上司，在向他们灌输努力工作的思想方面很有一套。他与他们保持着纯粹的工作关系。他通常穿着黑色的外套，这是一种介于衬衫和夹克的服装，就像苏军政委穿着的长外套一样，有着中国风格的硬领。他的许多同事都对选举结果持怀疑态度，但他说服他们，只要竞选行动组织得当，他们就能赢。他说："我相信实力。"[49]他使用很多军事术语，如称修正派为一个"危险敌人"，要求"最大限度地动员我们所有的部队"。这些部队将被派往"前线"。他还从事政治谍报活动。有一次，他从一位"基本可靠"的线人那里得到了有关修正派犹太复国主义的银行账户信息。信息表明，在最后一刻，雅博廷斯基的人有可能会免费发放会员证。在困难的时刻，他会说："我们的运动并不是为了作战而组织的。"而且有一回他还警告说："我们的成员将配备不装子弹的步枪。"[50]调查问卷很快开始返回了。本-古里安仔细研究了这些问卷，热切地誊抄各种表格数据。他表示，"我们可以到六七百个城镇拉票"，并由此开启了他的竞选之路。

233

❖

在随后的几周中，他乘飞机、火车和汽车在整个波兰来回奔波。他每天举行三四场活动，其中许多活动都持续到凌晨才结束。他传达的信息令人印象深刻："这不是一场选举战，而是一场关乎生命的决战，一场为犹太复国主义、犹太工人总工会和先驱移民的命运而进行的战斗。"劳工的胜利将加强犹太复国主义在巴勒斯坦的存在感，而且能够扩大先驱移民的规模；而失败则无异于犹太复国主义的失败。[51]

但是在很多情况下，对他的听众们而言，他在演讲中传递的信息并不是最重要的，重要的是他从巴勒斯坦一路兼程，足迹遍及最遥远的村镇，号召当地的居民去战斗。无论他到何处，人们都会聚拥到火车站去迎接他，有些人从附近赶来，更多的人则来自荒蛮偏僻之地。有时，他们冒着雨，踏着泥泞步行而来。他非常服从安排，别人让他去哪里他就去哪里，只有一回他提出了异议："在别尔斯克（Bielsk）镇，我们最多也只能获得200张选票，为此去那里一趟值得吗？"

每次演讲他都准时开讲，有一回，他面对着一个几乎空无一人的大厅开始了演讲。他的助手之一，巴鲁克·阿扎尼亚（Baruch Azanya）回忆说，本-古里安不允许他在邀请函上所写的时间后面加上"准时"一词。他坚持说："七点半就是准时七点半，没有什么不准时的七点半这一说。"他对当地政治生态的构成表现出浓厚兴趣，称呼别人时他向来都是直呼其名。一个为他工作的人后来回忆说："对于能帮上他的人，他在自己的头脑中都有一个名片夹。"[52]

这是一种在以往的工作中行之有效的工作模式——与尽可能多的人建立直接的联系，并密切跟踪他试图征服的政治蜂巢的每个单元中发生了什么。他过去就是以这样的方式开展竞选进入代表大会的，他也是用这种方式掌控犹太工人总工会的。在接下来的议会选举（1931 年）和犹太工人总工会选举（1932 年）中，马帕伊取得了重大胜利。[53]

他写信给宝拉说："有时候我真的感到深深的恐惧。到处都能看到年轻人在研究我的文章和演讲……我从未如此预料过，从未如此祈求过，也从未如此渴望过……我发现自己重任在肩，真的感到深深的恐惧。"而他的一名下属则有完全不一样的印象，这位下属写道："从第一次集会演讲返回后，他真的平静安详得像一个天使。对他而言，他在心态放松时和在心情紧张时简直判若两人。当他紧张时，他会紧张到极点，而当他放松下来时，人们又根本认不出这是他，因为他成了一个完全不同的人。"[54]本-古里安对他去过的那些小镇满怀希望，而在华沙和罗兹，他很难获取支持。他写道："我们在大城市的情况非常令人担忧。"但他仍然相信有机会获得绝对多数的选票。[55]

很多城市的犹太人支持修正派。这场竞选被视为本-古里安和雅博廷斯基之间的个人竞争，非常激烈且充满暴力。本-古里安在各地的演讲时常被扰乱，闹事斗殴的场面也并不罕见。在华沙，在他即将发表演说的大厅中就曾发现过两枚臭气弹。他在演讲中，称雅博廷斯基为"疯子"，并宣称其人生目标就是要成为世界犹太复国主义组织的独裁者。他说："我刚说完这句话，一个重物便砸落在我脚边，我的裤子随即沾满了黄色的粉尘。整个大厅的人都惊恐不已……他们以为有人投了一枚炸弹，但其实只是一个装满沙子、粉尘和砖块的锡罐。一名从属于修正派的准军事青年运动组织贝塔尔的年轻女孩，从剧院的楼厅上扔下了那个罐子，她是个学生，本来想砸我的头，幸好没砸中。"这个女孩被逮捕，本-古里安则继续演讲，大厅外面斗殴吵架的已经乱成一片。几天后，有人又冲他砸鸡蛋。竞选活动为他配备了几个保镖，并告知保镖们他们要保护的人受到了生命威胁。[56]

此刻，本-古里安无论是在身体上还是在精神上又差一点崩溃了。在离竞选结束还有两个月时，他写道："我不知道自己还能否安全地撑到选举那一天。"一些行程安排的确让他感觉非常疲劳。他晚上难以入睡，一度失声了。一位医生叮嘱他切不可开口讲话，本-古里安因此不得不取消了几场活动。他曾经去过普仑斯克休养，他解释说，"我依然没有到家的感觉"。当时，他的家人都已经不在那里了，他到那里去可能是要处理几件事。无论如何，他在普仑斯克都得不到喘息。所有人都希望利用他的影响力为自己获得移民证。去波兰帮他的只有党内的几位成员。哈伊姆·阿洛索洛夫也过来了两天。[57]

"我们要强忍住痛苦"

235

本-古里安于 1933 年 6 月 17 日星期六的晚间抵达立陶宛首都维尔纽斯。一群人激动地在火车站等待着他，许多人陪同他去旅馆。路上，他们问他是否已经听说了特拉维夫的新闻。他们手头上有一封发给他的电报，但不确定是否要让他看。本-古里安明白，一定有情况发生，然后他们告诉他，阿洛索洛夫被暗杀了。他写信给宝拉说："我眼前一片漆黑，我晕了过去。"

在他恢复过来后，他们告诉他，前一天晚上阿洛索洛夫和妻子出门到特拉维夫海滩散步。这时，有两个年轻人走近了这对夫妇，其中一个举枪朝他开枪。他被紧急送往医院，医院宣告不治。本-古里安档案馆的研究人员专门做过调查，试图发现本-古里安究竟是如何以及何时得知这件事的。本-古里安常常会在日记中记录很多非常详尽的细节，但他在记录这一事件时一反常态，表述含糊不清。这也引发了一个问题，即他是否真的晕过去了，在他当天的日记中，并没有相关的内容。目前，尚不清楚他什么时候收到了他所在的马帕伊党从特拉维夫发来的电报。因此，在他给他的党派发电报称阿洛索洛夫"死于那些觊觎我们鲜血的暴徒之手"时，他究竟对这件事了解到什么程度也是不得而知的。"暴徒"一词暗示了行凶者的身份——极右翼势力阿巴·艾希米尔的追随者。他使用了第一人称复数"我们的鲜血"，以此凸显了本次谋杀的政治属性。10 天后，本-古里安指示他在特拉维夫的下属派人去图书馆收集艾希米尔的罪证文章。[58]艾希米尔和他的两名手下被指控有谋杀罪，其中一人被判处死刑，但最终三人均上诉而被判无罪。究竟是谁杀了阿洛索洛夫，仍然是个未解之谜。

作为犹太代办处政治部门的负责人，阿洛索洛夫参与了与纳粹当局的谈判，希望纳粹当局允许成千上万犹太人离开德国定居巴勒斯坦，并带走他们的部分财产。该《哈瓦拉计划》（即《转移计划》）引发了由艾希米尔控制的报纸《人民阵线》所主导的大规模抵制，主要是出于道德和民族的理由。他们声称不应该与希特勒政府进行任何的谈判；该报纸谴责了本-古里安和阿洛索洛夫，字里行间透出的意思是，这两个人都应该死。[59]维尔纽斯警察为本-古里安配备了一名警卫，回到华沙后他就搬离了原来的住处，因为修正派已经得知了他住处的位置。

阿洛索洛夫被害一事自然引发了一个问题，即本-古里安会受到何种影响。阿洛索洛夫被视作一个政治新秀，他的死很可能清除了本–古里安一路通往犹太复国主义运动高层的一个障碍。迫在眉睫值得担忧的是，此次谋杀可能会导致选举的推迟。此刻，本–古里安的信心正在不断增强。1933 年 7 月初时，他就在日记中写道："如果举行选举，我们一定会胜利。"因此，他告诉他的下属不要将谋杀归咎于修正派。他警告说："雅博廷斯基想利用谋杀案为自己造势，目前他做得很成功！"此前，他曾后悔指责谋杀案的"暴徒"。他又给特拉维夫发去了一份电报："我们要强忍住痛苦，上帝会报仇的！"[60]

　　他不知道凶手是哪个人或者是哪些人，动机是什么。此刻，他专注于竞选活动。

❖

　　大概在选举前两周，本–古里安写道："很长时间以来，我都没有在这场竞选斗争中感觉到如此强大的力量，但是我相信这将是一场决定性的战斗，胜利是属于我们的。"[61]因而，他考虑的是在选举后需要采取什么措施来"清洗"犹太复国主义运动。修正派犹太复国主义者应当受到惩罚，非犹太复国主义者应当被清除出犹太代办处。他写道，1929 年，犹太代办处的建立曾让他如此欢欣鼓舞，但这其实是"一个可耻且严重的错误"。"我们使犹太复国主义和公众意志的旗帜蒙羞。"他声称，这是"犹太复国主义运动有史以来最大的灾难"。他承认自己应对这一错误承担部分责任，但他还是用他最擅长的方式，严厉斥责并且辱骂了非犹太复国主义者。他说，他们不过是"一帮自以为是的资产阶级太监，却仍然不遗余力地想成为人民的代理人，他们只不过是一帮可怜且无能的破产者"。"破产者"一词出现了两回，这揭示了真正的问题之所在。1929 年，经济危机席卷全美国，这使得美国富裕的犹太人很难达成犹太复国主义者对他们的期望。本–古里安不能原谅他们的理由是，他们竟然将捐献的钱称为"慈善资金"。他对待这些人的方式，就好像正是由他们带来了

237

一场瘟疫，他威胁说："我们可以彻底铲除这种不治之症，净化我们周围的空气。"他在暗示，他们应当下地狱。

选举结果非常振奋人心。劳工运动收获了整个波兰42％的选票，比他们上一次选举的得票多了8万张。修正派的得票翻了一番，收获5.3万张选票，不到总票数的25％。劳工运动成为犹太复国主义者代表大会中的最大派别，但是没有取得绝对多数席位。[62]本－古里安没有参加投票，选举那天他待在普伦斯克。两天之后，结果还未公布，他却急急忙忙跑到维也纳去了。[63]

"我是多么想要"

雷加·克拉珀兹是一名医学生。她的父亲是一名出生于波兰的商人，他向犹太复国主义运动的积极分子和来自巴勒斯坦的访客敞开大门。显然，这也是他的两个女儿决定参加1929年在苏黎世召开的犹太复国主义者代表大会的背景。她们与代表们交谈，索要签名，并且加入了犹太复国主义者之间的争吵中。一位维也纳的劳工运动代表向本－古里安简单介绍了她们俩。1931年，本－古里安访问维也纳时，他重新联系了雷加·克拉珀兹。[64]她当时24岁。1932年8月，她写信给他说，她想和他见一面，讨论几个困扰她的问题。按照德语的习惯，她以第三人称称呼他。当时本－古里安在伦敦，他立即以熟悉的第二人称给她回信说，他非常想见她，并提出了几种见面方式供她选择。他说，或许他太孩子气了，但这也不能全怪他一个人——她也挺孩子气的。[65]

在此后的三年中，他给她写了几十封信，开始是用意第绪语写，后来鉴于她已经开始学习希伯来语了，他又用希伯来语给她写信。一开始，他们间的关系像是一对父女，随着时间的推移，却又转化为一种爱情，这种爱情对宝拉不忠，并且他发现这最终不可能维持下去。他最初的信就像是父亲写给女儿的，他写到他的工作、他的出行计划、他多么盼望着见到她。只要有可能，他就会到维也纳去陪伴她几天，其间他住在一家宾馆里。

他们开始通信大约一年半后，本-古里安给她写了一封最发人深省的信，这是自他年轻时与什穆埃尔·福切斯互通信件以来从未有过的。他和宝拉之间的信件所展示的那种亲密也不过如此，他寄给雷加的一些信件则展示了他更成熟、更有深度的一面，却少有感情上的胁迫。这是一封庆祝她26岁生日的信。他希望她能有一份"有价值的工作"，为此她可以倾注一生，且从中获得满足，并收获"伟大的爱情"，他在信中对这些话题进行一一讨论。他郑重其事地谈起了自己的每个愿望。他写道，他不知道生命的意义和缘由，也不知道生命和世界是否有存在的目的和理由。他继续说道："但是我们在倾注心血的事业中，创造了我们生存的目的和价值。我们为自己设定一个目标，而目标赋予了我们生活的内容和生命的意义与理由，而我们一切优秀的品质都为这个目标服务的。"这是迄今为止他对犹太复国主义理念深刻认同的最精确的表述——民族的目标和自我实现的需求合二为一。

他继续说，但是仅凭这一点事实上并不能提供一个人的所有需求，也不能让一个人完全满意。因此，他希望她能有一个"爱着你，而你也深爱着的男人"。他继续说道，爱是"人性的弱点，但用不着对其加以克服"，他指的是他们之间的爱情。"亲爱的雷加，我爱你，全心全意地爱着你，但我什么都给不了你——一个女人需要的幸福、一段完整的爱情、一个爱你的男人对你的倾情付出——我祈祷你会在生活中找到你的真命天子。"

有那么片刻间，他又恢复了父亲的口吻。"去学习与工作吧，不必在意别的事！生活中有困难挫折，有悲伤痛苦，但也有值得为之倾力、煎熬、奋斗的事情。而且生活中还有爱情，即使爱情只会使人们受伤，这也没有关系。"然后他再次畅谈起爱情："我爱你——我该怎么办呢？我什么都不想要，而且我什么都不缺，我还能不时见到你，真的很高兴，当我孤身一人、郁郁寡欢的时候，我就会回想我们的约会，我看到你的脸和你那坚定的眼神，这对我而言如此的宝贵，我的心在远方怦怦跳动，我想你，期待着见到你，但我知道这一切都是徒劳，我祈祷你能得到幸福。别担心，你现在遇到的困难终会过去，其他的困难也会出现，而美妙的时光同样会不期而至，你的生命之旅才刚刚开始，我爱你，我的雷加，看到你幸福地工作，和你爱的人在巴勒斯坦共同幸福生活时，我会很高兴的。"

他犹豫了一会儿，补充说："雷加，你是不会反对我爱你的，是吧？亲爱的雷加，我心爱的人，我是你的。"他在最初的信件上草草签上自己的全名，在数不清的信件和文件上他就是这么签的，后来在签字时他又开始签"DBG"。但在这封信中，他的署名是"大卫"。[66]

那是这段婚外情的最高潮。1934 年 2 月，他仍在给她写信："现在我是多么想要拥抱和亲吻你啊。"但五个月后，他自称是一个"坏男孩"，而即将成为一名医生的雷加则似乎变成了他的母亲，就像护士宝拉以前曾经所做的一样。他称自己是"如此坏的一个男孩"，"当然比你想象的要坏多了"，因为他已经很久没有回过她的信了。就像他在战争期间和战争结束后抛弃宝拉一样，也许就像他母亲曾经离他而去一样。在同一封信中，他与雷加共同分享了他因比亚利克的死而感受到的痛苦；这位诗人已在维也纳去世。本-古里安写道，有人将他"从我们身边偷走了"。他与雷加分担的痛苦，在程度上与他因赫茨尔的死所感受到的痛苦差不多，赫茨尔逝世时，他与什穆埃尔·福切斯分担了痛苦。正如他当时将比亚利克的《火卷》寄给福切斯一样，他建议雷加现在专注于比亚利克的诗歌，而不是那本他送给她的希伯来医学术语词典。在比亚利克逝世后，他至少在痛苦中获得了些许安慰。他问道："我们是否应当厌恶不知好歹的残酷命运将比亚利克从我们身边偷走？我们难道不应该感谢命运将他送给我们吗？"[67]如果雷加确实对本-古里安和她分手感到怨恨，她也可以得到类似的安慰。

在他生命中的这个时期，本-古里安已经几乎没有能力维护他生活中哪怕一点点的隐私。很明显，知道这起婚外恋的人不在少数，就像他们也知道其他犹太复国主义运动的领导人背叛了他们的妻子一样。

雷加和本-古里安在维也纳一家咖啡馆碰面，被人拍下了照片。雷加的姐姐当时也和他们在一起。也许他正试图使两人的关系看起来只不过是普通的社交，用不着遮遮掩掩。也许他认为这场婚外情根本没错。无论如何，在某个时候，他还是聪明反被聪明误，虽然步步算计，到头来还是因为一时的疏忽而露了馅。他试图欺骗宝拉，却被宝拉抓了个现行，当时的场面颇具戏剧性。他让宝拉来华沙，并说他会在那里等她，与此同时，他却跑去维也纳和雷加约会。宝拉比约定的时间提前到达华沙。根据该故事的一个版本，当宝拉发现他不在他们要一起住的旅馆时，她吞下了大量安眠药，好像想要自杀。本-古里安被紧急召回华沙，最终乘坐第一班火车赶了回来。[68]他与雷加·克拉珀兹的关系并未持续很久。雷加后来定居巴勒斯坦，先是在拉马特哈科维什（Ramat Hakovesh）基布兹当医生。当她在此遇到危机时，她向一个叫约瑟夫·巴拉茨（Yosef Baratz）的人求助，此人是有一定影响力的公众人物，但影响力远不及本-古里安。她给巴拉茨写信说："你要知道，你可是我唯一的希望。如果你不帮我的

话，我就彻底迷失了。"她与巴拉茨之间长期用书信联系，其间她也
与本-古里安保持着联系。[69]

❖

1933 年 7 月，本-古里安让雷加帮他获取一本康拉德·海登
（Konrad Heiden）著的纳粹党史图书。有人告诉他这是现存的有关纳
粹的最好的书，而且在德国已经买不到了。一个月后，他乘坐的火
车经停慕尼黑，他跳下站台，买了一本阿道夫·希特勒的《我的奋
斗》。[70]

第十一章　对话

"眼泪和无助"

1935年早春时的一天，本-古里安动身，"穿越群山和大漠"，前往一首著名的以色列歌曲中提到的"一个还没有人能活着回来的地方"。这个地方就是佩特拉（Petra）古城，是纳巴泰王国一个城市的遗址，这个王国在2500年前兴盛而繁荣，地域覆盖到亚喀巴湾北部。佩特拉古城充满着神秘传奇的色彩。正如陪同本-古里安前往的伯尔·卡兹尼尔森在他的日记中所记录的，"这里就是一个谜，伟大而令人生畏"。当时，从耶路撒冷到该地的旅程依然艰难且危险。他们加入了一个由几辆黑色汽车组成的小型车队穿越外约旦。佩特拉所在的那片干河谷被命名为摩西谷地；本-古里安认为，他看到有水从岩石上滴落下来。第二天晚上，他们在那里举行了逾越节家宴。

宝拉也一同来了。照片上的她穿着一件领口有纽扣的针织衫，一条过膝的长裙，脚上蹬着一双低跟鞋，头上则裹着一条阿拉伯式的头巾。本-古里安站在她身边，穿着灰色套装和皮鞋，也戴着一块阿拉伯头巾。

他们看起来疲倦且不自然，脸上挂着僵硬的笑，很可能是应摄影师的要求勉强为之。几年后，本-古里安回忆起自己当时站在位于红海北端一个名为乌姆拉什拉什（Um Rashrash）的渔村的警察哨所，对他的朋友们说："我们要在这里建立我们自己的埃拉特（以色列南部港口城市——译注）。"他相信这里就是《圣经》大卫王的故事中同名城市的所在地。他想让犹太人到这里以及在内盖夫沙漠和外约旦定居。[1]当地酒店把他们当作官方贵宾来招待。在 1933 年的选举中，本-古里安被选入世界犹太复国主义组织执行委员会，该机构由两部分构成，其一是地处耶路撒冷的犹太代办处，另外一个则是在伦敦的犹太复国主义办公室。他拜访佩特拉古城时，正值劳工运动因他迄今为止所完成的最引人关注的政治行动而产生轩然大波之际。

❖

从监督巴勒斯坦的劳资关系到跻身世界犹太复国主义组织政治领导层，这一转变还是相当顺利的。本-古里安"征服犹太复国主义"的行动也提高了他在他所属运动中的地位和声望。他接受新职位的前提条件就是要保留他在犹太工人总工会的秘书长职务，而且每周只到犹太代办处办公室工作两次，只处理政治事务。他的家里第一次装上了电话，电话号码没有被列入电话簿。[2]两年后，他声称已下决心要离开犹太代办处。"我最真挚的愿望和期待、我的心理和人际的关系、我的私人和公共生活，我作为一个个体、一个犹太人、一名劳工和一个生活在这个时代的人的真实的世界，都与犹太工人总工会或更确切地说与劳工运动紧密相关。"在给盖拉和阿摩司的信中他写道："对我来说，离开犹太工人总工会就如同离开这个国家一样。"

但是犹太代办处执行机构的其他成员坚持认为，他应该留下来，继续接受这个机构的领导。本-古里安谈道："塔宾金同志坐下来和我谈了六个小时，说得我眼泪都要掉下来了，我真是毫无招架之力。

令我震惊和焦虑的是，我可能是世界犹太复国主义组织中唯一一个被所有派别寄予厚望的人，甚至修正派领导人也同样如此。这令我十分恐惧。在犹太复国主义运动中要承担这样的责任，是超出任何人的能力范围的，或者至少我自己力不能及。"他的同志们比他强大。他写道："我从未感觉过如此绝望，我别无选择，只能屈服。"[3]

魏茨曼重新担任了世界犹太复国主义组织的主席，而且犹太代办处需要一个比阿瑟·鲁平更强有力的领导人，此前该机构一直在鲁平的领导下。阿洛索洛夫死后，本－古里安实际上成为唯一的人选。他在当年的犹太复国主义者代表大会上用意第绪语发表了长达四个小时的演讲，在演讲结束后他写道："我浑身是汗，汗水浸透了大衣。"[4]由于马帕伊没有在犹太复国主义者代表大会中取得绝对多数席位，他不得不让其他党派进入世界犹太复国主义组织执行委员会。在马帕伊内部他也不能随心所欲。作为一个正处于事业起步阶段的政治家，他的主要职责还是为那些他无法控制的事件寻求合适的解决办法，诸如纳粹的崛起、阿拉伯暴乱和巴勒斯坦的分治方案。

❖

希特勒上台大约一年后，本－古里安说，这个德国独裁者对整个犹太民族而言，是一大危险。本－古里安和很多身处欧洲的人一样，在纳粹掌权之后的那段时期感觉到焦虑紧张和不确定性；他也和当时的其他许多观察者一样，认为希特勒将会把欧洲带入战争。据他估计，战事将在五年内爆发。他说："对我们在巴勒斯坦的人来说，危险程度会是欧洲人的七倍，如果我们想要在大屠杀来临时不被击垮，我们必须在此期间将我们的人数增加一倍，并且尽可能加强我们的内部武装。"[5]

在巴勒斯坦，希特勒是一个七重危险的感觉逐渐清晰明了起来。事实上，本－古里安越来越清楚地意识到，对欧洲犹太人的迫害是反对犹太复国主义事业战争的一部分。1938 年 12 月，他宣称"希特勒纵容巴勒斯坦重演他在德国正在进行的勾当"。他声称纳粹特工正在巴勒斯坦煽动阿拉伯人。他警告说："家园处于危险中，犹太复国主义处于危险中。"[6] 正是这种直觉让他早在 1934 年就断言，如果巴勒斯坦的犹太人不能增加一倍达到 50 万的话，这个国家的犹太人将会被"彻底清除"。[7]

本-古里安这代人对 1903 年发生在基希涅夫的集体迫害的暴行留下了极为深刻的印象。他在回忆录中引用了他在 1927 年从比亚利克那里听到的一句话："流散中的犹太教正在滚落深渊，也许只有少数人可以幸存下来。"[8] 在他一生当中，他都有这样的感觉。正因如此，他认为，犹太人经历了一系列的历史灾难，纳粹的崛起又成为灾难之一。但是犹太人已经幸存了数千年，而且不断更新发展，这使得犹太人保持着对弥赛亚时代和救赎的信仰。因此，本-古里安认为，在世界上犹太人的处境越艰难，在巴勒斯坦的犹太复国主义计划则越有可能成功。他宣称："希特勒为我们提供了动力。毫无疑问，德国犹太人的问题可以在政治上和经济上为犹太复国主义的事业提供巨大推动力。"他甚至在纳粹崛起之前就这样讲过，在接下来的几个月中，他还会继续这么讲。[9]

"弥赛亚时代"

希特勒的推动力果然很有成效。1933 年，超过 3.5 万犹太人定居巴勒斯坦，这个数字大约是前一年的三倍。1934 年，有超过 4.5 万犹太人到来，而到了 1935 年，这个数字就超过了 6.5 万，这波移民潮被称作第五次阿利亚。本-古里安写道："我将这些时期看作'弥赛亚时代'，这并不是在宗教、神秘的意义上而言的，而是在现实、实际的意义上来讲的。""犹太人民正在被毁灭和扼杀……这种对流散犹太人空前绝后的迫害，给巴勒斯坦带来了前所未有的大量机会。我认为，在未来几年内会有数万到数十万的大规模移民畅通无阻地来到这里。"[10]

新移民潮之所以成为可能，很大程度上得益于纳粹政权与在德国的犹太复国主义运动之间达成的《哈瓦拉计划》，该计划是在哈伊姆·阿洛索洛夫的推动下促成的。事实证明，在大屠杀之后，这是犹太复国主义运动发起的最重要的营救行动。该计划对双方都有好处，德国摆脱掉了不受其欢迎的犹太人，而犹太复国主义者则迎来了带着自己的部分家当、金钱和专业技术抵达的新移民。西奥多·赫茨尔在他的著作《犹太国》中已经提出了类似这样的建议。[11]

《哈瓦拉计划》重新引发了一场争论，这场争论在 1933 年的犹太复国主义选举中发挥了关键作用。雅博廷斯基及其追随者，以及犹太世界其他圈子的一些人要求在经济和政治方面抵制德国，旨在推翻希特勒政权。修正派报纸《哈亚登》（*Hayarden*）指责犹太代办处的官员正在沦为希特勒的代理人。[12]本-古里安以他惯常的方式为该计划辩护，他大喊道："你们怎么了，是疯了吗？""我们希望希特勒被灭掉，但只要他还活着，我们就得为这个国家的福祉而利用他，这对我们来说也是有益的。"[13]

犹太代办处还不得不应对雅博廷斯基提出的幻想，他幻想着 15 年之内将有 150 万犹太人从波兰发配至巴勒斯坦。修正派吹嘘道，他们所谓的疏散计划，可以避免与德国人打交道，成为另一种选择。这一计划的规划期长达 15 年，这足以清楚地表明，雅博廷斯基对欧洲犹太人当下所面临的这种实实在在的现实危险是多么无动于衷，他没有对其进行正确的评估。事实上，一些修正派人士也与纳粹分子有过接触，本-古里安本人则继续梦想着将数百万犹太人从欧洲解救出来，他曾经说过"至少 800 万人"。[14]

在此期间，成千上万来自欧洲的犹太难民来到巴勒斯坦，实现了自救。犹太复国主义运动希望加快他们到来的速度。本-古里安向英国高级专员讲述了波兰犹太人的经济困境，以及一旦爆发战争，犹太人可能要面对的危险，此为本-古里安亲眼所见，他向这位英国官员强调说："唯一的希望就是巴勒斯坦。"[15]作为犹太代办处执行委员会的主席，本-古里安宣布组建一个德国犹太人委员会。其实他可以做的事情也不是很多。他在 1935 年就已经说过，"关于这个问题的争论完全是理论上的，因为我们本身就很无助"。从那时起，这就是故事的中心主题。[16]

"孩子们将在巴勒斯坦降生"

在大多数情况下，第五次阿利亚还是按照英国托管当局和犹太复国主义运动所一致认可的基本规则进行的。犹太人在德国和东欧的处境日益险恶，但这并未改变犹太人应该得到在巴勒斯坦定居的许可的基本原则，即被允许进入的犹太移民的数量取决于巴勒斯坦的经济实力可以吸纳多少犹太人口。英方发放的移民证并不能满足需求，因此必须作出艰难而残酷的选择，正如本-古里安所言，究竟是谁真的"亟须移民"。然而结果就是，感觉好像对每个拿到移民证的犹太人而言，他们生的希望都是建立在另外一个得不到拯救的犹太人基础之上的。他本人也参加了数次所谓的"选择"程序。纳粹上台八个月后，他再次宣称："今天的巴勒斯坦需要的不只是移民，我们更需要的是拓荒者，两者之间的区别显而易见——移民是为索取而来，而拓荒者则是为奉献而来。"他在这个问题上的观点是有根据的。[17]他说，他会选择年轻人而不是老年人。和过去一样，他也不会倾向于选择儿童。他重申道："孩子们将在巴勒斯坦降生。"[18] 如同在第四次阿利亚的小货摊主时代所发生的一样，本-古里安抱怨在城市定居的移民过多。他说："我们根本没办法将德国和波兰的所有犹太人都安置在特拉维夫建造的高楼里。"[19]

这一切都与纳粹威胁产生之前犹太代办处移民政策的指导原则没什么不同。[20]负责处理移民事务的官员时常会抱怨，有一些"不良人力物资"或者没有价值的移民却能够设法避开"选择"程序，成功移民。①

纳粹上台三年后，犹太工人总工会和特拉维夫市政府以及其他一些机构一起建立了一个特别基金，用以支付遣返那些"已经成为公众及其社会机构负担"的犹太人回欧洲的费用，这些人中包括身患绝症的病人。截至1936年12月底，在该基金的监督下，已经有几十名此类人员被遣返欧洲。当时，将欧洲犹太人当作建立一个国家所必需的"人力物资"的做法，在劳工运动中是一种被普遍认可的智慧之举，因此这也并非本-古里安的一家之言。卡兹尼尔森也支持对"人力物资进行选择"。但作为犹太代办处执行委员会的主席，本-古里安引领了这项政策。[21]

但伴随着对欧洲犹太人迫害的加剧，本-古里安开始担心，如果不能救这些犹太人于水火之中，将会剥夺犹太复国主义主要的历史正当性。正是在这种背景下，他发动了一场激烈的斗争，来反对一

247

---

① 小提琴家布罗尼斯拉夫·胡贝尔曼（Bronisław Huberman）当时已经说服阿尔图罗·托斯卡尼尼（Arturo Toscanini，意大利著名的音乐指挥家——译注）前来指挥巴勒斯坦交响乐团的首场音乐会，但在为53名音乐家申办移民证时遇到了麻烦，这些音乐家中，有12名来自波兰，30名来自德国。胡贝尔曼为此专门给本-古里安写了信，但没有用，所以这位著名的小提琴家又向魏茨曼抱怨了此事。最终，英国高级专员批准了音乐家们的移民证，这是在犹太代办处的配额之外特批的。（Bronisław Huberman to Ben-Gurion, April 3, 1936, and Bronisław Huberman to Chaim Weizmann, July 22, 1936, Felicja Blumental Archives; Toeplitz 1992, p. 20ff.）

项旨在使德国犹太人能够在巴勒斯坦境外自救的倡议。美国和英国的犹太人成立了一个救援委员会，但本-古里安认为这是在与犹太复国主义事业竞争。他坚持说："德国的犹太人问题是对犹太复国主义的一个历史性考验。无论胜利还是失败，都将是决定性的。"[22] 随着对犹太人压迫的加剧，他们面临的危险也越来越大。他表示："在正常的年份，移民需要犹太复国主义。现在则是犹太复国主义需要移民，或者更确切地说，犹太复国主义要依靠移民。"因为如果巴勒斯坦不能接纳"相当数量"的难民的话，它将失去犹太复国主义者本身的支持。他说："当数万甚至数十万犹太人在拘留营中被拘禁、杀害时，即便是犹太复国主义者也不会对巴勒斯坦的需要作出回应。"他的意思是，在海外筹集资金将更加困难。[23] 面对纳粹威胁，仍需加强犹太复国主义事业，这也是促使本-古里安与他最大的对手和解的动机之一。

"铜墙铁壁"

在阿洛索洛夫被杀后的几个月里，修正派与劳工运动之间的敌意进一步加剧，他们之间的暴力程度达到了新的高度。犹太工人总工会继续拒绝向修正派提供工作机会，而且世界犹太复国主义组织执行委员会也不给他们派发移民证。修正派则与劳工运动针锋相对，建立了一个工会组织，并试图直接从英国当局那里获得自己的移民证。[24]

双方的暴力使两大运动区别明显、对立严重，而且有失控的危险，因此双方的领导人试图控制住局势。纳粹的崛起也让双方越来越清楚地意识到，必须停止敌对，开展谈判。在本-古里安之前大概一年，雅博廷斯基就曾写道，如果希特勒政权继续执政的话，世界

248

上所有的犹太人都将会遭受灭顶之灾。[25]本-古里安希望修正派继续留在犹太复国主义运动中，而且要将他们置于他的控制之下，就如同他想要哈瑞迪人留在代表大会，让青年工人党留在马帕伊一样。随着"征服犹太复国主义"的斗争愈演愈烈，他展示出一种征服者的慷慨和大度，并开始在伦敦与修正派的代表进行会晤。[26]

1934 年 10 月的一天，本-古里安接到了平哈斯·鲁滕贝格打来的一个电话，鲁滕贝格是位颜色革命者，本-古里安早在流亡美国时就认识他。打这通电话时，两人都在伦敦。这些年来，鲁滕贝格已经成为一名富有的企业家，并且认为自己是犹太复国主义政坛当中一名负责任的成年人。他问本-古里安是否愿意与雅博廷斯基见个面。本-古里安表示同意，条件是鲁滕贝格要向他们两人都发出邀请。[27]秉持着他特有的新闻记者般的敏锐，本-古里安对整个事件进行了绘声绘色的描述。按照他的表述，一天晚上，在午夜后不久，他正坐在伦敦地铁北线的一趟列车上。他在第三站——托特纳姆考特路站下车，感觉松了一口气，因为没有人认出他来，也没有人认出坐在他旁边的那位乘客。有那么一刻，他沉浸于想象中：如果有一位记者碰巧看到他们，并且发现他们在互相交谈的话，将会爆发一桩丑闻，因为坐在他旁边的是雅博廷斯基。这两位势不两立的领导人都曾经把对方比作希特勒，谁能想到，他们竟然在鲁滕贝格的住所中一同度过了六个小时，之后又一起回家。本-古里安下车前，他俩同意第二天再见面。[28]在接下来的几周里，他们大概见了十几次面，有时是在戈德斯格林的公寓里，那里住着雅博廷斯基的一个朋友，有时是在位于罗素广场的世界犹太复国主义组织执行委员会的办公室中。他们达成了两项共识，并开始为达成第三项共识展开工作。

那是一场真正的地震，但回头来看，他们之间的对话似乎的确是合乎情理的。本-古里安大部分时间都在巴勒斯坦，在犹太复国主义事业中，他比雅博廷斯基发挥了更大的作用，此外他还担任着犹太工人总工会的秘书长。鉴于魏茨曼曾经说过，实现犹太复国主义的目标在于"一个村又一个村地增加，一座房又一座房地建设，一德南又一德南土地地购买，一只羊又一只羊地饲养"，所以这整个过程需要投入极大的耐心。[29]从事政治活动是本-古里安唯一的职业，是他每时每刻都在干的事情。而雅博廷斯基除了从事政治活动外，还有新闻和文学领域的事业。作为反对派的领袖，雅博廷斯基认为所有这一切都进展得太慢了，没有冲劲儿。但是，他们之间的巨大分歧主要是在个人立场和政治层面上，在意识形态层面上弥合分歧难度并不大，因为两个人都是狂热的犹太复国主义者，并且都试图在巴勒斯坦建立一个犹太国家，这是双方达成共识的基础。双方都认识到，大多数犹太人并不是犹太复国主义者，也不想在巴勒斯坦生活，这些都是双方结盟的理由。

两个人分别从不同的意识形态渠道了解世界，形成各自的世界观，但是他们之间的差异主要是战术层面的，有时是战略层面的。两人间的共同点足以弥合分歧。他们寻求建立的国家地域跨越以色列地全境，包括外约旦地区在内。本-古里安说："我们的最终目标是犹太人民在约旦河两岸的巴勒斯坦地区独立，不是作为少数民族，而是作为拥有几百万人的独立政体而独立。"三年前，他就听雅博廷斯基说过这些话。[30]他们俩都相信要"征服劳工阶级"。在本-古里安还住在普仑斯克的时候，雅博廷斯基就曾写道，首先，必须把阿拉伯劳工"逐出希伯来殖民地"。和本-古里安一样，他把犹太劳工视为"民族真正的脊梁"，并把他们比作战士。[31]

他们俩都认为，阿拉伯人绝不会自愿同意与犹太复国主义者妥协，而且一致认为，犹太国可得幸存的唯一条件就是，这个国家足够强大、足够坚韧，而不会被毁灭。本-古里安在 1919 年曾说过类似的话。雅博廷斯基在他于 1923 年首次发表的一篇著名文章《铜墙铁壁》中表达了相同的观点。六年后，本-古里安采纳了这一表述，宣称每个城市和乡镇都应该由劳工定居点构成的铜墙铁壁所环绕包围。[32] 他们两人都承诺会尊重犹太国家内的阿拉伯少数族裔的公民权利；两人都认为犹太复国主义的未来取决于英国，也都钦佩英国人和他们的文化。

雅博廷斯基根本不是法西斯主义者，正如本-古里安压根儿不是马克思主义者一样。和雅博廷斯基一样，本-古里安也是个十足的民族主义者和军国主义者。犹太复国主义运动中的左右派分歧主要体现在风格和战术上，而不是基本价值观上。从总体上看，这是一场权力的斗争，而非思想理念的斗争。雅博廷斯基认同自由民主思想和自由市场理念，但也不排斥政府扶持的发展和定居项目；本-古里安虽自称是社会主义者，但并不抵制私营企业。他其实是一个社会主义民主派人士。雅博廷斯基的运动吸引了许多工人，而许多中产阶级成员则支持本-古里安。

不再称雅博廷斯基为纳粹分子或黑社会组织的罪犯时，本-古里安又对他不屑一顾起来。本-古里安说，雅博廷斯基的犹太复国主义是一种"语言上的犹太复国主义"，重点在于蛊惑民心和塑造民族象征。但是本-古里安所说所写的一点不比雅博廷斯基少。他同样清楚地了解民族象征的重要性和文字的力量，况且他们还使用共同的语言——在伦敦，他们用希伯来语交谈。

两个人有同样的感觉，即他们在一起促进民族的利益，这种感觉让他们走得更近。还不到三周时间，本-古里安已经开始称呼雅博廷斯基为"朋友"了，对此，雅博廷斯基也颇为感激。他们一同度过了很多时光。在他们的交流对话期间，雅博廷斯基写道："我们都为相互间融洽的关系和彼此的热情感到惊讶。"他们在戈德斯格林一起度过的时光，使雅博廷斯基想起了自己在意大利求学时的场景。他说，本-古里安为他做了煎蛋，并打趣说，如果马帕伊得知这一情况，非把他私刑处死不可。[33] 曾经有一段时间，两人谈到了一个新的世界犹太复国主义组织领导层构成方案的可能性，该组织由他们两个和鲁滕贝格组成的三人领导小组共同管理。[34]

"大家为何都如此激动?"

这种对话并不轻松，但大多数时候他们还能做到平心静气。他们相互承诺，要克制暴力和煽动行为，遵守"犹太复国主义道德和社会礼节"。其中，双方还都承诺，不将对方组织的成员移交给英国当局。本-古里安同意承认修正派工会，而雅博廷斯基则认可进行罢工的权利。他们的第三份协议有关修正派与世界犹太复国主义组织之间的关系，该协议旨在让修正派接受犹太复国主义者代表大会的权威。修正派将获得一部分英国当局颁发给犹太代办处的移民证。本-古里安承认，将移民证书紧紧攥在自己手里是一个"重磅武器"，他所在的运动在拒绝向修正派发放移民证方面做得过火了。这个问题仍悬而未决，但是，因为前两项协议所引发的舆论风暴导致了第三份协议无法签署。

本-古里安很清楚，他所秘密签署的几份协议，因为没有得到其所在党派的批准，因而很可能会遭到反对。因此，在促进他与雅博廷斯基间突如其来的和平关系时，他本应非常小心，在政治方面非常谨慎才是，但实际上他没这么做。在没有做任何准备工作的情况下，这几份协定从天而降，直直落在了马帕伊这里。这是一个严重的失误。卡兹尼尔森在本-古里安和雅博廷斯基的谈话被公布于众之前才刚刚听说有这档子事。他警告本-古里安不要作出任何承诺，并即刻返回特拉维夫。本–古里安十分吃惊。他返回后问道："大家为何都如此激动？"[35]

协议的反对者向他发来了一封又一封愤怒的电报声讨他。阿摩司和盖拉也要求他作出解释。阿摩司收到了一份详尽的解释，本–古里安在其中主要强调的是，必须要停止自相残杀的暴力行为。此外，针对阿摩司突然间对政治表现出的兴趣，他还表扬了儿子；事实上，他怀疑党内有人指使他儿子写信让他解释。[36]

❖

阿摩司当年 14 岁，做本–古里安的儿子可不是件容易事。他其实并不怎么关注孩子们。他给阿摩司的信的语气很是生硬，内容主要是对自己参加的会议或者工作的一些晦涩的描述，而且，这些信件常常带着责备的口气。他说："如果你不想让孩子抓火焰中的余烬，那么你需要放手让他去抓一次。他会被烫伤，然后就明白了自己不应当去抓。"[37]阿摩司在学校的表现很让人头疼，但是在他长大些后，他竟然回忆不起来父亲何时曾去见过他的老师。只有一回，父亲把他叫到家中二楼的图书室，说起了他近来的表现。阿摩司通常不准进入那间密室。哪怕在半个世纪后，他仍然清楚地记得自己心中的那种敬畏，仍然记得自己的膝盖在当时是如何瑟瑟发抖的。据家里的朋友们回忆，本–古里安会一而再再而三地问起儿子多大了，在上几年级。[38]

盖拉当时 16 岁，她也一样很少见到父亲。宝拉告诉她，不要去打搅父亲。多年后，盖拉声称她的母亲是出于嫉妒而不让她接近父亲，因为她母亲想独享父亲的爱。阿摩司的妻子玛丽（Mary）也有类似的印象，她说，宝拉不让他接近孩子们。玛丽说："我认为她嫉妒他们。"她补充说，他其实真的很不了解他的孩子们。她认为他为他们而感到愧疚。[39]他总是称呼小女儿为"雷娜内勒"（Renanele），

252

他给小女儿的信则充满父爱和温情。她是本-古里安的孩子中唯一拥有父亲给的昵称的。[40] 很多年后，雷娜娜·莱斯海姆·本-古里安（Renana Leshem Ben-Gurion）提道，她的父亲是个顾家的男人，在家里他总是洗碗，还喜欢带着他的宠物狗"拳击手"一起散步。"我记得我小时候父亲给我洗过头，喂我吃饭。我记得他拥抱我，亲吻我，他是一个非常温暖的父亲。"她不喜欢父亲给他们读柏拉图，她喜欢父亲讲故事。三个孩子当中，她是最聪明的。[41] 本-古里安在与雅博廷斯基接触会晤时，宝拉在伦敦。

❖

反对与修正派达成协议的声浪日益高涨，在犹太工人总工会的地方分会和左翼的圈子中尤为如此。退出这几份协议的唯一办法就是组织犹太工人总工会成员为此进行投票表决。卡兹尼尔森却放弃了自己最初的反对立场，转而支持这几份协议。但在参加投票表决的 2.5 万人中，约有 1.5 万人投了反对票。对于本-古里安来说，这是一次令其极为难堪的失败，他只能自食苦果，并与卡兹尼尔森一同去佩特拉古城。

雅博廷斯基在自己的阵营中同样也遭到了抵制。他竟然愿意与把他比作希特勒的人开展对话，这让他的追随者们大为吃惊，其中一个最年轻的同僚要求他解释，他是怎么可能和一个如此疯狂诽谤过他的人握手的呢。这个年轻人名叫梅纳赫姆·贝京（Menachem Begin，1977—1983 年任以色列总理，第一位利库德集团出身的以色列总理——译注）。雅博廷斯基回应说，他一直记得本-古里安在犹太军团中服役的事。[42]

几个月后，雅博廷斯基创立了新犹太复国主义组织。本-古里安则恢复了以前的立场，再次将他视作敌人。他写道："以我对他的了解，只要能帮他灭掉世界犹太复国主义组织，他可以和任何一个敌人结盟。"但他并不后悔与雅博廷斯基曾经达成的协议，也不承认在达成协议的过程中犯过任何错误。[43]修正派也重新开始反对犹太复国主义运动和纳粹之间的任何接触，本-古里安依然禁止向修正派发放移民证。他公然宣称："那是一个犹太纳粹党。"[44]

"没有解决方案"

1936 年 4 月 19 日，阿拉伯人袭击了在雅法以及雅法与特拉维夫交界地带的犹太人住所，九名犹太人丧生，数十名犹太人受伤。本-古里安去探望伤者，并出席了为死者举行的集体葬礼。他说，就在那一天，他清楚地意识到，争夺巴勒斯坦的大决战已经打响了。[45]阿拉伯人的叛乱也已经开始了。

四周后，本-古里安在他耶路撒冷的办公室中，与几位同僚一起工作。当时正是周六的晚上，作为犹太代办处执委会的主席，他的职务其实相当于总理。需要他关注的问题有很多，从豪和剧院（该剧院成立于 1925 年，是一家劳工剧院，其演出剧目主要涉及社会主义和《圣经》主题——译注）的艰难历程到印度的犹太复国主义，不一而足，他的办公室正着手制定文件来解决这些问题。但是他大部分的脑力和体力还是投入治国理政中。那天晚上，他和他的同事们给英国高级专员起草了一封信。

当晚刚过九点，哈加纳的一位军官出现在了办公室，通报了一起袭击事件，在此次事件中，有三名犹太人被杀。几位遇难者当时刚刚看完一部名为《幸福之歌》的苏联电影，正走出爱迪生电影院，事发地距离犹太代办处办公室不远。三人中，两个人是 20 多岁，另外一个人正好 30 岁；一个是医生，一个是面点师，还有一个学生，三人都是最近从波兰来到这里的。他们中有一个的妻子怀有身孕，有一个刚结婚六个月，另一个正等着他的女朋友从波兰过来。持枪的凶手逃脱了，据报道，是一个阿拉伯人，也是 20 多岁。哈加纳的军官要求本-古里安批准一项报复行动。他拒绝了，并要求人们保持克制。这位军官不依不饶，继续与本-古里安理论直到深夜，在本-古里安穷尽所有的说辞之后，军官威胁要辞职。直到午夜，哈加纳才接受了他的决定。[46]这件事清楚地表明，在这个时期，他的权力还是有限的——他的权威得到了认可，但也并非不可挑战。

哈加纳依然很弱小，而且因为其规模太小而广受诟病。本-古里安对此非常清楚。在他悼念雅法的死难者时，他说他们"之所以遭遇不幸其实是源于一个错误"。他解释说："过去我们没有认识到，我们要有一支强大的军事力量……因此，这是整个犹太民族的损失，我们都难辞其咎。"实际上，这不是一个错误，而是 1929 年就已出现的同一种失败的延续。在中间这七年中，正如一位修正主义反对派所说，他们原本是有可能建立一支"建制完整的部队"的，但他们只是部分吸取了 1929 年的教训，行动还非常缓慢。阿拉伯人的叛乱发生后，哈加纳又一次被袭击，并且措手不及。作为犹太代办处的负责人，本-古里安对哈加纳负有首要责任。他说"我们都有责任"，但他没有就此打住。他还说了类似"我以前就告诉过你"这样的话。他声称，雅法的谋杀之所以发生，是因为犹太人和阿拉伯人继续混居在一起，也因为犹太人继续雇用阿拉伯劳工。但在这年的年底，他收到了一份关于哈加纳现状的报告："这里没有战斗精神、没有计划，也没有应对困难时期特别是应对战争爆发的预设。"[47]

❖

阿拉伯恐怖浪潮起起伏伏，成为生活的常态。有些袭击针对的是犹太农场主，因为有些农场主所劳作的土地在此前是由阿拉伯佃农耕种的。[48]阿拉伯民族运动的领导人是耶路撒冷的伊斯兰教穆夫提

（伊斯兰教教法说明官——译注）哈吉·阿明·侯赛尼（Hajj Amin al-Hussayni）。1935年，海法的一位具有超凡魅力的宗教领袖谢赫伊兹·阿丁·卡萨姆（Sheikh Izz a-Din al-Qassam），曾经领导了一群战士。他后来战死沙场，而此举使该运动带上了英雄主义的色彩。本－古里安说："这是一种阿拉伯人的'特拉海农场'，是一种教育阿拉伯青年去自我牺牲的办法。"[49]事实上，20世纪30年代大多数阿拉伯人的袭击都是针对英国当局的，这使本－古里安愈发坚信自己的观点，即阿拉伯人的叛乱是一场有组织、有纪律的民族公共行为，而且他们在政治上很成熟，具有奉献精神、理想信念和视死如归的英雄气概。他认为，他们是"与外国政府对抗的民族解放斗士"。这几乎等同于完全放弃了之前的理论观点，即犹太人与阿拉伯人的冲突源于两族人民之间经济上的不平等。他也不再将阿拉伯人的暴力活动归咎于其肇事者与生俱来的嗜血本性。他说，如果他是一个具有政治和民族意识的阿拉伯人，他也会加入斗争中。[50]

255

当时来看，阿拉伯人已经不再可能摧毁犹太复国主义运动业已建立起来的民族基础设施；在之前的五年中，约有20万犹太人定居在巴勒斯坦。这使犹太人的数量增加了一倍，犹太人口已经占到了该地区人口总数的30％。[51]本－古里安说，对阿拉伯人而言，他们的叛乱来得太迟了。但他继续说道，对犹太人来说，这场叛乱还是来得过早——他们在这个国家依然是少数群体，实力不足以自卫。截至这一年的年底，犹太人死亡数量已经上升到80。与此同时，本－古里安开启了与阿拉伯领导人的一系列对话。[52]

❖

穆萨·阿拉米（Musa al-Alami）毕业于剑桥大学，是一位穆斯林法学家，也是英国托管当局公共检察官办公室的一位高级官员。他来自耶路撒冷最富有的家族之一，他虽不是一个广受欢迎的领导人，但与穆夫提侯赛尼以及高级专员阿瑟·格里菲尔·沃科普（Arthur Grenfell Wauchope）两人都关系密切。1934 年的一个夏日，阿拉米在位于耶路撒冷南部的小村庄沙拉法特（Sharafat）的家中接待了本-古里安。他们坐在一棵挺拔高大的橡树下，阿拉米告诉本-古里安，在整个巴勒斯坦都没有比这棵更老的橡树了。这已经不是他们第一次见面了。他们几周前在耶路撒冷时就有接触，当时是在摩西·夏里特的家中。阿洛索洛夫死后，夏里特接替他成为犹太代办处政治部的负责人，他把大部分时间都花在处理与阿拉伯人的关系上。

本-古里安向阿拉米展示了自己几年前曾制定过的一个提案的改进版本，该提案基于两个中心思想：犹太人和阿拉伯人在暂时平等的基础上参与组建政府（本-古里安称之为"对等"），并且建立一个区域性的联邦，巴勒斯坦是其中的一部分。犹太人最终将在巴勒斯坦人口中占多数，而阿拉伯人会变为少数，但与邻国的联邦性联系仍将使他们成为该地区的多数人口。阿拉米同意将本-古里安的提案转交给穆夫提，并建议双方见面会晤。根据本-古里安的说法，阿拉米后来告诉他，穆夫提认为该提案是颗"重磅炸弹"，此前从没想过会有犹太人如此真诚地希望与阿拉伯人达成和解。本-古里安继续与阿拉米和乔治·安东尼奥斯（George Antonius）会面，后者是巴勒斯坦的基督教理论家，毕业于剑桥大学，信奉阿拉伯民族主义。两人都给本-古里安留下了很好的印象，而他对其他阿拉伯人的印象都不怎么样。其中出席过这些会议的另一位参与者是犹大·莱昂·马格内斯，此人是布里特沙洛姆的同情者。谈判没有进行下去，这证实了本-古里安之前的想法。他再次说道："历史上从来没有过，而且我也不认为历史上会有这么一个民族自愿放弃自己的土地。"然而，他以一种近乎仪式化的方式强调，两个民族之间的对立并不是

"绝对和永恒的",强调这一点对他而言很重要。他坚持认为,当阿拉伯人"绝望"地意识到摆脱犹太人绝无可能时,这种对立状态自然就结束了。[53]

❖

他遇见的这几个阿拉伯人激起了他的好奇心。此前,他并没见过很多阿拉伯人,也没和他们在外交事务上有过接触。和平常一样,他的这种好奇心源于他惯有的新闻记者般的敏锐度,好像他知道,有一天他会写一本有关这些会晤谈判的书。他与阿拉米的对话引发了这么一个故事:他像往常一样向阿拉米保证,犹太复国主义者为发展巴勒斯坦而来,发展成果将惠及这里所有的居民。按照本-古里安的说法,阿拉米如此回应:他宁愿让这片土地继续贫瘠荒凉一个世纪,直到阿拉伯人能凭自身之力开发这片土地。在接下来几年中,本-古里安一再讲到这个故事,直至他生命的终结。

在他与阿拉米第一次见面大约六周后,他详细做了笔记,然而并没有记录这则故事。1936年4月,他撰写了长达41页的报告,也没有提到这则故事。1941年,他提到了一位未透露姓名的阿拉伯人的类似回应。很显然,这么多年来,阿拉米的回应让本-古里安醍醐灌顶,成为他一生中的一段重要经历,其影响之大足以与当年他的阿拉伯同学对他说的那一番话匹敌,即如果本-古里安从巴勒斯坦被驱逐出去的话,他会很高兴。这两个故事旨在说明,与阿拉伯人间没有达成协议的基础,或者正如他曾经提到过的,"没有解决方案"。换句话说,阿拉伯人不是合作伙伴。事实上,他从未见过穆

257

夫提。①[54]

阿拉伯叛乱使得犹太代办处和英国托管当局团结起来，合力镇压暴动。英国人在进行镇压时下手很重，和他们在其他一些殖民地中的做法一样，其具体措施包括捣毁房屋、在审讯中使用酷刑以及进行目标明确的屠杀。本-古里安将这种合作视为民族家园的基石，有一个阿拉伯人问他是否有可能实现犹太人和阿拉伯人协作对抗占领当局，他回应道，犹太人绝不会与英国人作战，并立即将这番话告诉了英国高级专员。

沃科普是第一位认可本-古里安是巴勒斯坦犹太人领袖的英国高级专员。本-古里安写道："他是最好的高级专员。"沃科普本人说，他从未觉得犹太人在他的管理下会过上更安全的生活。他们经常见面，本-古里安称他为"老头子"。犹太代办处的权威来自英国托管当局，其运作能力在很大程度上也取决于与英国政府的合作情况。[55]因为英国不仅对这个"正在形成的国家"提供援助，随着阿拉伯暴力活动的加剧，他们对这支"正在形成中的军队"也伸出援手。在本-古里安1936年的日记中，出现了"犹太军队"这个词。两年后他告诉他的政党，"在这段时间里，我们在防卫体系建设上取得了出乎意料的巨大成就"。[56]

❖

在1929年的暴乱后，哈加纳全国总司令部随即组建起来，在性质上仍然是一个执行委员会，其成员的任命都是基于个人的政治基础，而非专业基础。它接受犹太代办处政治部的领导，政治部的领

258

---

① 阿拉米的传记作者从本-古里安的回忆录中引用了这个故事，但未作评论。多年后，阿拉米说，他认为本-古里安和穆夫提非常相似——他们俩都没有掩盖自己的民族意图。在与一个犹太朋友的交谈中，他很有礼貌地表示，很遗憾的是，阿拉伯人还没有产生自己的本-古里安。（Elath 1958, p. 22; Furlonge 1969, p. 231.）

导人先是由阿洛索洛夫担任，后来由夏里特接替。当时，本-古里安在这个领域做得不多。一段时间后，哈加纳发展成了一个庞大组织，成员从几百名变成了几千名。其中很多的成员都接受了特训，他们还学习了如何在区域基础上协同展开行动，而不是单单对每一个定居点开展防御。通信、情报和医疗服务也逐渐发展起来。哈加纳在欧洲的特使们购买了武器和军事装备，然后偷运到巴勒斯坦。生产炸弹和手榴弹的小作坊遍地开花，此时，哈加纳终于开始雇用军需官和后勤人员了。但这些人力、物资都不充足。[57]本-古里安在 1935年写道："有必要在怀斯的帮助下立即采取行动。"他随即启程前往美国。

❖

斯蒂芬·怀斯（Stephen Wise）拉比出生于布达佩斯，是一位律师，也是一位改革派拉比，此外，他还担任着美国犹太复国主义组织的主席。本-古里安希望他能帮助筹集到 10 万美元，用以资助哈加纳的行动，正如他在日记中所写的那样，他所说的是"特殊行动"。此外，他心里还有一搭没一搭地想着见见富兰克林·罗斯福总统。这一回，美国再次让他情绪高涨。他乘红眼航班从纽约飞往芝加哥，在飞机降落后，他写道："我长这么大还从未见过如此奇妙的景象，光线四射的正方形……矩形、对角线和通体发光的高楼……这些似乎是从一些虚幻的传说和奇妙的歌曲中搬出来的。"[①][58]年近八旬的路易斯·布兰代斯大法官还记得他，在此给了他明智的建议，并承诺出资 2.5 万美元以资助内盖夫沙漠和亚喀巴湾的定居点。他后来同意这笔钱可以用于"其他用途"。有人给了本-古里安 1 万美元

---

① 法学家费利克斯·法兰克福（Felix Frankfurter）建议他丢掉在白宫受接见的幻想。他对本-古里安说："华盛顿现在深陷困境。"（Ben-Gurion, Diary, June 1, 1935, Sept. 6, 1936, May 17, 1937, BGA.）

"作为犹太工人总工会的经费"，但是 10 万美元的筹款目标没有实现。大多数美国犹太复国主义者都不富裕，而大多数富有的犹太人都不是犹太复国主义者。他们当时的重点是援助德国犹太人。本-古里安回应说："这是一种充满罪恶、愚蠢且懦弱的立场。"他称他们为"钱袋子"。[59]

他也设法在伦敦筹集了一些资金，但"特殊行动"这种晦涩不明的字眼并不总能给人们留下他所希望的那种印象。詹姆斯·德·罗斯柴尔德（James de Rothschild）只给了他 1000 英镑。本-古里安狠狠损了他一把，写道："这个吉米又胆小又愚蠢，还特别让人讨厌。"他声称，罗斯柴尔德在原则上反对建立一支犹太军队。[60]当时，筹款是本-古里安参与哈加纳事务的主要形式。[61]

❖

随着阿拉伯抵抗运动和恐怖活动的不断加剧，英国人对巴勒斯坦事务变得越来越不耐烦。情况越糟，他们就越深切地意识到，这个地区已然成为他们的一大负担，而且他们再也没有理由继续承担这副重担了。他们开始寻求出路。沃科普试图组建一个犹太-阿拉伯联合立法议会，但没能成功。没有人对这个提议感兴趣。犹太人和阿拉伯人都试图获取胜利，却不想进行妥协。[62]然后，英国方面又拿出了自己的撒手锏，他们派出了一个负责调查的皇家委员会，纵观英帝国历史，他们不止一次这么做过。本-古里安在伦敦待了很久，这是他人生中一段非常难熬的日子。他写道："我在紧张和痛苦中度过了几个月，此前我还没有过这样的经历，而我又没办法排遣这样的情绪。我非常焦躁，因为我感觉到我们正处于可能改变历史进程的紧要关头，而这可能在我们 3000 年的历史上也仅仅发生过两三次。"[63]他结识了一位名叫多丽丝·梅（Doris May）的年轻女子。哈伊姆·魏茨曼令他心烦意乱。

"我的精神好像完全崩溃了"

在伦敦的大多数时间里，本-古里安都试图接触到决策者和其他有影响力的人物。但有些可悲的是，伦敦的这些达官贵人如果对巴勒斯坦有些许兴趣，也只愿意同魏茨曼会晤交谈。魏茨曼已于1935年重新当选世界犹太复国主义组织主席，他对本-古里安的到来并不感到兴奋，认为本-古里安在此的活动纯属多余。有一回，他设法邀请议会几个党派的领袖共进工作晚宴，温斯顿·丘吉尔也在其中，但他没有叫上本-古里安。在晚宴上，丘吉尔对魏茨曼称赞不已，此后魏茨曼特地将此事告诉了本-古里安，还透露丘吉尔当晚喝得烂醉如泥。本-古里安别无他法，几乎只能靠一己之力在伦敦的政治圈艰难跋涉。[64]

260

他在工党的圈子中则有一定优势。马尔科姆·麦克唐纳担任殖民大臣时，他的门是永远向他敞开的。本-古里安有些看不起马尔科姆，他给孩子们写信时提道："那小子都37岁了，还是个单身汉。要不是他是首相的儿子，我真很怀疑他能不能晋升到部长级别的职位。"[65]本-古里安相信，麦克唐纳是真的想助他一臂之力，但问题是麦克唐纳还是实力不济——他得听命于高级专员，而不是高级专员服从于他。[66]秉承社会主义兄弟般的情谊，麦克唐纳似乎也考量了本-古里安的真实实力，他还是将本-古里安视作一位仍然在寻求各方支持的有影响力的政治家，但不是犹太民族的领袖。犹太民族的领袖是魏茨曼。

❖

1936年6月的一天，本-古里安和魏茨曼及其妻子维拉一同乘车前往楚特（Churt），这是一个距离伦敦一个半小时车程的村庄，也是大卫·劳合·乔治（David Lloyd George，英国自由党政治家，1916—1922 年领导战时内阁——译注）的家乡。英国议会针对巴勒斯坦问题即将展开辩论，他们想为这位英国政治家充当幕僚，让他做好准备。本-古里安写道，他的头发已经全白了，脸庞却充满活力，一双眼睛年轻且充满温情。劳合·乔治非常热情地接待了他们，他当时 73 岁，是犹太复国主义的坚定支持者。他感到震惊的是，在巴勒斯坦的英国官员竟然不明白，如果巴勒斯坦落入穆斯林之手的话，情况将会糟糕得多。他说，这些人都是反犹主义者，并且问道犹太人是否有足够的武器进行自卫。他宣称，无论如何，应该派遣更多的部队前往巴勒斯坦。他知道阿拉伯人担心巴勒斯坦将成为一个希伯来国家，他们担心得没错。他停顿了一下，然后又重复了一遍，着重强调了这几个字：情况就是如此。后来，他们又谈论了《圣经》和巴勒斯坦的地理。劳合·乔治告诉客人们，他对巴勒斯坦的河流、山谷和山脉比对自己国家中的地名还了解。[67] 在整个大英帝国，再找不出比他更热情的犹太复国主义支持者了，本-古里安为参与可能改变的历史进程而欣喜，但那天他还是"吓坏了"，因为魏茨曼提到了犹太复国主义运动同意暂时停止移民的可能性，并以此向正在工作的皇家委员会示好。他对自己党内的同僚们说："这件事如同一板斧头一样砍到我身上。"他告诉魏茨曼，由于魏茨曼的这个提议，他"沮丧且绝望"。魏茨曼冷冷地回答说，你是一个被自己情绪所左右的人。本-古里安并没有打消疑虑，在接下来的几周中，他痛苦绝望到几乎无法自控的地步。[68]

魏茨曼独自一人同殖民大臣威廉·奥姆斯比-戈尔（William Ormsby-Gore）会面，后来带着本-古里安与他又见了一面。殖民大臣提议，在皇家委员会工作期间，犹太复国主义运动不应该反对部分暂停移民。据本-古里安的说法，魏茨曼当时一言未发，奥姆斯比-

戈尔将其态度当作默认。本-古里安在给夏里特的信中写道："我离开那里时心灰意冷、悲从中来，过去我从未像这样沮丧过。哈伊姆在这场战斗中辜负了我们。"上述言语反映了他的心境，而不是魏茨曼的立场。

根据本-古里安自己留存的谈话记录，魏茨曼当时向殖民大臣抗议道，如果暂停移民的话，他和本-古里安将一起抵制皇家委员会。在本-古里安的坚持下，魏茨曼还特意给移民大臣写了封信，澄清说他当时并没有同意暂停移民的提议，但本-古里安依然心绪难平。三天后，本-古里安飞往巴勒斯坦进行了为期四天的访问，此举在当时非同寻常，且充满戏剧性。他告诉党内的同僚，他回来是为了抚慰自己受伤的心灵。[69]

他带回来一条令人不安的消息——暂停移民的决定预计会在一周后宣布，而且他们无力回天。他为此而怪罪魏茨曼，宣称"他对犹太复国主义来说是一个十足的危险人物"，并向他党内的同僚表达了自己的疑虑："我们处境悲惨，面临着一场生死之战，现在除了魏茨曼外，我们不可能有其他指挥官，但他可以因不负责任和误解而出卖我们。"[70]

❖

他在巴勒斯坦的四天异常忙碌，其间与沃科普进行了一场会谈。高级专员表示，他反对暂停移民。这无疑是个好兆头。英国警察部门招募了1800名犹太男性做警察，这一举措增强了犹太社区的安全感。本-古里安说这里"有一种犹太国家的感觉"。返回伦敦前，他参观了特拉维夫港口的建设工地，赞叹道："我们的小伙子们个个皮肤黝黑，光着膀子在海边忙碌着。"突然之间，他被那种幸福感所包围。他很难想起比当时更令他高兴的场景。他在日记中写道："码头的景象足以振奋我的精神，足以驱散心中的悲苦。"一位路人用意第绪语问他，这里是否真的会有一个港口。本-古里安回答说："一个港口和一个国家。"他大谈特谈海洋和港口的重要性。有一回，他向自己党内的同僚说："我想要的是一片犹太大海，我们必须扩大我们的影响范围和影响力。"[71]港口是非常必要的，因为在雅法港的阿拉伯人已经举行了罢工。本-古里安写道，他们应该得到回报。过了一会儿，他又补充说："穆夫提真的为犹太人民做了件大好事。"[72]

他想起了特拉维夫这座城市的初创时期，并且突然在脑海中浮现出一幅雅法遭到破坏的图景，从他第一次踏上雅法时，他就对这座城市十分反感。他写道："我从不仇恨阿拉伯人，他们的恶作剧也从未激起我的报复心。但是，雅法这座城市及其港口必然会被毁掉，这是最好的结果。这座城市因犹太移民和定居而兴起，当它向建设者和维护者举起斧头时，它理应被毁灭。"他在之前就有过这种想法："这座城市已经自判毁灭，我们若要拯救这座城市就是在犯罪。"

那种令他窒息的沮丧之感消失殆尽，丝毫不留痕迹。他写道："这四天让我焕然新生。"不久，他乘飞机飞越了意大利的阿尔卑斯山；他用一个224字的长句子描绘了那令人震撼的景致，该句的结尾这样写道："在我看来，我身下那雄伟壮阔的风景如同一首奇妙歌曲的音符，你虽然听不到，它却在你心中回荡，而伴随着这难忘景致而来的则是那永恒的平和静谧之感。"没有哪位乘客会像他那般心情愉悦。[73]

❖

263　　　在之后的一年里，他的精神状态又一次急转直下，这回是发生在1936年12月魏茨曼向皇家委员会发布证词之后。令本-古里安沮丧的是，魏茨曼同意在接下来的25年中将每年的移民数量限制在4万。殖民大臣在此之前已经公开表示不会停止移民，本-古里安认为这是自《贝尔福宣言》以来犹太复国主义最重要的胜利，他也曾为促成声明而到处游说。在他看来，魏茨曼同意将未来 25 年的移民总数限制在 100 万以内是一场"政治灾难"。他递交了辞呈。①[74]

1937 年 1 月，他写道："我觉得我的精神好像完全崩溃了。"六个月后，他又一次惊慌失措、焦躁不安。他写信给宝拉说："我很难向你解释，在伦敦的这几周里，我一直承受着心理上的紧张和精神上的折磨。"三周后他写道："我的状态还从未如此糟糕过，方方面面都是，首先在心理上，我尤其不愿意谈论精神上的无奈和痛苦。"两个月后，他寄给魏茨曼一封满是敬佩、爱戴的信。此前，他们针对世界犹太复国主义组织执行委员会的一个人员任命产生分歧，为此，本-古里安羞辱了魏茨曼，后来又觉得有必要向他道歉。他写道，他们过去有过分歧，将来很可能还会有，"但是，即便在盛怒之下，我对您的爱戴和钦佩之情也丝毫没有消失……您身上充盈着犹太人的精气神……您现在是以色列的王者……以色列的王冠在您的头顶上闪耀……我全心全意地爱戴您。"[75]

"强制转移"

以皮尔勋爵（Lord Peel）为首的皇家委员会得出结论，犹太人和阿拉伯人是不可能在巴勒斯坦共存的，因此建议将巴勒斯坦分割为两个独立的国家。在接下来的五年中，每年仅允许 1.2 万犹太人在该国定居。该委员会在报告中引用了一句英国谚语："半块面包总比没有面包好。"[76]

这其实也是本-古里安的观点。长期以来，他一直支持对犹太人

264

———————————

① 本-古里安在 1936 年 6 月访问巴勒斯坦期间，曾向他党内的同事们表示，他所认可的是，在未来的五年内，将每年的移民数量限制在 6 万。（Ben-Gurion, Diary, Nov. 5, 1936, BGA; Ben-Gurion to the Mapai Central Committee, June 18, 1936, in Ben-Gurion 1973, p. 278ff.）

和阿拉伯人进行分治，为此，他向自己的政党提交了一份他自己拟制的分治方案，并认为国家的边界划分不如国家的实际建立情况来得重要。他坚持认为，随着时间的推移，国家可以扩展其领土范围。他向儿子阿摩司解释说："一个在领土意义上不完整的犹太国家的建立并不意味着它的终结，而是意味着它的开始。"他告诉同事们："我们认为这种分治状态只是暂时的。我们首先要在此定居，逐渐成为一个大国，然后再想办法破除这种分治状态。"这从一开始就是犹太复国主义运动的基础原则之一，并指导着其各个阶段的行动计划。他表示："我不认为拟议中犹太国家的建立是犹太问题的最终解决方案，同样，我也不认为分治是解决巴勒斯坦问题的最终方案。"[77]

他写道，最初在刚刚了解到皮尔委员会建议分治时，他浑身进发出"火一般的热情"。他在日记中写道："我认为该方案的实现将是我们开展全面救赎的决定性一步，是逐步征服整个巴勒斯坦的最强有力的推动力……这是比以斯拉和尼希米（Nehemiah）（尼希米是公元前5世纪的一位希伯来领袖，引入了道德和宗教改革；以斯拉则继续进行尼希米开启的犹太教改革——译注）时代更伟大的救赎……我准备为实现这一方案而献身。"[78]关于在未来五年限制移民的提议几乎没有困扰到他。但是三天后，英国政府宣布，在未来一段时期内将只会颁发8000张移民证。此前，本–古里安曾希望获得更多的配额。他写道："一连几天我就像疯了一样，好像我被放进火炉上生煎活烤一般，炽热的铁锭子煎烤着我的整个灵魂。"[79]

当他从夏里特那里拿到报告的概要时，他立刻意识到，皇家委员会提议将阿拉伯人从拟建的犹太国的领土上驱逐出去，但他仍然不敢相信自己的眼睛。[80]直到他第二遍读完这段概要后，他才相信他眼前的白纸黑字确确实实就是这个意思。他马上意识到这是"强制转移"，并在日记中在这几个字下加了下划线。[81]该委员会估计将会有

22.5万阿拉伯人受到影响。报告中，相关段落极为简短，并且措辞非常谨慎，这是协议的一部分，并且只是无计可施时的最后一招。虽然报告的作者使用了带有指控性的"转移"一词，但他们真正转移的只是阿拉伯人居住的土地所有权。[82]

265

本-古里安一连几晚睡不着觉。他给阿摩司写信道："过去两个月的紧张局势令我身心俱疲，我几乎无法做任何工作，讨论和辩论变得尤为困难。"但是犹太复国主义者代表大会即将在苏黎世召开，所以他不得不再次投入巨大的精力。[83]

❖

分治计划迫使犹太复国主义运动重新审视其与巴勒斯坦的真正关系，它需要在意识形态、情感、宗教和政治等方面进行灵魂拷问。每个犹太复国主义者都必须审视自己的信念。人们感觉到，这是一个去伪存真的时刻，必须要作出重大的决定。自"乌干达方案"以来，这是该运动面临的最让人痛苦的问题。

皮尔委员会的报告出炉时，为即将召开的大会进行的竞选活动正在如火如荼地进行。甚至在报告出炉之前，围绕分治问题的讨论就已展开。修正派和右翼的其他派别，以及大多数宗教派别和巴勒斯坦的首席拉比们，带头为"领土的完整"而战，但也有左派人士反对分治方案，这也是马帕伊的立场。[84]与上次关于本-古里安与雅博廷斯基间达成协议的争论不同，这次马帕伊没有等待他从伦敦返回。皮尔委员会的提案公布几天后，马帕伊就明确表示反对。①[85]

---

① 雅博廷斯基的两名亲信幕僚后来谈道，他最初是赞成分治方案的，但后来又变卦了。在犹太复国主义的左翼，青年卫士呼吁建立一个双民族国家，反对分治方案。（希伯来大学校长）马格内斯在《纽约时报》撰文，抨击了分治方案。（Benjamin Akzin, "Emdat HaZ. H. R. Legabei Tochnit HaHolukah," in Avizohar and Friedman 1984, p. 164; Binyamin Eliav 1990, p. 82ff.; Ben-Gurion, Diary, Aug. 12, 1937; Magnes, "Palestine Peace Seen in Arab-Jewish Agreements; Authority on Question Disagrees With Royal Commission's Finding That Partition Is Necessary Precedent to Future of the Country," *New York Times*, July 18, 1937.）

皮尔委员会的报告引发了铺天盖地的抗议，而本-古里安不为所动。他实际上对抗议风潮一点都不反感，因为如果这看起来是违背犹太复国主义者的意愿而强压在他们头上的话，分治方案则更有可能获得认可。[86]一些来自马帕伊的反对者认为，对巴勒斯坦领土的任何让步都是一种民族罪行，也是对犹太复国主义精神的背叛，伊扎克·塔宾金就是反对者之一。本-古里安与他们争辩。而真正令他困扰痛心的是伯尔·卡兹尼尔森的反对，这恰恰是因为卡兹尼尔森并不是出于意识形态原因而反对分治。他认为分治方案不会成功，而且会导致情况比继续维持托管现状更加糟糕。他的反对是对本-古里安的政治智慧的一个挑战。

在本-古里安提议原则上接受皮尔委员会的提案时，卡兹尼尔森甚至使用了更为尖刻的言语。"我们没有首当其冲、独当难局，因此当恐慌情绪深深影响我们官方政策的制定时，我们没有为防止恐慌泛滥而建起堤防。"他犹豫不决，针对"精神上的软弱和缺乏方向所导致的混乱"发出了警告。本-古里安显然为此而深受伤害，他在写给马帕伊的一封长信中，充满感情地阐明了自己的立场。他宣称："我们从未被恐慌所吓倒"，他所谓的"我们"指的是他自己和摩西·夏里特。相反，"我们从未屈服，也从未绝望"，因此"我们无须承认我们没有犯过的罪"。

在信中最重要的一段话中，他站到了卡兹尼尔森一边，就好像他们在孩童时期就是朋友一样。他写道："我们当年来到巴勒斯坦时都还年轻，现在我们中的很多人都已经老了，但我相信我们的信仰还是一样坚定。我今天的信仰比年轻时更加牢固和坚定，但使我头脑更为清醒，也更为现实。"相比较来看，卡兹尼尔森已然落后于时代了。本-古里安刺激他道："你之所以提到'恐慌和软弱'，只是因为你在小题大做，或者说是因为你无知。"[87]

266

这是一场个人的冲突,他党内的同志们都很了解其重要意义。雷切尔·亚奈特指出,"他们之间的友谊并不总像本-古里安所说的那样"。[88]这或许是关于分治方案的辩论所得出的最重要的政治结果——本-古里安声称自己的地位等同于卡兹尼尔森。

"我列出了一份阿拉伯村庄的清单"

267

在伦敦时,他时常精疲力竭,而当他出现在苏黎世犹太复国主义者代表大会的劳工小组分会时,那种疲惫感消失得一干二净,被他全然抛在脑后。他的精神集中而专注,思维系统且清晰。或许没有哪个人比他更了解皮尔委员会的方案了。他报告的主要内容围绕该方案的弊端而展开,其中包括拟建的犹太国家边界太狭小,其疆域不包括内盖夫沙漠和许多像德加尼亚基布兹这样的犹太人定居点。它甚至还明确要求建立一条从雅法延伸到耶路撒冷的英国走廊,英国人在大城市中驻扎时间不限定;移民数额被限制为每年 1.2 万人,并且强加了一系列不合理的法律和政治要求。该方案的反对者中,没有谁能像本-古里安那样条理清晰地将方案中的弊端阐述出来,本-古里安还在情感上和政治上重申了他致力于实现领土完整的承诺。他在代表大会上宣称:"我们享有对巴勒斯坦的一切权利,这种权利无懈可击且永恒存在。"几个月后,他甚至表示:"我热烈倡导在以色列地历史边界内建立一个犹太国家……在我们的领土问题上,我寸土不让。"他重申,拟定的分治地图未包括外约旦在内,并指出,出让特拉维夫港口让他感到特别痛苦。他宣称,该委员会的提案"非常残酷无情地将犹太人的命运玩弄于股掌"。他承诺将尽一切努力对其加以改善。

但是,他把犹太国家的建立放在与《贝尔福宣言》同等重要的位置，甚至更重要，称其是"载入我们解放史册上的全新一页"，当然不会是最后一页，因为"边界不会永恒不变"。他给党内的同志写信说："我很怀疑在这地球上，是否存在这样一个从未变更过的边界。"他坚称，即使这个拟定要建立的国家仅由特拉维夫组成，他也会认为该分治方案是有益的。无论如何，总有一天世界将不再被划分为不同的国家。他写道："我相信，人类的未来取决于能否建立一个属于全人类的单一国家，也就是消除所有的国家。"几个月后，他又忘乎所以，被带到相反方向去。他说："我们的运动奉行的是最高纲领。甚至整个巴勒斯坦地区都不是我们的终极目标。"

268　　他警告说，如果当前的局势持续下去，巴勒斯坦将变成"一个地处阿拉伯地区的悲惨的隔都"，犹太人不会想来此定居，很多犹太人会离开。与此相反，如果建国的话，则有可能使犹太人口每年增加 10 万，15 年就是 150 万人，就像之前雅博廷斯基所陈述的一样。这需要有两个前提，而且这两个前提都可以在国家分治中得以实现——完全主权和人口转移。[89]

❖

从一开始，犹太复国主义者就希望将巴勒斯坦地域内的阿拉伯居民清空，其最早的表述出现在赫茨尔的日记中。赫茨尔早在 1895 年 6 月就写道："我们将为这些贫穷人口寻找境外的工作岗位，以鼓励他们出境，同时不允许他们在我们境内工作。"他明确指出，做这件事情时应该"慎之又慎"。[90]在接下来的 25 年中，这个问题无关紧要，但是当英国占领巴勒斯坦后，将阿拉伯人从他们的村庄撤离出去就成为建立犹太民族家园不可或缺的一部分，也是为希伯来劳工而斗争的另外一项举措。本-古里安说："阿拉伯居民无须搬迁的新定居点也有，但数量不多。大多数情况下，搬迁是在阿拉伯佃农自愿的基础上实施的，其本身就是双方协议的一部分，只有在少数情况下才需要强制搬迁。"[91] 在随后的 10 年中，巴勒斯坦的阿拉伯人口持续增长。

在不同语境下，一次次讨论围绕将阿拉伯人从犹太国领土中迁移出去的计划展开。犹太代办处成立的特别委员会详细审查了具体执行计划的可行性，其他一些论坛也组织了类似的活动。看到分治方案后的几天，本-古里安写道："我列出了一份阿拉伯村庄的清单。"在清单上，除了用阿拉伯文字记录的每个村庄的名称外，他还列出了每个村庄的村民数量。[92]

和赫茨尔一样，本-古里安也认为，将当地人迁出犹太国领土的行动应该悄悄地进行。因此，他才一再否认这是犹太复国主义的目标之一。他在 1926 年写道："虽然动用武力强制迁出大量居民并非不可能，虽然我们刚刚目睹了数千名希腊人被赶出土耳其、数十万土耳其人被赶出希腊，但只有疯子或恶棍才会将这种期待归咎于巴勒斯坦的犹太民族。"他剑锋直指雅博廷斯基。他向布里特沙洛姆承诺，通过移民和人口自然增长，就可以达到犹太人占多数，而用不着减少阿拉伯人口的数量。[93] 当英国托管当局拒绝犹太复国主义运动在外约旦（也就是约旦河东岸地区）安排犹太人定居时，他提议，要求在分治计划中失去土地的阿拉伯人只能被允许重新安置在外约旦地区，而不是巴勒斯坦的其他地区。这是他首次表明，若为现实所迫，他愿意把民族家园中的外约旦这部分割让出去。①[94]

1935 年 11 月，本-古里安再次表示，阿拉伯人不能被驱赶出去，也没有人会这么做。但是在高级专员于次年 7 月向本-古里安和夏里

269

---

① 然而，几年后，本-古里安更倾向于将巴勒斯坦的阿拉伯人搬迁至叙利亚而不是外约旦，他表示，"我们自己需要那片地方"。（Ben-Gurion to Yosef Weitz, Diary, Nov. 23, 1943, BGA; Yosef Weitz, "Kavim Klali'im Letochnit shel Ha'avarat Uchlusin 1937," CZA S25. 10060; Yossi Katz 1998, p. 347ff.）

特提到这个问题，并问到犹太复国主义运动是否愿意为阿拉伯人搬迁到外约旦提供资助时，夏里特回应说，他们很愿意这么做。[95]

犹太代办处的官员们对强制搬迁和经过同意的阿拉伯人搬迁进行了区分，但是，这并不意味着征得了每一名阿拉伯人的同意，而只是犹太复国主义运动与阿拉伯领导人之间的协议。1937 年，在苏黎世举行的犹太复国主义者代表大会上，劳工派别的成员们也谈到了搬迁的事情。没有人出于道德原因反对该项计划，其中一位成员阿哈龙·齐斯林（Aharon Zisling），认为该计划得以实施，是以"真实的人口交换"为前提的，他的意思是要将伊拉克和其他阿拉伯国家犹太人移居到巴勒斯坦。

本–古里安可能早已经听说过关于该计划在道德方面的疑虑，尽管这并没有被记入会议记录中。他说："和以前一样，我非常了解，凭借我们这种来自国外的力量，要把 10 万余阿拉伯人从他们世世代代居住了几百年的村庄中迁移出去，这是多么困难。"但是，他向他的同事们重申，这并非对阿拉伯人的剥夺，而是一种移民行为。他坚持认为，他无须解释这其中的不同。但他也指出，皮尔委员会已经明确，如果阿拉伯人拒绝自愿撤离他们的原住地，则有必要使用武力达成目的。他承诺，无论怎样，阿拉伯人的处境都不会比他们之前的境况更糟糕。

有人认为，搬迁不切实际。果尔达·梅厄当时的名字还是梅耶森（Myerson），她表示："我同意让阿拉伯人离开这个国家，但凭良心说，这真的可能吗？"卡兹尼尔森也是一样的态度，他说，不幸的是，迁移阿拉伯人只不过是一种幻想而已。

劳工派别不得不在本–古里安和卡兹尼尔森间作出抉择，但他们尽可能避免这样做。本–古里安一度再次威胁要辞去在犹太代办处执行机构的领导职务。梅厄则提出了一个解决方案，她让代表大会授权犹太代办处向英国询问具体的提案，得到进一步的消息后再向代表大会反馈。本－古里安并不希望如此。卡兹尼尔森称，本－古里安很沮丧。有时他会陷入一种"四肢蹒跚而痛苦不堪的状态，有时他甚至对自己都感到绝望"。他补充说："我不得不为他包扎伤口。"[96]卡兹尼尔森在遣词造句上非常谨慎，"四肢蹒跚而痛苦不堪"一词取自《旧约》中的《以西结书》（21:1），它表示身体上的崩坏和精神上的衰弱。

❖

本－古里安在孩提时代的两个朋友什洛莫·拉维和什洛莫·齐马赫也来参加代表大会了。拉维的妻子去世了，他独自带着三个年幼的孩子，继续在艾因哈罗德基布兹生活。拉维写道："为我遮阴挡雨的大树倒了，我的生命顿时黯然一片。"他与塔宾金一道，是最大的基布兹运动——哈布卜兹哈穆查德（Hakibbutz Hameuchad）的领导人之一。与塔宾金不同，他在发言中赞成分治提案。他给姐姐写信说："那段日子真是太难了。这场关于提案的辩论充斥着感性与理性上的衡量。这似乎也是我们每个人内心深处的挣扎。不过在公开辩论中，我们从反对者那里听到了情感的流露，而在拥护者那里听到了冷漠的算计。"[97]

齐马赫是嘉道理（Kadoorie）农业高中的创始人兼校长。这是一家很有声望，且非常具有爱国情怀的教育机构。阿摩司·本－古里安就是这所学校的学生。该校由政府管理运营，这意味着齐马赫有时在他对犹太复国主义的忠诚和他对自己的老板（托管政府）的责任之间左右摇摆。他反对巴勒斯坦的分治方案，因此也反对皮尔委员会的提案。本－古里安在一家咖啡馆找到他，对他说："我听说你反对分治方案。"齐马赫说："是的。"本－古里安转身就离开了。第二天他们又见了面。齐马赫问："听着，大卫，你为什么不跟我争论

271

呢?"本-古里安回答："我不和你争。我们的争论早就结束了。你坚持你的立场，我坚持我的立场。没什么可争的了。"[98]

齐马赫很受伤，但他可能并不惊讶。几年前，他写了一个关于两头骡子的影射故事并发表出来。其中，骡子阿塔拉代表着本-古里安，盛气凌人，目空一切，并且工于心计。她表面上却装出一副慈悲心肠，实际上却导致代表齐马赫的骡子雷泽列的死亡。阿塔拉将雷泽列的尸体拖入田野，并遗弃在那里任由豺和秃鹰啃食。她仍然是孤孤单单一个人，没有朋友，内心悲伤痛苦，感觉自己是被遗弃了。

劳工派别的决定是强制性的，齐马赫只得服从。他后来后悔当时没有听从自己内心的呼唤。他后来写道，他本该辞职的，并允许马帕伊找人顶替他的席位，但他不敢，"我知道我表现得很懦弱，后来我远离了马帕伊所有的活动"，全身心投入养蜂事业。[99]大约有300名代表大会的代表投票赞成考虑该提案，而约有150名代表投票反对。本-古里安的反应让人印象深刻——与劳工派别的辩论相比，代表大会的辩论充斥着"低级的煽动行为"。乌西什金是最主要的反对者。根据本-古里安的说法，他的讲话"平淡无奇且单调乏味"。[100]宝拉也参加了大会，但她如坐针毡。十个月后，本-古里安写信给宝拉，倾诉了自己的孤独寂寞："也许真的是我的天性使然，我是一个孤独而寂寞的人，有时这对我来说真的非常困难。在某些时刻，我的心如同被撕裂般的难受，各种痛苦且棘手的问题困扰着我，我无人可求助。我独自一人，背负着千钧重担，有时真的有无法承受之重。"[101]同年11月，盖拉结婚了，她当时19岁，她父亲似乎很舍不得女儿出嫁。"至少对我来说，你仍然是我的小女孩，也许我真的需要很长时间才能习惯，你现在是一个需要照顾自己和经营生活的女人了。"几个月后，盖拉陷入绝望和沮丧之中。本-古里安给她写了封信，行文间饱含父爱，充满鼓励。他写道："你的信好像是个了无生趣度完此生的老妇人写的，你现在就想着总结自己的人生了，这真是荒谬，你的人生才刚刚开始。"他答应支付女儿的英语课程费用。[102]

"如何建立一个新国家"

在此期间，犹太代办处组建了几个委员会，开始为建国谋篇布局。这是巴勒斯坦的犹太公众从分治提案中获得的最大的收益。这给犹太复国主义梦想插上了现实的翅膀，使其不再遥不可及。本-古里安要求通报情况："这其中程序如何，如何建立一个新国家。"他后来写道，他通过阅读柏拉图对话录来寻找解决之道。[103]

他继续思考着将阿拉伯人从犹太国中移除出去的问题。一年后他表示："我认为，如果我们真能实施人口迁移计划，皮尔的提案还是不错的。"他补充说："我赞成强制迁移。我不认为此举有违道德，但是只有英国人才有可能实现强制迁移，犹太人不能这么做。"六个月后，他建议世界犹太复国主义组织向伊拉克支付1000万英镑用于接纳10万个巴勒斯坦的阿拉伯家庭，总计50万人口。但是他很快又宣布这么做时机"尚不成熟"，因此这不是一个可行的方案。原因是英国人退缩了。包括迁移计划在内的这个分治方案是不可行的，因为犹太人和阿拉伯人对其都不热衷。[104]1938年4月，英国成立了一个新的委员会，该委员会受命为英国人找寻出一条出路，并无须理会前委员会的调研结果。

❖

那年夏天，宝拉挨过了一段非常难熬的日子，最终入院接受治疗。本-古里安听说后，写信给她："我都不必告诉你，你就知道，我读到你的信时是多么的痛苦。"她出院后，在伦敦本-古里安那里待了几周时间。在她启程返回时，本-古里安送她去火车站，当他回到自己的宾馆时，他又一次感觉到那种深入骨髓的孤单和寂寞。他写信给当时 13 岁的小女儿雷娜娜时说："屋子空了——好像一切都空了，我感觉自己被遗弃了，孤零零一个人，得不到任何扶持。我不知道孤独为何会令我如此沮丧难受，此处寂寥无人，空虚一片，悲情四溢。如果我还是个小男孩，我肯定会哭的，也许那样一来就好办多了。我没哭，但当时的情景真的令人窒息。"第二天，他写信给宝拉，信中说了同样的话，也许是在延续她离开之前两人所进行的艰难交流，也许是先发制人地回应她接下来可能会寄出的言语苛责的回信，其实他并不想收到宝拉的回信。[105]

宝拉回到家后就给他写了封信，说她知道他在伦敦还有另一个女人，并再次暗示她打算自杀。"我不想活了，反正最终也会如此的。为什么，为什么……我不想碍着人家的事。"[106]她所指的是多丽丝·梅，是犹太复国主义办公室的两位高级秘书之一，大家都叫她"梅小姐"。她青春洋溢，不拘小节，与本-古里安和他的同事们关系都很好。本-古里安肯定觉得有这样一位女性陪伴左右真的不错。多丽丝·梅给他的信表明，她致力于办公室的工作和犹太复国主义的理念，但很显然，在最初的接触中，他们之间并无暧昧之情。[107]

第十二章　战争风云

"我们需要一个外国的和外部的政权"

1937年秋日的一天，几位哈加纳的领导人来到本-古里安的家中，提议将几十名犹太复国主义先锋青年运动世界联合会的成员从波兰带过来。他们的想法是让这些人员秘密乘船，在夜幕的掩护下到达巴勒斯坦的一处海滩。自从本-古里安持非本人护照进入巴勒斯坦以来，上万犹太人在没有移民证的情况下进入了巴勒斯坦，他们通过穿越黎巴嫩和叙利亚边境入境，或者通过旅游签证入境，但签证到期之后非法滞留。1934年夏天，第一艘载有非法移民的船抵达了港口，犹太复国主义者称这些非法移民为马阿皮里姆（ma'apilim）。这艘船的名称为"瓦洛斯"（Vallos），在希伯来语中被称为Hetz，意思是"箭头"。1937年早些时候，几十名移民乘一艘船非法抵达巴勒斯坦，该船有一个带有挑衅性的希伯来语名字——"尽管如此"。

本-古里安反对以违法方式带移民入境。他坚持认为，以这种方式移民入境的人数很少，但对其与英国的合作关系造成的破坏远远大于可以获取的利益。以非法方式输入移民的行动被称为哈阿帕拉

（ha'apalah），其发起组织是哈布卜兹哈穆查德，这是一个基布兹运动组织，该组织的成员接受伊扎克·塔宾金的领导。本-古里安希望移民事务仍由犹太代办处全权负责。这些来寻求他批准的哈加纳成员向他透露，事实上，这项行动已经在进行中了。他们已购买了一艘名为"波塞冬号"（Poseidon）的船，乘客已准备起航。本-古里安非常愤怒，他威胁要给他的客人们纪律处分。但是在他们离开他的书房后，他迅速跑下楼梯，追上他们，让他们在移民到达后叫醒他。他说，他会第一个协助移民下船，但在将来，如果没有他的命令，他们就不可以采取行动。

从那以后，这则轶事被多次提及。其中一个参与者对其同事们说，本-古里安被"冒犯了，而且很不高兴"，但并没有对此作出禁止。会议的报告称他为"老头子"。一年后，本-古里安突然针对英国提出一个"移民叛乱计划"，此举再次令他的同事们大吃一惊。他主张购买船只，在船上装满几千名犹太人，然后在白天秘密或公开地启程前往巴勒斯坦。

❖

哈布卜兹哈穆查德的非法移民行动可能不仅仅是出于对在波兰的犹太复国主义先锋青年运动世界联合会特工的担心，也可能是对塔宾金在分治辩论中耻辱之败的回应。与此类似，本-古里安突然宣布"移民叛乱计划"也不单单如他所说是为了"拯救犹太复国主义"，也可能是因为他意识到，如果继续反对非法移民行动，自己在劳工运动中将被孤立——伯尔·卡兹尼尔森就是这项计划的支持者之一。在此期间，修正派已开始将一船又一船的犹太人送到巴勒斯坦。本-古里安不会允许修正派表现出比劳工运动的成员们更为热切的报国之情。当以这种方式抵达的移民达到3000人时，他改变了立场。随着本-古里安对哈加纳的管控的加强，非法移民船以每月一艘的速度抵达。[1]

哈加纳之所以能够开展运作，在很大程度上得益于英国当局的支持和援助。本-古里安在 1936 年宣称，"我们需要一个外国的和外部的政权保卫我们"，因为英国人不仅帮助建立这个正在形成中的国家，还协助其建立军队。[2]为此，英国人的举措之一就是招募和武装数千名犹太青年，让他们进入英国安全部队，成为警卫和警察。对定居点的保护后来又扩展到包括针对阿拉伯村庄的行动。本-古里安谈到有必要进行"进攻性自卫"。后来，野战部队组建完成，此举加强了哈加纳的军事属性。[3]1935 年，他告诉布兰代斯大法官，哈加纳还需要飞机。三年后，他在日记中写道："我们拥有装配了英制发动机的飞机。"他还任命了三名飞行员。这些飞机都来自波兰。[4]他还想要组建一支海军，并制定了一系列战略目标，例如控制该国的中央高地、建立军事工业。他在 1937 年说："我的整个精力几乎完全投入安全事务。"他似乎发现安全事务不仅是他的使命所在，他也可以从中获得巨大的满足感。[5]

截至 1938 年 4 月，大约有 2.1 万志愿者在哈加纳服役，其中包括 4000 名女性，他们当中绝大多数是兼职人员。总的来说，他们是一支警卫部队。当年底，本-古里安告诉民族委员会，英国当局已招募了 1.5 万犹太人进入安全部队，其中 1.2 万人作为警卫人员驻扎在各个定居点；该部队装备有 8000 支步枪。摩西·夏里特领导哈加纳进行了一场半合法化的行动——高塔和围栏行动，建立了几十个新的定居点。

定居点的土地因此成为安全工作的一部分。根据本-古里安的说法，在英国镇压阿拉伯暴动期间，他们的农场被毁，数万阿拉伯人被迫逃离巴勒斯坦。本-古里安说，他们就是一群侵略者，并专门提道，雅法都被"毁了一半"。[6]他每年都会到美国跑一趟，在筹款晚宴上讲话，他很讨厌这项工作。他写道："我可不想逼着任何人对着一群穿着晚礼服、坐在餐桌前的美国人发表演说。"就在这样的一次晚宴上，他第一次用全英语发表演说。[7]他告诉出席晚宴的人，哈加纳是"巴尔·科赫巴战败以来的第一支犹太军队"。[8]

哈加纳几乎完全依赖世界犹太复国主义组织的资助，这为一个不言自明的重要传统打下了基础。正在组建中的这个国家的安全部队至少在原则上服从当选的公民领袖。这是有道理的——民族委员会很快就着手征收一种自愿性质的保安税，后来又开始设立面向男性公民的"强制"兵役制。其旨在检验正在组建中的这个国家是否可以行使其权威，本-古里安是决心要维护这一权威的。他警告大家要做好最坏的打算。他在1936年初写道，"等待我们的将是毁灭与破坏"，并在文章的末尾重申，巴勒斯坦的犹太社区所面临的不是"骚乱而是毁灭"。他担心意大利和德国会帮助阿拉伯人，包括援助伊拉克和沙特阿拉伯。他在给宝拉的信中写道："墨索里尼已宣称自己是伊斯兰的保护者，希特勒在纽伦堡的讲话中也为阿拉伯人的困境流下了鳄鱼的眼泪。"[9]与英国安全部门的合作增强了哈加纳的声望，这反过来又巩固了本-古里安的地位。当时，哈加纳充其量只是一支正在成长中的军队，但这也是本-古里安可以控制的第一支部队。

实际上，他当时就是巴勒斯坦犹太社区的国防部部长，他之所以担任该职位，主要是因为他想得到这个职位。卡兹尼尔森不想担任这个职务，塔宾金也不想，而且也没有其他合适的人选。哈加纳的大多数高级指挥官都从属劳工运动组织。但是，随着哈加纳变成一个极富声望的权力中心，其运营维护费用在犹太复国主义运动整体预算中的占比也随之水涨船高，犹太代办处执行委员会的成员们试图采取措施对本-古里安进行监督制约。他们同意将安全事务交由他负责，但要求任命一个同他一起运作的管理委员会。本-古里安拒绝同一个委员会一起工作。接受该职位时，他要求当局任命他的人选担任哈加纳的指挥官。执行委员会别无选择，只得同意。正如他在犹太代办处的同事们想要限制他的权力一样，在哈加纳中也有些人反对他的政治路线。[10]

"我的政治生命也就到头了"

278

1939 年的一个夏日清晨，一声震耳欲聋的爆炸声惊醒了耶路撒冷里哈维亚（Rehavia）社区的居民，本-古里安也同样被惊醒。当时，他住在从格拉维茨基（Gravitzky）的一家人那里租来的一间房里，这个房间有独立的进出通道，离他的办公室只有几步之遥。约瑟夫·格拉维茨基（Yosef Gravitzky）是世界犹太复国主义组织新闻中心——帕尔科（Palcor）的主任。他的女儿肖莎娜·瓦迪农（Shoshana Vardinon）后来回忆，本-古里安是个很好的人，和她一家都相处得很融洽。每天早饭后，两名全副武装的青年就会出现在这里，随后护送他到犹太代办处的办公大楼。他有时也会回到住所吃午餐，还会问她在学校过得怎么样。这似乎是他所享受过的最为愉悦的家庭氛围。周末他会返回特拉维夫的家中。[11]

他的日记记录下了此次袭击发生的时间：清晨五点二十五分。有几个人看到了"这些恶棍们"——本-古里安如此称呼他们，但没人觉得有必要追捕他们。他们是两个犹太青年，向一辆载着阿拉伯劳工的车上扔了一枚炸弹。他写道："如果我们不能动员起来向这帮犹太匪徒宣战的话，谁知道以后会发生什么事呢。"他指的是伊尔贡——修正派的民族军事组织，该组织的成员在 1931 年从哈加纳中脱离出来。他们笃信报复行为，拒绝接受本-古里安的克制政策。[12]他们向阿拉伯人的大巴车、商店和咖啡馆投掷炸弹，他们的一些袭击行动极其无情冷血。里哈维亚社区委员会对此提出强烈谴责。本-古里安坚持认为，哈加纳应当做好准备参与针对伊尔贡的"行动"，他的意思是其应与英国托管当局合作。[13]

1938 年 4 月，三名伊尔贡特工袭击了一辆从采法特（Safed）前往罗什皮纳（Rosh Pina）的阿拉伯公共汽车。此次袭击并未造成人员伤亡。这是对四名犹太人被谋杀而实施的报复行动，四人中包括一名儿童和两名妇女。英国当局逮捕了三名袭击者，并将他们送上了法庭。他们当中的一个，什洛莫·本-约瑟夫（Shlomo Ben-Yosef）成为第一个将被处决的犹太恐怖分子。有人为此在犹太工人总工会办公大楼上展开了一面黑旗，而本-古里安命人将其移除。他说："犹太人在以色列地上被处以绞刑，对此我并未感到震惊。我感到羞愧的反倒是他被判处绞刑的缘由。"他将此事件视为一场政治危机。他说，雅博廷斯基试图将本-约瑟夫树立为一个比特朗普德尔还要伟大的民族义士。他指控说："他希望利用这种狂热的崇拜在我们的青年中制造混乱和分裂。"[14]

但是，就如同非法移民事件一样，人们将针对阿拉伯暴力行为的斗争视作对民族忠诚度的一次检验，即将克制视作软弱，将复仇视作英雄主义和道德力量。[15]

这种来自基层的压力并不是对他权威构成的唯一挑战。他写道："真正让人头疼的是埃利亚胡。"他指的是哈加纳的埃利亚胡·葛朗勃。"他掌控着一切，做事情随心所欲，往往都是先斩后奏，他根本不考虑别人说什么，然而此人很有能力，是个能真正解决问题的人，然而和他一起共事十分艰难。"[16]葛朗勃几乎像卡兹尼尔森一样在公众中备受尊敬。他的声望主要来自他塑造的公众形象。虽然他没有担任正式的官方职务，但在哈加纳还是他说了算。他是非法移民事

279

件的始作俑者之一，他还召集谈判，想要整合哈加纳和伊尔贡。本-古里安当时尚在伦敦，他不许葛朗勃这样做，但葛朗勃根本不服从。

葛朗勃的真正罪行并非寻求与伊尔贡达成协议，他错就错在没有告知本-古里安的情况下就进行了谈判。本-古里安写道："我将这一出视作往我们政治活动的背后捅了一刀。"他拿出了自己的终极撒手锏。他写道："回到巴勒斯坦后，我的政治生命也就到头了。"他补充说："我代表该运动的使命就该结束了。"他感谢葛朗勃使他如释重负，卸下了这五年来自己肩上的责任和负担。葛朗勃最终迫于压力打了退堂鼓，本-古里安对他好一番羞辱、训斥。[17]

当本-古里安分析"不可杀人"和"以牙还牙"之间的困境时，他认为哈加纳成员们的心理需求应当被考虑进去。他理解，压力需要有地方释放，但也坚持认为，如果在道德上或政治上并非非做不可的话，心理上的需求也无法成为采取军事行动的正当理由，而且军事行动必须经过他的授权和许可才可实施。[18]后来，他又一次对他们作出了让步，就像上次他在非法移民事件中所做的那样。

1939 年夏天，一个复仇组织组建起来，本-古里安是犹太代办处执行委员会的主席，因此这个组织实际上完全听命于他。这些被称作"特种分队"的部门被认为是精英部队，其成员专门从事针对阿拉伯人的恐怖袭击。哈加纳的官方历史这样表述："来自基层和群众的压力，迫使最高指挥官为人们心中压抑着的愤怒和复仇的渴望提供一个发泄的渠道。"①

---

① 特种分队在卡法卢比亚（Kfar Lubia）村杀害了一家阿拉伯人，此后，本-古里安下令暂停特种分队的所有活动。（Ben-Gurion Diary, June 5, 22, 1939, BGA; Dinur 1954-64, 2, p. 841; Segev 2000, p. 382ff.）

"我会选择第二种方式"

1938 年夏天，纳粹德国吞并奥地利后，美国在法国美丽的休闲小镇依云（Évian）组织了一次国际会议。几十个国家打算发放移民证来拯救犹太人。两年前，本-古里安就曾对高级专员阿瑟·沃科普说："如果有可能将波兰的犹太人送到美国或阿根廷的话，即便这与我们的犹太复国主义理念相悖，我们还是会这么做的。但是整个世界都对我们关上了大门，如果巴勒斯坦也没有我们的容身之地，我们的人民别无选择，只能自杀了。"[19] 事实上，他非常担心依云会议，他认为这次会议会给犹太复国主义造成"巨大破坏"。

邀请函是罗斯福总统发出的，但罗斯福总统并没有将巴勒斯坦视作犹太问题的解决方案。本-古里安坚持认为："我们必须确保，该危险立场决不能在这次会议上有任何的表达机会。对我们而言，最好让这次会议显得微不足道。"他处理这个问题的方式，就好像这是围绕"乌干达方案"的又一轮辩论。

三天后，他听起来更为悲观。他说："正如犹太复国主义从某个特定时间点兴起一样，它也可能走向消亡，以失败而告终。"[20] 并非所有人都认可他的立场。本-古里安回应说："和任何一个犹太人一样，我感兴趣的是尽可能地拯救世界各地所有的犹太人，但最优先的当然是在希伯来土地拯救希伯来民族。"[21] 犹太复国主义运动在依云会议上的代表们要求，准许犹太人进入巴勒斯坦，以拯救犹太人民，但他们也不反对将犹太人送往其他国家。[22] 几周后，就发生了令德国犹太人恐惧至极的"碎玻璃之夜"（Kristallnacht）事件。在此期间，犹太代办处试图说服英国方面向成千上万德国犹太儿童发放移民证。

❖

皇家委员会计划在 1938 年 11 月发表调查结果，旨在证实分治方案并不可行。本－古里安不得不从他的政治立场和个人态度出发，重新评估英国政府和整个英国。他非常感激英国人在建立犹太民族家园中所发挥的作用，事实上，截至当时，英国兑现了其对犹太复国主义运动的大部分诺言。与许多其他承诺不同，《贝尔福宣言》并没有被遗忘。本－古里安有时觉得，有必要向他的同事和犹太公众解释英国人的思维方式以及他们的行为动机。这并不容易，而且随着政策变化愈发明晰，解释工作也愈发困难。他表示，他闭着眼都知道英国人是如何放弃犹太复国主义运动的。[23]

殖民大臣麦克唐纳竭尽全力，以尽可能最好的方式来呈现这种可预期到的背叛，他甚至做到了在 48 小时内，快速出访巴勒斯坦。他专门安排时间，与魏茨曼和本－古里安频繁会面，而魏茨曼和本－古里安则目睹了英国新政策在他们眼皮底下逐渐成形，且非常公开透明。1938 年 9 月 20 日，本－古里安写信给宝拉时提道："在我看来，局势差不多已经明朗。政府已决定将我们移交给阿拉伯人处理了。没有犹太国了，也没有移民政策了。"他声称，魏茨曼还没有意识到这个信息。"他被那些宽慰人的花言巧语误导了，却没辨别出苦涩和危险的言外之意。我感觉我再也无法与哈伊姆共同承担这份责任了。"[24]事到如今，这已不再有任何意义了，他们中的任何一个都无法阻止一个事实：来自英国的支持正在逐渐减少，这种势头无法避免。

有一回，他们与麦克唐纳的会面被推迟，因为首相内维尔·张伯伦（Neville Chamberlain）这一天正与希特勒在巴伐利亚的贝希特斯加登（Berchtesgaden）会面。十天后，魏茨曼问麦克唐纳是否读过《我的奋斗》，而本－古里安则写信给宝拉说："如果是这些人决定世界命运的话，这世界的局势很不乐观。"[25]三天后，本－古里安收听了希特勒在电台的演讲，这真是骇人听闻。"希特勒咆哮、吼叫、怒

282

骂、诅咒、污蔑、威胁恐吓、挑衅侮辱。听众随着他一起嚎叫。"本-古里安说，他的言谈根本就不像一国领袖，"反倒像暴徒和刽子手的头目"。他当时尚在伦敦。英国人已开始在公园里挖掘壕沟，并且向全体市民发放防毒面具。宾馆的服务员还告诉他一个有关撤离该市儿童的计划。[26]

捷克斯洛伐克被迫割让苏台德地区，1938 年 10 月 1 日，德军进入这片区域。在同一天，魏茨曼请本-古里安和卡兹尼尔森共进晚餐。饭后，他们还见到了扬·马萨里克（Jan Masaryk），此人很快就将担任捷克斯洛伐克流亡政府的外交部部长。本-古里安写道："我们听到了许多关于捷克人如何被误导、如何被欺骗的细节，我们着实震惊，但也颇受启发。他们在毫不知情的情况下就被交到了希特勒手上。"魏茨曼说，我们无法期待英国人对待犹太人会比对待捷克人更厚道更公平。

本-古里安对捷克斯洛伐克的命运深表同情。他给自己的孩子们写信时提道，"这个小国被抛弃、被践踏"。但是，像当时的大多数观察者一样，他相信对希特勒的绥靖政策避免了一场战争。本-古里安说，未动一兵一卒，他就得到了几乎一切他想要的，如果此时还要发动战争的话，那"希特勒一定是疯了"。他描绘了这场已经避免了的战争有可能带来的惨状——欧洲被摧毁，数百万平民丧生，其中包括上百万的犹太人。他宣称："我们避免了一场大屠杀，我们不可能不为之高兴。"但是，他推测和平只不过存在于过渡期，在此期间德国将可以变得更加强大。英国也在为战争做准备，并且在寻求阿拉伯人的支持。本-古里安写道："我担心我们的命运即将发生转折，所有迹象都指向了最糟糕的情况。"他离开英国返家。[27]

❖

1938 年 12 月，本-古里安调查了他的党派的情况，他向马帕伊

的成员们通报了为德国犹太儿童争取 1 万份移民证的交涉情况。"如 283
果我得到确切消息，把孩子们送到英国的话可以拯救所有德国的犹
太儿童，把孩子们送到巴勒斯坦只能解救一半的德国犹太儿童，我
会选择第二种方式，因为我们所要考虑的不仅仅是这些孩子，我们
还要站在历史的高度考虑犹太民族。"[28]

　　事实上，他并没有实际面对这样的选择——这完全是理论上的
假设。他无力拯救所有的德国犹太儿童，甚至连其中一半也拯救不
了。但是，为实现犹太复国主义的目标，他不惜牺牲如此多人的生
命，事实上，早在他第一次抵达巴勒斯坦时，他就表达了类似的想
法。他谈道，只能让另一半的孩子听天由命、自生自灭了，只有这
样才能够实现他的历史责任，在说这番话时，他的措辞让人联想到
25 年前他的一番表态。据报道，他当时声称，那 5000 名在巴勒斯坦
加入土耳其军队的犹太人，相对那 1 万名在埃及避难的犹太人而言，
对犹太复国主义运动及其未来意义更为重大。

　　随着一份新的有关巴勒斯坦的白皮书在伦敦逐渐成形，本-古里
安提议发动一场移民叛乱。他说："如果没有一个重大的、勇敢的、
有目标的行为……我们将无法阻止犹太复国主义的覆灭。"为了获得
成功，他们需要购买船只，并在德国、奥地利、波兰、希腊和罗马
尼亚建立偷渡网络。整个行动应该尽可能地公开，包括在美国召开
一场世界犹太人大会。一旦英国宣布其新政，犹太代办处执行委员
会将公开辞职（实际上还是要继续行使职能），并宣布与英国在政治
上不合作的政策。同时，犹太人应增强他们在海法的存在感，海法
是巴勒斯坦北部最重要的港口和工业城市，在那里"我们会宣布建
立一个犹太国家"。他谈到了要将海法"犹太化"，意思是用军事力
量征服海法。他没有掩盖随之而来的后果。"他们会向我们开枪！"
几天后他说："在希特勒时代，我们被逼无奈只能诉诸好战的犹太复

国主义。"

大规模的哈阿帕拉（非法移民运动）旨在迫使英国要么射杀犹太难民，要么将他们送回原籍。他预测："这将激怒全世界，甚至在英国引发人道主义的顾虑。"在他看来，犹太难民是犹太复国主义斗争中的战士。本-古里安似乎以为，他的叛乱计划可能引发无休止的辩论。为此，他将计划告诉党内的同志，卡兹尼尔森是他通知的第一个人。"这位坚定的怀疑论者经过深思熟虑后通知了我，也许这么做是对的。"[29]这是他首次提出一项可能以生命为代价的计划，这使他从政治领域向国家领导层面更近了一步。①

"我们不想成为那种犹太人"

在抛弃捷克斯洛伐克几个月后，张伯伦接见了魏茨曼和本-古里安。本-古里安写道："这是我第一次见到他。他给人的印象是一个诚实的人……有些乏味，但仍然是个好人……毫无疑问，他所表达的同情是真诚的——但问题是同情能起多大作用呢？"事实证明，这起不了多大作用。随着战争的临近，伦敦逐渐形成的观点和思路是，要控制住巴勒斯坦和埃及，并且要维持和伊拉克的关系，这些都极其重要。当时普遍的观点是，一旦开战，犹太人将别无选择，他们只能支持英国，而阿拉伯人可能会轻易地站到德国一边。为获取阿拉伯人的支持，麦克唐纳提议，在整个战争持续期间全面停止犹太移民。张伯伦告知其内阁："如果我们必须冒犯一方，那我们就冒犯犹太人吧，不要冒犯阿拉伯人。"[30]

---

① 与1930年狂热的"宣战"不同，移民叛乱产生了令人瞩目的成果。在该计划宣布10个月内，到二战爆发前，有超过1.8万难民被带到了巴勒斯坦海岸。其中的大多数人获准在此居留。（Ofer 1988, p. 474ff.; Ben-Gurion, Diary, June 5, 1939, BGA.）

1939 年 3 月，麦克唐纳在圣詹姆斯宫导演了一场外交闹剧，他协调犹太人和阿拉伯人开会，表面上是为了给犹太人和阿拉伯人达成协议提供最后的机会。英国需要召开此次会议，以证明其政策转变是合理的。本-古里安依旧认为，有必要与阿拉伯人开展对话，"这样的话今后就没人会说我们错失了一次机会"。在另外一个场合，他又表示："在政治生活中，谎言有其价值。"[31] 在麦克唐纳听说本-古里安感冒后，他还送来了鲜花。本-古里安认为，可以从英国官员的言行举止中学到一些东西。他说："即便他们要把你送上断头台，他们依旧态度亲和、笑容可掬。"[32]

285

❖

麦克唐纳白皮书于 1939 年 5 月 17 日发布，其声称在 10 年内将在巴勒斯坦建立一个独立的双民族国家；与此同时，将对阿拉伯人把土地转让给犹太人的行为进行限制。在未来五年内获准在巴勒斯坦定居的犹太人数量将不超过 7.5 万，此举的目的是将巴勒斯坦的犹太人数控制在巴勒斯坦总人数的三分之一左右。犹太移民只要超出该既定数量，就必须获得阿拉伯人的同意。本-古里安明确表示，英国实际上已经废除了《贝尔福宣言》。他在日记中写道："即便是魔鬼本人都不可能设计出一个比这更糟糕、更可怕的噩梦了。"他对白皮书的反应，与对 1929 年阿拉伯暴乱之后出台的白皮书如出一辙。

麦克唐纳现在成了一个江湖骗子、说谎者、大忽悠、伪君子、叛徒。本-古里安宣称："他是我们的死敌，也许是除希特勒外希伯来民族最危险的敌人。"他惊叹于英国人是如何可以忍受在他们中间有这样一个"卑鄙、恶劣的家伙"的。麦克唐纳带有低级律师特有的虚伪和狡诈，只适合为土匪和流氓服务。

而作为一名政治家，他却对麦克唐纳的策略深表叹服。凭借"他的恳求、他的说服方式、他的承诺办法、他给我们的关照、他恐吓我们的手段、他的辩证法"，麦克唐纳无疑是英格兰最了不起的骗子之一。[33]本-古里安被激怒也在情理之中——麦克唐纳作为马帕伊姊妹党即工党的一员，曾是本-古里安在英格兰的显贵朋友之一。

❖

考虑到英国的大众舆论更同情犹太人的困境，而不能对犹太复国主义在巴勒斯坦的目标产生共情，本-古里安竭尽全力将反对新政策的运动描述为集中全世界所有犹太人力量的一场战斗。他暗示，英国有可能会采取希特勒的反犹主义立场。他说："在政治上与希特勒保持亲密关系，难免会引发对纳粹意识形态的共情。"[34]

夏日的一天，本-古里安将 W. H. 奥登（W. H. Auden，著名英语诗人——译注）的诗《难民的悲伤》誊抄到他的日记中："领事猛敲着桌子说：'如果没有护照的话，那你肯定完蛋了。'"[35]但是，在1939 年 8 月于日内瓦召开的犹太复国主义者代表大会上，他并未表达出与欧洲犹太人团结一致的意思。"叫我反犹主义者吧，但我还是得说……我们为德国、波兰和美国发生的事情深感耻辱，那里的犹太人根本不敢反击。我们在世界各地就不能表现得英勇无畏些吗？……我们要和那种犹太人划清界限，我们不想成为那种犹太人。"在战争爆发前夕，他声称"巴勒斯坦的命运悬而未决"。[36]代表们知道，他们可能再也不会见面了。前一年的 1 月，他们就曾读到希特勒本人的讲话内容，希特勒宣称，如果犹太人将欧洲推入战争的深渊，德国将摧毁整个犹太民族。希伯来媒体对此进行了报道。[37]德军入侵波兰仅仅 24 小时后，本-古里安就从大会返回了家。

"像一个希特勒团伙的喽啰"

战争爆发三周后，本-古里安告诉犹太代办处执行委员会的成员们，要保护全世界的犹太人已"非人力之所能及"，因此，他们需要特别聚焦于本地的事务。直到战争结束，他都是这样认为的。他现在 53 岁，已经投身政坛 30 年了，正在接近他权力的巅峰，但是前面还有一些硬仗等着他。在犹太代办处办公大楼又暗又脏的房间里，他面前有 11 个人坐在赫茨尔的画像下，规划着犹太复国主义的未来。这就是他的民族联盟：他们中只有少数人拥有真正的政治权力，大部分人来自东欧，所有人都生于 19 世纪。乌西什金和鲁平几乎已经是神话般的人物。本-古里安已经认识多年的另一个人是同样在普仑斯克长大的伊扎克·格伦鲍姆（Yitzhak Gruenbaum）。如此重大的责任压在了一个如此无助的犹太政府肩上，这在以前还从来没有过。曾在波兰议会任职的格伦鲍姆当时隶属犹太复国主义者大联盟（the General Zionists），这是一个代表中产阶级的自由市场政党。他希望犹太代办处执行委员会能让他负责将波兰犹太人带到巴勒斯坦。其他成员并没有反对，但他们警告他，这里的经费不足以让他大干一场。[38]

当他告诉他们，拯救欧洲犹太人"非人力之所能及"时，本-古里安的意思是犹太复国主义运动对此无能为力。早在 1936 年时他就说过这番话，但随着战争的持续，这种感觉愈发强烈。他在 1941 年 4 月表示："五六百万犹太人正面临灭顶之灾，我们无法保证巴勒斯坦不会被拖入战争泥潭。有些事情我们无法控制。我们无法将希特勒赶出欧洲，也不能阻止他去埃及。"[39]他时不时会亲自关注一下救援行动，尽管他压根儿就不相信救援行动能起到什么作用；这就如同他处理犹太人与阿拉伯人间的冲突一样，尽管他根本不相信双方之间会有和平。他认为，只有一个坚不可摧的国家才会得到阿拉伯人的承认。同样，他坚持认为，只有击败纳粹德国才能拯救所有幸存的犹太人。他说得没错。

他现在花费很多时间来思索历史，将历史内化为个人的经验，并使其成为他对现实感知的一个参照。随着战争的临近，他阅读了一战期间协约国军队总司令斐迪南·福熙（Ferdinand Foch）的回忆录。他给宝拉写信时提道："我在这本书中学习到一些重要的东西。"在德军入侵波兰八天后，他说："1914—1918 年的世界大战为我们带来了《贝尔福宣言》，现在我们必须建立一个犹太国家。"[40]他认为犹太复国主义事业面临着彻底消亡的威胁，这使他同时专注于拯救这项事业。由此，他听起来更像一个地方领导人，而不是对世界犹太人负责的领袖。他在致英国当局的备忘录中这样写道："对于我们这些犹太复国主义者而言，保卫和拯救巴勒斯坦是我们的首要职责。"他写道，如果最坏的情况发生，巴勒斯坦失守的话，"犹太历史和我们自己的良心都绝不会放过我们的"。[41]

❖

白皮书的存在要求本-古里安以一种对他而言很难对人们解释的方式领导他的人民，因为这看起来是自相矛盾的。他说："我们不会与英国对抗。我们的战争针对的是英国政府的政策。"这是一个令人费解的立场。他找到了一种更吸引人的说法来解释这一立场："我们必须帮助英国人作战，就如同没有白皮书的存在一样；同时我们必须立场坚定地抵制白皮书，就如同现在并无战事进行一样。"这就是后来被称为"双重原则"的方案。他希望战争能够推迟白皮书的实施。[42]这一回他失策了。

❖

1939 年夏天到来前的几个月中，民族委员会和犹太代办处开始进行人口普查，为征兵做准备。约有 10 万犹太人（其中一半是妇女）签署了自愿应征入伍的声明书。当时居住在巴勒斯坦的犹太人总数不到 50 万，这意味着每三个成年人中就有一个准备报名应征。[43]

　　到处都有人开始加入英国军队，本-古里安想让他们都通过犹太代办处应征，但是犹太代办处的工作人员也不知道如何应对如此多的志愿者。[44]他希望英方能像在一战中一样，将他们都编入犹太营中，并提议也在其他国家建立这样的军事组织，就如同他曾经服役过的美国营一样。这样一来，犹太复国主义运动将在战争结束时得到一支训练有素的军队，或许还能以参战国的身份参加和平谈判。而且同上一次战争一样，本-古里安极其强调这些部队的犹太特征，包括军歌、军旗、徽章都要凸显犹太特色，而且在行动和指挥中都要使用希伯来语。战争爆发后，哈加纳计划将志愿者编入四个营。本-古里安参与了后勤补给方面的策划，并计算了所需的费用："建立一个容纳100名受训人员的训练营需要632巴勒斯坦磅；29个帐篷需要261巴勒斯坦镑；两顶大帐篷需要70巴勒斯坦镑；厨房和仓库需要100巴勒斯坦镑；淋浴间和厕所需要60巴勒斯坦镑，桌子、床垫、厨房设备和杂物所需数额也差不多需要这么多花费。"[45]他还参与确定了志愿者要进行的几个文化项目，包括教他们"必要的希伯来语"，并且组织翻译一批"犹太文化有机组成部分且对人类具有重要意义"的书籍和作品，这其中，他想要将其作品翻译成希伯来语的作家包括斐洛（Philo of Alexandria，希腊化的犹太哲学家，生于罗马帝国属地亚历山大城——译注）、本杰明·迪斯雷利（Benjamin Disraeli，英国犹太人，曾两度担任英国首相——译注）、海因里希·海涅（Heinrich Heine，德国犹太人，德国抒情诗人和散文家——译注）和巴鲁赫·斯宾诺莎（荷兰犹太人，近代西方哲学的三大理性主义者之一——译注）。[46]

　　但最重要的是，他强调犹太营仅在巴勒斯坦及邻近地区作战。英国方面立马就明白了这背后的政治意图，并直接予以回绝。双方关系迅速恶化，越来越多的哈加纳的行动都触犯了法律。[47]

　　战争爆发几周后，43 名年轻的哈加纳成员在离拜特谢安（Beit She'an）不远的地方被捕。他们当时训练归来，随身携带了非法武器。其中一位是摩西·达扬（Moshe Dayan，以色列军事领导人，曾任以色列国防部部长，人称"独眼将军"——译注），他的父亲是劳工运动的领导人之一。他们受到军事法庭的审判，一人被判处终身监禁，剩下的人都获刑 10 年。想要释放这些人可不是件容易的事。本-古里安急赴伦敦，正好遇上了伦敦的战时灯火管制。多亏了公共汽车的大灯，他才得以穿越牛津大街。他有了这么一种印象——魏茨曼和他的同事们生活在一个傻瓜的天堂里。他写道，耶路撒冷的现实处境和伦敦对耶路撒冷的预判之间始终存在差距，但这一次差距绝非一个裂口那么简单，简直就是一个巨大的深渊。魏茨曼继续和麦克唐纳会面，而本-古里安说，换作是他自己，"在心理上就迈不过去这道坎"。"在我看来，麦克唐纳就像一个希特勒团伙的喽啰，而且我们的朋友们要明白，犹太人是不可以和他见面的。"而魏茨曼说，一个犹太人甚至有必要与魔鬼见面，并且专门指出利奥·贝克（Leo Baeck）拉比几乎每天都会到柏林的盖世太保那里。无论如何，本-古里安人在伦敦却不和麦克唐纳会面的话，这绝对是说不过去的。[①]

　　本-古里安让步了。麦克唐纳一如既往地热情接待了他，他满脸带笑，甚至问起了柑橘的收成。本-古里安报告说，他感觉自己好像被强迫吞下了一只青蛙。他回忆起了过去与麦克唐纳在这同一间房里度过的美好时光。大约三个月后，达扬和哈加纳的其他小伙子们

----

　　① 摩西·夏里特讲述了自己就这一问题与本-古里安辩论的情景。夏里特称，他们现在有一个要营救 2900 名德国犹太人的提案，在这样的背景下，要避免与麦克唐纳接触是不可能的。夏里特声称："本-古里安已经明确表示，我们的政治未来比拯救 2900 名犹太人更为重要。""他已经准备好抛弃他们了。"（Sharett, Diary, Nov. 13, 1939, in Sharett 1968-74, p. 487.）

被释放了。[48]

"在巴勒斯坦已建起一个犹太隔都"

在"双重原则"的两端之间游走并不容易，其中部分原因是伊尔贡在此期间恢复了一系列针对阿拉伯平民的致命袭击和对英国设施的破坏行动，例如破坏电话线、电力变压器、铁轨和信箱等。哈加纳引入移民船只，并针对阿拉伯居民展开行动，但修正派却再次将他们自己描绘成犹太人民真正的爱国斗士。[49]在白皮书发布近一年后，《土地转让条例》（1940年）颁布，该条例极其严厉地限制了阿拉伯人向犹太人售卖土地的做法，这威胁了犹太复国主义事业本身，更直接威胁了劳工运动和本–古里安本人的地位。本–古里安还记得，在针对克制政策和非法移民的辩论中，他是如何被迫采取一条比他当时认为正确的方式更为好战的路线的。此次，他从一开始就采取了比他的同事们更为坚定的立场。

1940年3月2日是个星期六，数万人聚集在巴勒斯坦几个大城市的市中心，抗议《土地转让条例》的颁布施行。三名示威者在与警察的冲突中丧生，其中一人在耶路撒冷，一人在特拉维夫，另外一人在海法。[50]这还是本–古里安第一回派这么多人涌上大街。他出动哈加纳，让示威者们脱身。本–古里安宣称，这样做的目标是要创造一种前所未有的"动荡氛围"，要对英国当局"以眼还眼，以牙还牙"。[51]在这次示威游行中，他第一回以民众领袖的形象出现在世人面前。

犹太代办处执行委员会的一些成员反对他这种咄咄逼人的策略。他们认为这个国家面临着来自意大利人、德国人和阿拉伯人的危险，这就要求他们加强与英国人的合作。[52]此外，他们似乎也对本–古里安本人日益增长的权势感到担忧，其中的一位将本-古里安反对英国的斗争路线描述为"民族法西斯主义"。[53]在此背景下，本-古里安发现自己再次陷入一个军事政治丑闻之中，围绕该丑闻开展了一项准法律调查，以试图确定究竟是谁下达了以下这项命令。

民族委员会的一位成员声称，哈加纳司令部曾接到一条命令，指示他们要为示威者装备石块和燃烧弹。他表示，示威者打算纵火焚烧英军军车，而且这条命令直到最后一刻才被撤回，因为事实证明该命令实际上未经批准。本-古里安冲他大喊大叫，说他在撒谎。为进行调查，成立了一个委员会。作为犹太代办处执行委员会的主席，本-古里安是不能牵扯进破坏政府车辆的计划中的。但是本-古里安在调查过程中坚称，他是唯一有权给哈加纳下达如此命令的人。该调查挑战了他作为最高指挥官的地位，但也给了他一次更加稳固自己地位的机会。最终，委员会认为，他虽然指示示威者可以与安全部队发生冲突，但并没有下达这项命令。[54]

在他的反对者中有几位马帕伊的领导人，其中包括伊扎克·本-兹维。他说："出台暴力斗争政策的时机尚未成熟。"卡兹尼尔森也不支持本-古里安。一段时间以来，他一直担心自己党内的局势。他在"碎玻璃之夜"几周后向马帕伊中央委员会表示："我承认自己的罪过。在这恐怖的时代，在欧洲犹太人刚开始面临灭亡的时候，也许这时委任统治也即将结束，我很担心我们党在特拉维夫分部的选举。"那里的内讧正导致政党的分裂。1939年6月他就曾说过："我们的党停止运转了，在我看来，这才是核心问题。"[55]

总而言之，有10万自愿应征入伍的志愿者，然而，尽管巴勒斯坦当时危机重重，尽管英国面临着敌对的犹太代办处执行委员会、一个影响不断扩大且难以驾驭的反对派和一个内部分裂的党派，英国政府还是不想靠这些志愿者打仗。本-古里安的日记表明，他有时感到好像一切都在土崩瓦解。他写道："我去参加了由犹太工人总工会委员会在特拉维夫组织召开的工人委员会会议，其间，我听说了在劳工大众间日益加剧的苦难、饥饿和绝望，而犹太工人总工会却无能为力。"[56]

所有这些叠加在一起似乎让他无力应对。他的言谈举止中满是沮丧。他一天中几乎每时每刻都在忙碌，几乎在他所及之处都有人为他提供信息。他对其中许多人还是信任的，但是在危急关头，他几乎总是孤零零一个人，没有助理，也没有睿智的朋友给他出主意，压根儿没有任何真正的朋友，也根本无法拯救他的人民、实现自己领导人民的夙愿。

他没有向宝拉倾诉。雷切尔·亚奈特在向本-古里安遗产研究院提供证词时表示："他知道宝拉和他自己之间已经很疏远了，她根本就不关心他。"亚奈特说："有一次她（宝拉）来找我和本-兹维，并且告诉我们她曾经想过自杀，因为她受不了这样的生活，整天都是她独自一人在家，身边只有孩子们。他什么都不告诉她，他也不和她说话。"亚奈特说，有时他会在外面拈花惹草。她专门指出："他的气质、性格与众不同。我倒觉得这是个好事情。"[57]1940 年 1 月，他在死海附近待了 10 天。他不时会去耶路撒冷开会，但似乎大多数时间他都花在了阅读那随身携带的一摞书上。他同时阅读好几本书，而且每天都记录下每本书读了多少页，涉及的作者有：历史学家弗里茨·费歇尔（Fritz Fischer）、哲学家阿图尔·叔本华（Arthur Schopenhauer）、英国战略家巴兹尔·利德尔·哈特（Basil Liddell Hart）。[58]在 1940 年 1 月，关于灭绝犹太人的第一批报道开始陆续出现在他的办公桌上，而且越积越多。

292

❖

开战后还不到三周，捷克斯洛伐克的一位犹太复国主义运动领导人找到本-古里安，告诉他，自从一个名叫阿道夫·艾希曼（Adolf Eichmann）的党卫军军官抵达布拉格以来，那里犹太人的处境更加凶险了。本-古里安在日记中写道："我向他保证，犹太代办处执行委员会将竭尽所能，就如同是我们自己身处地狱一样。"他收到了有关德国在占领波兰后在当地的行动报告，报告写着："他们向挤满犹太人的犹太会堂纵火……将数百名犹太人投入拉多姆市的河中淹死。"他从罗兹来的人那里听说，大量犹太人被驱逐出该城，并被送往华沙。数千名犹太人被装载到用来装牛的车厢里，火车厢门紧闭，还上了锁。由于通往华沙的铁路阻塞，火车在侧轨上一停就是三四天。犹太人都被锁在车上，没有食物也没有水。一些人死于窒息。那年的12月天气十分寒冷，一些犹太人被活活冻死。[59]

得到的信息最终证实了他最糟糕的推测，但依然没有动摇他的信念，即在巴勒斯坦比在欧洲要"危险七倍"。多年以来，他为这种直觉编造了一种意识形态上的解释，并最早于1934年将其付诸文字。他说："巴勒斯坦的犹太人与德国的犹太人，甚至是利沃夫或华沙的犹太人的处境是不同的。但从犹太复国主义者的角度来看——我也不知道有什么其他的角度，我们比处在至暗时期的流散犹太人的境况还要糟糕。每个国家对犹太人的迫害只影响当地的犹太人。而在这里发生的一切则直击整个民族之要害，直捣其灵魂深处……巴勒斯坦对犹太民族而言是个生死攸关的问题。"[60]（1940年）2月，他辞去了在犹太代办处执行委员会的职务。

最直接的导火索就是《土地转让条例》。他写道："从五点钟起，我和在巴勒斯坦的每一名犹太人一道，不再是我们家园中享有平等权利的一名公民了。就在昨天，在巴勒斯坦已建起一个犹太隔都。"他将该土地条例比作《纽伦堡法令》（1935年，德国议会在纽伦堡通过的种族法令，这些法令成为德国反犹种族主义政策的法律基础——译注）。不出所料，他的同事们对于他的离职大为震惊，并告知他，他们不会允许他离职的，他们拒绝接受他的辞呈。本-古里安则一如既往地表示，他决心已定，不会改变。他在给自己党内同志的信中提道，除了辞去犹太代办处执行委员会的职务外，他还会退出"所有的政治活动，无论是官方的还是非官方的，无论在执行委员会之内还是之外"。[61]

他的同事们显然注意到他在辞职信中用到了"到时"这个字眼。他们将其理解为"直至我返回"。他们都在试图猜测他究竟目的何在。根据一则广为流传的谣言，他已决定到一家基布兹定居。[62]他显然想暂时摆脱那种一直令他沮丧的不适感。不出三周，他再次打包行李出发前往伦敦。他回来时已经差不多是十个月之后了。而五个月后，他又去了伦敦，离开巴勒斯坦长达一年多的时间。他通常独自一人待在宾馆或租住的房间中。

"这个国家真是幸运，如有神助一般"

1940 年 9 月 7 日，星期六，伦敦经历了极其可怕的一天。接近英国人习惯喝下午茶的时候，伦敦的上空出现了 350 架德国轰炸机和 600 架战斗机，这些德军飞机开始向这个城市投下数百吨的炸弹。轰炸整整持续了一夜，到周日早晨，已有近 900 人丧生，另有 2000 人受伤。[63]

本-古里安没有躲到防空洞中去。据他所说，他一直躺在床上，甚至都没醒来。他告诉宝拉："一有机会，我就会睡觉休息。"这已不是伦敦第一次遭遇空袭了。本-古里安经常能听到火炮的怒吼和爆炸的轰鸣。他写道："到目前为止，这些袭击甚至都没有打扰过我哪怕是一个小时的工作或一晚上的睡眠。"在他埋头写信时，警报声再

294

次响起，但他依然镇定自若。他写道："从一开始我就决定，不去理会警报声，也不会跑去防空洞。"[64]

第二天，也就是 1940 年 9 月 9 日，意大利飞机轰炸了特拉维夫市中心，100 多人因此丧生。本-古里安的回应很是简明扼要："我以前担心的事还是发生了。意大利人已经展开行动，要来夷平希伯来社区了。"自 1929 年以来，还从没有过如此之多的巴勒斯坦犹太人被同时杀害。1929 年大量犹太人遇害时，本-古里安并不在巴勒斯坦，这一次也不例外，他似乎很难设身处地地体会本次创伤之巨大。在返回后他表示："我不知道那几个月在巴勒斯坦究竟发生了什么。"同时，令他感到震惊的是，英国的媒体没有提及特拉维夫是一个犹太人的城市，却强调死者中有五名阿拉伯人。夏里特和埃利亚胡·葛朗勃发电报告诉他，宝拉和孩子们都平安无事。[65]

闪电战首先激起了他的新闻直觉。他给宝拉写信时提道："伦敦从未像这些天这般趣味盎然、贴近人心，这个伟大国家所表现出的那种镇定和自信让我深深叹服。似乎没有什么可以撼动它，没有什么可以动摇它对胜利终将到来的信念和信心。"很快，他就对英国高射炮的轰鸣声沉醉不已。"怒吼的炮火一连数个小时震得我房间四壁嗡嗡作响，但它带给我的愉悦感却是巴勒斯坦合唱团的任何一场音乐会都不曾实现的。"[66]在此期间，他从宾馆搬到了伦敦西北部的梅达谷，暂住在犹太复国主义运动外交官阿瑟·劳里（Arthur Lourie）的住所，这位外交官当时人在美国。

他拒绝在警报拉响时去防空洞躲避的行为，体现出一个不怕死的少年目空一切的傲慢。最关键的是，这种行为极不负责任。在随后的几个月中，约有 3 万伦敦人在空袭中丧生。[67]不过，对此也有不同声音。劳里家中的女仆从伦敦给主人写信时提道，本-古里安经常在厨房的桌子上写作，而厨房是位于地下室的。无论是哪种情况，他的确非常兴奋，且不能自拔，这反而增强了他的信心，平复了他的心境。他拒绝在防空洞中避难，多多少少吸收了英国的国家英雄主义，因而在他一次又一次提及这段经历时，他心中多少也升腾起一股子英勇气概。当他从伦敦返回时，他告诉同事们："闪电战期间，我只在英国待了两个月，但这段经历令我无比难忘。我见证了人性至为光辉的时刻。"他指的是战时的国之荣光。"我见证了身体和精神上最为伟大的英雄主义，这不是在哪一个个人和先驱身上体现出来的，而是从数以百万计的工人、商人、商店职员、办公室工作人员、内阁大臣、新闻工作者身上散发出来的。纵观整个历史，我再也找不到比这更伟大、更高尚的景象了。"他在巴勒斯坦所感受到的无助感被一扫而光，他又一次踌躇满志、意气风发。伦敦现在就是他的耶路撒冷，就如同普仑斯克曾经是他的耶路撒冷一样。他说："对于每一个犹太人来说，巴勒斯坦都是无比神圣的，但我不得不说——我不仅深爱伦敦，而且伦敦在我心目中已经圣化了。在这里我有一种神圣感。"本-古里安说："这是一种顿悟，一个不像比亚利克那样巧舌如簧的人，或者不如丘吉尔那般雄辩的人，是无法用语言将其表达出来的，因为他只可能'玷污它'。"本-古里安一度很难克制自己。"这是人类可及的伟大和美德之极限。"

英国人拒绝投降，所以他们理应得到这一切赞誉。相比之下，法国为保巴黎免遭破坏而将其拱手让给了敌人。结果，希特勒得以在埃菲尔铁塔脚下拍照。他写信给宝拉说，法国的沦陷使他甚感痛苦，"就如同我自己的祖国和家园被毁了一样"。法国人无法忍受他们的香榭丽舍大街被夷为平地。罗浮宫仍然矗立在那里。但他指出，大英博物馆可能留不下什么东西了。"伦敦将被摧毁，利物浦将被摧毁，曼彻斯特将被摧毁，但如果英国民族能够保持自由独立，一切都会得以重建。"① 他声称，他并不确定两国应对战争的方式究竟哪一个是正确的。他说："历史自有公断。"但是他站在哪一边则是毫无疑问的。英国会取得最终胜利，而之所以如此是因为它选择了顽强抗争这条路。他宣称："英国民族将在人类历史上获得一个尚无其他民族所能及的地位。"68

❖

闪电战还使他在领导力的问题上获得了启发。以往，他一直认为人民群众，而非领导人，才是至高无上的；但他现在意识到，在某些危机中，领导人物能够发挥决定性作用。1940 年 5 月，在他到达伦敦几天后，首相张伯伦被迫辞职，温斯顿·丘吉尔接替他出任首相。

他写信给宝拉说："这个国家真是幸运，如有神助一般！在决定命运的关键时刻，出现了这样一位领导人。"他称丘吉尔为"老头子"。他收听了新首相的所有演讲，并将演讲中的一段段英文誊抄到他的日记中。他说，自己这些行为是发自他对"一个有才华的演讲者"的专业角度的由衷欣赏。69自从他大约 20 年前访问莫斯科以来，他还没有过如此重大且有意义的经历。他在丘吉尔身上觉察出了一些他当时曾在临死的列宁身上发现的完美的领导特质——其中就有为胜利付出代价的那种决心。列宁具有"钢铁般的意志，他为了革命而不惜付出流血牺牲的代价，哪怕因此牵连无辜的百姓也在所不惜"。本-古里安坚持认为，丘吉尔也正在为英国做同样的事。他将列宁和丘吉尔的经历融入他自己的个性和形象中。

① 他在为大英帝国歌功颂德时，也赞扬了住在伦敦白教堂犹太社区里的英国犹太人。他后来说："作为一个犹太人，我无须为他们的行为感到羞耻。他们的表现就如同英国人一样。"在另一种情况下，他暗示他很担心英国战败，由此他指示犹太复国主义运动将其档案资料送往加拿大。（Ben-Gurion to the Mapai Central Committee, Feb. 19, 1941, and to the Smaller Zionist Executive, Feb. 14, 1941, in Ben-Gurion 2008, pp. 202, 231.）

周日他会去海德公园的演讲角。在这里，一些雄辩的演说者声称，让数百万人的生命和整个伦敦的安全冒险是不正确的；他们认为，与希特勒达成和解是一条更好的出路。还有两位演讲者声称，这世界上只有一个诚实的政治家，那就是希特勒。他们都获准公开演讲，而这本身比他们讲了什么更让本-古里安惊奇。多年后他说道："如果在美国他们这样做的话，是会被处以私刑的。在以色列也一样，我们也不会允许有人说纳赛尔是最伟大的政治家。"他对于英国的政治文化更加钦佩了。

他说："我认为战争正在塑造一种新的民主。"与上一次战争不同，现在整个国家都处于战争状态，无论男女都一样。由于炸弹无法区分富人与穷人、工人与贵族，英国人正面临着共同的命运，而这使他们产生了一种兄弟情，就仿佛整个英国都是一家人，都为了生存而战。"而在英国人的眼中，丘吉尔不仅仅是一位领袖，还是这个大家庭慈爱且备受尊敬的父亲。"由此，战争展现了这个国家所有崇高美好事物振奋人心的作用。本-古里安很快就为自己拒绝去防空洞避难找到了意识形态上的正当理由。"英国人民需要生活、吃饭、穿衣、制造坦克和飞机，如果德国飞机一来，所有人都跑去躲避的话，希特勒就赢定了。"[70]这也是他与希特勒间的战争——他甚至从未想过投降。

❖

在伦敦，本-古里安在寻求促进犹太营的建立。他得以与很多官员会面，包括新任殖民大臣乔治·劳埃德（George Lloyd）。这位殖民大臣向他抱怨说，这届内阁中犹太复国主义色彩过于浓厚，而丘吉尔一直在问他，本-古里安想要的是不是远远不只是一场对话那么简单。他解释说，丘吉尔非常忙，事务缠身，全部身心都投入决定战争胜负的事情上了。

297

但是丘吉尔还是有闲工夫和魏茨曼见面。他邀请魏茨曼共进午餐，在用餐时，他授权魏茨曼通知帝国总参谋长，他同意征召巴勒斯坦犹太人入伍来保卫这个国家及其周围地区。丘吉尔还同意对一些巴勒斯坦犹太人进行军官业务培训。其他国家的犹太人也会被征召入伍，根据需要派往各个前线地区，包括近东地区。在本-古里安将事情的最新进展告知犹太代办处执行委员会时，他称这是他所参与的工作的成果。"为了安排魏茨曼博士和丘吉尔之间的一次会晤，我们付出了巨大的努力，之前我们尝试了很长时间都失败了，但最终还是成功了。"他还声称自己参与起草了魏茨曼在会晤中的提案。[71]

本-古里安在伦敦也不是太忙。他不时会坐上火车前往牛津，到他最喜欢的布莱克威尔书店那里转转。在书店中，他徜徉于经典书籍的海洋，极尽所能无视外面的爆炸声。他开始学习古希腊语。后来他告诉一个熟人，他已经看到了柏拉图所描述的建国方案，因此想阅读原版的《理想国》。他在日记中写道，学习这门语言是为了"打发我的闲暇时间"。他也读到了马尔库斯·奥勒留（Marcus Aurelius，罗马皇帝和哲学家）的作品及荷马和其他诗人的作品。通过查阅字典，他还将几首诗翻译成希伯来语。此外，他读了《旧约圣经》希腊语译本的《创世记》。[72]

他似乎并不想念和宝拉在一起的日子。魏茨曼的政治顾问布兰奇·"巴菲"·杜格代（Blanche "Baffy" Dugdale）是个精明又很好相处的人，她是贝尔福的侄女。有时，他也会与那名生性活泼、笃信天主教的秘书多丽丝·梅待在一起，这位秘书也在世界犹太复国主义组织的办公室工作。巴菲有一回带他到一家苏格兰教堂参加周日布道，巴菲的父亲是个建筑师，这个教堂就是她的父亲设计建造的。牧师从《出埃及记》的第三章读起，其中上帝让牧羊人摩西告诉法老，让他释放埃及的犹太奴隶。当摩西问上帝，如果以色列的子孙们问派他来的上帝姓甚名甚时，上帝告诉摩西"我就是我"。然后，牧师就上帝的这个回答开始布道。本-古里安在布道中听到这样一个信条——总有人可以提供依靠和帮助，在战时也是如此。此时，传来了"惊人的尖厉警报声"。外面炮声隆隆，爆炸声此起彼伏，而牧师却不为所动继续布道，信众们也笃定地坐在教堂的椅子上听着，只是在唱圣歌时才起身。布道结束后，他走到门外，这才发现竟然有一架德军飞机在不远处被击落了。[73]

"梅小姐"这年41岁，牛津大学毕业，尚未结婚。她的未婚夫曾服役于皇家空军，后来战死沙场。她经常给阿瑟·劳里写信，谈及她与本-古里安的关系。她的信中满是对本-古里安的仰慕，但在当时他们之间尚无暧昧之情。她很纳闷，为什么如此有魅力的一个男人身边，却没有众多为之倾慕的女性环绕左右，她亲昵地称他为一个需要保护的男孩。她发现他身上那种无助的气质对异性"极具杀伤力"，但她写道，他让她产生了一种"母性的"感觉。

她告诉劳里，也就是本-古里安在伦敦的房东，有那么两回，因为空袭警报的原因，她不能回家，就睡在了本-古里安这里。她告诉劳里，"在那周第二次留下时"，她爬上了"你家的床，钻进本-古里安的睡衣中与他发生了关系"。[74]

❖

1940年11月初，两艘来自罗马尼亚的船驶入海法港，月底时又来了第三艘船。这三艘船总共运送了3600名乘客，其中大部分是自德国和奥地利的犹太人。他们抵达时都没有移民证。当局宣布将把这些难民驱逐到印度洋上的毛里求斯岛。在此期间，一些乘客已被转移到位于海法南部的阿特利特拘留营。为准备将他们驱逐出境，其中约1700人被赶上了"故乡号"（Patria）轮船。本-古里安从新闻中得知了这一消息。魏茨曼警告他说，现在可不是惹恼英国人的

299

时候——关于建立犹太营的谈判已到了紧要关头。本-古里安表示同意，并提出了一个折中方案，即从那时起，英国舰队将不再允许载有犹太难民的船只抵达巴勒斯坦海岸，但已经抵达的难民可以留下来。魏茨曼未能成功将此方案付诸实施，因为五天后，哈加纳在"故乡号"上安放了一颗炸弹，爆炸造成约250名乘客以及数名英国军人的丧生。部分失踪人员的尸体都未能找到。[75]

没有人能够确定是谁下达的该项命令，该问题至今没有答案。看起来这似乎是哈加纳的官员们包括埃利亚胡·葛朗勃自作主张的产物。可想而知，卡兹尼尔森和夏里特也参与了该秘密计划。这有可能是原计划因出错而偏离了预期，也有可能就是故意为之。主要问题是，犹太复国主义的斗争是否认为让非法移民受到生命威胁是正当的。就如同特拉海之战一样，这是一个道德和伦理问题，需要在慷慨就义和苟且偷生之间作出选择。争论的结果之一是马帕伊所属的报纸《青年工人》发表了一篇措辞严厉的谴责文章。报纸宣称，"一只邪恶之手"凿沉了这艘轮船。这篇文章激怒了哈加纳的成员们。两名年轻男子出现在报纸编辑部，其中一名是阿摩司·本-古里安，他打了编辑一耳光。他的父亲为他的行为辩护，但没有提及他的名字。他说，整个事件应被视为"道德上可能造成的最大失败"，因为在破坏活动发生之前，还没有人出面阻止用武力将难民驱逐出境的行为。[76]

当本-古里安等待关于在巴勒斯坦建立犹太营的决定时，他希望阿摩司能够在守土卫国的勇士中脱颖而出。他试图将他的儿子安排在一个名为奥德·温盖特（Orde Wingate）的军官手下当兵，巴勒斯坦的犹太人都简称这位军官为"朋友"，因为他在阿拉伯暴动期间曾身体力行捍卫犹太社区。阿摩司则想当飞行员，因为他出生于英国，是英国公民，所以他可以参加英国皇家空军，魏茨曼的儿子迈克尔就在那里服役。起初，本-古里安坚决不同意，但最终，在收到宝拉的一封电报后，迫于压力，他还是屈服了。显然，他与儿子之间关系不洽，因此两人无法直接就此问题进行沟通。本-古里安把他的最终建议发给了摩西·夏里特，就好像这是件关乎国计民生的大事一样。阿摩司未被英国皇家空军接收；他成了一名陆军军官，并在意大利战场上负了伤。[77]

本-古里安自然被问及对"故乡号"遭破坏一事的看法。他表示支持——他坚持认为，这是一项"犹太复国主义者的行动"，如果他当时在巴勒斯坦的话，他也不会对此事横加阻拦。同时，他为所发生的事情提供了一个合理的解释版本。他说："没人料到会有这么多遇难者。这是天意。"他的这一版本被写入历史书中。[78]"故乡号"的幸存者获准留在巴勒斯坦。此时，本-古里安已身在美国。

"我当时很绝望"

他的伦敦之行以与魏茨曼的又一次决裂而草草收场。此次，针对丘吉尔同意征召巴勒斯坦犹太人入伍保卫他们祖国的计划，外交大臣安东尼·艾登（Anthony Eden）和殖民大臣劳埃德试图横加阻挠。本-古里安问魏茨曼这究竟是怎么一回事。魏茨曼则用他惯常的高高在上又带着讥讽的态度回应了本-古里安。他问道，他是在接受询问吗？本-古里安说，"我当时很绝望"。他要求出席魏茨曼就此问题召开的所有会议，并给他下了最后通牒："如果我不在场，你不要在国防和军队事务上作任何改变，否则我们就此别过，再不相见。"他解释说，他没办法就这样返回巴勒斯坦，然后告诉那里的人们他们应该应召加入一支并非保卫自己家园的军队中。魏茨曼回绝了他的要求。更令人失望的是，巴菲·杜格代也不支持他。在她带他去

301

教堂参加礼拜的三天之后，他写道："今早的一些新动向引起了我的注意，这是我想不到的。""这个女人有野心，她想通过控制哈伊姆·魏茨曼来支配犹太复国主义运动。"[79]

❖

本－古里安在 1940 年 10 月到美国时，发现自己正赶上了当年的总统竞选。他支持罗斯福，认为共和党候选人温德尔·威尔基（Wendell Willkie）的言论与让希特勒掌权的政治宣传相比有过之而无不及。像往常一样，他将投票结果记录在日记中。这是他第二次密切关注美国的总统大选了。他写信给宝拉时提道，"当时在大选前也有很不寻常的紧张氛围"，他指的是伍德罗·威尔逊的竞选连任，"世界的命运在很大程度上取决于此次选举的结果"。与威尔逊时代一样，本－古里安希望获取支持来建立一支犹太军队。他设法获得了一笔捐款，用于资助第一批犹太飞行员的培训。他在概括自己为此付出的努力时，却情绪失望、态度傲慢。他写道："美国的犹太人生活在恐惧当中。他们既惧怕战争，也害怕和平。在选举中，他们担心威尔基会当选，但也不敢公开支持罗斯福。犹太复国主义者害怕非犹太复国主义者，而非犹太复国主义者害怕非犹太人。"但是，他认为美国犹太人的良知终会觉醒。[80]

他与领导人会面，在集会上发表演讲，试图引起记者们的兴趣。《纽约时报》报道了他和其他人士抵达美国的消息。这家报纸的一位记者听闻，本－古里安在谈论组建一个犹太营的必要性时，回复说，"但这是雅博廷斯基的主意"。雅博廷斯基早在三个月前即 1940 年 8 月就去世了。但本－古里安注意到，修正派很擅长公关，他们甚至吸纳了公关领域的专业建议。本－古里安的一位从巴勒斯坦到美国的熟人说，"民族精神备受压抑"。与巴勒斯坦犹太人战前展现出的加入英国军队的巨大热情不同，截至当时，只有 400 人志愿加入这支真正

守土卫国的部队。本-古里安认为这十分糟糕,他于 1941 年 1 月启程
回国。由于战争,这趟行程花费了一个月的时间——他不得不经新
西兰、澳大利亚和印度返家。他带回来了丘吉尔式的鼓舞人心的做
法,来提振巴勒斯坦犹太人的精气神。他宣称,他现在是一名全职
的"犹太复国主义传教士",而这正是他在接下来的几个月中的工
作。他说,他从充斥着丘吉尔的宣讲和闪电战的伦敦回来后,从未
如此底气十足地认为自己是一名"犹太复国主义战士"。[81]

第十三章　犹太复国主义者的警惕

"我们究竟是怎么了？"

1941 年 2 月的一个晚上，本-古里安前往巴勒斯坦民间歌剧团观看演出，本场演出的剧目是约翰·施特劳斯的轻歌剧《蝙蝠》。他不常听音乐，但偶尔会去剧院欣赏演出。他对自己党内的成员们说："我度过了一个愉快的夜晚，演出中，音乐唯美，演员们表演出色，我很享受这一切。"这样的演出并不罕见——当时的报纸显示，在战时的特拉维夫，文化和休闲活动精彩纷呈、种类繁多。各类广告吸引人们参加体育赛事、时尚秀、年终促销、戏剧、音乐会和其他休闲娱乐活动。城中的咖啡馆、酒吧、宾馆和舞蹈俱乐部依然人头攒动、热闹非凡，仿佛战争从未发生一般。恐怖袭击几乎已经完全成为过去。

但问题是这场轻歌剧演出迟迟未能开场。观众们都已经就座，
歌唱家们也在幕后等着帷幕升起。距演出开始时间已经过去 10 分钟。本-古里安跑去问经理，究竟是怎么一回事。经理解释说，他们正在等一位英国高层要员，此人已接受邀请，并且确定将会出席。本-古里安颇为不悦，他将其视为一种民族的耻辱。

是的，他承认，这是一桩小事，有很多更糟糕的事情亟待处理，但是对他而言，这件事情"糟糕透顶"。他说，没错，他从未在伦敦听过歌剧，但他也从未听说过演出会因为几位重要人物的迟到而推迟。他说："我颜面全无。我们究竟是怎么了？我们为什么这么作践自己呢？如果我们本就如此，那为什么别人侮辱我们时，我们还会发怒呢？"在他看来，应该通知这位姗姗来迟的官僚到幕间休息时再入场。

此时，本-古里安走场般出席各类公开集会，宣扬"犹太复国主义者的警惕"。他要求巴勒斯坦的犹太人"挺直腰杆"，在面对英国当局时也应当如此。他在歌剧院事件后发表演讲称："他们究竟是爱我们还是恨我们，我压根儿不感兴趣，但我希望他们尊重我们。我们的举止应当满怀自信，这样他们也会尊重我们的。"[1]

因此，"犹太复国主义者的警惕"（字面意思是"犹太复国主义者的紧张情绪"）一词也表达了一种针对英国当局的爱国之愤。和英方的合作从未像战时这般紧密和关键。作为合作的一部分，犹太代办处政治部利用哈加纳的情报网络，抓捕混迹在抵达巴勒斯坦的犹太人群中的德国和意大利间谍。但是本-古里安表示，英国人在巴勒斯坦施行"半纳粹政权"式的暴政。[2]

❖

当本-古里安尚在纽约时，他与巴勒斯坦的联系就已经被切断了。在他回国后，他感到自己被孤立起来。他说："我个人对考察研究这里发生的一切全无兴趣。"犹太代办处和马帕伊在巴勒斯坦的领导人并没有经常性地向他汇报当下的局势，而且通常也不会咨询他的意见，这使他相当恼怒，他时不时地就会提出抗议。伊扎克·格伦鲍姆在犹太代办处顶替了他的职位；夏里特、犹太代办处财政部部长埃利泽·卡普兰（Eliezer Kaplan）和葛朗勃继续分别协调与英方的关系以及经济和安全方面的事务。天没有塌下来。当他们需要领导人物指导时，他们会咨询卡兹尼尔森。在本-古里安从美国返回后，他不过是一介平民。他辞职后，就没有担任任何官方职务。他对犹太代办处的同事说："现在坐在你们面前的我，只不过是个普普通通的犹太人而已。"但是犹太代办处执行委员会的成员们让他重新回到该机构，这样他的辞职也就如同从未发生过。他手头并没有很多要紧的事情；与此同时，他把自己置于一个旁观者的位置，等待着时机。[3]

他当时离开时，巴勒斯坦正深陷于一场经济危机中，而这场经济危机起始于阿拉伯暴动；而当他 10 个月后返回时，这个国家又重现生机，呈现出一片兴旺景象。数万人以战争事业为生，其中一些人建造防御工事，这些工事主要位于北部边境地区。英国安全机构总共雇用了约 15％的犹太劳动力。英国人之所以决定将巴勒斯坦作为后勤补给站，一定程度上是因为魏茨曼和本-古里安在伦敦所进行的游说。为英方服务的军工生产也促进了哈加纳自身军工产业的发展。[4]

他回来后就觉察到了巴勒斯坦处处洋溢着的自满情绪，这让他感到"深深的恐惧"。他说，巴勒斯坦人民给人这样一种印象——他们离战争很是遥远。1940 年 4 月，夏里特向执行委员会报告时指出，鉴于巴尔干和北非前线的局势，不能排除德国入侵巴勒斯坦的可能。他说，当然这种可能性很小，而且也不会动摇他对英国必胜的信心，但他觉得有义务告知他的同事们，他面临巨大的公众压力，要为大规模撤离巴勒斯坦行动制订一份计划。本-古里安当时也在场。几天后，他谈到了纳粹的入侵，就好像他是唯一注意到入侵行动已经开始的人。"巴勒斯坦已经处在战事前线，战火已经烧到了家门口，但我们还没有注意到。我们没有为战争做准备，也没有在战争状态下生活……但是战争现在已经到了巴勒斯坦的家门口，现在这就是一个板上钉钉的事实。"他不再辩称，更多的"犹太复国主义者的警惕"可以阻止纳粹的入侵。相反，他说："这可是一座火山，不可能倒杯茶水就将其熄灭，但我们必须时刻关注其进展。我们什么时候会看到其开始喷发？什么时候岩浆将把我们覆盖掉？"[5]

随着德国战争行动的进一步升级，犹太代办处考虑是否应将其中部分领导人移送到海外，这些领导人可以像其他国家一样，在海外组建流亡政府。执行委员会让本－古里安前往伦敦，但是他拒绝了。他说，正是在这样的困难时期，"我们每个人都必须成为犹太复国主义的传教士"。[6]

306

❖

这是一场政治觉醒的巡回展演，也是他个人的寻根之旅。他一遍又一遍地向听众列出犹太复国主义的基本原则，就好像他第一次发现这些原则一般。他一次又一次地分享自己的一些深刻经历，这些经历塑造了如今的他，似乎每讲一回，他都再次重温了这些经历。这是一种意识形态和道德上的体验——"巴勒斯坦的犹太人需要告诉流散中的犹太人：'犹太复国并非遥远的畅想，而是我们现如今的考量。'"这也是一场政治运动。犹太复国主义的爱国主义情感让他充满力量；他频繁地插手党内事务，并加强了对国防事务的控制。因此，"犹太复国主义者的警惕"决定了他对战争和欧洲犹太人大屠杀的正确态度。

他将这项工作形容为一场生死攸关的重大行动。因此，有必要帮助英国人打败希特勒。他说，所有参战国家都很关注他们共同的胜利，而且，其中的每个国家也想取得属于自己的胜利，犹太人也不例外。他所指的是巴勒斯坦的胜利。他相信德国终将被击败，但他还考虑到战后英国人不会报答犹太人给予英国的援助。这就意味着，巴勒斯坦的犹太人应当以盟友的身份，"而不是作为仆人或者是无名氏"向英国提供援助。因此，还需要一支犹太军队来保卫巴勒斯坦，防范德国军队的进攻。这也事关荣誉。他说："至少犹太人会像人一般死得其所，而非像狗一样，死了也没人过问。"[7]

他早在 1940 年就已经提出有关"欧洲犹太人的毁灭"的表述，与之紧密相关的"犹太复国主义者的警惕"要求现在就要做准备，在战后将仍然健在的犹太人吸纳到巴勒斯坦来。"犹太复国主义现在有且只有一个重大关切：拯救 500 万犹太人。"当他说到"现在"时，他所言指的就是这种"关切"。只有在战争结束后才可以对他们进行拯救。[8]他推测战后欧洲会有数百万的犹太难民。他无从得知犹太难民的确切数量，因此引用了一个大体的猜测，其数量大概在 300 万—800 万之间。他宣称，这些人在欧洲是没有未来的。即使他们得到承诺，能得到充分、平等的权利，这也不过是一个"无从实现的梦幻"而已，但有可能破坏在巴勒斯坦的犹太复国主义事业。这就是为什么即使当犹太人正在遭受巨大灾难的时候，也必须反对"庸医疗法"，他指的是向其他国家输送犹太移民的计划。他称其为"泛犹太复国主义"。他相信"犹太复国主义者的警惕"在巴勒斯坦的力量，认为这可以给美国犹太人留下深刻的印象，并强化美国犹太人利用自身资源促进犹太复国主义发展的意愿。[9]对于有关犹太人身份的基本问题，他也没有留下最终的说法。尽管如此，他的这些演讲还是组织得井井有条，观点也清晰明了，这些都是他最好的演讲。

在那几个月里，他心中萦绕着挥之不去的怀旧之情。有时候他似乎正在从伊扎克·塔宾金在华沙的房间和他在巴勒斯坦的早年经历开始，向他人生旅途中的各个节点一一告别。他充满怀念地谈到了第二次阿利亚："当时的氛围是不一样的。"犹太社区当时规模很小，力量也很弱，有一半的犹太人饿死了，但是让他们在"道义上备受鼓舞"。他的意思是，他们还受到了俄国革命的影响。他说，每个人都受到革命的影响，甚至那些自称没有受到影响的人也同样如此。他强调说："我可能不相信卡尔·马克思，但我是社会主义者，也是犹太复国主义者。"[10]在他的演讲中，他一次又一次地回想起塞杰拉，常常出现的情况是，他记忆中的故事越来越丰满、立体、全面。当年，他差点儿被阿拉伯人杀害的故事现在变成了一个加利利的传说。

　　他详尽调查了1921年、1929年和1936年的恐怖浪潮，并讲述了他与阿拉伯人间的对话，那些阿拉伯人还没有认清形势，"依然不愿意相信他们已不是这片土地的唯一主人了"。他讲述了分治方案、闪电战，当然还有他是如何开始钦佩英国民族的精神力量的。[①][11]

　　许多来听他演讲的人在战争开始后都已经在巴勒斯坦定居。他认为这些人是存在问题的，因为他们并不是作为犹太复国主义者，而是作为难民来到这里。他说："他们依然不了解我们的事业和愿景。他们和我们很不一样，还可能把犹太大屠杀引到我们头上。"尽管如此，他仍然试图提高他们的犹太复国主义觉悟。他似乎非常关注德国犹太人，因为他花费更多时间与德国犹太人会面，在这个族群中投入的时间比其他族群更多。[12]与此相对，他热情赞颂了土生土长的巴勒斯坦犹太人，他们形象高大，呼吸着泥土的芬芳，是"年轻的希伯来一代，我们不会为他们感到耻辱"，他们与那些流散中的犹太人截然不同，对流散犹太人，他一次次谴责他们的"懦弱"。

308

---

　　① 在过去的几个月中，本-古里安像从前一样，再一次满怀对历史哲学的探索热情，将犹太复国主义的先驱运动与欧洲的殖民行动相提并论，但是在印度和非洲待了几天之后，他又一次说道："我第一次感到自己属于白人种族……无论如何，我都为此感到羞愧，特别是考虑到我们所进行的战争是针对所谓的优等种族的。" （Ben-Gurion to Hitahdut Bnei Hamoshavot, April 14, 1941, in Ben-Gurion 2008, p. 358; Ben-Gurion to the Jewish Agency Executive, Oct. 4, 1942, BGA.）

他的思维一直在获得救赎和坠入地狱之间徘徊。他在 1941 年 3 月初表示，"我们犹太人具备真正的实力，可以为消灭希特勒提供帮助"，他盛赞了犹太复国主义事业的影响力。他宣称："犹太人在巴勒斯坦的力量是由每名犹太儿童、每个犹太学校、每棵犹太树木、每只犹太山羊所构成的。"几周后，他却又幻想到，犹太复国主义的末日临近了。他在 1941 年 4 月上旬表示："只有盲人才意识不到这个问题。我们正处于可怕的衰落之中。我们所有人都是如此。凝聚了一代人心血的伟大工程正在被破坏殆尽。"六个星期后，他宣布："我们现在将再次经历一场革命，重新面对生命大洋中激荡的风暴，我们可以再一次解决巴勒斯坦的问题……"[13]

他当时年纪约 55 岁，已经开始考虑自己过往的人生，并想要塑造他在历史上的形象。他说，他从法国和英国接受了政治上的教育。他从法国传承了清晰明了的特性，从英国得到了简约质朴的精神。他说："我充其量只不过是个匠人而已，目前，我只致力于犹太复国主义。"在这段时期的一次讨论中，他突然宣称："我希望我们的（美国）朋友知道，我咽气前请求他们，在战争结束时扶持一把犹太复国主义事业。"[14]

一般情况，他开讲座、发表演说，从不与他的听众们开展对话。他的讲话从始至终氛围庄重、口吻严肃——幽默的艺术几乎和他完全不沾边。如果他说到搞笑、有趣的事情，他会以"我曾经说过"开场，给自己找个借口，就好像这唯一合理的俏皮话必然来自过去，或者引述自他人。他这样说过："我曾经说过，如果犹太工人总工会执行委员会要号召 1 万名工人去死的话，他们定会慷慨赴义，但是如果要求他们多掏出一个子儿来，没人敢打包票他们会这么做。"他将这归咎于赫伯特·塞缪尔的警句："犹太人和非犹太人没啥区别，甚至有过之而无不及。"[15]

有些人与他存在分歧，但没人能否认他说的话。他的个人信念给他的听众留下了极为深刻的印象。或许，除了上了年纪的乌西什金外，可能没有其他人像他如此真切地践行犹太复国主义理念了，而这已成为他个人身份的一部分。

"好像世界已经回到了正轨"

在他的巡回演讲开始几周后，本-古里安要求犹太代办处在战后采纳他的"伟大的犹太复国主义"计划。这是一份相当长的文件。乌西什金就抱怨说，这份文件过长了。对此，本-古里安回应说，它可以用几个词语加以概括：犹太国家、针对希特勒的战争、犹太军队、针对白皮书的反制措施以及"犹太复国主义者的警惕"。该计划并没有新颖之处，也不是紧迫的事情，犹太复国主义运动一直以来都致力于在巴勒斯坦建立一个犹太国家，而在战争结束之前是没有办法建国的。因此，他让犹太代办处执行委员会接受他的计划，看起来像是在展示领导权威，可能是因为他长期逗留海外，长久被隔绝于犹太复国主义事务之外，希望重新树立自己的权威。

犹太代办处执行委员会的成员们开始着手研究这一计划，为此他们展开辩论，而该辩论听起来就像是针对分治方案争论的延续。为了缓和他们对该方案的反对态度，本-古里安像以往一样改变了自己的立场。他承诺不会强迫阿拉伯人搬迁，如果他们将来问起来，他就回答说，他认为犹太国应该像加拿大一样，是英联邦的一个自治领。[16]但是德国犹太人的自由主义思想让他很是恼火——他们中有些人竟然要求建立一个双民族国家。他在回应马丁·布伯写的一篇文章时表示："这个人不认为自己是个犹太人吗？如果他不是犹太人，他干预犹太人的所作所为就是完全没道理的；如果他是犹太人，那么他应该表现得像个犹太人。"在另外一个场合，他说布伯"有一种奴仆般的心态"。他警告双民族国家的支持者们："如果你与阿拉伯人达成协议，你就落入希特勒的阵营了。"[17]

310 　梅纳赫姆·乌西什金从他所认为的真正的犹太复国主义的角度来抨击本-古里安的计划。他说，只要巴勒斯坦境内没有实现犹太人占多数，谈论一个独立国家就是没有意义的，他还反对犹太复国主义的种族隔离。他指出："在南非，黑人占人口总数的80％，居于统治地位的白人只占20％。这80％的人不享有任何权利……你是否从这个意义上想让占人口总数20％的犹太人统治巴勒斯坦？如果这就是你的意思，那么你使用'犹太国家'这个名词的做法还是可以让人理解的。但你是不会这样说的，因为你不能这么说，非犹太世界的任何人都不会接受这个理念，而且犹太复国主义运动的很大一部分人也会反对该理念，无论是否出于正当理由。"乌西什金指出，针对某些国家，《圣经》中的战争法则教导说，"你应当彻底摧毁他们"（《申命记》20:17），但是时代已经变了。"今天，第一，要建立一个犹太国家；第二，阿拉伯人享有平等权利；第三，只有在阿拉伯人同意的情况下，才能把他们迁出去。正如本-古里安先生所写的，这是不可能做到的事。"乌西什金说，谈论"特拉维夫及其周边的犹太国家"也没有任何意义，因为这样的国家不可能接纳500万之多的犹太人。因此，他提议限制犹太代办处未来几年的大规模移民。

　本-古里安使出浑身解数来迎合他，他提议目前先搁置边界问题，对其暂时采取含糊的立场。"我们目前不说我们的边界在哪里。如果他们问我以色列地的疆域范围，我就说这将取决于我们犹太复国主义的力量。"这其实是他一直以来的说辞。1939年，他就对同事们说过："不要问我有关边界的问题，这完全取决于我们的实力。"但是，乌西什金还是坚持自己的立场。他问道："为什么要自欺欺人呢？毕竟，我们所有人都知道，在他的有生之年这是不会发生的。"
四个月后，乌西什金就去世了。[18]魏茨曼仍然是最后一位在赫茨尔时
代开启职业生涯的犹太复国主义政治家。

❖

　　1941 年 6 月，在入侵叙利亚之前，英军雇用了几十名哈加纳的
成员侦查叙利亚，当时叙利亚尚在法国维希政府的控制之下。几天
后，哈加纳的这支侦查分队参加了入侵行动。在该分队的成员中，
有两位将在军事和政治领域发挥重大影响的年轻人——摩西·达扬
和伊加尔·阿隆（Yigal Allon）。达扬在该次行动中失去了左眼。这
是哈加纳最近为与英国合作而建立的军事组织——帕尔马赫
（Palmach，希伯来语中"突击队"的首字母缩写，1941 年成立，由
英军训练，是哈加纳中的精锐部队——译注）的首批行动之一。本-
古里安将该组织视作建立一支犹太军队所迈出的一步。在他看来，
哈加纳这次行动的目的不仅仅是维持安全局面，也是"在其周围聚
集起"所有的犹太复国主义青年，并且为征服内盖夫沙漠做准备。
长期以来，争夺哈加纳控制权的政治斗争一直没有停歇过，但尚无
最终结论；犹太代办处执行委员会的一些成员对本-古里安的军国主
义立场很是不满。格伦鲍姆提醒他的同事们要提防那些"脾气暴躁、
冲动任性"之人。然后，同以往一样，执行委员会还是接受了他的
计划。[19]

❖

　　大约就在这期间，本-古里安收到了什洛莫·齐马赫的一封来
信。在辞去嘉道理农业高中的校长职务后，齐马赫先后在美国和南
非担任犹太代办处的特使。回到巴勒斯坦后，他在耶路撒冷安家。
但他当时没有工作，于是写信给他的老友大卫。在信中，他直奔主
题。"我知道，在这个时候，你不能也可能不会关注私人的事情，但

是，请相信我，要不是我的家人都指望着我，要不是家里吃了上顿没下顿，我会耐心地等待，而不会打搅你。"他写道，他一生中有很多失败的经历，但作为一名农艺师曾很成功。他在犹太代办处位于雷霍沃特的农业试验站工作了九年，推进了精耕化农业的发展，而这在当年还只是一个梦想。他写道，他为了水源、灌溉方式、蔬菜、作物轮作而奋力拼搏，感谢上帝，他的梦想已成为现实。他不在乎在哪里工作、谁会是他的老板、他能赚多少钱——最重要的是他们让他回去工作。他请本－古里安看在这么多年朋友的份上帮他一把。"你也知道，我不太愿意写私事，我几乎没和任何人提起过这些事，但是，大卫，我和你作为朋友还是可以知无不言的，毕竟，我们年轻那会儿我从未对你隐瞒过什么。"

312　　齐马赫不光是寄出了这封信，他还去了本－古里安的办公室和他面谈。他当面告诉本－古里安为什么试验站没有让他回去，犹太代办处的一位高级官员将他列入了黑名单，因为齐马赫知道这位官员是个小偷。齐马赫后来在自己的回忆录中写道："本－古里安要做的就是给卡普兰打个电话说句话，一切都会迎刃而解。但是，我当时找到他，对这位老朋友没头没脑地说道，我现在真的快揭不开锅了，他眼中流露出的并不是为朋友的遭遇而产生的悲伤难过，而是一种幸灾乐祸和难以掩饰的兴奋，仿佛他想说：'看看，怎么样吧——我终于看到阿巴·齐马赫（Abba Zemach）的儿子一贫如洗地站在我面前，眼巴巴地让我可怜可怜他。'他脸上的表情明显地说明了一切，我不想和他再谈下去了，转身离开他的办公室。"不久后，齐马赫另外找到了一份工作，并且开始写幽默图书，这成为他最大的爱好。[20]

❖

　　1941 年 6 月 22 日，德国入侵苏联，三天后，本－古里安表示，两国间的战争可能会拯救世界，"也可能会让我们的土地幸免于难"。

目前看来，德军对苏联的进攻可能会使巴勒斯坦远离战争。他由此心情大好。在这种新形势下，从心理上讲，他离开巴勒斯坦已经不再那么艰难。在他的犹太复国主义宣教行动开始五个月后，他再次动身前往美国。途中，他经停伦敦，在此住了几周，并如他所说的那般，重温了过往"那美好的岁月"。这座他深爱的城市，这座"充满且散发着自信、勇敢光芒的英雄之城"，已然绝处逢生了。这里到处是遭到空袭后留下的印记，年轻人都身着卡其布军服，但轰炸早已停止了，空袭警报声也没有再响起过。想在餐馆吃到一顿丰盛的饭菜还是很难，但除此之外，战争似乎只是停留在了报纸的新闻头条上，他写道："好像世界已经回到了正轨。"他与从事新闻、政治工作的熟人们聚会，这批人中包括新任殖民大臣莫恩（Moyne）勋爵。本-古里安告诉他，战后，巴勒斯坦要安置 300 万欧洲犹太人。莫恩勋爵建议，战后在东普鲁士建立一个犹太国家。本-古里安在他的主要目标即建立一支由英国统一指挥的犹太军队上毫无进展。而与之形成鲜明对比的是，他与美国驻英国大使约翰·怀南特（John Winant）建立了密切的联系，并从大使那里得到了承诺，他将安排罗斯福总统和本-古里安的会面。魏茨曼已于 1940 年 2 月与罗斯福总统进行了首次会面。[21]

313

"犹太情结"

1942 年 7 月，本-古里安在纽约与一个名叫弗朗西斯·凯塔尼（Francis Kettaneh）的人会面，而此人向本-古里安证实了相关报道，即德国人已开始实施一项计划，来有条不紊地彻底消灭在波兰的全部犹太人。凯塔尼是一名来自巴勒斯坦的阿拉伯人，他信奉天主教，现居美国。当时，本-古里安已知道，有数十万波兰犹太人惨遭杀害，但比起先前有关犹太人被屠杀的报道，凯塔尼提供的情报所产生的意义和影响都要大得多。他后来告诉犹太代办处执行委员会的成员们，"他告诉我的话似乎都是真实的"。[22]

❖

战争爆发后，美国犹太复国主义组织建立了一个以改革派拉比斯蒂芬·怀斯为首的应急委员会，针对这位拉比，本-古里安写道："从个人上来讲，他是最为公众所尊敬、爱戴的人，但他事务繁忙，要参加很多会议，到处寻求赞助，而他本人还有多到数不清的计划和目标，因此，他总是疲惫不堪，参加会议时不断打盹，即便在讨论关键议题时也无法集中精力。"因此，有人议论说，要找另外一个改革派拉比阿巴·希勒尔·西尔弗（Abba Hillel Silver）来替代他。根据本-古里安的说法，西尔弗"敢想敢做，为自己的犹太身份倍感骄傲，此外，他懂希伯来语，也很了解巴勒斯坦（比其他领导人都要了解），并且从不惧怕展现双重的忠诚，但是犹太复国主义群体不喜欢他，他也不了解犹太复国主义的政策"。[23]本-古里安与这两个人，以及很多整日厮混在一起相互争辩、钩心斗角的激进分子一道，使出浑身解数，提高美国犹太人群中的犹太复国主义者的警惕。所有

314

这些人他都认识，现在距他第一次加入他们已经过去了整整 25 年。整体看来，一切都没变——同样的思维方式，同样的敏感心理。他对可以从他们那里得到什么再清楚不过了，但还是希望能得到更多。他试着与非犹太复国主义者接触。他与政府官员频繁接触，目的是说服美国政府向英国施加压力，以敦促英国当局在巴勒斯坦组建一支犹太军队。

他在纽约的住址是列克星敦大道上的温思罗普大酒店。这次也同样，他接触的大多数人是犹太人。他在集会上发表演说，去参加会议，与人们共进午餐。所有的事情他都得亲力亲为，包括打电话

安排会面、写信、乘火车往返各地。两个月后，在他要搬到华盛顿去时，他自己整理书籍、收拾行装。[24]他以前从没有参与过美国的政治游说活动，因此，他搬出了自己惯用的那一套，就如同每次遇到一个新课题一样，他专门对其进行学习研究。他咨询过的人都建议他召集一帮年轻人在自己身边，并寻求与政府中的进步-激进势力建立联系，其中包括副总统亨利·华莱士（Henry Wallace）身边的农业圈子。

他随身带到华盛顿的还有一个非常有价值的电话号码，这是最高法院法官费利克斯·法兰克福的，他是通过已故大法官路易斯·布兰代斯和费利克斯认识的。本-古里安请求占用他一两个小时的时间，征求他的意见。法兰克福问是要一个小时还是两个小时，并邀请本-古里安在晚上九点到他家。他亲自为本-古里安打开门。在两人会面的过程中，似乎大部分时间是本-古里安在说。他提到很多事情，其中讲到美国的参战令犹太复国主义斗争的前景更为光明。法兰克福比本-古里安年龄大，对本-古里安而言就如同一位慈爱的父亲。据本-古里安的说法，大法官称赞他的才智和诚恳态度，并向他透露了一个24小时后就会公布的国家机密——温斯顿·丘吉尔当时就在华盛顿。

法兰克福答应将尽力提供帮助，一周后，他邀请本-古里安到他的办公室共进午餐，同时受邀前来的还有大卫·尼尔斯（David Nyles），此人是一位犹太裁缝的儿子，当时已经是罗斯福总统的一位助手，他的任务之一是协调白宫与少数族裔间的联系。第三位客人是本·科恩（Ben Cohen），他和本-古里安曾在伦敦见过面，他是总统手下的红人。在这三位有影响力的美国犹太人中，有两位曾经听过本-古里安的演讲，而尼尔斯则是第一次听。本-古里安像往常一样，以他早年在巴勒斯坦的经历开场：他如何播种、收获，如何铺路、建房，如何将这一片荒原变为肥沃之地。他说，巴勒斯坦殖民当局的官员对犹太复国主义计划怀有敌意，他们知道，战后将有300万犹太难民需要有一个家，但他们会竭尽所能阻止犹太人来到巴勒斯坦。因此，他得出结论，犹太复国主义的未来取决于美国，在他说到美国时，他其实指的是罗斯福。他知道，这位总统也不是生活在真空中的，他身边都是朋友和幕僚。他，本-古里安，来华盛顿是为了赢得二三十个人的心，争取到他们的支持。

科恩说，他有事需要离开，他问道，本-古里安正在为了什么计划寻求支持。本-古里安说，他是为了建立一支犹太军队和一个允许大规模犹太移民的政权。他没有说要建立一个犹太国家。科恩疑惑地问道，为什么要组建一支犹太军队？为什么不干脆以志愿者的身份加入英国军队呢？很多人都问过这个问题。对本-古里安而言，这牵扯到"犹太情结"。尼尔斯是一个安静而内向的人，话不多，但也建议应当谨慎行事，以免犹太复国主义者给人留下凡事只关心自己利益的印象。他提议，他和本-古里安两人单独再见一面，"来作一番更严肃的探讨"。在两位总统幕僚离开后，法兰克福告诉本-古里安，尼尔斯对他印象很好。[25]这是本-古里安截至当时在美国最重要的一场对话。他与罗斯福会面的希望变大了。

但是要求美国推进在巴勒斯坦建立一支犹太军队的提议遭到了反对。《纽约时报》对该提议表示反对，原因是英国人反对，《纽约时报》认为英国人的反对理由很充分，他们关心的是阿拉伯人将对此作何反应。该报发表的一篇社论也表达了在意识形态上的反对立场。社论说，所有人都知道，犹太复国主义军队的最终目的还是要迫使联合国建立一个犹太复国主义国家，而许多犹太人都对此持反对态度。在战后即将崛起的新世界中，"犹太人将与其他少数族裔一样，在所有的国家中平静而幸福地生活，充分享有与其他公民相同的权利"。[26]本-古里安公然表示，这篇文章"非常恶毒"，但他没有放弃。他宣称："团结美国犹太人的时机一点也不差。"在与犹太复国主义青年团体哈博宁（Habonim）成员会面后，他写道，他们"很警觉，而且极富洞察力，他们一定有光明的前途"。[27]

316

他的工作计划进展顺利。美国财政部部长小亨利·摩根索是当年他被土耳其囚禁后，为他出面斡旋的美国驻伊斯坦布尔的特使的儿子。至此，本-古里安已成为一名资深的政治说客。本-古里安在与摩根索分别前，专门要了他的电话号码，并请财政部部长准许他在他自己认为有必要的时候给部长打电话。他为出席各种会议做了充分的准备。他与哈佛历史学家威廉·L. 兰格（William L. Langer）领衔的战略服务办公室的分析研究人员进行了长时间会谈，他与他们平等地对话交流。[28]

法兰克福邀请本-古里安与威廉·布利特（William Bullitt）到他家中共进晚餐，威廉·布利特是美国驻苏联的首任大使，也是位知识分子，曾经和西格蒙德·弗洛伊德（Sigmund Freud）合著了一本书。当时，布利特正准备按照总统的要求，启程出访中东。本-古里安说，他们彼此称呼对方为"比利"和"费利克斯"，以一杯威士忌开启了这顿晚餐，而他没有喝酒。在随后聊天时，布利特宣称，应将所有阿拉伯人逐出巴勒斯坦，并在那里建立一个犹太国家。本-古里安一如往常，非常谨慎地回应说，没有必要驱逐阿拉伯人，因为巴勒斯坦在经济上是有能力供养他们所有人的。此后，本-古里安和布利特经常见面。[29]

在纽约的应急委员会承担了本-古里安在华盛顿逗留期间的费用，而且还同意派出一名秘书，米里亚姆·科恩（Miriam Cohen），并支付她在华盛顿工作 10 天的费用。而这开启了一段爱情故事。[30]

"亲爱的，那不就是真的吗？"

那几个月中，本-古里安忙着组织一次大型的犹太会议，以取代在战争期间无法召开的犹太复国主义者代表大会。在他离开巴勒斯坦之前，犹太代办处执行委员会已经批准了一个计划，其中包括要求立即组建一支犹太军队，在战后建立一个犹太国家。针对该计划，他试图达成最为广泛的共识。和往常一样，他遇到了反对的声浪。在美国，不支持犹太复国主义理念的犹太人享有很高的社会声望，并且拥有很强的经济实力。本-古里安试图将他们融入犹太复国主义运动，因此他必须解释他为什么拒绝了马格内斯的双民族国家的提案，这可不是一件容易的事情。相比之下，他与美国犹太妇女复国主义组织哈达萨（Hadassah）就建立了密切的联系。有一回，他甚至不惜强迫自己出席这些妇女和她们的丈夫们共同观看《费加罗的婚礼》的义演。[31] 尽管他对美国犹太人的生活很熟悉，他在他们中间还是感觉很另类。他在给多丽丝·梅的信中写道："我在这么多人中间还是感觉很孤独，这里如同一片荒原。在寂寞无眠的漫漫长夜中，陪伴我的只有我的柏拉图。"①[32]

多丽丝·梅知道本-古里安正在不断克服内心的寂寞孤独。她继续与犹太复国主义外交官阿瑟·劳里保持着书信联系，而劳里知道本-古里安和米里亚姆·科恩两人早已坠入爱河。科恩曾是劳里的秘书。他把两人的风流韵事传到了伦敦，而多丽丝·梅似乎听得津津有味。[33]

---

① 他儿时的朋友什穆埃尔·福切斯现在已改名福克斯，福克斯已与犹太复国主义者断绝交往，两人间的关系非常淡漠。在本-古里安需要牙科急诊时，他去找了另一位牙医。（Ben-Gurion to Paula, Jan. 12, 1939, BGA.）

317

❖

1942 年 4 月，本–古里安背痛难忍。在科恩的建议下，他独自一人去了卡茨基尔（Catskills）的一个度假胜地，这里离比弗湖不远。他从那里寄给她的信字里行间充满着诗情画意，在他身处美丽壮阔的自然风光时，譬如在海上、在空中或置身尼亚加拉大瀑布、特罗根（Trogen）和瑞士阿尔卑斯山区的布尔根施托克（Buergenstock）时，他同样会诗兴大发。纽约州北部的天空"宣示着上帝的荣耀"，而阳光则如同"神的召唤"一般。蛙鸣构成一首"绝妙的交响乐"，而且他还惊叹于这里的牛儿。就像在巴勒斯坦一样，这里的一切都全然不同于那片"空虚、废弃的被称作'纽约城'的沙漠"。他充满深情地缅怀着他喜爱的希腊神话中的主人公们，还幻想着另外一个同伴，"他比其他雅典人都要高大得多，挺拔威武、神采奕奕，自信洒脱且思想深邃，他总是充满理智而又坚定沉稳，不为外界所动"。他"从不使用任何冗长枯燥、空洞夸张的词语"，而且，本–古里安补充说："他从不说谎。"他是一个理想的朋友，他向本–古里安诉说自己的爱情故事，并滔滔不绝地讲述生命和爱情的意义，讲述故事里"从天空中滴落的神奇水滴，清新拂面而温婉的风，那妙不可言、慷慨美丽的阳光"。他是一棵树，"一棵真实的、生机勃勃且四季常青的树，他深爱着脚下的这片土地，半刻也不愿意与其分离。亲爱的，那不就是真的吗？"他写信给科恩说道。在信中，他们交换了对这个世界的看法，自然也少不了倾诉相思之苦。

正如刚刚踏入爱河的情侣们常做的那样，他们在信件中和自己周围编织了一张浪漫且神秘的网。他们把这期间的信称作"BL 纸"，BL 就是比弗湖的英文首字母缩写。她称呼本–古里安为温思罗普（Winthrop），这是他通常在纽约住宿的宾馆的名字。本–古里安向她保证，尽管有时他会惹人不高兴，但他永远是她可以完全信赖的、

318

忠实的朋友。他的话神圣而庄严。从这个意义上讲，这些信饱含着对爱情的承诺和对友谊的期待。他就像一个十几岁的愣头青一般。他对自然环境的描写充斥着肉欲，让人联想起比亚利克的《火卷》，本-古里安曾经把《火卷》送给他的好友福切斯。[34]

他们这桩秘密的风流韵事迅速传开，很快就成为在纽约的犹太人茶余饭后的话题。这条绯闻又从纽约传到了特拉维夫，宝拉深受打击。从（1942 年）1 月初开始，她就试图通过包括摩西·夏里特在内的犹太代办处官员拿到她在纽约护理学校的文凭。她大概是打算开始自食其力了。几个月后，本-古里安告诉她，没办法拿到这份文凭。[35]

盖拉和雷娜娜都站在母亲一边，断绝了和父亲的联系。雷娜娜当时正准备她的高中毕业考试，本-古里安写信对她说，他理解她当时的沉默。毕竟，她有很多功课要做，还要玩耍、看电影、和朋友们聚会。他写道："你根本就想不起来给我写封信。"好像这就是她与父亲缺乏沟通的唯一原因。他给她写了一封长信，详述了自己在美国的活动，就像他过去写给宝拉的那些信一样，他还让女儿写信告诉他学校的事情和家里所在社区的情况。他能写出的最私密、最接地气的一句话就是："我为你、你妈妈和盖拉买了尼龙袜，但我不知道怎样把袜子寄给你们。"显然，当时雷娜娜对袜子并不感兴趣。她后来说："我认为背叛婚姻是件很糟糕的事情，妈妈为此歇斯底里。"[36]

"我永远都不能再见到他了"

1942 年 4 月中旬，哈伊姆·魏茨曼抵达美国。魏茨曼看到本-古里安在美国，心里不怎么痛快；而本-古里安看到哈伊姆来到美国，也高兴不起来。当时，他正费尽心机地想要和罗斯福总统会面，而且想赶在魏茨曼到来之前见到总统。他对法兰克福说，怀南特大使已经答应安排他们间的一场会面。法兰克福承诺会与白宫谈及此事。总统的中东事务特使威廉·J. 多诺万（William J. Donovan）也承诺，他会向总统转交关于有必要建立一支犹太军队的备忘录；除此之外，并无其他进展。[37]

本-古里安听说当时怀南特在华盛顿，于是就到白宫和国务院找他，还在他留宿的宾馆给他留了言。大使没有接听他的电话，本-古里安又给他发了一封电报，但也没有收到回复。他又和另一位大法官塞缪尔·罗森曼（Samuel Rosenman）见了面，据说罗森曼过去20年间一直是总统的密友和知己，并且是总统家中的常客。罗森曼告诉他，华盛顿的"每个人"都在问他是否已经见过本-古里安了。但是罗森曼也只是提出，他会将一份备忘录转交给白宫。本-古里安自我安慰说，也许是由于战争，现在更难见到"船长"了，他一直叫总统"船长"。[38]

❖

魏茨曼只是代表世界犹太复国主义组织，但自从《贝尔福宣言》发布以来，他的言行就好像他是犹太人的国王一般。除了他作为科学家的显要头衔，以及他极富魅力的英式犹太幽默之外，他还扮演着政治家的角色，表现出贵族般的高贵以及乐观而又忧郁的独特气质。在纽约逗留期间，他住在豪华的瑞吉酒店。他有一回说道："酒店要住就住最好的。"[39]在伦敦，他住在多切斯特酒店（世界上最负盛名和最为昂贵的酒店之一——译注）。他通常不会亲自打电话安排会议。在他抵达美国之前，他在《外交事务》（*Foreign Affairs*）上发表了一篇长文，这是一家声名显赫的论坛杂志，在此发文的都是各个国家的领导人。他要求在巴勒斯坦建立一个犹太国家。[40]在随后的几

320

个月中，他与副总统华莱士进行了三次会晤，谈论的几乎都是他的科研工作。他正在研究开发一种化学合成方法，他希望此方法可以将玉米转化为橡胶。

❖

本-古里安和魏茨曼之间并不存在根本性的分歧。如果本-古里安被约稿的话，他不费吹灰之力就能写出魏茨曼在《外交事务》上发表的那种文章。魏茨曼也同样认为，犹太复国主义的命运将在很大程度上由华盛顿和纽约决定。而有关与英国决裂的问题，他比本-古里安更担心。至于能否在战后短期内将数百万犹太难民移民到巴勒斯坦，他对此表示怀疑。虽然他不反对在巴勒斯坦建立一支犹太军队，但他认为这始终得不到英国的认可。

为替代犹太复国主义者代表大会而召集的会议于 1942 年 5 月 9 日在纽约举行，会址是麦迪逊大道上的比尔特莫尔酒店，这是一座历史悠久的建筑。参会代表有数百人，其中大多数来自美国。作为犹太代办处的参会代表，本-古里安将自己定位为那些妄自尊大的激进分子之间的外部调停者，这些激进分子既想要赢得尊重，又以相互侮辱为乐。他还深度参与了会议召开之前的幕后策划工作。围绕犹太复国主义宣言的具体措辞，他投入了主要精力，与别人展开激烈争辩，他想要将这份宣言带回巴勒斯坦。几乎每个字都会引发争论，需要作出妥协。

《比尔特莫尔方案》可能是当时美国犹太复国主义者能够作出的最强有力的宣言了，但它也只不过勉强接近犹太复国主义理念的根本目标而已。它仅仅呼吁要将巴勒斯坦建成一个"融入全新民主世界体系的犹太联邦"，而"国家"这一字眼并没有在其中出现。会议呼吁犹太代办处获得在移民和发展事务方面的管辖权。根据该方案，白皮书的相关规定将被撤销，而且要建立一支犹太军队来保卫巴勒

斯坦。本-古里安当时也有所收敛——他作出的最为大胆的政治声明 321
就是"委任统治权必须交由犹太人自己负责",而且要以"执政当
局"的形式出现。当时,预测今后会发生什么还为时尚早。犹太复
国主义传教士也没有呼吁美国的犹太复国主义者为他们自己或孩子
们回归历史家园做好准备。他谈及纳粹对欧洲占领区内犹太人的迫
害,以及在战争中幸存下来的难民将要面临的困境,也只有在这时
候,他才顺带提及了移民巴勒斯坦,但并没有从犹太复国主义救赎
整个犹太民族梦想的意义上探讨巴勒斯坦移民问题。他还提到了
"斯特鲁马号"(Struma)难民船的惨重事故,这艘载有 760 名来自
罗马尼亚的犹太难民的船,两个月前在黑海被击沉了。

不久之后,本-古里安告知他在犹太代办处执行委员会的同事
们,这次会议的目的是加强美国犹太复国主义者之间的团结,阐明
犹太复国主义的各个目标,并公开展示团结和目标。他强调说,这
一会议非常重要,尽管他曾经希望会议能对犹太人的独立作出更为
明确的承诺。他在犹太代办处执行委员会的会议上也使用了"联邦"
和"自治的犹太巴勒斯坦"这两个词。[41]后来,比尔特莫尔会议被视
为以色列建国斗争中的一个里程碑。①

❖

会议结束两天后,本-古里安的父亲在特拉维夫去世,享年 86
岁。在他生命的最后几年里,他分别在居住于海法的女儿齐波拉·

① 据《纽约时报》报道,这次会议显示出了大家对魏茨曼和本-古里安领导能力的信
心。虽然本-古里安肯定会为这样的表述而兴奋,但在他听到一位参会代表对其中一件事戏
剧性的描述时,可能心里就不那么畅快了。这位代表说,斯蒂芬·怀斯拉比(紧急委员会
的主席)在第二届犹太复国主义者代表大会结束时,曾从西奥多·赫茨尔那里收到了一枚
图章戒指,而现在怀斯拉比将其套在哈伊姆·魏茨曼的手指上,这是整个会议的高潮。着了
迷的观众们并没有丧失敏锐的嗅觉,他们清楚地知道其中的重要意义——美国的犹太复国主
义者将哈伊姆·魏茨曼当成了赫茨尔的继承人。("Zionists in Accord at Meeting Here," *New
York Times*, May 12, 1942; Louis Lowenthal, interview transcript, BGA, p. 6.)

本-古里安和定居在特拉维夫的女儿里夫卡·哈梅莱奇（Rivka Har-Melech）的家中养老。除了儿子大卫外，他还有另外两个儿子，分别是宗教犹太工人总工会官员阿夫拉罕和售货摊老板米歇尔。犹太工人总工会为阿维格多·本-古里安举行了葬礼，戴维·雷梅兹和摩西·夏里特分别为他致了悼词。后者在悼词中称他为"犹太复国主义运动的老将"。本-古里安的缺席让人倍感突兀。夏里特称他为"我们中间的狮子"，什洛莫·拉维说"他的精神与我们同在"。盖拉向父亲发送了一封慰问信，行文风格近乎正式。

本-古里安给宝拉发了一封简短的英文电报，第二天又坐下来用希伯来语写了一封长信。在信中，他形容他的父亲是一个充满爱心、正直善良的人，是一个充满锡安之爱的忠诚的犹太人。他写道"他为我付出了很多"，还提到了他母亲的去世。从许多方面来看，这封信读起来就像是为撰写政治自传而做的笔记，给人留下的印象是，他父亲对犹太复国主义的主要贡献就是没有阻止他年轻的儿子成为该运动的领导者："我们这些普仑斯克的男孩子们秘密建立了一支自卫队并购买了武器，我成了这个组织的领导人，还把这些武器藏在了我的家中——父亲对此心知肚明，但并没有干涉。"他回忆说，在他决定去巴勒斯坦时，父亲为此而非常难过，因为他之前曾希望大卫能成为一名著名的学者，但他逐渐意识到了他从巴勒斯坦收到的这些来信的价值。本-古里安专门指出："镇上的每个人都会来阅读这些信件。"他讲述了自己当初如何染上疟疾，如何忍饥挨饿，以及如何衣衫褴褛、窘迫至极。他的父亲希望他能回"家"，而本-古里安在"家"字这里用了双引号，父亲还"试图"给他寄些钱，"但是在我要求他不要这样做时，他就不再坚持了"。在信纸页面底端的一个角落里，他用细小的蜘蛛状的字母写了一些令人很难辨认出来的文字。"我回到家后，我看不到他了，我永远都不能再见到他了。"[42]英国人为阻止德军进军巴勒斯坦付出了努力，而此举也使得民众惶恐不安，本-古里安因此受到影响，他失望、沮丧、悲伤而又充满爱的力量，他准备取代哈伊姆·魏茨曼，这是他参加过的最激烈的战斗之一。此时，他们的冲突早已导致了两人之间水火不容、怨恨颇深。本-古里安嫉妒魏茨曼，而魏茨曼则感到本-古里安正密谋取代他的位置。

"你就是个叛徒！"

1942 年 6 月 10 日，本-古里安打电话对魏茨曼说，他不再把魏茨曼视作自己的搭档和伙伴了。第二天，他给魏茨曼发了一封几易其稿的长信。和以往一样，他指责魏茨曼总是随心所欲、自主行事。本-古里安声称："你把自己的个人立场等同于整个犹太复国主义的立场了。你到这里已经差不多两个月了，其间你奔走华盛顿和纽约，已经与许多人就犹太复国主义进行了交流。但你从未咨询过我的意见。自始至终，你也没有告诉过我你的情况。"最后一句似乎饱含着本-古里安的个人感受，他感觉深受其辱：在之前的一次交谈中，魏茨曼已经如实地告知他，怀南特大使让魏茨曼向本-古里安转达自己的歉意，因为他还未能信守承诺安排本-古里安与罗斯福总统会面，他当时仍在为本-古里安争取机会。几周之后，魏茨曼才把这条信息转达给本-古里安。

本-古里安在信中主要是泛泛而谈，而没有描述具体细节。他写道："你没有掌握政治上的现实问题。"他引用了魏茨曼的很多论述，而这些论述其实都在暗中贬低组建一支犹太军队的重要性。不同寻常的是，他没有宣布自己辞去在犹太代办处的职务，反而暗地里威胁要罢免魏茨曼在世界犹太复国主义组织中的领导职务。"如果有人问我，你是应当继续像现在这样履行职务，还是应当辞职，我个人的建议是你应当辞职。"[43]

魏茨曼冰冷且傲慢地回绝了所有的指控，就如同他当时在伦敦接到本-古里安类似的最后通牒时一样。魏茨曼断言道："这只不过是他一时心血来潮的产物，不是经由冷静的判断决定的，而是由想象中的不满造成的，而这种不满无疑是由很多令人心碎的失望所导致的，我们每个人在这个关键时刻都必须面对这种心境。"本-古里安对此予以回应，但魏茨曼宣称继续通信已经没有意义了。真相大白的时刻早就到来。[44]

❖

1942 年 6 月 27 日星期六下午，六位美国犹太复国主义的领导人，应本-古里安的要求，在斯蒂芬·怀斯拉比的家中集合开会。魏茨曼也应召前来。会议是通过交流书面信息的方式来协调进行的，官方的记录中有会议要点。本-古里安将其视作一场听证会，将以最终的定罪而告终。他声称，魏茨曼目前在美国的活动正危及犹太复国主义的目标。但是，在启动罢免魏茨曼的程序之前，他希望这个问题能够引起犹太复国主义领导层的注意。

在本次会议之前，魏茨曼写信给怀斯拉比，否认本-古里安针对他的各项指控。魏茨曼坚持认为："我想他不高兴的真正原因是，我们未能说服英国人同意我们组建一支犹太战斗部队。但是，在这件事情上，还有谁能比我更不高兴呢？"他充满讽刺地补充道，他可没期待着这里成为一场将作出判决的特别法庭。实际上，两个人之间的冲突像极了两个角斗士之间的决斗。除了没有动手外，他们把能用上的十八般武艺统统用上了。纳胡姆·戈德曼（Nahum Goldmann）是此次会议的出席者之一，他后来回忆起了两人之间针锋相对的发言（如下所示），而这番唇枪舌剑并没有被记载到会议记录中：

本-古里安：如果我们拥有一个独立国家的话，我们会枪毙了你。你就是个叛徒！

魏茨曼：如果我们在我们的国家拥有一支警察部队的话，我们要把你送入疯人院。

两个人都发自内心地说出了这些话，这还不是魏茨曼最恶毒的咒骂。他坚持认为本-古里安的指控"纯粹是子虚乌有"，而这是希特勒和墨索里尼清除异己的惯用伎俩。[45]

本-古里安重申，魏茨曼惯于独自行动，他自 1935 年以来就一直记录他们两人的关系。他说，魏茨曼是永远不会对英国人说"不"的。他声称，魏茨曼实际上已经将建立一支犹太军队的要求搁置一边，而且已经对他在伦敦收到的反对建议表示同意，其中包括建立一支由犹太人和阿拉伯人共同组成的混编部队，以及一支将统一纳入英军建制但不会在巴勒斯坦作战的犹太部队。他声称，只有美国才能迫使英国同意建立一支犹太军队，但即便这一要求在比尔特莫尔会议上被通过，魏茨曼还是对该要求不屑一顾。本-古里安坚持认为："如果魏茨曼只能以现有的方式工作，他最好辞职。"他提到怀南特大使已经对他承诺，将安排他与罗斯福总统的会面，并寻求参会领导人的支持。

起初，魏茨曼展现出高高在上的姿态，就好像与本-古里安争吵的话会使他自降身价一般。他说，他将让其他人决定，是否有必要请人证明他是符合犹太教规的。他声称，本-古里安正在策划一场"政治暗杀"。他用嘲笑的口吻提到了莎士比亚的剧作《尤利乌斯·恺撒》（*Julius Caesar*），将本-古里安比作该剧中的布鲁图斯，而暗示他本人就是恺撒大帝。但是，他向其他人保证，"不必杞人忧天"。他坚持认为，只有犹太复国主义者代表大会才能迫使他辞职。他声称，在过去的两年半中，本-古里安将建立一支犹太军队视作犹太复

325

国主义所面临的唯一问题。他说："与此相比，其他一切都变得微不足道了。"他表示："我们可能在没有军队的情况下获得巴勒斯坦，也可能得到一支军队却丢了巴勒斯坦。"他不认为美国是其中最关键的要素。必须采取一切措施确保美英两国展开协作，共同推进犹太复国主义事业。没有英国，美国就无法展开行动；没有英国，犹太复国主义将一事无成。在这种大背景下，他指出，针对他不知如何对英国人说"不"的指控并非真实。单词"不"出现在希伯来语会议记录中，他提醒在座的其他人，他与犹太复国主义运动有很深的渊源，可以追溯到"《贝尔福宣言》发布之前"，而当时本-古里安还只不过是个无名之辈。魏茨曼越说越怒火中烧，他的话也越说越重。

起初，他说本-古里安的控诉"徒劳无益且毫无道理"，但随后他又称这些指控是"曲解、误解，甚至在许多情况下都是一派胡言"。会议结束时，魏茨曼深信，本-古里安完全与现实脱节，沉浸于一种"病态的幻想中"不能自拔。[46]

六位犹太复国主义领导人回忆说，两位大佬之间的这场冲突是犹太复国主义历史上最悲剧性的事件之一。海伊姆·格林伯格（Hayim Greenberg）也是领导人中的一员，他当时就受不了了，他双眼含泪地逃出了房间。[47]年轻的魏茨曼当初就是这样对待赫茨尔的，本-古里安想要如法炮制地对待魏茨曼——本-古里安的犹太复国主义事业也部分建立在要求采取更激进的犹太复国主义政策的基础上，就好像激进主义才能体现出更伟大的爱国情结一般。他们为了权力和荣誉而相互争夺，而这也表明了巴勒斯坦的犹太人与世界犹太复国主义运动之间的对抗，这种对抗在犹太复国主义委员会到达巴勒斯坦后就开始了。魏茨曼在这个回合取得了胜利——六名美国人中有五名支持他，并对他抱有信心。只有一个人认为魏茨曼应该辞职。[48]

第二天，魏茨曼详述了他为劝说本-古里安返回巴勒斯坦所付出的努力。他写道："但他似乎对此并不着急。"这或许是在暗示他与米里亚姆·科恩的私情。魏茨曼补充说："此外，交通方面也很困难。"他似乎是在强调，那也不是本-古里安滞留纽约的唯一因素。[49]他知道如何尖酸刻薄，有仇必报。同时，他继续羞辱他的对手。他说："我们已经和雅博廷斯基领导的修正派斗争了很多年。如果再和本-古里安领导下的全新的、更危险的法西斯主义斗争的话，这势必是一场巨大的灾难。"他肆意散布有关本-古里安精神状态的消息，影射他令人担忧的精神状况。在致耶路撒冷犹太代办处执行委员会的一封信中（该信最终没有发出），他写道："他的行为举止令人痛苦地联想到心胸狭隘的独裁者，我们在现在的公共生活中经常会遇到这种类型的人。他们都是一个模子刻出来的：他们毫无幽默感、面目可憎、道德败坏、思想极端、行为固执，而且明显在实现野心时饱受挫折，没有什么比一个心胸狭隘、牢骚满腹的小人更危险的了。"魏茨曼继续道，他整天心心念念的就是他的人生使命。他一意孤行，若是有人与他观点相左就是惹祸上身。"要是有哪个倒霉蛋质疑他的某些言论，他马上就会冲着这个人大喊大叫，而且他还会在演讲中通过无休止的咆哮恐吓听众。"[50]

华盛顿的英国驻美大使馆密切地关注着两人间的这场斗争。档案显示，他们几乎对这一切了如指掌，还设法搞到了本-古里安和魏茨曼之间的往来信件。本-古里安担心，英国人会禁止他返回巴勒斯坦。大使哈利法克斯（Halifax）勋爵同高级专员哈罗德·麦克迈克尔（Harold MacMichael）和殖民大臣莫恩勋爵一道，在考虑本-古里安在哪里危害会最小，是在美国还是在巴勒斯坦。有一份情报档案是专门为两人所做的，内容涉及了魏茨曼与本-古里安之间的实力对比。该报告坚持认为："我怀疑他是否会在美国对魏茨曼博士造成窘境。毕竟，魏茨曼博士不仅仅在他所属的运动中是一个身份显赫之人，在世界科学领域也同样如此；而本-古里安先生，除了在他自己所属的运动中受人敬仰外，实在是一个无足轻重的人物。他的名声在巴勒斯坦当地较为响亮，而在世界范围则应者寥寥。因而，这种实力对比就如同大象和蚊子。如果让魏茨曼博士和本-古里安先生摊牌，我每次都会在魏茨曼博士身上押宝。"魏茨曼请求大使采取行动，将本-古里安逐出美国。[51]

1942 年 7 月 1 日，本-古里安抵达华盛顿。魏茨曼也在那里。本-古里安的计划是拜会哈利法克斯勋爵，和他讨论中东前线的局势。他们没有见面。本-古里安在他的日记中记道："中午魏茨曼博士的秘书打电话说，她从他的司机那里得知，他早准备去见哈利法克斯勋爵了。"本-古里安这则日记用英语撰写，仿佛想要将这篇日记作为针对魏茨曼的证词。不久，魏茨曼致电给他，向他简单通报了与大使的谈话情况。当天晚些时候，魏茨曼会见了副国务卿萨姆纳·韦尔斯（Sumner Welles）。晚上，魏茨曼的秘书又打来了电话。她告知本-古里安，魏茨曼博士感觉很累，已经上床睡觉了，但是让她告诉他，与韦尔斯先生的会面非常成功。[52]

法兰克福大法官定于 7 月 3 日与罗斯福总统会面，本-古里安得到消息，专门写了一封信，询问是否有可能让他面见总统，即使只有 10—15 分钟时间，这样他就可以向总统解释建立一支犹太军队的必要性。随信，他附上了一份备忘录，概括了他打算告知总统的相关内容。他想告诉罗斯福，德国陆军元帅埃尔温·隆美尔（Erwin Rommel）的部队正在接近巴勒斯坦边境，"对全世界的犹太人而言，这比 60 万犹太人遭到残杀所带来的后果还要严重；这将是他们第三圣殿的彻底毁灭，是他们最神圣的地方的毁灭"。他想告诉罗斯福，在巴勒斯坦有 6 万犹太男性可以被征召。"也许所有巴勒斯坦犹太人战斗到只剩最后一刻，也无法避免敌军入侵和家园被毁。即便如此，最为重要的仍然是，巴勒斯坦犹太人是作为战士战死沙场，还是像顺从的绵羊般任人宰杀。"此外，"这也将对英国政府的威望造成致命的打击"。本-古里安还想给总统留下这样一种印象："只有美国总统与他的英国盟友进行友好干预"才有可能动员起所有犹太人的力量，从而"避免直逼巴勒斯坦的这场灾难"。[53]

五天后，总统接见了魏茨曼，两人聊了 25 分钟。本-古里安给法兰克福去了封电报，说"这真是让人难以置信"。[①][54]

本-古里安返回纽约，那天正好是一个周末，所以办公室没人。他讽刺地指出："即使隆美尔的大军已经接近亚历山大城（埃及的最大海港和第二大城市——译注），所有人还是到郊区度周末了。"[55]第二天，他会见了巴勒斯坦阿拉伯人弗朗西斯·凯塔尼，就是这个人向他讲述了有关波兰犹太人遭受灭顶之灾的情况。

"我真是吓坏了"

本-古里安在美国的几个月里，很多他不认识的人找到他，这其中既有犹太人也有非犹太人，给他出了各种各样的主意，带来了各

---

① 罗斯福最感兴趣的还是魏茨曼在促进合成橡胶的生产上所付出的努力，但魏茨曼还是借机提到了建立一支犹太军队的必要性。此前，哈利法克斯勋爵就曾询问过白宫，总统是否会同意接见魏茨曼，进行"有关犹太人"的对话。罗斯福答应了魏茨曼，承诺两周后他们会再见一面。实际上，他们下次见面已经是一年之后了。（Weizmann to Walter Laqueur, July 15, 1942, in Michael Cohen 1979, p. 330ff.; Lord Halifax request to the White House, BGA, general chronological documentation, June–Aug. 1942.）

328

式各样改变世界的计划。①

　　他听他们讲述，同时也期待着他们会听他讲述。作为一个孤独的游说者，他在很大程度上要单打独斗般开展活动。凯塔尼当年 45 岁，他出生在耶路撒冷，曾在贝鲁特美国大学攻读工程学。他与他的三个兄弟一起，在贝鲁特成立了一家专营汽车产品的贸易公司，其业务后来扩展到大马士革、巴格达和德黑兰。在 20 世纪 30 年代，他当选为扶轮社（Rotary Club）的秘书长，后来担任该组织在中东地区包括在巴勒斯坦的所有分支机构的地区主管。他和他的家人于 1942 年定居美国，当时他正担任扶轮国际的理事长。[56]在他与本-古里安首次会面的几个月前，他在该组织的杂志上撰文，称赞在巴勒斯坦扶轮社中犹太人与阿拉伯人同处一个屋檐下且相安无事。他写道："在 1936—1938 年那充满悲剧的几年中，阿拉伯人和犹太人在圣地相互残杀，而唯有的几片和平绿洲就位于耶路撒冷、海法和雅法-特拉维夫的扶轮社中。"[57]他很可能是经阿哈龙·罗森菲尔德（Aharon Rosenfeld）介绍，与本-古里安认识的。罗森菲尔德是巴勒斯坦最早的货运代理商之一，同时也是一名海法扶轮社的活跃分子。罗森菲尔德和凯塔尼在扶轮社与运输业务上都有交集，所以相互认识。②

　　无论事实究竟如何，凯塔尼为本-古里安带来了一份将巴勒斯坦划分为不同行政区的和平计划。他注意到，阿拉伯人对纳粹有好感，而且表示英国人说的话他们一句也不信。因此，他提议，由美国出

---

　　① 编辑们在对本-古里安留下的正式资料进行编撰时，经常会注意到，他们无法确认他在日记中提到的许多人究竟是谁。（Ben-Gurion 2012, p. 225; Ben-Gurion 2008, p. 124, editor's note et al.）

　　② 本-古里安则声称他们是通过海法的一个名叫罗森斯基（Rosensky）的人介绍认识的，但他很可能搞错了。[Ben-Gurion, Diary, July 7, 1942, BGA; Aharon Rosenfeld 1982; Haifa Rotary Club no. 3592 and Rotary Haifa 1932-55, Haifa Municipal Archive, file 56910; Claim of F. A. Kettaneh Bros. Ltd. against Air Ministry, NA（UK）CO 733/472/7（680796）1945-47.]

面，召开一次会议，并让那些他认为应参加讨论的华盛顿高级官员以观察员的身份出席。本-古里安熟悉他提到的这些名字，并与其中的一些官员有私下往来。凯塔尼告诉本-古里安，他是英国的特工，但本-古里安怀疑他实际上可能是由美国国务院派遣来的。①

本-古里安告诉凯塔尼，犹太复国主义者主要对移民事务感兴趣，并询问了准备接受凯塔尼计划的巴勒斯坦阿拉伯人的名单。凯塔尼提到了雅法市市长奥马尔·比塔尔（Omar al-Bitar）。他还说，巴勒斯坦无法吸纳 600 万犹太人，他们需要去别处定居，其中的大多数可以搬到美国。[58]

凯塔尼告诉本-古里安，他最近已与在伦敦的波兰流亡政府成员进行了交流洽谈。这给本-古里安的印象是，他可能已经见到了瓦迪斯瓦夫·西科尔斯基（Władysław Sikorski）总理本人，尽管凯塔尼并没有提及他的名字。凯塔尼说，波兰人告诉他，他们正指望希特勒来解决波兰的犹太人问题。战争结束时，他会彻底消灭所有这些犹太人。如果他做不到的话，波兰人会自己完成这项工作，不会让犹太人留在波兰。本-古里安后来说，凯塔尼给人留下的印象是为人诚实，他不是反犹主义者。②

这是本-古里安第一次从一个非犹太人的口中获悉纳粹灭绝波兰犹太人的计划。他告诉犹太代办处执行委员会的同事们："我真是吓坏了。"他和凯塔尼一致同意保持联系，三周后他们又见面了。[59]

本-古里安研究所的几位研究员后来希望从本-古里安的几位熟

330

---

① 本-古里安的另一位熟人以赛亚·伯林（Isaiah Berlin）当时在英国大使馆工作，他在一份内部文件中提到凯塔尼与英美情报部门都有合作。根据伯林的说法，凯塔尼发送给他"大量的信件"。（Isaiah Berlin to Agnus Malcolm, Aug. 2, 1943, in Berlin 2004, p. 440.）

② 本-古里安没有告诉他的同事们，凯塔尼在伦敦与流亡的波兰人做了些什么，也许他根本就不知道。他可能是想要向瓦迪斯瓦夫·安德斯（Władysław Anders）将军的部队推销车辆，该部队当时正部署在中东地区。但无论如何，本-古里安认为，因为凯塔尼是一名天主教徒，波兰人与他交流也就很坦诚。

人那里得知，根据他们的估计，本-古里安是从什么时候"了解到犹太大屠杀"的。没有谁能给出一个明确的回答。[60]似乎并没有一个明确的时间界线，在此界线之前，本-古里安对大屠杀一无所知，而此后他对此又一清二楚。纳粹德国对其境内及后来的占领区上的犹太人的歧视和迫害已经有很多相关报道。这些报道理所当然地被归为同一系列，可以用同一条线穿插起来，一步一步，从达豪（Dachau）到奥斯威辛（Auschwitz）。战争爆发后，德国人拼尽全力掩盖他们屠杀犹太人的事实，特别是他们系统性灭绝犹太人的计划。他们只成功掩饰了一部分——相关报告从不同渠道不断泄露出来，通过邮件、电报、电话以及逃出占领区的人们的口口相传，几乎没费什么周折就将信息实时传送到了西方。其中一些人是目击者，包括难民、外交官、商人、各种使节和谍报人员。1940 年 2 月，位于耶路撒冷的犹太代办处执行委员会收到了一份关于波兰犹太人遭受迫害的相当详尽的报告，这份报告得出结论，波兰的全部犹太人面临被彻底根除的危险。报告的一部分已被公之于众。[61]

人们自然无法确认所有这些报告真实与否，但只要批判性地且审慎地阅读一下这些报告，心中就不会有任何的怀疑——纳粹正在系统性地杀害犹太人。很快就出现了纳粹利用毒气室大量杀害犹太人的相关报道。本-古里安办公桌上时不时积起的相关报告，也似乎印证了犹太人在纳粹德国不可避免的悲惨命运。

331　　在美国期间，他很可能已经在《纽约时报》和其他一些报纸上读到类似的报道。1942 年 3 月 1 日，《纽约时报》报道说，对波兰犹太人的迫害是按照一个系统性的计划来进行的，目的是彻底消灭犹太人。该报的消息来源是一位消息灵通的经济学家兼记者亨利（哈伊姆）·肖克斯［Henry（Chaim）Shoskes］，他是波兰人，曾担任过几届犹太复国主义者代表大会的代表。他警告说，如果纳粹继续执行他们的灭绝计划，波兰所有犹太人将在五年内彻底消亡，无人能够幸免。[62]对本-古里安而言，这些报道非常契合犹太复国主义运动产生的历史语境。1942 年 6 月，本-古里安在底特律对一个犹太妇女组织发表演说时指出："针对犹太人的种族迫害和灭绝政策并不是希特勒的新发明，这种现象由来已久。或许除了新世界之外，没有哪个国家不存在对犹太人的迫害和折磨。他们都要求我们做一件小事，即我们应该改名，不再叫我们自己犹太人，而是叫基督徒。"即使在这个阶段，他仍未将德国纳粹种族反犹主义的独特性质内化于心。[63]

就在这同一个月，一份有关犹太人种族灭绝的相当详细的报告被偷偷从波兰带到了伦敦。这份报告几经周折最终到了新闻媒体手中。1942 年 7 月 2 日，《纽约时报》刊载了这份报告。该报告援引了迄今为止在波兰几个主要城市被杀害的犹太人的数据，被害人数约有 70 万之众。该报道还提到犹太人以每天 1000 人的速度在毒气室中被集体杀害，此外还专门提到两个集体屠杀地点：切姆诺（Chelmno）和马贾内克（Majdanek）。[64]

《纽约时报》称，该报道来源于赛穆尔·齐格博姆（Szmul Zygelbojm），他是犹太人联盟的领导人，这是一个反犹太复国主义政党，本-古里安年轻时在普仑斯克就与其展开了斗争。齐格博姆居住在伦敦，与波兰流亡政府关系密切。该报告是从他所在党派的几位波兰成员手中转到他这里的。在本-古里安告诉犹太代办处执行委员会的成员们他是如何得知灭绝波兰犹太人的计划时，他绝口不提这位犹太人联盟分子，而只是提到了扶轮社的那名阿拉伯官员。[①]

---

① 1948 年，凯塔尼发布了一份解决巴勒斯坦难民问题的计划，在 20 世纪 50 年代，他作为一名经过注册的政治说客，在国会代表也门当局。《纽约时报》上偶尔会有他参加社交和文化活动的相关报道。他于 1976 年去世，享年 79 岁。（Kettaneh 1949；Francis Kettaneh to Allen Dulles, April 20, 1955, CIA-RDP80R01731R000500540006-6. pdf.）

332 　　在与凯塔尼的两次会面之间，有 2 万人在麦迪逊广场花园举行集会，抗议纳粹当局谋杀波兰犹太人。罗斯福总统和丘吉尔首相都发来信息，表示支持。在集会之前，本-古里安发布了一份备忘录，提出建立一支犹太军队的必要性，这份备忘录正是他曾经提交给罗斯福总统的那份。他没有在本次活动中发表演讲。相关犹太组织筹集了钱款，并通过本-古里安将这笔钱汇到了巴勒斯坦。[65]

❖

　　魏茨曼在本-古里安离开美国之前，又取得了一个小小的胜利。8 月 6 日，英国殖民大臣宣布，将建立一个保卫巴勒斯坦的军团，犹太人和阿拉伯人将同时在该军团中服役，但双方在人数上不一定均等。这一决定被认为是魏茨曼自开战以来不断努力取得的成果。为此他很兴奋，并写道，他就知道这个目标是一定会实现的。在殖民大臣公布这项声明的三天前，本-古里安还在向纽约的世界犹太复国主义组织执行委员会人员解释，为什么英国会拒绝建立这样一个军团。"他们不想让犹太人当兵，是因为战后犹太士兵有可能掉转枪头，指向英国人……他们不想让犹太人在巴勒斯坦成长为一支强大力量，因为局势一旦明朗，他们还是想要在巴勒斯坦拥有主权。这些我都看得清清楚楚。"

　　本-古里安表示，建立一个新的军团就如同"一巴掌打在犹太人的脸上"。他声称，这个军团的士兵"地位低人一等，他们与其他营在训练水平、武器装备以及各种机会上的待遇都是不同的"。他声称，他们不过是"英军的继子"。然而，他还是保证，将继续鼓励犹太人入伍，"这不是为了英国的利益，而是为了我们自己的利益"。[66]

❖

　　在美国待了 10 个月后，本-古里安启程返家，与此同时，美国正式宣布参加二战。如同一战结束后他返回时一样，他感到自己经历了新世界的涅槃重生，并且怀揣了一个更新过的美国梦。当他还在巴勒斯坦宣讲犹太复国主义理念时，这种感觉就已经在他心中萌芽，而在他滞留美国期间，这种感觉越来越强烈。他预测，"这场战争，或许将比上场战争更能撼动整个世界的根基，更能让心灵震动，让灵魂颤抖，更能促进全面而深刻的自我反省"。因此，在战后，人们会乐于寻求伟大而又大胆的解决方案，包括"大犹太复国主义"的构想。[67]他梦想着，"大犹太复国主义"将会在美国的保护下得以实现。"美国军队将会驻扎在世界各国。我希望他们也能到巴勒斯坦来。我祈祷他们的到来。他们将拥有强大的实力。美国可以派出1000万士兵，这对维护和平而言已经足够用了。它们还会有强大的经济实力。"他估计，苏联也会获得影响力，但是整个世界还是要依靠美国。他预言："他们将以其强大的军力、充足的食品和金钱来统治世界。"

犹太复国主义对技术进步的信念可以追溯到赫茨尔时代，这也激发了本-古里安年少时的想象力。现在特别让他兴奋的还是这场战争带来的运输和通信方面的革命。时间这个概念将再也不同于以往，在这个新世界中，将不再有必要像过去60年来那样分阶段设置犹太复国主义的目标了。战后，将有200万犹太人同时移居巴勒斯坦。他说，他不知道整个过程是否需要6—8个月，抑或是一两年的时间。在历史上，转移200万希腊人花了一年半的时间。他一回来，便让鲁平起草了一份合理的计划。[68]他回国的旅程用了两周时间，他必须飞经百慕大、南非和埃及。在其中的一个航班上，坐在他旁边的一位乘客注意到他正在读书，便用古希腊语给他写了张便条："深爱柏拉图对话录。"[69]

第十四章　大屠杀与分裂

"恐怖与折磨"

1943 年 2 月一个阳光灿烂的冬日，本－古里安经历了他一生中最难受的几个小时，此时距他从美国返回已经过去了大约四个月。他们与一个年轻女孩见了一面，这个女孩约 16 岁，刚从波兰来到巴勒斯坦。她告诉他战争期间她所经历的一切。本－古里安在写给米里亚姆·科恩的信中提道："这真是个充满恐怖与折磨的故事，即便但丁或爱伦·坡（Allen Poe）都无法想象得到。"女孩海伦娜（哈林卡）·戈德布卢姆 [Helena（Halinka）Goldblum] 是犹太人，被纳粹作为人质用来交换居住在巴勒斯坦的德国人，连她在内的 15 名犹太人因此来到巴勒斯坦。通过这种交换，已有约 200 名犹太人来到巴勒斯坦。这第一批大屠杀的幸存者陆续抵达，揭开了在犹太隔都和集中营中的重重黑幕，并接受了犹太代办处官员的相关询问。①

---

① 此种平民交换是英德两国之间长期谈判的结果。大多数犹太人是从犹太代办处草拟的清单中选出的。哈林卡·戈德布卢姆的父母当时已经在巴勒斯坦定居了。（Porat 1986, p. 277ff.; Ben-Gurion, Diary, Nov. 11, 1942, BGA; Eliyahu Dobkin to the Jewish Agency Executive, Nov. 11, 1942, BGA.）

　　她操着意第绪语讲起了犹太人所遭受的虐待、折磨和大规模屠 335
杀，谈及很多人被强行驱逐到特雷布林卡（Treblinka）和奥斯威辛。
本-古里安和她交谈了三个小时——他想知道这其中的每一个细节。
他后来回忆起宝拉当时也在场。在本-古里安离开的时候，哈林卡看
到，他眼中含着泪水。本-古里安哭了。他写信给米里亚姆·科恩时
提道："你感到彻底的无助，满腔怒火甚至无从发泄，而阳光始终毫
不吝啬地普照着大地。"他信中的言语恰如其分地表达了他在战争期
间的无助感。他当时最主要的任务就是坐等战争结束。他写道："相
信我，这可不是一件容易之事。但是我们必须沿着我们60年前在此
开辟的道路继续前行，这么做可能也会救下少许人。"这是他唯一可
以做的了，他在信中对她说："我打算尽一切所能去做这件事，只要
我可以。"在同一封信中，他还告诉科恩，他是如何设法解决特拉维
夫工人委员会的危机的。[1]在接下来的18个月中，党派政治成为他的
主要工作，其中包括两次竞选活动。他再次证明，在该领域他没有
真正的对手，而拯救犹太人并不是他工作和活动的中心。

❖

　　1942年10月初，在他返回巴勒斯坦几周后，英德两国军队在埃
及小城阿拉曼附近进行了第三场战斗。本-古里安得以切身感受到他
不在巴勒斯坦期间，一波接着一波袭扰整个巴勒斯坦的恐惧氛围。
当时看来，纳粹似乎很可能会攻占巴勒斯坦，有时这几乎确定无疑。
当时犹太代办处执行委员会、犹太工人总工会和哈加纳内部进行了
一系列的讨论，这些讨论的记录表明，几个机构当时都混乱无序，
而更严重的是，缺乏强有力的领导。没有人知道接下来会发生什么，
所有人都认为必须有所行动，但所有人都认为根本无法阻止德国人
的到来。他们相互嘀咕道，希特勒的军队只需要100名伞兵就可以攻
占特拉维夫。于是，他们开始讨论哪种选择最好，是留下来还是逃

走，是战斗还是投降。他们觉得自己的决定会扭转局面，但这不过是自欺欺人而已。事实上，他们完全依赖英军来阻击德国人。

本-古里安只是在这场集体创伤的末期才参与进来。如同在1929年的暴乱期间，以及1940年特拉维夫和海法被轰炸的当口，他都身在海外，主要是通过阅读报纸体会巴勒斯坦所面对的恐惧。就像他在写给罗斯福总统的备忘录中提到的那样，早在特拉海一战中，他就站在那些为事业英勇献身、不辱使命的人一边。最终，他们用不着对此作出选择了。1942年11月5日，《达瓦尔报》在其头版刊登了这样一则大标题：敌军在西部沙漠兵败溃逃。由此，多亏了英国陆军，巴勒斯坦的犹太人从纳粹入侵的魔爪中被解救了出来。[2]

❖

本-古里安曾经试图弥合马帕伊内部的裂痕，但在他身处海外期间，这个裂痕扩大了。他回忆了之前试图动摇他地位的种种企图，为"派系"（the Faction）——其反对派为自己的组织取的名字——感到惋惜，"派系"由劳工营和哈绍莫老兵建立的地下组织"圈子"共同组成。[3]"派系"组织忠诚于塔宾金。因此，该党特拉维夫分部的局部冲突成为他必须解决的最大政治危机之一。关于职位和荣誉的小争执很快就造成了政治上的障碍与意识形态上的分歧。本-古里安宣称："意识形态与我们何干？犹太民族正在被摧毁！"但大屠杀并没有抑制政治热情。对本-古里安来说，这其实是一个机会，他由此成为该党党魁，成为党的救星，这样一来，几乎所有人都忘记了他在美国所取得的少得可怜的成果。同以往一样，他表示"我们对所发生的这一切都有责任"，并且召集了所有马帕伊分支机构的主席。

日渐衰弱的卡兹尼尔森支持他，雷梅兹、夏里特、卡普兰、葛朗勃和果尔达·梅厄也都支持他。他强调同志关系的价值，并试图说服塔宾金接受他所谓的政党路线。他声称："我可不愿看到分裂的局面。自 1904 年以来，我就一直和你们在一起。"他们坐了一整夜，直到凌晨四点才各自离开，却没有达成任何共识。显然，他们大部分时间花在了争论派系之间的内讧上，但每个人都坚持自己的立场。此外，他们还谈到了一些原则性问题。[4]

"他们不想听我们的"

本-古里安从美国带来了在比尔特莫尔酒店召开的犹太复国主义者代表大会上形成的决议。在他回来之前，没有人将其视为一个需要实施的方案，而只是将其当作又一个犹太复国主义宣言，而且其本身也不比之前的宣言更有约束力。本-古里安承认，比尔特莫尔会议并没有取得任何新成就，但他将会议的决议作为犹太复国主义运动在战后的行动计划。因此，他将其提交给犹太代办处执行委员会以期获得批准。所有人都明白，《比尔特莫尔方案》的真实含义是：尽早取得独立，获得当时可以划出的最佳边界，而这可能就意味着巴勒斯坦的分治。[5]自 1937 年的大辩论后，那些反对分治的人并没有改变他们的立场，什洛莫·齐马赫就是其中之一。他是马帕伊下属的一个小组的成员之一，本-古里安在去美国之前，与该小组分享了他的计划。齐马赫在回忆录中讲述了他是如何与本-古里安针锋相对的。齐马赫对他说："你真正想要的是分治。我的理解是，你想对世界隐瞒自己的真实意图。但是在这里，你要对我们开诚布公。"本-古里安很生气。他从会场返回时，内心对这次辩论深感懊悔。他宣称："如果七年前就建立一个犹太国家，我们或许可以带着几十万抑或是几百万来自波兰和罗马尼亚的犹太人到那个地域狭小的犹太国，他们会在这里开始新的生活。而现在，我们再也无法将他们带到这里来了，不是因为我们没有建立一个国家，而是因为那些犹太人都已不在人世了……"他表示，在1937年时，他当时还不知道灾难会如此迫近、如此恐怖，但早在25年前，由于自己心中犹太宿命论的作祟，他当时就已经同意划分这片土地。他说："我并没有放弃整片土地；相反，我认为将200万犹太人带到这里，比保持巴勒斯坦完整统一之类的冠冕堂皇的话要更有价值。"[6]

在他心中，1937年的分治计划与大屠杀之间的关联变得越来越强。这成了他一贯的主张，随着岁月的流逝，他在阐述这一点上越来越直言不讳。有一回他说道，如果根据皮尔委员会的分治提案建国，可能就会有几十万犹太人免遭灭顶之灾，而在另外一个场合，他又将可能获救犹太人的数量更改为500万。在那场辩论发生的20年后，他宣称，如果在1937年就建立一个犹太国家，"600万欧洲犹太人就不会遭受被屠杀殆尽的命运；相反，他们中的大多数会在巴勒斯坦生存下去"。[7]这样的言论其实完全没有事实依据。本-古里安声称，截至战争结束，几百万犹太人被杀害，巴勒斯坦本有可能吸纳其中的大多数，他的这番言论并非以事实为基础。大多数逃过一劫的欧洲犹太人是在屠杀开始之前就已经移居美国和其他国家了。他认为那些依然留在原籍而惨遭屠杀的犹太人是咎由自取。在当时的背景下，犹太复国主义者对犹太流散持否定态度，他们认为流散中的犹太人消极、屠弱，因而对他们十分鄙视。当时的普遍论调是，这些欧洲犹太人不去巴勒斯坦，而是任由纳粹屠杀，因此，他们破坏了犹太复国主义事业。本-古里安说："他们不想听我们的。"[8]

正如什洛莫·齐马赫逐渐意识到的那样，擅自将大屠杀作为幌子，为犹太复国主义呐喊，这种做法实际上加剧了关于巴勒斯坦未来的内部争论。他后来回忆说："在接下来的20年，我希望巴勒斯坦能继续处于英国的委任统治之下……我相信战争结束后，我们需要获得国际机构的许可，以吸纳足够的移民，使犹太人在巴勒斯坦的数量上升到与阿拉伯人口数量并驾齐驱的水平。"他希望，随着时间的推移，犹太人和阿拉伯人能够以一种全新的方式建立联系，而两大族群的合作将使得更多犹太移民到此成为可能，或许最终建立起一个犹太人占多数的国家。他写道："无论如何，我开始怀疑自己对马帕伊的忠诚。"当时的公众话语不再允许他站在这样非极化的立场。[9]

本-古里安倾向于将自己的政党与国家联系起来。他对同事们说，政党是"执行的工具"。因此，政党对成员的控制要比国家对公民的控制更为坚强有力，甚至比司令官对部队的控制还要强。军队的指挥官对部队有生杀予夺的无限控制权，而他坚持认为，党派则需要"控制灵魂"。[10]这场意识形态的辩论进行得热火朝天，将劳工运动一分为二。青年卫士是信奉马克思主义的运动组织，是马帕伊的对手，其在基布兹中势力很大，拥趸众多，他们反对建立一个犹太国家，而主张推动建立一个由犹太人和阿拉伯人共同治理的双民族治理机制。这也是犹大·马格内斯的观点，凭借希伯来大学校长的头衔，他的主张声震海外，在美国尤其如此。这种立场不容忽视，但也不被接纳。塔宾金及其追随者继续反对分治方案，本-古里安也难以在他们那里找到共同点。这就是1942年10月25日马帕伊在卡法维特金（Kfar Vitkin）召开大会时的局势。这是马帕伊走向解体的第一步，也是本-古里安迈入领导层的一大步。

❖

他在大会的第一场晚间会议上开始了演讲，第二天继续发表演说。他总共讲了三个小时。演讲本来旨在进行"政治概述"，不过他同时在演讲中提到了希特勒给全人类和犹太人带来的危险，以及党内破坏和分裂之风盛行，导致党的"集体精神"出现隐约可见的危险。他的论点可以总结为"别无选择"，他一遍又一遍地重复这几个字。他们只能选择相信英国人会准许犹太人通过加入犹太军团的方式，参与这场反对希特勒的战争，即便这支犹太军团并没有被派遣去保卫巴勒斯坦，除此之外，他们别无选择；目前，除了暂时接受白皮书规定的移民配额之外，他们也别无选择。但是，所有这些都仅仅适用于战争期间，本-古里安主要关注的还是战争之后事态会如何发展。

尤其在第二天的会议上，他讲得越多，听起来似乎就越是偏离了他原本的演讲计划，他脑洞大开，自由联想，使人们可以一窥其头脑中一闪而过的灵光。他展现出无比的乐观，对各种段子信手拈来。他用希伯来语发表演说，有时会夹杂一些意第绪语的表达，就如同他处于完全放松的状态。他谈道，有一位美国官员曾问他，为什么犹太人拒绝放弃他们建国的诉求，他这样回答这位美国官员："当美国放弃自己的独立国家地位时，我就会放弃犹太国家之诉求。"

他又一次讲述了他是如何从一位巴勒斯坦阿拉伯人那里得知纳粹灭绝波兰犹太人计划的，并重申道，所有体格健全的巴勒斯坦犹太人都有义务志愿加入英国军队服役。他宣称："所有收到入伍通知而没有付诸行动的青年男女，都在有意或无意间成为希特勒的盟友。"在演讲临近结束时，他讲起了一个故事，这则故事在近几周内已经是第二次被提起了，他想说明的是，他们并非一无所有。有一个年轻人曾为位于耶斯列谷地的一个基布兹的建立立下了汗马功劳。本-古里安之所以认识他，是因为他们来自同一个小镇。此人曾放荡不羁，现在他也差不多 60 岁了，却又开始学开车，并且不顾基布兹同志的意愿，应征进入英军服役。"当我听到这个消息时，我说，如果我们有像他这样的人，那我们还是有希望的。"他所说的这个人就是什洛莫·拉维。[11]

拉维希望，自己决定在如此高龄时参军入伍，能够鼓舞其他人的参军热情。他也希望能够在自己力所能及的范围内，为击败纳粹敌人出一份力。他被分配到驻扎在意大利的一个汽车运输部队。在军中的大多数时光很无聊，在其他人嘲笑他年纪大时，他也为之愤愤不平。他的指挥官想让他去管理营图书馆。他感觉自己很难适应身边战友的低俗。他说："最甜蜜的交谈都是围绕着妓女们和对妓女们做的那档子事进行的。"他的两个儿子耶鲁巴和希勒尔当时都在艾因哈罗德基布兹，他与儿子们通过书信交流，而这使得他们更加亲近了。希勒尔写到了他没有母亲照顾的生活，他母亲在他还是婴儿的时候就去世了。在耶鲁巴也应征入伍时，拉维写道："这是受到我的生活方式的直接影响。如果他不参军，我就不会这么爱他了。"他当时身处前线，对这则小小的政治新闻也有所耳闻，而这给了他充满希望的理由。"无论所处境况如何，我都有一种感觉，只要本-古里安开始满怀热情地投入整顿党派的工作中，许多积极向好的改变就会出现。"[12]

"不是我的直接责任"

大约六周后，犹太代办处执行委员会得到了一份信息汇总，这些信息是通过与德国交换平民的计划而到达巴勒斯坦的第一批犹太难民提供的。执行委员会的成员埃利亚胡·多布金（Eliyahu Dobkin）见证了整个询问过程，他由此证实，这其中的基本事实无疑都是准确的。他在报告中指出："他们将老弱病残者驱赶进入特殊建筑中，并使用毒气毒杀这些人。在奥斯威辛有三座焚尸炉，现仍有两座在建设当中，他们用这些焚尸炉焚烧犹太人的尸体。"这些新来者的证词证实了犹太代办处已经掌握的秘密信息。那份报告源自德国，并

341

通过犹太复国主义者代表大会在瑞士的一位名为格哈特·里格纳（Gerhart Riegner）的代表传递了出来。

就像上一次针对纳粹可能入侵巴勒斯坦的讨论一样，没有人真正知道下一步应该怎么办。在会议上提出的解救犹太人最可行的提议就是将犹太儿童从德国占领区中撤离，然后把他们转移到中立国家，并承诺在战后把他们接回来。执行委员会的成员之一，摩西·夏皮拉（Moshe Shapira）就提出，以这种方式营救出50万儿童。但是没有人知道如何具体执行如此庞大的救援行动。当时本-古里安因为生病，没有参加这次会议。夏里特在进行了一项政治调查后也离开了。格伦鲍姆对他们的缺席感到很遗憾。[13]

第二天，也就是1942年11月23日，犹太代办处发表了一条声明，宣布德国人正在系统性地消灭所有的波兰犹太人。声明中没有提到毒气室。领导层组织了一系列的公众抗议、哀悼和集会祈祷活动，有人在自家的阳台插上了黑色的旗子。在随后的几周，巴勒斯坦的各家报纸广泛报道了针对犹太人的屠杀。新闻头条以极大的"犹太复国主义者的警惕"抗议纳粹暴行、哀悼死难同胞。本-古里安认为这场针对纳粹暴行的报道"声势浩大"。但几个月过后，各家报纸对这类新闻也都疲乏了，转而将有关大屠杀的报道纷纷撤出头条，移到报纸内页。1943年下半年，各家报纸已不再认为大屠杀是值得大书特书的焦点新闻了。《达瓦尔报》的编辑伯尔·卡兹尼尔森认为，公众对阅读犹太人大屠杀的相关报道已经失去了兴趣。并非每个家庭都是这样。无论如何，就像本-古里安给在纽约的米里亚姆·科恩写的信中所指出的，对大屠杀的冷漠和领导力的缺乏让他感到，这比其他任何事情都让人无助。与此同时，他也将注意力转向了其他事情。

❖

　　　1943年初，犹太代办处执行委员会着手组建了一个救援委员会。

本-古里安不是该委员会的成员，该委员会由格伦鲍姆担任主席。[14] 当人们向本-古里安提出行动建议或寻求救助时，他会让他们去找格伦鲍姆，或者承诺自己会找格伦鲍姆谈这件事。这就是他一直到战争结束前的明确立场——大屠杀相关问题并不在他的职权范围内。他对一个从希腊来到巴勒斯坦的犹太代表团说："我们有一批人专门负责处理这一事务。"几个月后，他会见了一个拉比代表团，他们提出的其中一个问题就是关于救援委员会的。本-古里安回答说，他不是回答这个问题的合适人选，因为他并不负责这项事务，他有其他的事情要忙。他告诉他们："我怀疑由我来讨论这个问题是否合适。"他对党内的同志也是这样说的："我并不直接负责处理欧洲犹太人灾难的相关事宜。"当他在会议记录中看到自己的表述时，便亲手将这句话改为"宣传欧洲犹太人的灾难并不是我的直接责任"。几年后，当他担任总理时，他写道："当时在营救纳粹占领区内的犹太人这件事上，我的消息并不灵通。虽然我当时是犹太代办处执行委员会的主席，召集犹太人来巴勒斯坦建立一个犹太国家才是我的中心工作。关于为营救欧洲犹太人正在采取何种措施这一问题，犹太代办处执行委员会的其他几名成员比我了解的要多得多……"[15]

紧急委员会的一份工作文件估计，将有高达 700 万的犹太人被杀害，并指出，大概只有几万人能得救，再多的话也只是奢望。该委员会发布声明表示："委员会所能做的实在微不足道；任何补救计划都是自欺欺人、自我安慰，并不会付诸任何实际行动。"那可是为委员会的工作推脱责任的好理由。[16]

在犹太代办处发布公告后不到两个月，本-古里安可能会感到庆幸，因为他的政治直觉让他放手救援工作，转投其他事情；而伊扎克·格伦鲍姆就没这么幸运了，他现在成了人民公敌。首先，犹太代办处已经从美国那边得到大屠杀的相关消息，但没有立即将其公之于众，他必须为此事道歉。公众对犹太代办处的指责在于，他们之所以保密是为了掩盖未能出台计划拯救欧洲犹太人的失败之举。格伦鲍姆情绪激动地为自己辩护，本-古里安也为他说话。他说，你们只要读一读《我的奋斗》，就知道希特勒早就打算彻底消灭犹太人了。由于他刚刚从美国回来，并立即向犹太代办处执行委员会报告了他从弗朗西斯·凯塔尼那里听到的消息，因此，当时指控的矛头还没有对准他。[17]

他之所以与该委员会的工作保持距离，还有另外一个原因。当时的假设是，只可以救出一小部分犹太人，而不是全部犹太人，因此有必要决定究竟要救哪些人。换句话说，必须有人决定谁生谁死。究竟是谁生谁死，答案可以在一份紧急委员会协调员备好的长达五页的备忘录中找到。如果要在 1 万犹太人和 100 万犹太人间作出选择，这 1 万犹太人对巴勒斯坦有益、对民族重生有助，而这 100 万犹太人却只是一个负担，那么应该选择救出这 1 万犹太人，"即便这 100 万犹太人会抱怨、会哀求"也应该是如此。该备忘录的作者强调，解救年轻人才是最重要的，"因为他们是构筑巴勒斯坦社区的最优质材料"，尤其是那些经历过历练的移民先驱。这一直以来也是本-古里安所持的立场，但是这种达尔文主义的立场不可避免地给他带来了很多麻烦。因此，他试图让这件事情看起来模棱两可、不甚清晰。他现在不时强调拯救犹太儿童的重要性。他在 1942 年 12 月表示："我们必须救出欧洲的每一个犹太孩子，而可以安置他们的地方就是巴勒斯坦。"但几个月后，他又补充道："我不想说，是建设巴勒斯坦更重要，还是从萨格勒布（Zagreb）救出一个犹太人更重要。有时候，很可能从萨格勒布救出一个孩子更重要。"[18]一年之后，他在斟酌自己的措辞时十分小心，在政治上极为谨慎："我们不可能救出 100 万犹太人。当然，我们会救他们出来，即便我们清楚地知道他们三个月后就会离开巴勒斯坦，否则他们只有死路一条。但是，如果我们要在两名犹太人之间选择，其中一个只是把巴勒斯坦当作异域他乡，而且在战后会立即返回罗马尼亚，而另一个在战后仍会选择留在巴勒斯坦，那么我们会选择救出后者。"他重申了自己的立场，需要把孩子们救出来，因为可以教育他们不要离开这个国家。[19]

　　一旦他作出表态，应当救出哪些人来，他就必须决定如何资助这些救援行动，其中包括食品计划，偷带资金穿越敌人边境线，其后可能为犹太人支付的大量赎金。很快，针对此问题也爆发了一场意识形态方面的争论。本打算用于推动犹太建国的资金被用于救援犹太人，这是否可以？格伦鲍姆认为，应当把犹太复国主义事业放在更为优先的位置。他宣称："我认为我们需要在这里说明，犹太复国主义是高于一切的。"朋友们建议他把这个想法藏在心里，但他毫不在意，结果他被指控是一名反犹主义者。本-古里安认为，犹太代办处应该致力于将犹太人带到巴勒斯坦，从而解救他们。[20]如此一来，最棘手的问题又出现了。格伦鲍姆不断把这个问题抛给救援委员会，就好像每次都是头一回这么做："我们必须做什么？"几项旨在救出数万犹太儿童的计划并没有得到执行，部分原因是英国拒绝发放移民许可证。[21]本-古里安主要考虑的是战后需要做的事情，但作为犹太代办处执行委员会的主席，他别无选择，只能投身于救援计划。他很快也将名声不保。

"1000 艘船"

　　犹太代办处发布声明的第二天，本-古里安来到阿瑟·鲁平位于雷霍沃特的经济研究所。他在讲话中提出，要将 100 万犹太人从欧洲转移到巴勒斯坦。他解释说："他们说希特勒有可能会灭掉 200 万犹太人，但无论情况如何，究竟是几百万仍然是个未知数。"他希望他们能够尽快到达巴勒斯坦。"我给专家们提出的问题是，我们如何才能一次性征集 1000 艘船，每艘船上运送 1000 名犹太人到巴勒斯坦……还有，针对运输问题、食物供应以及将他们融入我们的经济体系的问题，我们应该怎样做。"他表示，这可以"立马"行动，但该计划只有到战后才可以真正得到执行。[22] 这是他应对自己无力拯救犹太人免遭灭绝的方式——当大屠杀仍在肆虐时，他将大屠杀抛诸脑后，专注于未来。

关于犹太人当前面临的谋杀终将成为过去的看法，根植于犹太复国主义者和犹太人的时间观念中。这有利于建立一条从过去直接通往未来的道路，也忽视了当前存在的问题。本-古里安的能力由此展现出来，即便在大屠杀到达最高潮时，他依然在设想大屠杀之后的生活。1942 年 1 月，他通知他的同事们，他打算从现在起集中精力开展规划工作。他打算聘请农田、水利、生产、安全和其他领域的专家，这项工作将占用他所有的时间，除了主持犹太代办处执行委员会的会议外，他将无法进行其他的任何工作。他委托鲁平手下的、在雷霍沃特的专家们制订了 100 万犹太人移民巴勒斯坦的计划，此外，他还组织制订了交通运输、住房和其他领域的各项计划。报告显示，阿拉伯人的人口出生率不断上升，为此他很忧虑，考虑如何鼓励犹太人生育更多的孩子，并再次仔细研究了将阿拉伯人转移出巴勒斯坦的可能性；他同样希望，这次可以用金钱为这一构想铺路。[23]

这种对未来的关注不仅反映了在营救犹太人方面的无能为力，也反映了对希望的需要和渴求。他在 1943 年时说过："我们不应该也绝不能失去对人类良知的希望。在一个全然恶毒的世界，我们是不会得到什么补偿的。"[24] 灭绝犹太人的大屠杀远未结束，而本-古里安却开始考虑犹太人在战后向德国人索要赔偿了。

❖

在战争期间，约有五六万难民抵达巴勒斯坦，其中有 1.6 万多人是非法入境的。犹太代办处和巴勒斯坦的其他一些机构向伊斯坦布尔与日内瓦派出了救援特工，此外，还有一些救援特工活跃在其他地方。他们的主要工作是向那些穿越土耳其的难民提供援助，帮助他们通过海路或陆路，经过叙利亚和黎巴嫩抵达巴勒斯坦。时常会有信使到占领区去，其中一些信使会给当地的犹太人捎来现金和信件，并把他们的信带到巴勒斯坦。数千名犹太人逃离波兰，前往匈牙利和其他地区。大约 700 名儿童从波兰出发，经德黑兰抵达巴勒斯坦。[25]

这些非法移民中大概有一半人是在修正派和各种私人代理的赞助支持下来到巴勒斯坦的，只有一半人是在哈加纳的帮助下抵达的。在 1941 年 3 月至 1944 年 3 月这段战争和大屠杀的高潮时期，哈加纳连一艘移民船也没有带过来。战争快要结束时，秘密移民工作又重新启动。当时，人们便已经开始担心，大屠杀幸存者会选择在其他地方定居，而不会来巴勒斯坦。本-古里安在党内大会上指出："如果战后美国敞开大门的话，很可能大批的犹太人会涌向美国，只有一小部分人会来巴勒斯坦。"但是他认为，美国的大门将始终关闭，因为美国当地的犹太人颇为担心的就是大屠杀的幸存者会大量涌入。他认为，关键是要将幸存者刻画成犹太复国主义者。他说："巴勒斯坦的犹太人是救援行动的领导者，这个事实本身就是犹太复国主义的重要资产。"

这也是促使犹太代办处执行委员会要求英国允许他们从巴勒斯坦向纳粹占领的欧洲地区派遣犹太突击队的主要因素，目的是建立犹太地下组织。犹太代办处提出要派出 1000 人规模的突击队。本-

346

古里安认为这是一个荒谬的想法，他坚持认为："要组建一支突击队，我们首先需要有一个犹太国家。"但是他并没有阻碍该行动的开展。最终，英国皇家空军在几个东欧国家的敌后地区，通过伞降方式投放了大约 30 名突击队员，其中包括 3 名妇女。他们中的大多数人在 1944 年 3 月至 9 月间着手开展行动。本-古里安在他们行前给他们进行了动员，要求他们确保让那里的犹太人知道巴勒斯坦是他们的土地和庇护所，这样一来，他们在战后就会到巴勒斯坦来。其中一些突击队员与当地的犹太社区取得了联系，而其他队员则开展了侦察和敌后破坏活动。最终，突击队员中一半以上的人被监禁，7 名队员被处决。和之前的几起事件一样，他们的行动造就了一个民族神话，这就是这项行动的主要成果。[26]

约 3 万巴勒斯坦犹太男女自愿到英军中服役，只占战争开始时声称准备入伍的人数的三分之一。在战争临近尾声的最后几个月，犹太旅最终得以组建。该旅由约 5000 名士兵组成，他们拥有自己的军旗和徽章，上面带有黄色的大卫星图案，纳粹强迫在德国和其他占领区内的犹太人佩戴标志犹太人的黄星，而犹太旅的大卫星图案正是向黄星宣战的标志。就像一战时的犹太军团一样，犹太旅的士兵们只听到了战争结束前的最后几声枪声。这可不是本-古里安在心中如此期待的犹太部队。他曾经梦想的是，犹太旅将率先冲入柏林。[27]

他的心情很灰暗。一位在 1942 年拜访过他的人后来回忆说："他坐在一张光秃秃的木桌后面，这使他的身形看起来比实际还要小，头上的几簇白发桀骜不驯地在他的大脑袋上竖立着。和他的聊天进行得很不顺畅。他时不时就会大声发几句牢骚……有时候，他似乎在我说话时沉浸其中，但随即又开始忙着在笔记本上写写画画，好像我根本不存在似的。"[28]他的回答常常显示出他的心不在焉。他想要考虑摆在他面前的每一个意见和想法，其中包括打捞战争中被击沉的德国船只的想法，他想对这些船进行重新整修，以运载更多的犹太人来巴勒斯坦。但与将救援等同于向巴勒斯坦移民的犹太复国主义的基本政策形成对比的是，他还为了犹太难民中的儿童，饱含深情地向同盟国提出请求："请把他们救出屠宰场，把他们带到中立国！带到你们这些同盟国！把他们送到我们的家园这里来。"[29]

一名被派往伊斯坦布尔的救援特工埃胡德·阿夫里耶尔（Ehud Avriel）后来谈道，本-古里安会时常召见他来汇报工作。本-古里安会要求他谈一谈在敌后地区开展的工作情况，此外，他对走私货币和武器很感兴趣，还会过问极为隐秘而又大胆的行动任务。他对一次从希腊解救出数百名犹太人的行动特别感兴趣，这次行动得到了希腊地下组织和英国情报机构的协助。阿夫里耶尔的印象是，因为本-古里安曾经在萨洛尼卡度过了一段时光，所以他对这次行动更感兴趣。他消息灵通，并且在与英美两国情报机构的接触中都发挥了积极作用。[30]在整个战争期间，他曾三度参与了以金钱来挽救数十万犹太人生命的计划。三个计划都以失败告终。德涅斯特河沿岸（Transnistria）事件（罗马尼亚）、欧罗巴计划（斯洛伐克），尤其是"鲜血卡车"行动（Trucks for Blood，匈牙利）将本-古里安拖入灾难的深渊。

"如同地狱一般"

德涅斯特河沿岸位于乌克兰南部、敖德萨以西。1941 年 10 月，约有 20 万罗马尼亚犹太人被驱逐流放到这里。几个月后，幸存下来的犹太人只剩下了 7 万人。大约一年后，控制这片地区的亲纳粹的罗马尼亚政府向犹太代办处提议，如果按每名犹太人 400 美元的标准交出赎金，就会释放这些犹太人。所有人的赎金大概 2800 万美元，这是一笔巨款，何况没有地方可以安置这么多的难民，人数已经远远超出了白皮书设定的配额。本-古里安认为，英国方面不会同意将德涅斯特河沿岸的难民带到巴勒斯坦的，因而该计划是不可行的。德国人和阿拉伯人也都知道这个计划，并竭尽所能加以阻挠。美国反对向敌对国汇钱。1943 年 2 月，该计划被泄露给了两家瑞士报纸和《纽约时报》，而这似乎彻底终结了这项计划。

在英国当局不知情的情况下，犹太代办处不会与外国势力开展对话，这是犹太代办处多年前就采用的原则，本-古里安按此原则行事。他非常重视与英国当局的合作，因此他会将所有与国外的接触都告知英国当局。不论情况如何变化，英国人都会密切关注犹太代办处的一举一动，并且对其了如指掌。罗马尼亚出人意料地提出了交钱换人的方案，本-古里安从一开始就对其表示怀疑。他当时的精力都集中在如何将 5000 名犹太儿童和随行的成年人从欧洲带到巴勒斯坦。他说："这并不能解决 500 万犹太人的问题，但是把 5000 名犹太儿童解救出来也是一件了不起的大事。如果我们设法救出 5000 人，我们就可以要求英方信守最多允许 2.4 万犹太人来巴勒斯坦的诺言。现在如果能把 2.4 万人带到巴勒斯坦，这将产生巨大的影响。同样，它不能解决数百万犹太人的问题。我们今后会谈到数百万犹太人的问题。但现在，我们首先要把这 5000 人带到巴勒斯坦。这件事情刻不容缓，因为我们不知道手头还剩多少时间。"[31]

一年后，美国的犹太机构支付了赎金，约 4 万名被驱逐到德涅斯特河沿岸的犹太人获准逐步返回罗马尼亚。犹太代办处为了这批犹太人也专门列支了数万美元抑或是更多的预算。本-古里安向巴勒斯坦的一批工业家和商界领袖寻求帮助。虽然原计划遭到泄露，但是罗马尼亚人为换取现金而愿意让德涅斯特河沿岸的难民返回一事，还是引发了一个伤脑筋的问题，各方对于如何解决这一问题意见不一：如果提早行动，并花费更多钱的话，是不是可以获得更多成效？当时看来，似乎不可能将这些难民送往其他国家，比如美国。无论如何，只要本-古里安继续从事救助犹太儿童的工作，一个更具戏剧性的营救方案就会摆到他的面前，而这个方案似乎更加疯狂、更加惨烈，因为要想这个方案取得成功，唯一需要的就是钱。

❖

一位名叫迈克尔·道夫·魏斯曼德尔（Michael Dov Weissmandl）的拉比当时生活在斯洛伐克首都布拉迪斯拉发（Bratislava），这位拉比以渊博的学识和对犹太复国主义的敌视态度而广为人知。斯洛伐克当时是纳粹的附庸国，在该国的犹太人口中，大约6万犹太人已经被驱逐出境并惨遭杀害，当时还尚存2.5万犹太人。1942年夏天，魏斯曼德尔与其他几位犹太社区领袖一起成立了一个工作组，其中一位就是吉西·弗莱施曼（Gisi Fleischmann），她代表着联合分配委员会（the Joint Distribution Committee）。他们设法筹集到数万美元，并与阿道夫·艾希曼的副手迪特·威斯利尼（Dieter Wisliceny）达成了一项赎金交易。在此过程中，魏斯曼德尔自称代表着"世界犹太人"，甚至伪造了一封授权书，他声称，自己是从瑞士收到这份授权书的。威斯利尼拿了钱，而且其上司显然知道这件事。驱逐犹太人的行动在两年多的时间里断断续续地进行着。魏斯曼德尔和他的同事们认为，他们的赎金模式可以扩展应用于整个欧洲，并向威斯利尼承诺提供200万—300万美元。后来，这被命名为欧罗巴计划。威斯利尼要求预付20万美元。当时，魏斯曼德尔和弗莱施曼开始向联合分配委员会和犹太代办处在伊斯坦布尔的代表们寄出令人心碎的求助信。本-古里安被卷入其中。

有几位犹太代办处的代表对魏斯曼德尔及其工作组发出的求助信深信不疑，并竭尽所能来说服他们在耶路撒冷的上司汇出这笔威斯利尼要求的预付款。欧罗巴计划旨在拯救斯洛伐克犹太人和欧洲被占领土上的所有犹太人，并没有要求将难民立即送往巴勒斯坦。这就绕过了主要的政治障碍，但同时亦将其置于犹太代办处的权限范围之外，因为本-古里安为犹太代办处界定的权限是通过移民巴勒斯坦来解救犹太人。与纳粹进行谈判虽被严格禁止，但也并非不可能，向敌对国家转移资金也同样如此。

该工作组索要的大部分资金都是通过现金走私的方式被送往布拉迪斯拉发，其中部分款项来自犹太代办处的预算，但看起来，绝大部分款项还是出自联合分配委员会。当时，究竟在什么时间转送了多少钱，到目前为止尚不清楚，也不能确定所有款项都已到达目的地。无论如何，这些钱似乎都来得太迟了。①

历史学家耶胡达·鲍尔（Yehuda Bauer）将此事与海因里希·希姆莱（Heinrich Himmler）结束这场战争的计划联系起来，将其视作德国与西方列强间单独媾和计划的组成部分。鲍尔写道："毫无疑问，如果威斯利尼获得了大笔资金，这件事本应会再度被提起。"但无论情况究竟如何，纳粹分子最终还是摒弃了似乎是要停止屠杀犹太人的建议，重新启动了驱逐斯洛伐克犹太人的行动。吉西·弗莱施曼和魏斯曼德尔拉比被押解前往奥斯威辛，弗莱施曼最终在那里被杀害，而魏斯曼德尔拉比则设法跳出了押送犹太人的火车，并得以幸存。战后，他定居美国，并将该计划的失败归咎于犹太复国主义者的邪恶本质。[32]他也将矛头指向了本-古里安。

得以保存下来的与该事件相关的一些书面文件表明，该提案在法律和外交层面受到犹太代办处审慎、认真的考虑，但犹太代办处

---

① 巴勒斯坦的犹太复国主义组织领导机构拿出了多少钱来营救犹太人，已经很难计算了。但这个数字达到了几百万美元，几乎是犹太代办处总预算的四分之一，更多的钱则用于在巴勒斯坦购买土地。（Segev 1993, p. 102.）

带着不慌不忙而又骄傲自负的官僚习气，与魏斯曼德尔和弗莱施曼在信中绝望的求助格格不入，与本-古里安投入党派政治中的巨大精力也不相称。这些书面文件本身并不足以确定欧罗巴计划是否确有成功实施的机会。这可能本就无法实现，倒不是因为英美情报机构都对此心知肚明，而是因为他们并没有为此计划的实施而付出真真切切的努力。本-古里安并没有出面领导这次行动，因为他觉得这个计划根本不靠谱，而且也不相信这是一次能够救出数百万犹太人的历史性机会。他还是认为，在战争结束前，如果真有犹太人获救的话，那也只是少数，因此他根本没把向布拉迪斯拉发汇钱列为犹太代办处的首要工作任务。他显然从未考虑过，欧罗巴计划可能会以某种方式与希姆莱结束战争的计划联系在一起。他并没有试图与德国人直接接触。既然如此，他就不可能言之凿凿地说，他尝试了一切可能的途径来拯救犹太人。无论如何，他很快就发现自己在另一起类似事件中第三次陷入了危机中，而这次甚至比前两次更可怕，然而他并没有从前两次中充分吸取教训。与此同时，他突然宣布辞职。他说，他的生活就"如同地狱一般"。他所指的并不是大屠杀，而是他和魏茨曼之间的争端。[33]

351

"就如同令人作呕的腐肉，就像是遭人践踏的尸体"

一个被广为认可的说法是，本-古里安和魏茨曼因为《比尔特莫尔方案》而冲突不断。自从本-古里安平静下来并同意重新担任犹太代办处执行委员会的主席，时间已经过去了四个月，在此期间，没有哪件事情能比《比尔特莫尔方案》更能扰乱犹太复国主义政治圈和新闻圈了。这场冲突也被海外媒体广为报道，并且引起了英国情报机构的极大关注。实际上，这两位犹太复国主义领袖并不是因为

《比尔特莫尔方案》而斗争，他们只不过是因为看不惯对方而相互作对。本-古里安再次发动攻势，魏茨曼则为自己辩护。

本-古里安不满的主要原因一直没有变：魏茨曼在领导犹太复国主义运动时并没有征询他的意见。他说："我真的绝望了。"他们在纽约面对面交锋时，本-古里安忽视了魏茨曼对他的攻击，而这次他没这么做。本-古里安回忆起魏茨曼与罗斯福的会面，抱怨说魏茨曼剥夺了他的一切影响力。他声称："要不是魏茨曼的话，我本不会去找总统。"他还补充说："我认为他是犹太复国主义运动中危害性最大的一个人。"卡兹尼尔森也失去了耐心，他斥责本-古里安道："现在我们有很多问题比魏茨曼重要得多，欧洲犹太人被残杀殆尽，这比其他任何因素对犹太复国主义的危害都更大。"本-古里安回应称，魏茨曼将"巴勒斯坦的防务拱手让与别人"，他的意思是，魏茨曼坚持要自己单方面与英方进行会谈，从而破坏了此前与丘吉尔关于建立一支犹太部队的数次谈判。很快，这个问题变成了本-古里安不时抛出的准法律质询之一。他的话听起来好像是第一次发现了一桩可怕的安全丑闻，这桩丑闻可以迫使魏茨曼引咎辞职，剥夺他参与任何政治活动的资格。他指控道，魏茨曼的行为显示出"一个对任何事情都缺乏责任感的人腐败的行径"。本-古里安除了承认魏茨曼是世界犹太复国主义组织主席这一事实外，并无其他选择，但如果这只是他们两人的私事，他会称魏茨曼为"令人作呕的腐肉"。这个贬损之词出自先知以赛亚关于巴比伦国王倒台的预言："当无人埋葬你时，你就如同令人作呕的腐肉，就像是遭人践踏的尸体。"（《以赛亚书》14:19）

19世纪的希伯来媒体会使用这种古老的诅咒，而这可能表明，本-古里安在家中仔细思量了自己情感的大爆发。人们摸不透他什么时候可以控制自己的情绪，而什么时候又被自己情感的激流冲昏头脑。他自己都不见得总能认清自己。在这种情况下，他声称自己是经过多年的痛苦煎熬后才作出辞职的决定的；这可能进一步证明他精心策划了这场表演。他宣称："如果我有任何不当行为，你可以把我驱逐出党，把我逐出犹太工人总工会，但我不会出手助这一政权一臂之力……我将独自一人，有什么工作我就做什么工作，我会种地或做其他任何工作……"

一位听到他讲话的人暗示，本-古里安的情感爆发有"心理上的原因"；另一个人则表示，大街小巷有关他想要篡权将魏茨曼取而代之的流言甚嚣尘上。正如本-古里安所坚持的那样，所有人都不想被逼着在两个人之间作出选择。他们要求他找到与魏茨曼合作共事的方法。本-古里安要求魏茨曼来耶路撒冷实地调查一番，而魏茨曼则要求本-古里安去伦敦。夏里特对这两个人都充满了敬意，他担任了仲裁员的角色。结果他对本-古里安失去了信心，夏里特表示，本-古里安对他恶语相加。夏里特在很多年后说，本-古里安开始直呼他的姓氏，而不再亲密地喊他的名字了。有一段时间，夏里特显然很沮丧，好像他再也不值得本-古里安去保护了。

1944 年 2 月，在夏里特的成功斡旋下，他的两位英雄达成了和解，双方谁都不是胜者。魏茨曼继续以他认为最适宜的方式指导犹太复国主义运动的政策，而本-古里安继续巩固自己在党内的地位。与过去一样，他事无巨细都会过问，即使在最微不足道的分支机构中工作的成员，也会得到这位领导人的关注。对他而言，没有什么细节问题是无关紧要的。他当时正在深入研究柏拉图的《法律篇》。[34]

❖

1944 年 5 月 24 日，一名犹太代办处的救援特工从伊斯坦布尔到达耶路撒冷，他带回来了一条信息，本-古里安第二天称这条信息"非常了不起"。阿道夫·艾希曼提议，他将取消把 100 万犹太人运往死亡集中营的计划，以此换取 1 万辆卡车和大量诸如咖啡、茶、可可和肥皂等物资。这位叫文雅·波美兰兹（Venya Pomerantz）的特工告诉本-古里安，艾希曼曾对两位匈牙利的犹太社区领导人说过，他已经消灭了 350 万犹太人，之后他又向两位社区领导人提到了这项提案。艾希曼的副手迪特·威斯利尼也出席了该会议，他在欧罗巴计划中曾发挥过作用。艾希曼提到活捉的犹太人将被送往西班牙和葡萄牙，而不是巴勒斯坦。艾希曼请两位犹太社区领导人鲁道夫·卡斯特纳（Rudolf Kastner）和乔尔·布兰德（Joel Brand）将该提案转告给犹太代办处。布兰德被派往伊斯坦布尔，将该提案告知犹太代办处驻该地的代表。波美兰兹认为，这一提案绝非玩笑。幸运的是，他不用作决定，而只需将自己的印象和感觉转达给本-古里安与夏里特。他们三人仔细研究该提案一直到深夜。本-古里安对提案的自发反应与其说是一个具体的行动计划，倒不如说是一厢情愿的想法："哪怕只有百万分之一的机会，我们也必须抓住它。"他之前从未有机会来作如此重大的决定。该提案在这一类提案中排在第三，而其中第一个提案显然出自艾希曼本人。本-古里安可能没有意识到，纳粹希望通过该提案来策划另一次单独媾和，但他觉得作这样的决定对他而言太过于重大。他认为应当通知"在伦敦的同事们"，他在此指的是魏茨曼和高级专员。他坚持认为："没有政府的帮助，我们将寸步难行。"魏茨曼和夏里特都可以轻而易举地见到外交大臣安东尼·艾登，在交流时他们都把他当作地位平等的政治家看待。艾登表面上对他们鼓励有加，实际上想借此糊弄他们。丘吉尔和罗斯福也知道这项提案，他们认为这是德国的阴谋，他们想要以此诱使英美背叛苏联，从而达到分裂反德同盟的目的。况且，如果从艾希曼那里接手这 100 万犹太人，但最后没有国家愿意接纳他们的话，他们也不知道如何处理。最终，艾希曼提案的结果与德涅斯特河沿岸事件毫无二致——该提案被泄露给了新闻媒体。

并非所有执行委员会的成员们都认为应该让英国参与进来，但本-古里安的意见最终还是占了上风。这项关键决定足以使该提案胎死腹中。本-古里安与夏里特、埃利泽·卡普兰一道，以自己的最佳判断力来处理该事件，并密切关注各方面的细节。他始终认为，与此事相关的一切都应当在英国当局知情并同意的情况下进行。他可能也曾想过，他们本可以靠自己解决这个问题的，而且可能已经解决问题了。

在盟国不知情且不赞成此次交换的情况下，犹太代办处根本无法向纳粹交付 1 万辆卡车，并以此换回 100 万犹太人。但是本-古里安不需要将该交易付诸实施，他需要做的只是拖延时间而已。从一开始他就是这样认为的。苏联人距离匈牙利已经不远了。当时正是布置一场骗局的好时机，即犹太代办处可以在通告英国人的同时，在背后通过中立国的中间人抑或是直接与德国人进行谈判。媒体知情后也不影响该计划的进行。德国人发出了越来越多的信号，有一回，他们邀请了犹太代办处驻伊斯坦布尔的一名特工前往柏林。此后，他们还邀请了犹太代办处的一位领导人，以及联合分配委员会欧洲的代表。犹太代办处认为，德国人不会坚持要求兑现他们此前指定的卡车和物资，而是会同意以现金代替。或许，可以先给他们打一笔预付款。与此同时，艾希曼批准约 2000 名犹太人乘坐专列离开布达佩斯，很明显，他想要证明他的提案是慎重的。本-古里安反对向柏林派出一名犹太代办处的特使，并且就此向英国当局通报。

多年来，他和他的同事们一直将自己视为巴勒斯坦合法政权的一部分，因而他们也是对德作战同盟的一分子，该同盟秉持一条原则，即不得与敌人进行谈判。他们自认为是公认的领袖人物，如此的自我定位使他们站在惯有的外交立场解决问题，从而限制了他们

355

游走于双方之间、采用欺诈手段伺机获利的能力和意愿。

犹太代办处在伊斯坦布尔的特工们更具创造力，也更加大胆。他们先后两次向艾希曼发送凭空杜撰、子虚乌有的"临时协议"，以此争取时间。联合分配委员会在瑞士的代表萨利·梅耶（Sali Mayer）也是这样做的。艾希曼后来表示，他的提案是经过认真考虑的，绝非儿戏。希姆莱在1942年12月10日自己撰写的一份备忘录中声称，希特勒本人也认为只要该交易可以为德国换回大量外汇，他并不排除开展该项交易的可能性。[35]本-古里安当时或许并不知情，利用当时局势赢得时间的可能性并不大；本-古里安事先就承认了这一点。

❖

艾希曼的提议传到耶路撒冷几天后，伊扎克·格伦鲍姆和美国领事见了面，他要求美国空军对匈牙利到波兰的铁路线，以及奥斯威辛集中营实施轰炸。领事只同意转达轰炸铁路的请求，他对轰炸奥斯威辛集中营持保留意见，他要求将该请求写成书面文字然后交给他。格伦鲍姆在犹太代办处执行委员会提出了这个问题。以本-古里安为首的大多数成员反对这一提议。他说："我们并不了解波兰的真实情况，因而无法就此作出任何提议。"当时，他仍然寄希望于英国人会考虑接受艾希曼的提议。格伦鲍姆在两个月前曾提议，要与德国人直接接触。但是现在他怀疑这个提议其实是个"恶魔般的阴谋"，其目的是更方便纳粹屠杀犹太人。他坚持认为，最好不要与他们有任何接触。[36]

一周后，本-古里安在马帕伊委员会发表讲话。他一开场就抛出了当时自己关注的一系列问题。他问道："我们的劳工运动开始分裂了吗？"但是他并没有失去希望。"多年来一直袭扰我们的噩梦是否结束了？我们能否一觉安稳睡到天明，并且神清气爽、充满能量呢？"委员会认定，支持塔宾金的"派系"实际上已经脱离了本党，这使得分裂已经公开化了。[37]

❖

犹太代办处执行委员会的几位成员担心，轰炸奥斯威辛集中营可能会炸死犹太人；他们对轰炸铁路线和集中营并未加以区分。本-古里安总结道："执行委员会的意见是，我们不应该向盟军提议轰炸犹太人所在的地方。"

格伦鲍姆没有放弃努力。他费尽心思了解到，当时火车每日会运送1.2万匈牙利犹太人前往奥斯威辛集中营。轰炸铁路线至少可以减慢他们的速度。同时，有关奥斯威辛集中营的更多详细信息得以披露——格伦鲍姆的儿子就被囚禁在那里。格伦鲍姆开始为他的诉求寻求公众支持，他发出电报，几乎把自己认识的所有人都抨击了个遍，很多不认识的人也成了他攻击的目标，其中丘吉尔、罗斯福和斯大林都赫然在列。[38]

在某个时候，格伦鲍姆甚至设法说服了魏茨曼向盟国提出要求，对奥斯威辛集中营和通往奥斯威辛集中营的沿线铁路进行轰炸。英国外交大臣艾登承诺要做到此事，他就此写信给丘吉尔，丘吉尔表示赞成，但此事后来就没了下文。不知究竟是因为该计划不可行，还是因为其与整个战略布局相悖，美国人也没有采取任何行动。与此同时，将近45万匈牙利犹太人惨遭杀害。

格伦鲍姆在没有事先征求本-古里安意见的情况下，就去见了美国领事，后来又继续游说魏茨曼，完全无视耶路撒冷犹太代办处执行委员会作出的决定，对此，本-古里安毫不掩饰自己的懊恼。他并没有对此事横加阻拦，而是表现出漠然冷视的态度。大约20年后，他写道："对于丘吉尔而言，他最关切的事情莫过于保卫英格兰，其他事情统统要往后靠，这再正常不过了，而且我也不确定轰炸奥斯威辛集中营是否就能够拯救犹太人。"①[39]

"你们对我们做了什么？"

与此同时，两场同时进行的竞选活动拉开帷幕，一个是犹太人代表大会的选举，另一场是犹太工人总工会的选举。问题是如何将马帕伊所倡导的精神传达给每个工人。1933 年，本－古里安在波兰进行的竞选活动还历历在目，于是他启程前往海法，到那位无所不能的地方党派领袖阿巴·胡希（Abba Hushi）的家。他的目标是让 12 万选民参加投票选举。他提出要求，上下要付出特别的努力，要面向那些不隶属于任何政党的新选民开展工作。他们需要这部分选民的选票，以代替塔宾金"派系"的选票，塔宾金的"派系"当时已经另立山头，独立展开运作，被称作劳工团结党。本－古里安宣称："我希望我们所传达的信息简洁明了。我们需要强大的犹太工人总工会，否则，建国绝无可能。"他满怀信心地向同事们发出一项挑战。如果他们能按照他所指示的那般开展竞选活动，那么在选举前三周，他会将一个密封的信封存放在党派秘书处那里，信封内是他对本次选举结果的预测。[40]

1944 年 7 月 10 日，本－古里安在纪念西奥多·赫茨尔逝世 40 周年的仪式上发表讲话。同一天，《达瓦尔报》在头版的报道显示，自战争爆发以来，150 万犹太人在奥斯威辛集中营的比尔克瑙（Birkenau）营中惨遭杀害。本－古里安清楚地记得，赫茨尔逝世的消息给他和他的三个朋友带来了巨大伤痛，当年他还只是个 18 岁的青年。不出所料，他与出席该活动的人员分享了他对犹太复国主义历

---

① 他的这番评论或许可以解释，为什么犹太代办处当时并没有郑重其事地呼吁苏联政府去轰炸铁路线。

史的思考，重点谈到了匈牙利犹太人，赫茨尔正是出生在那里。他说："这个犹太人社区正处在纳粹绞刑架上，那里的人民每日都因惶恐不安而瑟瑟发抖，每天都有人被塞进死亡列车，送往屠宰场。"在犹太复国主义语境下，他的演讲将犹太大屠杀确立为犹太人独立建国的核心论点。作为其中的一部分，他还撰写了一个统一的口号，而为此他在 1929 年就曾发出过警告："全世界都与我们为敌。"此时，离代表大会的选举只剩下三周了。

本-古里安怒吼道："你们对我们做了什么？你们是热爱自由和公正的国度，是民主、自由、平等和社会主义的斗士吗？你们眼睁睁地看着犹太人血流成河，你们对犹太人做了什么？你们都没动一根手指头，没有提供帮助，没有用杀人狂魔听得懂的语言喝令他：停止！"他愤怒地表示，他们之所以会如此表现，是因为大屠杀的遇难者是犹太人。"如果每天有数千名美国、英国、苏联的妇女和老人被投入焚尸炉，你们还会这样表现吗？如果每天他们都把盟国的婴孩们高高抛起，然后猛然砸落在铺路石上，你们还会保持沉默吗？"

他的这番措辞值得怀疑。美国、英国、苏联和其他很多国家，在面对犹太人惨遭屠杀时，几乎从未保持"沉默"。他们与纳粹德国在战场上兵戎相见，这是拯救犹太人的唯一途径。这些国家也有数千万的平民和军人死于战火。

本-古里安针对"整个世界"的主要指控聚焦于民族荣誉和象征意义。他如此发问道："为什么不允许我们为这几百万人命报仇，为什么不让我们犹太人组建一支犹太军队，在飘扬的犹太军旗下同纳粹殊死作战呢？"他重申了血债血还的必要，以及犹太民族所受的侮辱："难道我们的鲜血不像你们的那般殷红吗？难道我们的荣誉不像你们的那般可贵吗？难道我们没有权利作为犹太人去战斗牺牲吗？"这个世界在接到有关大屠杀的最初报道时，深深为之恐惧，当初他

358

对这种反应不屑一顾。他指责道："为什么在了解到我们的痛苦和悲愤时，你们唯一所能给予的是不动声色、毫无价值的所谓同情？这是对我们悲惨处境的亵渎，这种假惺惺的同情，不就是对日复一日在纳粹炼狱中被活活烧死、活活埋葬的几百万犹太人的无情嘲弄吗？"结论可能只有一个："犹太人民期盼已久的那个历史时刻，即建立一个犹太国家的时刻已经到来了。"[41]《达瓦尔报》在头版全文刊载了这次讲话。该报的本次报道并非针对"整个世界"，而是面向巴勒斯坦的犹太选民。

❖

359 　　选举于1944年8月初举行。在犹太人代表大会的大约20万张选票中，马帕伊收获了超过35％的选票。在犹太工人总工会的选举中，大约10万张选票中有超过52％投给了马帕伊。[42]本-古里安心满意足，他随后来到了卡梅尔山上的一家小型疗养院进行休养。宝拉则和当时正在休假的阿摩司一起，入住附近的一家宾馆。8月12日是一个周六，当天夜里，本-古里安在梦中被他党内的一位领导人戴维·哈科恩（David Hacohen）叫醒，来者告诉他，伯尔·卡兹尼尔森于两个小时前在耶路撒冷的朋友家中去世。本-古里安在床上坐起来，然后又倒了下去，头猛地向墙撞去。他当时给哈科恩的印象是，他已经无法思考和观察了，他也不知道坐在他面前的是谁。"他突然将身体和脸斜倚在铺在床上的床单上，然后如同一只受伤的野兽般哀鸣呻吟起来。他把手伸进床单底下，将床单掀起来裹住头和臂膀，掐住自己的脖子，头猛然撞向床垫，并发出断断续续的嘶鸣："伯尔，没有伯尔，没有伯尔可怎么办啊？"几分钟后，他恢复过来。哈科恩描述道："他脸色苍白、神情凝重。"本-古里安穿好衣服，让哈科恩开车送他去耶路撒冷，他们在途中接上了宝拉和阿摩司。

　　阿摩司后来回忆道："海法被一片浓雾笼罩着，汽车内的气氛压抑而沉闷，没有人说话。"他们到达耶路撒冷时已是破晓时分。卡兹尼尔森的遗体被搁置在他自己的床上。阿摩司说："父亲面如死灰。"他继续道："他使出浑身力气紧紧抓住伯尔的床，直到手指间渗出鲜血。几分钟后，父亲让我和母亲离开房间，让他一个人静静地和伯尔待一会儿。我们走出来，移步到离房门稍远些的地方默默站定，四面鸦雀无声。突然间，我们听到一声沉闷的撞击声，慌忙冲进房间。眼前的一幕令人震惊：父亲直挺挺地躺在床边，意识全无。母亲和我惊恐不已。当时甚至想到父亲可能已经随伯尔去了。"本-古里安在清醒过来后告诉阿摩司，卡兹尼尔森是他一直以来唯一的朋友。阿摩司说："我觉得他与伯尔之间的关系比与宝拉之间的关系更加亲密。"本-古里安花了好几个月才恢复过来。他党内的一位同事说："他每天都至少问一次与伯尔相关的一些事情。"

雅博廷斯基去世后的四年中，犹太复国主义的三位创建者——乌西什金、鲁滕贝格和鲁平也相继离世。就像当年阿洛索洛夫被谋杀后一样，卡兹尼尔森的死也进一步稳固了本-古里安的地位。在踏入政坛近 40 年后，他首次成为党内资历最深的领导人。他对下一步工作如何开展思路清晰、立场坚定，此外，他具有丰富的政治经验，但他依然需要继续努力，以成为在党内毫无争议的领导人。什洛莫·拉维称颂卡兹尼尔森："谁将成为我们的榜样呢？我们要眼巴巴地等待谁的指令呢？我们要将心灵的钥匙放到谁的手中呢？谁会站出来谴责我们生活中堆砌如山的谎言呢？从今往后，谁又能告诉我们做得对还是错呢？"在当时，"对我们来说"，本-古里安"是唯一具备这种素质的人"。360

就这样，本-古里安走过漫漫长路，抵达了权力的巅峰。此后，他的经历主要涉及权力本身的局限。但是，100 天的宽限期还未过，他就不得不面对有史以来对他最严厉的指控：乔尔·布兰德指控他和他的政党造成数万匈牙利犹太人的死亡。[43]

"我们从哪里能为巴勒斯坦找到人呢？"

在布兰德乘坐艾希曼提供的专机抵达伊斯坦布尔后不久，英国的秘密特工就绑架了他，并将其监禁于埃及长达四个月时间，以阻止他返回匈牙利。他被释放后来到了巴勒斯坦，他依然相信，如果他能够带着积极的回应返回布达佩斯，他是可以拯救数万犹太人的，但如果他被迫滞留在巴勒斯坦，那么所有犹太人将被遣送至奥斯威辛集中营。1944年10月，他受邀在马帕伊书记处发表演讲。他指责马帕伊没有安排好他的任务。他指控说，马帕伊要为自己的失误负责，要对被残杀的犹太人的生命负责，马帕伊最严重的失误就是对英国当局的忠诚。他认为，正是犹太代办处把他移交给托管当局的，他声称他本应在一次越狱行动中重获自由。他宣称："你们应该用武力手段将我从监狱中救出来，哪怕是使用炸药也应当在所不惜，然后送我去见希特勒。但你们没有这么做。"他说，但最可怕的错误是，即使到现在，他也没有被送回匈牙利。他坚持认为现在还不算太晚。犹太人仍在被屠杀，就在现在这个档口正遭屠杀。他可以救他们。

361

本-古里安的回应简洁明了，他问道："你为什么觉得，一旦你回去，他们就会停止屠杀呢？"布兰德重申道，如果能给他提供钱或物资，他就能拯救犹太人。他说："我们已经做过很多次了，而且我们必须继续做下去。我的老婆孩子还留在那里。我敢肯定，如果我四个月前返回去的话，我本可以救出几十万犹太人。"秘书处的成员们试图向他证明他是错的。本-古里安依然保持着沉默。他们决定召开一个小型会议"来回顾总结一下这些事情"。[44]

❖

战争爆发前夕，约有 900 万犹太人在欧洲居住生活；而在战争结束时，只有约 300 万人幸存了下来。正如本－古里安当时认为的那样，幸存者中的大多数人是因为德国战败才保住性命。还有些人的获救归功于一些国家和包括联合分配委员会在内的部分国际组织，以及散布在欧洲大陆各个国家的数千位好心人（他们现在被称作"国际义士"）所提供的援助。此外，还有一些激动人心的救援行动，诸如将犹太人从法国偷偷运送到西班牙，从丹麦运送到瑞典。相对而言，只有少数幸存者的获救得益于犹太复国主义运动在战争期间的营救行动。本－古里安对犹太复国主义事业倾注了无尽的热情，寄托着无限的憧憬，但他在开展营救计划时又成了一个眼界狭小、无甚信仰的现实主义者。结果就是，这几乎成了他余生中难以愈合的伤痕，这种痛苦也伴随他终生。[45]此时，战争已接近尾声，本－古里安一针见血地指出了犹太大屠杀所造成的主要问题："我们每个人都要问自己这样一个问题：我们从哪里能为巴勒斯坦找到人呢？"[46]因为对他而言，犹太大屠杀是犹太复国主义运动所遭受的最大失败。

他在 1942 年 12 月就曾说过，"欧洲犹太人的彻底毁灭会使犹太复国主义运动不复存在"。换句话说，犹太大屠杀是针对未来以色列国的一种犯罪行为。他警告说："我们可指望不上其他人一起建设这个国家。"后来，他又说道："希特勒是我们最大的敌人。他毁掉了这个国家。"[47]这并非失言，而是经过精心推理论证的历史叙述。他后来写道："我认为，站在历史的高度来看，纳粹屠犹的真正可怕之处并不在于被屠杀的犹太人数量之震惊，而是在于他们消灭了一个民族中的一部分精华力量，他们能力出众、素质突出，具备建立一个国家所必需的所有素质和技能。欧洲犹太人不仅需要一个犹太国家，他们还具备建立这个犹太国家所需的物质手段和精神力量。大屠杀

362

不仅是对犹太民族的致命一击，对犹太国家的重生而言还是一次危险甚至致命的破坏。"[48]多年来，他一直在重复这一论点："希特勒不仅深深伤害了他熟知且憎恨的犹太人，还摧毁了犹太国，他当时完全没有意料到犹太建国的时代会到来。"[49]

　　纳粹德国的战败使他想起了1905年的第一次俄国革命。当时，他似乎也听到了历史的脉动，而他不能在人群中狂欢。1945年5月8日，他在日记中写道："胜利日——我很难过，真的很难过。"[50]

第二部分
权力的局限

本-古里安：这是一场大灾难。在如此重要的时刻，我们的国家还是由一群蠢货领导着，他们不知道这里发生过什么，也不知道我们的未来在哪里。

多什（Dosh）《反对自己的本-古里安》（1964）

第十五章 地图

"只要我们有足够的武器"

1947 年，伦敦迎来历史上最严酷的一个冬天。2 月，天气尤其寒冷，煤炭危机达到顶峰，大雪阻断货车运输，失业率持续攀升。2 月 13 日，本-古里安抵达伦敦多切斯特酒店。在这里，他将与英国保守党高级官员奥利弗·斯坦利（Oliver Stanley）会面。这家时髦的酒店供暖设备坏了。"我一进门，斯坦利就建议我别脱外套，"本-古里安写道，"他自己穿着一件厚重的长大衣。"曾做过记者的本-古里安敏感地意识到这些细节的重要性。大英帝国陷入了一场严峻的危机，即将分崩离析。两年前，二人曾见过面，当时斯坦利担任英国殖民大臣。他告诉本-古里安，英国在巴勒斯坦的委任统治不会太久了。

英国不想得罪阿拉伯人，也不知道在阿拉伯人和犹太人之间如何作出选择。既然如此，英国将会放弃巴勒斯坦。托管这片土地的代价太大了，对于深陷金融危机之中的英国来说并不值得。英国还将结束近一个世纪以来对印度殖民地的控制。印度曾是大英帝国"王冠上的宝石"，相比之下，巴勒斯坦无关紧要。再说，似乎也没人知道应该怎样处理巴勒斯坦。又过了几个月后，本-古里安才说出，早在

1936 年他就知道"委任统治很快就结束了"，因为英国人已经得出结论，他们不可能继续控制住巴勒斯坦。[1]

本-古里安现在不仅是巴勒斯坦犹太人中最杰出的领袖，也是整个犹太复国主义运动最知名的领袖。英国人就是这样看待他的。1945 年 3 月，当本-古里安经过开罗时，英国警方还派了一名特工跟踪保护他。本-古里安自己也不知道该如何实现民族独立。他的领导风格充满怀疑、犹豫、不确定、不一致、矛盾、冲动和幻想，在政治、外交和恐怖行动之间摇摆不定。即便已经确认英国将中止委任统治，他仍在领导着"驱逐"英国人的抵抗运动。斯坦利在 1945 年 5 月对他说过的话让他相信，距离争夺巴勒斯坦所有权的战争只有一步之遥。[2]

❖

在欧洲战争结束六个星期后，本-古里安奔赴美国。几天后，他在纽约一位富有的实业家鲁道夫·戈德施密特·索内伯恩（Rudolf Goldschmidt Sonneborn）家中召开了一次具有决定性意义的会议。这是他迄今为止采取的最重要的行动。这个想法显然来自摩西·斯奈［Moshe Sneh，原名克林鲍姆（Kleinbaum）］，时任哈加纳全国总司令官。斯奈担心战争结束时，英国人会想方设法毁掉哈加纳。因此，他要求本-古里安筹集 500 万—1000 万美元。本-古里安交给索内伯恩一份值得信任的犹太富翁名单，让他邀请到这些人。

作为德国移民家庭出生的第一代美国犹太人，索内伯恩已经在石化行业赚了一大笔钱。他和本-古里安是老朋友——1919 年，21 岁的索内伯恩曾担任巴勒斯坦犹太复国主义委员会秘书。在巴勒斯坦，他报道了《贝尔福宣言》后阿拉伯人日趋高涨的抵抗浪潮，但将对方可能带来的威胁降到最低。"阿拉伯人当然会对他们的容身之地可能被移交给一个新的国家而感到不满，"他写道，"但是他们完

367

全没有组织能力，所以我相信他们没什么可怕的。更何况他们是懦夫。"这之后的25年里，他变得更加富有，对犹太复国主义运动和逃离纳粹德国的犹太难民的支援力度也更大。1945年7月1日，一个星期天的早上，索内伯恩按照本-古里安的要求，将名单上的17位富翁召集到自己家中。这些身家百万的富翁临时接到邀请，从美国和加拿大各地匆匆赶来，他们对被召集的原因只有一个最模糊的概念。

和往常一样，本-古里安以一个即将诞生的犹太国家开场。他告诉来宾，他们都是一个历史延续体的继承者，这个历史延续体在5000年前犹太祖先在沙漠中流浪时就诞生了。他证实纳粹德国已经杀害了五六百万犹太人，只有少数来宾已从新闻里知晓此事。与他同行的还有埃利泽·卡普兰和鲁文·史罗亚（Reuven Shiloah），本-古里安特地介绍后者是犹太代办处特别行动部的成员。他们二人也为来宾做了现状调研。会议持续了一整天，来宾只在休息时喝了咖啡，吃了些三明治。最后，本-古里安点明来意。多年后，他这样写道："我告诉在场的人们，一旦英国人撤离，我们很快就会遭到阿拉伯邻国的攻击。虽然我们人不多，但只要有足够的武器，我们就能抵挡他们的入侵。"当时哈加纳的大部分武器都从欧洲采购，只够抵挡当地的阿拉伯游击队。本-古里安解释说，美国已经开始关闭军工厂，这意味着可以用相对低廉的价格买到美国多余的设备和机械。他补充道："但是，即使价格'不昂贵'，这笔费用也高达数百万美金。"他向客人们提出了最关键的问题，这也是召集他们的原因——"你们愿意提供资金购买武器吗？"

本-古里安要的不仅仅是钱，购买哈加纳作战所需的武器需要暗中行动，这可能会触犯美国的法律。来宾对本-古里安的事业既报以同情，又心存怀疑。一些人担心这么做违背了他们作为美国人的爱国立场，但每个人都认同这一点——本-古里安是犹太复国主义斗争的新领袖。散会前，本-古里安还提醒来宾必须对他所说的一切严格保密。就连马帕伊的秘书处，本-古里安也只告诉他们，他是在动员美国人支持巴勒斯坦犹太人反抗英国的斗争。

索内伯恩研究所就这样诞生了。这个组织筹集资金，向巴勒斯坦运送战争中需要的几乎所有物资，包括战斗机。这一切都是在哈加纳成员的协助下完成的。他们从巴勒斯坦带着伪造的文件和假身份而来，他们之间的交流通过秘密代码进行，比如用"书"指代"美元"。一些军事设备不得不打着农业机械配件的幌子走私到巴勒斯坦。随着时间的推移，组织逐渐扩大，开始招募美国志愿者去巴勒斯坦，加入哈加纳的战斗。[3]

❖

在前往美国的途中，本-古里安曾在伦敦停留。宝拉原计划要在这里和他会合。但就在出发前，她开始怀疑本-古里安是否真心希望她来，经过几个漫长的不眠之夜后，她决定给他寄一封信。信中，她伤心欲绝地诉说着两人之间的痛苦关系。"大卫，对我诚实一点，"她恳求道，"你希望我来吗？我不会妨碍你吗？我不想再落到和1938年一样的尴尬境地。"她似乎指的是本-古里安和梅小姐的恋情。"我不想被关在酒店里（像关在笼子里一样），我想成为你在乎的伴侣。难道是我要的太多了吗？我要的这么少，所以不要为了这样的要求责怪我。我只是一个平凡的人，已经被剥夺了19年的幸福。你可以满足我这个微不足道的要求吗？请你考虑我说的这些，如果你同意，就发电报告诉我。请原谅我。"他回信说她应该和他一起走。在索内伯恩家聚会的几天前，两人还一起去拜访了刚刚结婚的米里亚姆·科恩。[4]我们可以借此机会回顾本-古里安一生交往过的女性——她们都很年轻，对犹太复国主义兴致勃勃。不过这些露水情缘都没能持续多久，科恩也不是他最后一个情人。

369

❖

在美国的秘密行动标志着本−古里安的政治理念在这个时候发生了戏剧性的转变。他不再像过去那样主张对英国人忠诚，也不再以英国政府合作伙伴的身份公开合法地活动。现在，他更倾向于谨慎地使用各种保密和推诿的手段，尤其热衷于利用模棱两可的表达。这似乎是他从犹太复国主义在大屠杀中的无能为力和救援失败中学到的重要教训。文雅·波美兰兹后来回忆道，本−古里安曾在 1944 年 11 月访问保加利亚时突然发怒。"到底要到什么时候，在什么地方，才能把犹太人拯救出来？"他大喊道。波美兰兹列出了几种可能性，本−古里安沉默了。第二天，他把手放在波美兰兹的肩膀上说："文雅，你知道吗，我昨晚睡不着，我们不能重演在大屠杀中的无能。"[5]

在从美国回巴勒斯坦的路上，本−古里安坚持用希伯来语"伊利舍瓦女王"（Queen Elisheva）来称呼他搭乘的"伊丽莎白女王号"，并在日记中记录了一份"犹太复国主义战后账目"。每一页都写满了数字，按国家分栏排列。根据他的计算，还有大约 110 万犹太人被困在欧洲，这还不包括苏联和英国的。

本−古里安计划把集中营里的犹太幸存者带回巴勒斯坦。那是 1945 年秋天，还有约 7 万犹太难民滞留在纳粹德国，大多住在美军占领区的流离失所者营地。[6]他准备去考察这些营地。

"我们政治斗争中的一个重要因素"

1945 年 10 月 19 日，本−古里安到达位于泽尔斯海姆（Zeilsheim）的第一批营地。这是一个古老的城镇，20 世纪 20 年代末已经是法兰克福西部的一个社区。滞留在那里的犹太人认出了本−古里安，他们兴奋到几乎掀翻了他乘坐的美国军车。当本-古里安走进演讲大厅时，全场一起高喊"希望"（Hatikvah）。许多人都哭了，"本-古里安和我也哭了，"与他同行的拉比朱达·纳迪奇（Judah Nadich）中校事后回忆道，他是德怀特·艾森豪威尔（Dwight Eisenhower）将军的犹太事务顾问。"他（本-古里安）用意第绪语发言，声音哽咽，情绪激动。他试图说些安慰和鼓励的话，但很难找到合适的词。当他结束演讲时，人群再次起立为他鼓掌。这件事令我们难以忘怀。"[7]

370

❖

当晚早些时候，本-古里安与难民营委员会的几位代表磋商。他想知道有多少人对巴勒斯坦感兴趣，又有多少人能够去巴勒斯坦。大屠杀幸存者的生存困境是一个人道主义问题，可以用来推动犹太复国主义事业。"我发现这可能是我们政治斗争中的一个重要因素。"他说。为此，必须将幸存者动员起来。委员会告诉他除了极少数人犹豫不决以外，大多数人都想去巴勒斯坦。[8]

几天后，本-古里安在慕尼黑附近的另一个营地里又发现了不少犹太复国主义的支持者。当时英国政府每月为难民提供1500张移民许可证。本-古里安坚持认为，既然有白皮书的配额，那么这些难民许可证应该被取消。他的观点遭到同事们的严厉批评。摩西·夏里特认为此举很可能在幸存者中激起绝望情绪，也和他们一贯宣扬的只有立即转移到巴勒斯坦才能避免死在难民营的说法相矛盾。"我们怎么能证明抛弃他们是正当的呢？"夏里特写道。这又是一场在追求民族独立的过程中应该付出多大牺牲和代价的辩论。按照本-古里安的说法，委员会代表已经告诉他："我们会等待的。如果这对犹太复国主义至关重要，我们将继续忍耐和迁就这一切。"本-古里安得出结论，在他考察过的营地里，大多数幸存者都希望去巴勒斯坦，具体数字略有差异，但大致在60％到80％之间。[9]

他在考察中还了解到，一些犹太和非犹太慈善机构正在尝试解救难民营中的犹太儿童。这些机构想让孩子们离开营地，进入福利院。在其他国家，福利院通常是难民儿童避难之所。本-古里安强烈反对。"这与犹太复国主义者的利益背道而驰，"他强调，"孩子们能构成政治压力……尤其是儿童会产生巨大的压力。"他打电话给在伦敦的犹太复国主义办公室，要求他们"看在上帝的分上，别再把孩子们送走了"。他对纳迪奇也是这么说的，"首先，如果不是去巴勒斯坦的话，不允许带走孩子——一个犹太人都不允许，一个孩子也不行"。许多幸存者也反对带走孩子。[10]

"我没有勇气"

在回巴黎前，本-古里安与艾森豪威尔见了一面。"他留给我的印象不是一个将军，而是一个极为正派的人。"本-古里安后来回忆道。两人见面时，本-古里安提出一系列改善难民饮食和生活条件的要求，艾森豪威尔一一答应下来。他还答应了本-古里安的其他请求——在难民营里开设体育课程，开放教室，从巴勒斯坦空运书籍给难民。最重要的一条是，本-古里安要求将巴伐利亚州所有的犹太难民重新安置到附近的村庄里，为此，需要提前将这些村子里的德国居民迁走。难民们将在村子里接受农业和准军事训练，直到他们获准前往巴勒斯坦。本-古里安将这场谈话的内容告诉他的同事，他说他实际上已经向艾森豪威尔提议在巴伐利亚州建立一个犹太国家。艾森豪威尔将军大为惊讶，称这是一个"全新的想法"，旋即拒绝了这个提议，部分是因为担心德国的反应。不过，他同意在美军占领区接纳成千上万逃离东欧的犹太难民。本-古里安认为这是一项重要的成就。"大批犹太人生活在美军占领区，这符合犹太复国主义者的利益。"[11]

　　本-古里安对难民营地的巡视很像一个指挥官在视察他的部队。他把这些失去家园的犹太人视为犹太复国计划的一部分。幸存者和他在情感上有隔阂，一些设法接近他的人想告诉他集中营里的恐怖经历，有时他们需要的只是一个友善的听众。但是，本-古里安不知道如何像父亲一样安抚他们个人的伤痛，他只把大屠杀视为一场民族的灾难。

372

　　在贝尔根-贝尔森（Bergen-Belsen）集中营，本-古里安遇到来自罗兹的表兄大卫·佐伊拉夫（David Zoiraiv）。佐伊拉夫曾被关押在布痕瓦尔德（Buchenwald）集中营和奥斯威辛集中营。"当他回到罗兹时，"本-古里安在日记中写道，"他收到消息说他的妻子还活着，于是他一个营一个营地找过来，直到有人告诉他，他的妻子在贝尔根-贝尔森集中营。现在他住在 67 号楼 11 号公寓。"两年后，本-古里安收到了这位当时住在法国的表兄的来信。"当我们最后一次在贝尔根-贝尔森集中营谈话时，"佐伊拉夫用意第绪语写道，"你答应过要带我离开这片血腥的土地。你把我的第二个表兄从兰德伯格营地带走了，但是你忘了我……我愿意相信，你忘记我是因为你太专注于其他事情……我已经给你写了两封信，但很遗憾一直没收到回复……我请求你尽一切努力让我们离开这里。除此之外，我没有什么可写的了，好好的，别忘了你的表兄和他的妻子。"①[12]

　　他的一名助手埃胡德·阿夫里耶尔后来回忆道，本-古里安结束考察时心都碎了。"他看起来老了不少，"阿夫里耶尔写道，"面色灰

---

　　① 本-古里安的日记记录了他如何帮助另一位家庭成员。"我得知叶希亚胡（Yeshayahu）的女儿已经离开罗兹，正在去巴伐利亚的路上。我吩咐下去要照顾好她。"（佘恩德勒是他的长兄亚伯拉罕的女儿，嫁给了一个犹太人联盟成员。两人选择留在波兰，后死于奥斯威辛）。（Ben-Gurion, Diary, Feb. 9, 1946, BGA；Hagani 2010, p. 172ff.）

白，仿佛失去了活下去的能力。"本-古里安自己也说宁愿忘掉这段经历。[13]他与幸存者的苦难保持着距离。伊扎克·本-阿哈龙（Yitzhak Ben-Aharon）是马帕伊党内反对派的领导人，他回忆道："1940年，我应征加入英国军队，结果被德国人俘虏……四年后，我拖着病体出狱，精神崩溃，瘦了28千克，被送到伦敦治疗。当时我接到一个电话。本-古里安在伦敦，他想见我但又不能前来，所以我得去找他。"本-阿哈龙继续写道："我穿着制服，拄着拐杖一瘸一拐的，瘦得像根棍子。他已经有四年没见到我了，当时有谣言称我在战争结束后被杀害了。他跃下台阶，拥抱了我，说的第一句话是：'本-阿

373　哈龙，你知道我们现在是在两个不同的阵营吗？'"这是本-古里安典型的沟通风格。他还在公开场合羞辱过著名的犹太地下组织战士罗兹卡·科尔扎克（Rozka Korczak），因为她用意第绪语发表演讲，他称之为"一门刺耳的外语"。他对大屠杀幸存者的态度可能是为了掩盖这样的事实：他发现自己很难直视他们的眼睛。他可能想极力压制大屠杀肆虐时无能为力的感觉，而他们正是这一切的见证人。[14]

　　本-古里安没能去成波兰。他计划了几次，每次都显然因为技术问题取消了行程。大约一年后，他才说出真相，他需要有足够多的爱，才敢回到出生地，这超出了他的能力。也许是因为问心有愧。"我不敢去那里，我没有勇气。"[15]不过，他策划了帮助犹太幸存者离开波兰转移到德国的行动。这就是总部设在巴黎的"布里哈行动"（Bricha Operation）。

"尽可能多的犹太人"

　　巴黎，这座解放后的"光明之城"欢迎本-古里安的到来。法国政府想把英国赶出中东，不少法国地下组织的老兵努力帮助大屠杀

幸存者。由于魏茨曼一直待在伦敦，巴黎因此成为犹太复国主义地下组织在欧洲的活动中心。实际上，"布里哈行动"是由三方共同运作的——布里哈、移民组织 B（Mossad Le'aliyah Bet）和哈加纳，三方并非总是协调一致，有时彼此之间还有竞争。

"Bricha"一词在希伯来语中是"飞行"或"逃跑"的意思，这里指将犹太幸存者从东欧向西迁移，同时也指组织并协助其迁移的工具。"对我而言，那是一场噩梦，"本-古里安在战争结束前不久这样说道，"因为被救下的犹太人不想去巴勒斯坦。"[16]他把幸存者视为"犹太复国主义的战斗力量"。因此，在他的倡议下，犹太代办处决定派遣特使到欧洲来帮助他们。1946 年秋，难民营里的犹太人已经多达 17.5 万，第二年秋天，这个数字上升到 18.4 万。在逃亡行动的高峰期，大约有 400 人参与行动。在本-古里安看来，布里哈只有一个目标。他说："我们认为，在我们即将面对的这场艰难的斗争中，这件事就算不是决定性的，也是一个重要政治因素。"[17]

这是一场民族层面的救援行动，由一个政治委员会领导，该委员会的构成与当时犹太代办处的政治联盟情况一致。最高指挥官是肖尔·阿维格［当时他的名字还是米洛夫（Meirov）］，他是 1939 年成立的移民组织 B 的负责人。本-古里安没有干预具体的行动，只是让他们把"尽可能多的犹太人"从东欧解救出来。从某种意义上说，这是大屠杀期间不曾有过的拯救行动的替代品。1947 年《达瓦尔报》上的一篇文章说："人们常说大屠杀以后。事实上，欧洲犹太人仍然深陷大屠杀之中。"本-古里安的主要任务是筹集资金。一部分资金由美国犹太人通过联合分配委员会支付。布里哈还动用了大屠杀期间未曾动用的救援委员会的资金。[18]

❖

除了"布里哈行动"，阿维格还指挥了非法移民工作。这也需要一个遍布欧洲的秘密行动网络，以及极大的胆识，尤其是对难民而言。一些协助非法移民的特工来自哈加纳。阿维格是本-古里安欣赏的一类人——脚踏实地，表现平平，能保守秘密。本-古里安在战前曾反对非法移民，现在他全力支持移民组织 B，并参与了具体的行动。他曾考察过移民组织 B 租用的船只的价格（"在这里租 4000 吨的船要 15 万美元，而在美国只要 14.5 万美元"）。他还知道船只最好挂上洪都拉斯的国旗，"每艘船上都需要一名无线电专家，每艘救生艇上需要两名水手，负责传递岸上的具体消息"。这些只是本-古里安摘录的技术笔记的一部分，由此可见他参与程度之深。与"布里哈行动"一样，非法移民也是在倒计时的紧张气氛中进行的。犹太代办处特使证实了本-古里安的担心，幸存者的士气以及他们前往巴勒斯坦的意愿都在下降，这很可能会动摇犹太复国主义的基本主张。的确如此，不久后英国外交大臣欧内斯特·贝文（Ernest Bevin）就提出疑问，为什么犹太幸存者不能像欧洲其他的难民那样回到他们从前的家园。[19]

❖

本-古里安将（犹太复国主义地下组织）总部设在巴黎皇家蒙梭酒店里。越南革命家胡志明（Ho Chi Minh）住在他的楼上。两人偶尔会遇上。"他给人的印象很好，"本-古里安后来说道，"有一次在谈话中，他建议我立即在越南境内建立一个'犹太流亡政府'。我向他表示感谢，并说时机成熟时，我会考虑他的提议。"[20]

"请留在这里"

当时美国面临中期选举。杜鲁门总统需要争取尽可能多的选票，来保住民主党在国会的多数席位。1945 年 9 月，有报道称杜鲁门承诺将 10 万大屠杀幸存者送往巴勒斯坦。英国人的反应和往常一样——他们任命了一个调查委员会，为幸存者以及整个巴勒斯坦问题提出解决方案。这是一个英美联合机构，两国政府各派出六名代表。机构的组成表明，英国不能独自决定巴勒斯坦的未来，美国准备分担这一责任。该委员会也被视为两国能否联合对抗苏联的一次考验。[21]

在调查委员会视察难民营之前，本-古里安再次到访了这些营地。为了鼓励难民定居巴勒斯坦，营地里张贴着意第绪语海报《以色列地呼唤着你》。在这样的宣传攻势下，委员会着手调查难民的意向，结果显示大多数难民的确想去巴勒斯坦。[22]理查德·克罗斯曼（Richard Crossman）是一名记者和工党议员，也是调查委员会的成员之一。他问自己如果让难民在巴勒斯坦和美国之间作选择，他们是否还愿意去巴勒斯坦，但他也明白这样发问根本没有实际意义。当时美国只同意接收一小部分难民。[23]对大多数难民来说，他们必须在巴勒斯坦和东欧共产主义国家之间作出选择。

调查委员会访问巴勒斯坦期间，安保措施尤为严密。当克罗斯曼走到他在耶路撒冷大卫王酒店房间旁边的阳台上时，他看到士兵们正在用地雷探测器检查花园。会议在街道另一边的基督教青年会大楼公开举行。"这里的氛围是和平的。" 1933 年艾伦比将军在为这座大楼揭幕时曾这样宣称。他还说："在这里，人们可以忘记政治和宗教上的猜忌。"[24]他的话被刻在建筑入口处的彩色瓷砖上。在庄严的英式会议室里，调查委员会的成员们并没有幻想过他们可以解决巴勒斯坦在宗教和政治上的敌对问题，他们只是想勉强凑出一个方案来阻止形势加速恶化，避免让整个地区陷入灾难之中。

❖

1946 年 3 月 26 日，本-古里安站在英国最高法院的法官面前，辩称他不知道哈加纳是什么。法官约翰·爱德华·辛格尔顿（John Edward Singleton）爵士是调查委员会的联合主席之一。他不相信本-古里安说的话。克罗斯曼写道，这位法官性情冷漠，不会流露出一丝情绪，对那些浪费他时间的人完全没有耐心，"简直是对法官形象的讽刺"。尽管如此，为了让本-古里安承认犹太代办处控制着哈加纳，约翰爵士还是付出了相当大的努力，他连续九次用几乎相同的语言问本-古里安同一个问题：哈加纳是否在犹太代办处的某种控制之下？本-古里安说，犹太代办处确实掌管国防事务——希伯来语中称其为哈加纳，但他不知道还有这样一个机构也叫这个名字。[25]

377　本-古里安对调查委员会的成立并不热心，甚至一度想过抵制它。但考虑到调查委员会有可能将更多的犹太幸存者送到巴勒斯坦，从这个意义上看，它也有一定的重要性。本-古里安为自己的证词做了充分的准备，就好像这是他第一次公开捍卫犹太复国主义一样。[26] 事实上，他也没说什么新鲜事。有时，他的语气听起来好像把调查委员会当作是一群正在参观犹太复国主义博物馆的小学生。

他很清楚，要让调查委员会成员充分理解犹太民族和巴勒斯坦之间特殊的、独一无二的联系，有一定的困难。因此，他说他想先讲一个寓言故事：有一栋内设了 150 个房间的大房子，曾经是他的家，但所有的家族成员都被赶出了房子，四散离去。其他人接管了这栋房子，之后房子又被转手了几次。当这家人最终返回时，他们发现这栋房子里有五间房间已经被别人占用，其他的房间则被遗弃了，不再适合居住。这家人告诉房客："我们不想让你们搬走，你们可以继续待在这里。我们要回到那些不适合居住的房间，修好它们。"他们翻修了其中几间，搬进去住了。之后又有家族成员回来了，他们想要翻修更多的房间。这时，房客说："不行，现在是我们住在这里，我们不需要你们。这些房间对谁都没好处，我们不希望你们把它们修好。"本-古里安最后说："附近有很多高层建筑都是半空的，我们不会对他们说：'请搬到另一栋高层建筑去。'不，我们说：'请留在这里，我们会成为好邻居。'"[27]

按照本-古里安的讲述，调查委员会理应把它理解为一个爱情故事。"你们会发现，世界上没有任何一个国家的人民像犹太人那样热爱自己的国家。"本-古里安告诉他们。他像往常一样回忆自己在塞杰拉的日子，听起来那段时光里他有过一次精神上的、近乎神圣的体验。"在塞杰拉的漫漫长夜里，我一次次地仰望天空，理解了《旧约·诗篇》的全部意义及其伟大之处。作为一个守夜人，我过去从未见过这样壮丽的夜空，那是天堂在述说上帝的荣耀。"有时，他又以一个失去母亲、只有继母的孩子的口吻说话。"一个男人可以作出很多改变，甚至包括他的宗教、他的妻子、他的名字，"本-古里安告诉委员会，"但有一件事是他不能改变的，那就是他的父母。这是绝对无法改变的。这个国家就是我们人民的父母。它是独一无二的，它就在那里。"[28]他在其他场合还说过，巴勒斯坦的犹太社区会保护给予他们生命的土地，就像母亲会保护她的孩子一样。[29]

大屠杀只在他的演讲中占了一两段。本-古里安重申，一场沉默的阴谋贯穿了整个灭绝犹太人的行动。"在得知发生在我们犹太人身上的事情后，我只想和你们分享一种感受，"他补充道，"我们是被屠杀的一方，不是屠杀者，也不是那些冷漠的袖手旁观的人，为此我和孩子们都感到快乐。"

在演讲中，他没漏掉一句陈词滥调。他说美国的孩子们很可能记不得"五月花号"何时起航，但没有一个犹太儿童不知道《出埃及记》是何时发生的。阿拉伯人的历史上完全没有巴勒斯坦，现在也没有一个犹太人在阿拉伯村庄定居，然而阿拉伯人还是在攻击犹太人。他向调查委员会解释背后的原因：阿拉伯人憎恨那些在他们

378

看来很懦弱的人。但不必为此担心，犹太人知道如何保护自己。他补充道："即使有时他们攻击我们，我们也会很快忘记。我们只想记住好事，而不是坏事。"[30]

当调查委员会在伦敦听取证词时，克罗斯曼曾问过一位证人，如果他必须在将 10 万难民带回巴勒斯坦和建立犹太国家之间作出选择，他会作出什么决定。那位证人无言以对。本-古里安借此机会回答了这个问题。他说，这个选择应该交由难民们决定。他还说，他知道他们的答案是什么。这时他又给委员会讲了一则寓言："假设希特勒手里有 10 万英国人——战俘，他告诉丘吉尔先生，要么把英国海军交给我，要么我把这 10 万英国人全部杀掉。您会问丘吉尔先生这个问题吗？我知道那 10 万英国人会怎么回答。难道他们不是宁愿死也不愿意让英国放弃海军吗？"他还告诉听众自己曾亲眼看到伦敦遭遇闪电战的场景，以及他是多么钦佩英国人民的果决勇敢。他宣布："有成千上万的犹太人……愿意为犹太民族的独立和犹太复国主义放弃生命。"[31]

调查委员会的一位美国成员詹姆斯·麦克唐纳（James McDonald）在本-古里安身上看到了"伟大的力量和不屈不挠的决心"。他说："我能理解为什么人们说他是一个天生的领导者。"和他的观点相反，克罗斯曼写道，本-古里安给评审团的印象很差。他的演讲极力迎合他的人民。委员会已经受够了这样的演讲术，对他试图为恐怖行动开脱的说辞尤为不屑。在克罗斯曼的日记中，他把本-古里安描述为"统治巴勒斯坦犹太人民以及非法武装组织的独裁者"。[32]克罗斯曼写道，魏茨曼在本-古里安之前发言，他的真诚给委员会留下了深刻印象。他是第一个明确承认他们不是在正义与不正义之间，而是在更大还是更小的不正义之间作出选择。魏茨曼"看起来像是比较有人情味的列宁，他疲惫不堪、病入膏肓、年事已高，由于过于亲近英国，已经无法控制党内的极端分子"。[33]

"人类社会的一个普遍现象"

调查委员会成员试图打断本-古里安对犹太复国主义宣言的例行背诵。他们问本-古里安，假设巴勒斯坦是唯一一个能够接纳这些幸存者的地方，那为什么非得同时建立一个犹太国家？他们实际上想问的是，已经失去了600万人的犹太民族是否仍然需要一个国家。本-古里安的回答和大屠杀发生前一样。他坚持认为只有一个犹太国家才能为世界各地出于各种原因希望或必须去巴勒斯坦的犹太人提供一个真正的家园。他认为流散的犹太人永远不可能享有真正平等的权利，因为在他们居住的每个国家，犹太人都是少数。"这是人类社会的一个普遍现象，"他解释道，"在任何地方，只要有两个群体，一个强大，一个弱小，那就一定会有欺凌发生。强者总是会利用弱者，无论是用正确还是错误的方式。你不能高估人类，人性就是如此。当人们拥有凌驾于他人之上的特权时，他们有时会滥用权力，虽然这并不必然会发生。"

本-古里安一直持有这样的观念：每个少数群体都几乎逃脱不了受压迫的命运。在调查委员会成立的三年前，他就在犹太复国主义者代表大会上发出过警告，他说英国的政策将产生一个双民族共存的阿拉伯-犹太国家，在这样的国家，犹太人将被局限在隔都里。"犹太隔都无处不在，每一处犹太人都是少数群体，"他认为，"作为少数派的犹太人，就其本质而言，只是人质而已。按照统治者和多数人的需要，有时他们会被仁慈地对待，有时会被保护起来，有时则被遗弃，可能被掠夺、迫害或屠杀。"[34]

调查委员会追问：一个犹太人占多数的巴勒斯坦国家如何确保

380

生活在其中的阿拉伯少数民族享有平等的权利？本-古里安称无须担心。他说巴勒斯坦的阿拉伯人永远不会是少数，因为他们是阿拉伯世界的一部分，有数以亿计的阿拉伯人生活在这个犹太国家的周围。但调查委员会没有被说服——不是因为他们认为本-古里安在说谎，或者可能不仅是因为他们觉得本-古里安在说谎，还因为这是他的论点中自相矛盾的部分，他的解释并没有让调查委员会感到满意。[35]

克罗斯曼对本-古里安在大屠杀结束后两面派的手段感到震惊——一方面对英国的统治表示接受和服从，另一方面又在推进推翻英国统治的恐怖行动。爱尔兰人和布尔人都没有做过这样的事，但他们敢拿起武器对抗庞大的帝国，并靠这股勇气取得一定的成果。"我认为本-古里安和他的追随者应该勇敢地与魏茨曼公开决裂，"他写道，"转入地下，与伊尔贡一起推进反抗（英国的）行动。"[36]

本-古里安正是这样做的，对英国说一套、做一套。

1946 年 7 月 22 日，一个星期一的下午，一枚炸弹在大卫王酒店南翼爆炸，造成 90 多人死亡。死者大多是英国人、犹太人和阿拉伯人，酒店南翼是英国委任统治政府的军事和行政办公室。这在当时，包括此后的多年里，都是最为致命的一场恐怖袭击。伊尔贡策划了该起行动。[37]当爆炸发生时，本-古里安正从纽约赶往巴黎。

❖

二战爆发后，伊尔贡一度接受了本-古里安提出的"双重原则"，在很大程度上暂停了对英国的恐怖行动。伊尔贡指挥官大卫·拉齐尔（David Raziel）甚至参与了英军作战，最后死在伊拉克战场上。1942 年，梅纳赫姆·贝京抵达巴勒斯坦，1943 年底，他被推选为伊尔贡指挥官。贝京一上台，就宣布要反抗英国的统治。他写道："希伯来民族和青年与托管巴勒斯坦的英国政府之间不会停止交火，因为英国人正在把我们的兄弟交给希特勒。"这里他主要指的是白皮书

381

的移民限额。"英国政府可耻地背叛了希伯来民族，它在巴勒斯坦的存在没有任何道义基础。"[38]当时他领导的反抗针对的是托管巴勒斯坦的英国委任统治政府，而不是和纳粹德国作战的英国。和雅博廷斯基一样，贝京与本-古里安的主要区别在于风格和战术，在建国的大方向上，他们是一致的。

伊尔贡很快对英国人发起了一系列恐怖袭击，包括在政府办公室和警察局内放置炸弹，破坏桥梁、铁轨和电话线等。一些成员被俘虏，几位成员被处决。这些恐怖行动破坏了犹太复国主义者与英国的关系。伦敦方面威胁要终止组建犹太旅的谈判。[39]

本-古里安更担心的是伊尔贡的政治影响力，伊尔贡在发起恐怖袭击之外，也在积极地宣传自己。他们的行动不仅是为了打击英国人，更是为了寻求犹太公众的支持，进而提高伊尔贡和修正主义运动的声望，削弱劳工运动的影响力。贝京也在时刻警惕着从伊尔贡分裂出来的一个更为激进的派系——莱希（Lehi）。新组织在 1940 年夏天出现，其名字是希伯来语"为以色列自由而战的勇士"的首字母缩写。英国人称其为斯特恩帮，以抢劫银行和暗杀英国官员为目标。1944 年 8 月，莱希特工向英国高级专员的汽车投掷炸弹，11 月刺杀当时英国在中东最高级别的官员莫恩勋爵。20 世纪 30 年代犹太复国主义者之间的爱国主义竞争在巴勒斯坦地方政治中卷土重来。到了 40 年代，这同时也是一场决定谁能统治战后新生的犹太国家的斗争。由本-古里安领导的工党称伊尔贡和莱希为"分裂势力"，并试图摧毁它们。[40]

莫恩勋爵被杀的几天后，犹太工人总工会召开了一次决定性的公开会议。本-古里安提议解除"所有与这些帮派有关的人"的职务，即使这些人没有实施恐怖袭击，只要曾支持过恐怖行动的就都算进去。学生也是如此，那些为激进分子进行宣传的人，比如贴海

382

报的人，应该被学校开除。他呼吁孩子们告发他们的父母，只要他们曾为异见分子提供资金支持，哪怕是被逼无奈。他还号召人们不要给逃犯提供庇护，而是将他们直接送交当局。他称这些人为强盗和杀人犯，"有些是疯子，有些是骗子"。

他的同事们并非全都同意这么做。一些人担心会引发内战；另一些人抗拒将犹太人移交给非犹太当局，在犹太社区中这一直被视为禁忌。但本-古里安强调"恐怖团伙"已经对劳工运动构成威胁。他告诉他的人，是时候作出决定了："要么选择恐怖主义，要么选择有组织的劳工运动。"

什洛莫·齐马赫反对本-古里安的做法，他认为这样可能会适得其反。"当你们玷污这些年轻人的名誉，用各种可怕的名字称呼他们的时候，群众自然而然地想为他们辩护，原谅他们的行为。"在任何情况下，追捕异见分子都被认为是肮脏的工作，由所谓的"志愿者"执行，这些人被称为国民警卫队（Mishmar Ha'uma），表面上奉行哈加纳的命令。约有 200 人接受了为期五天的培训，内容包括安全、反恐、侦探、监视，以及绑架和审问异见分子，审问时常会使用酷刑。这标志着后来被称为"狩猎季"（Saison）行动的开始。根据《哈加纳历史书》上的记载，一份约 700 人的名单被直接交到英国秘密警察手中，约 300 人被捕，将近 30 名孩子被学校开除。[41]

"狩猎季"行动促使伊尔贡和莱希联合起来。1945 年 7 月，他们联手炸毁了一座铁道桥。[42]两个组织都与哈加纳举行了会谈，曾一度达成共识，即自相残杀无益于民族事业。1945 年 6 月，随着哈加纳的"无冕之王"埃利亚胡·葛朗勃逝世，本-古里安得以更深入地介入该组织的决策工作。

当时哈加纳全国总司令官是摩西·斯奈，36 岁，波兰前军官，领导过那里的犹太复国主义运动，还是一名训练有素的医生。本-古里安很欣赏他的机敏，以及他在政坛的独特优势。摩西·斯奈隶属中右翼政党，不是劳工运动中的一员。他没有卷入那些错综复杂的阴谋和利益斗争。因此，他和同样来自波兰的犹太复国主义者梅纳赫姆·贝京关系不错。1944 年底两人还曾讨论过伊尔贡和哈加纳结盟的可能性。[43]战后，本－古里安授意斯奈与伊尔贡、莱希签署合作协议。本－古里安在给斯奈的信中写道："我们应该联合两个对手，在统一领导和绝对纪律的条件下全面展开合作。"他的理由是："为了这场战争，我们需要不断努力来确保巴勒斯坦犹太社区的团结，尤其是战士之间的团结。"这次合作使他不再需要为备受指责的"狩猎季"辩护，这些分裂组织也不再能垄断反抗英军的行动。在此之前，帕尔马赫的主要工作是帮助安置那些搭载非法移民船到达巴勒斯坦的大屠杀幸存者。这项工作富有人道主义精神，振奋人心，不过战士们大无畏的英雄气概没有用武之地。直到 1945 年 10 月，希伯来抵抗运动才得以启动。

384

❖

多数情况下，发动恐怖袭击需要三方（哈加纳、伊尔贡和莱希）配合，并得到一个民间委员会的批准，当然并非所有的行动都是联合进行的。这个民间委员会由本－古里安本人设立，名字听起来很神秘，还有点幼稚——"X 委员会"，它的人员构成反映了当时犹太复国主义者之间的合作关系。本－古里安之所以积极介入希伯来抵抗运动，部分是为了给予反对恐怖行动的魏茨曼最后一击。

本－古里安为人专横独断。"他（本－古里安）说话的方式简直没有人性，"摩西·夏里特写信给摩西·斯奈，"如果你同意他 80％的观点，剩下的 20％不同意，或者同意他的主要观点，否定一个次要观点，或者大体上同意但在具体细节上与他有分歧——他会立即把全部精力集中在剩下的 20％，或者某个次要观点，或者某个具体细节上。我们的争吵是如此激烈，以至于感觉我们好像各自在为截然相反的观点辩护。"本-古里安的态度让夏里特尤为恼火。"和他在一起，你都没有机会说出一个完整的句子，"他抱怨道，"他会立刻打断，抓住一个他不喜欢的词开始反驳，甚至大发雷霆。"

1945 年 10 月 7 日，本-古里安给斯奈寄去了一封署名为"阿摩司父亲"的信。在信中，他说："我们不能仅仅要求在这个国家移民、定居。我们有必要采取破坏和报复行动，这不是个人的报复，而是为每一个因白皮书配额而死亡的犹太人进行的报复。每一次破坏行动都应该有分量，能产生很大的影响，还应该尽可能地避免人员伤亡。"几个月后，他把这封信的内容告诉党内同僚，他强调自己在信中的措辞是非常谨慎的。他没有要求完全禁止可能导致人员伤亡的行动，更确切地说，他要求的是尽一切可能避免伤亡。"在接下来的几个月里，他试着在巴黎总部指挥恐怖袭击。但他发出的指示前后矛盾，因而失去了对希伯来抵抗运动的掌控力。

385

"我有一个方案"

1946 年 6 月中旬，帕尔马赫的战士炸毁了 11 座桥梁。这是希伯来抵抗运动迄今为止最大胆的行动。第二天，伊尔贡特工绑架了五名英国军官，作为对英国当局判处其两名成员死刑的回应。该行动是伊尔贡和帕尔马赫较劲的表现，尽管有时双方也会合作。本-古里安要求犹太代办处谴责此次绑架事件，承诺协助英国当局逮捕肇事者。不过，两周后他在给斯奈的信中这样写道："英国报纸都在报道，如果伊尔贡不释放军官的话，你们威胁将采取行动打击伊尔贡。伊尔贡的确应该释放那些军官，现在这个节骨眼上，任何内部冲突都不可取。"

　　几天后，也就是 6 月 29 日，英国当局派出了一支 1.7 万人的部队镇压希伯来抵抗运动。英军四处搜索并逮捕了犹太代办处的几名领导人，其中就有摩西·夏里特、伊扎克·格伦鲍姆和戴维·雷梅兹。犹太人称这次行动为"黑色安息日"。当时人在巴黎的本－古里安是英军的头号通缉人物。[45]

　　当巴勒斯坦的最新消息传到巴黎时，已经接近午夜。英国广播公司率先播出新闻，随后，本－古里安也通过与巴勒斯坦联系的加密无线通信系统收到了消息。当时他待在下榻的酒店里，被助手们包围着。他在收到消息后显得茫然无措，让埃胡德·阿夫里耶尔带着他在巴黎兜风。在车辆行驶过程中，他没有发出一点声音。几个小时后，天亮了，阿夫里耶尔将他送回了酒店。这时他终于开口讲话了。"我会告诉你需要做什么，我们需要建立一个犹太国家。"他说话的语气好像这是他刚刚才想到的主意。

　　"黑色安息日"是本－古里安不在巴勒斯坦期间，当地犹太人遭遇的又一重大公共创伤，如本－古里安所说，这是"（首相）艾德礼先生为我们准备的大屠杀"，它所引发的焦虑情绪就像 1929 年的恐怖袭击，以及风雨欲来般的纳粹入侵一样。自塞杰拉时代以来，这是本－古里安第一次感受到人身威胁。他身边的人警告他不要去巴勒斯坦或伦敦，因为他一旦在那里出现很有可能会被逮捕。[46]

386

❖

　　"黑色安息日"后，又过了两天，1946 年 7 月 1 日，斯奈通知贝京"尽快执行那件酒店的小事"。他指的是大卫王酒店。这次袭击由哈加纳和伊尔贡联手策划，伊尔贡承担了实际执行的职责。此前 X 委员会已同意对"一个中央政府机构"进行打击，但 X 委员会很可能不知道这里指的是大卫王酒店。也许他们不想知道，也许他们没有被正式告知。本－古里安是知情的。1946 年 7 月 6 日，他写信给斯奈：“你的提议超出了五项规定的范围，我不能接受。你要在五项规定内操作。”这里指的是他去年 10 月发给斯奈的行动准则，其中一项要求尽可能不采取危及生命的行动。后来他说自己曾试图阻止这场袭击，但从那封信看，他的语气并不怎么强烈。不管真实的情况究竟如何，第二天本-古里安就匆忙飞到美国去了，在那里，英国法律将无法约束他。

恰好那周哈伊姆·魏茨曼就在巴勒斯坦。他向斯奈施压，要求把恐怖袭击的程度降至最低。他一度威胁道，如果他的要求得不到满足，他会立刻辞职。斯奈告诉贝京推迟大卫王酒店的行动。7 月 20日，斯奈给贝京写信：“如果你仍然考虑我的个人意见，我在此恳请你将即将进行的行动暂缓几天。”他要求贝京延期而不是取消行动，用的是请求的口吻，而不是下达命令。斯奈并没有要求贝京停火，也没有警告说一旦他拒绝，就会引发新一轮“狩猎季”。[47]

❖

本-古里安在美国会见了一些犹太领袖和政府官员，但他似乎并不太忙，还有时间买书，他让秘书从巴勒斯坦寄了一些书来。他可能担心在美国的流亡会持续很长时间，还准备了一些家用必备品，如床单、桌布和毛巾等。

他很快就振作起来，和 1929 年经历的那次危机一样，完全恢复了精神。他告诉宝拉：“我有一个方案。”《纽约时报》从伦敦发了篇报道，称本-古里安可以自由前往英国，不用担心会被逮捕。对此，他的回应是：“我很感谢政府的仁慈。希望以后用不上了。”不到三周，他又回到巴黎。在到达的那天早上，他得知了大卫王酒店遇袭的消息。他又设法获知了一些细节，包括斯奈在其中扮演的角色，然后给犹太代办处执行委员会发了电报。在电报中，他说：“我不希望，也不能对此负责，我没有准备好，也没有能力独自承担这件事带来的道义负担。"他可能是想让英国人看到这封电报。无论如何，他都要分担责任。为了继续他的事业，他不得不把全部责任推到贝京身上，他也确实这样做了。斯奈来到巴黎，得到了他的全力支持，就像戴维·雷梅兹在索莱尔博内丑闻后得到的支持一样，本-古里安就是用这种方式让自己摆脱此类困境的。[48]

❖

本-古里安将之前告诉宝拉的方案寄给许多知名人士，并提交给了正在巴黎召开会议的犹太代办处执行委员会。该方案将约旦河两岸的巴勒斯坦地视为一个不允许外国军队进驻的中立区，然后将其分成两个国家，分别是阿卜杜拉亚［以外约旦国王阿卜杜拉（Abdullah）的名字命名］和犹地亚。阿卜杜拉亚位于巴勒斯坦中部，由阿拉伯人聚居区［包括杰宁（Jenin）、纳布卢斯（Nablus）和拉马拉（Ramallah）］组成，共有60万—70万居民。犹地亚将接收约旦河东岸、约旦河谷和死海周围无人居住的地区。两国都不会有正式军队，只能拥有维持内部秩序所必需的武装力量，各自制定移民法规，一旦出现争端，将由联合国调解。基督教圣地将在教会的控制之下。

该方案还有不同的版本，都被一一保存了下来。重点是分治，而且不需要人口转移。这个方案没有产生任何实际效果，除了可能满足了本-古里安在"黑色安息日"之后重新掌控事态发展的需要，就像他在1929年骚乱后试图做的那样。提出方案时，本-古里安还在小心翼翼地继续玩着两面派的游戏。用他的话说，"要么马萨达（Masada）"，他指的是战斗至死，"要么维希"，即投降、停止抵抗。他认为自己的方案"至少有一个优点"，他写道："它将揭露贝文及其支持者的谎言，即他们在巴勒斯坦所做的这一切是为了让犹太人和阿拉伯人和平相处。"[49]阿卜杜拉亚和犹地亚很快被人遗忘了，因为在巴黎，犹太代办处执行委员会的一位成员将启动一项决定性的议程。

❖

纳胡姆·戈德曼是犹太复国主义外交领域里一颗冉冉升起的新星。他长年在美国工作，头脑敏锐，人脉广泛，诡计多端，对生活充满热情。他早就主张分治，尽管当时美国最著名的犹太复国主义领袖阿巴·希勒尔·西尔弗反对分治方案。在巴黎，戈德曼向犹太代办处执行委员会解释，杜鲁门总统已经对巴勒斯坦感到厌倦了，即将到来的国会选举可能是犹太复国主义实现某些目标的最后机会，这是可能发生的坏事中影响最小的一个。正当戈德曼尽力劝说他们时，他接到了华盛顿的电话通知，白宫将在几天后宣布在巴勒斯坦问题上的立场。他提议自己搭乘最快的航班前往华盛顿，在最后一刻干预美国的决策。但前提是他的建议——让美国政府同意在巴勒斯坦某个地区建立一个犹太国家，能得到犹太代办处的授权。

来自巴勒斯坦和美国的大多数执委会成员都同意这一提议。本-古里安对此很不满。因为在这个可能改变历史的决定性时刻，他既不是发起者，也没有领导权。雄心勃勃的戈德曼称，他可以在短短三天内实现巴勒斯坦犹太复国主义运动 30 年来没有实现的目标。对于戈德曼能拥有多大权限，本-古里安在具体的措辞上与其他人争论了一番。他很快就发现自己还要应付反对分治方案的代表，为分治辩护。出席会议的斯奈支持戈德曼的倡议，并认为这是爱国的表现。最终，犹太代办处以绝大多数支持的结果通过该决议，并授权戈德曼告知白宫，他们已经准备好讨论"在巴勒斯坦适当的区域建立一个犹太国家的可行性"。此前，犹太复国主义领导人在英美联合的调查委员会前作过相似的表态。但这次不同的是，巴黎决议具有约束力，通过了大会表决，这在犹太复国主义运动史上还是第一次。①

戈德曼立即动身前往华盛顿，不到一周就回来了。他与副国务卿迪安·艾奇逊（Dean Acheson）和总统的犹太事务顾问大卫·尼尔斯会谈，成功地让白宫首次同意在巴勒斯坦建立一个犹太国家，以及在那里安置 10 万犹太难民。戈德曼很像魏茨曼，他们都有戏剧天赋。戈德曼提到本-古里安的老朋友尼尔斯在得知杜鲁门总统的决定时，激动得哭了起来，用意第绪语喊道："要是我的母亲也能听到我们会有一个犹太国家就好了！"魏茨曼也喜欢赋予《贝尔福宣言》类似的神话色彩。[50]

"爱戴、忠诚与尊敬"

1946 年 10 月，本-古里安第三次到访德国难民营，这时距离他的 60 岁生日只有几天时间。这次到访是竞选活动的一部分——难民营将在 12 月举行的犹太复国主义者代表大会选举中投票。在 5.3 万难民中，1.8 万余人投票支持本-古里安的政党，使其成为当时呼声最高的党派。[51]

大屠杀后的第一届犹太复国主义者代表大会吸引了约 2500 名代表和嘉宾到巴塞尔，比以往任何一届都多。从表面上看，代表们可以自由投票，有权决定巴勒斯坦犹太人未来的生活。包括延长委任统治、国际托管、两国联合，或将巴勒斯坦分割成以联邦的方式联系在一起的省、州或自治区，也许是一个更大的地区联邦的一部分。在巴塞尔会议上，分治方案再次激起代表们的争论，但实际上到

390

---

① 本-古里安在投票中多次弃权，以此来表达他对魏茨曼继续领导犹太复国主义运动的不满。出于保密的考虑，该项决议没有留下文字记录，犹太代办处执行委员会也决定不再对英国人发起恐怖行动。（Ben-Gurion 1993a, p. 99；Ben-Gurion 1993b, p. 329.）

1946 年 10 月 4 日，赎罪日前夕，在整个巴勒斯坦地区建立犹太国的想法已经不合时宜了。那天距美国国会中期选举只剩四周，杜鲁门总统发表了一份声明，支持犹太代办处的计划，在巴勒斯坦的部分地区建立一个犹太国家。[52]他指的是戈德曼当年夏天从巴黎带来的分治建议。

犹太复国主义者代表大会在如何建立一个国家的问题上存在很大分歧——魏茨曼希望通过温和的方式逐步建立一个国家，而本-古里安倾向于诉诸武力。自从本-古里安三年前斥责魏茨曼为"令人作呕的腐肉"和"遭人践踏的尸体"后，两人的关系没有一点改善的迹象。不过，当魏茨曼在代表大会召开前收到本-古里安来信时，他也许并不感到惊讶，这封信的口吻很像 10 年前本-古里安寄给他的情意绵绵的信。"对我来说，您仍然是（我确信，不仅仅是对我来说）犹太历史上的天选之人，没有人能像您一样代表犹太人的苦难和伟大，"这次他写道，"无论您身在何处，您都会得到我和追随您的那一代人的爱戴、忠诚与尊敬。"

本-古里安向魏茨曼提出的政治方案措辞极为复杂，他这么写好像是为了无论发生什么，都可以理直气壮地说"我早就告诉过你"，这是本-古里安一贯喜欢的做法。他在信中写道："如果英国不希望或不能维持委任统治，不准备也不愿意离开巴勒斯坦（在我看来，英国显然不希望这样做，我不在意它的离开，也不反对它继续留在这里），那么它只能在一个条件下这样做（在一定程度上，这取决于我们的态度）：它必须同意建立一个犹太国家，即使不是在整个巴勒斯坦地区，它必须立即宣布这一点，或者在我们可以接受的短暂的过渡期之后再宣布。"换句话说，英国要么继续在整个巴勒斯坦维持委任统治，要么在巴勒斯坦的部分地区建立一个犹太国家。当本-古里安提到"这取决于我们的态度"时，他没有提及阿拉伯人。他告诉魏茨曼："现在，在阿拉伯人眼中，我们反抗英国委任统治的斗争已经为我们赢得了荣誉……我不相信阿拉伯人会帮助我们建立一个国家，但我相信，如果建立一个犹太国家，阿拉伯人将是我们最好的朋友。"[53]

从政治上看，本-古里安没必要写这封信，因为信的内容反而暴露出犹太复国主义运动在代表大会之前已经陷入内乱。本-古里安可能是想安抚即将被解职的魏茨曼。这也可能是真正的内部冲突来临的信号，毕竟要罢免的人在过去30年里代表着犹太复国主义运动的形象。不管是出于何种动机，大会带来的动荡让两人之间的竞争有了一种斗鸡的意味。

马帕伊的分裂让该党的大会代表们也分为两派。大多数成员认同本-古里安争取独立的立场，但很多人都反对他想让魏茨曼下台的决定。和过去一样，他们不想在两人中作出选择，而是两人都想要。他们最终决定支持魏茨曼，条件是他必须支持马帕伊的路线。这对本-古里安来说是一个打击。他像过去一样坚决回应："只要魏茨曼现在担任主席，或未来还将担任主席，我就不会在执行委员会任职。"他告诉他的党内同僚后，立刻走回他的房间收拾行李。

随之而来的是一阵混乱，关于现场到底发生了什么，有一大堆传说。其中一种说法称宝拉闯进会议现场，抓住一名代表大喊"他已经疯了"。有人把果尔达·梅厄请到了庄严的三国王酒店，据说本-古里安就住在第一届犹太复国主义者代表大会期间赫茨尔住过的同一个房间。其他代表也来了，据其中一人回忆，当时人们"大喊大叫，震耳欲聋"。声音最大的是本-古里安和支持魏茨曼的埃利泽·卡普兰。一位在场人士后来回忆道，两人的争吵差点演变成斗殴，还好梅厄夫人把他们两人分开。[①][54]

392

---

① 这场混乱中的一位目击者值得一提，不是因为他讲述的细节，而是因为他是西蒙·佩雷斯，当年23岁。本-古里安曾说马帕伊的代表团应该有年轻人。摩西·达扬也在大会上。（Bar-Zohar 2006, p. 98; Ben-Gurion to Moshe Sharett, Nov. 7, 1946, in Ben-Gurion, Diary, BGA.）

这场骚乱毫无必要，因为魏茨曼无法得到足够的选票来支持他连任。魏茨曼的犹太复国主义生涯结束了，他最大的敌人不是本-古里安，而是领导着代表大会最大党派—— 一般犹太复国主义者（General Zionist）的阿巴·希勒尔·西尔弗。西尔弗也主张对英国人采取更强硬的态度。魏茨曼被礼貌地扫地出门，他拒绝担任代表大会的名誉主席。最终，代表大会决定本次不推举主席。有趣又讽刺的是，魏茨曼站在讲台上向代表们告别，说了一句他从母亲那里听到的格言："在海里游泳比在浴缸里更容易。"然后，在助手的搀扶下，走出了大厅。虽然这次他被打败了，还被公开羞辱，但仍被庄严地载入史册。本-古里安再次当选为犹太代办处执行委员会主席。这场斗争带来的权力关系变化最终让本-古里安领导起一个政党联盟，尽管政党联盟对他的行动多有限制，他还是开始主导安防事务。①[55]

❖

大屠杀后的震惊、恐惧和负罪感折磨着基督教世界，使人们对犹太人和犹太复国主义运动产生了深切的同情。这有助于进一步改善犹太复国主义运动的外交关系和公共形象。经过 30 年的努力，犹太复国主义者仍然不清楚何时才能在巴勒斯坦建立犹太国家，但毫无疑问，建国目标迟早会实现的——未来犹太国家的社会、文化、政治、经济和军事基础已经很牢固，犹太人的民族共同体意识也很坚定。因此，那些宣扬犹太国家是大屠杀的结果，英国人发挥了更大作用的说法是没有根据的。本-古里安幻想"战后立即"用船运到

393

---

① 代表大会的第一个决议是让巴勒斯坦成为一个犹太国家。第二个决议是在巴勒斯坦建立国家——换句话说，不一定要在整个巴勒斯坦建立国家。对分治原则的强调也体现在大会拒绝了劳工团结党的提议。该党希望巴勒斯坦保持"完整，不可分割"。（Aharon Zisling to the Zionist Congress, and "Decisions of the Zionist Congress, Political Program," Proceedings of the 22nd Zionist Congress, pp. 500, 575, CZA J28.）

巴勒斯坦的"第一个100万"人口里，大屠杀幸存者仅占约10%。他们不足以建立起一个犹太人占多数的国家。但世界上没有其他国家想要接收他们，也没人知道该拿他们怎么办。对本-古里安来说，他们是犹太复国主义斗争的先锋。这是他当时的主要成就。犹太复国主义运动和反对英国人的斗争已合为一体。在大会召开的几周前，一夜之间内盖夫地区就建起了11个新的犹太人定居点。[56]尽管英国人还留在巴勒斯坦，过去10年来阿拉伯人发起的暴力行动已经让他们明白巴勒斯坦是无法治理好的。由于世界大战，英国人推迟了撤离巴勒斯坦的时间。现在战争已经结束了，他们又对如何离开毫无头绪。

此时，一个意想不到的转折发生了。在英国委任统治结束的前夕，对抗阿拉伯人的大战似乎已经不可避免，这时的本-古里安试图重新恢复犹太复国主义和大英帝国的结盟关系。他希望英国的委任统治能持续下去，因为哈加纳还没有准备好与阿拉伯人开战，他自己也还没有做好准备领导这场战争。英国人也不想承认他们失败了。1946年6月，本-古里安对英国殖民大臣乔治·亨利·霍尔（George Henry Hall）说："我们是整个中东地区唯一想成为也可以成为你们盟友的组织。我们不仅有共同的利益，还有共同的价值观。"在与一位殖民地部高级官员的谈话中，他提出建立一个"忠诚联盟"，并宣称："您可以信任我们。"他甚至提到英国可以在巴勒斯坦保留军事基地。[57]

当他谈到共同的价值观时，他指的是劳动价值观。英国工党在还是反对党的时候，曾支持犹太人自由移民到巴勒斯坦，以及向那里转移人口。但该党组建战后政府后，没有信守承诺。许多巴勒斯坦的犹太人都认为这是"摆脱英国人"的一个很好的理由。他们对英国的敌意集中到了外交大臣欧内斯特·贝文身上。果尔达·梅厄曾写道："我不知道贝文是发疯了，还是仅仅是反犹主义者，或两者兼而有之。"本-古里安表示，贝文"对犹太人和犹太复国主义怀有仇恨"。[58]尽管如此，他还是试图诱使他留下来。他向贝文保证，犹太人在中东代表着欧洲，他们将成立该地区唯一的欧洲国家。

贝文对犹太复国主义无动于衷。他很悲观，经常表现出赤裸裸的粗鲁，他花了很多时间和本-古里安交谈，就像一个固执的赌徒无法接受游戏已经结束。犹太复国主义者和英国都支持分治，问题在于边界划分。英国人尽力让本-古里安承诺划定确切的边界，但拒绝给他看英国人的地图。这场猫捉老鼠的游戏持续了几天，直到贝文突然投降，宣布他准备给本-古里安看分界线，这令他的助手大吃一惊。本-古里安同意对他所看到的地图作出回应。贝文给本-古里安看的是以前的一幅地图。为了信守诺言，本-古里安用手指在地图上画了一条线，表明犹太复国主义者可以接受的划分范围。

第二天，一名英国官员拿出另一张地图，问本-古里安地图上显示的分界线是否与他前一天用手指画的一致。本-古里安感到惊讶，但并不觉得好笑，他再次确认了这是他的分治地图。[59]

策划这一出的是诺曼·布鲁克（Norman Brook）爵士，当时他才刚开始担任内阁秘书。他似乎是英国广播公司连续剧《是的，首相》中虚构人物"汉弗莱爵士"的原型。布鲁克向内阁汇报了这张地图，消息也传到了耶路撒冷高级专员那里。高级专员收到了一份地图的副本。[60]当本-古里安第二天会见外交大臣贝文时，他说："我想让你知道我们人民的立场。如果犹太国家的国土面积如我昨天所列出的那样，包括整个加利利和内盖夫，但不包括有60万阿拉伯人定居的中部地区，我们可以接受，尽管不会感到很满意。"[61]他只提出了一个条件来换取推迟独立和延长委任统治——对移民的控制权。

❖

395　第二天，本-古里安在多切斯特酒店与保守党的奥利弗·斯坦利会面，尽管当天气温很低，谈话的气氛还是令人愉快的。斯坦利说：

"目前的形势对英国来说是难以忍耐的，这是一种侮辱，令帝国蒙羞。"他不情愿地补充道，英国最好离开巴勒斯坦，但条件是它的撤出是一项明智的分治计划的一部分，而不是落荒逃跑。他问本-古里安他能帮上什么忙，本-古里安要求安排他与丘吉尔会面，丘吉尔现在是反对党。斯坦利说那天下午他会见到丘吉尔，并当面询问他的意愿。但这次试图接近丘吉尔的努力，和过去一样也没有成功。

本-古里安的一天还远未结束。当天晚些时候，他去上议院与大法官威廉·乔维特（William Jowitt）爵士会谈。西蒙·马克斯（Simon Marks）安排了这次会议，意在为避免巴勒斯坦战争作最后的努力。临近午夜时，两人就乔维特第二天向内阁提交的声明达成一致。该声明提议英国的委任统治可以延长 5 年或 10 年；在接下来的一两年里，大约有 10 万犹太人以每月 4000 人的速度进入巴勒斯坦。此后，将根据国家的接纳能力继续移民。白皮书对购买土地和定居的限制将被取消。本-古里安承诺在 5 年内不宣布独立，并将采取行动反对恐怖主义，停止非法移民。"我们的会面很及时。"乔维特说。魏茨曼同意的不会比这少，但现在接受条件的是本-古里安，很难相信他真的以为可以避免一场战争。不管他怎么做，英国内阁已经厌倦了委任统治，正如他从斯坦利那里听到的那样，英国已经下定决心将巴勒斯坦问题移交给联合国。

在这段时间里，本-古里安忍受着严寒天气带来的剧烈疼痛。他不得不在床上躺了几天，很想念太巴列的温泉。[62]

第十六章　分治

"我们能生存下去吗?"

本-古里安在死海北端的卡莉亚酒店度过了 1947 年 11 月的最后一个周末。"我和我的妻子、儿子和小孙女在一起,"他后来回忆道,"深夜,人们把我叫醒,告诉我联合国的决定。死海工程的工人们也很快赶来,他们跳了一整夜的舞。"他指的是在皇后区世界博览会展馆里召开的联合国大会所通过的第 181 号决议——绝大多数成员国支持联合国将巴勒斯坦分为两个国家。第二天,当本-古里安到办公室时,他发现犹太代办处的院子里挤满了跳舞的人。"耶路撒冷的每一个犹太人都在庆祝和跳舞,"他说,"我从未见过犹太人这么欢乐。我可能是现场唯一不跳舞的犹太人。和其他人一样,我支持联合国的决定,我也想要一个犹太国家。但我知道在国家到来之前等待我们的是什么,在国家建立后等待它的又是什么。"他告诉他的女儿雷娜娜:"谁知道呢?在这里跳舞的一些人也许会在战争中倒下。"[1]

几个月后,本-古里安关心的问题是,如果这里的犹太人也像欧洲犹太人一样突然被消灭,巴勒斯坦将何去何从。他说这是一个"残酷的问题",并把这个问题抛给了党内同僚。当他们好不容易从这个问题带来的反胃情绪中恢复过来时，本-古里安又说，欧洲犹太人的命运不一定会重演。"如果发生了某种灾难，但愿不会如此，比如地质灾难，或者政治灾难，导致犹太社区从地球上消失了，"他想，"犹太人有能力重建家园吗？"巴勒斯坦其他的犹太政客都不可能提出这样的问题。本-古里安的答案是否定的，他认为犹太复国主义事业不可能从头再来。他的悲观主义反而让他经常表现出来的乐观态度有了现实的可信度。[2]很自然地，他开始鼓动犹太人为即将到来的战争做好准备。他毫不怀疑自己是指挥战争的合适人选。他写道："我在巴勒斯坦的时间或多或少地参与过防卫工作。"多年以后，他又解释道："我在家乡就参与过防卫工作，当我在塞杰拉时，我曾直面死亡，那时我就明白了防卫的必要性。"[3]事实上，他对如何带领军队打仗一无所知。

❖

1947 年 2 月，当本-古里安从伦敦返回巴勒斯坦时，他估计再过两年巴勒斯坦会爆发战争，于是他开始从容不迫地研究安全局势。"我现在没有把它作为我的首要任务。"他告诉党内同僚。工党目前的问题更重要，但他也承诺会密切关注哈加纳。在他看来，哈加纳的情况并不尽如人意。"这也是一个严重的问题。"他说。[4]

他把花在哈加纳上的几个月时间称为开"研讨会"。他每天一个接一个地召见哈加纳的领导人，向他们提问，一些人会傻笑，另一些人感到恐慌。他不了解哈加纳的状况，也不知道该如何为战争做准备。指挥部的结构和职责链、人员安排和指挥官训练、武器和装备、战略和战术，这些对他来说都是全新的领域。[5]

和过去一样，他在日记中记录了大量的细节，让自己熟悉这些领域，这也是 1933 年他为了赢得波兰选举时做准备的方式。当时他仔细地记录了每个政党在每个社区可能获得的选票，以及每个城镇可以招募多少犹太复国主义者。现在他也想知道一切：步枪和补给、头盔和香烟、药品和袜子、车辆和大炮以及军队神职人员。在他的日记里，几乎没有一个主题不是以数据的形式出现的——无数的数字，多到不能更多的数字，还有名字。这些数字似乎让他掌握了他希望学习的内容，也给了他信心，也许还有一种控制感。就像他购买的书籍一样，这些数字也激发了他想要记住一切的热情。[6]有时在"研讨会"上，他鼓励与他对谈的人评价其他同事的个性和能力，他会询问他们的党派背景，时不时地回到中心问题："我们能生存下去吗？"[7]

哈加纳的一位创始人曾在 1938 年为他总结过当时的情况："混乱。没有军队精神。没有任何计划，也没有考虑到可能会遭遇挫折，甚至直面一场战争。"二战时的哈加纳也是如此，当时本-古里安很担心德国和意大利会帮助阿拉伯人消灭巴勒斯坦的犹太人。[8]1947 年的"研讨会"说明他没有让哈加纳为即将到来的战争做好准备，就像在 20 世纪 20 年代和 30 年代他没能做好应战的准备一样。把他在日记里记录的细节综合起来，揭示出令人忧心的现状。

哈加纳主要由约 2 万名志愿者组成，在必要的时候，他们会捍卫自己的定居点和社区。现在，哈加纳在向国民警卫队的方向发展。大约有 6000 人每周会花上一两天时间训练，他们被称为野战军团。还有大约 2000 名志愿者在帕尔马赫服役，用本-古里安的话说，他们是"半动员"状态，最接近正规军。这些士兵有一半的时间花在训练上，平时驻扎在自己住的社区外。与他交谈过的几位哈加纳领导人抱怨缺少反坦克和防空武器，但本-古里安发现，大多数战士甚至都没有配步枪。[9]

除了自己对哈加纳进行调查，本-古里安还雇用了一位名叫米奇·马尔库斯（Mickey Marcus）的美国上校。在马尔库斯提交给本-

古里安的"致命"报告中，他指出没有一个营可以立刻投入战斗。[10]
当时的帕尔马赫指挥官伊扎克·拉宾（Yitzhak Rabin）后来写道：
"我们无法回避可悲的事实——面对重大的政治决定和阿拉伯人的入
侵，我们还没有做好充分的准备，我们浪费了太多的时间。"[11]

本-古里安傻眼了。"我发现我们准备不足的程度远远超出了我
的想象。"他写道。[12]和往常一样，他用了"我们"，这样就避免指向
主要的责任人。他说这种情况已经持续"很多年"了。当他不在巴
勒斯坦的时候，摩西·夏里特负责安全事务。但是，作为犹太代办
处执行委员会主席和安全事务负责人，本-古里安应承担全部责任。
几周后，当他写到哈加纳"无法完成使命"时，为谨慎起见，他还
补充说："这不是在批评过去，而是放眼未来。"[13]他开始重组几乎所
有的安防工作。

分治决议通过后不到一个月，本-古里安已经开始为忽视哈加纳
找借口。犹太代办处执行委员会成员摩西·夏皮拉说："我问自己，
哈加纳已经运行了20多年，为什么要到关键的时刻，我们才发现自
己没有准备好。"本-古里安回答说："在这个时候，我请求夏皮拉停
止批评过去。关于过去，我和其他人一样有很多话要说——但那又
有什么用呢？"

本-古里安不擅长应对批评。他和过去一样，不仅辩称"我们都
有罪"，还说"我早就告诉过你们"。他说，他不是将军，也不想当
将军。"我不是军事专家，打仗也不是我擅长的领域。"他说。[14]尽管
如此，他强调过去两年来他是唯一意识到真正危险的人。70年来
（"自第一个定居点佩塔提克瓦出现"），犹太人只需对抗巴勒斯坦的
阿拉伯人。但它很快就要面对阿拉伯国家的联合军队，主要是埃及
和外约旦，他们将入侵犹太国家并企图摧毁它。这是一个全新的局
面。他从1945年就开始发出警告，但他说没人听他的："我想让犹

太复国主义运动认识到，此刻犹太社区的安全是至关重要的，是关键的、决定性的问题。显然，当时的犹太复国主义运动没有准备好接受这样的事实。"[15]

他还指责哈加纳的指挥官。和他交流过的军官都太乐观了，不像他那样能理解危险的程度。他们只考虑到巴勒斯坦的阿拉伯人，忽略了外面的阿拉伯军队。"我没有被（他们）乐观的回答说服。"他说。他甚至拒绝了他们提交的预算请求，因为在他的估算中，这些都不能满足当下的需求。他问斯奈："你在任时为什么不采取措施提高指挥官的能力呢？"他的口吻听起来很像一个外国记者。斯奈已经不再领导哈加纳，他回应道，过去他们都太相信英国军队了，这似乎是哈加纳状态疲软的主要原因——犹太代办处的领导人曾提出让英国委任统治当局继续负责安全事务。

"研讨会"一度让他感到沮丧。他紧急叫来了果尔达·梅厄，当时梅厄已经接替夏里特担任犹太代办处政治部的负责人。那天晚上，她来到他的家中，发现他很焦虑——他在几乎一片漆黑的房间里来回踱步。"未来会发生什么？我现在或多或少了解了哈加纳的情况。我们将面临一场战争，"他喃喃自语，"我晚上睡不着。我要疯了。我们会变成什么样子？"梅厄受宠若惊，因为本-古里安选择向她倾吐心声。"他显然知道，即使他告诉我所有的真相，我也不会绝望。"她写道。在梅厄离开之前，本-古里安对她说："你知道，害怕也需要很多的勇气。"[16]

从1945年初开始，本-古里安得出结论——哈加纳与阿拉伯军队必有一战。他必须努力让哈加纳更强大，特别是需要争取美国的支持。他明白，哈加纳必须有所改变，才能适应即将到来的战争，但就像他自己说的，他没有足够的作战经验。[17]因此，他不仅要让被忽视已久的哈加纳为战争做好准备，他自己也要为指挥打仗做好准备。当时一切都在以惊人的速度发生。几个月后，战争就爆发了，但将哈加纳升级为战斗部队的目标远未完成。与此同时，他还要和政治对手较量。

"选择贝文或贝京"

1947 年 4 月 16 日，一个星期三的早晨，四名伊尔贡成员被带到阿卡监狱的绞刑架上处决。其中一人是多夫·格鲁纳（Dov Gruner），他因参与袭击拉马特甘（Ramat Gan）警察局而被英国军事法庭判处死刑。伊尔贡和莱希发起的恐怖行动在数量与严重性上一周接一周地递增。格鲁纳被绞死约三周后，一支伊尔贡特遣队闯入阿卡监狱，释放了几十名他们的同伴，以及数百名阿拉伯囚犯。其中三名肇事者被抓获并判处死刑。为了不让这些肇事者被处决，伊尔贡绑架了两名英国警察作为人质。[18]

联合国巴勒斯坦问题特别委员会（UNSCOP）在巴勒斯坦寻找被绑架的英国人。在决定巴勒斯坦未来的大会召开之前，该委员会负责起草联合国决议。本-古里安担心恐怖行动会干扰联合国作出有利于犹太复国主义的决定。他还担心恐怖分子会试图炸毁阿克萨清真寺。[19]

地下组织的大胆行动令他们大受民众的欢迎。被绞死的多夫·格鲁纳成了民族英雄。本-古里安指出，这些异见分子让哈加纳嫉妒不已。[20]现在他对他们的厌恶程度甚至超过了"狩猎季"。"这已经演变成一场争夺尚未建立的国家政权的斗争。"他说。[21]他想"把他们连根拔起"，并想出了两种方法："要么把他们全部杀死，要么把他们全部关进监狱。"当时他打算采取有限的行动，但"如果不用手或拳头，也不用步枪或手枪进攻，我不认为我们能抵挡他们"。[22]和过去一

样，马帕伊秘书处警告本－古里安不要挑起内战，但本－古里安态度

坚决："如果打击伊尔贡的行动注定会掀起一场内战——那就开战吧。"对那些被这个想法吓坏的人，本－古里安建议"把钥匙交给贝京先生"，然后逃命，因为伊尔贡是"犹太人中的纳粹分子"。两天后，他又补充道："必须把这个团伙从地球上彻底抹掉。"[23]

❖

恐怖行动爆发的原因确实非同寻常。1947 年 7 月 18 日，一艘名为"出埃及记号"（Exodus）的非法难民船抵达海法港，船上有4500 名犹太人。本－古里安认为它是非法移民行动史上最引人注目的船只，是"犹太人的抗争、犹太人的自豪感，以及犹太人与以色列地相联系的最伟大表现之一"。这也是劳工运动对伊尔贡和莱希恐怖行动的最终回应。船上挂着一个醒目的牌子，上面写着哈加纳的名字。英国委任统治当局决定将船上的犹太人送回出发地法国。本－古里安原以为这样的做法会让犹太人更愿意参与民族抗争，让犹太士兵更加团结。但是几天后，闯入阿卡监狱的三名伊尔贡成员被英方处决。第二天，伊尔贡宣布杀死了两名英国警察，并将他们的尸体悬挂在内坦亚（Netanya）附近林子里的一棵树上。这是自大卫王酒店爆炸以来最可怕的恐怖行动。本－古里安大为震怒。他说英国警察被谋杀会让世人忘记"出埃及记号"伟大而又悲壮的抗争。[24]

作为支持犹太复国的理想主义者，本－古里安很难不被格鲁纳理想主义式的献身精神打动。但是他的牺牲令人对本－古里安的个人形象和身为国家领导人的职责产生怀疑。"我对格鲁纳充满钦佩之情，但我不会花哪怕一点点时间去阻止他被绞死，"他说，并补充道，"他确实是一名英雄，付出了生命的代价。但在我看来，那些派他去的人才是犹太人民的敌人，他们应该对此负责。"格鲁纳被绞死后，本－古里安开始思考犹太复国主义和其他民族主义之间、英雄主义和

犯罪行为之间的异同。"被绞死的格鲁纳是一位烈士，"他对马帕伊委员会说，"不过希特勒的身边也有很多年轻人以理想的名义追随他，他们可能也在运动中被杀死了——我们可以赞赏格鲁纳的英雄行为，他是如何英勇地登上绞刑架的，但不能让他成为年轻人的榜样，因为客观地说，他登上绞刑架的原因是有污点的。"①25

403

❖

左翼批评的声音主要来自反对分治、主张延续英国委任统治的劳工团结党，以及主张两国制的青年卫士。随处可以听到魏茨曼式的温和观点，主要发言人来自阿利亚·哈达沙阿（Aliyah Hadashah），这是一个追求和平的小党派，大多数是来自德国的移民。26几位知识分子的发言激起了本-古里安的怒火，尤其是《国土报》刊登的文章。在格鲁纳被处决两天后，本-古里安读到一篇激怒他的文章，可能不仅仅因为具体内容，还因为作者是什洛莫·齐马赫。

当时，齐马赫的主要工作是写作和编辑。他反对伊尔贡和莱希的恐怖行动，也反对本-古里安提出的各种分治计划。"我看到冲突不断加剧，这完全没有必要，还会造成非常可怕的后果。"他后来写道。他不时在《国土报》上发表类似的文章。齐马赫虽然没有直接点出本-古里安的名字，但他指责本-古里安将"鲁莽"引入犹太复国主义的决策过程。齐马赫重申了延长英国委任统治的主张，前提是英国允许"犹太复国主义发展壮大"。27

齐马赫的文章惹恼了本-古里安，部分原因是他自己曾试图这样做，但没能成功。他开始羞辱齐马赫——这是他擅长的事情。首先他告诉马帕伊秘书处齐马赫是谁，好像他只是个无名小卒。他还讲述了齐马赫从1906年开始的党派关系，并补充说："现在我不知道

---

① 温斯顿·丘吉尔针对格鲁纳事件也在国会上说了类似的话："虽然这个人是罪犯，但他的坚毅态度值得我们关注。"（Gilbert 2007，p. 263.）

他在哪里。"他的长篇大论引发了一场关于齐马赫可能加入哪个政党的滑稽辩论。"我认识他，其实他是我的老乡。"本-古里安补充道。他要求"公众抵制像他那样的病态想法"。他坚持认为，齐马赫的提议要求犹太人选择贝文或贝京，只有他所代表的中间路线才能同时拒绝这两个人。[28]

404

本-古里安坚持的路线需要耐心和克制——这使得捍卫他的观点很困难。尽管如此，他继续推动非法移民和定居点建设，取得了一些显著的成就。在同一时期，大约 70 个新定居点建成，其中大多数是基布兹。从 1945 年夏天到 1948 年 5 月英国撤离，大约有 7 万犹太人穿越 65 个过境点前往巴勒斯坦，大多数人在途中被拦截，最后被送往塞浦路斯的中转营地。[29]

"新的历史"

巴勒斯坦问题特别委员会继续起草联合国大会决议。就像英美委员会在 1946 年所做的那样，特委会也举行了听证会。本-古里安再次慷慨陈词，讲述他的家庭寓言故事。与 1946 年不同的是，巴勒斯坦很快将成为无主之地，联合国必须决定由谁来统治那里。阿拉伯人以多数人的名义发言，援引民主原则，反对分治方案，他们要求在整个巴勒斯坦宣布独立。早在 10 年前，本-古里安曾威胁要用武力制止这样的情况发生。[30]欧洲难民营依然人满为患，特委会的一些调查员前往海法港去看了"出埃及记号"难民船的情况。[31]

1947 年 9 月，特委会大多数成员投票通过将巴勒斯坦分为两个国家。本-古里安很高兴。"这确实是救赎的开始，甚至不仅仅是开始。"他写信给宝拉，罕见地用了犹太拉比常用的说辞，即弥赛亚的降临。在投票前几天，他说："奇迹时代很可能还没结束，世界历史上最伟大的奇迹之一可能很快就会在我们这个时代发生。"他认为这是一场道义的胜利。"纵观历史，犹太人民从未取得过我们现在所拥有的成就，"他宣布，"新的历史正在开启。"他强调要将南部内盖夫沙漠地区纳入犹太国家的版图内。"没错，我们必须修改《圣经》中的一节，"在投票结果公布后他说，"不再是'从丹（Dan）到贝尔谢瓦（Be'er-Sheva），而是'从丹到埃拉特'。"当然他还需要和反对分治的人达成和解，为此，他试图激发党内对分治计划的热情。"奇迹出现了。"他宣布。他没有说联合国决定将巴勒斯坦分而治之，而是说联合国决定"重建以色列国"。在另一个场合，他把新的犹太国家称为"新犹地亚"。

　　特委会的提议需要得到联合国大会三分之二代表国家的支持才能通过。作为犹太复国主义运动的"外交部部长"，摩西·夏里特在纽约操纵着一大批说客。他与华盛顿政府的交涉并不顺利。

　　夏里特和他的手下能够打出的王牌仍然是哈伊姆·魏茨曼。"尽管（他）不再担任任何职务，"阿巴·埃班（Abba Eban）写道，"外国政治家站在他面前时，仍然带着敬畏和崇拜的奇特态度。"魏茨曼在联合国大会发言，并与杜鲁门总统进行了磋商。本-古里安称（游说活动）为"我们国家历史上最伟大的政治运动，至少在过去的2000年时间里"。他特意提到了夏里特的名字，暗示他将担任政府的外交部部长。[32]他没有提到魏茨曼的贡献。美国犹太领导人也加入了游说的队伍，他们考虑的是明年的选举。

　　一切都是在冷战的背景下发生的。1947年5月，苏联常驻联合国代表安德烈·葛罗米柯（Andrei Gromyko）发表了一篇支持犹太复国主义者建国目标的演讲，令联合国大会代表们大吃一惊。在与葛罗米柯的一次长谈中，本-古里安谈到引领犹太复国主义运动的社会主义价值观。为了说服这位苏联外交官相信两个民族并存的国家是不可取的，本-古里安和过去一样，再次引用了他从穆萨·阿拉米那里听到的话。[33]

❖

406 联合国批准的分治边界只考虑双方和平共处的情况，一旦打起仗来，边界将很容易被突破。犹太人的人口分布结果也非常糟糕——太多阿拉伯人留在犹太国家。根据联合国巴勒斯坦问题特别委员会的数据，阿拉伯人几乎和犹太人一样多，约50万，其中包括9万贝都因人。相比之下，计划中的阿拉伯国家将有73.5万居民，其中仅有约1万犹太人。本-古里安的数字稍微乐观一点，犹太人约占犹太国家人口的60％。但他强调60％也远远不够。危险在于"我们议会中的犹太少数派可能会联合阿拉伯集团构成多数，从而获得控制权"。他又觉得这不会发生，至少不会立即发生，"因为阿拉伯人将在一段时间内抵制选举，而且更现实的是，没有哪个重要的犹太少数派政党会这样背叛我们"。尽管如此，他坚持认为："如果犹太人只占犹太国家的60％，那就不可能有一个稳定和合法的犹太国家。"为此，他宣布在未来的10年里，必须吸纳150万犹太人来确保犹太人占巴勒斯坦总人口的多数。[34]

新的犹太国家如果还计划要侵犯阿拉伯国家，占据对方的地盘来扩大领土，那么犹太人在人口上的劣势会更加明显。在这一点上，本-古里安的态度前后矛盾。在分治决议通过的四个月前，他回顾了1919年劳工团结党的第一次会议，该会议要求在以色列所有土地上建立一个犹太国家，包括约旦河以东的地区——霍兰（Hauran）、巴山（Bashan）和戈兰高地——以及向北通往大马士革的南部。"直到今天，我仍然相信会有实现的一天。"本-古里安说。[35]然而，随着联合国分治决议的讨论达到高潮，本-古里安又宣布犹太国家不会夺取指定给阿拉伯国家的领土，即便那里也有犹太定居点。决议通过的几天后，他说为了新的国家，需要阻止那些反对分治的人，因为他们仍然梦想着建立"不可分割的祖国"。[36]

同一天，本-古里安还和党内同僚一起反思了犹太人的历史哲学。"从法官时代到巴尔·科赫巴时代，犹太人统治下的土地边界一直在变化……"他说，"古时候，犹太人独立的疆域随着政治局势的变化缩小或扩张。"自《贝尔福宣言》以来，犹太人的家园已经缩小到原来的"四分之一"。他认为联合国的分治边界为国家领土扩张提供了可能，就像英国人 10 年前提出的分治边界一样。他还用弥赛亚的说法来表达对分治方案的支持："我相信犹太国家的建立是救赎的开始。"从地图上看，他是对的——联合国分配给犹太国家的领土是英国分治计划的两倍多。[37]他的战略目标符合犹太复国主义者最初的梦想——最大的领土，最少的阿拉伯人。

407

❖

这段时间他收到了许多重组军队的提议，但直到 1947 年 10 月 6 日，联合国投票前不久，他才叫来埃弗雷姆·本-阿尔齐（Efraim Ben-Artzi）紧急起草一份计划，以应对最坏的可能："阿拉伯世界……可能会袭击巴勒斯坦的犹太人，无论是为了镇压还是征服他们，甚至摧毁他们。"他所说的"阿拉伯世界"是指在一个或多个阿拉伯国家帮助下的巴勒斯坦阿拉伯人。该计划的目的是"动员犹太社区的全部潜力（经济、科技和军事），保卫人民，捍卫全部或更大的国土，保持这个状态直到官方达成政治协议"。

很多年后，本-阿尔齐回忆起这次临时会议。"我们需要为战争做好准备。"本-古里安当时这样告诉他，好像他在那一天突然意识到了这一点。"我们如何组建一支军队？如何对付地下民兵组织？如何动员犹太人民？"本-阿尔齐问；"对谁的战争？"本-古里安回答：

"所有的阿拉伯国家。"本-阿尔齐很有经验，他要求得到书面指示。本-古里安从他面前的笔记本上撕下一页开始写。他想在三天内制订出作战计划。本-阿尔齐称他不知道为什么本-古里安要等到最后一刻，也不知道为什么突然把他叫进来。他可能知道，事实上，他的确知道，他是自愿加入英国军队的哈加纳高官之一，在英军升至中校，这是巴勒斯坦军官取得的最高职位。他花了六天时间草拟了一份长达 28 页的计划和若干附录。该计划涉及方方面面，精细入微，是本-古里安欣赏的那种。[38]

"进攻性防御"

这一年过得还算平静。阿拉伯人和犹太人之间的冲突表现在多起犯罪案件上。联合国决议通过的第二天，本-古里安离开卡莉亚酒店，回到犹太代办处大楼，在院子里，他被跳舞的人群围了起来。这时，两辆大巴，一辆来自内坦亚，一辆来自哈德拉，正驶向耶路撒冷。阿拉伯人在佩塔提克瓦附近开火，先后袭击了这两辆巴士。五名乘客当场死亡，九人受伤。死者之一内哈马·科恩（Nehama Cohen）来自一个犹太复国主义世家，其家族还有阿哈得·哈姆和伊扎克·拉宾。几天后，本-古里安收到的一份报告称这是一起抢劫案，"很明显是对联合国决议的回应"。报告列出了这个团伙一长串的犯罪记录，包括之前的抢劫和谋杀，显然都有犯罪意图。[39]

分治决议通过几周后，本-古里安从耶路撒冷驱车前往特拉维夫。那年冬天，路上很不安全，护送他的车队安保森严，这是当时两个城市之间唯一可行的交通方式。本-古里安乘坐的车装有铁板和强化玻璃，犹太代办处称这辆车为"魏茨曼的装甲车"。车队在距离巴布瓦德［Bab al-Wad，后来被称为沙阿尔哈盖（Sha'ar Hagai）］

408

的不远处遇袭，那里的公路从山丘一直延伸到沿海平原。"我们遭到来自山上的伏击，四人受伤，"本-古里安写道，一辆大巴坏了，"双方都发起了恐怖袭击。"与他同行的犹太代办处官员后来回忆道："本-古里安突然打开车门，跳下车。我以为他疯了。"他想看看发生了什么事。直到不知从哪里冒出来的英国士兵还击了伏击者，车队才得以继续前进。

离开耶路撒冷前，本-古里安会见了美国犹太妇女复国主义组织哈达萨的一位官员。他用一个词向她描述了当前的形势："战争！"他说目前阿拉伯人还只是发动恐怖袭击。过去两周已有 94 名犹太人被杀，100 人受伤。很快就会爆发一场真正的战争。[40]他告诉对方，哈达萨必须资助巴勒斯坦所有的医疗服务。

当车队在名为拉特伦（Latrun）的战略要地停下来照顾伤员时，英国高级专员的车队从旁边驶过。本-古里安才明白英军为什么会在附近出现，"看来英国在巴布瓦德森林附近驻扎了部队"。这位官员是英国委任统治政府的最后一任高级专员，几个月后，专员回国了。本-古里安即将到达人生的巅峰。[41]后来，他将这段时期指挥的战争形容为"即兴创作"。[42]

❖

1947 年 12 月，可怕的事情发生了，时任哈加纳全国总司令官的本-古里安从未面对过这样的灾难。一场暴乱在耶路撒冷爆发。代表巴勒斯坦阿拉伯人的阿拉伯高级委员会对分治决议提出抗议，宣布举行为期三天的罢工。1947 年 12 月 2 日凌晨，一群阿拉伯暴徒从雅法门冲到玛丽公主街这条商业大道。到傍晚时分，约 40 家犹太商店被洗劫一空，一些商店被烧毁。目击者之一犹太商人和公众领袖埃利亚胡·埃利亚沙（Eliyahu Elyashar）在安全委员会发言，当时这个委员会已经取代 X 委员会，他说让他感到不安的不是攻击本身，而是哈加纳的无能。被指派保护店主的特遣队只开了两枪就离开了现场。"指挥官怎么能离开战场？"他问道，并要求展开调查。

这次袭击令店主们陷入绝望，一些店主提议让伊尔贡接管这座城市。当安全委员会开会讨论这个问题时，本-古里安没说太多。他表示目前还没搞清楚全部事实，承诺会进行调查。"（我们）必须弄清楚每一次失败的原因。这件事需要尽快彻查，一定要调查。"根据《哈加纳历史书》的记录，"阿拉伯人的袭击给巴勒斯坦的局势带来了深刻的影响，助长了类似的骚乱蔓延到其他城市和道路"。[43]

410

阿拉伯人暴乱的主要目标是破坏犹太定居点之间的道路交通，就算是本-古里安的护卫队也不能确保安全。[44]

❖

本-古里安向他的下属征求报复手段，用他的话说，类似于药店向医生提供可选择的药物。犹太代办处政治部的 45 名官员都建议他克制，理由是阿拉伯领导人穆夫提侯赛尼有意将冲突升级。而几位阿拉伯事务顾问则提出了激进的报复方案，要对阿拉伯人的经济，特别是交通发起致命打击。[46]

哈加纳也提出了一个惩罚方案，以恐怖对抗恐怖。哈加纳全国总司令官伊斯雷尔·加利利（Israel Galili）宣布："如果恐怖袭击继续在特拉维夫市附近发生，我们必须对阿拉伯人采取报复，打击像萨拉马（Salamah）这样的村庄，驱逐村民。"当晚，哈加纳人员在阿拉伯城市拉姆拉放火焚烧了 15 辆汽车。几天后，在一份交给本-古里安的报告中说，过去两周哈加纳对阿拉伯人采取了 14 次行动。伊尔贡和莱希只执行了 5 次，但杀害的人更多。[47]

英国高级专员阿兰·坎宁汉（Alan Cunningham）爵士向果尔达·梅厄抱怨，哈加纳正在进行"攻击性防卫"。谈话记录显示他非常愤怒。梅厄表示从现在开始，这确实是一种策略。"我们会自卫，很明确地说，不仅是在他们进攻的时候。如果有几十个阿拉伯人被杀，那正是我们想要的结果。"坎宁汉称，据最新情报统计，已有96名犹太人和106名阿拉伯人伤亡，其中一些人是无辜的。世界会怎么看待这件事呢？梅厄回答道："我们已经准备好接受国际法庭的审判。"从这时起，本-古里安也开始推进他的对策。[48]

411

❖

在与坎宁汉谈话的两天后，本-古里安对两名哈加纳高级官员说："我认为我们需要重新制订安全计划。过去我们可能过于乐观，没有正确估计阿拉伯人的实力。"同一天，他在日记中写道，卡法亚韦茨（Kfar Yavetz）基布兹遭到猛烈攻击。两天前，他记下："巴特扬（Bat Yam）被隔绝，被炮火包围。"他告诉哈加纳领导人："我对遇袭后行动的有效性产生怀疑——外界可能会解读成侵略、煽风点火、扩大动乱。我们需要采取一种进攻性防御策略。每次猛攻中都要给予决定性一击，摧毁一个地方，或者驱逐居民后占领那里。"[49]自20世纪30年代以来，本-古里安一直认为对付阿拉伯人的恐怖袭击需要用"积极的自卫"，这是他第一次将驱逐阿拉伯人列为此类行动的目标之一。接下来的几周里，本-古里安多次重申这一目标。在与两位哈加纳高级官员伊加尔·雅丁和加利利的谈话中，他指出哪些是需要得到"教训"的村庄。[50]

1947年12月30日，39名犹太工人在海法炼油厂被阿拉伯工友杀害，这是阿拉伯人为被伊尔贡杀害的6名同胞而自发组织的报复行动。随后，哈加纳对炼油厂工人居住的巴拉德谢赫（Balad al-Sheikh）村实施了报复行动。根据《哈加纳历史书》记载，包括妇女和儿童在内6人被杀。[51]安全委员会批评了这次行动，本-古里安回应道，可以不攻击那些没有敌意的村庄，但在真正的军事行动中，很难分辨哪些阿拉伯人是友好的，哪些是敌对的。"我们在制造战争，过去没有一场战争是以这种方式进行的。"他说。他同意这有不公正之处，但"如果不这样做，我们将无立足之地"。他还说当一座城市遭到空袭时，击中的往往不是军事目标，而是"没有任何罪过的孩子"。几个小时前，他从阿拉伯事务顾问加德·马赫内斯（Gad Machnes）那里听到了类似的话："（我们）需要作出残酷而有力的回应……如果已经锁定了一个家庭，那就毫不留情地攻击它，包括妇女和儿童，否则行动就没什么效果。在行动发生的地方，没有必要区分有罪和无罪。"本-古里安采纳了这条建议。在谈到巴拉德谢赫行动时，他说："海法发生了大屠杀。阿拉伯人认为我们毫无防卫能力，这很糟糕。这不是希伯伦。海法是犹太人的城市，最好立即采取行动。"一周后，他在党内一次会议上重复了这一点。[52] 从此，他的形象就与驱逐阿拉伯人、迫使他们逃亡联系在了一起。

"以最具合议性的方式"

1948 年 1 月，在增援耶路撒冷南部被围困的埃齐翁（Etzion）街区的犹太定居点的途中，35 名帕尔马赫和野战军战士被杀。一个月后，耶路撒冷市中心的本-耶胡达大街传来爆炸巨响，数十人死亡。"我从未想过会有如此大的破坏，"赶到现场的本-古里安后来写道，"我已经认不出街道的模样——很恐怖，令人害怕至极。"[53] 接下来不到三个星期的时间，一枚汽车炸弹在犹太代办处大院里被引爆，造成九人遇难，其中一位是高级官员。本-古里安特别提到这辆车属于美国领事馆——它挂着美国国旗，由领事馆的司机驾驶。但美国车辆可以自由出入犹太代办处的事实再一次打击了哈加纳在耶路撒冷的声望。[54] 从沿海平原到城市的道路几乎无法通行，连接中心地带到内盖夫和加利利的交通动脉也是如此，前往耶路撒冷的车队被迫折返，数十人被杀。本-古里安压力很大，脾气越发暴躁，他说："现在除了安全问题，我什么也看不到。"[55]

1948 年 3 月 19 日，在艾因哈罗德的小花园里，什洛莫·拉维正在工作，他试着种植亚热带植物。这时，他听到东南方向吉尔博山上传来了交火声，这是野战军针对阿拉伯村庄扎林的行动。就在他给自己种下的最后一棵树浇水时，他的儿子耶鲁巴的尸体被带回了基布兹——他在战斗中牺牲了。他才 24 岁，年轻时在羊圈里干活。他和他的父亲一样，也曾在犹太旅短暂服役。拉维坐在长子的尸体旁，他的小儿子希勒尔还在战斗。几个小时后，激烈的交火仍在持续，拉维没有收到希勒尔的任何消息。最后，他出现了，他已经得知哥哥的死讯。"他戴着头盔，手里拿着步枪，"拉维写道，"年轻的战士默默站在父亲和哥哥面前，嘴唇紧闭，高尚和大无畏的英雄气概凝固在他的脸上。"希勒尔站着看了一会儿，没人知道他在想些什么，在计划些什么。最后他说："爸爸，我要回去了。"他的意思是要回部队去了。拉维对犹太复国主义、劳工运动、基布兹和本-古里安的事业忠心耿耿，他说："回去吧，儿子，回去吧。"自从联合国通过分治决议以来，约有 900 名犹太人被杀害，耶鲁巴是其中之一。[56]可就在决议通过的第二天，建国计划差点就土崩瓦解了。

在华盛顿的美国政客看来，哈加纳不是正式的军队，肯定无法赢得胜利。美国国务院担心，美国将不得不出手拯救这个犹太国家；如果阿拉伯人赢得战争，他们将向苏联敞开中东的大门。因此，美国撤回了对分治决议的支持，并向联合国安理会提出在巴勒斯坦建立临时托管机构。本-古里安在广播中听到了这个消息。在近千名犹太人丧生后，托管而不是独立的消息可能会终结他的领导地位。本-古里安发表了一份声明，明确拒绝这一提议，并竭尽所能传递他的信心和担当。他说："11 月 29 日，我没有参与犹太社区的盛大庆祝，今天，如果美国传来的消息令犹太人感到沮丧，我也不会感到沮丧。"他很清楚接下来会发生什么——距离总统选举还有八个月，任何类似的提议都会被迅速搁置。[57]但他不能无视沮丧情绪的蔓延。

❖

414 　　他试图鼓舞公众的士气。面对邻国阿拉伯军队的入侵，他承诺"不仅要自卫"，还要"在任何找得到敌人的地方粉碎敌人"，甚至在巴勒斯坦以外。[58]在和耶路撒冷的哈加纳部队一起宣布以色列独立之前，他先迎来了逾越节家宴。战争还未进入决定性阶段，他已经开始幻想战争结束。本着《哈加达》的精神，他说："我们将轰炸塞得港、亚历山大和开罗，这就是我们结束战争的方式，与埃及彻底清算他们欠我们祖先的债。"同月，哈加纳军队占领、夷平并驱逐了六个耶路撒冷—特拉维夫公路附近的阿拉伯村庄。"拿雄行动"（Operation Nachshon）和其他的行动一样，目的都是打通道路。几支运输补给的护卫队成功通过道路，但不久后，进城（耶路撒冷）的道路交通时断时续。[59]与此同时，他在领导层的同僚正试图限制他的权力。

　　犹太代办处安全委员会的成员构成反映了犹太复国主义运动的联盟关系。该委员会负责制定安防措施，并监督其执行。本-古里安向安全委员会汇报了一些战略计划，但也隐瞒了相当大的一部分。安全委员会成员不时提出抗议。其中一人抱怨道："我有权知道我们为什么被召集起来。我可不想沦为笑柄。"本-古里安提醒他们，他们谁都不是拿破仑或蒙哥马利。而他自己和他们不同，已经学会了如何处理这种情况。他同意成立一个战时内阁，由13名成员组成，后来被称为"人民政府"，有时简称为"十三人"内阁。本-古里安承认他们的权威，但也清楚地告诉他们，他们不是发号施令的指挥官。他认为一个公司需要一个执行委员会，但一场战争必须由一个人统一指挥。那个人就是犹太代办处的主席。[60]

　　他需要巩固总司令官的地位，并不仅仅因为安全委员会对他的抱怨。他最在意的是帕尔马赫不服从的态度，以及指挥官们表现出的政治野心。他欣赏这支部队的军事能力，但认为他们不过是一群不守纪律、性情粗暴的男男女女。他们崇拜斯大林的红军，效忠于伊扎克·塔宾金，本-古里安认为帕尔马赫和伊尔贡一样危险。

　　帕尔马赫的第一任指挥官伊扎克·萨德（Yitzhak Sadeh）从1945年开始担任哈加纳的代理总参谋长。当时，总参谋长雅科夫·多利（Ya'akov Dori）还在美国。本-古里安在20世纪30年代就结识了萨德。由于他出身于带有反叛色彩的劳动营，本-古里安根本就不信任他。当本-古里安在"研讨会"上和他见面时，萨德严厉地批评道："我们损失了整整一年，什么也没做，这在很大程度上是犹太代办处执行委员会的责任。"萨德在1946年秋天发表的一篇文章中，指控"领导层"的失败，称军事纪律本身不能成为目标。他写道，有些事即使是犹太复国主义者代表大会也无法强迫他去做。[61]后来，本-古里安将多利带回巴勒斯坦，萨德一度失去了工作。

　　当本-古里安为了备战重组哈加纳时，他更喜欢那些曾在英国军队和犹太旅服役的军人，比如埃弗雷姆·本-阿尔齐。他尤其欣赏军人们带来的军纪，也倾向于起用忠于马帕伊的军官担任指挥官。1947年12月初，当本-古里安拒绝让萨德担任新职务时，他与伊斯雷尔·加利利针锋相对起来。

　　几乎从成立伊始，加利利就在哈加纳工作，已有20年的时间，他被公认为全国总司令部的终极权威，理应对该组织的现状负责。他也在塔宾金的阵营里。塔宾金和青年卫士很快就联合成立了统一工人党（马帕姆），与巴勒斯坦工人党（马帕伊）意见相左。本-古里安和加利利之间的关系日趋紧张。

本-古里安曾任命加利利为哈加纳全国总司令官，管理整个哈加纳，但他很快就想撤销这项任命。他承诺将"以最具合议性的方式"与加利利和司令部进行磋商，但他指出，现在是战争时期，不是和平时期，需要"果断下令"。如果他认为有必要作出与加利利立场相反的决定，那他就会这么做。几个月过去了，随着战争愈演愈烈，本-古里安很难制服总司令部指挥官们的反抗。[62]

1948 年 5 月 3 日上午 10 点，加利利在主持总参谋部的一场会议时，接到本-古里安的通知，他的全国总司令官职位从当天中午起被终止。这是一个冲动的、基于个人的政治决定，无法增强哈加纳的战斗力。"我被直接撤职后，总参谋部的能力立刻被削弱了，步履艰难，危机重重，"加利利后来写道，"总参谋部的将军们突然处在无人协调的状态，没有同步协作，没有指挥，也不知道发生了什么。"

"将军们的兵变"由此爆发。总参谋部集体给本-古里安写了一封信，信中说如果加利利不复职，他们将不再对他们的行为所带来的后果负责。本-古里安发现自己没有指挥官梯队。阿拉伯军队预计在不到两周的时间内就会入侵，此时他威胁要辞职。"我已经在这个国家的国防工作上花了 42 年时间，但没有我也行，现在取决于你们。"他对人民政府的同事们说。他的同事不想在他和加利利之间作出选择，就像他的政党马帕伊不想在他和魏茨曼之间作出选择一样。本-古里安不得不请求加利利回来，尽管没有给予他正式的任命，加利利同意了。[63]

"一座死城"

1948 年 5 月 1 日，夜幕降临，本-古里安在一名哈加纳指挥官的陪同下，出发去海法的阿拉伯社区。"一个可怕而神奇的景象，"他后来在日记中写道，"一座死城——满城都是尸体。在一个地方，我们看到两个老人坐在半空的商店里。在一条小巷里，我们遇到了一个阿拉伯女人，带着她的儿子。"除此之外，他只看到了流浪猫。根据他的日记记录可知，当时他惊呆了："成千上万的人怎么能在没有任何充分理由的情况下，如此恐慌地抛弃他们的城市、家园和财富？"令他特别惊讶的是，海法的富人们都已经离开了。"真的是因为恐惧吗？"他想知道。[64]

在这座被废弃的城市里，他写下他的所见所闻，"恐怖和荒诞"，但不至于令他惊讶。就在几周前，哈加纳的两名情报人员已经向他汇报了阿拉伯人搭乘航班的情况，包括从雅法和海法出发的航班。其中一人预测，如果出现食物短缺，这两座城市将会空无一人。[65] 417 "大量阿拉伯人已经逃离。"本-古里安在提到海法的瓦迪拉什米亚（Wadi Rushmiya）社区时写道。在他造访这座被遗弃的城市的两个月后，他才得知，共有 1.5 万阿拉伯人离开了这座城市。[66]

他的阿拉伯事务顾问以斯拉·达宁（Ezra Danin）后来说道，本-古里安目睹了海法阿拉伯人的大逃亡。"我们站在伊甸园酒店的阳台上，"达宁回忆道，"看到阿拉伯人的车队正驶向港口。有一两次，本-古里安会问：'有多少人离开了？''还留下多少？'在场的一些人认为应该阻止他们。本-古里安反问道：'如果他们想离开，你们为什么要阻止呢？'"[67]

本-古里安结束了海法之行，他为巴勒斯坦阿拉伯人的永恒悲剧埋下了种子。"我们的工作不包括让阿拉伯人回归。"他宣布。在以色列内阁的第一次会议上，他重申这一立场："当他们逃跑时，我们不需要追赶他们。"最后一批离开海法的阿拉伯居民有充分的理由逃离这里，远离他们在下城的邻居——哈加纳正在用迫击炮从卡梅尔山的上坡攻击他们。[68]

在随后的几个月里，他不断追踪阿拉伯人的逃亡。他说："在策马赫（Tzemach）看不到任何阿拉伯人。"策马赫位于加利利湖（希伯来语 Kinneret）的南岸。他写道，在雅法被遗弃的萨拉马社区，"只剩下一个失明的老妇人"。[69] 他不时引用阿拉伯人的逃亡作为哈加纳的成就之一，以此来反驳哈加纳遭受重创的报道。在一次演讲中，他提到 18 个被遗弃的阿拉伯村庄，还说这些只是所有因恐慌而被遗弃的村庄中的一小部分。"想必许多阿拉伯村庄不会就此荒废，犹太男孩会住进去，他们已经进入了不少村庄。"他说。[70] "许多西式社区里将看不到任何一个阿拉伯人，我认为这一点不会改变。"在耶路撒冷之行后，他补充道："现在，当我去耶路撒冷的时候，我觉得自己在一个希伯来城市。没有外国人，百分之百的犹太人。自从耶路撒冷在罗马时代被摧毁后，它就不像现在这样属于犹太人了。"这还只是开始。他承诺："如果我们坚持下去，在耶路撒冷和海法发生的事可能会在巴勒斯坦大部分地区发生。如果我们足够渴望，我们就会成功，并保住胜利果实。"他强调："足够的渴望意味着需要付出最大的努力，就像一个国家正在经历一场生死攸关的战斗。"[71] 他估计这场战争将带来"阿拉伯人口分布的巨大变化"，而胜利正取决于此。[72]

本-古里安认为阿拉伯人口的减少和分治边界的扩张一样，也是一个渐进的历史过程。诗人哈伊姆·古里（Haim Gouri）曾注意到本-古里安的桌子上，在绿色天鹅绒似的吸墨纸和覆盖它的玻璃之间，有一张伯尔·卡兹尼尔森的照片，还有一张纸，上面印着《出埃及记》中的一段。大意是，这是神的应许，要把外邦人从以色列地赶出去，赐给犹太人："一年之内，我不会把他们赶出去，以免土地变得荒凉而野兽成倍增加。我会一点点地将他们赶出，直到你们的人数增加，最后占据了这块土地。"（《出埃及记》23:29—30）[73] 很多时候，根本无须发出驱逐阿拉伯人的明确命令——总司令官传递的信息已经很充分了。

❖

多年来，驱使本-古里安前进的思想动力是增加希伯来劳工，也就是将阿拉伯工人从犹太人的农庄里赶出去，他认为犹太人和阿拉伯人之间没有和平共处的可能。他在 1948 年 2 月说道："我一直在想，我一生都在想，如果我们劝一个犹太人来巴勒斯坦，这等于是在告诉他要冒生命危险，因为这里将会有一场战争。""在这些事件发生之前，我就想到了，"他继续说道，"我刚来巴勒斯坦时就意识到了这一点。"他凭直觉判断，英国的撤离提供了一个可能时不再来的机会。"我们在未来几个月里做不到的事情，可能几百年都做不到。毫无疑问，接下来的六个月将决定犹太人的命运，也许是未来几百年，甚至几千年。我们必须认识到，这是一项艰巨的工作，需要金钱和人力上的付出。"[74]

把阿拉伯人的逃亡作为战争目标，也反映了犹太人转移人口的古老梦想。在联合国分治决议出台之前，这个问题又浮现了。本-古里安告诉联合国巴勒斯坦问题特别委员会，他曾多次说过在巴勒斯坦建立一个犹太国家不需要人口转移。然而，他又向他的政党保证，他这么说只是出于政治考量，即便他真心相信这一点。"如果这里没有阿拉伯人，那就太好了，不过阿拉伯人还是可以来这里，"他说，"我们将吸收 400 万犹太人。"然而，当他提到犹太人和阿拉伯人可以像其他从战争走向和平的国家一样，克服彼此之间的敌意时，他再次援引了 1923 年希腊和土耳其之间的和平协定，两国在协定后很快进行了大规模的人口交换。[75]

❖

1948 年 3 月，犹太官方首次正式发出将阿拉伯人逐出村庄的书面命令，似乎是作为"达莱特计划"（Plan Dalet）的一部分。当时，数以万计的阿拉伯人，也许数量更多，已经不在他们原来的居住地了。这个计划是由哈加纳行动部门负责人伊加尔·雅丁制订的，主要是为了捍卫分治边界，抵御阿拉伯正规军和半正规军的入侵，但也涉及在边界外作战的可能，部分是为了保卫界外的犹太定居点。按照分治计划，这些定居点应被纳入阿拉伯国家。该计划符合本-古里安想要的进攻性防卫，包括打击"敌人在我们防御系统内或附近的定居点，防止它们被用作现役武装部队的基地"。为此，主要有两种目标及其行动方式："摧毁村庄（焚烧、轰炸和清理废墟），特别是我们无法长期控制的定居点。"至于这些村庄的居民会发生什么，没有特别说明。其他村庄如果在包围和搜查后，没有被列入"摧毁"名单，而是被列入"根除和控制"名单，那么"在遭遇抵抗的情况下，摧毁那里的武装力量，驱逐居民出国界"，该计划这样写道。

420 　　"达莱特计划"责令地方指挥官负责其辖区内的村庄。该计划写道："你所在地区的村庄将被占领、清理或摧毁——请你在与阿拉伯事务顾问和情报部门官员协商后，自行决定。"在耶路撒冷地区活动的埃齐翁旅指挥官也接到了命令，在必要时"根据你的能力，限制清洗、占领和摧毁敌人的村庄"。[76]指挥官会得到犹太代办处阿拉伯部门事务顾问的协助，这些顾问拥有"村庄档案"，包含每个村庄的情报和基本信息。本-古里安要求这些顾问也有权决定是否要"除掉"一个"妨碍犹太社区或有挑衅行为"的村庄。[77]如果指挥官和顾问对如何处置村庄存有疑问，可以从最高指挥官本-古里安传递的信息基调中得到指引。雅丁在计划中增加了一个附录，列出"摧毁敌人城市居民精神"的方法，其中一些是他本人命名的。附录中写道，可以将阿拉伯人赶出家园，切断他们的基本生活需求，包括水和电，这些需求有详细的说明。其他建议还包括在阿拉伯人中散播恐慌情绪的具体方法，包括耳语式宣传，这是本-古里安从他的顾问那里学到的，是一种流行的驱逐人群的方法。[78]哈加纳将对阿拉伯村庄采取行动的消息迅速传播开来，甚至没有经过刻意的耳语式宣传。1948年4月9日，伊尔贡和莱希的战士袭击了代尔亚辛村（Deir Yassin），这是一场疯狂的屠杀，特别是对妇女和儿童的暴行成为犹太地下组织残忍无情的罪证。本-古里安指示犹太代办处谴责袭击行为，并把声明发给外约旦国王阿卜杜拉。哈加纳也发出了严厉谴责。本-古里安并没有以自己的名义发表这些声明。① 在访问海法期间，他被告知代尔亚辛事件后，阿拉伯人加速逃离该市。[79]几天后，阿拉伯人袭击了一个前往斯科普斯山上的哈达萨医院的车队。大多数乘客是犹太平民，其中有医生和护士。78人被杀，这是对耶路撒冷哈加纳的又一次打击。不过，对阿拉伯村庄的征服创造了一个新的、充满希望的地缘政治局面，这对实现犹太复国主义梦想至关重要。研究独立战争的史学家本尼·莫里斯（Benny Morris）估计，在英国委任统治结束前的6个月里，有30万—40万阿拉伯人逃离或被驱逐出家园。[80]

"我收到了消息"

大英帝国的米字旗将最后一次在耶路撒冷政府大楼降下，高级专员准备永远告别巴勒斯坦。这一切定格在1948年5月14日星期五这一天。与此同时，美国正在推动为期三个月的停火协议。哈加纳还没有为战争做好准备，本-古里安认为停火期间它会变得更强大。"此时此刻，我们没有足够的力量来抵御有可能发生的入侵。"他在

① 在本-古里安的回忆录中，他详细讲述了代尔亚辛村袭击犹太人的事，但他没有谈到犹太地下组织占领该村后发生的事情。战后，他驳回了司法部部长将该行为肇事者绳之以法的请求，也没有回复马丁·布伯寄给他的信，信中抗议在该村庄的废墟上建造一个犹太社区的计划。（Ben-Gurion 1971a, p. 346; Segev 1986, p. 88; Pinchas Rosen and Ben-Gurion to the Cabinet, Sept. 19, 1948, ISA.）

阿拉伯国家军队入侵的五天前说道。但是，拟议中的停火协议要求推迟犹太国家宣布独立。在本-古里安看来，这是停火协议最大的缺陷。成千上万的阿拉伯人仍然待在自己家里。停火协议本来的目标就是让他们继续留在那里，让难民得以回到家园。[81]因此，本-古里安反对停火，坚持宣布犹太国家独立，尽管有人会因此付出生命的代价。

他相信他是以世世代代犹太人的渴望为名义行事的，这是他一生的信念。在这个决定性的时刻，他并不像他曾说过的那样，表现得像一台"计算机"。激励他前进的不是一个工程师冷静的计算，而是一种民族救赎的神秘力量，也许是一种信念，他相信《独立宣言》将唤醒这个国家隐藏的勇敢、信仰和战斗精神。约四个月后，本-古里安才承认"有重要的理由不宣布独立"，当时只要派出10架美国轰炸机就可以阻止一切发生，而美国能够毫不犹豫地派出50架。这是在不确定的局势下作出的决定。他说，在这种情况下，人们会依据"思考、猜测和感觉"作出选择。宣布独立很可能是为了恢复他的声望。哈加纳的屡次失败和将军们的兵变损害了他的名誉。还有另一个原因是，梅纳赫姆·贝京威胁本-古里安，如果他不立即宣布独立，他（贝京）自己就会这么做。[82]

当本-古里安说哈加纳没有为战争做好准备时，他用的词非常准确，关键词是"此时此刻"还没准备好，意思是哈加纳会在战斗中变得更强大。因为在这个阶段，本-古里安知道了大多数人还不了解的事情——几天后，大量武器和弹药将抵达该国，包括在欧洲购买的飞机。这些武器使"拿雄行动"成为可能，但直到行动开始前四天，它们才抵达巴勒斯坦。[83]在以色列获胜的诸多因素中，武器采购的重要性不亚于阿拉伯人的逃亡。

❖

大部分资金来自美国。梅厄夫人成功地从美国犹太人那里筹集到了一笔不可思议的款项——约 5000 万美元，其中约 3000 万美元指定用于巴勒斯坦。"如果没有这些钱，我不知道我们怎样才能走出独立战争。"她说。

本-古里安记下了每一元钱的用途，但是，就像"布里哈行动"、非法移民，以及土地买卖一样，武器采购需要的不仅仅是钱。在新的行动中，他再次起用了一些曾经在非法移民组织工作过的人。武器和设备采购很像世界大战后的行动，牵涉大范围的秘密行动，需要机智、胆识、诡计、想象力，以及很多运气。本-古里安时刻关注每一步行动。

埃胡德·阿夫里耶尔一开始就和捷克斯洛伐克的一家兵工厂取得了联系，他后来说当时本-古里安"按小时"给他发电报。在"拿雄行动"的前几周，本-古里安在发给他的电报里写道："我很担心，也很惊讶，我没有收到你的任何消息。你能得到重型武器吗？现在一切都取决于战斗机。"本-古里安指示他用电报回复，如果答案是肯定的，就说"我很健康"，如果答案是否定的，就说"我在住院"。"那些电报真的吓到我们了。"阿夫里耶尔说。当他回到巴勒斯坦后，本-古里安迫切地想知道一切，就像在"布里哈行动"中一样。其中一个故事是阿夫里耶尔如何帮助捷克斯洛伐克制造商避开行政障碍。这家工厂只允许向政府出售产品。在犹太国家独立之前，阿夫里耶尔不能打出政府的旗号。不过，在"布里哈行动"期间，他从埃塞俄比亚驻法国大使馆取得过（官方的）信笺，他曾用这些信笺为难民伪造通行证。捷克斯洛伐克外交部部长扬·马萨里克是本-古里安的老熟人，他帮助阿夫里耶尔以埃塞俄比亚政府的名义起草了一份军火订单，马萨里克的秘书把它打印在阿夫里耶尔提供的信笺上。在订单下方，她打上了皇帝海尔·塞拉西（Haile Selassie）的名字。令阿夫里耶尔吃惊的是，马萨里克在这份文件上签了字——用他自

423

己的名字，而不是皇帝的名字。这对工厂来说已经足够了。[84]除了海外采购外，本-古里安努力扩大巴勒斯坦的军火工业，几乎每天都在跟进工厂的生产进度。

争分夺秒加强哈加纳的武器装备，这本可以作为推迟战争的理由。但本-古里安宁愿冒险，他这么做不是没有依据的。"我收到了消息，第一门大炮已经运达。"他的日记写道。三周后，他又记录了"10 架来自欧洲的梅塞施密特"，意思是指战斗机。两周后，他写道："我们的空军应该可以轰炸并摧毁安曼。"[85]

同一天，本-古里安向马帕伊中央委员会提交了一份安全形势报告。七年来，他一直在警告阿拉伯军队可能会入侵。然而，在战争开始前四天，他说这只是一种可能性，不是必然的。他突然问雅丁："邻国会打过来吗？"[86]他指的可能是外约旦——他与阿卜杜拉国王曾达成一项协议，根据协议，阿卜杜拉不会发动攻击，作为回报，他会得到联合国指定给巴勒斯坦阿拉伯国家的部分土地。梅厄赶到时，会议已经开始了——她之前在和阿卜杜拉国王商谈。她给本-古里安递了一张纸条，上面写道，阿卜杜拉国王声称双方没有达成任何协议。这也不意外。随着越来越多的阿拉伯难民涌入外约旦，其中许多人来自海法、雅法和其他被哈加纳占领的城市，阿卜杜拉不会走上与其他阿拉伯国家不同的道路。①

本-古里安立即离开会场，赶到哈加纳总部，召集高层人员，要求他们"策划一场对抗阿拉伯人全面入侵的战役"，他表现得好像从没制订过这样的计划。他说，除了袜子和毛毯外，士兵的随身装备已经足够。[87]另一边，马帕伊中央委员会继续审议。这次的会议记录

---

① 一名埃及飞行员的飞机在特拉维夫上空被击落，他在审讯时表示，难民在散布犹太人的暴行。本-古里安从黎巴嫩也得到了类似的情报。（Ben-Gurion, Diary, May 15, April 5, 1948.）

没有完整保存下来，因此不能确定宣布独立的决议是否已付诸表决并获得通过。无论如何，反对的人也不多。[88]

本-古里安很谨慎，不仅将他的政党纳入决策层，还包括了人民政府——"十三人"内阁。两名在耶路撒冷的成员没能赶到特拉维夫，还有一人在纽约。他的政治敏感促使他营造了一种一切都是可以讨论的氛围，他的同僚可以自由地根据自己的最佳判断作出决定，无须承受他的压力。第二天，他允许雅丁和加利利向人民政府通报情况。二人将哈加纳与阿拉伯军队的对抗评判为"几乎对等"。

内阁争论不休，一些人认为有充分的理由推迟独立。[89]一些决策经过投票的环节。不过有关拒绝停火提议、宣布独立的决定是以协商的方式达成的，没有经过投票。一些内阁成员似乎已经屈服于本-古里安的压力。平夏斯·罗森（Pinchas Rosen）是一位法学家，出生在德国，当时名叫罗森布鲁斯（Rosenblüth），他与魏茨曼的态度一样，主张采取温和路线。他坚持认为官方的《独立宣言》必须明确划定国家边界，这是一个法律问题，不能回避。本-古里安回答："一切皆有可能。如果我们现在决定不明确边界，那我们就不提了。"参会的九人中有五位投票支持本-古里安在边界问题上的立场，这一问题仍然悬而未决，留给战争决定。一天后，本-古里安从特拉维夫飞往耶路撒冷，然后返回。在回程中他写道："这次飞行花了35分钟。我们国家是多么小啊！"[90]

❖

1948年5月14日，《达瓦尔报》头版刊登了一篇小文章，援引来自开罗的消息，称埃及军队将在英国委任统治结束的一分钟后，于午夜越过边境进入巴勒斯坦。战斗已经打响。本-古里安大步迈入特拉维夫博物馆宣布《独立宣言》之前，已经知道在耶路撒冷南部，哈加纳部队和埃齐翁基布兹没能抵挡住阿卜杜拉的军队与当地阿拉伯人的进攻，坚持了两天就投降了。"捍卫家园的人被阿拉伯人屠杀，"他在日记中写道，"在这片土地陷入欢呼和深深的喜悦的时刻，我再次成为欢呼人群中的哀悼者，就像（1947年）11月29日一样。"他开始写一本新的日记，他记录道："下午4点，犹太人宣布独立，犹太国家成立，它的命运掌握在国防部队手中。"[91]

这份由本-古里安在前一天晚上重新起草的《独立宣言》，包含了对所有人——包括阿拉伯人在内的全体公民自由和平等的承诺，以及对和平的呼唤。

❖

几天后，什洛莫·拉维收到来自内盖夫的消息：他的小儿子希勒尔也牺牲了。在去前线的路上，希勒尔偶遇了前女友。两人已经分开了一段时间，但意外的相遇重新点燃了爱火。那时他还不到19岁。"我不会歌颂希勒尔，当一个士兵倒下时，人们是不会赞美他的，"拉维在儿子墓地前说，"我只会悲叹自己。还有谁的脸会像我儿子那样照亮我今后的日子？"他对他的两个儿子以及其他已经倒下的和未来可能会倒下的士兵说："以色列国正在建立……你们最伟大的梦想，我们的梦想，正在变成现实，可是你们没法看到了，再也看不到了……我们将是你们的继承人，这多么痛苦，多么可怕。"[92]希勒尔生于1929年8月，历史上的那一天，有几十名犹太人在希伯伦被阿拉伯人屠杀。

第十七章　战争

"国家有福了"

1948 年 9 月 8 日下午，本-古里安总理和他的妻子在政府大楼举行了一场宴会，招待一些重要的公众人物。三层高的政府大楼曾是特拉维夫萨罗纳街区坦普勒派系的一户人家的住所。顶楼是总理办公室。[1]本-古里安现在担任过渡时期的总理兼国防部部长。这是以色列国宣布独立以来第一次举办此类活动。来宾包括内阁部长、国防军（前身是哈加纳）最高指挥官、以色列和美国犹太机构的主要官员、报社编辑、作家、艺术家和演员。"茶点很少，也很清淡"，犹太代办处官员摩西·古拉里（Moshe Gurari）后来回忆道，但客人们情绪高涨，兴致勃勃。本-古里安穿着灰色西装，站在角落里，所有人都围在他身边，他与来宾一一握手，"毫不掩饰他的冷漠"。当天早些时候，本-古里安与美国驻以色列特别代表，即后来的大使进行了充分的沟通，后者警告他不要违背已达成的停火协议。

突然间，他消失了。宾客们纷纷猜测他去了哪里，有些人感到被冒犯，提前离场了。古拉里去了本-古里安的办公室，发现他"一动不动，凝望着天空"。古拉里试图让他回到客人身边。本-古里安一脸厌恶，他用意第绪语形容聚会是"hasenah"，字面意思是"婚礼"，但也意味着无聊的狂欢。他谈起那些在战争中失去亲人的家庭，如果他们在聚会上见到他，会作何反应。"我们已经为国家作出了多少牺牲，我们到底还要奉献多少？"他想他们会这样质问。有时本-古里安会参加士兵的葬礼，或者出现在失去孩子的父母举行的聚会上，他说："我总是在想——至今还没有人攻击我，没有人在悲伤的时候向我扔石头，没有人提高嗓门对着我喊，也没有人在痛苦的时候大叫：'你想要一个国家，我们在付出代价。'"他给古拉里看了一本书，这本书是诗人鲁文·格罗斯曼（Reuven Grossman）为纪念他的儿子诺姆（Noam）所作。诺姆和其他15名士兵在耶路撒冷北部被杀。他们中的一些人被阿拉伯人俘虏，遭受酷刑后被杀害，尸体被肢解。这是以色列在战争中遭遇过的最惨烈的一次败仗。以色列国防军耶路撒冷负责人伊扎克·拉宾认为，诺姆的小分队被指派了一项不可能完成的任务，后来有人将其称为自杀任务。本-古里安收到了该事件的报告。古拉里回忆，当本-古里安拿起这本书时，手在颤抖，声音哽咽。他大声念出格罗斯曼的赠言："你一声令下，他战斗了，你一声令下，他倒下了，衷心地祝福你！"本-古里安双手掩面，在古拉里的印象中，他哭了。"这是巨大的、崇高的（精神），令人难以置信。"他哭着说。这本书里有一首格罗斯曼以父亲身份写的诗，题名是《为此我感谢你，上帝》。本-古里安在给诗人及其妻子的信中写道："我很感动，发自内心的感动。拥有像诺姆这样的儿子的国家是有福的，拥有像你们这样的父母的国家也是有福的。"[2]

在对抗阿拉伯人的战斗中，本-古里安随时可以让犹太人甘愿献出生命。和其他犹太领袖相比，只有他能做到这一点。这也是他的领导力的主要表现，因此他对犹太复国主义的信念更加坚定了。伊加尔·雅丁后来回忆道，本-古里安通常不会问每一次行动中有多少士兵阵亡。[3]有时，伤亡带来的责任感沉重得难以负荷。他还要安慰以色列领导层里的朋友和同事。死者包括雅丁和摩西·达扬两人的兄弟，伊扎克·本-兹维和雷切尔·亚奈特的两个儿子。伊扎克"没有流下一滴眼泪，还在讨论当下的局势——但他的痛苦不亚于雷切尔"，本-古里安从老朋友家中慰问后回来写道。这对夫妻相信，他们的儿子用最后的子弹射向自己的头部，免得落入阿拉伯人的手中。本-古里安还提到伊扎克的儿子本打算几天后就结婚的。[4]

政治精英也在体验国家的悲痛，这一事实转移了不少对本-古里安的指责。很自然地，他需要像什洛莫·拉维和鲁文·格罗斯曼这样失去孩子的父母的支持，格罗斯曼后来将他的姓改为阿维诺姆（Avinoam），意思是"诺姆的父亲"。本-古里安赞扬了阵亡将士的英雄主义精神，并宣布："现在一切都是为了战争。"[5]

❖

本-古里安每天都要会见以色列国防军的指挥官。他通常表现得自信和自制，但有时也会崩溃。雅丁回忆说，他是个强硬的人，很难接受反对意见，有时他会提高嗓门，但大多数时候他不会这么做。有时他一言不发地坐在那里，气氛尴尬，或者他会突然谈起《圣经》。雅丁说，他这样做主要是因为人们正在告诉他一些他不想听到的事情。此外，身为总理兼总司令官，他在日记中记录了人们告诉他的一切，这一点让与他见面的人感到不安和敬畏。雅丁回忆，与他的对话必须按照适合听写的速度进行，他经常打断谈话，开始提问。当他从日记中抬起头来表示不同意时，他还会神经质地眨眼睛。"这是一个非常奇怪的个人特质，"雅丁回忆道，"熟悉他的人不会受太多影响，但大多数人无法忍受，他们感到很难质疑他的决定。"他的许多决定似乎是从刚刚记下的内容中产生的。雅丁认为本-古里安习惯通过写作来组织他的思想。[6]他会倾听军官们的意见，但正如其中一位军官所说，最后本－古里安只相信自己的判断。[7]

北方阵线的指挥官摩西·卡梅尔（Moshe Carmel）说本－古里安通常不会用命令的方式结束谈话。他会简单地说他想做什么，在他的设想中，对方能理解他的意图并将其付诸实践。有时，他含糊其词，话语间充满着暗示。"你会明白他想要什么，他的意图是什么，"卡梅尔说，"但你无法在事后说清楚你具体听到的内容。"①[8]

有时，他作出的决定与手下军官的战术背道而驰，包括在部队部署、行动时机和目标等问题上。他要求至少攻打拉特伦的阿拉伯阵地六次，打通前往耶路撒冷的道路。他担心，如果不占领这个阵地，耶路撒冷的犹太人将无法忍受围困而被迫投降，落入阿拉伯人手中。然而六次任务都失败了。这是他对军事行动最明目张胆的干涉。雅丁试图跟他解释，他的判断是错误的，无论是对耶路撒冷犹太人抵抗围堵的能力，还是对以色列国防军的能力。雅丁认为，为了拯救耶路撒冷而耗费的精力令犹太人失去了占领其他地区的机会。他俩的会谈有好几次变成大吼大叫，最后在紧张的气氛中结束。作为哈加纳最资深的指挥官之一，雅丁坚持认为，产生争执的原因是身为总理兼国防部部长的本－古里安对后勤及其运行的意义一无所知。当伊扎克·拉宾告诉本－古里安不可能占领拉特伦时，本－古里安大发脾气，并愤怒地说道："伊加尔·阿隆应该被枪毙。"阿隆是帕尔马赫的指挥官。"我很震惊，"拉宾写道，"我简直无言以对，我艰难地咕哝道：'本－古里安，你在说什么?!'他没有收回他的话，'是的，就是你听到的!'他重复道。"

---

① 这也是他在内阁会议上发言和辩论的方式。他几乎总会在说话时给自己留好退路，例如"我自己相信有获胜的机会，但如果格伦鲍姆先生问我这个问题，我是不会承认的"。他在担任犹太工人总工会秘书时也是这样做的。（Ben-Gurion to the Cabinet, Sept. 21, 1948, ISA; Mordechai Bentov, interview transcript, BGA.）

雅丁认为本-古里安坚持征服拉特伦是一种"执念"，但他已经　　431
放弃说服本-古里安。攻占拉特伦的努力多次失败，造成数百人死
亡。此后不久，在付出巨大的努力之后，一条与过去不同的通往耶
路撒冷的公路才被打通，并被命名为"滇缅公路"。①9

由于本-古里安不断地干预战争，人们将他和战场上的失败联系
在一起。同时，他必须捍卫自己政治上的权威，这是本-古里安从未
面临过的严峻考验。

"神圣的加农炮"

1948 年 6 月上半月，得到双方同意后，停火协议开始生效。联
合国安理会派出一位调解员——瑞典的福克·贝纳多特（Folke
Bernadotte）伯爵。在停火期的一个周六，本-古里安出现在马帕伊委
员会以了解情况。他说停火意味着取得了初步的胜利，尽管看起来
这更像是一场失败。他所在的政党中无人抱怨，不过他们肯定期望
本-古里安能对发生的事作出解释。本-古里安号召所有人起立，哀
悼什洛莫·拉维牺牲的两个儿子，接着，他以私人的名义请求理解，
口吻几乎是在道歉。他说，在犹太代办处工作的 15 年里，他没有担
任过部长，直到两年前，"指挥战争"的工作才交到他手中。一开始
他并没有答应下来，因为他不是一名将军。不过，没有比他更适合
的人选。他重申自己对军事事务一无所知，只是和其他人一样知道

---

① 一些新移民抵达以色列后就立即被送往拉特伦作战，他们没有接受过任何培训。本-
古里安承认他负有责任。"可是我们别无选择，"他后来说，"耶路撒冷处于危险之中。"拉
宾告诉他，移民士兵的到来打击了军营的士气。拉特伦的溃败部分是由于情报失误。
（Moshe Shapira and Ben-Gurion to the Cabinet, June 2, 6, 8, 1948, ISA; Ben-Gurion, Diary, June
14, 1948, BGA; Ben-Gurion to the Mapai Council, June 19, 1948, in Ben-Gurion 1982a, p. 538;
Ben-Gurion to the Knesset, Jan. 4, 1950, *Divrei Haknesset*, 3, p. 434ff.; Shamir 1994, p. 249ff.,
p. 7ff.）

一些在书上和报纸上就能学到的东西。他之所以接下这份工作是因为军事科学和其他的专业领域一样，很大程度上也是"常识问题"。他回忆起曾经的"研讨会"，决定通过学习开始新的征程。他承认"我们还没有学会如何打仗"。这里他说的是"我们"。和过去一样，他认为"我们都负有责任"。接着，他提出一个"微妙的"问题，很多人都认为他不应该提这个问题，但他并没有被震慑住，就像他不惧怕那些更痛苦、更危险的事情一样。这个问题关于帕尔马赫。

432

提问前，本–古里安仔细斟酌了用词。他首先赞美帕尔马赫及其士兵，他说自己和帕尔马赫的指挥官关系很好。但不幸的是，他们想把部队变成"私人领地"。他说他不允许这种情况发生。一位与会人士警告这会带来一场"激战"。[10]本–古里安已经准备好双线作战。

就在这一天，一艘载有数百名移民和大量武器弹药的船驶向以色列海岸。这艘船在伊尔贡的安排下到达，它的名字是"阿尔塔莱纳"，即泽夫·雅博廷斯基的笔名。在以色列宣布独立的次日，贝京曾提出把船卖给政府。[11]但交易没有达成，接下来的几周时间里，就该船携带的武器如何分配的问题，贝京与临时政府进行了谈判——80％给以色列国防军，20％给耶路撒冷的伊尔贡。但在船抵达前的几个小时，谈判陷入僵局。本–古里安把这个问题交给内阁决定。"我准备采取行动，也就是开火。"他说。但只有得到内阁的批准，他才能这么做。部长们授权以色列国防军阻止船只卸载武器，如果可能的话，尽量避免暴力。"但如果对方不服从命令，可以诉诸武力。"该决议获一致通过。[12]帕尔马赫和"阿尔塔莱纳号"的问题几乎同时出现在临时政府面前。

❖

这艘船起初在卡法维特金对面泊定。由于一直没有找到解决问题的办法，双方交火，乘客和大部分武器被带走。贝京登上船，启

航前往特拉维夫。凌晨两点，本－古里安被叫醒，并获知了最新进
展。第二天，内阁再次召开会议。本－古里安已经对谈判失去了兴
趣。"（贝京）企图毁掉军队，毁掉国家。"他说。他告诉部长们：
"这是两个问题，在我看来，两个问题都不能妥协。这将是我们民族
巨大的悲剧，但我们需要反抗，我们必须这么做。一旦军队和国家
向另一支武装力量投降，我们就完蛋了。"卡法维特金海滩的交火令
双方都有伤亡。

　　并不是所有的内阁成员都同意他的观点。不过，雅丁拟定了一
项军事行动命令，他称那艘船为"敌军"，要求对"敌军"采取军事
行动，行动目标是"穷尽一切方法和手段，让它无条件投降"。内阁
以 7 票对 2 票决定将该船交由国防部处置。[13]本－古里安前往总参谋
部，命令雅丁采取行动。伊扎克·拉宾亲自指挥行动。"犹太人向犹
太人开枪，持续了好几个小时，"拉宾后来写道，"犹太人被其他犹
太人的子弹打伤，甚至杀死。"但本－古里安丝毫没有顾虑。他记录
道："伊尔贡日……船着火了。"[14]

❖

　　"阿尔塔莱纳号"上的烟雾还没有消散，本－古里安已经在继续
考虑制服帕尔马赫的计划。5 月，对将军兵变的妥协并没有解决本－
古里安和帕尔马赫政治上的紧张与对峙。他想解散这支武装力量，
将其纳入以色列国防军的体系中。因此，在过去两个月里，尽管战
争还远未结束，本－古里安又一次与军队领导层对抗。这场冲突暴露
出他执行力的局限性，他不得不请求政府支持。内阁成立了所谓的
五人委员会。本－古里安只能怪自己让帕尔马赫积聚了这么大的能
量。被选来调查此事的内阁部长中，没有一个人的地位比得上本－古
里安。但是，当他们审问本－古里安和军队领导人时，仿佛他们之间
的地位是平等的。

五人委员会花了三天时间听取证词。伊斯雷尔·加利利指出他被解除全国总司令官一职后，军队的作战能力被削弱。雅丁抱怨本－古里安干预军事行动，并详细描述了他不断施压要求夺取拉特伦的情况。每一个人都或明确或含蓄地指出本－古里安只任命忠于马帕伊的人担任最高指挥的职位。本－古里安则认为帕尔马赫为马帕姆的利益服务。他将军事上的失败归因为帕尔马赫拒绝服从他的命令。[15] 此刻，他看起来不像国家的军事领导人，更像一个误判对手力量的政客。调查的过程是令他耻辱的，五人委员会最后的决定更是给了他沉重的一击。

五人委员会认可了每一项对本－古里安的指控，起草了一份削减国防部部长权力的决议。本－古里安将被禁止干涉军队的作战，如果总参谋长反对，本－古里安的任命则无效，一旦任命出现争议，将提交部长级委员会决定。主持调查的内政部部长伊扎克·格伦鲍姆给本－古里安看了决议的摘要，问他有什么要说的。"我无话可说。"本－古里安回答道，随后离开了房间。格伦鲍姆很快收到了本－古里安寄来的信——他称五人委员会起草的决议是想把他赶出国防部和政府。[16]

接下来会发生什么并不出人意料，不过，仍颇有戏剧性——格伦鲍姆派摩西·夏里特去说服本－古里安。夏里特发现本－古里安待在自己家里，精神极度痛苦，一位医生陪着他。夏里特向委员会汇报说，本－古里安精神崩溃了。他用了《圣经》中的一个词，伯尔·卡兹尼尔森也曾用这个词来描述过本－古里安的状态，"步履蹒跚而且痛苦不堪"，身体和精神一样衰弱。"我没法和他交谈，"夏里特说，"我试图和他说话，但没法把他引到我们感兴趣的话题上。"当夏里特问他是否能继续担任总理时，本－古里安回答："不。"

雅丁也来找他谈话。宝拉试图让他离开。她尖叫着说，雅丁应该为本－古里安的痛苦负责，她想把他赶出去。雅丁坚持要见本－古里安，宝拉让他可以试试，本－古里安的确不想见到他。她是对的。雅丁走到他跟前，发现他躺在沙发上。当本－古里安看到他时，他转过身，面对着墙。"听着，历史不会原谅你的。"代理总参谋长对着总理的背影说。本－古里安不想和他说话。[17]

435

❖

当本－古里安对帕尔马赫和伊尔贡采取行动时，战争的胜利还很遥远。他需要胜利的战果。帕尔马赫培育的意识形态和政治认同，威胁到了马帕伊及其领导人在更广泛的劳工运动中的地位。贝京是被他组织内部的极端分子拖入"阿尔塔莱纳号"事件的。这些极端分子想用这艘船威胁本－古里安的政府，也逼迫贝京。因为贝京已经同意将伊尔贡的战士编入以色列国防军，将他们置于军队的管辖之下——条件是将他的战士分在两个营一起服役，并且他们能得到执行行动所需的武器。没有丝毫迹象表明帕尔马赫中有人在密谋"摧毁军队"或"篡夺国家"。他们不会威胁到国家的主权，至多是削弱本－古里安及其政党的领导力。伊尔贡和帕尔马赫代表了不同的社会阶层和价值观，他们的观点和经济政策与马帕伊截然不同，但他们都认同犹太复国主义的基本原则，从这个意义上说，他们都在同一个屋檐下。因此，在战争还在激烈进行的时候，没有理由对他们使用武力。两个组织都将受到的打压转变为自身的神话，赢得支持者的认同。

本－古里安仍沉溺在仇恨里，积极地捍卫着自己的决定。在"阿尔塔莱纳号"遇袭的第二天早上，他说："击中那艘船的加农炮非常神圣。如果第三圣殿建成，这门大炮应该摆到圣殿里。"支持攻击这艘船的人们很快就称它为"神圣的加农炮"。[18]也许是因为他对伊尔贡采取了武力镇压，以至于他认为可以用同样的大炮来威胁帕尔马赫。

不管是哪种情况，伊尔贡比较容易对付。在他眼中，他主要的政敌是帕尔马赫和马帕姆的领导人。

"由你们决定"

他停止了各方面的工作，包括——非常罕见地——整整三天都没有写日记。趁他不在，一些内阁成员发泄对他的不满，这些都写在内阁会议记录里。卫生部部长夏皮拉说："如果是我要对拉特伦残酷的战斗负责，我的良心会折磨我到生命的最后一天。"农业部部长阿哈龙·齐斯林是马帕姆成员，他提议罢免本-古里安。他认为总理和整个军队的关系都不好，不仅仅是帕尔马赫。齐斯林隐晦地暗示由于本-古里安倾向于相信自己的直觉，可能直接导致死亡人数增加。他还指责本-古里安追求独裁统治，不接受任何批评。另一位部长也说本-古里安不知道如何与人合作，只希望身边都是唯唯诺诺的人。夏里特告诉政府，本-古里安受到了极大的侮辱，目前的问题是政府是否想赶走他。最后，内阁决定将他召回。[19]

他回来时，似乎已从步履蹒跚的痛苦中恢复过来了。他平静地处理着日常事务，还主持了一场国旗和国玺设计的讨论。有那么一会儿，他感到这一天也和他作对——他只想要一面上角画着一颗蓝色大卫星的白旗，拒绝了赫茨尔提出的增加七颗金星的提议。他觉得金色太丑了，但他在投票中输了——政府决定国旗有七颗星星，很可能是金色的。对于国玺，本-古里安要求由两只狮子来托住约柜，但他同意作出妥协：取代狮子的将是神庙的圣灯——烛台，就像它出现在罗马的提图斯拱门上一样，而且没有金色的星星点缀。这是一个充满希望的开始。

他以同样和解的口吻谈起国防部。他说他从没否认过政府有解雇他的权力，有那么一瞬间，似乎他在鼓励同事们这么做。他还说没有人是不可替代的，并举了一个他最喜欢的例子。多年来，人们都认为没有人能取代哈伊姆·魏茨曼的位置。但当他被迫离职后，犹太复国主义运动也没有陷入崩溃。"由你们决定。"他总结道。但这只不过是他的开场白。

核心问题是国防部部长是否能兼任总司令官，部长级委员会到底有多大的权力。答案很快就清楚了，内阁部长们并不是为了找到指挥作战最有效的方法，他们只是想要一个让本-古里安继续掌舵的折中方案。格伦鲍姆突然想起，五人委员会就帕尔马赫提出的决议尚未得到内阁全体成员的同意，因此是无效的。另一位部长很快补充道，如果是那样的话，可以直接将这些文件归档。本-古里安提出一个建议："我很乐意把所有困难的事情带到这里，"他这里指的是整个内阁，"这让问题更容易解决，因为这些事务需要集体负责"。

这时，他又告诉内阁他对战争以及随后到来的和平的看法。战争应该再持续一个月左右，最后以"对大马士革、贝鲁特和开罗的轰炸结束，直到那时，他们将再也不想挑起战争，愿意与我们和平相处"。和平才是战争的目标。为此，"我们必须征服阿拉伯人的心，"他说，"我们只有一个方法可以教会他们尊重我们。如果我们不轰炸开罗，他们会觉得他们可以轰炸特拉维夫。"剩下的事就是找到合适的词来界定国防部部长的权力，本-古里安承诺"有需要时"会和部长级委员会协商。[20]

1948 年底，战争仍在继续，在制宪会议选举前，内阁会议记录里还留着因帕尔马赫引发的恶意辱骂。最终，该部队还是被解散了。数千人至死都无法原谅本-古里安。制宪会议由 120 名成员组成，很快转变为以色列的第一届议会。信仰马克思主义的马帕姆赢得了 19 个席位，成为第二大党，仅次于马帕伊的 46 个席位。[21]

本-古里安指挥战争的方式备受指责，但这些批评往往带有政治色彩，反而让他更容易屏蔽外界的声音。他决心采用多年前的工作方法，亲自指挥这场战争。"在安全事务上，没有什么是笼统的，一切都是细节，"他告诉同事，"我唯一需要解决的是细节问题。"他不时发出威胁，说他不同意以任何其他方式工作。他还说，如果做不到这一点，他就给自己找另一份工作。[22]这场战争，就像之前的"研讨会"一样，看起来就像波兰大选的新版本。

"他们应该被转移到外约旦"

此时，各条战线上的战斗已全面恢复。在第一次停火协议终结和第二次停火协议开始生效的 10 天时间里，以色列国防军征服了拿撒勒、拉姆拉和罗德，但再次攻占耶路撒冷老城的尝试还是失败了。黎巴嫩贝鲁特和埃及开罗的法鲁克国王宫殿被以色列不久前购买的轰炸机轰炸了——3 架 B-17G 空中堡垒发挥了作用。"我们的飞行员很热情。"本-古里安写道。第二天，大马士革也"终于"遭到空袭，本-古里安写道。[23]

本-古里安曾在一次内阁会议上说过，拉姆拉和罗德是"尖刺"。现在他下令立刻拔除它们。[24]1948 年 5 月和 6 月，两个城市遭到空袭，但没有被攻打下来。"我们已经决定帮助（伊尔贡）清理拉姆拉。"在宣布独立两天后，本-古里安这样告诉内阁。[25] 6 月初，他仍在抱怨雅丁"没有意识到"拉姆拉-罗德阵线的重要性。最后，他不得不等了大约六个星期，直到在"丹尼行动"（Operation Danny）中，两个城市才被攻打下来。战役中三位指挥官脱颖而出，他们是摩西·达扬、伊加尔·阿隆和伊扎克·拉宾，都出生在巴勒斯坦。不过，两天后，本 - 古里安就不得不震惊于"tzabarim 的胆大妄为"，

"tzabarim"的字面意思是"多刺的仙人掌",指的是土生土长的以色列人。他告诉内阁:"(他们)对罗德镇犯下了令人震惊的暴行。"[26]

1948年7月12日中午,本-古里安在被攻占的城外遇到了拉宾和阿隆。拉宾后来说,当时他问本-古里安如何处置罗德的阿拉伯人,本-古里安挥了挥手,拉宾认为这是要驱逐他们的意思。后来拉宾说,本-古里安明确下令这样做。阿隆告诉本-古里安,居民们"倾向于离开",他们只是希望以色列国防军能释放逮捕的人。据阿隆回忆,本-古里安对他说"我建议你释放囚犯",还朝他眨了眨眼睛。"这留给我非常深刻的印象,"他说,"我和本-古里安之间有一个共识,那就是他们最好离开罗德……我告诉他我明白了,会加快速度。他说,是的。这就是我们交流的全部内容,就两句话,事情就这样结束了。"阿隆命令军队"用车子,包括公共汽车和卡车,鼓励阿拉伯人从拉姆拉逃亡到拉特伦对面的前线阵地"。后来他还说,他命令军队"放他们走"。阿隆称他和本-古里安希望难民潮会让外约旦军队的前进变得更加困难。[27]

之所以有必要询问本-古里安如何处理阿拉伯人,部分是因为就在几天前,即1948年7月6日,将军们收到了以总参谋长的名义发出的命令。该命令明确禁止夷平村庄和城镇,以及驱逐阿拉伯人,除非是在真正的战斗中,以及"在特别制裁或国防部部长明确指示的情况下"。[28]7月12日下午1点30分——本-古里安离开后不久,阿隆签署了一份命令,拉宾也签了字。它包括两项规定:"(1)罗德居民将被迅速驱逐出境,不必按照年龄排序。他们将被带往拜特纳巴拉(Beit Nabala)。(2)立即执行。"[29]

在本-古里安到访的第二天,7月13日,大驱逐开始了。一天后,他告诉内阁,根据他当天早晨收到的一份报告,没有一个阿拉伯人留在拉姆拉和罗德。他说在大驱逐的那天,仅有3000—5000人留在罗德。他还说就在他到访阿隆和拉宾的指挥部之前，"很多人已经逃走了"。[30]他的战争日记后来由以色列国防部的出版部门出版，编辑们确定，大多数居民是在 1948 年 7 月 14 日和 15 日两座城市被攻占后，才"自愿或遭到武力胁迫"而离开的。[31]7 月 15 日，本-古里安援引一份外约旦的电报，称有 3 万难民从拉姆拉和罗德向他们的方向移动。对此，他写道："他们应该被转移到外约旦。"[32]财政部部长埃利泽·卡普兰告诉同僚，他曾问过本-古里安阿拉伯居民的命运会如何，本-古里安回应道，那些年轻人将被俘，其他人应该"被鼓励离开那个地方"，但是以色列必须保证那些选择留下来的人的供给。齐斯林说，他把这句话理解为一个警告，意思是"为了活命，尽力逃跑"。他的政党马帕姆获得了一份独立报告，关于"驱逐被占领的罗德和拉姆拉的阿拉伯人"。[33]

440

参与此次行动的指挥官之一是什马亚胡·古特曼（Shmaryahu Gutman），他在大驱逐后撰写了一份详细的报告。报告很大程度上证实了指挥官阿隆的说法。罗德之战打得很艰苦，以色列国防军遭到敌人的反抗。军队一度将数千名男子囚禁在一座清真寺里，他们可以离开回家，前提是他们及其家人必须在几小时内离开罗德。古特曼说："当阿拉伯人被告知必须离开罗德时，他们表现得欢欣鼓舞。他们担心在接下来的战斗中罗德会被摧毁……看起来他们像从地狱里或从交战的山谷里逃出来的。"他回忆道，居民们排成长长的队伍向外约旦阵线前进，他们的马车上载满了财物和牲畜。"所有人都负重前行，甚至每个孩子都带着东西，一篮子食物、一壶水、咖啡器具，等等。"这座城市完全清空了。"一种怪异的寂静笼罩着整条街道……就像发生了一场集体杀戮。"古特曼写道。拉姆拉的阿拉伯居民则被公共巴士带到外约旦边境。[34]

"几代人的哭泣"

1948 年 9 月 26 日，本－古里安向政府提议以色列打破第二次停火协议，征服拉特伦。[35] 外约旦已经无视停火协议，炸毁了耶路撒冷的供水管，杀害了若干名以色列士兵。内阁拒绝了他的提议。他后来表示，这个决定将导致"几代人的哭泣"。这句话很快在以色列的政治和神话中找到了注解，成为一种持久的刺激，不断出现，拒绝消失在历史的深处，就像攻击"阿尔塔莱纳号"，以及解散帕尔马赫一样。

几天前，联合国调解员贝纳多特和他的副手在耶路撒冷被杀害。凶手是莱希成员。因为贝纳多特提出一项新的和平计划，要求以色列同意阿拉伯难民返回家园。该计划还提出了新的边界——内盖夫归阿拉伯人，加利利归犹太人，耶路撒冷将成为一个国际城市。本－古里安下令解散莱希，并追捕其党羽。他向内阁提议出台一部反恐怖法，一些内阁成员认为该法案与他们的基本价值观相矛盾——其中包括死刑，给予国防部部长过高的自由。他的提案引发的辩论再次表明，他的同僚担心他在寻求无限制的权力。[36]

在这种情况下，大多数内阁部长不打算接受他攻打拉特伦的提议。本－古里安建议采取局部行动，用他的话说，"消灭一个阿拉伯人的小口袋"。[37]"拉特伦就是耶路撒冷。"他说。但此前六次攻占拉特伦的行动都失败了，这样的败绩让人们不想再尝试第七次。贝纳多特之死还限制了以色列再挑衅联合国和美国。

他期待阿拉伯人对他的提议作出反应，从而在全国范围内重启战争。几个月来，他发现长时间的停火可能会扼杀以色列的经济。应征入伍的士兵人数有 10 万，他警告道，不能拖太久不让他们退役。

441

他担心这场战争可能会持续五年。"如果我是阿拉伯人，我不会让战争结束，"他说，"目标不是要夺取拉姆拉或罗德，而是要赢，实现和平。"[38]

他试图说服内阁成员，重启战争对以色列有更深层次的好处，最重要的是有机会"清理"加利利的 10 万难民。他说，如果没有战争，就不会有一个空荡荡的加利利。如果发生一场战争，那么不需要很大的努力，"加利利就能被净化"。他把"净化后的加利利"称为"嫁妆"。除此之外，他还提到征服内盖夫，将该州边界向东移动，至少要到达中部山脊。在这次会议上，他没有提及征服耶路撒冷老城、伯利恒（Bethlehem）或希伯伦。他在日记中写道："我提议进攻并占领拉特伦。"面对那些担心联合国反应的内阁部长时，他说："让我们假设这次行动不合法——但现实就是现实。"

法律方面不是摩西·夏皮拉关注的重点，他和几位同事都不相信本-古里安。夏皮拉说，这项计划非常好，但如果每场战争都能按照计划进行，那么没有一个国家会输掉战争。七名内阁成员投票反对该项建议，把它否决了。[39]

在一次内阁会议上，本-古里安说："我从来没有制订过详细的、全面的计划。"[40]在整个战争进程中都是如此。他只设立了一个最低目标，就是建立一个能够自卫的独立国家，最好没有阿拉伯人。他提出的想法大多是即兴的创作或突如其来的灵感，有时还是相互矛盾的。比如他曾说过一长串对于胜利的定义，包括对阿拉伯国家首都的"大轰炸"，有一些实现了，但征服纳布卢斯的计划并没有实现，不管是否包括他所说的三角地区。他在宣布独立一个月后说："一定要占领杰宁—图勒凯尔姆（Tulkarem）—拉马拉—耶路撒冷三角区，越快越好。"他常用"三角"来形容以色列中部的犹地亚和撒玛利亚（Samaria），但并不总是指同一个地区。征服纳布卢斯，或者整个三角区，是为了确保在耶路撒冷乃至整个国家取得胜利。有时候，他的意思是控制进入耶路撒冷的道路，有时是占领这座城市，不管是否包括老城。[41]

这些前后矛盾、毫无根据的冲动，都是在 1948 年 5 月至 10 月的五个月里产生的。究其原因，不是现实困难和环境变化，而是他的偏好和直觉，以及缺乏全面的战略。他还提出了前后不一致的国土范围。"我们可以征服整个巴勒斯坦，"他曾说，"我们也可以到达纳布卢斯——我认为到大马士革也可以。我们可以把边界延伸到利塔尼河。"在他看来，"我们应该拥有以色列西部的全部土地"，他指的是约旦河和地中海之间的地区，但如果让他在征服该区域和 1947 年和平划分的边界之间作出选择，他会选择后者这一"缩减的国家"。[42]在 9 月 26 日的内阁会议上，他只提议攻占拉特伦，他希望这次行动能重启战争，但这还不是行动的主要目标。

几天后，他想证明大多数人支持他的拉特伦计划，包括夏里特在内。会议记录显示恰恰相反。不过这也无所谓，因为过了一周后，拉特伦对他来说不那么重要了。他还说："我们不会在拉特伦的问题上再次展开辩论。""我们不需要拉特伦"，这好像是他事后的想法。[43]这次他提议征服内盖夫。他没有告诉内阁他希望战争再度爆发。相反，他说因为埃及封锁了进入南部以色列定居点的通道，现在南部需要救援或撤离。他强调，有可能打败埃及军队，并控制耶路撒冷到亚喀巴之间的整个区域。一些内阁成员认为，这和他们几天前拒绝过的提议很相似。夏皮拉再次表示对本-古里安没有信心，并要求他提供更多的信息。本-古里安承诺，只要外约旦、伊拉克和叙利亚不援助埃及，"我们将不会对他们采取任何行动，行动将限于南部"。大多数人投了赞成票，这个决定等于放弃征服耶路撒冷老城。[44]

443

在以色列宣布独立的几个月后，夺取耶路撒冷老城的几次行动都失败了。那里的犹太社区5月底就投降了，大部分居民被约旦人俘虏。[45]本-古里安没有把征服老城作为首要任务。他仍在等待联合国批准分治决议。根据决议，耶路撒冷及其周边地区将不被纳入犹太国家。他也明确表示过他无意征服这座城市，包括西部的犹太社区。这可能是为了提高决议通过的概率。但他也为自己的立场提供了典型的犹太复国主义理由。"如果我们向四面八方扩展耶路撒冷，它将包括许多阿拉伯村庄，犹太人将从多数变为少数。"[46]

本-古里安执着于打通前往耶路撒冷的道路，他把犹太国家与耶路撒冷西部的犹太人之间的联系视为国家大事。他很清楚这座城市的宗教意义，但他个人并不能感受到它的神圣。那里是哈瑞迪人的大本营，本-古里安担心犹太极端分子可能会攻击其他宗教的圣地。后来他在一次内阁会议上说，他并不急着接管耶稣的坟墓，不过需要盯住贝京，防止他把那里炸掉。[47]在宣布独立之前，他说耶路撒冷的安宁比进入西墙更重要。"就算我们三个月不去西墙，这也不是悲剧。"他说。[48]建国后，他继续对耶路撒冷表现出一定程度的冷漠，就像他当初刚到达巴勒斯坦时一样。

"我们将接受现实"

宣布独立后的几个月，以色列政府同意由以色列和外约旦分治耶路撒冷。不过以色列国防军拒绝接受这一决定。"摩西［·达扬］相信我们可以征服这座城市。"本-古里安在他的日记中写道。为此，达扬需要两个营。[49]

三周后，本-古里安拒绝了达扬的请求。达扬希望能发起第二次夺取拜特贾拉岭的行动，那儿距离伯利恒不远，前一天晚上的第一次尝试失败了。本-古里安主要是出于政治上的考量。他解释道，一旦以色列控制了耶稣诞生地，很可能会激怒基督教世界。鉴于外约旦国王阿卜杜拉和埃及之间的紧张关系，国王有可能不会出手援助内盖夫的埃及人，所以最好不要激怒他。一位以色列国防军的工作人员巴鲁克·拉比诺夫（Baruch Rabinov）后来回忆道，本-古里安要求达扬向总参谋部解释他的行动。在达扬发言前，本-古里安先说明了反对达扬的原因，但他又说作为民主人士，他会接受多数人的意愿。与会者中有五人支持达扬的提议，五人反对，总参谋长雅丁属于后者。出席会议的人中只有九人是参谋部成员，包括因个人声望被邀请出席的肖尔·阿维格，他选择支持行动。拉比诺夫回忆道，本-古里安希望的结果是大多数反对。为此，他让总参谋长的随员，以及他的武官尼希米·阿尔戈夫（Nehemiah Argov）都来参会。结果前者选择支持行动，阿尔戈夫则拒绝发表意见。"本-古里安大发雷霆，"拉比诺夫说，"他喊道：'我对你们的政治判断力感到震惊。'最终他判定不采取行动。"

据拉比诺夫说，达扬不仅打算征服拜特贾拉，还打算征服老城。周日，本-古里安去了耶路撒冷，参观了东侧的外约旦防线。他感到对方的防御工作做得很好，从军事角度来看，很难打败他们。他担心外约旦会轰炸斯科普斯山的希伯来大学。他只向内阁报告达扬想征服拜特贾拉，他说的大部分话都是为了证明他对征服老城的反对是合理的。几天后，他提供了一个新的理由：要占领老城，还必须征服杰宁和纳布卢斯等地，但此时军队需要休整。[50]另外，他说："我们不想和外约旦军队纠缠不清。"然而，就在同一天，雅丁也告诉他可以攻下耶路撒冷。"如果我们拿下纳布卢斯，拉马拉就会自动沦陷，耶路撒冷将得到解放。"几天后，他的疑心越来越重——将阿拉伯军队驱逐出耶路撒冷需要尽可能多的时间，但美国正在采取行动

445

阻止以色列。这个问题仍然悬而未决。几周后，以色列和外约旦就耶路撒冷的一系列问题举行会谈，包括对进城铁路线的控制、进入斯科普斯山的希伯来大学和拉特伦的通道。在协议达成之前，本-古里安坚持认为："如果达成协议，耶路撒冷问题就解决了。"他没有提到老城，不管出于什么动机和目的，他让步了。①51

❖

在战争结束后的几个月里，他还抱有幻想，并对同事们说老城的阿拉伯人会消失，只有国际组织留在那里保卫圣地。以色列将为他们提供电力。他告诉部长们不要在公开场合提起他的想法。他解释道："有些事情不好说出口。"如果这样的提议来自"某些非犹太人"，以色列会同意的。他的态度更加现实："我们不会为老城而战。我们将接受现实。"52

帕尔马赫的老兵后来宣称，本-古里安错过了一个"征服首都"的机会。53

"犹太复国主义者的巨大财富"

最后的战役在加利利和内盖夫爆发。几年前，英国人的分治方案曾引发一场辩论，当时本-古里安在日记中写道，如果他必须在方案里的加利利和不在方案里的内盖夫之间作出选择，他会毫不犹豫地选择加利利。1948 年 6 月，他又说他宁愿拥有内盖夫。其实两个他都想要。战争爆发时，他宣布："如果我们不能在沙漠里站住脚跟，我们也无法控制特拉维夫。"54

本-古里安称这是宣布独立以来作出的最重要的决定。他前往内

---

① 与外约旦的协议将以色列的边界向东移动，作为协议的一部分，以色列同意接管瓦迪阿拉（Wadi Ara）的一部分阿拉伯村庄，并承诺不驱逐他们的居民。（Segev 1986, p. 27.）

盖夫，指导阿隆如何征服它，就像他指导雅丁征服耶路撒冷一样。内盖夫激发了他的想象力，部分是因为他认为这是"一片无人居住的地区"，满足了犹太复国主义者对一个无人居住的巴勒斯坦"处女地"的梦想。[55]他坚持认为，内盖夫是"犹太复国主义者的巨大财富"，它只是缺水，地下可能有石油，500 万犹太人可以在那里定居，其中，200 万人从事农业，300 万人从事制造业。在一次内阁会议上，他滔滔不绝地谈起库尔努布（Kurnub，又名 Mampsis 或 Mamshit），那是贝尔谢瓦东南部一座纳巴泰王国城市的废墟。整整 30 万个家庭可以在那里定居，政府办公大楼也可以设在那里。[56]那儿的风景特别美。但阿隆没有听从他的指挥，派部队去了西奈的阿里什，希望能占领加沙地带。美国总统杜鲁门要求以色列国防军退回到以色列的领土，本-古里安默许了。阿隆匆忙赶到特拉维夫，但也无法改变决定。为此，他永远不会原谅本-古里安。[57]

当本-古里安听到以色列国防军已经抵达埃拉特时，他欣喜若狂。他在日记中写道："如果不算独立战争，这可能是过去几个月来最重要的事。"他回忆起自己在伯尔·卡兹尼尔森的陪伴下曾两次前往埃拉特。现在，他将开始第三次旅行，现在这是一次正式的胜利之旅——三架飞机载着一群高官和随行人员、一名新闻官和一名厨师，飞过马萨达。在这次访问中，总理穿着军装，戴着头巾，就像他和卡兹尼尔森一起去的时候一样。飞机降落后，他发现自己面对着一片湖水和树林，但那只是海市蜃楼。[58]

❖

在内盖夫，他住在米里亚姆旅馆，这是一家小型家庭旅馆，位于总参谋部附近。他睡得很少，吩咐自己人可以在晚上叫醒他。他知道如何控制自己的疲劳感——他戒烟了，不喝太多咖啡，还吃了安眠药。[59]以色列海军的创始人、教育家格尔森·扎克（Gershon Zak）

记起他曾看到本-古里安横躺在床上，读着约瑟夫斯的著作，他在约瑟夫斯的书里找到了自己的希伯来名字。"你可以（在书中）看到当时所有的军事行动，也可以从中学到很多东西。"本-古里安告诉扎克。[60]他有时为了暂时摆脱烦恼，可能还会下国际象棋。[61]他经常在太巴列度过周末。在他22岁时，加利利湖就给过他诗意的灵感，让他能够全身心地投入思考中。1948年12月，他在日记中写道："这简直令人难以置信：从特拉维夫到太巴列，一路上几乎没有看到一个阿拉伯人。"四周后，他写道："美好的一天。战争会在今天结束吗？"[62]

本-古里安花了很多时间思考和写作，谈论对战争和军队的看法。"每场战争都是恐怖的、可怕的灾难，不仅对战败者如此，对战胜方也是如此。"他说："战争是对生命的残忍浪费，对财产的破坏，对精神和物质资源的损耗。"但自从他被秘密安保组织巴尔-吉奥拉和防卫组织哈绍莫开除后，他就不可抗拒地被训练士兵和指挥战斗所吸引。他经常恋旧地谈起他在犹太军团短暂且不活跃的服役经历，这是他一生中最重要的经历之一。他阅读了大量的军事文献。[63]"战争是对一个国家的终极考验……"他写道，"不是力量的考验，而是意志的考验。"尽管如此，他认为必须与作为一种意识形态的军国主义划清界限。"有一种历史哲学认为战争是人类的最高命运。"他说。他指的是纳粹和阿拉伯人。"这种哲学是我们犹太教厌恶的，我相信《圣经》中的先知和圣人也是这样理解的。"在一次内阁会议上，他说："军队是世界上最危险的东西。"他害怕军事政变，反对在军队中废除死刑，用他的话说，这将使军队无法防备"恶棍"。他援引以色列国防军在耶路撒冷犯下的虐待和抢劫罪行的报告。"这就是为什么军队必须置于人民的控制之下。"他说。原则上军队必须服从于人民选举的机构。其结果就是他必须亲自控制军队。不过，战争胜利后发生的事冲击了他作为一场正义战争的最高统帅的形象。宣布独立的两个月后，他在日记中写道："棘手的是，在我们攻占的城市里发生了抢劫和强奸等严重问题。"[64]

❖

最大的战利品归政府所有，包括阿拉伯人的房屋和土地、农业机械、车辆和银行账户里的存款——所有这些都是私人财产。战争的开销使本-古里安心事重重，有时彻夜难眠。他对内阁部长们说，缺钱是一场噩梦，让他无法安睡。不过，他也得出这样的结论，战争是有利可图的。他说这个国家从战争中获得的更多。他指的是军工业的发展，以及英国留下的火车和军营等，有些是无须赔偿的。[65]当以色列国防军攻下罗德机场时，他很激动。他写道："天知道以色列政府还能不能在未来 10 年内建成这样的机场。"他告诉政府，机场的价值高达数百万美元，他还说："我现在明白了战争不仅仅是浪费。"[66]但他也学会了征服者的贪婪。10 年后，他回忆起当时发生的大规模掠夺，他说那是犹太人最原始的本能暴露出来了。"没有一个群体可以幸免于此。"他说。[67]希伯来大学的一些教职人员闯进阿拉伯知识分子废弃的住所，拿走他们的书，存放在国家图书馆中。①

这个问题在内阁引发多次讨论，本-古里安表示他对此感到厌恶和震惊。"当我听说这些行为时，我非常惊讶，"他说，"这削弱了我对胜利的信心。"他说这是"一个痛苦的意外"，他想象中的犹太人的道德观不是这样的。"我面对的是我从未怀疑过的道德缺陷，这是严重的军事污点，"他在另一个场合写道，并警告道，"那些虐待非犹太人的人也会虐待犹太人。"[68]他还说是贪婪导致了谋杀。农业部部

449

---

① 本-古里安的档案里有两张纸，上面写着《约书亚记》中的诗句，这是亚干的故事，他是一个被判死刑的男人，从被攻陷的耶利哥城里偷走了精美的斗篷和金银器，而不是像约书亚在城墙倒塌之前所命令的那样，把它们"作为宝物留给上帝"。这些文件中的第一份记载了罗德和拉姆拉居民被驱逐的日期。（Verses from Joshua 6, BGA, general chronological documentation.）

长齐斯林描述了一些士兵犯下的"类似纳粹"的行为。为此至少设立过两个调查委员会。[69]本-古里安也主动过问此事："听说加利利发生了可怕的事件，这是真的吗?"[70]1949 年夏天，他写道："可耻的暴行：贝尔谢瓦第 22 营逮捕了一对阿拉伯男女。他们杀了那个男人，然后他们（22 个男人）讨论如何处理那个女人。他们作出决定并且照此执行了——他们给她洗了澡，剪掉她的头发，强奸她，最后杀了她。"他提到该营营长被判处七年监禁。[71]

在占领的城市发生强奸事件后，本-古里安考虑到接下来的目标是耶路撒冷和拿撒勒，便下令每一个犹太人，尤其是每一个犹太士兵，如果被抓到强奸、抢劫或亵渎圣地，无论是基督徒还是穆斯林，都会受到"毫不留情"的枪决。他命令将拿单·奥尔特曼（Natan Alterman）的一首谴责谋杀阿拉伯平民的诗发给士兵。在此之前，军队审查官曾阻止《达瓦尔报》发表这首诗，本-古里安驳回了这条命令。[72]

450　　除了战争罪带来的道德沦丧，以及他持续关注的世界舆论是否将以色列视为正义的一方，本-古里安还有其他政治上的考量。占领埃拉特约两周后，阿隆试图说服他征服包括东耶路撒冷在内的中部山区，使约旦河成为以色列的东部边界，但没能成功。阿隆还提议应该迫使从巴勒斯坦其他地方逃到这里的阿拉伯难民继续向东，把他们逼到外约旦去。[73]几天前，本-古里安告诉内阁，阿隆曾提议通过耳语式宣传煽动南部阿拉伯人逃亡。本-古里安现在把它说成是一种不可接受的策略。[74]至此，已有成千上万的阿拉伯人离开了他们的家园。本-古里安区分了那些因为害怕以色列军队而提前离开家园的人，以及那些留下来但被"我们的军队赶出去"的人。他略带哲理地补充道："这是可以避免的，没必要把他们都赶走。"他同内阁分享了他对罗德和拉姆拉事件的看法。"居民收到'不要逃亡'的明确指令，事实证明他们最后是被赶走的。"他说。他试图与驱逐阿拉伯人的行为保持距离，给人留下大驱逐发生几天后他才抵达罗德的印象。[75]被巴勒斯坦阿拉伯人称为悲剧的"巴勒斯坦大灾难"一直困扰着他，直到他生命的尽头。

"你们发动了战争，你们输了！"

自 20 世纪初以来，数千万人被赶出他们的家园，或被杀害，或沦为难民，这些惨案大多发生在东欧国家。但是，也许是因为各大洲的人们都对圣地发生的一切特别敏感，全世界一直关注的是巴勒斯坦阿拉伯人的悲剧。本-古里安被一次又一次地要求解释清楚在他的领导下发生了什么。作为一个人，一个犹太人，一个犹太复国主义者，他确信自己是道德楷模，因此他很难将驱逐阿拉伯人的行为与他宣称的人道主义价值观相调和。

在他成为总理后不久，有人提议他在耶路撒冷南部的塔比耶街区的一栋豪宅里建造自己的官邸。这是一座两层楼的石头房子，楼梯在室外，外观庄严，入口处是一个形似马蹄铁的巨大的石拱门。有一些松柏树遮荫，院子里还种着一棵棕榈树、一棵橄榄树和一棵柠檬树。和这个地区的许多房子一样，它建于 20 世纪 30 年代，是黎凡特（Levantine）地区富裕的写照，也反映了当地的英国和法国文化。塔比耶的大多数居民是信奉基督教的阿拉伯精英，住在这里的也有英国政府官员、医生、律师和商人。在耶路撒冷，没有比这更有名望的社区了。它的街道没有名字，它的房子没有编号。举个例子，人们只需简单地问"安尼斯·贾马尔（Anis Jamal）的房子"在哪里。那原本是提议给本-古里安的住宅。贾马尔靠保险和旅游生意发家。他的妻子是俄国贵族，演员兼作家彼得·乌斯季诺夫（Peter Ustinov）是她表兄。一些犹太人也住在附近。其中一位出版商鲁

451

文·马斯（Reuven Mas）是当地犹太居民委员会的负责人。在这座世界上最国际化的城市里，犹太人和阿拉伯人生活在一种多元文化共存的幻觉中——前提是这种幻觉还能持续下去。到了 1947 年底，幻觉破灭了。

1948 年 1 月，马斯失去了他的儿子丹尼（Danny），丹尼曾指挥一队士兵去解救埃齐翁街区，但在途中被阿拉伯人杀害。四周后，《达瓦尔报》称："昨天下午，一辆哈加纳的车驶过塔比耶，呼吁居民撤离该社区。许多阿拉伯人离开了。"后来，他们中的一些人在英国当局的保护下回来了。当时，《达瓦尔报》记者想着："也许我们错了……当我们用扩音器告知阿拉伯人必须撤离塔比耶时。"但阿拉伯人很快又逃走了，大多数人几乎留下了全部财产，从三角钢琴、婚纱到网球拍、厨具、书籍和家庭相册。许多阿拉伯人的房子都被犹太人占有，这些犹太人也来自精英阶层，包括政治家、法官和希伯来大学的教授。

本-古里安参观了耶路撒冷废弃的街区，他拒绝搬进贾马尔的家。总理办公室的官员什洛莫·阿拉齐（Shlomo Arazi）推荐了这处住宅，后来他回忆起本-古里安拒绝的原因——让以色列总理住在一个从阿拉伯人那里没收的私人住宅是不合适的。当时，以色列已经从阿拉伯人手中没收了成千上万栋的房屋，但本-古里安想在他自己和这一切之间划清界限。他更愿意在里哈维亚建造总理官邸，那是以色列政府从英国政府一名高级官员的遗孀那里租来的房子，这名官员在大卫王酒店爆炸事件中丧生。[76]

本-古里安平静地接受了阿拉伯人流离失所的事实——他估计在50 万—60 万，其他人认为这个数字是 75 万。这就是犹太人在以色列地寻求独立付出的代价，用他的话说，这是"一片被占领的土地"。"战争就是战争。"他补充道。[77]他的同事们都支持他。有人把阿拉伯人的离开称为一个神圣的奇迹，也有人说没有阿拉伯人的话，这个国家的风景要好得多。什洛莫·拉维认为："在我看来，阿拉伯人离开这个国家是最公正、最道德、最正确的事情之一。"他说这一直是他的观点，甚至在两个儿子被杀之前就持有这种观点。本-古里安同意他的朋友伊扎克·本-兹维的看法，他对留在以色列的阿拉伯人的数量感到担忧，大约还有 10 万人。"这个国家的阿拉伯人太多了"，本-古里安这样认为。①[78]

本-古里安一直否认阿拉伯人是被迫逃离的。有时他还说，"没有难民逃离以色列国，所有从联合国分配给犹太国家的领土逃离的难民都是在英国委任统治期间逃走的。"事实上，近一半的阿拉伯人在犹太国家建立后成为难民，但本-古里安说这些人不是难民——他们是敌人。[79]不过，难民的存在和他们的困境让他无法停下来休息。鬼城和废弃的村庄吸引着他，他一次又一次地在阿拉伯人的街道上游荡，仿佛要亲眼证实那里没有阿拉伯人，也许也是为了说服自己，他没有出手驱逐他们。"这座城市几乎空无一人"，这是他对雅法之行的总结，10 年前，他曾幻想过雅法会被摧毁。"到处都是戴着塔布什帽的阿拉伯人。"他写道。在拉姆拉，他四处寻找，但没有找到1906 年他和他的朋友们创作《锡安工人党宣言》的那间房子。他抱怨道，那座建筑本应得到保护。[80]

和他参观完海法废弃的犹太社区后一样，他强调无法理解阿拉伯人为什么要逃走。他说，这是一个"令人震惊的事件"。重要的是，他要指出，与犹太人不同，阿拉伯人"轻而易举"地放弃了整座城市，即使没有毁灭或屠杀的危险。雅法甚至不存在粮食短缺。

453

---

　　① 后来，以色列国防军对为何那么多阿拉伯人留在加利利进行了调查，尽管"我们的部队已经试图赶走他们，而且往往没有用合法和温和的手段"。这份报告引用了指挥官的命令"协助居民离开被占领的土地"。（Yitzhak Moda'i，"Mivtza Hiram," IDFA 189. 922/1975.）

"很可能他们在逃跑时得到了一些帮助，"他说，"但从根本上说，这确实是一个令人费解的现象。他们没有被赶出雅法。他们甚至在雅法被攻占之前就逃走了。他们逃离了海法，逃离了太巴列，逃离了采法特。这件事很奇怪，值得研究。"[81]

他给出了自己的解释，他认为阿拉伯人的逃亡表明阿拉伯人的民族运动无论是在文化、经济还是社会层面，都不是基于积极的思想，他们拥有的只是宗教仇恨、仇外心理和统治者的野心。他说，一个国家不能为这样的观念而战，因为没有哪个农夫愿意为这些而牺牲自己。"历史已经证明，"他强调，"谁才是真正与这片土地相连的人，对有的人来说，这片土地不过是一种奢侈品，可以很轻松地抛弃它。"[82]

这是一个讨好犹太人的观点，但并不准确。巴勒斯坦的阿拉伯人想阻止以色列国的建立，但无论在组织还是领导方面都没做好准备。他们还没有从 10 年前英国对阿拉伯人起义的镇压中恢复过来。在英国统治巴勒斯坦的最后几个月里，英国人几乎没有采取任何措施来阻止阿拉伯人逃亡。在英国委任统治巴勒斯坦的 30 年里，阿拉伯人没有义务教育制度，每 10 个阿拉伯儿童里，只有 3 个上过学，其他人是在对现代国民生活毫无准备的情况下长大的，尤其是在农村，也包括海法、雅法和其他城市的边远地区。相比之下，几乎每一个犹太儿童都上学，大多数成年人在自己的原籍国上学。[83]伊扎克·本-兹维曾引用一位阿拉伯友人的话说，巴勒斯坦冲突是 100 万阿拉伯农夫和 100 万爱因斯坦之间的对抗。[84]尽管如此，仍有成千上万的犹太人被迫离开家园。

耶路撒冷市长丹尼尔·奥斯特（Daniel Auster）向本-古里安报告，一场名为"大逃亡的精神疾病"已经影响了这座城市里的犹太人。本-古里安下令不允许犹太人离开这座城市——他们本该用自己的身体保卫这座城市。他还拒绝了撤离儿童的建议。就像一战期间犹太人从巴勒斯坦撤离一样，本-古里安延续了他在 1938 年从纳粹手中和集中营里解救儿童的做法，他认为撤离耶路撒冷的儿童就等于在向敌人投降，因此不允许这样做。他还说，巴勒斯坦没有一个安全的地方可以接纳儿童。[85]

据本-古里安所说，一些住在米亚谢阿里姆的哈瑞迪人已经举白旗投降了，还有一些犹太人被赶出了自己在特拉维夫和一些废弃定居点的家。这些定居点曾是犹太复国主义的象征，比如马萨达和沙阿戈兰（Sha'ar Golan），这两个基布兹农场都在加利利的南面，那里的居民也不想牺牲。本-古里安说他不知道如果他处在这些人的位置会有什么反应。[86]南部尼扎尼姆（Nitzanim）基布兹的居民被埃及人俘虏了。到战争结束时，大约有 6 万犹太人成为难民，被迫离开社区、城市、基布兹和其他农业社区。[87]"如果穆夫提占领了耶路撒冷老城，他就会屠杀所有的犹太人。"本-古里安说，如果穆夫提到达特拉维夫，他也会这么做。后来，本-古里安坚持犹太人要求阿拉伯人留下来的说法，认为他们逃亡是因为穆夫提的命令。在这一点上，他和过去一样，强调犹太复国主义者应该感谢穆夫提犯下的所有错误。[88]

本-古里安希望阿拉伯难民会被邻国吸收，这样难民问题就会自动消失。"一切都会平静下来，烟消云散。"他说。外交部把这种幻想变成了一种不切实际的政治预测。本-古里安毕生致力于犹太人的主权问题，实现流散的犹太民族长期以来的梦想，却没有意识到流亡中的团结力量和对巴勒斯坦家园的渴望。他的内阁成员中至少齐斯林提醒过他这一点。"成千上万的阿拉伯人，他们和他们的孩子，将成为我们的敌人。正如我们从苦难中吸取教训，明白战争的必要性一样，他们也会产生报复、赔偿和回家的渴望。"[89]不过，本-古里安认为，时间对以色列人更有利。他坚持认为，会有 100 万犹太人取代阿拉伯人。①

　　有时，他会提出讨论难民返回的可能性，包括拉姆拉和罗德的难民，但这主要是为了提高以色列的国际形象而摆出的外交姿态。以色列当时还没有被联合国接受。本-古里安说："南非不需要同情、帮助和金钱，所以它可以对世界指手画脚。我们的立场不一样。"这也是为什么他在最后一刻否决当地指挥官的命令，拒绝驱逐拿撒勒的阿拉伯人。当时离立宪选举还有两周，他还在等待以色列向美国贷款 1 亿美元的请求获得批准。[90]成千上万的难民试图越过边界，回到家园。战后以色列明确阻止难民返回，驱逐"潜入者"，导致他们的悲剧不断延续。然而，本-古里安命令只驱逐"潜入者"，而不是离开家园但仍留在以色列国境内的难民。[91]有一次，他突然情绪爆发，用"你们"指代难民，好像他们突然出现在内阁会议室里："你们发动了战争，你们输了！"[92]

456

"我们的秘密武器"

　　列维·艾希科尔（Levi Eshkol）后来说，在本-古里安最困难的时刻，他常常哼唱 1938 年流行的歌曲《正在燃烧》，这首歌讲述的是一座犹太小镇被烧毁的故事。居民们呼吁他们的犹太兄弟用鲜血来扑灭大火。他不时提到大屠杀，作为政治辩论的一部分。"我们不会像绵羊一样被屠杀。"他在与英国高级专员的最后一次谈话中说。[93]他还说，希特勒试图毁灭整个犹太民族的做法并非首创，他坚持认

---

　　① 1915 年，本-古里安本人被驱逐出境，奥斯曼帝国的文件中写道"永远不能回来"，这一事件在他的脑海中根深蒂固，在以色列建国的同一天，他又回想起了这件事，"我在 5 月 15 日被驱逐出境"，他在讨论难民命运的内阁会议上说。但他引用的日期是错误的。（Ben-Gurion to the Cabinet, June 25, 1961, ISA.）

为穆斯林在这之前就已经这样做了，他列举了穆斯林犯下的一系列
战争罪行，从穆罕默德到穆夫提在柏林的活动。他说他们只知道解
决犹太人问题的唯一方法——彻底将其毁灭。在这样的时刻，他的
话听起来好像这是一场他个人对抗纳粹的战争。[94]他把造成数十人死
亡的特拉维夫空袭行动称为"埃及闪电战"。[95]在伦敦经历闪电战大轰
炸的时候，他有时拒绝进入防空洞。他后来也这么做，并为此感到
自豪。当有人提议将他的办公室搬到更安全的地点时，他的回应是：
"我理解爆炸会引起精神紧张，不过我的经历比你们所有人都多——
我在伦敦经历过。爆炸并没有那么可怕。"[96]

　　尽管英国人支持的是外约旦阿拉伯军团的阿卜杜拉国王，但本-
古里安对英国的历史文化，以及英雄气概的钦佩丝毫未减。他用一
种怀旧的语气向政府讲述英国最辉煌的时刻，包括招募英国女性参
战。"在伦敦，从司机到售票员，没有一辆公共汽车不是由女性驾驶
的。武器工厂也是如此。"他坚持认为，战时以色列应该用同样的方
式动员妇女。在他作为军队统帅遭到外界非议时，本-古里安经常提
及丘吉尔的名字，将其作为平民军事领袖的榜样。[97]本-古里安也做过
关于"热血、汗水和眼泪"的演讲，并经常使用英语词汇"D-Day"
（D-day 是常用军事术语，指军事攻击开始日。最早出现在一战期间，
因行动日期未定或保密而暂用 D-day 为代号。最为人熟知的 D-Day，
则是二战期间 1944 年 6 月 6 日展开的诺曼底登陆。——编注）。[98]当他
一再强调以色列需要为第二次大屠杀做好准备时，他拔高了在他的
领导下取得的胜利成果，培育了两个深深嵌入以色列身份认同的神
话：少数对多数，善对恶。

　　在战争之前、其间和之后，他经常说 70 万人面对 3000 万人，犹
太人与阿拉伯人的比例是 1∶40。这既夸大了危险的程度，又提升了
胜利的意义，[99]既正确又不正确。在巴勒斯坦，人口结构发生迅速改

457

变。阿拉伯人的流亡导致犹太人逐渐占大多数，在 1948 年的一整年里，超过 12 万犹太移民来到巴勒斯坦。[100] 1948 年底，本-古里安指出以色列和阿拉伯国家的作战部队人数已经几乎相等。"到目前为止，人们的观点是阿拉伯人是多数，我们是少数，但这种观点是不正确的。就阿拉伯居民的总数而言，这是正确的，但就与我们作战的军队而言，这是不正确的。"双方都派出约 10 万士兵，得益于来自海外的装备，以色列国防军稳步发展，不断壮大。但这个故事的以色列版本是一个以色列的大卫和一个阿拉伯的歌利亚之间的战斗，比数字听起来更有说服力。在个别战役中，这是正确的。独立战争后的许多年里，本-古里安继续宣传这个神话。[101]他从历史的角度讲述了这一切是如何开始的："正是由于希伯来劳工的胜利，一个犹太国家才得以建立。"在回复一封关于这个问题的来信时，他将这一点重复写了不少于六次。[102]

他一再说以色列国防军的力量来自以色列的道德优越感。"我们的人……比我们的邻居……更有优势。"他无数次强调这一点。[103]他相信以色列国防军在道德上是卓越的，这样的信念根植于他多年来的民族自我优越感。"阿拉伯人不像我们欧洲人那样复杂。"他曾评论道。战后，他宣布："除了土耳其，这些国家没有能力与我们一战。"[104]他有时会引用以色列人和阿拉伯人对生命态度的不同："对我们的对手来说，损失的数目并不重要——他们有数百万人。"有时，他会赞扬阿拉伯人的战斗方式，即便如此，也是为了放大以色列国防军的胜利。有时他夸口说："直到现在，我还认为我们的秘密武器是我们的精神，这的确是真的。"他说："但我们更秘密的武器是阿拉伯人，对他们的笨拙，我无法用语言来形容。"[105]

但他也可以为以色列的胜利给出更为世俗的理由，最具体的就是武器购买，以及以色列从美国犹太人那里得到的援助，包括士兵、

458

军事专家和资金。他曾简单地说过："我们胜利的原因是阿拉伯人特别弱。"[106]

❖

战争于 1949 年 3 月结束，持续了 16 个月。阿拉伯国家没能征服以色列，在接下来的几个月里，双方签署了停战协议，建立了临时边界——所谓的绿线。它或多或少与本–古里安在三年前（原文为七年前，但前文提到本–古里安在地图上画出分界线是在 1946 年，据此推算则为三年前，故进行了更正。——编注），用手指在贝文摆出来的地图上划出的分界线相吻合。耶路撒冷被以色列和外约旦瓜分。以色列的领土比联合国分治决议中给予犹太国家的领土要大 40％左右，新增的土地为以色列提供了原计划里没有的领土连续性。阿拉伯人作为一个少数群体留在了以色列，这与本–古里安 1937 年以来所说的目标一致，这些都是战争的主要成就。"除了为死去的儿子们感到悲伤，我们在这场战争中没有什么可遗憾的。"他说。[107]

战争结束前几周，本–古里安在他的日记中写道："和平至关重要，但不能不惜一切代价。"在独立前的几年中，人们曾经提出无数处理巴勒斯坦问题的方法——伙伴、联邦、分治、自治、州、委任统治和托管，几乎穷尽了所有可以想到的方法。一些解决方案为在欧洲难民营里的犹太人提供了定居巴勒斯坦的机会。但是，任何一种避免战争的安排都不能满足犹太复国主义的基本要求，即在犹太人占多数的前提下独立。本–古里安本人一直坚持认为，战争也许是不可避免的。"（我）预见到了战争的必要性。"他说。[108]在他看来，这是一个国家生命历程里的历史性时刻，一个绝不会再发生的特殊时刻。这需要一个勇敢的决定，一个暴力而残酷的决定，来实现一个新的开始，向更美好的时代过渡。在这个阶段，没有理由相信阿拉伯人会心甘情愿地与巴勒斯坦的犹太国家达成协议，因此有必要通过武力使这个国家成为现实。

459　　当本–古里安带领他的那一代人走进战争时，他是在深思熟虑后冒了一定的风险，这在一定程度上能改善分治的边界，当然也付出了必要的代价。代价是沉重的——将近 6000 名以色列人死亡，几乎每 100 人中就有 1 人死亡，包括 2000 名平民。每 3 名死者中就有 1 名是在耶路撒冷或内盖夫被杀害。①[109]还有 1.2 万人受伤。

以色列方面的高伤亡率很可能是由于本–古里安未能更早地组建正规军队，以及他坚持由自己来指挥这场战争。胜利的荣耀提高了他的政治地位，尽管他在战前对安全事务处理不当，在战争过程中作为总指挥暴露出种种缺陷，当然也有例外，他为以色列建立了军事工业，从海外获得了大量武器。他浑身洋溢着军人般的乐观情绪。"有一天，一个年轻的截肢者跑来找我，"他告诉内阁，"他们给他做了一个临时义肢，他感觉很棒。我陶醉于眼前的这一幕。"他谈到和一家制造假肢的英国工厂的合作，并计划在以色列建立类似的工厂。他承诺"我们将有一个优秀的工厂"，一年半后这家工厂开业了。[110]这是一段充满不确定性的时期——没有人知道以色列如何与邻国达成永久的协议。"阿拉伯人不相信我们，我能理解。"果尔达·梅厄说。本–古里安回应道："甚至有更多的犹太人不相信我们。"[111]这样的说法并不准确，但能折射出他被一种失望的情绪所折磨，这不是他希望建立和领导的国家。

---

　　① 巴勒斯坦阿拉伯人遭受的损失尚不清楚，可能比以色列人的损失还要大。阿拉伯国家的军队加在一起，损失的兵力似乎比以色列少。（Ben-Gurion, Diary, April 27, 1953; Sivan 1991.）

第十八章 新以色列人

"就像战争"

1949 年 12 月下旬，随着新移民的到来，以色列犹太人口突破 100 万。"拥有百万（犹太人）真好。"诗人拿单·奥尔特曼欢呼。移民搭乘的船上举行了一个低调的仪式，迎接一批新移民，向 200 万人口进军。他们本应是推动新国家前进的燃料、氧气、电力和生命线。但在那几年里，大多数来到这里的犹太人都是"支离破碎"的人，尤其在情感上。他们是身无分文的难民、大屠杀幸存者和来自伊斯兰世界的犹太人。就像 20 世纪 20 年代抵达巴勒斯坦的典型的售货亭商贩一样，大多数新移民对这里没兴趣，他们没有能力像拓荒者一样定居下来，也无法成为士兵来保卫土地。作为"人的材质"，他们是令人失望的。本－古里安直呼他们等同于"人类残骸"。他怀念第一代犹太复国主义者。"那时候来到这个国家的是完全不同的人。"他说。[1]美国犹太人是他期待的群体，但他们选择继续留在美国。苏联的犹太人不被允许离开，这是以色列建国初期面临的主要挑战之一。本－古里安为此很恼火，因为这削弱了他领导国家的能力。

那段时期是本-古里安一生中最艰难的日子之一。以色列的经济十分脆弱，威胁到国家的生存。即使签署了停战协议，以色列与阿拉伯人的冲突也成了家常便饭。每三个以色列人中只有一人投票给了马帕伊，但几乎所有的事务都完全依靠本-古里安来决定。巨大的责任耗尽了他的精力。他的疲劳感逐年增加。作为总理，他达到了职业生涯的顶峰，但得到这个位置也意味着他衰落的开始。随着犹太复国主义运动的梦想得以实现，它失去了令人兴奋的潜力，现在它最需要的是一名经理人。

❖

移民如泛滥的潮水一般涌来。他们到达的速度让人回想起本-古里安曾经说过的话，即他想用 1000 艘船一次性带回 100 万犹太人。到 1950 年底，以色列的犹太人口翻了一番。本-古里安指出，在以色列建国后，前 30 个月到达的犹太人的数量相当于英国委任统治 30 年中移民的人数——大约 50 万。他算了一下，如果美国也按照这个比例增加人口，一年就要吸收 3000 万人。"在犹太人历史上的所有奇迹中，没有一个像这次这样。"他在日记中写道。他告诉以色列议会，历史上从未有过这么小的国家，在战争的状态下能吸收如此多的移民。[2]

和过去一样，移民到来的原因多种多样。巴勒斯坦的战争导致阿拉伯国家的犹太人被贴上敌方特工的标签，并成为报复的对象。处于共产主义统治下的东欧犹太人也遭遇了敌意。他们都渴望过上更好的生活，没有偏见和迫害。一些人经历了宗教或世俗意义上的犹太复国主义觉醒，还有很多人是因为大屠杀。并非所有人都是自愿来的。以色列敦促他们离开，做了必要的安排，支付了旅费，还直接联系了那些试图把犹太人赶出国家的领导人。一些国家要求以色列为每张出境许可证支付费用，每个人的价格从两位数到三位数不等。本-古里安说这是敲诈，但他仍然宣布："移民不是经济问题，更像一场战争。"这句话总结了他对以色列国家安全的看法。[3]长达30年的犹太复国主义事业，包括对阿拉伯人的驱逐、独立战争的胜利，都不能确保这个国家的存在。他的目标是400万犹太人。"对我们来说，这是一个生死攸关的问题。"他写道。[4]几乎所有的新移民，无论是大屠杀幸存者还是来自伊斯兰世界的犹太人，对他而言都是外国人。他说，他们是犹太人，"只在他们不是非犹太人的意义上这样说"。[5]

以色列需要来自伊斯兰世界的犹太人来取代大屠杀的受害者，后者被本-古里安称为"这个国家选定的人"。他们是东欧犹太人，具备建设犹太国家的能力。"无论从数量上还是从质量上，他们都站在'犹太人的最前沿'，"他写道，"他们是'移民的主要候选人'。"但他们被杀害了。"犹太国家最终建立起来了，但没有等到它一直在等待的人。"[6]犹太复国主义运动因此不得不寻找伊斯兰土地上的犹太人，"至少能填补大屠杀受害者留下的空白"。[7]在此之前，犹太复国主义运动的领导人认为这些犹太社区无足轻重，仅对他们的民俗有些微兴趣。

在二战之前，本-古里安并没有将他们视为犹太复国主义事业的真正伙伴。"我们根本不关心波斯和伊拉克发生了什么。"他后来回忆道。他似乎是在战争期间逐渐意识到这些人的存在。随着他对欧洲犹太人被屠杀的规模越发了解，他开始考虑将也门和摩洛哥的犹太人带到以色列。[8]但是，在他看来，阿拉伯国家的犹太人只是欧洲犹太人的糟糕替代品。他说在最近几个世纪中，伊斯兰世界的犹太人在犹太人的历史上只扮演了"被动的角色"。他们居住的土地充斥着无知、贫穷和奴役，远远落后于飞速发展的欧洲国家。"犹太人的状态就像外邦人一样，"他说，"神性从东欧犹太人的生活里消失了，

463

他们对整个犹太民族几乎没有或者说根本没有影响。"[9]因此，在他和他这一代人的犹太复国主义梦想中，东方犹太人没有任何位置。"我们是作为欧洲人来到这里的，"他坚持说，"我们的根在东方，我们正在回归东方，但我们也带着欧洲文化。我们既不想切断这种联系，也不想切断巴勒斯坦与欧洲文化的联系。"[10]这已经是犹太复国主义运动者的共识，泽夫·雅博廷斯基也主张这一点。"我们，犹太人，"他说，"与所谓的'东方'毫无共同之处，感谢上帝。"①[11]

本-古里安对在以色列定居的大屠杀幸存者也很反感。"德国集中营里的幸存者中，"他说，"有一些人，如果不是因为他们本来的样子——冷酷、恶毒、自私，他们根本就活不下来，他们所忍受的一切都净化了他们的灵魂。"他很失望。他想，犹太人世世代代都没有国家，现在的危险是他们将拥有一个没有人民的国家。[12]他想提升以色列的移民素质，很自然地想到了美国。"北美，"他写道，"随着欧洲和亚洲一波波的移民浪潮，以及作为奴隶从非洲来的黑人定居于此，成为一个类似于以色列的大熔炉。"他对以色列议会说，通常的说法是"流亡者的融合"，也就是将新移民同化到以色列社会中，让他们忘记自己来自哪里，"就像我忘记了我是波兰人一样"。这个想法在他心中已经存在很多年，25 年前他发表的宪法草案里就曾提到过。有时，他用生物学的术语来解释——下一代的孩子注定是新犹太人，那些以色列本地人，他们作为劳动者、战士和英雄的身体素质令他着迷不已。[13]

---

① 本-古里安与非阿什肯纳兹犹太人的第一次接触是在伊兹密尔，在他第一次来巴勒斯坦的船上。当时他说："他们穿得像阿拉伯人。"1951 年，来自阿拉伯国家的犹太人约占移民总数的一半。此比例在随后几年中继续上升，在 1951 年至 1953 年间升至 70％以上，1955 年达到了 90％的最高水平。（Ben-Gurion to his father, undated, in Erez 1971, p. 71; Ben-Gurion, "Netzah Yisra'el," in Ben-Gurion 1964a, p. 157; Ben-Gurion to the Cabinet, July 12, 1950, ISA; Cohen-Friedheim 2011, p. 318; Ben-Gurion, Diary, Nov. 13, 1951, BGA.）

"两种国民"

以色列的内阁部长、议员、媒体和社会学家经常傲慢地谈论伊斯兰世界里的犹太人，有时还带着种族主义的色彩。[14]大多数时候，本-古里安谈道，他觉得他们是多么的陌生。"对他们来说，我们是异类；对我们来说，他们也是异类。"他说。他不时地使用"两个部落""两个民族"和"两种国民"这样的表达方式。几千年的时间把两种犹太人分开了，一边是"有文化和受过教育的"，另一边是"原始的犹太人"。他坚持认为，这位也门的父亲"不像我们这样照顾他的孩子和家庭，他不习惯在自己吃饱之前先把孩子喂饱"。[15]他曾经为在内阁会议上提出一个不便讨论的话题而道歉。他试图说服他的同僚，应该为这些移民修建户外厕所而不是浴室。"这些人不懂卫生，不知道如何在家里用厕所，"他说，"也许我们可以教育下一代。这一代人做不到。"果尔达·梅厄持不同意见，但本-古里安坚持他的立场——一个室内厕所对他们来说是一场灾难。[16]

最重要的是，他担心阿拉伯国家的犹太人不仅不会为国家防御作出贡献，实际上还可能带来破坏。他坦率地与内阁谈到这个令人不寒而栗的预测。他毫不怀疑阿拉伯人正在策划新的战争，不排除以色列被摧毁的可能。但政府没有加强军队力量，而是投入移民的吸纳工作中，这些移民对军队的发展毫无帮助。他说："在我们不得不为生存而战时，暴民是不会加入战斗的，流亡者的涌入给我们带来了暴民。"[17]

❖

以色列国防军总参谋长雅丁和他的副手莫迪凯·马克勒夫（Mordechai Maklef）带来的简报为内阁描绘了一幅严峻的画面。每10

名新兵中就有 8 名是在入伍前不到两年才到达以色列的，90％的人不懂希伯来语。雅丁告诉部长们，他们所接受教育的程度很低。"太低了，"他说，"以至于这本身就构成了安全风险。"他指的是来自北非的士兵。本-古里安谈到了"不合格的一代"。他补充说："几乎所有进入警察队伍的人，就像进入军队的人一样，都是废物。"他担心，以色列国防军的族裔构成不利于保持其质量优势。"如果我们的军队整体达到叙利亚军队的水平，我们就完蛋了。"他对部长们说。几个月后，他重申了这一观点："我们的全部优势，我们的全部防御，完全建立在我们的素质之上，我们的士兵比阿拉伯士兵优越……这是我们最宝贵的资产。"[18]

他不仅指出新兵的战斗能力差，还认为他们没有纪律性，对阿拉伯人犯下罪行。他的编辑在编校他的战争日记时删去了一段话，他将那些来自北非的士兵描述为"糟糕的人类"。具体来说，"他们的文化水平很低，他们会用刀，还犯下强奸案"。[19]当一位内阁部长质疑时，雅丁证实了这一点。他解释说，这些人曾受到阿拉伯人的压迫，他们现在突然发现自己占了上风。[20]本-古里安希望以色列国防军能教育来自阿拉伯国家的犹太人，遏制他们的犯罪倾向。"教这些国家的年轻人坐在马桶上，洗澡，不偷东西，不去抢劫阿拉伯女孩，不要强奸她、杀害她——这是最重要的。"有那么一瞬间，他突然产生了一种意想不到的渴望："我们没有在这里长大的男孩。"他特别提到了那些已经完成服役并被遣散的帕尔马赫士兵。[21]他呼吁西方犹太人向以色列输送"高质量"的青年。外交部部长摩西·夏里特告诉苏联外交部副部长安德烈·维辛斯基（Andrey Vyshinsky），以色列需要来自苏联的犹太人，因为它不能指望摩洛哥犹太人能有什么韧性。[22]另一个安全风险是来自阿拉伯国家的犹太人和生活在以色列的阿拉伯人在外貌上的相似性。人们可能会误认为阿拉伯袭击者是犹太人，因此没有防备。"走进电影院，扔炸弹然后逃跑，这有什么大不了的？"他问。[23]阿拉伯人的恐怖行动使以色列又出现了独立战争前的紧张气氛——在独立战争后的五年中，约有175名以色列人在这类袭击中丧生，平均每月约3人死亡。[24]

他写道，这是一个"种族"问题，并把这个词加了引号。他不 466 情愿地提出，在以色列，"一个表面上'优越'的种族——阿什肯纳兹犹太人脱颖而出，实际上领导着这个国家，而不是……东方种族"。[25]15年后，他说："我们没有照顾好他们。"再过10年，他承认，"我们大大得罪了一些东方犹太人"。[①][26]

"我感到羞愧"

在最初到达的几万人里，既有欧洲人，也有亚洲人。他们在阿拉伯人荒废的家园里定居。这样就完成了人口的转移。一些被遗弃的阿拉伯村庄的物质条件非常糟糕。什洛莫·拉维曾经抱怨过艾因哈罗德基布兹的定居者搬进的阿拉伯人房屋的状况。本-古里安也为阿拉伯人留下的肮脏不堪、满是苍蝇的棚屋和废墟而感到惋惜。"（这样的）房子越多，担忧越多。"他说。[27]当阿拉伯人的空房子被填满时，移民潮还在继续，他们只能住在帐篷里。许多人最初不得不忍受这样的生活条件，不比邻国的阿拉伯难民营好多少，比欧洲难民营和塞浦路斯拘留营更加艰苦。

本-古里安对新移民的帐篷营地很感兴趣。他收到的报告说那里

---

① 什洛莫·齐马赫曾将本-古里安对阿拉伯土地上的犹太人的态度与他对阿拉伯人的态度进行比较。他最初以为，随着犹太复国主义运动走向和平，对阿拉伯人的态度将有所改善。齐马赫说，这是一个"愚蠢的想法"。"我们现在已经有了所谓的'犹太阿拉伯人'，而我们的阿什肯纳兹犹太人正以高人一等的态度对待他们。"（Zemach 1996, May 3, 1963, p. 64.）

非常艰难。帐篷紧紧地挤在一起，这些营地缺少自来水和足够的卫生设施。移民食物不足，供应的不是他们习惯吃的。移民还带来了疾病。本-古里安收到了大量肺结核病例的数据。"一个患有活动性肺结核的八岁女孩和她的兄弟姐妹睡在同一张床上，六个人挤在一个小房间里。"他在日记中写道。这种疾病在也门和土耳其的新移民中尤为常见。还有其他的流行病，包括小儿麻痹症和眼疾。营地没有足够的医生、医疗设备或药品。学校只对部分儿童开放，许多教师也缺乏适当的培训。营地里许多成年人没有工作，没有人知道他们要在那里待多久。他们受制于官员的心血来潮，又无法用语言与之沟通，还要受到骗子、黄牛和政客的摆布。可以理解，移民们感到了沮丧、怨恨和愤慨。本-古里安还收到了一份关于妓女数量迅速增长的报告。[28]

467

1949 年底，将近 10 万移民，或者说每 10 个以色列人中就有 1 个住在帐篷营地里。考虑到在大屠杀和二战之后，数以千万计在贫困线上挣扎的难民在欧洲游荡，这算不上什么大事。但是，与本-古里安的期望以及他对犹太国家设定的目标相比，营地的情况是一场人道主义灾难。在总结以色列独立以来第一年的工作时，他承认国家吸纳移民的努力是不合格的。在这种情况下，他还是和往常一样以第一人称"我们"发言。"事实证明，我们尚未对这项工作做好准备。"他说。[29]1950 年 1 月，在对以色列议会的讲话中，他批评基布兹忽视了吸纳新移民的工作。他说："我为他们的行为感到羞愧。"好像他不需要为政府的移民吸纳工作负责一样。毫不意外，他的言论掀起了抗议浪潮。[30]

1950 年 2 月，本-古里安决定致力于研究吸纳移民的问题。就像他筹备哈加纳的"研讨会"一样，他列出了问题清单。[31]他意识到阿拉伯土地上犹太人的困境，而且意识到改善他们的公众形象、帮助他们融入以色列社会的必要性。他将针对他们的种族歧视行为与白人对非洲黑人的歧视进行比较。[32] 他不想成为种族主义者，但在他看来，在大屠杀之前，他没有预料到真正的文化问题。他不想成为战争的先知，一再宣扬对和平的信仰，这次他一遍遍地强调伊斯兰世界的犹太人并不逊色于欧洲犹太人，两者融合成为同一类国民只是时间问题。当他向以色列议会提出强制兵役法时，他这样说道："这种假设，即北非、土耳其、埃及、波斯或亚丁的犹太人与立陶宛、加利西亚和美国的犹太人在本质上是不同的，是毫无根据的。"他还补充道："他们身上也隐藏着丰富的开拓能力、英雄主义和创造的源泉。如果我们在他们身上投资，就像我们在欧洲土地上对犹太青年所做的努力一样，将得到同样的好结果。"[33]

在访问其中一个移民营地后，他得出结论，需要动员以色列国防军来解决这里的问题。军队需要提供水和医疗服务，还需要提供咨询和指导。军队将成为真正的大熔炉，通过"犹太人的兄弟情谊和军事纪律来锻造每个人……让这个国家重新焕发青春"。[34] 他提议在一个军事或"准军事"的框架下招募移民进行"不涉及个人利益"的劳动，这将使他们掌握希伯来语，遵守"国家纪律"。这是他在 25 年前提出的"大公社"或"劳动大军"的翻版。为此，他还特设了一个委员会研究这个提案，但遭到大力反对，最后放弃了。[35]

1950 年 5 月，一项名为"过渡营"（希伯来语 ma'abarot，意思是"中转"）的项目启动，按照计划，营地里的移民将被转移到新的中转营地中。他们的生活条件应该得到提升，居民也将在政府的就业计划安排下工作，包括铺路和植树。仅在几个月内，100 多个中转营地建成，可居住约 1.8 万个家庭，人口总数约 5 万。本-古里安收到的报告继续引发广泛关注。他被告知，中转营地里婴儿的死亡率是以色列其他地区的两倍。几个月后，他写道："负责'过渡营'的同志注意到可怕的道德滑坡现象——人们不工作，把食物卖给儿童，有黑市，还有黑帮。"那时中转营地的人口已经约 10 万，但仅有三分之一的成年男子有工作。报告显示情况并没有改善。"'过渡营'是一种癌症。"他在 1952 年的日记中写道。第二年，他被告知成千上万的以色列人正在挨饿，其中 90％是来自伊斯兰世界的犹太人。马帕伊的一位领导人发出警告，中转营地里的人们"正在毒害空气"，他的意思是他们在威胁马帕伊的声望。他要求立即拆除中转营地。一些建造在城市边缘地带的"过渡营"，随着时间的推移，已经沦为贫民区。[36]

469

1950 年 4 月的上半月，一个代表也门移民的组织就一名住院的五个月大的婴儿失踪事件向警察部部长提出申诉。诉状称，"婴儿的所有踪迹都消失了，父亲四处寻找，也没有任何结果"。虽然该组织发出警告，但警方没有立即进行调查。与此同时，更多也门婴儿在接受治疗后失踪的案例被曝光。谣言很快开始传播，称在以色列和其他国家有一个专门绑架也门婴儿并出售给别人收养的非法行动。这一丑闻演变成一个困扰该国多年的迷思。后来的调查发现，大多数儿童，有数百名，实际上已经死亡并被埋葬，但他们的父母没有收到通知。[37]

在如此短的时间内，在住房、工作、医院和学校都没有准备好的情况下，将成千上万的犹太人带到以色列，这就是本-古里安和他的同代人推行犹太复国主义的直接后果。他们相信要"解决流散状态"，这意味着终结犹太人在犹太国家之外的生活。[38]在他看来，国家对人口的切实需要证明：接纳移民过程中所产生的痛苦是合理的。"如果我们没有用疯狂的方式把他们带进来，"他说，"如果我们没有经过再三思考把 70 万犹太人引进来，那么 70 万阿拉伯人必然会折返。我们也没办法阻止他们。通过引进 70 万犹太人，我们挡住了

（阿拉伯人返回的）通道。"[39]

　　1950 年和 1951 年的冬天特别寒冷，大雪几乎覆盖了整个国家。公众对移民待遇的指责变得更加激烈，一些人提出要减缓移民速度。"我们正在摧毁和摧残这些人。"一名负责移民工作的高级官员说。争议的关键是管理和挑选，这意味着只有那些有潜力被接纳、能够满足国家需要的人才可以移民。本–古里安对此态度坚决："人们可以在帐篷里住好几年。任何不想住在其中的人都不应该来。"[40]他指控那些想限制移民的人是种族主义者。"他们认为没有必要引进黑人，这些黑鬼在他们眼中是不需要的。"他厌恶地说。[41]他延续了自"布里哈行动"以来的政策，下令应尽快引进移民，理由是他们以后可能不能来或不愿意来。以色列驻摩洛哥移民代表处提交的报告可能会让他想起二战开始时收到的报告。其中一人问道："在以色列目前的条件和困难的财政状况下，我们是否已经拯救，并且尽一切可能拯救那些有需要的儿童和家庭？"在追忆大屠杀时，这个问题被反复地提及。[42]针对类似问题，本–古里安努力推动出生率的提高。①

　　与此同时，大量年轻男子、老兵从军队中退伍。许多人找不到工作。这个国家主要依靠海外的贷款和赠款生存，通过印刷钞票和强制发行债券来填补部分财政赤字。1949 年 4 月，本–古里安宣布了一项财政紧缩计划，包括严格的价格控制，食品、服务和原材料的定量配给以及外汇管制。[43]

470

---

　　① 独立一年后，本–古里安宣布给每一个至少生了 10 个存活下来的孩子的母亲奖励 100 以色列镑。阿拉伯妇女也有资格，但假定这样的阿拉伯家庭有不止一个母亲，那么他们中任何一个人获得奖金的可能性都不高。[Ben-Gurion to the Cabinet, July 5, 1949, ISA; Ben-Gurion to Bluma Klein (Herzl), Sept. 22, 1949, BGA; Dorit Rosen, interview transcript, BGA; "Beshulei Devarim—Hapras Lemi?" *Davar*, Nov. 14, 1949.]

"所有人的最低要求"

　　有时，他说他理解不了经济学的规律，那些规律是他看不明白的"谎言"。在涉及经济问题的内阁会议上，他的贡献很大程度上是提问，发表一些微不足道的感叹，其中一些很滑稽。"所罗门王没有等待私人资本，我们也不能。"他在一次会议上断言道。[44]正如战争前，他在军事知识上的不足促使他去掌握军队行动的细节一样，他现在用肥皂、腌鱼、奶粉、铁、饲料、茶、尼龙袜和假牙的库存数据来取悦内阁。他只是模模糊糊地了解了大概情况，意识到犹太复国主义的花费，但并不能真正理解资助和推动其发展的经济体系。财政部部长卡普兰指责他说："你没有理解问题所在，就开始发言了。"[45]

　　紧缩政策源于一种近乎神秘的信念，即相信政府机构能够控制市场，其中一部分涉及对基本的意识形态原则的争论。本-古里安称以色列不是社会主义国家，但也不是资本主义国家。他承诺，他的政府不会试图将平等强加给社会——目前还没有。但它也不会允许"少数人富足"。目标是达到"所有人的最低要求"。他与自由企业的倡导者辩论，并试图从美国新政中吸取教训。他相信公众会合作，但他错了。人们普遍认为，执行紧缩政策的官僚机构是腐败的，每个有能力的人都试图绕过这样的规则。在每个经济领域，黑市几乎都完全公开地在运作。这实际上是中产阶级大规模的非暴力反抗行动。[46]他很难接受这一点。"太可怕了，"他说，"这毕竟是我们的经济和我们的荣誉……这种现象玷污了国家声誉。"他宣布尽管其中存在政治风险，他自己仍将站在打击黑市的前线。"我会全力打击黑市，"

471

他说，"其他事情找别人来处理。"①[47]

随着经济形势好转，黑市逐渐结束了。同时，国家为移民营的居住者建造了数万套公共住房，还为他们建立了数百个新定居点，许多位于以色列边境。[48]所有这一切都是本-古里安所说的"深刻的人类变革"的一部分，为了实现价值观的根本转变。

很快他将不得不解决一场严重的身份认同危机，这场危机对以色列的也门犹太人产生了特别大的影响。"我特别喜欢也门人，"他写道，"他们和我熟悉的其他社区都不一样。"[49]但是他对他们的了解也是肤浅的，充满了偏见。他试图将他们融入以色列大熔炉，但这几乎令他的政府垮台。

472

"对我们来说，这是野蛮的"

也门人被认为是正宗的（犹太人），《圣经》中希伯来人的幸存者。事实上，他们中的许多人都懂希伯来语，即使他们说话时带着很重的口音，别人很难理解。内政部部长伊扎克·格伦鲍姆认为，将他们从也门的家园里赶出去，并把他们带到以色列，对他们和以色列都是有害的，其他人也同意这一点。但本-古里安下令把他们都引进来，每一个都要带回来。他们的"孩子像苍蝇一样死去"，他坚持道，"我们必须拯救他们"。许多孩子一到以色列就被送进了医院。他去看望了他们。"这是我见过的最可怕的事情之一。"他在随后的一次激动人心的演讲中说道。他看到的孩子更像骷髅，而不是人类。

---

① 以色列国防军的档案库里保存了宝拉·本-古里安寄给几位海外熟人的感谢信的副本，她收到了食物和衣服，这都是在以色列无法获得的。她还经常向丈夫的助手和同事索要礼物——向其中一位索要保暖的睡衣，向另一位要冰箱，向第三位要一套餐盘。（Paula to Teddy Kollek, Dec. 1, 1953, Rachel Gindi to Paula, Nov. 8, 1960, IDFA 492/2011; Robert Szold, interview transcript.）

"生命的火花只能在那些犹太儿童珍贵的眼睛里看到，犹太医生和护士用奉献和爱心来照顾他们。"这就像一个启示："我被那个巨大而可怕的景象吓呆了。是的，这就是弥赛亚的分娩阵痛。"[50]

自 20 世纪初也门犹太人作为阿拉伯劳工的替代品首次被带到巴勒斯坦以来，他就与他们结识。他似乎从未忘记过他们在希伯来劳工运动中所扮演的角色。

他期望以色列国防军能成为一个大熔炉，但现实是，这个目标以非常缓慢的速度推进着。他承诺了会尽可能地付出努力。他在给马帕伊的议员，同时也是也门犹太人的伊斯雷尔·叶希亚胡（Yisrael Yeshayahu）的一封信中这样说道，有一天，以色列国防军将有一名"来自我们也门兄弟"的总参谋长。这是他经常重复的预言，他还在寻找一位也门人来担任以色列总统。[51]

一些女兵被派往营地，给那里的妇女提供咨询，教她们希伯来语。但是本-古里安想要一个更根本的改变。"也门男女之间的深渊很可怕。"他写道。他指的是年轻女孩的婚姻，这是也门的习俗（联合国儿童基金会曾指出，也门的童婚现象较为普遍，造成不少也门女孩不得不在 15 岁以前生育。这不仅剥夺了女孩的受教育权利，也对她们的生命构成了威胁。——译注）。"对我们来说，这是野蛮的。"他在内阁会议上说道。[52]

当他指挥雅丁部署军队将也门犹太人从他认为的无知状态中解救出来时，他还警告雅丁："必须理解也门人的灵魂，尊重他们的习惯，应该以良好的方式和榜样来改变他们。"[53]但是，当该指令落到实处时，它变成了有意将世俗教育强加给也门人的行为。他们的宗教生活方式被视为"原始"。男孩和女孩被放进男女同校的教室，男孩被要求剪掉侧边发辫，禁止佩戴犹太男子在晨祷时戴的塔夫林。给他们的食物并不总是符合宗教饮食标准。一名在营地工作的以色列国防军军官说服居民采用避孕方式来降低出生率。

当本－古里安听说营地里强制执行世俗行为时，他大为震惊。"这些都太可怕了，"他说，"不让一个人戴上塔夫林就像所多玛和俄摩拉发生的事一样。"如果是真的，他补充说："不仅政府无法生存，国家也无法存续下去。"[54]他同意进行几次调查，并向联合宗教阵线的宗教部部长耶胡达·莱布·迈蒙（Yehuda Leib Maimon）承诺："我不会参与任何对此类行为负责的政府。"他没有等待官方调查结果，就派了几名军官去营地。他们返回报告说那些强制的世俗行为，包括剪发辫等都是毫无根据的。但其他调查证明了这些故事的真实性。[55]

这一事件迅速演变为一场关于营地居民精神生活的斗争，并有可能转变为国家的认同危机。"我们现在面临的情况是，整整一代儿童的宗教教育被废除了。"卫生部部长摩西·夏皮拉说，他也是联合宗教阵线的成员。他说，儿童被"从父母身边带走"，送到世俗学校。也门犹太人开始在安息日吸烟了，他抱怨道。这是"对宗教教育判处死刑"。他对犹太工人总工会赞助的宗教学校尤其感到愤怒，这些学校还和宗教运动开办的学校竞争。本－古里安拒绝在这一点上让步。"你不能垄断有宗教信仰的犹太人。"他一遍遍地强调。他还说也门人比夏皮拉和他政党的其他成员更宽容。①[56]

尽管如此，他试图限制这场争论的范围。当夏皮拉要求让父母自由选择他们的孩子上什么学校时，本－古里安立即同意了。"我支持你们。"他说，并坚持认为也门人应该接受他们所理解的宗教教育，只要其中包括基础核心课程，包括算术。这又让问题回到了政治上的意见交换。"我认为，只要双方都有良好的意愿，我们将在这

_____

① 本－古里安认为也门犹太人是宽容的，因为与波兰犹太人不同，他们没有受到天主教会的影响。（Ben-Gurion to the Cabinet, Jan. 18, 1951, ISA.）

个问题上达成一个合理的安排。"他为这场特别激烈的内阁辩论作了总结。[57]他非常担心一场文化上的战争，他说，这"比任何外部敌人都危险"。[58]

"如果我信教"

1952 年 10 月 28 日，本-古里安去了阿夫罗霍姆·耶沙亚·卡雷利兹（Avrohom Yeshaya Karelitz）拉比家中，他被人们称为"哈松·伊什"（Hazon Ish），这是他的代表作——一部犹太宗教律法的标题。他是那一代人中最伟大的哈拉契克研究者之一。拜访只持续了约 50 分钟，但和历史性的峰会一样令人期待。本-古里安的军事秘书尼希米·阿尔戈夫事前拜访了拉比，进行了一次预备会议。当他们到达时，一大群人站在房子前面。本-古里安带来了他的助手伊扎克·纳冯（Yitzhak Navon）。他们俩都戴着帽子。75 岁的哈松·伊什生活条件相当艰苦。他在只有单间的家中接待了他们，房间里有一张床和一个书架。他们坐在餐桌旁。本-古里安说，他想问信教和不信教的犹太人如何在以色列共同生活。拉比以《巴比伦塔木德》（犹太公会，32b）中的一个故事作为回应，两条船在一条狭窄的河上，如果它们都试图通过，就都会沉下去。同样，如果两头骆驼在狭窄陡峭的山坡上相遇，试图同时通过，那它们都会摔倒。如果一只船或骆驼负重而另一只不负重，没有负重的那只船应该让负重的那只走在它前面。根据纳冯的说法，拉比解释说："我们犹太教徒就像负重的骆驼。我们背负着许多戒律的枷锁。你必须为我们开路。"纳冯记录了本-古里安的回应，本-古里安拍了拍自己的肩膀，说："这头骆驼不背负戒律的轭吗？安身立命不是戒律吗？……那你反对的那些男孩呢，他们站在边境保护你，这难道不是一条戒律吗？"哈松·伊什对许多以色列人在安息日开车去海滩，而不是祈祷和学习表示反对。他说："在我们祖先的土地上看到这样亵渎安息日的行为是令人愤慨和震惊的。""我不在安息日开车去海滩。"本-古里安回应道，但他说应该允许其他人这样做。"这是他们的权利，"他说，并补充道，"你认为如果他们不去海滩，他们就会去犹太会堂吗？"拉比说："我们相信总有一天每个人都会遵守安息日并祈祷。"本-古里安回应说，他不反对，但这不能强加于人。"不应该有宗教强制和反宗教强制，每个人都应该按照自己认为合适的方式生活。"对此，拉比不能接受。他们没能达成一致就分开了，但为以后的工作关系建立了基础。这次会谈强化了本-古里安的观念，和正统派犹太人就原则问题进行辩论是没有用的。他回想起哈松·伊什听他的问话时，脸上带着滑稽的微笑。"从他的脸和眼睛可以看得出灵性。"他说。但他没有提到自己的船只和骆驼的比喻。他认为哈松·伊什愿意在家接待他本身就是一种成就。另一名哈瑞迪领导人，被称为"活跃的拉比"的伊扎克·泽夫（威尔威）·索洛维奇克［Yitzchok Zev（Velve）Soloveitchik］就拒绝了他。[59]

❖

他与宗教领袖的联系一直以四项原则为基础。第一，宗教与国家之间的关系不应由法律来界定。在一切可能的范围内应该避免神学的辩论，分歧应在政治上解决。

476

第二，虔诚的犹太教徒和世俗的犹太人之间并不对等。信教人群又分成许多不同的团体，但他们都强烈地捍卫自己的信仰。不信教的犹太人多数不那么狂热。哈瑞迪人、福利部部长伊扎克-梅厄·莱文（Yitzhak-Meir Levin）告诉内阁："如果我们面临的是违背摩西的法律还是违背国家的法律的选择，我们将违背国家的法律，而不是摩西的法律。"没有宗教信仰的犹太人一般不会面临这样的困境。[60]

"我熟悉你对犹太教的看法，"本-古里安写信给一位著名的拉比，"虽然我对一些部分存有异议，但我不会认为它毫无价值，然后拒绝它……相反，你必须拒绝任何与你所理解的传统不一致的观点。"结果是，没有宗教信仰的犹太人作出更多让步，就像在1947年分治决议前夕所做的那样，当时他们同意将婚姻和离婚的垄断权交给官方拉比。最后，本-古里安同意免除叶施瓦学生的兵役。他的批评者称这是对宗教势力的屈服，本-古里安更依赖宗教的束缚而不是个人的良知。果尔达·梅厄警告说，马帕伊的一些成员准备发动一场宗教战争。[61]

第三项原则是，国家应该向虔诚的信徒公民提供基本的宗教服务，其中之一是宗教教育，而无须考虑他们的政治地位或政府的政党组成。[62]第四项原则源于本-古里安多年的政治经验——与政府中的宗教人士合作比与宗教反对派合作更容易，因为当他们成为内阁部长时，他们面对的风险更大，一旦失势，遭受的损失更多，因此就不那么好斗。正是出于这样的考量，他打算为叶希亚胡·雷博维茨提供马帕伊议会里的一个席位。雷博维茨是一位受人尊敬的科学家，活跃在小型的宗教聚会上。他说他告诉过本-古里安，他将在满足三个条件的情况下接受这一提议，其中之一是政教分离。本-古里安回应道："我永远不会同意将宗教与国家分开。我希望政府能控制住宗教。"[63]

❖

477　　他和宗教政党的伙伴关系经历了一个又一个危机。在随后的几年里，没有什么比这个话题更能吸引政府的注意力。当时，是否应该在公共场所遵守安息日的约定似乎是这个国家生死攸关的问题之一。宗教部部长迈蒙想在安息日禁止所有交通工具，包括私人车辆。本-古里安警告他不要过分推进他们的诉求："如果目的是赋予拉比们额外的法律权力——那它不可能通过。"他不时重申："如果可能的话，我认为有必要坐在一起交流。"[64]他常参加宗教聚会，常常用一种可能有些谄媚的调和语气说话。"我不是一个信教的人，"他说，"但如果我信教，我会寻求一种方法，让宗教适应国家的需要，因为如果发生冲突，国家会赢。"他说他会努力防范这种冲突，如果这能够实现的话，"我们会很高兴"。

因此，他们一次又一次地争论禁止猪肉进口的要求（本-古里安反对）；建立一所宗教大学（他也反对）；以拉比的祈祷开始议会会议（他也反对）；在安息日关闭商店，禁止在安息日运行公共交通工具，并要求在安息日工作需要特别许可（他同意）；为宗教士兵设立特别部队，并终止尸体解剖（他反对）；免除宗教士兵参加以色列国防军的宣誓仪式（他反对）；结束死刑（他一向赞成死刑）。[65]

有时，他试图证明他比他们更了解传统的犹太经文。这是个错误。在这样的时刻，听起来很像他和知识分子的对话——他讲哲学，他们讲政治。对拒绝犹太复国主义的哈瑞迪人来说，本-古里安无异于一个对犹太人施加可怕惩罚的外国统治者。本-古里安写道，住在以色列，他们觉得自己是在流亡。[66]

这是一场漫长的权力斗争。有时会驱使成千上万的人上街游行示威。在本-古里安的领导下，最终达成了妥协，这证明了他的政治敏锐度、经验以及最重要的耐心。他和宗教政客们相处得很好。他们很大程度上是通过将公共资金分配给宗教项目和机构而达成协议。[67]这使他得以推进他认为更重要的其他问题。但这种伙伴关系并不容易维系。他不止一次用战斗精神激励自己，因为他知道需要这么做。有一次，他警告说，如果他不抵制宗教党派的要求，以色列最终会有两个政府，就像14世纪天主教会有两个教皇一样。他说无政府状态比敌人的武器更危险，并称他的宗教同僚们在酝酿比"阿尔塔莱纳号"更严重的危机。[68]有一两次他放弃了，然后宗教同僚们妥协了，一切都像从前一样，好像什么都没发生过。不久，政府将因经济政策而崩溃，并在1951年7月举行选举。

❖

当时，在群众集会上发表长篇演讲仍是惯例。但这一次——第一次不是对一种意识形态，而是对一个领导人投赞成票或反对票。马帕伊把本-古里安放在竞选最重要的位置。他一如既往地在竞选中投入了大量的精力和时间，一丝不苟地追踪所有的安排。他的出现吸引了大批观众。许多观众不能理解他在说什么，因为他们的希伯来语还不流利。他们不是来听的，而是来看他的。他第一次尝试了美国的竞选方式，用他自己的话来说，就是"车上五分钟"。他从一个营地赶到另一个营地，现身但不发言，很快向下一个营地赶去。一位名叫阿摩司·埃隆（Amos Elon）的记者写道，居民们像迎接弥赛亚一样迎接他。[69]本-古里安参加了婚礼和割礼仪式，在选举前不到三个月，他在美国开始了"胜利之旅"，会见杜鲁门总统和阿尔伯特·爱因斯坦，以及坐着敞篷车从华尔道夫阿斯托利亚酒店到市政厅。选举前三周，他在日记中写道："我下达了一项命令，在卡法乌里亚贝特（Kfar Uriah Bet）为一名有三个孩子的也门妇女增建一个房间，她的丈夫还有一个妻子，那个妻子生了四个孩子。"[70]

马帕伊仍然是最大的政党。它获得了超过25万张选票，并在以色列议会的120个席位中占有45个，实力几乎没有变化。和过去一样，这足以组建一个有合作伙伴的联合政府。中间派犹太复国主义者在公开反对政府的经济政策和大规模移民后，获得了不少支持。"我们没能赢得多数席位，差得还很远。"本-古里安说，但他安慰自己，他的党在几个城市获得了支持。"党的伟大胜利，国家的失败"，这是他的原话。[71]鉴于他是建国和独立战争胜利的象征，这在很大程度上是他个人的失败。

马帕伊与联合宗教阵线组阁成立联合政府，再次证明了本-古里安的能力。正如他在选举前所说的那样，所有政党都相互理解。[72]他的宗教同僚分担了联合政府失败的压力。1953 年，本-古里安的政策受到沉重打击，当时离开以色列到其他地方生活的犹太人的数量——其中大多数是欧洲裔，首次超过了移民的数量。[73]在这一点上，他认为需要提醒未来阅读他日记的人，这一切是如何发生的："需要记住的是，那些需要一个犹太国家、有能力建立一个国家，并且愿意参与其中的犹太公民，已经被希特勒消灭了。"[74]

"必须找到时间！"

从犹太代办处和国民议会到独立时代的过渡进行得相当顺利，几乎没受到任何干扰。正在形成中的国家机构在例如司法、教育、卫生、社区管理等领域证明了自己的能力，一些机构在本-古里安的直接领导之下。作为过渡期的领导者，本-古里安展示了政策的前后一致性。作为总理，他的工作和决策风格与他作为犹太代办处领导人时没有本质不同——他承担了几乎无法承受的负担。

战争结束约四个月后，有一天，他不得不写下作为总理的首要任务之一："必须找到时间！如何在一天仅有的 24 小时内管理好时间！"那天早上，他参观了一个警察训练基地。他和摩西·达扬一起开车回来，当时，达扬是耶路撒冷的指挥官和停战协定的调停人。他向本-古里安介绍了以色列与叙利亚边境及耶路撒冷的紧张局势。约旦试图撕毁过去的一份协议，该协议允许以色列进入斯科普斯山的希伯来大学，在战后，希伯来大学是以色列控制的一块飞地，被约旦领土包围。达扬提议用武力打开通往飞地的道路。"他不怕战争爆发。"本-古里安强调。当他回到办公室时，他发现有人在等着见他——一名采购代理人，他刚从海外回来，向他报告法国正准备向以色列出售武器。本-古里安记下了法国提供的武器清单。他记下现在可以以每辆2.7万美元的价格获得谢尔曼坦克。一个从阿根廷回来的人告诉他，那里的犹太人生活在恐惧中——阿根廷政权是"准纳粹"风格。然后，一位"树木专家"来了，并获得了总理的大量时间。那天下午，本-古里安主持了内阁会议，会议决定将也门犹太人带到以色列。做完这一切后，他还抽出时间来满足特拉维夫的一个名叫罗尼·拜伦（Roni Baron）的女孩的请求。"如果我有自己的车，"他写信给她，"我会很高兴每天带你去幼儿园，然后带你回家。但是，作为国防部部长，我很遗憾不能允许你叔叔带你坐军车，因为这辆车属于人民和国家。"那天晚上，他在家里接待了一对美国夫妇。[75]这又是一个令人精疲力竭但又稀松平常的一天。

　　他的早晨通常从宝拉在厨房忙碌开始——他们睡在不同的房间。她给他做一种软奶酪和水果的混合物，她称之为 kooch-mooch。他会听收音机里的早间新闻，看《达瓦尔报》和其他日报。虽然他兼任国防部部长，但是他工作的主要场所是总理办公室，一开始在特拉维夫，后来在耶路撒冷。和往常一样，他穿着很谨慎。只有在夏天，他才会不打领带工作。如果日程上没有旅行或会议，大部分时间他都会待在办公室里。他读得多，写得也多。白天，他会喝些土耳其咖啡或苹果酒。如果他需要助手或秘书，他会出去找他们——办公室没有配备内部电话，他不喜欢打外线电话。这让他的军事秘书尼希米·阿尔戈夫掌握了很大的权力。阿尔戈夫作为幕僚长，召集总理想见的人，安排想见他的人。控制人员进出并不那么容易——以色列的机构很小，彼此都相互认识，许多领导人都属于第二次阿利亚的成员，是同一代人。①

随着成千上万的新以色列人进入这个国家，这个群体倾向于团结一致。在本-古里安的政治生涯中，他一直在努力做到尽可能地平易近人，直到现在，他也同意处理几乎每一个问题。许多人向他求助，希望他能帮助他们绕过影响项目的官僚障碍，或者向他提供解决国家问题的办法。许多市民写信给他，诉说他们的个人问题——一个抱怨屋顶漏水，另一个因为妻子离开了他而心烦意乱。②

他的一位秘书会将这样的请求转给市政府和其他政府办公室。但有时人们会直接出现在总理办公室，如果本-古里安偶然在接待室或走廊里遇到他们，有时，他会停下来倾听他们为什么前来。他不时会在桌子上发现一封信，拿起来，开始阅读，仿佛他的手指突然触碰到了这个国家最紧迫、最根本的问题之一。这可能就是罗尼·拜伦写信的原因，她在信中希望能批准她的叔叔用军车带她去幼儿园。他平均每天要回两封信。到他死的那一天，这些回信大约有1.2万封。[76]

他娴熟地主持每周的内阁会议。他一般都是有备而来，对主题掌握得很好，立场也坚定，大部分时候都知道该作什么决定。他允许内阁成员轮流发言，如果他们偏离了主题或违背辩论的规则，他会不耐烦地威胁，要打断对方的发言。但如果他们谈到手头的问题，他尊重他们不同意他意见的权利。[77]他不喜欢冗长的发言，但善于总结发言人的观点，通常以冷静的、不带评论或批评的方式。他不鼓励幽默。内阁会议记录要有历史意识——每个人都知道他们是在为

482

---

① 第二届议会的120名成员中有近100人像本-古里安一样出生在东欧。每三人中就有一人出生于19世纪，包括本-古里安。(http://main.knesset.gov.il/Pages/default.aspx/.)

② 他也收到了许多海外来信。有人建议他下令重审耶稣。(Ben-Gurion, Diary, March 18, 1949, BGA.)

以色列政府世代相传的运作方式树立先例。本-古里安一般都是最后发言，他常常试图说明当前的问题对国家未来的重要性。有时他提供自传式的轶事。有的时候，他不能或不愿意阻止自己发表激烈的反对意见。他善于提出要表决的议案，并在投票时一丝不苟地遵循规则。最极端的动议总是最先付诸表决。通常他不会投票，就好像他只是会议的主席和讨论的中立者一样。很多时候他把自己的立场强加给他的同僚。其他时候他也被迫妥协。①

通常他会热情地为自己的决定辩护，偶尔承认错误，就像他在宣布独立六个月后做的那样。他承认，在《独立宣言》中加入颁布宪法的最后期限是错误的。他说这是个误会。"5月13日，我在自己的房间里改好了《独立宣言》，我知道这不是我们想要的。"他告诉内阁。[78]他不想要一部宪法。

他对"国家和州的主权"受到法律约束感到愤怒。他坚持认为，法学家应该服从历史，而不是历史服从于法学家，这是他对司法部部长要求他划定国家边界的部分回应。"法律是由人们决定的。"他坚持说。[79]在他看来，法学家是讨厌鬼。"他们不知道什么是政治家风范。"他抱怨道。"政策是由政策制定者而不是法律制定者制定的。"有时，他也会把批评延伸到法官身上。"我认为我有能力像世界上最好的法官一样理解事情，"他在内阁会议上说，"世界上最有知识的人不仅懂法律，还懂常识。"[80]他经常贬低律师，称他们大多素质低下，有一次还直言不讳地说："我极其讨厌那个职业。"泽拉赫·瓦尔哈夫蒂格（Zerach Warhaftig）是以色列议会的一名犹太复国主义者，他是犹太教徒，也是法学家，他将本-古里安的态度归咎于他未

---

① 至少有四次，他不得不在内阁会议上为强制执行禁烟令辩护。作为一名曾经的吸烟者，他知道几个小时不吸烟也没问题。（Ben-Gurion to the Cabinet, Aug. 31, 1950, Oct. 19, 1952, March 27, Nov. 6, 1955, ISA.）

能在土耳其完成法律学业。[81]

和过去一样，他把国家的道德形象视为事关生死存亡的大事。"如果我们的道德纯正性受到损害，我们将失去犹太人民的爱，失去我们的国际地位，以及我们所依赖的少数几个国家的友谊。"他后来写道。[82]但是，他经常对表面上为国家服务而犯下的所谓爱国主义罪行，包括战争罪视而不见。

1949年12月9日，联合国大会决定，耶路撒冷及其周边地区将成为一个独立个体，一个国际监管的实体。作为回应，本-古里安决定将在特拉维夫的以色列议会和各部委迁移到耶路撒冷。唯一例外的是国防部和当时的外交部。他担心的是，如果不用这样的方式回应联合国大会的决定，联合国可能会再次确认1947年11月的分治决议，并要求以色列撤出以色列国防军自那以后占领的所有指定给阿拉伯国家的领土。但是，让耶路撒冷成为以色列政府所在地很可能被视为对几乎所有国家的挑衅，因此也是有风险的。"过去三年里，我不时地面临不愉快和困难，更不用说重大的决定，"他在日记中写道，"我不知道我是否面临过比这更困难的决定：蔑视联合国，面对天主教、苏联和伊斯兰世界［的愤怒］。"[83]把以色列议会和各部委搬到耶路撒冷，并正式指定该城市为以色列首都，只不过造成了微不足道的外交损失，本-古里安可以告诉自己他做对了。

他通常在午后回家休息。他吃得很快，显然没有从这顿饭中得到很大的愉悦。宝拉会为他服务，直到他吃完后才坐下来吃饭。然后他会去卧室看书。有时他会睡着。他能用10—20分钟的休息时间来提振精神。

下午晚些时候，他会回到办公室，一直待到太阳下山。他参加许多活动和仪式。当他回家时，他会再次把自己关在书堆里，有时会过了午夜。他睡得不好。[84]作为总理，他继续狂热地阅读牛津传奇

484

书店布莱克威尔的书，经常把它们放在一堆需要他处理的政府文件的最上面。他似乎从没考虑过谁来为他订购的书付钱，以及如何付钱的问题。他的一位秘书回忆说，以色列银行行长试图让本-古里安明白他违反了法律，当时实行的外汇管制禁止他购买自己想要的书籍。本-古里安要么没有理解问题所在，要么表现出就该这么办。有一些书是由马莎百货公司的马尔库斯·西耶夫（Marcus Sieff）勋爵支付的，他经常出差，为以色列作出贡献。有一次，本-古里安获得了购买"专业文学书籍"的合法权利。他的助手伊扎克·纳冯在日记中写道，本-古里安与宝拉吵架。她告诉纳冯："我问买书的钱是从哪里来的，他说那是他自己的钱。""相信我，"她用意第绪语补充道，"他骗不了我。我对他说，那是政府的钱。"①[85]

"我想和你在一起"

宝拉是个聪明的女人，对政治活动有兴趣。她固执己见，控制欲强，好奇心盛，脾气暴躁，性格坦率，有时说话毫不客气。在纳冯的回忆中，她喜欢"无休止的挑衅"。和她在一起"从不无聊，你永远不知道会发生什么。她不摆架子，从不装腔作势，大声说出我们只敢心里想的话，因为我们都很有礼貌。她不是"。[86]有一次她告诉联合国秘书长达格·哈马舍尔德（Dag Hammarskjöld），她认为他应该结婚了，当然，她很清楚他为什么单身。

守护丈夫的健康，保证他能够休息，是她的人生使命。她怀着

485

---

① 纳冯此前曾与外交部部长夏里特共事。因为他懂西班牙语，被派去给本-古里安当老师，当时总理突然产生了阅读斯宾诺莎和堂吉诃德西班牙语原著的愿望。后来，纳冯继续担任助手。纳冯在回忆录中提到本-古里安是一个极其勤奋和善于分析的学生，但他的口音很难听。（Navon 2015, p. 83ff.）

一种嫉妒情绪，守护着自己作为他的看门人的地位。她偶尔会阻止来访者去他的房间，防止他们打扰他，即使他们是被邀请的客人。她首先会问他们是怎么来的，当他们走出他的房间时，她要求知道本-古里安对他们说了些什么。[87]她似乎特别嫉妒他最亲密的助手。白天，她经常给他的办公室打电话，有时显然是出于无聊。与本-古里安不一样，她会调查他秘书的私生活。她问未婚的尼希米·阿尔戈夫，他前一个晚上在哪里度过，和谁在一起。[88]

一个也门女佣是许多以色列中产阶级家庭的标配，负责打扫、做饭、洗衣、熨烫，甚至给本-古里安擦鞋。宝拉从她的朋友艾斯特（Esther）那里雇了也门女佣马扎尔·吉布利（Mazal Jibli），艾斯特是画家兼外交官鲁文·鲁宾（Reuven Rubin）的妻子。吉布利回忆道，本-古里安喜欢她做的传统也门糕点扎克纳（jahnun），配上番茄酱。他不喜欢吃鱼丸。本-古里安一向对她很礼貌。他经常自己洗盘子。宝拉可能态度更严厉些，但事后总会道歉。吉布利偶尔会在宝拉家过夜。她的工资由国防部支付。[89]

在吉布利的印象中，宝拉把她的女儿们视为对手。对本-古里安最喜欢的雷娜娜尤为如此。吉布利描述了一个潜入游戏——雷娜娜打开房门，小声或用手语问她妈妈在哪里。吉布利会暗示宝拉在里屋，雷娜娜会在她妈妈阻止之前飞快地跑上楼梯。有时宝拉甚至不让本-古里安的兄弟和他的妹妹齐波拉见到他。当他在书房接待女性客人时，宝拉会让女仆进去检查是否一切正常。吉布利回忆起本-古里安和宝拉之间的幼稚游戏——他躺在自己的房间里，她上去看他是否需要什么，他假装睡得像个婴儿。她在他的生活中并没有像他在她的生活中那样扮演中心的角色。在作出重要决定之前，他似乎从未征求过她的意见。他们的关系成了例行公事。"也许年轻的时候他爱过宝拉。"吉布利说。[90]

❖

486　　　本-古里安偶尔会和一个叫里夫卡·卡兹尼尔森（Rivka Katznelson）的女人在一起。和他与其他女性的关系不同，他与卡兹尼尔森的关系持续了近 40 年。这一切始于 1926 年，当时她 19 岁，他大约 40 岁。这似乎是他第一次婚外恋，一直持续到总理任期结束。只是他和宝拉的关系持续时间更长。里夫卡是伯尔·卡兹尼尔森的远房亲戚，她一生中的大部分时间都在为马帕伊赞助的出版物做记者工作，包括编辑《妇女月刊》，还担任文学评论家。她结过两次婚，有两个儿子，与诗人、演员以及特拉维夫世俗非传统的波希米亚社区的其他成员保持交往。她与本-古里安的关系记录在大量的日记、诗歌，以及笔记本、便笺簿、活页文件的纸片中。其中许多是写给他的信，没有像她说的那样全部寄出去。[91]

　　多年后，他们的关系被曝光，她的档案讲述了一个没有给她带来太多满足感的爱情故事。在一次集会上第一次见到他时，她就喜欢上了他，后来她说："他的大脑袋和巨大的额发——有一点可爱。"她的日记和她写给他的情诗，都表明她渴望一种更全面的关系，无论是在心智上还是在性方面。他没有看出她对他的过分崇拜，也没有满足她作为一个女人的激情。有一次，他告诉她，她的眼睛像伯尔·卡兹尼尔森，但在 1928 年的日记中，有一篇是她在抱怨他分辨不出她的身体和其他女人的身体有什么不同。她写道，这是一种令人极度痛苦的侮辱。她知道他只会给她留出一个阴暗的小角落。她接受这一事实，但并不服气。他们见面时，他似乎说了很多话，她只是倾听。"你从没看望过我，也不想听我说些什么，你对我的梦想也不感兴趣。"她写道。她说他想要一个"小女人"，而她也尽了最大努力去做，但这给"她的个性和灵魂留下了阴影"。他们的关系显然冷却了一段时间，但他们两在他的房子里一起度过了她的 40 岁生日，在接下来的几个月里，她惊奇地写下"在多年的冷漠和自我交流之后，你激起了我身上女性的欲望"。[92]

这些年来，她的期望、失望和爱似乎已经完全融合在一起，很难辨别她和他的关系到底是什么，以及这种关系的哪一部分是想象出来的。[93]给人的印象是，一般来说，宝拉不在的时候，两人会在他家或国外酒店里短暂约会。"他的时间很短，他的激情很难持久，而且他也不喜欢玩爱情游戏。"她写道。后来她说本-古里安"饿了"，他会"冲过来，猛扑过来，拥抱，亲吻，暴露自己，寻求释放，仅此而已"。她说他的爱完全是"出于动物欲望的爱"。"他不知道我有没有结婚，不知道我有孩子，没有问过，也没有考虑过我。他对此不感兴趣。他需要我，只是需要我。"[95]

在独立战争期间和之后，她曾在本-古里安的"军事藏身处"和办公室里与他幽会。20世纪50年代，阿尔戈夫是他俩的主要中间人。"尼希米会打电话来，说里夫卡，老人需要你。我会安排的，来吧。"她说。[96]她觉得自己被利用了。"他一看到我就想快点吃上一口，我一次又一次地无法回应，"她写道，"这可能让他很失望。"她的文件中有几封信，是本-古里安在1963年用总理的官方信笺写给她的，每月一封，信中他让她打电话给办公室的一个助手，安排下一次约会。"我想和你在一起"，他在信中这样说，并特意注明这是"一次谈话"。

按照里夫卡·卡兹尼尔森的说法，他和宝拉的婚姻生活很可怜。她认为他对宝拉的态度是"一个男人对一个女人的渴望"，以及对他童年缺乏的母爱的渴望，但对她没有一丝真正的兴趣。卡兹尼尔森写道，宝拉像一只忠诚的狗一样忠心耿耿地为他服务，他很感激她。在他年老时，他依赖她，似乎也很喜欢她。他们在一起生活了很多年，并有了孩子，但根据他与她的情人关系，卡兹尼尔森坚持认为，本-古里安从未达到"男性性爱满足的深度"，也从未了解一个女人"性欲的深度"。宝拉也不行。从这个意义上说，"他死的时候还是个处男"，她写道。卡兹尼尔森曾要求本-古里安尽快为她编辑的期刊提供资金。本-古里安的反应好像是她为他们的私通索要报酬。她写信给他："你完全羞辱了我。"她在给诗人兼文学学者西蒙·哈尔金（Simon Halkin）的信中说："他可能爱过我，或者他内心对我有某种感觉，他知道我的忠诚和真诚。我不知道我是否爱着本-古里安。我从没为了经常见到他而争取过，我也没有为了占有他而争取过。他在我的生活的某个遥远地平线上，而我也在他的生活中。"她不希望被人们记住，她是他的情妇。[97]

第十九章　焦虑

"我再也没有力气工作了"

1951 年秋天快结束的一天，本-古里安在上加利利观看了一次跳伞演习。有个地方出了差错，两名伞兵在他眼前坠落身亡。"我们站在那里，看着第二架飞机如何把他们击落。"当时仍担任总参谋长的伊加尔·雅丁说。"我们是第一个到达那里的。他们（的身体）还是温暖的。"本-古里安看着他们说："你知道，他们看起来好像还活着。"雅丁回应："是的，但是他们死了。"本-古里安说："这是我第一次看到死人。"他在日记中写道："这场灾难让我非常沮丧。我不能说我们没有责任。"

两位伞兵迈克尔·纽曼（Michael Neuman）和哈伊姆·海亚特（Haim Hayat）并不是他见过的第一批死者，但当时他倾向于把现在的事和过去的经历联系起来。通过重温那些更早的事件，好像他就可以改造它们，重新利用它们来抵消最近发生的事带来的沮丧。在伞兵死亡一周年之际，他向内阁讲述了大约 40 年前在塞杰拉，两名犹太劳工在他眼前被杀害。[1]他正面临着一些严峻的挑战，包括几次激烈的政治斗争，但只有少数几件事是完全出人意料的，就像伞兵的死一样，勾起了他对过去的回忆。

历史的重担耗尽了他的力量。在经历了建国、战争、吸纳数十万难民以及无数其他事务之后，他决定和联邦德国达成和解，这引发了以色列历史上最关键、最痛苦的争议之一。它所耗费的情感能量可以与关于巴勒斯坦分治的讨论相提并论。这很快就让他精疲力竭、神经衰弱，并损害了他清晰思考和正常工作的能力。他经常抱怨说自己很虚弱，同时也表达了他的失望和焦虑，一些源自对现实的评估，另一些则是妄想。到处都有迹象表明他与现实脱节。过去他也曾经历过几次短暂的迷茫，但从未如此密集地发生。他陷入一种情绪中，开始总结自己的生活，准备结束它。他从未像现在这样对以色列的生存前景感到如此悲观。他有一种想从头再来的冲动。当他意识到发生在他身上的所有事情后，他很快就会崩溃，宁愿去沙漠里放羊。在他的想象中，他仿佛回到了塞杰拉。

❖

1950 年 8 月，他接受了波士顿心脏病专家的检查。"我的心脏很好。"本-古里安在他的日记中写道。[2]有时，他会提起从小到大遭受的疼痛和疾病。[3]根据他的日记可知，他每隔几个月就会卧床不起，尽管他一般不会具体说明发生了什么。有时他需要住院治疗。他抱怨腰痛让他站不起来。据报道，他一度患上了梅尼埃病，这是一种耳内疾病，可能引发眩晕。他的医生有时命令他不要参加内阁会议。[4]他还患有精神方面的疾病，经常提起他所领导的历史进程给他带来了很多焦虑情绪。

"可怕的新的灾难随时可能会发生，"独立战争结束后不久他曾说过，"弱小而分散的犹太人可能会被彻底消灭，直到最后一个人。"几个月后，他告诉内阁："我有着犹太复国主义者的敏感，当我走遍整个国家时，我感到震惊和恐惧。"他指的是该国大多数犹太人都集

491

中在特拉维夫市区，而其他地方则几乎空无一人。[5]"我一直担心犹太复国主义运动最终会变成一个小小的建筑，事实上，它正在成为一个有腹地的大城市。"他说。他提议对移民关闭特拉维夫。他担心他们会毁掉它。他发出警告，对其他地区的忽视可能会破坏犹太复国主义事业的道德基础。[6]"出事了，"他解释道，"这个国家到处都在长荆棘和蒺藜，老鼠在繁殖。看看我们的土地，太可怕了。"[7]他要求首席林务员约瑟夫·韦茨（Yosef Weitz）在未来的 10 年里种植 10 亿棵树。韦茨怀疑总理在和他开玩笑，他问自己本–古里安是否失去了理智。[8]

1950 年 1 月，他向内阁表达了对以色列国防军状况非常悲观的看法。和过去一样，他推卸了自己的责任。"我想提醒内阁，我一直强调我不是在组建一支军队，而是在应对战争，"他说，"最需要考虑的是如何去战斗并取得胜利。我们没有时间准备和训练一支军队。"几个星期后，他又重复了这句话。这一年的晚些时候，他写道："我卧病在床……马上就要去休假了，因为我再也没有力气工作了。"他离开了一个月，在此期间，他为自己的一本书《当以色列战斗时》（*When Israel fighting*）写了简介。[9]

几个月后，他再次陷入"四肢蹒跚，苦不堪言"的状态，过去卡兹尼尔森和夏里特都曾用过这样来自《圣经》的词句描述他的状态。1950 年 11 月底，他写信给总参谋长雅丁，说他"不得不'消失'两三个星期"，因为他最近在太巴列度假时，没有得到充分的放松，无法回来工作。[10]两天后，他来到雅典国家考古博物馆。他还参观了卫城，去看了一座据说是阿伽门农的坟墓。他有两个同伴和保安，宝拉没有跟随。总理办公室没有提前通知他的行程，也没有提供他行踪的细节。

492

❖

下一站是牛津。英国驻以色列的大臣承认，乍一看，这次访问确实有些奇怪，但他说服了伦敦的上司，以色列总理不想见任何人，只想去布莱克威尔，看看"他的精神家园"。大臣证实本-古里安极度疲劳。事实上，他大部分时间都在书店昏暗的地下室里度过，四周堆满了书，他坐在一边翻阅。除了希腊经典之外，这次他对当代哲学著作产生了兴趣，包括马丁·海德格尔、路德维希·维特根斯坦和卡尔·波普的著作。他可能见过以赛亚·伯林。他还告诉他的老朋友多丽丝·梅，他在乡下，可能会见见她。从怀旧的角度来看，他又回到了闪电战时期，那时他也有很多时间阅读。《国土报》认为这次旅行"离奇"，《晚报》认为"古怪"，这些报纸不知道它们说得有多正确。

有传言称他很快会回来，但本-古里安继续前往法国南部。在戛纳和尼斯之间的昂蒂布（Antibes）度假时，他突然有了学开车的冲动。有一天，埃胡德·阿夫里耶尔开着其中一辆车，另一辆车载着法国的保安。本-古里安问他："开车难吗？"阿夫里耶尔说很简单，本-古里安说："也许你可以教我？"他的助手同意了。和他们一起上车的以色列特工也没有反对。本-古里安开始在里维埃拉（Riviera）沿海公路上接受日常的驾驶训练。法国保安为他开路。

这个故事的关键词可能是本-古里安给雅丁写信时使用的那个词，他在信中说他由于疲劳"不得不"旅行，听起来好像他不是真心想去。也许他在这个时候提出学习驾驶并不是巧合。"他非常享受自己驾驶这辆车的感觉，让它朝着确定的方向移动，"阿夫里耶尔后来谈道，"这让他自己感到非常满足。"三个星期过去了。从法国回来的第二天，他主持了内阁会议。在一场关于粮食短缺问题的讨论中，本-古里安问为什么以色列不养鹅。[11]

"我们的孙辈会发生什么"

当他回来后，他变得悲观了。"在我的生活中，没有什么比国家的生存更令人担忧的了，"几个星期后，他说，"我不能隐瞒我的同事，我深感忧虑。"¹²他开始说要退休。他的政党的几位领导人向他解释这根本不可能。但就连他在内阁的同事也开始注意到，他的力量正在消失。此时本-古里安预测冷战很可能恶化，演变为美国和苏联之间的军事对抗，以色列将在这场对抗中被摧毁。

"我对我们的孙辈会发生什么深感不安。"他说。核导弹可能会发射失败。"我们不是一个大国，只需要微小的偏差，就足以摧毁特拉维夫及其周边地区，几乎可以把我们全部毁灭。"一枚原子弹落在纽约，可能会让以色列失去犹太人的支持。"我们这个小国的命运会怎样？"他问道，却没有回答。他说："我说这些不是为了陈述事实，而是为了表达非常困难的想法。"¹³以色列站在深渊的边缘，他告诉政府："这个国家面临着严重的危险，随时可能被炸成碎片。"¹⁴

❖

和世界上大多数小国一样，以色列起初试图保持不结盟，但随着冷战加剧，它不得不宣布它在东西方集团之间的立场。

本-古里安喜欢回忆1923年，他对列宁领导下的苏联的一次重要访问。他指出，苏联红军在消灭纳粹德国的过程中损失了数百万士兵。苏联曾支持以色列建国，并允许捷克斯洛伐克向以色列提供武器，帮助以色列赢得了独立战争。苏联还允许几个共产主义国家批准成千上万的犹太人在以色列定居。但是，要保持真正的不结盟很困难，他早在1949年就断言"在意识形态辩论中，以色列是民主的，反对共产主义的"。他把斯大林时期的苏联称为建立在谋杀和欺

494

骗基础上的奴役之家。他尤其不满的是，生活在那里的约200万犹太人不被允许进入以色列。大多数以色列人赞同他的观点。[15]

接着，朝鲜战争爆发了。美国和它的盟国在联合国的旗帜下作战。本-古里安提议派遣一支以色列国防军与他们并肩作战。"我认为参与这场战争符合我们的利益。"他说，哪怕只是象征性地参与。他觉得有必要提振苏联犹太人的精神。"如果朝鲜被美国军队教训一番，苏联犹太人会很高兴的。"他说。罗马尼亚犹太人同样会欢呼。美国犹太人看到以色列国旗作为联合国部队的一部分飘扬时，也会感到自豪。他考虑派出一支100人或150人的队伍，重演二战时犹太旅的那一幕。对犹太人来说，这是一件大事。他在另外的场合说："犹太人需要感受到他们的国家'很酷'，这很重要。"内阁部长们似乎难以相信他们的耳朵，在外交部部长夏里特的领导下，所有人都断然拒绝了他的提议，他费了很大的劲才让其他人同意向联合国提议，以色列希望派遣一个医疗支援小组到朝鲜去。

对此，他怒不可遏，仿佛政府抛弃了犹太人，让他们陷入一场灾难中。他说："在这个问题上，我对犹太人有愧。"在他的想象中，以色列犹太人不再像大屠杀时期那样无法帮助他们的同胞。然而，现在的以色列政府太懦弱了。他说："我在这个政府里感到很痛苦。"但他承认，大多数人有犯错的权利。四个月后，他提议以色列对德宣战。

495　　与美国在朝鲜并肩作战的提议遭到拒绝后，以色列也没有改变所谓的"方向"。以色列的地位是与美国并列的，联邦德国也想如此，其领导人认为通往华盛顿的道路必须经过耶路撒冷。这成为美德两国合作的基础。[16]

和出兵朝鲜的建议不同，本-古里安不打算进攻柏林。他在寻找解决法律问题的方法。以色列没有和纳粹德国交战，因此不能要求赔偿。他曾提出向大英帝国宣战，现在他想依葫芦画瓢。外交部部长显然受到惊吓，恳求他放弃这个想法。本-古里安一开始还尽力为自己争取，但经过长时间的讨论后，他同意推迟内阁投票，再考虑一下。[17]

当时，与德国人接触被视为对大屠杀受害者的侮辱，也是对犹太人和以色列国荣誉的侮辱。这是本-古里安一生不得不面对的三个最敏感、最无情的问题之一，另外两个是分治和宗教与国家的关系。他将自己的说服能力与政治策略结合在一起，成功地处理了这三个问题。他理解反对他的人在情感上遭遇的障碍，蔑视他们的政治考量，拒绝接受他们认为的与德国接触是不道德的观点。反对他的人在内阁会议的第一轮讨论中提了很多陈词滥调，包括"记住亚玛力人对你做了什么"（《申命记》25:17），以及犹太人自15世纪被驱逐出西班牙以来对西班牙的封锁。[18]对此，本-古里安在另一次会议上简要地回应："有句话众所周知，'钱是没有气味的'。"[19]

当时的分歧很深。他们回忆起与纳粹德国签订《哈瓦拉计划》时的辩论。当时包括马帕伊在内，所有人都跨越了党派的界限。"这次是精神上的鸿沟，我们无法克服。"外交部部长夏里特表示。他担心德国人会撤回与以色列达成的协议，让以色列同时失去金钱和荣誉。他发出警告，以色列要求从联邦德国获得赔偿，可能会导致外界要求以色列赔偿阿拉伯难民。但是，到1950年2月，本-古里安成功地让内阁同意与联邦德国直接会谈，并将此事告知公众。[20]

一次，在和利维克·哈尔彭（Leivick Halpern）的私人谈话中，他把自己对联邦德国的功利态度与他对"希特勒大屠杀"的态度进行了比较。哈尔彭是在美国生活的意第绪语诗人和剧作家。本-古里安告诉他，以色列人并不像哈尔彭那样一直生活在大屠杀中。他解释说："更重要的是，我们在这里过着自己创造的生活。这并不是说我们不重视这场悲剧，不理解它有多危险，而是与其对过去发生在我们身上的事情保持警惕，不如对我们需要做的事情保持警惕。"谈到他自己，他说："我们居住的土地上发生的遥远过往，比最近发生的过往离我更近。"[21]

本-古里安与（联邦德国）官方接触后，估计联邦德国作为开价方，会提出在五年内向以色列提供价值 500 万美元的商品。在这一点上，双方显然有共识，500 万美元商品里包含军事装备。[22]公众的反感已达到顶点。有时，真实的厌恶情绪和政治上的伎俩搅和在一起，本-古里安并不能每次都分辨得出来。为了推进他的提议，他必须理解以色列人身份认同的核心。

❖

第一轮辩论在马帕伊中央委员会进行，本-古里安获胜。这是一场漫长而痛苦的辩论，需要解释清楚基本的价值观——国家与良心、功利与道德、情感与理性、复仇与希望、过去与未来。反对与联邦德国进行任何谈判的大屠杀幸存者与官员们分享了他们恐怖的记忆。在场的每个人都知道日报在煽动反德情绪，大多数媒体都反对谈判。因此，马帕伊不仅为自己的灵魂而战，也为自己的政治未来而战。本-古里安一再强调交易的经济价值。他承诺："我们如果不知道我们讨论的是一大笔款项，就不会进行任何谈判。"协议是为了防止犹太人回到大屠杀前的状态。"我们不想让阿拉伯恐怖分子来屠杀我们。"他说。辩论一直持续到深夜。中央委员会以 42 票对 6 票批准了谈判。[23]

"极大的精神痛苦"

1952 年 1 月 7 日，耶路撒冷天气寒冷，还下着雨。议会会议在下午四点过后的几分钟内开始了。梅纳赫姆·贝京宣誓对以色列议会忠诚，宣布回归，结束他在第二次议会选举后的自我放逐。他的政党赫鲁特（Herut）的实力已经下降到原来的一半多一些。这是一个沉重的打击，特别是考虑到贝京的个人魅力和他鼓动群众的天赋，他能激发出群众的爱国情绪和沙文主义激情。反对联邦德国赔款的斗争为他提供了恢复名誉的机会。他希望回到他的时代，成为伊尔贡的指挥官。他称与联邦德国谈判的计划是一场"大屠杀"。

宣誓仪式结束后，贝京离开议会，走到耶路撒冷市中心本-耶胡达街另一端的锡安广场。成千上万的他的支持者聚集在那里。他在广场旁边的酒店阳台上和他们说话。"今晚，我们民族历史上最可耻的事件就要发生了。"他这样开场。在他的演讲中，他讲述了德国屠夫是如何把他的父亲和500名犹太人淹死在他居住的白俄罗斯城市的河里。他并不确定这个故事的真假，但他喊道："没有哪个德国人不曾杀害过我们的父亲。每个德国人都是纳粹。每个德国人都是刽子手。阿登纳是个刽子手。"本-古里安，用他的话说，是"小暴君和大疯子"，还想从他们那里拿钱。"因为他琢磨的就是钱，钱，钱。"贝京大叫道，与联邦德国签订的协议不可能会实现。"我们所有人都愿意为此献出生命！踩在我们的尸体上！我们会作出任何牺牲来挫败这一阴谋。"

这时，本-古里安还在以色列议会重申以色列对德要求。他说，他的政府认为有责任尽早收回纳粹受害者失去的财富。他讲了大约20分钟，没有被打断。他的陈述完全是大实话，没有刻意悲怆。不出所料，随后的辩论充满煽动性。第一个发言者说他的小儿子问他，一家人能从爷爷奶奶身上得到多少钱。

锡安广场上，雨越下越大。贝京已经近乎疯狂。有人走到阳台上，递给他一张折好的纸条。贝京慢慢地打开它，专注地看完，然

498

后宣布他刚刚接到通知，警察已包围了人群，他们携带了联邦德国制造的催泪瓦斯弹，里面装满了"闷死我们父辈的毒气"。但他不会被吓倒，并承诺道："我们会去集中营，去拷问室……这将是一场生死之战……就算判我死罪，就算判我见不到小儿子……我将永远抵制德国……与德国谈判的政府是在犯罪！本-古里安是罪犯！"[24] 然后，他呼吁群众陪他一起去议会："跟我走，不要害怕瓦斯弹。"

在副局长阿摩司·本-古里安带领下的警方，还没有做好充分的准备，数千名示威者就突破了障碍，冲进议会大楼里，开始投掷石块。房间在一楼，窗户面向街道。石头打碎了窗户，落在房间里，桌子和地板上都是玻璃碎片。一名议员被石头击中头部。警察登上附近建筑物的屋顶，开始向人群投掷瓦斯弹。刺激性的烟雾渗入议会大厅。议员们试图找到出口出去。到处都是尖叫声和诅咒声。警方没有对示威者使用实弹，但有数百人受伤。一些示威者和警察被带进大楼急救，宝拉·本-古里安帮着照顾他们。

本-古里安走到大街上，又回到大楼里，后又出去再回来。当他被告知他儿子的警队没能阻止人群时，他想通知以色列国防军，但他不知道电话号码。"我想给军队打电话，"他告诉内阁，"不能马上接通，因为我的军事秘书不在。只有宪兵是不够的，他们只能派出50个人。我要求立即再一次接通军队指挥官。电话接通了，军队过来了，什么也没做，但军队在场震慑住了示威者。"他的回忆对事件进行了改造，将其转变为一场营救行动，多亏了他的头脑。许多年后，他写道："如果不是我召唤军队力量阻止暴徒闯入议会，可能会发生对议员的大屠杀。"[25]

以色列议会的 61 名议员投票支持授权外交和国防委员会决定，50 名议员投了反对票。对议会来说，这是一次险胜。一些联合党派的代表投了反对票，但是作为马帕伊伙伴的宗教党派都支持他。①[26]

❖

对议会大楼的袭击是阻止以色列与联邦德国和解的系列暴力行动之一。1953 年 4 月 16 日，20 世纪最伟大的小提琴家之一、以色列的挚友亚莎·海菲兹（Jascha Heifetz）在耶路撒冷爱迪生电影院举行了一场音乐会。节目中有一首是理查德·施特劳斯的奏鸣曲。施特劳斯是一位德国作曲家，在纳粹执政的头两年里支持过它。音乐会结束后，海菲兹回到他在大卫王酒店的房间。一个拿着铁棍的陌生人在门口等着他。他击中了海菲兹的手，然后逃走了。第二天，本-古里安告诉海菲兹，如果事先来问一下，他会建议不要把这首曲子放在节目中。"人类不是理性的生物，他们相当的不理性，情感在生活中有着重要的地位。"他说。袭击发生后，他建议海菲兹继续计划中的系列音乐会，依然演奏施特劳斯的作品。他下令给小提琴家配保镖，并承诺他本人将出席其中一场音乐会。[27]一名大屠杀幸存者在特拉维夫外交部办公室旁放了一枚炸弹。以色列人还参与了在联邦德国暗杀其总理康拉德·阿登纳（Konrad Adenauer）的行动。[28]

但暴力还不是主要问题。最大的困难是，在与联邦德国的谈判中，哪些是禁止的，哪些是可行的，这些都没有约定好。几乎每天都需要作出决定，由于缺乏参数，每个条约都必须单独处理，就好像这是唯一一个需要政府在善与恶之间作出历史性决定的问题一样。条约从出口到联邦德国的橙子到进口联邦德国书籍都有涉猎。这不是一个理性的、前后一致的决策过程，相反，包含了大量的怀疑、担忧、摸索、直觉、内部矛盾以及许多政治考量，本-古里安参与了

500

---

① 在投票之前，本-古里安算了人头数，他认为自己会有七票的优势，可以继续与德国人谈判，但其中五票来自议会的阿拉伯成员。他指出也有阿拉伯议员反对谈判。（Ben-Gurion to the Cabinet, Jan. 6, 1952, ISA.）

这一切。[29]

他相信不是每个德国人都会犯下纳粹的罪行，就像不是每个犹太人都杀害了耶稣一样。但在一次内阁会议上，他说："明天纳粹德国可能会卷土重来。"[30]1952 年 9 月，双方签署赔款协定。根据这项协议，联邦德国将为被赶出家园、在以色列重新安置的犹太难民提供部分资金，对以色列和其他国家的犹太人进行赔偿。许多以色列人仍然视之为耻辱。[31]赔款改善了以色列的经济状况，帮助以色列从经济紧缩中迅速恢复。以色列人从联邦德国获得的个人赔偿，扩大了欧洲移民和伊斯兰国家移民之间的贫富差距。

作为总理和国防部部长，本-古里安承受了沉重的负担，造成了"极大的精神痛苦"。1952 年夏天，他提出放弃其中一个职位，内阁会议记录显示他用意第绪语说了几句话，这是很少见的。两周后，他病了 10 天。[32]除了与疲劳作斗争外，他还感到"人民"辜负了他对他们开拓性的期望。一位英国犹太记者乔恩·金切（Jon Kimche）对犹太复国主义事业充满同情，向本-古里安讲述了自己访问以色列的感想。他说，当时的气氛充斥着怨恨和失望。人们不谈论国家的建立和战争的成就，相反，他们抱怨政府腐败，并考虑离开这个国家。在本-古里安最亲近的圈子里也能听到类似的事。"知道那些关于腐败的故事，"纳冯在日记中写道，"你可能会失去理智。我能向本-古里安解释我们的国家是什么样的吗？他能做些什么呢？"[33]本-古里安意识到国民的"道德状况很糟糕"，但他主要是指国家认同很微弱。他试图回到犹太复国主义传教士的角色，但是，他说："现在的年轻人不想去内盖夫，许多人正在离开。"[34]

在这几个月里，为了让学校系统国有化，他卷入了一场令他精疲力竭的政治和意识形态斗争。到目前为止，学校一直是在政党的赞助下运行的。本-古里安想让国家掌权。他抽出时间和精力，亲自起草最基本的核心课程：希伯来语、《圣经》、犹太文学、体育、科学（包括犹太史和世界史、以色列史和全球地理）、开拓和劳动教育（农业和手工业）、爱国主义、犹太价值观和对国家的忠诚。他强调，国家将资助宗教学校和阿拉伯学校。虽然他没有列出数学，但他认为数学是科学的一部分，他也没有提到英语。在这里，本-古里安以教育家和民族理论家的身份出现，试图向他的人民灌输一套价值体系和一种新的身份。他所在政党的一些成员提出警告，称一部国家教育法将剥夺马帕伊最重要的影响手段之一——附属于政党的教育系统，也会强化宗教党派通过国家资助的学校传播教义的能力。[35]

犯罪行为也令他沮丧，黑市伤害了他的自尊心。他一次又一次地抱怨法院过于宽容。[36]这也是一场哲学辩论——本-古里安宣扬法律和秩序，认为执法过于自由。"对一个罪犯来说，有时受到比他应得的更大的惩罚是可以接受的，"他说，"不仅凶手是人，他的受害者也是人。被强奸的女人也是人，被谋杀的孩子也是人……最好系统出现错误，让有罪的人在监狱里多待一会儿，这样至少上百人不会被谋杀。"他说，过于宽容的法官自己也应该接受审判。[37]

他将犯罪率与席卷全国的暴力事件联系起来。宗教极端分子放火焚烧世俗书店，甚至密谋向议会大厅投掷烟幕弹。反宗教的狂热分子在虔诚的交通部部长家中放置了一枚炸弹，因为他下令在安息日公共交通工具不得运行。反共产主义的狂热分子（其中一些是莱希老兵）在苏联公使馆里留下一枚炸弹，抗议该国对犹太人的压迫。本-古里安称所有这些都是威胁国家主权的行为。实际上，这是意识形态的犯罪，是对国家权力的争夺。他曾几次试图消灭左右两派的对手，但都没能成功，其中一次试图取缔共产党。围绕这一提议的辩论再次暴露出他的领导中存在极权主义成分。"如果有必要设立拘留营，我会设立的；如果有必要开枪，我也不怕这样做。"他

告诉他的政党。[38]他曾试图通过诉讼关闭共产党报纸《科尔哈姆》
(*Kol Ha'am*)，但他败诉了。最高法院对他的判决成为以色列新闻自
由的基石之一。[39]

"从未有过这样的奇迹"

1952 年 9 月的一天，本-古里安从内盖夫的一次军事演习中返回
耶路撒冷。伊扎克·纳冯写道，在贝尔谢瓦以南约 30 英里处，"在
沙漠的中央"，他（本-古里安）注意到一间小棚屋和几顶帐篷。他
命令吉普车司机停下来，当他下车时，发现自己面对着十来个年轻
男子和一个年轻女子。他们说，在独立战争结束时，他们认为这个
地区还没有被彻底征服。"我们是来解决这个问题的。"他们告诉他。
本-古里安问他们属于哪个政党的定居运动，他们回答说与任何政党
都没有关系。他惊讶得快要发狂了。"从未有过这样的奇迹，"他宣
布，"所有党派代表团结起来，为一项开创性的事业而奋斗。"他问
他们从哪里来。大多数出生在乡下，六人是情报官员，一人来自南
非，还有一人来自波兰。他们和他分享了梦想——他们想要建立一
个有山羊和马的农场，成为牛仔。为此，他们给居住地选择了萨德
博克（Sde Boker）这个名字，即"牛仔地"，听起来有点像这个地方
的阿拉伯名字。他们是一群理想主义者、冒险家、浪漫的改革者和
自我探索者，就像本-古里安本人和其他定居者在过去的 70 年里一
样。周围都是原始的景观，远处有一个色彩斑斓的悬崖，南边不远
的地方还有一个巨大的、令人叹为观止的坑。他们还说，如果能从
附近的耶鲁哈姆（Yeruham）镇获得足够的水，他们会尝试种植果
树。本-古里安答应再去看望他们。纳冯回忆道，他在回耶路撒冷的
路上一直在谈论这群年轻人。"他们在做的正是现在必须要做的，"

他说，"在沙漠中定居。"他决定加入他们。[40]

这个故事听起来很吸引人，但并不准确。对具体发生的时间也有分歧。本-古里安本人提过几个不同的日期。[41]事实上，在他第一次见到定居者之前，他对萨德博克已经有所了解——创始人之一是他助手埃胡德·阿夫里耶尔的兄弟。建立定居点时举行过官方仪式，还被媒体报道过。仪式上的一位发言人是北方司令部的将军摩西·达扬。新闻界关注着定居点的进展。1952 年 9 月，一名外出放羊的年轻妇女被贝都因人杀害，12 月，一名年轻男子在伏击中被枪杀。[42]本-古里安第一次见到萨德博克定居者时就知道这一切。那个星期晚些时候，他得知埃胡德·阿夫里耶尔的母亲去世了，这令他沉浸在对自己母亲的回忆中。"母亲也许是人类生活中唯一的'绝对'，"他写道，"在我母亲去世（我当时只有 10 岁）后的 55 年里，那种痛苦和失去的感觉一直伴随着我，我仍然记得我的母亲所有伟大而深沉的爱。"就在那个星期，他要求犹太工人总工会和犹太代办处计算他 30 年工作的退休金和累积假期。他要求把这笔约 7000 以色列镑的钱付给宝拉，相当于他作为议会议员 30 个月的工资。[43]

1952 年 10 月，他再次病倒，无法坚持写日记了。"我没有打开笔记本，"他写道，"一些（小而零碎的）事情写在纸片上，然后用打字机誊写出来。由于压力和其他原因，大多数事情根本没有写下来。"[44]

同月，他发表了一篇告别演说，开头是"第一位希伯来武士"亚伯拉罕，接着是 4000 年来"五次最重要、最具决定性的战斗"。他说，所有这些都与公认的逻辑相悖，这是出自犹太人的本能和隐藏能力，外人根本无法理解。这五次战斗都是在他的领导下发生的。他说，以色列国的建立是历史上最不可思议的事件。他审视了他的政府的主要行动，包括与联邦德国的赔款协议和建立空军。他在

《诗篇》（18:9）和《撒母耳记》第二卷（22:9）中找到了对战斗机最早的描述。①[45]

❖

他的历史讲座时间越来越长，成为内阁辩论的中心内容。有时，他似乎在重温自己在卡法萨巴当劳工的日子；一次，他似乎又在为自己在 20 世纪 30 年代倡导的克制原则辩护。有时，他让同事们感到尴尬。他把其中一位卷入了一场关于诺亚方舟的长时间辩论中，并一度怀疑欧洲隔都的犹太人是否像人们所说的那样反抗过纳粹。在那场辩论中，他又纠正了自己。但他曾寄出一封信，他的工作人员显然没能及时拦截，其中包括这样的反思："希特勒不是一个反犹分子。哈吉·阿明·侯赛尼和我们一样都是闪米特人，是希特勒的朋友和助手之一。"②[46]

那是一个历史、传记和政治交织在一起的时代。本-古里安不得不一次又一次地解释为什么没有征服耶路撒冷老城。他曾试图向以色列议会发表一次详细的、充满感情的道歉演讲，为自己辩护。归根结底是因为以色列国防军没有建立起完备的军队，它还需要保护全国各地的许多定居点。"如果不能控制整个国家，就不可能控制耶路撒冷。"他说，并引用了罗马军队对耶路撒冷的征服。"罗马人剥夺了我们的自由，摧毁了我们的土地，但他们知道如何发动战争，我们应该向一个知道如何发动战争的敌人学习，"他说，"罗马人没有先去征服耶路撒冷，相反，他们把耶路撒冷留在最后……只有在

---

① 在日记中，他犯了错误，误引了《撒母耳记》第 23 章，那一章包含了大卫王的遗言。

② 还有一位当代政治家倾向于把政治历史与生活事件等同起来——温斯顿·丘吉尔。在一次国会演讲中，丘吉尔竭尽全力赞美以色列。他以第一人称发言，议员们可能会觉得他在讲述自传中的一集。从《贝尔福宣言》开始，他一次又一次地提到他对犹太复国主义在政治和情感上的支持。在以色列独立五周年之际，本-古里安把丘吉尔的英语演讲抄进了他的日记里。（Ben-Gurion, Diary, May 15, 1953, BGA；Ben-Gurion to the Cabinet, May 24, 1953, ISA.）

他们征服了这个国家之后，他们才围攻耶路撒冷。"这是一个将在未来几年里不断引起人们关注的问题。[47]

1952 年 11 月，哈伊姆·魏茨曼去世。他曾担任以色列第一任总统。本-古里安在日记中提道，这个消息让他"伤心欲绝"。伊扎克·纳冯写道："我很想知道他在那一刻的真实想法。"[48]

果尔达·梅厄提到魏茨曼曾说过，他不像本-古里安那样把人送进战争。[49]这很可能是真的，但魏茨曼从未面临过这样的困境，因为他是一个没有国家的政治家。犹太复国主义曾经的最高领导人从未背负过这样沉重的情感负担。以色列宣布独立后不久，魏茨曼在历史上的作用就结束了。与此同时，本-古里安达到了成就的巅峰。随后他逐渐衰弱，持续了 25 年。而魏茨曼有幸在不到五年的时间里经历了短暂的衰退，但在那段时间，他被迫过着在自己国家流亡的生活。

魏茨曼很难适应自己不再领导犹太复国主义运动的事实，并试图干预以色列的外交政策。本-古里安斥责了他。他说这个国家甚至不需要一个总统。[50]他很少向魏茨曼介绍政府政策。魏茨曼总统已经是个老人，他半盲，非常虚弱，但本-古里安仍然羞辱他，把他视作政治威胁。这一切始于他没有邀请魏茨曼在《独立宣言》上签名。魏茨曼没有参加仪式，因为他当时在美国。本-古里安在宣言发表后的讲话中提到了他，但拒绝了所有给魏茨曼留下签名空间的请求。他没有义务这样做。魏茨曼的助手迈耶·维斯格尔（Meyer Weisgal）提出在独立十周年之际，也就是总统去世五周年之际，作为一种象征性的姿态将魏茨曼的名字添加到《独立宣言》里。他说本-古里安告诉他："魏茨曼不需要。"[51]

魏茨曼去世的几天后，本-古里安又一次以他独创的、异想天开的做法震惊了以色列乃至全世界。他提议由阿尔伯特·爱因斯坦担任以色列总统，爱因斯坦甚至不会说希伯来语。以色列驻美国大使阿巴·埃班回忆道，本-古里安打电话告诉他这个想法，指示他给爱因斯坦打电话。当埃班思考如何应对他收到的这个荒谬指令时，这个提议在电台公开了。不一会儿，他的电话响了。爱因斯坦问他，可以请大使把这个想法从本-古里安的脑海里除去吗？这是根本不可能的。埃班从爱因斯坦的声音中听出他惊呆了。[52]

爱因斯坦的拒绝并没有让本-古里安感到失落。据纳冯说，他并没有真的指望爱因斯坦会同意。他的下一个选择是伊扎克·本-兹维。两人认识很久了，可以追溯到本-兹维将本-古里安排除在自卫组织之外。现在本-古里安提供了一个有名无实的荣誉。对本-古里安来说，这是历史的正义。"本-兹维和雷切尔到了，"第二天他写道，"欣喜若狂。"[53]

1953年5月，本-古里安回到萨德博克，惊叹不已，仿佛这是他第一次来到这里。他在这个国家住了47年，从没见过像萨德博克这样开拓性的项目。回家后，他给那里的定居者写了一封信。"我从来没有羡慕过别人……但在我拜访你们的时候，我很难克制一种类似嫉妒的情绪——为什么我没有机会参与这样的努力？"萨德博克"是我们这个时代犹太复国主义的巅峰"，他告诉内阁成员。[54]现在，他的力量流失得很快，接近耗尽，边境的紧张局势加速了这一进程。

"我不能再继续下去了"

独立战争结束后不久，本-古里安在日记中写下了他从阿巴·埃班大使那里听到的战略评估。"他认为没有必要追求和平。停战对我们来说足够了。如果我们追求和平，阿拉伯人会要求我们付出代价——边境或难民，或两者兼而有之。我们再等几年。"[55]他们在等待时机，好几次，本-古里安不得不捍卫他在内阁的地位。"你建议我们在什么基础上进行谈判？"本-古里安问一位部长，"我们应该把难民带回 1947 年的边界，放弃耶路撒冷，放弃内盖夫吗？埃及无疑会强烈要求我们放弃内盖夫。"几个月后，本-古里安重申，他一直支持和平，但"我们与阿拉伯人和平相处的可能性是有限的"。30 多年前，他说过几乎一模一样的话。和过去一样，他被以色列正在失去和平机会的说法激怒了。[56]

其他国家的政府和个人有时试图改善以色列与其邻国的关系，例如在瑞士洛桑进行的正式和公开的接触，还有在其他场合进行的秘密接触。这样的接触并不难，问题是付出多少代价。在很短暂的时间里，以色列曾同意讨论 10 万难民返回家园的可能性。[57]还有人讨论过建造一条经由内盖夫连接埃及和约旦的走廊，约旦可以自由进入海法港。1951 年 7 月，约旦国王阿卜杜拉一世遇刺，以色列与约旦继续谈判的前景变得十分渺茫。[58]

本-古里安没有急着回应叙利亚总统胡斯尼·扎伊姆（Husni al-Za'im）提出的两国领导人会晤的建议。叙利亚提出它可以接纳 35 万巴勒斯坦难民。本-古里安更愿意先签署停战协议。此后不久，扎伊姆被暗杀，他的提议也被遗忘了。[59]这类事件证实了本-古里安长期坚持的关于冲突的基本假设："如果我们去马达加斯加或其他地方，远离他们的国家，那么今天制定阿拉伯政策的人会同意和我们和平相处。"他想到了非洲的一个岛国马达加斯加，早期纳粹曾提议把德国犹太人送到那里。和过去一样，他没有忘记从穆萨·阿拉米那儿学到的教训。[60]

他再次提到这位巴勒斯坦领导人并非偶然。虽然以色列和阿拉伯邻国签署了停战协议，但它并没有和巴勒斯坦阿拉伯人和解。成千上万在战争中背井离乡的难民正试图返回家园。就像 1947 年分治

决定后一样，人们很难将有犯罪意图的盗窃、抢劫、破坏和谋杀与

民族抵抗运动区分开来。正如哈加纳在 20 世纪 30 年代和 40 年代所做的那样，以色列国防军发起了旨在惩罚、报复和威慑的行动。

1951 年 2 月 5 日，一名 39 岁的匈牙利移民被谋杀，他住在耶路撒冷附近被遗弃的阿拉伯村庄马尔哈边上的一所房子里。行凶者强奸了他的妻子，洗劫了他们的家。以色列国防军提议对约旦军队进行报复，本-古里安反对这样做，他命令军队"炸掉应该为罪行负责的邻近村庄"，他这样写道。这个村庄的名字叫沙拉法特，在那里，他曾经和穆萨·阿拉米一起坐在巴勒斯坦最古老的橡树下。以色列国防军突袭该村，攻占了几所房屋。约旦人报告有十几个人死亡，包括三名妇女和五名儿童，还有几人受伤。根据摩西·达扬的说法，这成了以色列标准的操作方式，意味着"血债血偿"。除了惩罚和威慑，"血债血偿"的价格标签符合《圣经》中"以眼还眼"的指令。[61]

军队、警察和后来专门为此设立的边防部队试图阻止难民返回，驱逐了许多设法潜入以色列的人。[62]这是安全部队的主要任务之一。还有一项任务是将大量贝都因人逐出内盖夫。这些努力只取得了部分成果。独立战争结束后的五年时间里，有大约 2 万阿拉伯人设法回到了他们的家园。①[63]

1952 年底，本-古里安请求不再主持内阁会议。"我已经没有力气了。"他解释道。他说，他的负担超出了一个人所能承受的范围。他在日记中写道："我不知道我还能坚持多久。"他又获得了两个月的总理休假，提议由财政部部长列维·艾希科尔接替他的工作。[64]第

---

① 驱逐巴勒斯坦渗透者的行为导致数百人死亡，并涉及虐待行为。以色列议会外交和国防委员会的一名成员要求本-古里安对一份报告作出回应，该报告称潜入者在审讯期间遭到酷刑，包括被拔掉指甲。本-古里安承诺调查该报告。（Ben-Gurion to the Foreign Affairs and Defense Committee, June 20, 1950, BGA.）

二天晚上，他去卡梅里剧院看了一场演出，重拾年轻时对戏剧评论的爱好。他在评价乔治·萧伯纳的《圣女贞德》时说，这部戏很好，制作精良，取材恰当。他去了太巴列温泉，内阁成员和他共进晚餐。[65]但这次假期也没持续多久。1953年2月初，他出现在一次内阁会议上，提议入侵约旦，目的是征服或摧毁盖勒吉利耶（Qalqilya）镇。

就在前一天，一列从海法开往罗德的货运列车遭到袭击。一枚地雷将三节车厢炸离轨道，随后袭击者向火车开枪，没有人受伤，几个小时后火车又上路了。[66]有几位部长反对报复行动。其中一人说，征服盖勒吉利耶是不值得的，因为以色列随后将不得不撤出，这将是一种耻辱。本-古里安说，不需要占领该镇，只要摧毁就够了。居民会逃跑，他们将无处可归。不管部部长平哈斯·拉冯（Pinhas Lavon，马帕伊成员）对妇女和儿童可能被杀害表示关切。和过去一样，本-古里安回应说，当一个阿拉伯村庄遭到袭击时，没有办法防止妇女和儿童受到伤害。他激烈地指责道："如果我按照平哈斯·拉冯的逻辑行事，我可以说人们不应该生孩子，因为孩子会变成罪犯，一个男孩可能是个白痴，一个孩子可能得小儿麻痹症，这种情况数不胜数……如果我们按照这个逻辑工作，我们就不会拥有一个国家。"

像他经常做的那样，他强调肩负的责任之重。"当我派一个排的士兵去守卫边境时，肯定会有风险，当我不幸收到有人被杀的报告时，我会很痛苦，我觉得该为损失的生命负责。"内阁授权他策划一项重大的军事行动，但令他懊恼的是，内阁要求他在实施之前先将计划提交内阁批准。由于局势紧张，他没能继续休假，而是回去工作了，用他的话说，"只要我还有力气"。[67]这次他坚持了五个月。然后，在一段鼓吹恢复所罗门王铜矿工作的长篇独白结束后，他说："我必须休假，我不能再继续下去了。"他提议由摩西·夏里特接替

他担任总理，由平哈斯·拉冯担任国防部部长。他答应与总参谋长
和部长会面，条件是他们允许他至少休息两周。内阁批给他"大约"
八周的假期。[68]

510

几个月后，他又去了萨德博克。这次是为了调查他在那里能做
什么工作。他说："他们已经听到传言说我想来。"他问了水源和放
牧的问题，给了他们 1200 以色列镑去买两头骆驼。这笔钱几乎相当
于一名议员五个月的工资。[69]他还问那个坑是否可以蓄满水。[70]

"句句属实！"

1953 年休假期间，本-古里安再次把时间花在研究以色列国防军
上。"调查持续了六个多星期，"他后来说道，"我不仅调查了国防
部，从一个地方到另一个地方，每个军营我都做了彻底的调查。"莫
迪凯·马克勒夫担任总参谋长的那一年里做了一些改进。他还升级
了本-古里安自 20 世纪 30 年代以来的国家安全理念，即"进攻性防
卫"，或者用 20 世纪 50 年代的说法，"预防性战争和先发制人的打
击"。[71]这些报告可能让本-古里安想起 1947 年的"研讨会"，当时他
得知了哈加纳的糟糕状况。以色列国防军和阿拉伯军队的实力相差
太远，前景不佳。

时任以色列国防军作战部负责人的摩西·达扬告诉内阁，自独
立战争以来，约旦边境地区的局势没那么紧张了。他不仅关注谋杀
和抢劫事件，还关心为何阻止这些事件的努力都失败了。他说军方
部署了 1400 次伏击来追捕潜入者，但大多数都失败了，原因是士兵
训练不足，导致伏击和激烈的追击几乎都不成功——当年分配给以
色列国防军的 42 次进攻任务中，只有 13 次达到了目标。以色列国防
军 1954 年的一项研究再次发现，"与独立战争相比，以色列国防军

中落后移民的高比例对军队的质量有负面影响"。[72]

一份报告指出，如果再不进行彻底的变革，阿拉伯人肯定会赢得下一场战争。"形势令人震惊。"该份报告说。在向内阁报告他的调查结果之前，本-古里安警告部长们，他们应该做好大吃一惊的准备。他将要做的报告包含了令他们震惊的可怕消息。他告诉他们，他们应该"勒紧裤腰带"，因为他们需要像英雄一样直面形势的不利。谈到自己时，他说："虽然我不是懦夫，但是我也觉得两眼一黑。"两天后，他向议会外交和国防委员会提交了一份类似的军队调查报告。他说以色列国防军中，大部分士兵的教育水平"几乎和阿拉伯人差不多"。在国防军的问题上，他再次要负主要责任，甚至比过去的责任更大。但内阁并没有讨论这一点，而是转向讨论犹太复国主义对阿拉伯人的基本态度。本-古里安再次回忆起他在巴勒斯坦的早期生活。这个问题并没有困扰他，直到两个犹太人在他面前被杀害，他说："从那以后，它就一直如影随形。"[73]

一位内阁部长要求明确回答以色列是否会赢得下一场战争。本-古里安先说国家已经为战争做好了"准备"，但随后又说了一个令人费解的答案，给他自己留下一个借口，声称发生的一切都是意料之中的。"只有巨人和侏儒或者白痴搏斗时，才能百分之百肯定地说他会赢……但就概率而言，在只考虑概率的情况下，我或多或少可以肯定，在我们和阿拉伯世界的对抗中，我们会赢。"[74]几周后，他为两架空军飞机取了名字，分别叫"萨法尔"和"苏法"，这两个希伯来语单词的意思是"风暴"或"暴风雨"。他取了《诗篇》83:16的名字："求你也照样用狂风追赶他们，用暴雨恐吓他们。"他强调《诗篇》"符合我们今天的处境"。这确实是一首充满恐惧意味的赞美诗，暗示犹太人无法自救，一切都掌握在上帝的手中。[75]

年底之前，本-古里安提出了夺取约旦领土的建议，包括图勒凯尔姆镇和东耶路撒冷的谢赫贾拉（Sheikh Jarrah）社区。当他得知三名以色列士兵被杀时，他提议在边境的"另一边采取大规模的侵略行动"。他告诉夏里特，他的意思是征服希伯伦。他称之为"一种防御手段"。[76] 这些想法都没有得到执行。

512

入侵约旦的想法反映出他对停战线的蔑视。"当我看到这张奇怪可笑的地图时……我不仅作为犹太人，我还站在了阿拉伯人的角度。就算是阿拉伯人，他也无法接受。"最迟到 1951 年，如果伊拉克入侵约旦，那么以色列国防军就要完成征服约旦河西岸的计划。本-古里安在对内阁的一次历史演讲中，驳斥了以色列国防军在独立战争期间错过征服约旦河西岸的论调，他为自己辩护，称当时不这么做，给以色列带来了巨大优势。他认为，如果约旦河西岸所有的阿拉伯领土都被占领，难民的数量将从 80 万上升到 150 万。"这不会增强我们的实力，也不会巩固我们在世界上的地位。"与过去一样，他一遍又一遍地强调阿拉伯人已经逃离，而不是被驱逐出境，这一点很重要，但这次他突然补充道："（我们）这个小国家有许多敌人，未来会因为这些难民而遭受恶果。世界没那么容易接受几十万难民被赶出家园的事实。成千上万的人被驱逐出家园，这是事实。世界仍然没有接受这一点。"[77]

世界也对留在以色列的阿拉伯人的命运感兴趣。他们中大多数人都在军事控制之下，包括伊克里特（Iqrit）的阿拉伯人。伊克里特是加利利西部的一个基督教村庄，离黎巴嫩边境不远。1948 年 11 月，该村被以色列国防军占领，居民被迫迁移到另一个村庄。本-古里安事先批准了驱逐行动，但他也说应该告知阿拉伯人"一旦边境安全，我们愿意讨论他们的遣返问题"。当阿拉伯人不被允许返回时，他们向以色列最高法院请愿，法院命令当局同意他们返回。以色列国防军拒绝了，同时还把该村的一部分土地分配给了犹太人。

三个月后，以色列国防军炸毁了村里大部分房屋，却保留了中心的教堂。这次行动发生在 1951 年的圣诞节。本-古里安说无论是他还是总参谋长，都没有下令扫荡村庄。他说这件事是"军队干的"，"正在对此事进行调查"。几位内阁部长批评了这次行动，特别是考虑到梵蒂冈的抗议。伊克里特居民拒绝被安置在另一个地点，这使他们成为巴勒斯坦民族斗争的象征。

本-古里安引用他们的立场来证明他一直以来的想法。"你无法收买阿拉伯人，"他宣称，这是"简单的逻辑"，"阿拉伯人必须站在他们自己的一边，他们希望看到以色列被摧毁"。这是一场关于巴勒斯坦核心冲突的讨论，很容易演变成一场辩论。本-古里安仍然沉浸在回忆里，他没有忘记和部长们分享每一段对他影响深远的经历，正是这些经历塑造了他对阿拉伯人的态度。他重复着那些故事，就好像是第一次讲那样，他从伊斯坦布尔的同学说起，那位同学很高兴听到本-古里安被巴勒斯坦驱逐的消息。[78]

在他对以色列安全的概念中，难民占据了越来越重要的位置，而在他的心目中甚至更重要。"这是我们面临的最严峻的问题，是所有邪恶的根源。"他说。他们是目前的主要敌人。他把他们描述为绝望的人，没有任何希望，根据自己的情绪行事，毫无理性。几周后，他又回到这个话题上。他担心这些难民在未来很多年里都不会消失，或许几代人都不会消失。一场战争可能会改变这个国家的边界，但仍会有难民，甚至可能更多。关键的一句话是："我不知道有什么补救办法。"[79]目前，他只对发动袭击的恐怖分子所在的村庄采取惩罚行动，并要求按照他认为最好的方式行事。当摩西·夏里特问他是否会就此事与外交部磋商时，本-古里安回答说："我将不再与外交部部长磋商，我将不再与内阁成员磋商。我会在每个星期天向内阁提供一份报告。"夏里特表示抗议，本-古里安重复说："我将按照内阁的要求做这件事，不会再和内阁协商。"[80]

以色列的报复行动与将以色列国防军建设成一支战斗部队的努力同时进行，但许多行动仍以失败告终。与此同时，一支特种部队成立了，特种兵的心理、训练方法和自我形象表现出帕尔马赫以及美国动作片里的大无畏爱国主义精神。他们专门进行越境袭击，有时还杀害平民。但是，与帕尔马赫不同的是，由阿里埃勒·沙龙（Ariel Sharon）指挥的 101 部队不会颠覆本-古里安的政权。相反，本-古里安很钦佩这些突击队员，并会保护他们，这只能用他在 1953 年底一度意志薄弱来解释。为了保护他们，他对公众撒谎，也对内阁撒谎。[81]

❖

1953 年 10 月 13 日的前一天晚上，巴勒斯坦游击队从约旦越过边境，进入罗德以北的以色列城镇耶胡德（Yehud）。袭击者向其中一所房子投掷了一枚手榴弹。来自土耳其的 32 岁移民苏珊·金亚斯（Susan Kinyas）和她在以色列出生的两个孩子——一岁半的本雅明和四岁的肖莎娜被杀害。在这一事件发生的几个月前，其他地方也有以色列平民在类似的袭击中被杀害。以色列国防军发言人的声明称这个村庄为"耶胡迪亚"（Yehudiya），这是独立战争前那里的一个阿拉伯村庄的名字。

当时，本-古里安正在休假。事件发生时，他在太巴列，以色列国防军正在那里进行训练演习。代理国防部部长平哈斯·拉冯、总参谋长马克勒夫和作战部部长达扬也在那里。作为回应，他们商量后决定袭击约旦的一个村庄——凯比亚（Qibya）。任务交给了一个联合部队，其中包括一支由沙龙指挥的 101 部队的特遣分队。沙龙给他的部下下达的作战命令包括最大限度地减少伤亡和财产损失。部队首先用迫击炮炮击该村，然后进入村庄，在大约 45 栋房屋里安放炸药，将其炸毁。约 70 名阿拉伯人死亡，其中大多数是妇女和儿童。这是自代尔亚辛事件以来最致命的事件。[82]

四天后，度假归来的本-古里安主持了一次内阁会议。他一开始就说："我在度假，没人询问我是否要进行报复。如果有人问我，我会说干吧。"在这种情况下，他知道如何非常准确地措辞。他没有说没人问过他，也没有透露他参与了决策。他对这次行动没有任何保留意见，但称这不是以色列国防军所为，而是住在边界的以色列人干的。"军队真的没有这么做。"他再次说道。他说："正规军没有能力这么做。我们建立了一支特殊的边境部队来对付潜入者，报复行动也有其特殊之处。这不是正规军的事……我们不让军队进行报复行动。我们不能说军队是为此目的而存在的。"他说将来也会是由"定居者"而不是军队来执行这样的行动。他强调内阁部长们应该毫不含糊地坚持这种说法。"是否有人相信并不重要。"他说。他处于好战的情绪中。他对乔治·华盛顿的军队有话要说（"完全是乌合之众"），还用意第绪语对《国土报》及其编辑格肖姆·舍肯（Gershom Schocken）说了几句直言不讳的话。夏里特在会议前与本-古里安进行了交谈。"我发现他容光焕发，好像一切都很好。"夏里特写道。他说本-古里安拥有一种令他震惊的特质——他不受现实影响。[83]

部长们知道本-古里安在撒谎。他们一致认为最好公开否认此事，但对总理不告诉他们真相这一点深感不安。有一次，他试图让他们觉得，他第二天才从西岸拉马拉的约旦广播电台里听到发生的事。在宗教犹太复国主义运动米兹拉希运动领导人摩西·夏皮拉的带领下，内阁的一些人强烈谴责这次行动。本-古里安要求他们同意一份声明，将行动归咎于居住在边境地区的犹太居民，"他们大多是来自阿拉伯国家的犹太人，或纳粹集中营的幸存者"。司法部部长平夏斯·罗森近乎抱歉地评论道："总理发表虚假声明是不对的。"本-

古里安回答："句句属实！"[84]

以色列经常否认它入侵阿拉伯村庄，甚至在政府否认凯比亚袭击事件之前就如此。当时确实也有居住在边界的平民参与了此类行动。[85]

516

"我全身都在颤抖"

凯比亚袭击事件发生几天后，本-古里安约了阿里埃勒·沙龙见面。在日记中，他错误地将沙龙（Sharon）称为阿哈龙（Aharon）。沙龙是在第三次阿利亚期间移民到巴勒斯坦的农民的儿子，但他不是在基布兹出生，也没在帕尔马赫服役。在本-古里安看来，这是一个很大的优势。在独立战争期间，他两次受伤，在服役结束时晋升为军官。战后，他在希伯来大学学习农业和东方研究。本-古里安希望与他这样的人一起建立以色列国防军。"有一次我和他在他的图书室会面，"沙龙后来回忆说，"他邀请我进他的卧室，坐在一张标准尺寸的床上，他走到柜子前，打开柜子，拿出一把捷克步枪，那是我们在 1948 年收到的枪支。步枪上了机油，本-古里安抚摸着它，伤感地谈论着他在犹太旅中的经历，然后直接说到他对犹太士兵、犹太飞行员和犹太伞兵的自豪。"

他想知道 101 部队的一切。他们受到惩罚了吗？他们被他否认凯比亚行动的言论激怒了吗？沙龙回答说，如果政府决定限制对阿拉伯人袭击的报复行动，他的手下会感到愤怒，但会遵守纪律，不会按自己的意愿行事。当本-古里安的谎言被播出时，他们并没有感到不安。[86]沙龙大概跟他说了后来他对传记作家说的话："我们走进每个房间，用手电筒把它照亮，然后才把房子炸掉。没人回答我们是否有人在家。大部分居民都逃走了，否则伤亡会更大。我们没有做任何残忍的事。相反，有一名军官听到一个女孩在一所即将被炸毁的房子里哭泣。他进去把女孩带了出来。我们在街上碰到一个男孩在那儿徘徊，我们告诉他应该逃到哪里去。"[87]

　　沙龙把这次事件描述为全面的军事行动，夸耀他们使用的战术，重点是出其不意，即他们在开火前已经渗透到村庄里。"我们决心把这个村庄变成一堆瓦砾。"他说。的确，在袭击开始前一个小时，以色列军队就被发现了。"阿拉伯人像疯子一样扫射。"沙龙说。但以色列人没有还击。沉默引起了恐慌，他解释说："凯比亚的毁灭不是身体受伤的结果。我认为在被占领之前，没有一个阿拉伯人在凯比亚被杀。他们精神崩溃了。"他这样描述士兵们的动机："我们得出的结论是，战斗的主要动力是他们的自尊心。对祖国的热爱和民族精神并不能真正影响战斗……那里没有犹太复国主义。很多时候人们会想——躺在我左边的那个人会怎么想我。一个知道自己必须对身处的社会环境负责的士兵，会尽一切努力使自己出类拔萃，不让自己蒙羞。"[88]摩西·达扬也很高兴。"从军事角度来看，这是一等的行动，"他写道，"我们的人控制了村庄，就像这是他们自己的地盘一样。"村子里的房屋被炸毁，只不过"没想到其中一些房屋里还有人"。[89]

　　没有人对凯比亚事件负责。拉冯当上了国防部部长，达扬担任总参谋长，沙龙开始了一段充满希望的军事生涯。本-古里安保护了他们，也使自己摆脱了困境。20世纪20年代，他和戴维·雷梅兹也做过同样的事情，两人一起掩盖了索莱尔博内丑闻。此外，他和埃利亚胡·葛朗勃一起忽视了20世纪30年代哈加纳的问题，和摩西·斯奈共同处理了大卫王酒店爆炸案。从以色列国防军高层到基层传达的信息是，当一项行动失败了，或被侮辱和威胁时，要做的就是撒谎和逃避责任。

外交部部长夏里特在事件中扮演的角色暴露出他可悲的软弱性格。他称第一次听说耶胡德谋杀案是在夜里。他解释说，那天他很忙。他是在马帕伊政治委员会会议上偶遇拉冯时获悉屠杀村庄的消息的，同时也被告知了开展报复行动的计划。当时夏里特没有表示反对。不过，根据他的说法，第二天他就告诉拉冯自己改变了主意。当他得知以色列国防军无论如何都要采取行动时，他给本-古里安写了一封信，通知本-古里安，自己不再替代他的工作。袭击发生后，他问自己为什么没有召开紧急内阁会议。他强调如果他事先知道了
518 结果，他会毫不犹豫地让部长们起床。不过最后，他还是帮助本-古里安起草了那份虚假的声明。[90]

有时，夏里特似乎在走他自己的路，比本-古里安更谨慎，更深思熟虑。但在很大程度上，这只是风格而不是实质上的差异。他们走的是同一条路。夏里特也认为与阿拉伯人的冲突是无解的，能做的只有控制冲突。在宣布独立后的一个月，战争仍在激烈进行，他写道，将阿拉伯人从他们的家园中驱逐出去是"巴勒斯坦当代历史上最壮观的事件——从某种意义上说，比犹太国家的建立还要壮观"。[91]原则上他不反对报复行动。

夏里特与本-古里安的关系经历了起起落落，暴露出他们各自的性格特点。夏里特对本-古里安的敬畏已经到了自我否定的程度，本-古里安欣赏夏里特的能力，但不太喜欢他的个性。在日记中，他记录了从一位熟人那里听到的关于夏里特的一段很有说服力的评价："他没有神性，但他是一个好牧师，属于工匠型的。"在给宝拉的信中，他写道："他不是一个有远见的人，他的思想也不深刻……在需要极大的精神和道德勇气的事情上，他无法作出决定。但他熟悉自己的工作。他是一个多才多艺的人，他对他的工作全身心投入，在我看来，他自己也知道他需要他人的引领。"

本-古里安对夏里特的态度也没有摆脱为他人立传的包袱。和本-古里安一样，夏里特于 1906 年来到巴勒斯坦，不过当时他不是一个 20 岁的孤独年轻人，而是一个 12 岁的男孩，跟随一个能够支持他的家庭来到这里。和本-古里安不同的是，他从未体验过巴勒斯坦的经济困境——他的家庭很富裕。夏里特懂阿拉伯语，很好地融入了这个国家。他的家人在一个阿拉伯村庄住了两年。他以优等生的身份毕业于著名的赫兹利亚希伯来高中，并在土耳其军队中担任军官。服完兵役后，他进入伦敦政治经济学院。他懂外语，也听音乐会。所有这一切使他成为第二次阿利亚贵族中的一员。他娶了肖尔·阿维格的妹妹，他的一个姐妹嫁给了埃利亚胡·葛朗勃，另一个嫁给了多夫·霍斯（Dov Hoz），三人都是哈加纳的指挥官。在巴勒斯坦犹太复国主义精英的历史上，他们被称为"四连襟"。夏里特曾接受过伯尔·卡兹尼尔森、哈伊姆·阿洛索洛夫和哈伊姆·魏茨曼的指导。本-古里安则是白手起家，从无到有。他似乎觉得应该看不上夏里特。

本-古里安在即将退休时，建议列维·艾希科尔代替他担任总理的职位，而不是夏里特，这是个不错的选择。他没有让艾希科尔进入国防部。夏里特得知后很受伤，艾希科尔拒绝了本-古里安的提议。夏里特作为后备人选，将成为下一任总理。本-古里安把国防部部长一职交给了拉冯。[92]

这是一个不幸的组合。夏里特太弱，拉冯和达扬太强。拉冯是第一位出生在 20 世纪的马帕伊内阁部长，被认为是一颗冉冉升起的政界新星。多年来，在他身后，他的政党和犹太工人总工会一直支持着他，有不少崇拜他的人。作为议员，他被认为是一个有天赋的演说家。本着青年工人党的精神，他倾向于在政治问题上采取温和的立场。1948 年 5 月，他是少数几个反对独立、希望避免战争的马帕伊领导人之一。在被任命为国防部部长之前，他倾向于支持夏里特更为谨慎的路线。当本-古里安去度假时，拉冯接替他担任国防部部长，他延续了本-古里安的路线，承担了凯比亚行动的责任。本-古里安想把他培养成盟友。拉冯和夏里特的关系很糟糕，本-古里安知道这一点，也知道拉冯酗酒，听说过他日益增多的极端行为。[93]夏里特也很担心与达扬合作。他在很多年前就认识达扬了，认为他"狡诈、乖张"，他的正直感"极其灵活"，夏里特写道，并补充说："谁知道有什么复杂的事件和危机在等着我们。"其他内阁部长也怕达扬。除非本-古里安想要确保政府在没有他的情况下无法运作，否则至少不要任命其中一人。无论如何，本-古里安留下的三驾马车存在无可救药的弱点，很快就会要求他回来。[94]

❖

520　　　在离开之前，本-古里安向内阁提交了一份18点告别计划，目标是恢复军队实力，包括减少常规人力。他估计阿拉伯人至少需要两年时间才会发动第二轮战争。在此期间，军队不得不在很大程度上依赖预备役军人。他强调装甲部队的重要性，但认为陆军应该主要依靠空军。最后，他以罕见的自我批评结束。他说国防事务需要一名全职部长，他还要忙于其他事务。"从这个意义上说，我对自己很失望。"他说。[95]

他在安全事务上留给继任者的遗产揭示了一个噩梦般的幻想，即这个国家会被泛滥成灾的阿拉伯人占领。这是不撤销对以色列阿拉伯人军事控制的好理由。正如拉冯警告的那样："一旦我们取消对阿拉伯人行动的限制，阿拉伯人的数量将每年增加一倍，三角地带的阿拉伯人将搬到海法和特拉维夫工作，其他人将从边境进入他们的村庄……危险在于，一旦有行动自由，生活在边界上的60万或更多的难民将越过边界，进入已经空无一人的村庄。"①[96]

在最后一次出席内阁会议时，本-古里安突然对大海产生了幻想。"大海无边无际，"他说，"那是一个我们可以扩展国土的地方。"他似乎是指沿用英国的模式进行帝国扩张。直到三个世纪前，英国一直是局限在其领土上的一个国家，但后来大大扩张了。"它（大海）能带来政治上的权力和安全感，"他说，"我们需要利用（联邦）德国的赔款。如果我们能从（联邦）德国得到船，我们需要尽可能多地买船。"[97]

他为了"去沙漠中"定居而放弃一切的消息在政界迅速传开了。起初，这个故事听起来毫无根据，莫名其妙。媒体隐晦地提到本-古里安告诉内阁他的疲劳和精神痛苦，更确定的消息通过口口相传的方式扩散开来。《达瓦尔报》试图平息谣言，发表了一篇文章谴责其他报纸，要求他们自我克制。"让我们猜想，事实上本-古里安希望在一两年的时间里停止他在以色列政府的活动，"这份犹太工人总工会的日报推测道，"让我们这样想，经历了六年的巨大压力后，总理确实在心理和生理上都有足够的动机这么做。"自从《达瓦尔报》打破禁忌后，以色列的每个人都开始自由地谈论总理的精神状态。

他没有隐瞒问题。"我再也不能承受政府工作的精神压力了。"他写给本-兹维总统。他解释说，他必须作出很多决定，而这些决定往往决定了其他人的命运。在既定的条件下，他不得不在危险的可用方案里作出选择。这需要内心专注，精神和心理保持最高的敏锐度。"至少对我来说，我的心理承受显然已经到了极限。"他后来更详细地描述了分辨善恶的困难。"我的神经绷得太紧了，我不确定是

521

---

① 本-古里安为了说明他是多么深切地关注加利利的大部分阿拉伯居民，用了一个纳粹术语，说"加利利是排犹区"，即"犹太人被清洗"。（Ben-Gurion to the Cabinet, Nov. 8, 1953, ISA.）

否能以负责任的方式来权衡事情，"他说，"有时这些问题关系到国家的命运。"[98]

伊扎克·纳冯回忆起一个星期五的晚上在本-古里安的女儿雷娜娜家中的情景。她是一名微生物学家。客人们讨论是人类还是机器更智能。本-古里安说是人类，理由是人类可以制造机器，而机器却不能制造人类。他走到阳台上，纳冯跟着他。本-古里安躺在那里的沙发上。那是一个温暖的夜晚。他们静静地听着蟋蟀的唧啾声。本-古里安突然说："当我需要作决定时，我有一个简单的解决方法。如果我感觉到有一种电流穿过我的全身，如果我全身都在颤抖，那么决定就是正确的。它从未将我引向歧途。"他至少有两次在其他场合将自己的决定描述为突发灵感，他坚持说："这样做的时候，我从未犯过错。"[99]

那段时间，他的助手们注意到他被神秘主义吸引了。随着退休的临近，他似乎对此产生了某种偏爱。他的一位亲密伙伴雅科夫·赫佐格（Ya'akov Herzog）告诉夏里特，本-古里安给他看了一套20卷的犹太神秘主义经典著作《光辉之书》（Zohar），打算把它带到萨德博克去。他"郑重而坚定"地宣布，他打算开始认真研究卡巴拉，彻底理解它。赫佐格的父亲是以色列的大拉比，他认识一些人，他们对天体的痴迷使他们失去了理智。赫佐格担心同样的事情也会发生在本-古里安身上，建议夏里特想一下如何才能确保本-古里安不脱离现实。夏里特向他保证，并提醒他本-古里安曾迷恋于古希腊和印度哲学。①[100]

马帕伊的成员互相竞争，看谁才能说服本-古里安，不要放弃他

---

① 1953年4月，本-古里安结识了一位"手相专家"。他允许专家给他的手照相。他写道："他确信，手的迹象不仅可以判断一个人的性格，还可以判断他将来会发生什么，以及他的寿命。"（Ben-Gurion, Diary, April 28, 1953, BGA.）

的国家和政党。他们很自然地也在考虑自己的利益。其中一个人建议大家放他走，这人是什洛莫·拉维，这说明他才是真正的朋友。"结束了，"他说，"我们应该陪着他，身为好友、忠诚的朋友，应该陪伴这样的朋友……这是伟人的直觉，不是每个人都能达到他的境界，以及理解他。"[101]

　　三周后，本-古里安请求允许将他房子的钥匙交给内阁秘书保管。这被视为"自然的请求"，一位内阁部长说："我们了解背景。现在就不谈了。"[102] 10 天后，他离开了特拉维夫。在萨德博克工作的第一天，他清理了马厩里的粪便。"有趣的是，我在巴勒斯坦的第一份工作也是运粪。"他想到。[103]

第二十章　肮脏的勾当

"我与野狗为兄弟"

1953 年 12 月 14 日清晨，记者们在本–古里安家附近盯梢，注意到早上六点灯就亮了。穿着蓝色睡衣的宝拉走到街上，请一些警察帮她打包最后的行李。包裹被装上一辆皮卡，还有煤油加热器、毯子和枕头，然后是一箱箱的书。一位勤奋的《晚报》记者匆匆记下了一些作者和书名：爱因斯坦、什穆埃尔·莱布·戈登（Shmuel Leib Gordon）评注的《圣经》、奥斯瓦尔德·斯宾格勒（Oswald Spengler）的《西方的衰落》、印度哲学家犹大·哈列维（Judah Halevi）的诗歌、希腊和罗马的历史书、《光辉之书》。雷娜娜来了，马帕伊的一些官员和本–古里安的助手也来了。埃胡德·阿夫里耶尔和他的兄弟哈盖（Haggai）一同前来。一群学生聚在人行道上，背着书包，邻居也出现了。一篇报道称一些围观者眼含热泪。

本–古里安收到了大量市民的来信，其中很多是儿童和青少年，请求他留下来。下午出版的两份大报上充斥着离别的焦虑。"他走的时候，"《晚报》编辑写道，"我们都害怕，担心从现在开始，我们的生活会变得单调乏味、千篇一律。"内阁秘书泽夫·谢夫（Ze'ev

Sherf）把本－古里安视为自己的救世主，衷心地希望他的救世主只是有点累了，很快就会回来。反对派的媒体将他的退出归因于他在政府中的失败，告诉他不要再回来——他们认为整件事是一场政治赌博。很多人怀疑他不会永久地搬到萨德博克，尽管他在那天的日记里表明他确实打算这样做。[1]另一方面，他曾在很多公开场合表示过，他的退休将持续一年半、两年或三年，他没有承诺要一直留在萨德博克。总的来说，他和基布兹的关系并不好。他很欣赏基布兹在犹太复国主义者定居这片土地时发挥的作用，但一直怀疑它们作为社会机构的价值。"我非常信任并尊重公社的平等和道德价值观，"他在抵达萨德博克后不久写道，"但我认为，将平等作为核心和基本价值，在理论和实践上都是一个严重的错误。"一些基布兹在 20 世纪 20 年代反抗犹太工人总工会和马帕伊的权威。政治上，他视它们为敌对势力。当他告诉议会基布兹没有吸收足够多的移民时，他补充道，它们也没有派出足够多的志愿者参加独立战争。此后不久，他还要求得到一份雇用阿拉伯人的基布兹名单。[2]

随着冷战加剧，许多基布兹开始分崩离析。共同生活在一起、有着共同梦想的同志突然发现，思想比友谊更强大。他们开始争论谁代表绝对的善，谁代表绝对的恶——斯大林还是艾森豪威尔。突然间，两个阵营的成员谁都无法再忍受对方。他们再也不能一起抚养孩子，一起养牛，也不能一起吃饭。一些公共餐厅画了一条线来分隔亲苏的马帕姆和亲美的马帕伊，它被称为"三八线"，以二战后将朝鲜半岛分为苏联和美国各自控制地区的分界线命名。

有时，丈夫会和妻子分居，孩子不仅要在父母之间作出选择，还要在苏联和美国之间作出选择。按本－古里安的话说，这是"我们运动中经历过的最大灾难"。从宏观上看，它遵循了劳工犹太复国主义老一套的政治斗争路线。什洛莫·拉维一直没能从上次艾因哈罗德基布兹的分裂冲突中恢复过来，现在又和基布兹里一些"受过柔术训练"的年轻人发生了打斗。他在《达瓦尔报》上写道，这是父子之争，他们甚至不明白他有多喜欢他们，也不知道他有多爱他一手帮助建立的基布兹。[3]本-古里安试图鼓励他，他给他的朋友写信："基布兹是发生在我们国家最美好的事情，为拓荒运动作出了决定性的贡献。"[4]当时拉维已经70岁了，是马帕伊议会成员，在那儿他并不出众，他的演讲大部分涉及经济和农业。有一次，他卷入了一场相当恐怖的辩论，辩论一方是阵亡士兵的父母，另一方是基布兹，争论焦点是该士兵是否应该被埋葬在基布兹墓地里。他建议把决定权留给士兵的家人。[5]1954年5月，拉维在开车时撞上了一名道路工人，导致工人死亡。拉维陷入深深的沮丧之中，他的朋友们担心他会对自己做些什么。本-古里安很快寄给他一本自己的随笔，上面有他的赠言："怀着爱意和钦佩。"拉维只被判没有按喇叭示警，并被处以罚款。[6]艾因哈罗德很快分裂成两个基布兹，土地被瓜分。

这就是本-古里安加入萨德博克的背景。他选择这个特定的公社，不仅仅是因为它与世隔绝，充满开拓精神，也不仅仅因为他梦想有一个新的开始。重要的是，这里才刚开始，《达瓦尔报》称呼他们为以色列的"第一批牛仔"，还没有把他们的定居点称为基布兹。成员是个人自发宣誓加入的，和本-古里安一样。因此，他们自称是集体农业定居点或称"农业合作社"的工人。他们拒绝加入任何定居运动，也不与任何定居运动结盟。[7]正是这一点赢得了他的心，反映了他对全国性的、无党派的拓荒运动的渴望。

❖

本-古里安穿着深色西装，系着一条带有白色圆点的蓝色领带，从家里走出来。他的公务车在街上等着他，还有十几辆车组成的车队，车上有保安、一名建筑工程师、一名电工和一名摄影师。忠实的女佣马扎尔·吉布利也来帮助他们度过在萨德博克最初的日子。当车队到达贝尔谢瓦时，他们在当地的一家咖啡馆停下来。市长出来迎接本-古里安，该市的许多居民也前来迎接。摩西·达扬也现身了。他们在下午早些时候到达了萨德博克，当时下着一场暴雨。更多的记者和摄影师在索莱尔博内为这对新移民夫妇建造的小屋旁等候。屋子里有本-古里安的一个小卧室，一个可以放约 1000 本书的书房，一个走廊，宝拉有一个稍微大一点的卧室，一个壁龛，一个小厨房，一个淋浴间和一个浴室。屋顶上安装了太阳能热水器，"这是一项新发明。"本-古里安说。还有一个煤气炉，需要花很多工夫才能点燃。宝拉立即开始清理橱柜，其他人帮助本-古里安整理他的书。他们在公共餐厅吃午饭，主菜是羊排。

合作社的十几个成员不得不接受这对新移民夫妇。有些人反对，因为他们带来的持续喧闹会破坏社区的田园氛围。社区里总是挤满了安保人员、贵宾和媒体。最后，他们同意了，并接受了本-古里安的提议——他每天会为集体工作四个小时。[8]第一天，他被带到一片地里施肥，工作让他精疲力竭。第二天，他犁地。"工作更加艰难了，"他写信给阿摩司，"因为我们用一头骡子耕地，一个人赶骡子，另一个人把犁。但是光拿住犁是不够的，要确保犁头不会在地面上滑动，而是扎进土壤深处，沿着计划好的犁沟把土块翻出来，这需要很大的力气。"本-古里安和他的搭档共同完成了这两项任务。天气很冷，风里满是尘土。"下班后，我觉得自己的骨头好像要断了，"他告诉儿子，但在日记中他又写道，"我们将战胜自然！"两周后，他病倒了，从贝尔谢瓦请来了一位医生。[9]康复后，他在羊圈里做一份比较轻松的工作。

本-古里安试图让自己相信他过着美好的生活，这也是他对许多想知道他过得怎么样的以色列人所说的话。在他到那里的第一天晚

527

上，他连续睡了六个小时，这是 15 年来的第一次。他写道，没错，他吃了安眠药，但他过去也吃，没有用。他给摩西·夏里特写信说，他感觉和他第一天到巴勒斯坦差不多。在另一封信中，他写道："我感觉在这里就像回到塞杰拉。"①10

对一个还在成长的 20 岁男孩来说，塞杰拉是一个快乐的地方。但是，当他到达萨德博克时，他已是一个在走下坡路的 67 岁老人。他并不是心甘情愿离开政府的。他给本-兹维总统写信时怀着巨大而深切的悲痛，因为他已经得出结论，他不再有能力，最重要的是，他不适合继续做下去。他说，这是一个"悲哀的结果，但我别无选择"。他写信给马帕伊中央委员会和几位内阁部长，信中写道，他的退休是"不愉快的必然"。他在给电台和以色列国防军的告别信中也说了同样的话。当肖尔·阿维格试图说服他留下时，他的眼睛里充满了泪水。"你不知道我的力量消失到了什么程度，"阿维格回忆他说的话，"如果我留下来，我会对自己很失望。"11

在他开始工作约 10 天后，他回忆起《约伯记》中一段可怕的诗句。当时他和哈盖·阿夫里耶尔在播种一种羊爱吃的名为盐丛的开花植物，他突然想到了这一段。他引用《约伯记》（30：3-4）中的话说："他们因穷乏和饥饿而消瘦，逃到干旱之地，逃到荒凉的幽暗之处，摘下盐丛和苦艾。"到萨德博克时，他带来了戈登评注的《圣经》，这些诗句中写到约伯命运的戏剧性逆转，从被大人物尊敬沦落到现在忍受着蔑视和羞辱。在这段之前还有诗句"如今，比我年少的人竟嘲笑我"，紧接着"他们在我面前摆脱束缚……我期待好运，

---

① 在萨德博克工作的年轻人里，本-古里安发现了出生在塞杰拉的埃利泽·雷格夫（Eliezer Regev）。他是农场主阿夫拉罕·罗加乔夫斯基（Avraham Rogachevsky）的孙子，后者曾在塞杰拉雇用过本-古里安。（Ben-Gurion to Ya'akov Regev, Nov. 11, 1967, BGA; Sheleg 1998, p. 132.）

但厄运来了……我与野狗为兄弟"。[12]

在附近的一次旅行令他感到沮丧。沙漠空间很大，"你不知道它们为什么被创造出来，"他写道，"在旅行中，有时我会问自己，在坚持征服内盖夫时，有没有犯过错误。"他的回答是否定的，他没有错，但这个问题不断出现。他到处寻找能激发他热情的居住地，但它们都只是与世隔绝的绿洲。[13]

"你年轻时的奉献"

一开始，他们没装电话。作为以色列前议员，他有权使用电话，并向相关机构申请了一条线路。在此期间，他不得不用摩斯密码通信。办公室主任什洛莫·加齐特（Shlomo Gazit）告诉他，他不能得到无线电话，因为整个以色列国防军只有五部这样的电话。[14]军队定期在该地区巡逻，以确保他的安全。①

助手继续处理本-古里安的事务，好像他还没有退休。总理办公室主任泰迪·科勒克（Teddy Kollek）和军事秘书阿尔戈夫经常拜访他，通报政府最新事务，了解他的需求。他不时召集内阁部长，敦促他们执行他在脑海中策划的各种计划。[15]报纸和邮件从贝尔谢瓦寄来。他收到了成千上万封来自以色列和海外的信。起初，没有秘书替他审核信件，所以他自己负责回信，每天几十封。人们想知道他在做什么、他的感受，以及他对无数议题的想法。有些人请他帮忙解决个人问题。[16]他的笔迹难以辨认，他把答复写在有页码的笔记本上，把复写纸放在书页之间，这样每份回复的副本都会保存在他的

529

---

① 贝尔谢瓦警方给他送来一只名叫埃尔达德的训练有素的看门狗。本-古里安仔细记录了这条狗认识的所有单词。第二天他写道，它是条好狗，但要求把埃尔达德送回去，因为他整晚都在吠叫。（Ben-Gurion, Diary, Jan. 18-19, 1953, BCA.）

档案中。后来他不再回复全部的信件，由一个私人秘书帮助处理。①

他为《达瓦尔报》写文章，还花费大量精力为《纽约时报》写了一篇很长的文章。在他到达（萨德博克）后，他就把议会给他的近一半工资交给了社区的财务。在萨德博克逗留期间，他一直是公社的正式成员，不时被要求介入社区内部事务。但总的来说，他很少与社区里的其他人接触，只是偶尔在餐厅吃饭。他戴着领带，穿着军用风衣出席了在那里举行的第一场婚礼，宝拉穿着一件毛皮领子的大衣。他们看起来很不合时宜。[17]他在那里最亲密的朋友是负责他安全的耶霍舒亚·科恩（Yehoshua Cohen）及其妻子内哈马。本-古里安每天出去散一次步。当他想离开萨德博克时，必须作出特殊的安排，科恩会陪着他。久而久之，两人成了亲密的朋友，他知道科恩曾是莱希的一员，但认为他是一个理想主义者。本-古里安过去曾对莱希和伊尔贡的成员表示钦佩。直到后来，他才知道科恩参与谋杀联合国和平特使，即来自瑞典的贝纳多特伯爵。②

❖

宝拉感到孤独和痛苦。当他们离开特拉维夫时，本-古里安送给她一篇自己的文章，并写了献词："把爱献给宝拉。你年轻时的奉献、为人妇后的爱意，你怎样在旷野，在未曾耕种之地跟随我，我都记得。"这是一段引用，来自《耶利米书》（2:2），是上帝对以色列民族的演讲。但这无济于事，并没有让她感觉好一点。"难道他以为自己是托尔斯泰吗？"她抗议道。他没有强迫她跟他一起去，但他拒绝改变计划。就像他们在纽约生活的时候，当时她怀孕了，他还

---

① 本-古里安花了很短暂的时间试着学习打字，但没有成功。他的秘书拒绝了他一再要求学开吉普车的要求。（Elhanan Yishai, interview transcript, BGA.）

② 科恩本人没有告诉本-古里安他有参与。本-古里安是通过他的传记作者之一迈克尔·巴尔-佐哈尔（Michael Bar-Zohar）得知此事的。暗杀发生后，本-古里安在日记里记录了嫌疑人的名单，巴尔-佐哈尔在其中发现了科恩的名字。（Bar-Zohar 1977, p. 836.）

是离开了她，去犹太旅服役。也许她在旷野的流亡就像 30 年前在白雪皑皑的普仑斯克被流放一样。

她讨厌在这里过的每一天。在他们没有电话的那段时间里，她特别难受。公共餐厅供应的食物糟透了，宝拉几乎没碰过它。[18]国防部司机会给她带食物来，装着她订购的水果和葡萄酒等。有时飞机会空投面包给她。[19]

在那几个月里，他对自己的态度似乎软化了。当她离开时，他感到强烈的渴望，和他们早年在一起的时候一样。有一次，她去特拉维夫旅行，他写信给她："你离开后，我变得很难过。感觉这房子好像是空的，厚厚的云层遮住了天空。"他在厨房里吃饭，然后告诉她，味道还不错。"但当我回到房间时，我感到可怕的孤独，我完全失去了看书的欲望。房子很安静，但安静得让人压抑，而不是让人放松。"他希望她能在特拉维夫过得愉快，能见到孩子们，而且"这一次"希望她找不到理由和雷娜娜争吵。一周后，他又写信给她。"没有你我很难过，"他告诉她，并补充说，"今天我在小屋旁边种了两棵树。"伊扎克·纳冯回忆，有时候在萨德博克郊外旅行时，"他会把头放在她的膝盖上打盹，而她会把手放在他的头上，深情地抚摸他"。有时，当她和朋友们谈起他对自己的伤害时，她会大哭一场。[①][20]

❖

他在工作之余的大部分时间都是与不断涌现的无数访客为伴。他抱怨说，这很不方便，不想看到他们。他不认识他们，也不想认识他们，其中有各种滑稽的发明家和令人讨厌的人。一个叫摩西·

531

---

① 1954 年 8 月，梅小姐在萨德博克拜访了本-古里安。他在日记中写的唯一一件事是"她为凯比亚而辩争"，不清楚宝拉那天是否在家。（Ben-Gurion to Paula, Jan. 13, 18, 1954; Navon 2015, p. 111.）

德维克（Moshe Dweik）的人就许多议题发表长篇大论，并要求他"调查军队的状况"。本-古里安说，他看起来很奇怪，但似乎也很真诚和诚实。但本-古里安告诉这位来访者，如果他是国防部部长，他不会允许德维克调查军队。德维克似乎感到被冒犯了。"除非有人叫我，否则我不会再来了。"他骄傲地说，然后走了。三年后，他突然再次出现在本-古里安的生活中，带着一枚炸弹。[21]

来自世界各地的摄影师长途跋涉到沙漠，定格这位著名的牧羊人和他的羔羊。"我希望他们能在一两周内忘了我。"本-古里安写道。另外，他没有要求总理办公室阻止别人来拜访他。[22]在大多数情况下，朝圣者似乎是令他高兴的。不到一个月，财政部部长艾希科尔来和他商量国防预算，本-古里安反对削减预算；一位政党领导人来请教他对联盟谈判的意见；此后不久，总统本-兹维夫妇来访；随后是总理夏里特和他的妻子。"我突然想到，他可能很快就会对整件事感到厌恶。"夏里特对他的同事们说。[23]

几天后，本-古里安飞往特拉维夫看望住院的宝拉。①

他回到了特拉维夫的家，在那里会见了国防部部长平哈斯·拉冯和西蒙·佩雷斯。两周后，总参谋长摩西·达扬来到萨德博克。从那时起，他们俩每隔几周就见一次面，有时单独见面，有时和其他人一起。[24]到处流传着本-古里安打算重返政府的谣言。

一位早熟的15岁少年，马萨达童子军的一员，从耶路撒冷给他寄来一封措辞尖锐的信。"我担心，你去萨德博克后，留在特拉维夫的不仅是总理的职位，还有你内在的领导力，"男孩写道，并补充说，"对此我感到遗憾。"他呼吁本-古里安继续领导以色列青年向腐败、乏味和追名逐利的行为开战。他认为本-古里安仍有能力做到这

---

① 有时候，宝拉根本没有必要住院，她只是想引起丈夫的关注。（Jibli, interview transcript, BGA; Navon 2015, p. 110.）

一点，尽管他犯了"错误"。因此，这个男孩坚持要一个答案："去萨德博克到底是一个疲惫、崩溃和沮丧的人不得已的撤退和投降，还是一位领导人战斗中的一个阶段？"如果是前者，"我无能为力，只能赞美逝去的领袖"，但如果是后者，"我认为你有义务回复这封信"。他为自己信中无礼的语气道歉，但补充说"我们不需要客套"。他特别指出，他并不认为自己是本-古里安的崇拜者，并写下"感激不尽，但并非毫无保留"。

不到五天，本-古里安就回复了。"我喜欢你的写作风格"，他称赞这个名叫阿摩司·奥兹（Amos Oz）的男孩，但纠正了他：打击腐败不是年轻人的职责，他们的工作是开拓定居地。他没有回答主要问题，用他自己的话说，"出于我自己的原因"。[25]事实上，他很想把自己的观点告诉这个国家的年轻人，他可能希望自己搬到萨德博克会掀起一股拓荒定居的热潮。如果是这样想的，那他会感到失望。[26]不过，在作为犹太复国主义传教士走遍全国的 13 年后，他准备再来一次。

"谁将成为独裁者？"

20 世纪 50 年代中期，以色列高中生开始模仿美国流行的风格。本-古里安在年轻时也做过这样的美国梦，并影响了他的一生。现在，本-古里安相信他可以激励年轻人投身一场新的先锋运动，从而完全脱离这种氛围——服装、发型、电影、歌曲和对生活的期望。他认为，最好的办法是用火车和大巴把几千名年轻人带到以色列中部的开阔地带，在那里他可以发表演讲。[27]这注定是个重大事件，他梦想建立一个全国性的、无党派的青年阵线。他还在考虑一个由国家控制，与国防部和军队有联系的大规模的青年运动。该计划令他在劳工运动和议会中的竞争对手感到担忧，有些人认为这是走向独裁的第一步。[28]

533 在大会召开的前几周，他在羊圈里干活，抓起一头母羊，想把它交上去剪毛，这时感到背部一阵疼痛。他继续工作，抓起了第二头母羊。"当我想要抓第三头母羊时，我感到了可怕的疼痛，我几乎无法走路回家。"他写道。这是他三年前访问美国后第一次腰痛发作。他在特拉维夫郊外的特尔哈绍莫医院住院。与此同时，青年大会的筹备工作仍在继续。约定的日子到了，他还在住院，但坚持要去。他拄着拐杖到达。[29]过程有些丢脸。在场的年轻人很少有人能看到他，由于扩音器不能正常工作，很难说有多少人听到了他的声音。他告诉观众，他们可以在"职业和使命感"之间作出选择。演讲持续了大约一个半小时。最后一个巨大的火刻铭文被点燃，上面写着口号"去农场，去边疆"。

年轻人打断了他的话，更糟糕的是，他们还嘲笑他。正如他的一名助手说的，这并不是因为他们是共产主义者，而是因为他们都是青少年，他不会说青少年熟悉的语言。他说的唯一一句得到雷鸣般掌声的话是提高出生率的建议。[①][30]

在此期间，达扬竭尽全力，想让本-古里安相信，他的领导能力至关重要，公众也想要他这样的领导。夏里特担心总参谋长正在试图取代国家的领导层。[31]就本-古里安而言，他不仅想要一个新的领导班子，还幻想着一种新的政体。他的青年阵线原本打算成为更广泛的大众阵线的一部分。

---

① 一位年轻的报社记者用押韵的笔调描述了这一事件，他说，在他们去那里的路上，年轻人唱了弗兰基·雷恩（Frankie Laine）的《火之吻》（Kiss of Fire）。夏里特总理本打算收听收音机里的演讲录音，但他没能听完。他说，演讲中充满了"永恒的真理"。（Kabalo 2003, p. 123ff.; Moshe Sharett, Diary, June 10, 1954, in Sharett 1978, p. 544.）

❖

明年将举行三次选举——犹太工人总工会、市政厅和以色列议会。本-古里安仍然没有与之匹敌的政治对手。马帕伊的领导人也不觉得把他召回来有什么困难。党派政治对他来说仍是保持青春的灵丹妙药。他至少可以在一段时间放下精神疲劳。再一次，他重演了过去做过的一件事，带着活力和怀旧之情接受了挑战。"我不知道在小店主中能做些什么。"他写道。就像他在 1933 年"征服犹太复国主义"的伟大抗争中所做的那样，他为自己的参与提出一个条件：马帕伊必须接受他的要求，改变以色列议会的选举制度，将多党制转变为两党制。马帕伊同意了。[32]

534

这是一个长期困扰他的问题，因为选举即将到来，这个问题到了非解决不可的时刻。"现有的政府体系，"他认为，"破坏民主，分裂人民，削弱政府，制造无尽的危机，增加敲诈勒索，教唆不负责任的行为。"他预言，如果现有的系统保持不变，"对国家和民族来说都是灾难"，他发出警告，"这可能导致毁灭"。他说，最主要的危险在于，以色列社会在很大程度上仍由"大量部落和暴民"组成。他想要一个"英国政权"，尤其要实行两党制。负责这个计划的人是埃胡德·阿夫里耶尔。在他的印象中，本-古里安把这看作"通往天堂的魔法钥匙"。一些马帕伊领导人怀疑他的主要目的是绕过该党，或者至少用聚集在他周围的年轻一代来取代他们。他们决定要本-古里安出来"澄清"。[33]

"前线"一词有明显的反民主意味。一些年轻卫兵试图通过与本-古里安的密切关系来增强其权力，无视法治。本-古里安对宪法的反对，以及他将"国家利益"置于法律之上的倾向，变相鼓励了一些年轻人去提倡独裁统治。

在与一个定居点运动的几位领导人的谈话中，本-古里安被问到，至少在一段时间内，由独裁者统治以色列是否是最好的。本-古里安反问："谁将成为独裁者？"他们说："你。接管政府，暂时不按照民主程序，直到一切都好起来。"这显然是他曾想到过的，因为他已经准备好回答为什么这不是一个好主意。"我来告诉你独裁者有什么问题，"他说，"如果我们知道独裁者将通过民主程序选出来，那就没那么糟糕了。但我们不知道谁会成为独裁者。可能是我，也可能是你，可能是我们国家或另一个国家中最不受欢迎的人。因此，即使这是一个极好的解决方案，它也可能给国家带来巨大的灾难，永远都不应该这样提倡。"34

与青年阵线一样，本-古里安心中的国民阵线仍然是一种幻想，这表明他的地位相对于政党机器来说是软弱的。民主制度保持不变，也容易出现弱点。本-古里安无法想象的是，即将到来的选举将是一场历史审判，向公众揭开大屠杀中的恐怖事件。他对大屠杀很熟悉，也愿意相信它不会再从记忆中浮现来困扰他。即将发生的事件的主人公伊斯雷尔·雷索·鲁道夫·卡斯特纳（Israel Rezsö Rudolf Kastner）是一位著名的马帕伊官员。

"我对卡斯特纳事件一无所知"

卡斯特纳的职业是报社记者。在他定居巴勒斯坦后不久，他的名字曾出现在给本-古里安的推荐名单上，当时本-古里安在寻找可靠的人负责独立战争期间的公共关系工作。本-古里安记下了他的名字，没有发表任何评论——他为拯救100万犹太人与阿道夫·艾希曼进行的谈判被忽略了，好像从未发生过。本-古里安还把他列入了马帕伊的议会候选人名单中，他成为又一个得到本-古里安支持但落选的人。卡斯特纳没有进入议会，但他被任命为马帕伊派多夫·约瑟夫（Dov Yosef）领导的部门的新闻秘书。[35] 在此之前，卡斯特纳为马帕伊的匈牙利裔成员工作，他曾被要求解释过往的行为，包括他在纽伦堡审判中所作的证词，这些证词对纳粹灭绝机器里的几位高层人物有利。他自然强调自己在拯救犹太人方面的作用，许多幸存者将得救归功于他，但也有很多人认为他是叛徒，是纳粹分子的合作者。他在匈牙利犹太人面前隐瞒了他所知道的即将发生的事情，从表面上来看也妨碍了他们自卫。

有一天，对卡斯特纳的指控突然出现在一本小册子上，这本册子由耶路撒冷的一个匈牙利犹太人马尔基尔·格鲁恩瓦尔德（Malchiel Gruenwald）所写并自费打字和油印，分发给这座城市的数百名居民。在他的指控下，卡斯特纳曾接受贿赂，从纳粹手中拯救马帕伊官员。"鲁道夫·卡斯特纳博士应该被清算。"他写道。这本看起来很蹩脚的小册子似乎不值得回应，许多人建议卡斯特纳不要理会它。但是司法部部长哈伊姆·科恩（Haim Cohn）坚持以诽谤罪起诉格鲁恩瓦尔德。

从政治上看，这是个大错误。格鲁恩瓦尔德的律师什穆埃尔·塔米尔（Shmuel Tamir）是本－古里安的死对头。塔米尔 30 岁出头时曾是伊尔贡成员，他雄心勃勃，无拘无束，是一个才华横溢的煽动家，热衷于政治审判。他知道如何把自己对格鲁恩瓦尔德的辩护转化为对整个马帕伊的诉讼。他将卡斯特纳与艾希曼的谈判描述为 20 世纪 30 年代《哈瓦拉计划》的延续，以及无法将犹太人从大屠杀中解救出来的失败。他指控道，这是与英国委任统治当局合作，以及与联邦德国签订赔偿协议的重要组成部分。当时，以色列人还不知道如何应对大屠杀，人们倾向于把它笼罩在巨大的沉默中。塔米尔迫使以色列人面对一个他们很难接受的话题——犹太人曾与纳粹合作。这是一个令人不安、充满激情、耸人听闻的故事，塔米尔在几个月的时间里到处讲述了这个故事。他谈到犹太居民委员会（Judenräte），纳粹在他们征服的每个犹太隔离区里都建立的委员会；也谈到囚监（kapos），被纳粹委任为集中营管理者的犹太犯人；还谈到马帕伊和一车厢神秘的黄金。耶路撒冷地区法院实际上接受了格鲁恩瓦尔德的每一条斥责，裁定卡斯特纳"向魔鬼出卖了自己的灵魂"。夏里特总理认为判决是一场"噩梦"和"暴行"。他的名字几乎每天都出现在法庭上。他听起来不仅像卡斯特纳的伙伴，更像希特勒本人的伙伴。本-古里安声称与此事件无关。"我对卡斯特纳事件一无所知。"他写道。[36]

❖

在这段时间，夏里特试图相信在本-古里安离任后他自己还能有所作为，但他很难突破国防部部长拉冯和总参谋长达扬的阴谋诡计。这两人在蔑视法律和真理上是伙伴，他们彼此憎恶，积极搞破坏，共同无视夏里特。[37]他们对夏里特一次次撒谎，对彼此撒谎，甚至在情报工作上对以色列国防军军官撒谎，结果酿成了天大的丑闻，比卡斯特纳事件更具破坏性。这个丑闻有许多不同的名字，但其实都不需要。当以色列人提到"事件"时，每个人都知道在说什么。

本-古里安似乎首先是从达扬那里听说这件事的："在达扬不在的时候，平哈斯·拉冯下达了一个令人费解的命令，该命令指向的埃及行动已经失败了。他们早该知道这样的行动会失败，如此不负责任，简直可耻。"[38]达扬很可能对本-古里安也撒了谎。他的描述相当可疑，但这不是第一个版本，也不会是最后一个。该事件困扰着本-古里安的余生，先让他重新掌权，后又驱赶他离开。就像卡斯特纳事件一样，它的根源来自另一场惨败，本-古里安也负有间接责任。

"无可救药的白痴"

1954 年夏天，巨大的恐惧笼罩着以色列政府。埃及发生自由军官政变两年后，伽马尔·阿卜杜尔·纳赛尔（Gamal Abdel Nasser）上台。英国准备撤退，包括从苏伊士运河区撤出。拉冯提醒他的同事这意味着什么："埃及现在要对付特拉维夫了。"他建议以色列先"发难"，他的意思是以色列单方面退出与埃及的停战协定，并占领加沙地带。内阁拒绝了这项提议。[39]

1954 年 7 月 2 日，星期五下午早些时候，一个设置饵雷的包裹在亚历山大一家邮局里爆炸了。12 天后，炸弹被安放在两个属于美国的图书馆里，一个在亚历山大，一个在开罗。肇事者显然为以色列国防军情报部门工作。他们是埃及犹太人，有些人在以色列受过训练。以色列国防军情报局局长本雅明·吉布利（Binyamin Gibli）称，这次任务是"通过制造公众的不安来破坏西方对埃及政权的信心……从而阻止其向埃及提供援助"。以色列国防军档案中的一份文件显示，袭击旨在破坏英国从埃及撤军的决定。在接下来的几天里，两个埃及电影院发生了爆炸。另外两枚炸弹没有爆炸，一枚在开罗火车站，另一枚在亚历山大港。几天后，有人试图在亚历山大的一家电影院里放置燃烧弹，但炸弹在预定时间之前就爆炸了，行动曝光，携带燃烧弹的人被严重烧伤，送往医院，随后又被逮捕。[40] 在监狱里，两名参与行动的成员被判处死刑并被处决，一人自杀。还有约 10 人在监狱里待了很多年。

538

❖

这本该是国家机密。新闻界只获准暗示发生了什么。对媒体实行军事审查最初是为了解救开罗法庭上的被告，后来是为了保护涉案人员。但是以色列很小，精英阶层之间就像一个家庭。"肮脏的勾当"（*Esek Bish*），很快就成了街头巷尾的话题。一位内阁部长说，他觉得自己"有点像个白痴"，因为当他回到家时，他的家人告诉他埃及发生的混乱。另一位部长说："街上的每个孩子都在谈论这件事。"司法部部长罗森说，如果军队中有人提出了"如此愚蠢的计划"，"这意味着以色列国防军中有一个军人集团正在按照自己的意愿执行自己的政策"。[41]当时，他仍然认为这次行动是"背着总理和国防部部长"进行的。

尼希米·阿尔戈夫援引本-古里安的话说，埃及行动"在军事、道德和政治上"都是不合理的。他猜测到底为什么"人人都说很聪明"的拉冯会作出"如此愚蠢"的决定。但他的注意力主要集中在操作方面。根据阿尔戈夫的记录，本-古里安说这是"无可救药的白痴"，"这样的行动绝不可能保密。因为牵涉美国人和英国人，而不仅仅是埃及人，我们最终会遭受重创，失去一切"。[42]和卡斯特纳事件一样，本-古里安试图使自己与所发生的事保持距离。

539　　但是，在埃及的惨败并非首例。大约两年前，以色列在巴格达招募了几名犹太人作为破坏分子。那次行动至今仍是有争议的，其中一个目标是让伊拉克和美国的关系恶化。那个团伙也被发现了，一些成员被捕并被处决。本-古里安当时是总理兼国防部部长，而本雅明·吉布利是总参谋部情报部的负责人。尽管在巴格达的行动失败了，吉布利仍被允许留在军队中，并被提拔为国防军情报局负责人，负责协调埃及的"可耻生意"。本-古里安退居萨德博克之前，埃及行动似乎已经计划好了。[43]在那里调度特工并不需要他的批准，但总司令官发号施令的风格还在延续，埃及行动几乎是伊拉克失败行动的精准复制。[44]

到处都有人试图把埃及的失败和上次巴格达的失败联系起来，

将两件事都归咎于本-古里安。本-古里安对此予以强烈否认。在他所写的一本关于该事件的书中，本-古里安坚持认为伊拉克事件与埃及事件完全不同。他认为伊拉克事件是"对许多年轻犹太人的陷害，以色列人与此毫无关系"。[45]

不过，最大的丑闻是操作过程的失败，而不是产生行动的动机。核心问题是："谁下的命令？"吉布利称，他是按照拉冯的明确指示操作的。拉冯否认了这一点。[46]总理夏里特要求以色列最高法院法官伊扎克·奥尔森（Yitzhak Olshan）和前总参谋长雅科夫·多利确认是谁下达的命令。两人都无法提供答案。他们用含混不清的陈述总结了调查结果：他们不确定吉布利有没有收到拉冯的指示，也不确定拉冯有没有发出指示。这就留下了一种可能，吉布利可能收到了达扬的指令。夏里特写下了奥尔森-多利报告得出的三个结论：拉冯、达扬和吉布利都需要离开。[47]不仅因为这是正确的做法，还因为如果不把他们免职，责任就会转移到夏里特自己身上。夏里特称拉冯从未告诉过他在埃及的破坏行动。

但夏里特的实力不足以否定这三人中的任何一人，特别是在大选来临之际。拉冯的问题尤其令人担忧，夏里特收到警告，如果拉冯被迫辞职，他会自杀。[48]夏里特在他的日记里写下了一页又一页痛苦的疑问。他写的内容都很伤感，一些还富有戏剧性。夏里特对一位党内领导人说，拉冯已经证明了他的性格和思想中都有"邪恶的成分"。据夏里特说，拉冯"策划了暴行"，多亏参谋长们的反对才得以避免，而参谋长们也准备了"鲁莽的行动"。达扬准备偷飞机，在火车上绑架官员，但他对向加沙地带发射窒息性气体的想法还是感到震惊。马克勒夫更是对拉冯要求他沿着叙利亚非军事区边界传播有毒细菌的计划感到惊恐万分。夏里特坚持认为，即使拉冯没有下令，他也要对开罗的暴行负责，因为他创造了一个坏境，使他自己设计的"疯狂行为"成为可能。[49]

　　拉冯抗议夏里特通过煽动得出的调查结果，并要求吉布利下台。"我目睹了（他）在愤怒中爆发，"夏里特说，"在我们谈话期间，他一次又一次地走到威士忌酒柜前，一杯接一杯地倒酒，不停地喝着白兰地。看到一个人这样不体面地自我放逐，真是一件可怕的事。"[50]当夏里特告诉吉布利他必须被调到另一个职位时，吉布利的反应就像他的世界崩溃了一样。"我看到了深渊。"夏里特写道。[51]

❖

　　他们都在等待开罗对特工的审判结果，这时，吉布利又卷入了另一场拙劣的行动。五名被秘密派往叙利亚的以色列情报机构的士兵被逮捕。其中一个叫尤里·伊兰（Uri Ilan）的在狱中自杀。据夏里特的说法，调查显示这次行动"极其不负责任"，近乎过失犯罪。他面前的深渊越来越深。几位马帕伊领导人都不敢除掉拉冯，担心他会把埃及惨败以及其他类似的失败公之于众。"这些天我就像个梦游者，"夏里特在日记中写道，"我被吓坏了，迷失在迷宫中，穷困潦倒。"他觉得自己"快要窒息了，没有出路"。[52]

　　在这种情况下，只有一个人能够拯救马帕伊和以色列国防军。

"不幸的是，命运把你带到了美国"

　　本-古里安曾以为萨德博克是他精神苦痛的避风港，但从第一天起他就意识到自己错了。夏里特的印象是，本-古里安有一种"心理情结"，一直在寻找"焦虑的出口"。阿夫里耶尔告诉他，本-古里安"易怒、抑郁"，因为他相信以色列有被消灭的危险。他的健康问题也困扰着他。1954年8月，本-古里安在日记中提到他在医院接受一系列放射治疗，但没有提供细节。"当看到一头狮子自愿待在笼子里时，我们是很难受的。"尼希米·阿尔戈夫写道。[53]他经常说，他心爱的英雄不应该是一个牧羊人，"即使是两三年也不可以"。本-古里安大部分时间都在读书中度过，在历史的道路上徘徊，重温他的过去。

在萨德博克的最后几天，他突然回忆起很多年前的事，重温了一段意义深远的友谊。这完全出人意料。为他编辑作品的耶胡达·埃雷兹（Yehuda Erez）当时在纽约，遇到了什穆埃尔·福克斯（Shmuel Fox）。福克斯告诉埃雷兹他有一堆本-古里安以前寄来的信，打算寄还给他的老朋友。本-古里安兴奋极了。"好像回到了我的青春时代，在普仑斯克再次遇见了你。"他写信给福克斯。他很惊讶福克斯这么多年来一直保存着这些信件，更让他惊讶的是，此前他和朋友在纽约见面时，对方并没有说起这些信件，尽管他们见面的次数并不多。现在他重拾这份友谊，仿佛他们从未分开过。他向福克斯讲述了他们共同的朋友什洛莫·齐马赫的故事。齐马赫以小说家的身份闻名，还讲述了他们之间的政治竞争。也许建国后，齐马赫已经改变了他的观点，但本-古里安并不清楚，因为自那以后他们就没见过面，即便他们住在同一个国家。"我非常想再见见他。"他说。 542

福克斯回复了一封六页长的信，开头是希伯来语，其余都是用意第绪语写的。首先他解释了为什么他没有早点把信还给本-古里安。他写道，如果没有遇到埃雷兹，他不想和这些信件分开。对他来说，它们很珍贵，因为会让他想起当年他逃离令人窒息的家庭氛围，发现犹太复国主义和社会主义时所经历的精神革命。"你是我在这条路上的向导。"他写道。本-古里安为他精心抄写的比亚利克的《火卷》尤其珍贵。他说那是一辈子都不会忘记的事情。他从来没有为这首诗感谢过本-古里安，因为他不知道该怎样感谢他。这是一个如此亲密的礼物，以至于福克斯在他们后来见面时都不敢提起。他引用了自己诗中的一句话："不要问我爱的秘密，把你的头靠在我的胸前，听听我心中的低语。"

福克斯说他已经关闭了自己的牙科诊所，现在靠自己购买的一栋公寓楼的租金生活。他不富有，也不贫穷。他是六个社会主义组织的成员，这些组织也致力于推广意第绪语文化。有时，他也写作和发表诗歌。在斯宾诺莎俱乐部关门之前，他一直是它的会员。就这样，许多年过去了，他猝不及防就老了，孤独也随之而来。他的儿子伊曼纽尔（Emanuel）和家人住在另一个城市。40 年来，福克斯一直是意第绪语诗人马尼·莱布（Mani Leib）的朋友。这是一位伟大的诗人，福克斯写道，他们是邻居，每天聚在一起读书。但现在他已经过世了。

本-古里安没有立即回信。"因为一些远方的朋友无法理解的事情"，他被迫返回国防部，因此推迟了他的回信，他在信中道歉了，还提供了一些好消息——几天前他见到了什洛莫·齐马赫。"我在耶路撒冷，从酒店开车到办公室的路上，我看见他站在街头。"他说。他让司机停下车，他下来，走近多年未见的朋友。"很遗憾地看到他老了很多，听说他生病了，我很难过，"本-古里安写道，"我看到他的脸色，我很担心。"

福克斯一生都是流散的犹太人，不是犹太复国主义者。本-古里安觉得他儿时的朋友欠他一个解释。"我记得很清楚，我们三个人，你和什洛莫还有我，决定去巴勒斯坦，"他写道，"我记得，与我们一样，你也是一个反对'乌干达方案'的人，在对'乌干达方案'的抗议中，我们得出的结论是，对付锡安运动反对者的最好办法是搬到巴勒斯坦去。你还记得吗？是什么让你先去了英国？"近半个世纪过去了，他仍然耿耿于怀。"命运显然把我们分开了，发生了一些我们谁都没有预料到的事情。"他写道。他提供了一些普仑斯克的消息，据他所知那里只剩下两三个犹太人。但是，和他朋友不同，他拒绝悲观。他写道，在和平到来之前，战争不是生活中的永恒，只是当下的必然。他坚持认为把以色列犹太人和流散的犹太人联系起来的线索是希伯来语教育。"犹太人会崛起的，不幸的是，命运把你带到了美国，但是过去的事已经过去了。"他承认道。他还希望福克斯至少会来参观一下巴勒斯坦。①[54]

❖

1955 年 1 月初，本-古里安问夏里特，达扬是否参与了埃及行动，因为达扬没有理由不知道特工和他们被指派的任务。本-古里安说他不知道凯比亚事件是因为他在度假，达扬则说动手时他在美国。这并不完全准确——对亚历山大邮局的袭击发生在达扬离开前大约 10 天。[55]他本可以在第一次事故发生后中止剩下的行动，但他没有这样做。也许他认为这次行动会推迟英国从埃及的撤军，也许他认为这会导致拉冯下台。很难想象吉布利会主动发起行动，如果他没有收到拉冯的命令，那他就是从达扬那里收到的。[56]夏里特告诉本-古里安，军队很鲁莽。本-古里安拒绝接受这一点。夏里特还说在以色列国防军中"没有真相这回事"。这一点，本-古里安同意了，他说："这太可怕了。"[57]

随后事态迅速发展。拉冯辞去了国防部部长的职务，马帕伊领导层找不到达扬可以接受的替代人选。距离选举还有五个月。与此同时，虽然卡斯特纳不是被告，但卡斯特纳的审判正走向中心舞台。在案件发酵过程中，公众开始认为是马帕伊没能把犹太人从大屠杀中拯救出来。1955 年 2 月 17 日晚上，果尔达·梅厄和犹太工人总工会主席莫迪凯·纳米尔（Mordechai Namir）一起拜访了本-古里安。他们要求他以国防部部长的身份重返政府。"我被深深打动了，"本-

544

---

① 一年后福克斯去世。他从未去过以色列。（Ben-Gurion, Diary, July 23, 1956, BGA; Mordechai Striegler, interview transcript, BGA.）

古里安在日记中写道，"我决定我必须接受召唤，回到国防部。国防和军队高于一切。"第二天，他惊讶地听宝拉说广播已经在—天前宣布了他的归来。"我开始收到贺电。"他说。[58]

　　夏里特在日记中写道，他很感动。他还写道："本-古里安回到了政府，是以内阁成员而不是以总理的身份回来的，表面上是以我的下属的身份回来的。谁能想到呢？我能想到这样的事吗？他能想到这样的事吗？有人能吗？"他在议会中赞扬本-古里安响应良心的召唤，暗示本-古里安承担了任命拉冯的责任。他赞扬本-古里安的"勇敢"。他说，他想强调本-古里安已经接受了"服从的必要性"。但他也知道自己踏上了"一条新的苦路"。他期待着每天都有"痛苦的变化"，因为本-古里安总能得到他想要的东西。只要有需要，他就会威胁说要回到萨德博克。[59]

"英雄主义的巅峰"

　　在本-古里安以国防部部长身份重返内阁 24 小时后，以色列国防军发动了对加沙地带的入侵，名为"黑箭行动"。联合国的分治决议将加沙及其周围的一片领土指定为巴勒斯坦阿拉伯国家的一部分。在独立战争期间，埃及占领了该地区大部分土地。1949 年 2 月，以色列与埃及签署停战协议，将该地区交由埃及控制。当时，约有 30 万阿拉伯人住在那里，其中三分之二是难民。和没有占领耶路撒冷老城一样，本-古里安不占领加沙的决定遭到了对手的严厉批评。他的政治对手，从梅纳赫姆·贝京到伊加尔·阿隆，常常指责他是失败者。他的战争日记和他在内阁会议上的声明中充满了关于占领加沙——或如一位消息人士所说，"除掉"加沙——的渴望、必要性和可能性的矛盾表述。①

　　围绕加沙问题的辩论揭示了犹太复国主义运动从一开始就面临的两难境地——更多的领土带来了更多的阿拉伯人。随着时间推移，局势更清晰，加沙地带的难民人数远远超过政府的想象，这为不吞并这片领土提供了一个很好的理由。[60]

　　潜入者和恐怖分子很快开始从加沙地带越过边境进入以色列，重创以色列在附近建立的新定居点。这是巴勒斯坦战争的延续。多数袭击者是难民。他们中的一些人在埃及军队服役。拉冯和达扬曾多次分别或一起提议攻占加沙地带，遭到夏里特的反对，从萨德博克赶来的本-古里安支持他的决定。[61]但在数小时后，又发生了一场新的挑衅式的袭击。这次，来自加沙的恐怖分子闯入了距离特拉维夫仅12英里的军方最高机密——微生物研究所，偷走了一些文件。现在，即使是夏里特也不再反对在加沙地带采取行动。

　　"黑箭行动"是独立战争以来最大的报复行动。这次空袭由阿里埃勒·沙龙指挥，他现在是伞兵营的指挥官，空袭最终以8名以色列人和37名埃及人死亡而告终，几乎是本-古里安和达扬在行动前给夏里特估计的4倍。[62]沙龙对本-古里安说："这个营没经历过这么艰难的行动。"

546

　　本-古里安想知道一切。沙龙给他提供了一个完整的叙述，一千米接一千米地行进，一个又一个阵亡的士兵，充满戏剧色彩。本-古里安目瞪口呆。"你能回来几乎是个奇迹。"他说。本-古里安告诉内阁，沙龙向他承诺，他的人可以征服加沙地带。[63]"从军事的角度来

---

　　① 在一次内阁会议上，本-古里安讲述了他在战争期间对加沙问题的看法。"最好我们能将埃及人逐出加沙，"他说，"但是我们不会占领加沙，因为加沙是否应该在我们国境线内仍值得怀疑，其他人是否同意我们将其作为国土的一部分也很值得怀疑。"他补充道："根据《圣经》，我们也应该得到西奈半岛，但战争并不按照《圣经》进行。"（Ben-Gurion to the Cabinet, Jan. 2, 5, 1949, ISA; Ben-Gurion, Diary, Oct. 18, 1948, BGA.）

看，这是英雄主义的巅峰，"本-古里安告诉内阁，"我无法想象人类还有比这更崇高的英雄主义了。"他补充说，如果以色列国防军在独立战争中也有这样一支部队，那么整个耶路撒冷都将掌握在以色列人手中，拉特伦也是如此。

这是沙龙职业生涯中的一个重要时刻。只有少数军官与本-古里安有过直接接触。在本-古里安看来，沙龙是希伯来战士的原型，是巴尔·科赫巴的现代化身。在给达扬的一封信中，他称赞沙龙的军队表现出"犹太英雄主义"。在这个阶段，他似乎仍然相信沙龙。但在几年后，他会发现沙龙是个骗子。

加沙行动遭到内阁批评，特别是因为其规模之大和士兵死亡之多。一些内阁部长怀疑这是为了将以色列卷入战争。本-古里安向他的同事保证情况并非如此。本-古里安说，以色列人民需要意识到"他们能力的极限"。但在这次行动之后，他给总参谋长写了一封信，赞扬士兵们——其中包括许多移民，赞扬他们"无限"的勇气和奉献精神。[64]他承认他没想到会有这么多伤亡。但他似乎认为代价是值得的，因为伞兵作战的方式塑造了一种共同的以色列身份。"你不知道我们和移民之间——不管是作为犹太人还是人类——有多么大的距离。"他情绪激动地说。他再次谈到了"两种国民"。他说在伞兵部队服役给了"这些犹太人"一种感觉，觉得也"像我们一样"。[65]他未能将以色列的年轻人招募到他的青年阵线中，因此他更加强调军队要将年轻一代塑造成统一的国民，向其灌输深刻的犹太复国主义身份认同。

547　　　沙龙把"黑箭行动"视为职业生涯的里程碑。"胜利主要是在教育意义上。"他说。他的意思是，这次胜利在他的部下心中激发起在大规模行动中与敌人直接较量的渴望。与此同时，他的士兵们对他所描述的"创造战时氛围"的新使命越来越精通。[66]夏里特认为，他们已经把复仇的冲动转变为一种道德原则和他们生存的理由。他说："当行动被政府拒绝的时候，整个军营里都充满沮丧和愤怒，部队变成了煽动和诽谤文官统治的引擎。"[67]不过伞兵部队及其价值观的象征不是沙龙本人，而是一位战士梅厄·哈尔-齐昂（Meir Har-Zion）。

❖

作为一个古老的耶路撒冷家庭的后裔，哈尔-齐昂在艾因哈罗德基布兹长大，成长为一个神话般的英雄，部分原因是他在沙龙101部队里的作为。在服兵役之前，他在全国各地徒步旅行，基本无视停战边界。有一次，他和妹妹肖莎娜被关在大马士革的监狱里；还有一次，他和女朋友越过边境到约旦去参观佩特拉。佩特拉这座城市矗立在死海东南面的红色岩石上，是年轻的以色列人向往的地方，就像它曾经吸引过年轻的本-古里安一样。在20世纪50年代，它成为以色列青年反抗的象征，因为许多人试图突破以色列四面八方被封锁的边界。去那里旅行是对勇气的考验。像哈尔-齐昂这样的浪漫主义者、民族主义者、冒险家都梦想着直面危险，去敌人领土上神秘的纳巴泰王国的城市看看。这是他们对割裂巴勒斯坦的停火线表达蔑视的方式。很少有人成功地到达目的地，一些人在途中就被杀害了。

1954年12月，肖莎娜和一个女友在犹地亚荒野中徒步旅行。她们越过边界进入约旦，然后就消失了。几周后，她们的尸体在沙漠中被发现。此时哈尔-齐昂已服完兵役，他和101部队的其他三位老兵出发为她们报仇。沙龙和达扬知道了他们的计划。他们试图说服年轻人停下来，但并没有阻止他们。以色列国防军为他们配备了手榴弹。达扬否认允许他们使用以色列国防军的车辆。他们越过边境，抓了五名贝都因人，将其中四人刺死，并射杀了一人。第六个贝都因人被派回去告诉他的部落发生了什么事。他们回到以色列后，就

548

被逮捕了。问题是如何处置他们。夏里特总理和司法部部长罗森要求对他们进行审判。达扬拒绝谴责谋杀行为，只是说，"我们不支持这种报复"。他裁定这四个人"越权"，但强调"他们中的大多数是军官，是最优秀、最具理想主义的年轻人"。[68]

年轻的以色列国经常发生基本价值观之间的冲突。"我对这个国家的性质和命运感到好奇，"夏里特在他的日记中写道，"这个国家有着精巧细腻的精神，对人性热爱，对美丽和高尚的人真心崇拜，却要从最优秀的年轻人中培养出头脑清晰、冷酷无情的杀手。"他问自己，这两个在《圣经》中都能找到的灵魂，谁会赢呢。他提醒本-古里安 20 世纪 30 年代关于克制政策的讨论，以及他们是如何抑制住复仇的冲动的。[69]

本-古里安措辞谨慎，他说任何公民都不应该把法律掌握在自己手中。他提议对四个杀人犯进行审判。和过去一样，他代表着国家的权威。但是，也和过去一样，他很难掩饰对出于爱国动机而犯罪的宽容，这个案件是由以色列国防军最受推崇的战士犯下的。他说："你不能把这看成是一起简单的谋杀案，即使它确实是一起谋杀案。"根据他的建议，内阁决定由他、夏里特和司法部部长罗森来决定该怎么做。在以色列国防军总参谋部的一次会议上，本-古里安说正在形成的解决方案是：这四人将受到审判，但在判刑后，他们将被赦免。[70]在他看来，哈尔-齐昂为国家而战，因此应该得到国家的支持。这四名杀人犯想任命卡斯特纳审判案中的明星律师什穆埃尔·塔米尔为他们辩护，这个建议似乎来自沙龙。不管怎样，真正要求塔米尔接手这个案子的人是来自艾因哈罗德的以色列议会成员什洛莫·拉维。"他们是我们的儿子，我们应该为他们寻求辩护。"这位善良的基布兹人不安地嘀咕着。随着大选临近，审判又将变成一场政治秀。塔米尔提出了一条可能的辩词："就像马帕伊官员牺牲了他们派往布达佩斯的伞兵一样，他们也放弃了以色列国防军最优秀的战士。"据塔米尔说，沙龙多年后告诉他，本-古里安给他下了最后通牒。如果这四个人不放弃让塔米尔做辩护，沙龙在以色列国防军中的地位将就此终结。"我非常想继续留在伞兵部队，所以我不光彩地同意了。"他说。四人解雇了塔米尔，也没有接受审判。[71]

　　几个月后，问题又回到了内阁。"我的良心不安。"司法部部长说。本-古里安担心，如果将凶手绳之以法，他们会泄露对以色列国防军不利的信息。他说沙龙因未能阻止这一事件而遭到严厉处罚。本-古里安对爱国罪犯的耐心再次展现出来，夏里特说他变得非常情绪化。这个案子似乎也唤起了他长期以来对母亲这个话题的敏感。他告诉内阁，肖莎娜被谋杀一事令她的母亲陷入了深深的抑郁。这是一个双重悲剧——她和丈夫离婚了，肖莎娜是这个家庭唯一的慰藉。在他得知这一点后，他开始认为凶手对自己的行为负有更少的责任。"他这么做主要是为了他的母亲。"本-古里安说。[72]

❖

　　从萨德博克回来后不久，本-古里安不得不下令将以色列国防军情报局局长吉布利免职。这并不容易——他已经一再推迟了，对吉布利也采取了宽容的态度。但最后，他还是把吉布利叫了进来，告诉他"别无选择"。吉布利说他受到了不公正的待遇。本-古里安回应道："我不想回到这件事上。对我来说，它已经不存在了。国防部部长已经离职了，这种事不是每天都会发生的，我除了保持平衡外别无他法。"他指出吉布利还年轻，他的军旅生涯还没有结束，"他会找到一个不同的职位，开始新的职业生涯"。在这个阶段，这是他想要的全部目标——不去调查导致埃及事件惨败的原因，不去查明谁下达了命令、谁撒了谎、谁说了实话。他只是想尽快将整件事抛到脑后，就像他处理卡斯特纳事件一样。他写信给达扬说："我无意

550

探究过去，而是着眼于未来的需求。"[73]在国防部，本-古里安比在萨德博克时更接近军队，现在更是受达扬的直接影响。返回政府四个星期后，他提议征服加沙地带。

第二十一章　第二回合

"以色列第三王国"

1955 年 3 月底的一天，国防部部长本-古里安接到了内盖夫北部村庄帕蒂什一名志愿顾问打来的紧急电话。帕蒂什距加沙地带约 12 英里。这位顾问警告说，如果他不立即到达那里，居住在那里的人就会离开他们的家，前往耶路撒冷，在以色列议会前举行抗议。本-古里安取消了所有的安排，动身前往这个小小的定居点。这是通往与阿拉伯人进行第二轮交战的第一站。另一个内盖夫的定居点是第二站，巴黎是第三站。

帕蒂什的大多数居民都是从库尔德斯坦来到以色列的。一天晚上，他们在其中一户人家庆祝婚礼。大约 60 名客人在午夜前还留在那里。突然，手榴弹从窗户外飞进来，伴随着一阵自动步枪的"突突"声。一名志愿顾问瓦尔达·弗里德曼（Varda Friedman）被杀，约 20 名客人受伤。袭击者来自加沙地带。弗里德曼来自卡法维特金，那是在 20 世纪 30 年代以色列中部成立的一个农业社区，她和她的男朋友响应了本-古里安的号召，在新移民社区担任无偿顾问。本-古里安参加了她的葬礼。

志愿者梅厄·拉比诺维茨（Meir Rabinowitz）告诉本-古里安，在这次袭击前，帕蒂什的气氛已经很严峻了。大多数居民在抵达以色列后立即被送到这里。提供给他们的住房不符合标准，整个村子没有一个抽水马桶，只有一个淋浴器，也没有电。居民都在农场帮忙，但是每个月他们只能干上两周的活，其余的时间都闲着。许多人来自城市和城镇，不想成为农场工人。恐怖分子袭击了这个村庄好几次。居民感到被政府抛弃，心情绝望。有一次，一个人把他的小儿子带到村中心，威胁要烧死他。许多人放弃了这个地方，宁可到特拉维夫的边缘地带谋生。瓦尔达·弗里德曼和她的朋友还在教留下的人如何种植洋葱和土豆。

婚礼遇袭的第二天，他们都决定要离开。拉比诺维茨告诉他们离开正是纳赛尔想要的，她说服了其中的一些人。本-古里安的到来让他们稍微放心了一些。本-古里安提起这个村庄的名字，本意是"锤子"，他说："这个国家有许多帕蒂什，但还需要一把沉重的锤子，来粉碎我们敌人的巨石。"他承诺在加沙地带安置另外 1000 个家庭。像往常一样，他对其中的几位很感兴趣，询问他们需要什么。一些居民只会说库尔德犹太人的阿拉姆语。当他回到耶路撒冷时，本-古里安告诉内阁，他以前说过以色列有两种国民，这种说法是错误的。"以色列有许多不同的族群，彼此之间截然不同，也几乎没有什么联系。"他没有自欺欺人地以为他去那里后，帕蒂什的居民就会留下来。"他们会逃跑，这将是一场灾难。"他告诉总参谋部，就和当初伊斯兰世界的犹太人抵达以色列一样，他又作出了同样的提醒。[1]

553

帕蒂什遇袭大约一年后，纳哈尔奥兹（Nahal Oz）基布兹正在筹备一场大型婚礼，该农业社区成立于 1951 年，距加沙地带边境仅数百码。这里的大多数成员背景与帕蒂什居民截然不同——他们是土生土长的以色列人，隶属马帕伊的一个青年运动组织。四对夫妇将于 1956 年 4 月 29 日结婚。摩西·达扬被邀请为主宾。当他到达时，他得知地区指挥官罗伊·罗特伯格（Ro'i Rotberg）刚刚被枪杀。罗特伯格骑着马，试图赶走几名来自加沙地带的巴勒斯坦农民，他们越过边境到纳哈尔奥兹的地里收割小麦。当他靠近这些入侵者时，他被枪杀了。谋杀他的人带走了尸体，肢解了它，然后把它交给了联合国观察员。罗特伯格死时 21 岁，留下了妻子和一个年幼的儿子。达扬在他墓前致了悼词，把这个倒下的人变成了以色列的象征。达扬知道如何写作——他也写诗。他把与巴勒斯坦阿拉伯人的战争描述为以色列不可避免的厄运："我们是第一代定居者，没有金属头盔和炮口，我们无法种植树木或建造房屋。"他吟诵道。这不是一个新想法。当他说到在欧洲被灭绝的数百万犹太人"正在从犹太历史的灰烬中看着我们，命令我们为我们的民族开垦和建设一片土地"时，他也没能说出任何新的东西。他重复了本-古里安多年前的话，对巴勒斯坦人的仇恨提出了悲观的见解："八年来，他们一直生活在加沙难民营中，在他们看来，我们正在把他们祖先生活过的土地和村庄变成我们的财产。"很自然地，敌意和复仇的渴望在他们心中涌动。

达扬暗示罗特伯格本人并没有意识到这一点，这意味着罗特伯格应该为自己的死亡负责。"他心中的光芒蒙蔽了他的眼睛，他没看到刀刃闪过的寒光，"达扬说，"他对和平的渴望震聋了他的耳朵，他没有听到凶手埋伏等待的声音。"达扬把罗特伯格描绘成"一个苗条的金发男孩"，显然他的身体不够强壮，让人想起参孙是如何摧毁非利士人的迦萨（今加沙）城（《士师记》16:1–3）："迦萨的城门太重，他的肩头扛不住，就被压垮了。"达扬没有说明为何让如此天真、瘦小、虚弱的"男孩"负责该地区的防务，也没解释是谁应该为他被蒙蔽的双眼无法分辨出阿拉伯人致命的敌意而感到愧疚。在谈到罗特伯格的"失明""失聪"和软弱之前，达扬曾用第一人称

554

"我们"谈论过这些缺陷。那时他指责的是本-古里安。

联合国秘书长达格·哈马舍尔德那周正好在以色列。他要求以色列同意一系列旨在缓和边境紧张局势的安排。达扬反对这些条款，担心本-古里安会接受。结果，两人的关系变得紧张起来。"本-古里安是在自欺欺人，我们将为这样的让步付出沉重的代价。"达扬在出发去纳哈尔奥兹之前的日记中写道。本-古里安完全理解给罗特伯格的悼词，在悼词发表之前，他要求删去"虚伪的大使正在策划并呼吁我们放下武器"这样的话。本-古里安告诉总参谋长，哈马舍尔德不应受到侮辱。毫无疑问，他也在表示自己的权威不该被削弱。达扬在政坛已经崭露头角。[2]

半年后，本-古里安和达扬同坐在飞机上，这是一次飞往法国的秘密夜航。总参谋长给他带了两本关于位于亚喀巴湾南端的小岛蒂朗的书。它和另一个岛屿塞纳菲尔岛一起，位于连接该海湾和红海的狭窄海峡的中部。谁控制了这个岛，谁就能阻止船只到达埃拉特。本-古里安对这些书不屑一顾，因为它们是翻译过来的。他熟悉6世纪拜占庭历史学家——凯撒利亚的普罗科皮乌斯（Procopius）所写的原始手稿，曾将其中一段古希腊语抄到他的日记中，据说蒂朗曾经叫作约瓦特（Yotvat），是一个自治的希伯来省。[①][3]

不久后，当以色列国防军占领该岛时，本-古里安写道："埃拉特将再次成为以色列国南部主要的港口，而约瓦特，或者说蒂朗，将回归成为以色列第三王国的一部分。"正是怀着这样的幻想，本-古里安、达扬和西蒙·佩雷斯当晚飞往法国。

555

---

① 七年前，本-古里安曾告诉内阁，在拜占庭皇帝查士丁尼征服该岛之前，岛上一直有一个"犹太国家"。（Ben-Gurion to the Cabinet, Dec. 13, 1949, ISA；Ben-Gurion 1979.）

第二十一章 第二回合 / 609

"完全点燃"

在帕蒂什遇袭的第二天，本-古里安召见了达扬，向他提出了三个问题：以色列能迅速控制加沙地带吗？以色列国防军准备好与埃及开战了吗？以色列国防军是否准备好与所有阿拉伯军队作战？[4] 几天后，他告诉内阁，达扬对这三个问题都给予了肯定的回答，并提议将埃及人"驱逐"出加沙地带。他认为，这样的军事行动也会清空居住在那里的难民。大多数部长对此感到沮丧。

本-古里安所在政党的一些内阁成员支持他的提议。果尔达·梅厄说："我长期生活在恐惧之中，不是害怕战争，而是害怕和平。"她指的是美国可能强加给以色列的和平条件。但大多数部长担心与埃及爆发全面战争，可能会恶化为同时与约旦和叙利亚开战。在他们看来，主要问题是难民的命运。一些部长担心难民不会像本-古里安预测的那样逃到希伯伦，而是逃到以色列，淹没贝尔谢瓦和整个内盖夫，让以色列的阿拉伯人数量翻倍。一位部长说："我们不知道该拿他们怎么办才好。"

本-古里安暗示他不会允许难民这样做。然而，另一位部长表达了他的担忧，如果加沙难民涌进以色列，"这些难民将被大规模灭绝，之后我们的情况会更糟糕"。摩西·夏皮拉建议难民不要逃跑。"让他们离开的唯一办法就是谋杀。"他说。他将投票支持占领加沙，前提是所有不愿逃离的难民（据他估计有三分之二）被允许继续留下，接受以色列的统治。大多数人反对军事行动。投票结果是9：5。夏里特写道："灾难最终的结果谁也无法预测，我们得救了。"[5]

1955年夏天，本-古里安把大部分时间和精力都用于竞选活动。在这件事上，他自称是"果尔达的副手"，梅厄才是负责人。"他什

556

么事都插手，"《晚报》写道，"每个人都要听从他关于组织、宣传和公共关系的建议。" 他的政党试图将他的回归发挥出最大的作用，让他成为该党的超级明星。据媒体报道，本-古里安从一个城市到另一个城市，在无数以色列人参加的集会上发表演讲，飞到海法，出席了五场活动，然后在 5.5 万人（据他估计）面前讲了一个多小时。"我从未见过如此多的人在集会上聆听。" 他写道。一天，他在上加利利进行竞选活动，精疲力竭。他写道，自己已经很长时间没有这么努力工作了。当天晚上，他从卡法吉拉迪的餐厅出来时，看到天空中有一个飞碟。"我发现他对这次经历印象深刻。" 夏里特写道。"它看起来像一支完全点燃的雪茄。" 本-古里安说。本-古里安在他的日记里提到他并不是一个人，和他一起的一位当地教师也看到了这个 "飞行物"。它的上端和下端看起来像鱼尾。沿直线从北向南快速地飞行，很快消失在遮住地平线的树木后面。[6] 大约有 50 万人参加了犹太工人总工会的选举，超过 57％ 的人把票投给了马帕伊。[7]

为了在议会和市政当局的选举中取得同样大的胜利，本-古里安和他的政党领导层付出了努力。他们认为党和国家是一个统一的实体。5 月底，缅甸总理乌努（U Nu）访问以色列，这是以色列建国以来第一位来访的外国总理。为了激发民族自豪感，孩子们被带出学校，站在人行道上，挥舞着小国旗欢迎这位杰出的访客。财政部宣布，以色列将从联邦德国获得 7000 万美元，作为赔款的首付款。夏里特和本-古里安宣布如果埃及不停止骚扰往来埃拉特的船只，以色列将使用武力以保持亚喀巴湾的开放。一周后，《晚报》出现了一个醒目的标题，引用了本-古里安对一名美国记者说的话："如果他们想试试，他们就会知道我们会给他们一顿暴击。" 当天另一个新闻标题说年底前以色列海军将从英国接收两艘驱逐舰。在欢迎即将到来的驱逐舰的仪式上，摩西·达扬升起了以色列国旗，称赞英国帮助以色列建立国防军。第二天，本-古里安在耶路撒冷的一个选举集会上说，以色列即将生产原子能。他说："美国已经决定给我们提供一个核反应堆，但即便没有它，我们也可以造一个反应堆，因为我们有重水和铀。"他说，"内盖夫的每一块岩石中"都有铀，尽管数量少，生产成本高。作为国防部部长，他负责监督这个项目。他还说："在不泄露机密的情况下，我相信，离我们生产和开发原子能的时刻已经不远了。"两天后，他在广播中说，他同意重返总理职位。[8]

因此，以色列公民有充分的理由支持马帕伊。但在选举前两天，报纸报道说，来自加沙的恐怖分子再次袭击了帕蒂什，向房屋投掷了手榴弹，导致三名以色列人受伤，其中两人伤势严重。第二天访问该村的《晚报》记者偶然发现了一枚没有爆炸的炸弹。此前，《晚报》曾提醒其读者，反对派赫鲁特和劳工团结党都要求吞并加沙地带。[9]

马帕伊在选举中获得40个议会席位，比之前少了5个。梅纳赫姆·贝京的赫鲁特派几乎壮大了一倍，获得了15个席位，成为新议会中的第二大派别。打算组建下一届政府的本-古里安没有承担责任，表现得很自满。"我不认为这次选举是我党的重大失败。"他宣布。他将他的政党地位的削弱归因于"偶然因素"的结合，首先，也是最重要的是卡斯特纳审判。[10]再过三个月，他就要回到总理的位置上了。联合政府的谈判让他和夏里特都紧张不已，夏里特在此期间继续担任总理和外交部部长。

"好像我没有大脑一样"

1955年10月13日上午，本-古里安计划前往特拉维夫。八点，他的军事秘书尼希米·阿尔戈夫来到本-古里安下榻的耶路撒冷总统

558　酒店，看到总理摆在门外等待擦亮的鞋子，还有晨报。本-古里安似乎还没有醒来。阿尔戈夫走进去，本-古里安从浴室出来。他跟跄地走了一会儿，接着倒在了地上。当医生到达时，他已经失去了知觉。医生设法让他醒来，他费了很大的劲才回答了几个问题，随后又失去了知觉。阿尔戈夫向夏里特报告，医疗队吓坏了。一番治疗后，本-古里安醒了过来，医生命令他必须卧床休息几天，他没有住院。夏里特问是不是心脏病发作，阿尔戈夫说，他的心脏没有问题，"但与血液有关"。夏里特把本-古里安的私人医生摩西·拉赫米莱维茨（Moshe Rachmilevitz）叫来，医生告诉他本-古里安显然是中风了。他说，本-古里安曾抱怨过他的脑袋感到很重，用他的话说，"好像我没有大脑一样"。本-古里安把这种感觉归因为前一天晚上吃的安眠药。拉赫米莱维茨医生对此表示怀疑，但没有完全排除这种可能。这种情况很有可能会再次发生。因此，本-古里安必须被禁止从事"一切需要负责的工作"——换句话说，他不能从事任何体力、脑力或情感上的工作。[11] 他还要度过艰难的几个月。

❖

自从他回到国防部后，巴勒斯坦的冲突看起来很像独立战争的后半程——以色列和由埃及领导的阿拉伯国家之间的对抗。在很大程度上，这是 50 年土地斗争的延续。从加沙地带越境到以色列的大多数潜入者和袭击者都是难民，像"费达因"（阿拉伯语 fedayun，意思是自我牺牲者）也是如此，其中一些在埃及军队的指挥下行动。[12]

袭击增加了，随后，军队要求反击的次数也增加了。夏里特原则上不反对任何一次报复行动，但他倾向于让军队住手。这是他和
559　本-古里安关系紧张的根源。选举后不久，本-古里安在马帕伊中央委员会的一次会议上宣布，外交部的存在是为了服务国防部，而不是反过来，国防部负责以色列人民的福祉，而不用去管其他国家的

外交官可能说什么或《纽约时报》可能写什么。他说夏里特任总理后，兼理的外交事务应该交给"贤达之人"负责，并补充道不知道会是谁。"在这次演讲中，老人以最尖锐的方式指责外交部，深深地伤害了你们的爸爸，"齐波拉·夏里特写信给她的孩子们，"整个场面是如此骇人听闻，连新闻记者都羞于将其公之于众。"她告诉孩子们一个连记者都可能不知道的独家新闻。"在本-古里安发表演讲之前，他给你们的爸爸写了一封私人信件，在会上，又给爸爸写了一张便条，通知他决定回到萨德博克。爸爸认为本-古里安的讲话是一个男人在退休前发泄他的愤怒。"结果第二天，本-古里安留了下来。[13]这是夏里特与本-古里安分道扬镳最合适的时机，也可能是最后一个机会，让夏里特辞职来维护他的荣誉。但夏里特留了下来。

当月月底，内阁批准了一项报复行动。一支以色列国防军特遣队出发了。在他们越过加沙边境后，夏里特下达了停止行动的命令。原来，在行动进入最后准备阶段时，夏里特接到了一个名叫埃尔默·杰克逊（Elmore Jackson）的美国人的电话，他是贵格会和平与慈善组织——美国公谊服务委员会的联合国观察员。为了促成中东和平，杰克逊会见了纳赛尔和本-古里安。[14]据夏里特说，杰克逊向他保证，他将尽一切努力使边境恢复平静。结果，在本-古里安明显不情愿的同意下，夏里特下令取消了原定于当晚的行动。第二天，达扬递交辞呈。本-古里安召集了马帕伊内阁成员，把达扬的信放在桌上，说必须有一个明确的选择，要么是他，要么是夏里特。然后他走出了房间。夏里特随后获得了内阁的批准，采取行动炸毁加沙南部城市可汗尤尼斯（Khan Yunis）的警察局。这是以色列国防军自独立战争以来最大的一次行动，行动结束时，70名埃及人和1名以色列人死亡。本-古里安与达扬和阿里埃勒·沙龙一道在边境附近视察

560

了这次行动。①[15]

接下来的内阁会议处于战备状态，以色列国防军征召了预备役。"我连续两个晚上没有睡觉。"本-古里安说。他推测英国人是不断升级的紧张局势的幕后黑手，并列出埃及人打算攻击的三个以色列定居点，其中一个是萨德博克。一位内阁部长询问粮食储备、耶路撒冷的供水，以及特拉维夫防空洞的状况。本-古里安回答说："我们还有独立战争留下来的东西。"[16]

1955 年 9 月，埃及宣布与捷克斯洛伐克签署了一项武器协议，其中包括供应坦克和米格飞机。埃及已经对前往埃拉特的航运有所限制，并与叙利亚签署了防御协议。这项交易也要得到苏联批准，就像独立战争期间给以色列提供武器一样。苏联对中东的渗透导致局势更加危险。夏里特召集了一次特别内阁会议。会议记录显示，部长们对现状感到震惊，特别是很难从美国获得武器。本-古里安说："如果有机会，我不确定我们是否永远不会向苏联人要武器。"除此之外，他没说什么。在某一点上，他突然脱口而出："如果他们真的收到米格飞机，我支持把它们炸掉。我们能做到。"然后他痛斥纳赛尔："我听说他是个虚伪的骗子。"[17]10 天后，他昏倒在酒店房间里。

❖

他病得很重。政府开始为后面的安排做准备。"我快被各种猜测弄疯了，"夏里特写道，"我们是否濒临一场新的灾难？就算这不是一场灾难，如果本-古里安再也无法领导政府呢？上帝啊，简直一团糟。"

谣言四起。一家美国通讯社说他又中风了。政府别无选择，只

---

① 在与本次行动的人员交流时，本-古里安对也门和北非血统的士兵所做的工作表现出了浓厚的兴趣。（Moshe Dayan 1976, p. 159.）

能发表声明。政府新闻办公室表示，根据医生的说法，本-古里安是由于内耳紊乱引起的眩晕——换句话说，是眩晕发作，或者可能是梅尼埃病。夏里特征求果尔达·梅厄的意见。梅厄认为声明提供了太多的细节："每个人都会说，头晕，失去平衡——这意味着老人已经不是过去的他了，他需要离开他的职位了。"夏里特叫来医生。拉赫米莱维茨医生还不能排除他中风的可能性，但同意签署由政府新闻办公室起草的声明。宝拉也反对公开所有的细节。这时，本-古里安的病情有所好转。夏里特去酒店看他。突然，停电了，耶路撒冷时不时会发生这样的事。"我在烛光下看到他的脸非常放松，但很悲伤。"夏里特写道。他的头脑很清醒，问起旷日持久又不断恶化的谈判。齐波拉·夏里特说即使本-古里安康复了，他也永远不会恢复到以前的状态。"这个传奇人物已经失去了吸引力。"她坚持认为老人不留在萨德博克而试图重新掌权，是"他一生中最大的错误"。[18]

加沙地带边境上不断加剧的摩擦给本-古里安带来了两个方面的沉重压力。达扬和几个政党领导人要求尽快对埃及开战。他们的立场部分基于"（埃及与）捷克斯洛伐克的武器交易"。达扬认为这意味着埃及正准备摧毁以色列。以夏里特和马帕伊其他领导人为首的大多数内阁成员则反对战争。本-古里安很难在他们之间作出决定。与其说他在领导，不如说他一会被拉向一方，一会被拉往另一方。他身体和精神上的虚弱让解决问题变得更加困难。他不确定该做什么，到底要不要打仗。他的记忆力也变得很差。他提议占领加沙，并为此积极争取，但当提议被拒绝时，他也没有辞职，说明他实际上并不确定这样做是否正确。

很快，他下令让达扬策划一场大规模行动，夺取蒂朗海峡的控制权，但他没有让行动得以实施。[19]要阻止达扬并不容易，他身后有军队支持。

562 "没有尽头"

从萨德博克回来后，本-古里安发现达扬正在执行他退休时留下的18点告别计划。可以让他自己安心的是，与夏里特和拉冯相比，达扬没有辜负他的期望。在独立战争前的恐怖袭击期间，本-古里安曾向哈加纳下达过战略指令，总参谋长就是根据当时的构想行动的，他称之为"先发制人""进攻性防卫"或"发动战争"。[20]事实上，达扬把本-古里安推向了战争。①

根据这一构想，以色列国防军在达扬领导下制订了"拉维计划"。该计划整合了总参谋部规划部门在1954年7月编写的"内沃"（Nevo）研究报告。它的结论不容乐观——时间对以色列不利，为了生存，必须扩大边界。这份43页的文件代表着一种创新的国家安全观。报告在评估国家实力和目标时，将范围扩展到军事实力之外，考虑了政治、人口、经济数据及过程，将人口健康和国民士气，包括教育、文化和价值观都纳入进来。该文件的作者还列举了以色列150万犹太人作为平民和士兵所拥有的一些优势，但他们认为，以色列很难在停战边界内实现目标，其中最重要的一点是"犹太人定居"。

该文件的经济部分指出，如果250万犹太人生活在停战边界所界定的国家范围内，人均国民生产总值将"彻底"下滑到阿拉伯世界

563 的水平。而且，如果以色列被禁止使用巴尼亚斯河和哈兹巴尼河的

---

① 紧张局势正在升级，就在这时本-古里安收到了什洛莫·拉维的一个小请求。每年什洛莫·拉维都会和几个曾在部队服役的艾因哈罗德的朋友去南方徒步旅行。他们会带上自动步枪，他自己则用一把很旧的毛瑟手枪，这把手枪可以追溯到他在哈绍莫的时候。他问：他十分尊敬的大卫能帮忙吗？国防部长下令将一把乌兹冲锋枪、两个弹夹和300发子弹作为礼物赠送给拉维。（Lavi to Ben-Gurion, Jan. 7, 1956; Argov to the director of Israel Military Industries, Jan. 1, 1956, BGA.）

水，这两条河的源头分别在叙利亚和黎巴嫩，那么50万以色列人将没有足够的食物。报告还提到在这个国家面临的主要危险中，除了阿拉伯人的仇恨外，还有犹太人口的构成。在接下来的几十年里，约三分之一的以色列人将属于"落后的民族群体，他们的自然增长速度将超其他居民"。因此，以色列处在"黎凡特化"的危险中，这会削弱社会的团结和能力。为了实现"质量提升"，以色列需要来自海外的高质量犹太移民，这里的"海外"主要是指美国和苏联。文件并未说明这些移民是否想来或是否能来以色列。然而，它断言："很清楚的一点是，在现有边界内，（以色列）没有经济能力来吸收符合它期望的移民。"

根据内沃报告，问题不在于是否要突破停战边界，而是在何时何地扩大边界。从战略角度看，该国的边界应与天然屏障一致，例如沙漠、山脊和水源。此外，边界应尽可能远离犹太人口集中的地区，并确保以色列境内的阿拉伯人数量不超过总人口的20％—30％。

在此基础上，作者提供了几套方案。最好的选择是将与埃及的边界设在西奈沙漠的远端，最好是在苏伊士运河的岸边；在南部，边界应越过沙特阿拉伯的沙漠，有"延伸"的可能，这样以色列就能够控制阿拉伯油田；与叙利亚的边界应该在巴山高地以外的某个地方；而以色列与约旦之间的边界应该在约旦河最东面的沙漠深处。这项研究也提供了吸引力较低的替代方案，其中一个方案提出以色列仅控制西奈半岛的东岸和蒂朗海峡（包括蒂朗岛），以及希伯伦高地和东耶路撒冷。

与内阁部长们一样，以色列国防军规划部门也谈到在新方案下将被纳入以色列统治的阿拉伯人口的命运。对以色列来说，控制直到苏伊士运河的整个西奈半岛是如此令人向往，以至于承担起加沙地带及其全部人口的负担是值得的，"不过，（人口）迁移也是可取

564

的"。一种不太舒服的选择是将加沙地带的 20 万难民"向西"疏散，这似乎意味着将他们赶进沙漠，或为他们创造一个"中立的政治飞地"。将东部边界置于约旦河之外所带来的价值，必须能抵消"控制和消灭 130 多万敌对人口"需要付出的代价。这似乎不是一个切实可行的选择，或者说以色列只有在"政治解决"的框架下接纳至少250 万犹太人，并将至少 50％的阿拉伯人口转移到伊拉克之后，这才有可能是一个实际的选择，文件中特地将"政治解决"加了引号。将以色列的东部边界移到约旦边境将需要以色列"吞下"80 万人口，包括约旦河西岸的巴勒斯坦人。即使经过"最大限度地减少人口"，至少还有 40 万人会留下来，使犹太人的总数只是阿拉伯人的两倍。选择希伯伦高地意味着把 20 万阿拉伯人置于以色列统治之下，"如果无法疏散他们的话"。理想的北部边境应该只把较少的阿拉伯人置于犹太人的统治之下。

内沃报告指出，"通过疏散或转移来减少（阿拉伯人口）的政策"与"（犹太人）大规模定居的努力"应该同时进行。但作者还建议考虑另一种政治可能性："在与以色列相关的'一个巴勒斯坦国'的框架下，可以在约旦河东岸和三角地带创造一个中立的阿拉伯飞地，接纳加沙地带的难民。"[21]

给这份文件起名叫"内沃"的规划部官员可能是想到了摩西。摩西登上约旦河东面的内沃山，凝望着他无法进入的应许之地。没有明确的证据表明，提交报告的人在多大程度上受到达扬的指示，也许他们想讨好他。可以肯定的是，以色列国防军最高指挥官主张扩大以色列国土面积，并试图在军队灌输这一观念。[22]本-古里安可能受到，也可能没受到内沃报告的直接影响。无论如何，他把停战边界视为暂时的，在停战协议中确实也是这么写的，他不时地思考修改它的方法。

❖

总参谋长达扬当时 40 岁左右，是犹太复国主义贵族的第二代，他已经成为人们崇拜的对象。本-古里安认为他是农夫和战士的理想结合，这是新犹太人两个必不可少的方面。他还被达扬对考古学和《圣经》的痴迷所打动，并推荐达扬读一读索福克勒斯的书。达扬在第一个基布兹德加尼亚出生，在纳哈拉（Nahalal）长大，那是另一个传奇的拓荒者定居地。他的父亲是马帕伊的领导人物，在议会中代表该党。达扬标志性的黑眼罩成为国家的一个象征。他是受人尊敬、富有魅力的指挥官，他勇敢且富有冒险精神，对危险和死亡似乎很着迷。他经常站在前线，在那里他可以闻到炮火和硝烟的味道。在独立战争期间，他的任务之一就是征服罗德，他还参与过几次驱逐阿拉伯人的行动。

达扬想过很多犹太人和阿拉伯人如何在一起生活的问题，但很大程度上他仍然沉浸在东方主义的幻想中，即好心的地主善待他的佃农，或者按照他认为合适的方式惩罚他们。他的传记作者莫迪凯·巴恩（Mordechai Bar-On）写道，他"极度厌恶"受任何形式的意识形态的影响，不断审视变化中的环境。他生来就信奉犹太复国主义的信条，并一直坚守到生命的尽头。和本-古里安一样，他愿意为此付出任何代价。

达扬是一个傲慢的浪漫主义者，追求权力、女人、金钱和荣耀，是欲望和激情的奴隶。在他的一生中，他背叛过他的妻子和孩子，背叛过法律和真理，也背叛过他自己。他不愿意承担重任，需要在总理的庇护之下。本-古里安随着年龄越来越大，也越来越依赖这个年轻人，对他非常纵容，甚至允许他做已经明令禁止马帕姆官员做的事——从事政治活动。

达扬想要迫使本-古里安同意与埃及展开全面战争，两人之间的对话有时看起来像猫和老鼠的游戏。他俩都很狡猾，但达扬更狡猾，而且永远逍遥法外。有一次，他专横地对本-古里安说："最后一次，我必须让你接受一些军事教育。"本-古里安回答道，他一直在学习中，从他的角度出发，他想给达扬上一堂领导国家的课。达扬最后也背叛了他。

本-古里安的出发点是，埃及可以摧毁以色列，但以色列不可能摧毁所有阿拉伯国家，即使它在第二回合的战争中占据上风。"如果明天战争开始，我们赢了，我们将面对第三轮、第四轮和第五轮的战争，没有尽头。"他说。他坚持多年来指导他前进的基本方针。他提醒达扬，每场战争都会造成巨大的破坏。不管是以色列发动战争或等待阿拉伯人进攻，不管以色列输了还是赢了，都没有什么区别——这个国家遭受的损失将使它倒退 5—7 年。预防性战争容易引发第三方介入——他特别担心英国会援助埃及，作为交换，英国能得到内盖夫的控制权。以色列发动的战争很可能以失败告终，至少会让以色列处在比过去更糟糕的境地。即使"在最好的情况下"，没有哪个国家对它实施制裁，那么整个世界也会谴责以色列，因此，当务之急是获得武器，而不是发动战争。

如果真是这样的话，达扬问，那么军队需要处在什么样的警戒级别呢？本-古里安说这个问题很难回答，但他给出了答案。军队必须考虑到突然爆发战争的可能性，并且需要能够"在尽可能短的时间内"调动必要的后备力量，包括后备役在内的军队需要训练有素，"武器装备井然有序"，有充分的燃料可用。此外，它需要确保以色列的"道德环境"足以应对考验。[23]达扬并没有被说服，但从他和本-古里安的谈话中推断出，没有什么能阻止他追求他所说的"恶化政策"。他对他的士兵解释说，以色列不需要进行任何挑衅。对埃及的每一次侵略行为作出强有力的反应就足够了。"最后，这样的策略会让紧张局势达到引爆点。"他说。[24]但他也没有放弃发动预防性战争。

"我们永远不会发动战争"

在晕倒后休养三周，本-古里安重返工作岗位。夏里特写道："自从他生病后，我第一次看到他站起来，我感觉他站得不太稳。"本-古里安最终组建的新政府得到议会三分之二成员支持，包括马帕姆和劳工团结党。[25]夏里特失去了总理职位，但仍是外交部部长。总理本-古里安继续兼任国防部部长。当他向以色列议会介绍他的政府时，他穿着军装，脸色苍白，声音低沉。在讲了几分钟后，他停了下来，道歉，在短暂的沉默后，又继续下去。夏里特写道，整间屋子都屏住了呼吸，每个人都在想一个问题，但没人敢大声问出来：他真的回来了吗？梅厄说，几天前，本-古里安曾向她表达过自己的担忧，他担心自己无法长久担任国家领导人。他坐下来完成了剩下的演讲，这在议会会议里是前所未有的。在演讲接近尾声时，他似乎恢复了元气。"我们从来没有，也永远不会对任何人发动战争。"他坚定地宣布。然后，他从演讲台走回内阁会议桌前的座位。当晚，以色列国防军在和埃及有争议的尼扎纳（Nitzana）地区展开了一次行动。哈尔加什（Har Ga'ash，火山名）行动造成约 80 名埃及人和 6 名以色列人死亡。[26]几天后，达扬再次向本-古里安提议，以色列应"尽早"与埃及进行"大规模对抗"，他提出的战争目标没有改变——征服加沙地带和蒂朗海峡。

达扬努力施压，请以色列国防军的其他领导人来帮助他。在一次总参谋部会议上，本-古里安要求将军们进行非正式投票，结果他们每个人都支持发动预防性战争。[27]接替本雅明·吉布利担任国防军情报局局长的耶沙法特·哈卡比（Yehoshafat Harkabi）本着这样的想

568　　法给本-古里安发了会议记录。以色列安全机构辛贝特和摩萨德的负
责人伊塞尔·哈雷尔也是如此想法。以色列驻美国大使和驻联合国
代表阿巴·埃班也表示同意。[28]

　　在此期间，该地区的联合国停战监督组负责人试图达成一项协
议，将加沙地带的紧张局势降到最低。为此，他会见了本-古里安和
纳赛尔。他提议以色列和埃及联合巡逻，以及在边境修建围墙。但
以色列不想要联合巡逻，因为这将限制他们的行动自由，埃及人也
不希望有围墙，这将使停战线成为国家间公认的边界。[29]联合国秘书
长达格·哈马舍尔德以及一些自封的调解人也前往中东。其中一位
是理查德·克罗斯曼，他认为自己有责任将犹太复国主义从本-古里
安手中拯救出来，使其重回哈伊姆·魏茨曼的轨道。他还想拜访纳
赛尔，但没有成功，只好回家了。英国和美国策划了一个和平计划，
并将它命名为"阿尔法"。在艾森豪威尔总统的授意下，一位名叫罗
伯特·安德森（Robert Anderson）的美国特使在完全保密的情况下抵
达巴勒斯坦。安德森曾是海军部长，他想安排本-古里安和纳赛尔会
面，有可能的话，甚至在开罗会晤。但所有这些努力都失败了，因
为以色列希望埃及承认以色列有和平生活的权利，而纳赛尔只考虑
那些会被以色列拒绝的建议，包括让以色列割让内盖夫南部，还要
让以色列重视难民个人选择，接受他们拥有重返家园或获得赔偿的
权利。[①][30]

　　本-古里安不相信这些提议。"纳赛尔没有实现和平的意思。"他
在日记中写道。这是引导他作出决定的基本前提。纳赛尔知道如何
给他的客人留下好印象。客人回到耶路撒冷时，觉得纳赛尔没有拒

---

　　① 本-古里安有时会有这样的创意时刻，他幻想在红海下挖掘一条隧道，使埃及和约旦
直接相连，他借鉴的模型是纽约哈德逊河下的隧道。（Ben-Gurion to the Cabinet, Aug. 28,
Dec. 25, 1955, ISA.）

绝讲和。但是，本-古里安写道："他多年来的行为表明，他打算与以色列开战，只是在等待能够确定自己军事优势的那一天。"[31]随着时间的推移，他越来越确信纳赛尔是以色列与埃及乃至整个阿拉伯世界冲突的主要因素。他读了纳赛尔的书《革命的哲学》，就像他过去读《我的奋斗》一样。"现在纳赛尔是我们最大的危险。"他说。[32]

569

在这样的背景下，以色列边境的紧张局势仍在继续。1955 年 12 月，以色列与叙利亚边境局势恶化，以色列在加利利湖进行大规模报复，两国在该湖的捕鱼权等问题上争执不休。约 50 名叙利亚人和 6 名以色列人丧生。本-古里安似乎没有认识到这次行动的规模，也没有谨慎地考虑可能的影响，甚至忽略了一天前夏里特的紧急呼吁。外交部部长夏里特当时在美国，与美国人达成一项武器交易。他要求本-古里安在达成协议之前不要采取任何军事行动。但本-古里安听从了达扬的意见。在否决总参谋长提出的几项行动后，他显然想要迎合一次。达扬提出的所有这些行动都是为了推行"恶化政策"。

加利利行动受到全世界谴责，在内阁中也引发争议，原因之一是本-古里安没有将行动提交内阁批准。《国土报》发表一篇社论，标题是《总理的独裁?》。本-古里安解释说，这次行动获得批准时，他不仅是总理和国防部部长，在夏里特缺席时，他还担任代理外交部部长。他就这样自行决定了。但在辩论的过程中，他的脸色很是阴郁，流露出悲伤和痛苦的情绪。他似乎后悔执行了这次行动。埃班大使也向他发出了措辞严厉的抗议，但随后在安理会面前为这次行动进行辩护。本-古里安的反驳成为以色列的经典话语："我完全理解你对加利利行动的担忧。我必须承认，我也开始怀疑这样做是否明智。但当我读到你在安理会上为我们行动所作的精彩辩护时，我所有的疑虑都消除了，你让我相信我们终究是对的。"

眼光敏锐、言语苛刻的齐波拉·夏里特无情而清晰地描述了这

次行动的背景。"很难从逻辑上理解发生了什么，"她给孩子们写道，

"我可以说，在这里起作用的是老人的年龄，他最近生病的余波，日益衰弱的记忆力，以及从政治和军事各个方面考虑问题的能力，他对你父亲的旧情结。最重要的是，他被明确想要战争的摩西·达扬控制了。"本-古里安喜欢和士兵一起玩，生活在一个想象的世界里，齐波拉对此写道："不是每个人都丧失理智了，但很难不被历史拖累。"夏里特对马帕伊中央委员会说，就算是"魔鬼自己"也不可能提出比加利利行动更具破坏性的行动。当收到本-古里安的助手纳冯的通知时，夏里特同意收回这个比喻。[33]

"那是一个美妙的物体"

加利利行动的官方名称是橄榄叶行动。行动没有将纳赛尔卷入战争，但叙利亚对以色列定居点的袭击有所增加。加沙地带因放牧和收割的归属权，与捕鱼权引发的冲突一样，也引发了一场大规模行动，最终造成该地区数十人死亡，其中大多数是平民。在行动之前的几个月里，"费达因"向以色列的平民定居点发动了一系列袭击。他们埋设了地雷，进行了伏击。埃及士兵从背后狙击以色列巡逻队。1956年3月1日，1名以色列士兵被打死，3天后又有3人被打死，当时士兵们正在驱赶一群进入以色列领土的羊，显然羊是诱饵。埃及人随后炮击了一些基布兹，包括纳哈尔奥兹，所幸没有人员伤亡。作为回应，以色列国防军向加沙城发射了炮弹。夏里特向内阁提交的一份报告指出，30名男子在炮击中丧生，其中26人是平民，还有15名妇女和12名儿童。100多人受伤。本-古里安告诉内阁，当总参谋长通知他炮击事件时，他命令达扬立刻停止。本-古里安说目标是埃及军队的一个前哨，位于平民区内。炮火的任何轻微

偏差都意味着平民会受伤，因此他下令停止炮击。

几位内阁成员一致认为这次行动是必要的。"我想说，我对加沙 571
问题并不感到抱歉，"果尔达·梅厄说，"我知道这听起来可能很残
忍。孩子们被杀害了。但艾因哈什洛沙（Ein Hashlosha）农场的孩子
也是孩子。坦率地说，我没有任何芥蒂……我这么说并不是因为在
加沙被杀害的是阿拉伯儿童，我们在这里只讨论犹太儿童，而是因
为这场战争不是我们发起的。他们需要知道他们得付出代价，而且
是高昂的代价。"至此，本-古里安已经得出结论，没有办法阻止阿
拉伯游击组织从加沙地带入侵，唯一的办法是破坏纳赛尔的政权。[34]

这次，纳赛尔也不打算卷入战争，但他派遣了几支"费达因"
进入以色列。其中一支成功抵达了距离特拉维夫仅九英里的沙弗里
尔［Shafrir，后来更名为卡法哈巴德（Kfar Chabad）］。在祈祷仪式
开始之前，暴徒潜入了村里职业学校的犹太会堂，开枪打死了四名
学生和一名辅导老师。[35]

大约两小时前，从法国购买的第一批六架幻密式战斗轰炸机在
高度保密的情况下抵达以色列。本-古里安驱车前往内盖夫的哈佐尔
空军基地，观看飞机降落。他兴奋得发狂。当他站在飞行控制塔台
上，听见以色列飞行员的声音时，他的脸上洋溢着灿烂的笑容。"那
是一个美妙的物体，"他告诉内阁，"看到它们一个接一个地下降真
是太令人愉快了。"有那么一会儿，他听起来就像一个拿着新玩具的
孩子。"你按下一个按钮，它就会向敌机发射火箭。"他惊叹道。几
位嘉宾受邀和他一起观看了着陆过程，包括以色列驻法国大使和法
国驻以色列大使。外交部部长夏里特没有被邀请。[36]

在沙弗里尔袭击发生后，本-古里安要求对加沙地带的一个"费
达因"基地进行大规模的报复行动。他解释道，以色列不会用同样
的方式对付埃及。几位部长问他是否指发动战争征服加沙地带。本-

古里安用他过去常用的模棱两可的话回应。"我不赞成由我们发动战争，虽然我不反对采取任何可能引发战争的行动，"无论如何，他说，"战争正在迅速地向我们靠近。"

内阁授权他在"与外交部部长协商"的情况下，在他认为合适的时机作出报复行动。两位部长对该决议投了反对票，夏里特是其中之一。[37]两个月后，夏里特被解职。夏里特从《国土报》专栏作家什洛莫·格罗斯（Shlomo Gross）那里得知此事，格罗斯打电话给他，问他是否真的被任命为马帕伊的书记，以及果尔达·梅厄将接替他担任外交部部长。齐波拉·夏里特已经从她的朋友那里听说了这件事。[38]

要赶走夏里特并不是件容易的事。本-古里安就像过去那样，要求他的同事作选择：他还是我。与过去不同的是，他的同事们没有提出反对意见。夏里特认为这是对他极大的不公正。"每天都是噩梦。"他写道。在被迫离开内阁之前，他写下了一些以前不敢说的激烈言辞。"我想起了一长串的捏造和谎言，我们应该为此负责，这些谎言已经令我们付出了生命的代价，导致我们人民过激的行为，造成了最可怕的灾难。其中一些更是对整个事件的进程都产生了影响，令我们身陷安全危机中。"他写道，"我警告过，我们解决国家安全问题的方法过于狭隘，这会导致我们采取冲动和疯狂的行动，损害我们在安全方面的立场，严重削弱我们的地位。"[39]他首先写道，对加沙的炮击是一种"疯狂和愚蠢"的行为。过了一会儿，他又写道："在我看来，这是犯罪。"他认为"恶化政策"使以色列错失了一次约束甚至推翻纳赛尔的机会。他忍不住写下一件揭露本-古里安糟糕记忆力的尴尬事件。夏里特称，在一次内阁辩论中，本-古里安要求在埃及边境的非军事区建立定居点。当他被告知内阁很久以前就批准过这项提议时，他大为惊讶，又说如果是真的话，那没有理由不在那里建造定居点。但事实上定居点早就造好了。夏里特写道："我不知道内阁成员们是否慎重地考虑过这些变化无常的记忆、误导性的报告、隐藏和伪装的阴谋诡计。只需要短短几分钟，就能看到如此严重的退步。"当他离开内阁时，他觉得自己的下台是一场历史灾难。"我很难过，很难过，很难过。"他写道。[40]

所有这一切表明，夏里特非常清楚自己不能在本-古里安政府中担任外交部部长。几周后，纳赛尔挑起了另一场戏剧性的危机，果尔达·梅厄更适合协助本-古里安应对这类危机。这次危机在 1956 年 7 月 26 日的亚历山大港爆发。纳赛尔对该市的 30 万居民说，他正在将苏伊士运河国有化。《晚报》称这是一枚重磅炸弹，在那之前以色列一直独自面对与埃及的战争，此刻突然发现自己有了两个潜在的盟友——英国和法国。[41]

"这是好事还是坏事？"

在对第一批抵达以色列的法国战斗机发出惊叹的 10 天后，本-古里安参观了海法以北的基尚港，观看几十辆从法国乘船抵达的 AMX-13 坦克的卸货过程，未来几天还有几艘船将送来更多类似的货物。达扬写道，他（本-古里安）非常兴奋，登上船与法国海军上将和军官们握手。达扬也很兴奋，但他试图掩饰自己的心情。

这本该是个秘密，但很多人已经知道了，部分是因为本-古里安邀请了一些嘉宾来见证这一刻的到来。拿单·奥尔特曼应邀用一首诗来纪念这件事。本-古里安不允许他公开发表，但可以在内阁会议上宣读（"钢铁，许多钢铁，全新的钢铁……这一切虽然都是想象，但都已经成真了……"）。他认为这是奥尔特曼写得最好的一首诗。后来，他还在以色列议会朗诵了整首诗。他建议部长们抽签决定他们观看坦克卸货的顺序，但部长们宁愿由他来决定。[42]本-古里安强调要迎接每一艘船，其中有一艘迟到了，他很生气，亲自打电话给以色列海军司令，询问发生了什么事。①

574

法国和以色列之间的武器采购协议是在纳赛尔宣布将苏伊士运河国有化之前签署的。两国之间的谈判在捷克斯洛伐克和埃及达成军火交易后开始提速。早在 1954 年 8 月，达扬就通知内阁，法国有兴趣向以色列出售武器。1956 年 4 月，他解释了法国的动机：法国军队中的某些人希望以色列武装起来和埃及开战，从而确保埃及无暇干预阿尔及利亚反对法国统治的革命。这是法国的一场赌博，让达扬想起他曾经在本-古里安那里听到的话："那些把政策建立在以色列而不是阿拉伯之上的人，他要么是白痴，要么是天才。天才和白痴的不同之处在于，天才在事情发生之前就能看清楚事情的来龙去脉。"[43]

在以色列建国前和独立战争期间，法国都曾向犹太复国主义抗争提供过援助。[44]但到了 20 世纪 50 年代，以色列从法国获得武器的道路变得坎坷，需要向多方谨慎地试探，政客、官员、将军和秘密安全机构的负责人，他们之间相互竞争，各自有着不同的利益和处理问题的方式，他们中的许多人都被卷入了一系列冲突、密谋和诡计中。很少有外国人能看透这一切是如何运作的，西蒙·佩雷斯是例外，他在法兰西第四共和国的丛林中感到完全自在。他有一种天赋，能够准确地辨别谁是朋友，谁是敌人，谁是潜在的盟友，谁可能是叛徒，每个人有多大的权力，每个人的弱点是什么。"法国有三位国

---

① 他想要联系海军司令并不容易。接电话的女孩问他的名字。他说："本-古里安。"她问是哪个本-古里安。他说："国防部部长。"她觉得很搞笑。过了一段时间他才说服了她。"经过几次三番的解释后，她才相信真的是我在说话，然后我才得到我想要的。"他写道。他还把这件事告诉了内阁。（Ben-Gurion, Diary, Aug. 2, 1956, BGA; Ben-Gurion to the Cabinet, Aug. 5, 1956, ISA.）

防部部长。"本-古里安惊讶地告诉内阁——分别负责陆军、海军和空军。[45]从"布里哈行动"和建国前的武器采购开始，佩雷斯就已经开始从事各种秘密活动，熟悉各种保密和欺骗手段，很多时候都需要他充分发挥想象力、计谋和胆量。佩雷斯常以大屠杀幸存者的名义发言，有时也会引用社会主义的价值观——他总是知道如何瞄准对话者的利益说话。他曾说过："航空业的核心人物都是犹太人。"本-古里安问："这是好事还是坏事？"佩雷斯说，这挺好的。[46]

本-古里安在佩雷斯很年轻的时候就发现了他的本事。他被本-古里安任命为国防部总干事时只有 30 岁。本-古里安与佩雷斯的关系，不像与达扬那样是从年轻人的成长历程中发展起来的，而是主要建立在佩雷斯完成任务的能力和他的聪明才智上。佩雷斯博览群书，愿意考虑所有的可能性，哪怕有些选择看起来异想天开。他与达扬几乎完全不同。佩雷斯出生在波兰的一个小镇上，13 岁时来到巴勒斯坦，在基布兹生活过一段时间，但没有参加过独立战争，也不是当地的精英。他一生都有点像个局外人，是以色列人中的犹太人，他掌握几门语言，包括希伯来语，都带有口音，透露出他的母语是意第绪语。许多人对他不屑一顾，充满敌意，几乎到他生命的最后时刻，他都被视为一个在政治上钩心斗角的人，而不是为以色列的安全作出杰出贡献的人。就这样，他花了一生的时间去寻找爱，或者至少是认同感和归属感。他在法国最资深的一位同行阿贝尔·托马斯（Abel Thomas）把他的成功归功于他融入周围环境的意愿和能力。[47]他在以色列的局外人身份是一个障碍，但他的异域风度完全迷住了法国人。在以色列，可能不会有人像莫里斯·布尔热-莫努里（Maurice Bourgès-Maunoury）那样，把他当作政治家和朋友来敬仰。布尔热-莫努里曾任法国国防部部长，后来担任法国总理。本-古里安的庇护是佩雷斯权力的来源，佩雷斯也对他的庇护人有着深深的

575

忠诚。达扬与本-古里安的关系要功利得多。佩雷斯和达扬一起将本-古里安卷入了一场他起初不想发动的战争。

❖

夏天到了，本-古里安和过去一样，陷入沉思和怀旧的情绪里。在纳赛尔宣布苏伊士运河国有的前一天，他在研究柏拉图的观点，即在为人民服务的名义下，统治者可以撒谎。他在日记里记下了几行希腊文，开罗的消息并没有打断他对犹太信仰起源理论的批判性研究。两天后，他热切地收听了以色列国家足球队对阵苏联的比赛广播——以色列以 1：2 输了比赛，但在中场休息时，两队还能打成 0：0，下半场以色列失去了当家球星，守门员雅科夫·霍多罗夫（Ya'akov Hodorov）受伤了。他在日记中写道："可能高温对苏联人不利，但我们的孩子们证明了他们知道如何努力并取得成功。"[1][48]

纳赛尔将苏伊士运河国有化的举动并没有促使他立即采取行动。他认为苏联已经批准了这一举动。很快就有消息称，美国实际上承认埃及有权将这条水道收归国有。本-古里安写道："这里比慕尼黑还糟糕。这是插在英国、法国或许还包括整个北约心头的一把刀。"但他认为法国和英国不敢用武力夺回运河，以色列也无能为力。[49]

"英国人的阴谋让我们和纳赛尔陷入困境"

达扬继续敦促以色列先发制人。自去年1月以来，各种计划已经准备就绪。其中一项计划称，在埃及的轰炸行动很可能导致数万人

---

① 这是一场回访赛——以色列队以 0：5 输掉了第一场比赛。内阁对比赛结果进行了长时间的讨论，本-古里安宣布他正在考虑在以色列国防军内部组建一支国家足球队。他说他没有收听比赛，因为他知道以色列会输。他还说他从未看过足球比赛，但他喜欢犹太人打败非犹太人，而不是反过来。这次讨论给他提供了一个机会追忆 1923 年的莫斯科之行，他也没有让回忆匆匆溜走。（Ben-Gurion to the Cabinet, July 15, 1956, ISA.）

死亡，数十名以色列人丧生。本-古里安还是选择拒绝。达扬的耐心逐渐耗尽。1956 年 7 月底，他对本-古里安说："问题是你想要取得什么样的结果。"本-古里安想要"继续进行大量小规模的袭击，让他们忍无可忍"。达扬反对。"如果我们杀死五名埃及农民，他们不会介意的，"他说，"他们会大喊'犹太人是杀人犯'，但他们中间没有一个人会真正感到不安。"达扬还补充道，本-古里安想要的"小规模打击"，事实上被外界解读为以色列的失败。外界会觉得以色列想要进行一次大型行动，但未能如愿。[50]这一问题暂时悬而未决。

❖

那年夏天的晚些时候，本-古里安抽时间询问了他的朋友什洛莫·拉维眼睛的状况，抄写了亚里士多德古希腊文书信里的选段，并听取了一种破坏棉花作物的毛毛虫的详细报告。1956 年 8 月 24 日，他庆祝自己移民巴勒斯坦 50 周年。抵达雅法后最初几个小时的回忆一下子涌上心头，当时他决定不在那里度过安息日，而是立即离开这座城市，在回忆中，当时的决定带着意识形态的色彩。"纳维沙洛姆街是一个犹太人和阿拉伯人混居的地方，给我一种非常强烈的流亡感。"他写道。[51]1948 年驱逐难民的回忆再次困扰着他，他感到有必要将自己对事件的描述写入内阁记录中。为此，他要求占领海法的指挥官即当时的交通部部长摩西·卡梅尔提供不在场证明。"卡梅尔一定知道海法发生了什么，"他说，"当哈加纳攻打海法的阿拉伯人时，他们对阿拉伯人说：'交出你们的武器，你们就可以留下。'"

这时，多丽丝·梅从伦敦写信给他。当他回到国防部时，曾试图说服她来为他工作，现在她终于同意来以色列待上六个月。[52]

❖

法国驻以色列大使皮埃尔·吉尔伯特（Pierre Gilbert）是以色列

坚定的支持者，他邀请达扬和佩雷斯共进晚餐，并告诉他们，只有法国和以色列采取联合行动才能保证运河的国际地位。法国可能会和以色列合作，对纳赛尔采取行动，这种提议以前就曾出现过。1956年9月1日，巴黎传来消息，这个设想是可行的。本-古里安更感兴趣的是英国会怎么做。他认为英国不想攻击埃及，也不会与以色列合作。[53]达扬说规避战争的军事风险比发动战争的更大。本-古里安拒绝这一假设。有那么一会儿，他似乎采取了一种策略，这是他从军事历史学家伊斯雷尔·比尔（Israel Beer）那里听到的："让攻击者在防御状态中流血，然后再突围和进攻。"但"总的来说"，他同意达扬的观点，认为正确的做法是"继续进攻、扰乱、欺骗、突袭和消灭敌人，这是可行的，即使敌人在人员和武器上占优势"。[54]他发现很难制定一条始终如一的行动路线。在接下来的几周里，达扬就这样带领国家走向了战争。本-古里安并不是违心地被总参谋长拖下水，他不再像过去那样强硬，现在更容易受达扬影响。[55]

1956年9月，本-古里安去萨德博克过犹太节日。过去五个月来，这是他第一次去那里。他找到一本被遗忘的1951年写的日记，回忆起那年他在纽约看过的音乐剧《国王和我》；他花了很长时间思考女先知底波拉的法则，还被普鲁塔克写的一段话打动了；他接待了乔治·奥威尔的遗孀，并在美国记者德鲁·皮尔森（Drew Pearson）和他的摄制团队的陪同下度过了许多时间。美国总统竞选引起了他的兴趣。"艾克（Ike）的人气很高，人们认为他担任总统期间不会发生战争。"本-古里安写道。他开始思考社会主义犹太复国主义的术语和实质内容（"他们过去说了什么，今天他们不再说什么"），他的日记有很多页是统计和经济数据，包括索莱尔博内公司的年度收支平衡表。"以色列制造的浴缸比国外制造的要贵。"他写道。[56]

578

与此同时，致命的恐怖袭击仍在继续，有时也发生在约旦领土上。①

达扬要求授权采取报复行动。本–古里安只同意了其中几项，他提交给内阁的行动提议只有一部分得到批准。其中一些行动以以色列国防军损失惨重告终——1956 年 9 月，16 名士兵在两次报复行动中丧生。其中一次袭击中，约旦人绑架了几名士兵，当晚归还了他们的尸体。"尸体都是赤裸的，还被肢解得面目全非，"本–古里安写道，"他们砍掉了阴茎。"达扬来到萨德博克，解释行动失败的原因。"本–古里安看起来很沮丧，"达扬写道，"他闷闷不乐地坐在工作室散落的一堆堆书中间，空气很沉重。"在 1956 年 9 月 22 日的日记中，本–古里安写道："按希伯来日历来算，我今天已经 70 岁了。"

三天后，一切都变了。本–古里安急匆匆地从萨德博克飞来，与佩雷斯会面。"他告诉我的事情可能意义重大。"总理写道。他信任的助手佩雷斯刚从巴黎回来。他告诉本–古里安，法国已经得出结论，必须对纳赛尔采取行动，"在英国人知情并同意的情况下，他们希望以色列也能参与进来，这一点英国人也清楚"。[57]计划开始迅速推进，本–古里安跟进所有的细节。他继续相信法国人，对英国人持怀疑态度。达扬试图安抚他，建议以色列与英国合作，建立一个新的中东秩序。纳赛尔将被除掉，约旦将被以色列和伊拉克瓜分。本–古里安无法想象为什么英国会同意这样的安排。他写道："我认为这是英国人的阴谋，目的是让我们和纳赛尔陷入困境，让伊拉克征服

①"费达因"拼命攻击萨德博克。一辆汽车被埋在距离基布兹大门三英里处的地雷炸毁。另一个地雷在爆炸前就被发现。一名暴徒试图进入社区，但被及时发现并击毙。（Ben-Gurion, Diary, Aug. 15, 16, Oct. 15, 1956, BGA.）

约旦。"①

　　但是，对新中东的渴望，以及最近几周里看不到以色列走出困境的可能，导致本-古里安最终采纳了达扬的计划，并作了改进，增加了难民问题的解决方案。两天后，他向吉尔伯特大使提交该计划——纳赛尔将被罢免。约旦将被分割，东边交给伊拉克，伊拉克与以色列之间实现和平。美国将为在伊拉克新增的国土上重新安置巴勒斯坦难民提供资助。他还提议瓜分叙利亚，以色列将其部分领土吞并。[58]同一天，一架法国飞机飞抵以色列，将本-古里安带回法国首都，达扬和佩雷斯作为陪同。在旅途中，本-古里安读了凯撒利亚的普罗科皮乌斯撰写的《战争史》。

"要是纳赛尔没有下台，那该怎么办?"

　　要凑齐三角联盟并不容易。本-古里安住在色佛尔（Sèvres）的一栋私人别墅中，色佛尔位于巴黎西南郊区，以瓷器和一战后盟军与土耳其签约地而闻名。三个国家幻想可以通过一种近乎幼稚的简单战略来摆脱纳赛尔，给这次会谈增添了"神话"色彩，后来本-古里安这样告诉内阁。当时的计划是，以色列将进攻埃及，英国和法国则要求双方停火。如果埃及同意，那么以色列也会同意，但如果埃及拒绝最后通牒，那就为英法两国介入提供了借口。三个国家都想废黜纳赛尔。法国希望得到以色列的帮助，并同意提供援助；以色列希望从一开始就采取联合行动；英国倾向于同意以法联合采取

---

　　① 以色列与英国的关系当时在走下坡路。以色列军队之前在一次大规模报复性袭击中炸毁了盖勒吉利耶警察局。大约100名约旦人和18名以色列人死亡。几周前，本-古里安告诉内阁："尽管我对以色列国防军和犹太人民充满信心，但我认为我们没有力量与英国人作战。"（Moshe Dayan 1976, p. 246ff.；Ben-Gurion to the Cabinet, Aug. 12, 1956, ISA.）

行动，但不愿意直接参与。以色列坚持认为英国也必须发挥作用，其逻辑是，如果英国参与其中，约旦就不太可能为了支援埃及而发动战争。本-古里安在协议达成前犹豫了很久。"要是纳赛尔没有下台，那该怎么办？"他一直问自己。[59]

三方都在各自开始的立场上作出了妥协，本-古里安同意对埃及发起第一次打击，无论出于何种意图和目的，他实际上都接受了达扬关于预防性战争的请求。达扬承诺以色列国防军士兵死亡人数不会超过 250。他的一个下属什洛莫·加齐特问达扬实现这个承诺的依据是什么。达扬回应说："你自己也看到和听到了，本-古里安对损失有多么担忧，以及他对以色列国防军打赢这场仗的能力有多么不确定。我别无选择，只能打消他的疑虑。"他补充说，如果以色列赢了，没有人会因为阵亡士兵的数量责备他，如果以色列输了，那就会有更严重的问题需要处理。没有人真正知道之后会发生什么，但每个人都相信目标会实现——纳赛尔会完蛋。达扬和佩雷斯说服了本-古里安，认为机不可失。几天后，本-古里安向内阁提出了出战的主张。[60]

581

❖

几名内阁成员对在达成协议之前他们没有被告知而感到愤怒。"现在你知道了。"本-古里安对其中一位说。在开会前，他把大部分最新消息都带了回来，并对计划作了相当准确但并不完整的说明。废黜纳赛尔，从而保证埃拉特的航行自由。作为行动的一部分，以色列将夺取蒂朗海峡的控制权。他没有提到战后谁将控制西奈半岛。他和过去一样，强调自己不能保证任何事情，他说的几乎每一句话都有警告的意味。他推测美国将深陷总统选举中而无暇旁顾，苏联也将专注于镇压匈牙利的起义，但不确定两个国家会作何反应。他后来称之为"勾结"的协议很容易令以色列陷入与两个超级大国的冲突中，但废黜纳赛尔的渴望令以色列愿意冒这个风险。他一遍又一遍地说，以色列得到了一次绝无仅有的机会，尽管他拒绝对这一说法作出承诺。他也没有告诉同僚建立中东新秩序的计划，但一如既往地被自己的论点冲昏了头脑。他认为，即使没有法国和英国的援助，以色列也能摧毁埃及的军队。以色列不需要他们。"我们会毫不犹豫地干的。"他断言道。他还说部长们仍可投票否决该计划。实际上并非如此——所有的战争准备都已就绪，后备部队也已被征召。

绝大多数部长都支持他。果尔达·梅厄讲述了她遇到的那些即将上战场、准备充分的士兵，她的心都碎了，最后她用意第绪语说了几句话。来自马帕姆的卫生部部长伊斯雷尔·巴茨莱（Israel Barzilai）提到本-古里安几个月前说过的话——新的战争只会标志着第二回合和第三回合（战争）之间过渡期的开始。本-古里安回应道："我不能保证永远，但将会有5—8年的平静期。"他承诺不会有重大损失，但没有给出具体数字。他将新的战争与建国时期的独立战争相提并论。

有人问加沙地带会发生什么。本-古里安说这是一个"令人尴尬"的话题，他用了embarrassing这个英语单词。"我们必须接受事实，"他解释道，"如果我相信奇迹，我希望它被大海吞没。"他对征服加沙地带始终不确定，就像当初他对征服耶路撒冷老城不确定一样。"我现在很紧张。"他说。他承诺将继续向议会中各党派的领导人通报事态发展，他确实做到了。甚至连梅纳赫姆·贝京也被邀请到他家做客，贝京在他家里表达了对以色列国防军取得成功的美好祝福。在接下来的日子里，贝京还不时给本-古里安打电话，提供他从英国广播公司搜集到的信息。[61]

❖

战争于1956年10月29日下午打响，本-古里安因流感卧病在床。他发着高烧，身体虚弱，但仍然紧跟事态发展。与独立战争不同的是，他没有干涉军队的行动。达扬和军队在一起，纳冯是总参谋部的联络人，本-古里安大部分时间只能凑合着通过这个渠道接收消息。他焦急地等待英国和法国的介入，当英法两国没有在指定的时间开始行动时，他命令达扬将以色列军队带回家，战争中止。达扬说服他继续下去。本-古里安写道："我非常焦虑。"他担心埃及会轰炸特拉维夫和以色列机场。结果以色列只用了不到 100 个小时就占领了整个西奈半岛和蒂朗海峡。本-古里安给以色列国防军在半岛南端沙姆沙伊赫（Sharm el-Sheikh）举行的胜利仪式发了一条贺电，他说这是"我们民族历史上最伟大、最辉煌的军事行动，也是所有国家历史上最令人惊叹的行动之一"。他引用了《出埃及记》中几段好战的诗句，并补充道："你已经向所罗门王伸出援手。"宣言的结尾称蒂朗岛将再次成为"以色列第三王国"的一部分。他在日记中总结了前两周发生的事："事情一开始看起来像在做梦，后来像传说，到最后就是纯粹的奇迹。"[62]

同一天上午，以色列发表了一份官方声明，称"发生了几起不幸事件，造成数名阿拉伯平民伤亡"。它指的是在以色列中部靠近约旦边界的卡西姆村，有近 50 名居民被杀害，其中包括妇女和儿童。以色列国防军边防卫队的一支特遣队将这些人排成一排，开枪击毙，因为他们在宵禁过后大约半小时才回来。那天，约旦边境的宵禁时间提前了半个小时，但在地里干活的村民无从知晓。本-古里安称他是在三天后才听说这件事的。纳冯描述了他的反应："什么？他们杀了阿拉伯人？在哪里？为什么？"他很震惊。"怎么会发生这种事呢？他们无缘无故就杀了阿拉伯人？士兵射杀了他们——为什么？那里发生了什么事？太可怕了！太可怕了！"他立即下令成立一个调查委员会。[63]但当天还有卡迪什行动（以色列称为西奈半岛行动），他有更

583

重要的事情要担心。

就在达扬在沙姆沙伊赫宣读胜利演说时，本-古里安手里拿着一封来自苏联总理尼古拉·布尔加宁（Nikolai Bulganin）的威胁信。他要求以色列国防军立即撤出埃及领土，"以免为时过晚"。艾森豪威尔总统也要求撤军。但布尔加宁的措辞极其蛮横，几乎明确地威胁要摧毁以色列。本-古里安推迟了对苏联威胁的回应，他在以色列议会上发表了一次令人眼花缭乱的胜利演讲。他宣布，对西奈半岛的征服将以色列带回到犹太人接受《托拉》的地点。他还引述了蒂朗岛上犹太国家的描述，希腊语的原文出现在以色列议会记录里。他给人的印象是，至少在与埃及签署和平协议之前，被占领的土地仍将处于以色列的控制之中，他绝不会同意外国军队驻扎在那里。他说与埃及的停战协议是一纸空文。"我们的损失很少，"他说，"大约150人死亡。"①

但苏联的威胁吓坏了他。"那是噩梦般的一天，"他写道，"布尔加宁写给我的信……以及苏联坦克在匈牙利的凶残，证明了这些共产主义者的能力。"达扬离开房间后写道，他脸色苍白，"像一头受伤的狮子一样愤怒"。64一周后以色列军队开始撤退，最后一名以色列士兵在三个月后离开，就在逾越节之前。

584

---

① 事实上，以色列国防军死亡人数超过170人。许多年后，本-古里安说这是他唯一后悔做的一场演讲。"我说得有点太多了。"他说。他认为他当时"喝醉了"。本-古里安很少对自己的言行感到后悔。因此，他对胜利演讲的悔恨让人想起他曾说过的话，他不会重复17岁时把赫茨尔的悼词寄给什穆埃尔·福克斯的过激行为。（Ben-Gurion interview with Malcolm Stuart, April 1968, transcript, BGA, p. 83; Ben-Gurion interview with Levi Yitzhak Hayerushalmi, Feb. 28, 1972, BGA, p. 15.）

第二十二章 对老人说"是"

"最伟大的政治奇迹"

1958 年 4 月 24 日，按照希伯来日历，以色列庆祝第 10 个独立日。早上，耶路撒冷市中心的人行道上挤满了人，他们争先恐后地想找个好位置观看当天下午举行的阅兵式。一个个家庭带着折叠椅、食物和饮料等在那里。现场还有游客。媒体估计有 25 万人观看了阅兵式。他们看到了几十辆坦克、野战炮兵、各种车辆，数千名全副武装的男兵，以及穿着齐膝长制服裙的女兵。开幕式在西耶路撒冷希伯来大学新校园的体育场举行。本-古里安乘坐一辆官方的黑色美国轿车。他和宝拉受到热烈欢迎，观众席上挤满了人，吹着嘹亮的号角，掌声雷动。那天炎热干燥，他穿着蓝色西装和白色衬衫，没有打领带。尽管他的讲话不长，几名立正的士兵还是晕倒了，不得不用担架将他们从队伍中移走。

本-古里安过得很愉快。"阅兵式棒极了。"他在日记中写道。他说："我记得早些年，我们的小伙子们还不知道如何行进。这次阅兵堪称典范，令人印象深刻。"[1]

距他宣布以色列建国已过去了 10 年，经历了两场战争后，现在的他有充分的理由感到满足。这个月底，以色列人口超过了 200 万，比独立时增长了 3 倍，其中 180 万是犹太人。"美国在独立战争 40 多年后才发展到如此地步。"本-古里安给一本奢华的以色列照片集作了序，字里行间洋溢着自豪和乐观的情绪。移民人数接近 100 万，仅在 1957 年，就有 10 万余人到达，其中大部分来自摩洛哥和罗马尼亚。绝大多数移民住在永久房屋里，几乎都在城市。自独立以来，以色列已经建立了近 500 个新的定居点，平均每周一个，大多是农业社区，包括约 100 个基布兹。近 150 万公民享受医疗和健康保险。以色列人现在的寿命比过去更长，婴儿死亡率也在下降。小学生的数量增加了两倍多，中学生人数也几乎翻倍。本-古里安将犹太人和阿拉伯人的统计数据分开，阿拉伯人的数量也在增长。第一个 10 年，以色列从严重的经济危机以及紧缩与配给状态中恢复了过来。这是一项成就，本-古里安可以将其归功于他在议会通过巨大的努力作出的最重要的决定之一——与德国和解。

以色列仍然是一个多元身份的混合体，以色列人来自 100 多个国家，说着各种各样的语言。大多数人的希伯来语都不流利。但本-古里安指出，就在 100 年前，希伯来语还不是任何一个犹太孩子的母语。他坚持认为，犹太复国主义运动和建立一个犹太国家是"20 世纪最伟大的政治奇迹"。[2]

587　　　　一年前，他向内阁提出了下一个 10 年的国家发展目标，排在首位的目标是将犹太人的数量从 200 万增加到 300 万。[3]他高昂的斗志证明了在危险局势下，他是多么出色地管理着这个国家，包括从西奈半岛和加沙地带撤军，也证明他有能力从一场可怕的个人灾难中存活下来。

❖

占领加沙后不久，以色列派出一个军事管理机构，表面上只是暂时的管理，没有吞并其领土。本-古里安表示："一个临时政权可以持续 30 年甚至 50 年。"来自马帕姆的发展部部长莫迪凯·本托夫（Mordechai Bentov）说："如果我能把加沙地带和住在那里的阿拉伯人带上飞机，把他们送到开罗，或者交给在纽约的联合国秘书长，那在某种程度上才算解决了这个问题。"他的同僚似乎也有同感。[4]

本-古里安继续在保住西奈半岛包括油井在内的梦想和吞并加沙地带的厌恶之间左右为难。有时，他觉得以色列应该保留对加沙地区的控制，即使那里的阿拉伯人口是以色列境内的两倍。不过，他认为难民不应该被安置在加沙，而应该被安置在伊拉克和叙利亚。许多人和他一样感到不安，好像这是他们的决定，而不是在莫斯科、华盛顿、巴黎以及其他国家的压力下作出的不可避免的决定。什洛莫·拉维恳求他不要留下加沙地带。"对我们来说，与其成为一个内部有强大敌人的大国，不如做一个独立的小国，"他写道，"我想说的或想恳求的最重要一点是：不要壮大生活在我们中间的少数派。"

除了从西奈和加沙全部撤军，本-古里安其实别无选择。这并不容易，他对超级大国的屈服引发了国内的反对风暴。一名以色列议会成员对他大喊："是你打败了以色列国防军，而不是纳赛尔。"[5]

他也不得不放弃建立新中东秩序的梦想。1957 年 10 月 29 日下午，本-古里安坐在议会听取例行辩论。人们的情绪并不是特别高涨——果尔达·梅厄提交了一份外交政策调查报告，各派代表都作出了回应。全国宗教党的伊扎克·拉斐尔（Yitzhak Rafael）突然注意到，有人从来访者大厅把一个物体扔进会议室。那是一枚手榴弹。"先生们，有炸弹！"他大叫着，跌倒在地。一场巨大的爆炸震动了大厅，空气中弥漫着浓烟。手榴弹对准了内阁会议桌。宗教和福利部部长摩西·夏皮拉受了重伤。本-古里安的一只胳膊和一条腿受伤。果尔达·梅厄和交通部部长摩西·卡梅尔也受了伤。所有人都被紧急送往医院。

袭击者被当场擒获。大厅里有几个人喊道："阿拉伯人，阿拉伯人！"他是犹太人，他的名字叫摩西·德维克，就是那个曾经出现在萨德博克并试图向本-古里安提出一大堆建议的人。当时本-古里安觉得他很奇怪，但又很真诚坦率。[6]有人猜测，他投掷炸弹是为了抗议以色列从西奈和加沙撤军。即使在独立后，这样的暴力抗争精神也是以色列政治生活的一部分。[①]

那天是西奈战役爆发一周年的纪念日。在得知德维克是一个精神错乱的犹太人之前，人们似乎有理由认为他是来复仇的阿拉伯人——那天也是卡西姆大屠杀的一周年纪念日。

"肩并肩，永远安息"

议会遇袭的几天后，尼希米·阿尔戈夫拿起手枪，对准自己的太阳穴扣动了扳机。这位武官在他特拉维夫的公寓里留下了两封信。其中一封写道，他自杀是因为当天早些时候他用自己的车撞翻了一位骑自行车的人，他担心受害者活不下来，或者即使活了下来，仍然丧失了行动能力，无法养活其家人。第二封信是写给本-古里安的。"我活着就是为您服务。"他开门见山地写道，后面又重复了一遍他的感情，说他曾试图把他自己"奉献"给本-古里安。他写道，这是他一生中最大的快乐。"在我看来，犹太历史上有三个人做了最伟大的事——先知摩西、大卫王和大卫·本-古里安。"在信中，他最后的署名是"爱你，尼希米"。几年前，阿尔戈夫在他的日记中曾写道："如果说生活中还有什么是留给我的话，那就是我有幸与这位

---

① 几个月前，伊斯雷尔·卡斯特纳在特拉维夫被谋杀。

伟人在一起。他填满了我的生活。为此我感谢他。"[7]

他的日记流露出彻底的忠诚，甚至到了自我克制的地步。他一丝不苟地记录了那些试图欺骗本-古里安并对他不敬的人。当以色列驻美国大使批评以色列总理时，他曾不得不克制自己去打他的冲动。"我的血液开始沸腾。"他写道。他对拉冯相当愤怒，称之为"那个人渣""政治冒险家"和"尸体践踏者"，称拉冯是他"见过的最腐败的政客"。他毫不怀疑拉冯发起了在埃及的拙劣行动，更糟糕的是，拉冯居然还想说他自己没有下达过命令。"令人震惊的鲁莽。"阿尔戈夫写道。

阿尔戈夫认为拉冯被任命为国防部部长是一场灾难，本-古里安本人对此负有部分责任。然而，在日记中，他试图为自己的老板找借口："他不认识拉冯，也不知道他是谁。"有时他写得好像是在直接和本-古里安对话。他写道："你没能更早地看清这位同志的真面目，这几乎可以被视为犯罪。"回首往事，他毫无保留地说："把这个国家最珍贵的东西交给平哈斯·拉冯是犯罪行为。"本-古里安为自己的"罪行"赎罪的唯一办法就是立即回到领导层。"本-古里安，你一手创造的杰作快要淹死在大海里了，而你却在萨德博克。"他写道。当本-古里安的退休没有结束的迹象时，阿尔戈夫在他的日记中写道："你决定放弃这个你建立的国家了吗？"当本-古里安意识到拉冯必须离开时，阿尔戈夫写道："我很愉快，老人还是那么伟大。"[8]

阿尔戈夫和本-古里安之间的关系引起许多熟人的好奇心。伊扎克·纳冯形容阿尔戈夫对本-古里安的崇拜已经到了放弃自我的地步。根据总理办公室主任泰迪·科勒克的说法，阿尔戈夫是"一个只为本-古里安而活着和呼吸的人"。本-古里安著作的编辑耶胡达·埃雷兹认为阿尔戈夫"为爱所困"。本-古里安的一些熟人，包括伊加尔·雅丁，将阿尔戈夫在本-古里安生活中的角色与宝拉相提并

590

论——他满足了本－古里安所有的需求，阻止外人与他接触。"尼希米比妻子更有占有欲。"本－古里安的孙子亚里夫·本－埃利泽（Yariv Ben-Eliezer）回忆道。"我认为他对爷爷产生了一种嫉妒和占有欲。在某种程度上，他就和女人一样。"[9]

里夫卡·卡兹尼尔森说是她把阿尔戈夫介绍给本－古里安的。在她看来，这段关系是本－古里安对工作上瘾的"性欲维度"。"本－古里安很喜欢尼希米，"她写道，"他生性温和，长得好看，个子又矮。本－古里安就喜欢小个子的女人。两人相遇时，本－古里安年事已高，而尼希米还很年轻，本－古里安把他纳入慈父的羽翼下，这种感觉是他不曾在儿子阿摩司身上有过的。本－古里安不是把他当作儿子，而是把他当作他所理解的柏拉图式的门徒。"[①][10]

把尼希米的死讯告诉本－古里安并不是一件容易的事。在议会暴行发生后，本－古里安受了伤，躺在医院里，他的工作人员试图阻止他知道这件事。一些报纸专门为总理印制了没有尼希米自杀消息的特别版。最后，达扬负责去捅破这层窗户纸。在得知尼希米的死讯后，本－古里安作出和得知伯尔·卡兹尼尔森死讯时一样的回应。"他倒在床上，把头转向墙壁，用毯子盖住自己，在很长一段时间里没有转身面对我们，"纳冯说，"我们什么也没听到，但我们看到他的身体因为无法控制的哭泣而不停地颤抖。"本－古里安在向议会发表的悼词中说："尼希米得到了上帝赐予的一份珍贵而稀有的礼物，那就是伟大的爱。那是尼希米心中永远燃烧的火焰，也是那团火焰在爱和痛苦中击倒了他。"纳冯回忆道，本－古里安在发言时"衣衫

591

---

① 本－古里安曾送给卡兹尼尔森一本柏拉图写的《会饮篇》。看完之后，她告诫本－古里安要小心，一个老人对男孩的爱比对女人的爱更强烈，因为他是男孩效仿的榜样。她认为这是一种可以让人发疯的性欲。本－古里安对她的担忧不屑一顾。（Rivka Katznelson, interview with Shabtai Teveth, Oct. 2, 1977, BGA, Shabtai Teveth collection: subjects: Ben-Gurion and women.）

褴褛，声音沙哑，非常苍老"。纳冯认为阿尔戈夫的死会缩短总理的寿命。"我担心老人再也不会回到我们身边，再也不会像以前那样了，"他写道，"他的心弦被撕裂，他的灵魂被撕裂，现在的他暴露在狂风中。"

在接下来的几天里，本-古里安一遍又一遍地问周围的人尼希米为什么要自杀。他觉得自己被背叛了。纳冯说："本-古里安的痛苦不允许他休息，因为他一向对尼希米敞开心扉，尼希米知道他的一切。那么，尼希米怎么可以对他隐瞒如此重大的决定呢? 他的友谊表现在哪里呢?"纳冯在日记中引用了本-古里安的话："如果尼希米有妻子和孩子，他就不会自杀。"[11]有一次，本-古里安说："阿尔戈夫成了我的一部分。那一部分能感受到尼希米的感情和思想。我不知道——我不明白。"[12]这就是本-古里安，不理解他最亲近的人，试图摆脱所有的负罪感。关于阿尔戈夫的生平和死亡之谜，多年来产生了许多谣言，一种说法认为他的生活方式使他成为苏联敲诈勒索的对象。① 本-古里安要求把阿尔戈夫的帽子留在他的办公室，并告诉他的工作人员，他希望阿尔戈夫的继任者是已婚的年轻人。[13]当拿单·奥尔特曼发表一首诗来纪念阿尔戈夫时，他被激怒了，因为这位诗人把尼希米描绘成为他爱的男人而牺牲了自己。这首诗的潜台词是《圣经》中大卫和乔纳森之间的爱情故事。本-古里安曾告诉纳冯，乔纳森是《圣经》中最美丽的人物，一个真正高尚的人。不管怎样，除了他年轻时的伙伴什穆埃尔·福切斯以外，尼希米是本-古

---

① 阿尔戈夫的密友声称，他自杀是因为"对一段艰难的恋情感到失望"。国防部部长办公室负责人哈伊姆·伊斯雷尔（Haim Israeli）写信给埃利·威塞尔（Elie Wiesel）说："尼希米与一名以色列国防军军官有染。这段恋情触礁了。"几年后，这位年轻女子在杰奎琳·肯尼迪（Jacqueline Kennedy）的新闻办公室工作。据纳冯说，阿尔戈夫在自杀前几个月告诉他，他想死。"我再也没有什么可向往的了，"他解释道，"我已经达到了人生的巅峰。还能得到什么呢?"（Navon 2015, p. 194; Lam 1990; Bar-Zohar 2006, p. 274; Yisraeli 2005, p. 48.）

592　里安最珍爱的朋友。"我难过得要死了，因为我再也无法告诉尼希米我对他的感受。"他写道。[14]

不久后，本-古里安说他死后下葬时，阿尔戈夫的尸骨应该被重新埋葬在他的旁边。"把我们的骨头放在一起，肩并肩，永远安息。"他指示道。宝拉将被安葬在他的另一边。在大拉比的建议下，他撤回了这一条请求。[15]他回到工作岗位后，花了相当长的时间准备以色列的 10 周年庆典，其中包括阅兵。

"这名记者应该进精神病院"

本-古里安领导的正在形成中的以色列国是建立在自由主义传统之上的，从一开始这就是犹太复国主义运动的指导思想。他毫不费力地接纳了英国政府的基本政治价值观，包括承认议会多数派的统治权。选举是自由的，依法进行的。以色列国承认司法机构的独立性。这并非理所当然——政治和意识形态争端不止一次地威胁到这个国家的团结。居住在这个新国家的成千上万来自欧洲共产主义国家和阿拉伯国家的犹太人，并不是在西方民主的统治文化中成长起来的。世界上大多数人并不生活在民主国家，在许多国家，民主是全新的体验。因此，以本-古里安为首的一代领导人认同自由主义价值观，这一点非常重要。

但正如他将国家利益置于社会主义之上一样，他也常将国家利益置于民主之上。他说，他之所以反对宪法，是因为担心宪法会危及他与宗教领袖、哈瑞迪领袖之间脆弱的合作关系。同时，也是因为宪法让他难以限制人权和公民权利，也更难去巩固马帕伊对权力的控制。他经常把国家的利益和他所在政党的利益联系起来。秘密安全部门领导人伊塞尔·哈雷尔曾向他提供政治情报，包括马帕伊内部情报。"党内高层的内部关系已经陷入严重的危机之中。"本-古里安曾将他的话记录下来。[16]

他很难将民主的基本规则完全内化吸收，这一点从他对媒体的态度和他试图约束媒体的措施中可见一斑。从他学会阅读的那一天起，他就迷上了报纸。几乎直到他去世的那一天为止，他一直在报纸上发表文章，有时甚至把自己的职业视为记者。他与报社记者们就背景信息进行交流，经常接受采访，并将他的愤怒通过写信的方式传递给报社。"这名记者应该进精神病院。"他曾经给《达瓦尔报》的编辑写过这样一封信。[17]

随着时间推移，媒体的影响力和权力越来越大。本-古里安还没有强大到成为一名独裁者。因此，无法确切区分什么时候的政治体制反映了他作为民主主义者的世界观，什么时候这只是他权力受限的结果。无论是哪种原因，他限制的主要是以色列阿拉伯公民的民主权利，在他的时代，以色列的阿拉伯公民约有 20 万人。他们生活在军人统治下，实质上是二等公民。正是这种情况使卡西姆村的暴行成为可能。

"阿拉伯人首先是阿拉伯人"

对大部分留在以色列，或在独立战争后设法返回以色列的阿拉伯人，军事当局在行动自由和公民权利上施加了限制。这些限制违背《独立宣言》的精神和承诺，但基于防卫的需要，这些举措又是正当的。只要阿拉伯世界继续威胁要摧毁犹太国家，居住在以色列的阿拉伯人就被视为危险的敌人，即使实际上，他们是一小部分被击败的少数民族。1953 年底，本-古里安对内阁说："如果有什么事发生，敌人就在我们家里。如果有人幻想阿拉伯人会忠于以色列——这是违背人性的。"[18]军人统治更容易从阿拉伯人手中征用土地。用当时的话来说，一些土地被用来"使加利利犹太化"。本-古里安密切关注上拿撒勒的建设，以抗衡历史悠久的阿拉伯人居住的拿撒勒。军人政府也让马帕伊更容易赢得阿拉伯人的选票。它的管理方式独断专行，有时还腐败，经常骚扰民众，多年来都在进行一些驱逐居民的行动。

594

以色列的阿拉伯公民可以投票，也可以被选为议员。从这个意义上来说，本-古里安常说一个阿拉伯人原则上可以被选为总理或总统。他免除阿拉伯人的兵役。一次内阁会议上，他强调在美国，犹太人或黑人不能当选为总统。因此，他说他不相信美国的公民权利，也许是想到了他在一战期间亲眼看到的对黑人的歧视。他还提到了美国的反犹主义。[19]一位内阁部长说，以色列的阿拉伯人基本都生活在贫民窟里。本-古里安回应道，让他们与世隔绝可以保护他们的生计，就像美国为印第安人建立的第一批保留地一样。[20]

最关键的是，他认为阿拉伯人的存在威胁着这个国家的犹太性。随着时间流逝，关于军事管理的辩论逐渐在公共话语中占据了中心位置。不仅仅是左翼，反对党领袖梅纳赫姆·贝京和他的赫鲁特党也对此持反对态度。原因有很多，贝京本人更倾向于欧洲国家的自由主义世界观，因此有时他会谴责本-古里安的反民主政策。一些政府委员会研究了军事政权。以色列国防军和与阿拉伯人打交道的政府机构中的一些人，包括秘密警察（辛贝特）在内，都建议停止这种做法。他们基于这样的假设：阿拉伯公民融入以色列社会后会降低他们带来的安全风险。[21]本-古里安反对一切推翻军政府的企图，只同意减弱它的影响。1962 年，他甚至威胁要因这一问题辞职。在同一次内阁会议上，他预言说阿拉伯人将成为国家的多数。"他们的死亡率和犹太人一样，而且他们的出生不受避孕措施限制。"他提醒道。他激烈地为自己辩护，坚持认为军政府是道德理想的体现，"以色列国的安全是世界上最重要的道德基础"。作为总理，他在议会发表的最后几次演讲之一就涉及持续进行军事管理的必要性。[22]

本-古里安不断地给阿拉伯人贴上"第五纵队"的标签，也为独立战争期间驱逐阿拉伯人的行动提供了正当性。卡西姆大屠杀也源于他发言的基调。就在大屠杀的前几天，他告诉内阁："阿拉伯人首先是阿拉伯人。"[23]

❖

卡西姆暴行的细节是被逐步曝光的。[24]当本-古里安向内阁通报数十名村民被杀的消息时，他称这是一种"暴行"，并说这种行为"理应受到严厉谴责"。他向部长们讲述了实际情况。当决定将宵禁时间提前时，营长问团长如何处置违反宵禁的人。营长称团长的回应是："我不要感情用事。我也不要逮捕违反规定的人。"营长并没有就此罢休。"尽管如此？"他问道。团长用一句阿拉伯语让他哑口无言：Allah yerhamo，意思是"真主保佑他"。营长把这句话理解为"做你需要做的事"。本-古里安称团长否认了这一点。①

内阁同意将涉案士兵送上法庭，一些人此前从未听说过这起事件。他们还同意应该立即向死者家属支付赔偿金，随后就是否将该事件公之于众展开了辩论。本-古里安赞成公开，他认为无论如何都很难隐藏此事。讨论基本切中问题的要害，但每隔几分钟，本-古里安就会打断并分享他的想法和感受。"怎么会杀害儿童呢？"他问道。他回答了自己的问题："我们有一支出色的军队，但很明显，在某些

---

① 看起来，至少有一些参与卡西姆大屠杀的士兵知道一个代号为"鼹鼠行动"的计划。根据这一计划，在以色列和约旦之间发生战争时，住在两国边境村庄的阿拉伯人将被赶出家园。（Reuven Rubik Rosenthal 2000, p. 14ff.; Ben-Gurion, Diary, July 14, 28, Aug. 16, 1958, BGA; Yitzhak Navon, Diary, July 13, 24, 1958, YNA.）

596 情况下，他们失去了理智。"这种解释可以免除以色列国防军和他自己的责任。他又提出了一个问题："怎么会有人下令射杀儿童呢？"他派去调查事件的委员会发现命令是非法的。以色列社会再次为战争时期"武器的纯粹"和人类的责任、过失和良知感到痛苦。这场辩论使人想起在讨论纳粹德国时产生的许多同样的道德问题。[25]

本-古里安的立场很明确。"士兵无罪。他们接受命令。国家处在战争状态。难道每个军人都可以拒绝执行他们认为违法的命令吗？"[26]

本-古里安花了大量时间在事件的审判及其后果上，显然没有真正理解它的意义。一个部长级委员会发现，卡西姆事件并不是出自中央地区司令部将军或他的上级（即达扬和本-古里安）的命令和指示。在批准这项调查前，本-古里安自己进行了一次调查。他得出结论，整件事是"一连串不幸事件"的结果：营长伊萨沙尔·沙德米（Yissachar Shadmi）上校讲话时不够谨慎；战场指挥官什穆埃尔·马林基（Shmuel Malinki）少校太愚蠢；以及排长加布里埃尔·达汉（Gabriel Dahan）中尉和他的一名士兵沙洛姆·奥弗（Shalom Ofer）是施虐狂，他俩是大屠杀的两个最主要的肇事者。如果马林基本人在现场，杀戮就不会发生。如果沙德米说话更小心，马林基就不会下命令了。如果是正常人而不是达汉和奥弗在那里，即使是马林基下令，他们也不会做那两个人做的事。[27]

卡西姆案由出生在德国的本杰明·哈列维（Benjamin Halevi）法官审理。他裁定士兵必须拒绝明显违法的命令。他形象地定义了所谓明显违法的命令："所有明显违法的命令都有显著的标志，这些命令上方的字像一面飘动的黑色旗帜，警告说：'禁止执行！'"这也是以色列应该从大屠杀中学到的教训之一。卡西姆大屠杀的主要肇事者被判处 17 年的监禁。但是三年不到，他们又重获自由。一些人

597 恢复了在以色列国防军或其他安全机构的工作。马林基被任命为迪

莫纳核反应堆的安全官员。本-古里安当时仍是总理兼国防部部长。"只有一个人在卡西姆受了伤，那就是我，"他说，"我被怀疑犯有谋杀罪。"他觉得"这很奇怪"。[28]

以色列建国以来的第10个年头即将结束。这个国家从未像现在这样强大过。

"我从没想过他会是这样一个白痴"

西奈半岛的行动缓和了紧张局势，特别是埃及边境的紧张局势，但没能带来绝对的平静。"第二回合"作战也证明了自独立战争和20世纪50年代初以来，以色列国防军的战斗力有了很大提高。这些进步是在摩西·达扬的指挥下取得的。以色列从法国获得了飞机、坦克和其他尖端装备，在很大程度上要归功于国防部总干事西蒙·佩雷斯，他也是本-古里安任命的官员。因此，以色列国防军在很大程度上是本-古里安个人的成就。除此之外，本-古里安越来越被阿里埃勒·沙龙所吸引——包括他的人品、勇武、风格和形象。

本-古里安与沙龙的关系越来越密切，因为达扬已决意投身政坛，并要求以一种特殊的、私人的、宽容的，特别是谨慎的方式来对待他。对本-古里安来说，沙龙成为以色列国防军安全问题的权威。"这小子很有创意，"本-古里安写道，"如果他能改掉不说真话、背地里说三道四的嗜好，他就会成为一名军人模范。"[29]

西奈一战除了展示以色列国防军的实力外，还为以色列争取到了埃拉特的自由航行权。西奈半岛成为非军事区，联合国维和部队驻扎在加沙地带。法国没能夺下塞德港，机会之窗打开了，这使得营救那里的几十名犹太人并将他们带回以色列成为可能。[30]西蒙·佩雷斯从巴黎发回消息，法国人现在要求英国执行他们的部分计划，

598 包括将约旦交由以色列和伊拉克瓜分。本-古里安回应道，目前已经没有任何理由这样做了。当时的计划是基于纳赛尔被排除在权力之外的假设，但这个机会已经错过了。英国首相安东尼·艾登的迟缓和犹豫不决是罪魁祸首。"我从没想过他会是这样一个白痴。"本-古里安告诉内阁。[31]从根本上，他没打消对英国的疑虑，他的疑心与对英国政权、民族和精神的钦佩并存。以色列在战争中的主要目标是除掉纳赛尔，但这一企图很快就被揭穿，沦为愚蠢的、令人尴尬的、最终流产的勾结。纳赛尔成为伟大的胜利者。英国和法国搞砸了，反而遭到羞辱。剩下的问题是，本-古里安怎么可能会相信，两个没落的殖民帝国可以缔造一个没有纳赛尔、没有约旦、叙利亚和黎巴嫩分裂、难民问题得到解决的和平的新中东。

　　本-古里安的世界观形成于 19 世纪的殖民时期。对长期地下活动的犹太复国主义者来说，策划阴谋诡计更符合他们的风格，尤其在武器购买方面，这也符合《箴言篇》（24:6）的精神："你去打仗，要凭智谋。"但本-古里安从能够独立思考的时候开始，就着迷于 20 世纪的各种奇迹和创新。这也许能解释为什么他会让以色列卷入一项可疑的冒险行动。几周前，法国和以色列的原子能委员会达成了一项协议，根据该协议，法国将为以色列的核研究提供一个小型反应堆。这份协议是在以色列从西奈半岛撤军几周后签署的。①

　　该协议为两国间开展核合作奠定了基础。在西奈战争之前，本-古里安已经知道这件事在酝酿之中。

---

　　① 这份核协议让人想起埃胡德·阿夫里耶尔在独立战争前夕用埃塞俄比亚国王的名义向捷克斯洛伐克购买飞机一事。本-古里安在日记中写道："今天早上广播里说，昨晚布尔热-莫努里部长因阿尔及利亚法案被投票否决而倒台。我担心西蒙·佩雷斯前天的巴黎之行是徒劳的。"但佩雷斯让这位被罢免的法国总理签署了这份文件，并将文件签署时间定为他在任的最后一天。（Ben-Gurion, Diary, Oct. 1, 1957, BGA; Bar-Zohar 2006, p. 297ff.）

"如何画鞋子"

599

　　一天，在萨德博克的餐厅，伊扎克·纳冯告诉本-古里安他读过的一本流行书，里面全是照片和图画，书名是《为人类服务的原子》。作者是以色列的工程师和教育家什洛莫·泽拉（Shlomo Zeira）。他在书中写道，很难理解那些充分意识到原子恐怖性的国家为什么仍然花费数亿美元制造核弹。为了解释背后的动机，他援引了罗伯特·奥本海默（Robert Oppenheimer）的比喻，将核大国比作密封瓶里的两只蝎子。双方都害怕被对方刺中，只好互相绕着圈，彼此都准备着将自己的刺扎进对方的身体里。出于对敌对国家可能使用原子弹的恐惧，作为对手的国家也只好生产原子弹。本-古里安让纳冯帮他找到这本书，并给作者写了封感谢信，信中说他希望从书中学到一些东西。[32]到 1961 年，他已经相当了解核能，相信核能对以色列的生存至关重要。在独立战争结束的几天后，他第一次邀请了一位研究原子的科学家给他上课。从他 16 岁第一次见到汽车和电话开始，他的想象力就被这些科技创新激发了，自那以后，他一直对人类在科技方面取得的进步赞叹不已。1933 年，他第一次坐飞机去伦敦。在飞行过程中，他有了一个想法，立刻告诉宝拉——他确信，有一天，科学家会发明一种使旅行变得多余的"沟通机制"。"你坐在自己的房间里，按下按钮，就见到了你想见的在世界另一端的人，你能和他说话，就像和待在同一间屋子里的人说话一样。"他幻想着这样的见面不再局限于地球，甚至可能包括火星，一切都有可能比预期发生得更早。但同时，一场新的世界大战随时可能爆发，"消灭一切人类文明"，用他的话说，"只剩下非洲中部的黑人，一切都得从头再来"。[33]他推崇进步论，认为人类可以控制自然，部分表现为他对科学技术的热衷。这也符合他作为犹太复国主义者的追求，即"征服"和重塑自然。从赫茨尔时代起，犹太复国主义者追求进步，渴望创造新世界，包括一个新的民族国家。这是一种信念，认为世界可以用事实和数字来描述的，是可测量、可量化的，就像本-古里安在日记里记录的大量数字一样。这正是 1918 年他和伊扎克·本-兹维合著关于巴勒斯坦的研究时定下的目标。

二战期间，科学、技术和军事工业之间出现了新的协作方式，这一点在美国尤为明显。本-古里安内心深处怀着美国梦，很自然地，他试图在以色列也建立类似的合作关系，推动为军队服务的科学和技术研究。哈加纳为此设立了一个特别的部门，就在《独立宣言》公布的几个星期前，一个科学兵团成立了。几乎同时，他指挥仍在布拉格的埃胡德·阿夫里耶尔招募犹太科学家参与战争。他写道："物理、化学和技术领域的科学家可以进一步扩大军队大规模杀戮的能力，也可以反过来治愈更多的人。"他补充道："这两件事都很重要。"[34] 在他的战争日记中，有时提到"通过科学手段"进行的战争，例如溴（"一种能导致流泪和死亡的物质"）的使用。1949 年 9 月，本-古里安在他的日记中写道，恩斯特·大卫·伯格曼（Ernst David Bergmann）从阿根廷带回了"一点钍"，这是一种可以用作核燃料的放射性物质。"美国不允许其他国家制造这些东西。"他补充道。[35]

美国在广岛与长崎投下的原子弹是科学和军方合作的巅峰。本-古里安在他的日记中只进行了简短的记录："和日本的战争结束了。"他似乎没有立即意识到使用核武器的重要性。到了 1950 年，他还在问内阁成员这样的问题:"和其他武器相比,用原子弹杀人有什么区别?"①[36]

独立战争接近尾声时,本-古里安提到原子"不可思议的组成",以及"当它分裂和融合时隐藏的巨大能量"。几周后,他被告知,一些科学家——化学家、物理学家和生物学家——已经组织起来,打算帮助以色列。法国原子能机构的关键人物莫里斯·苏尔丁(Maurice Surdin)就是其中一位。本-古里安在日记中写道,苏尔丁是"法国原子熔炉的建造者",他这样称呼反应堆。苏尔丁提议为以色列制造雷达制导火箭。

601

苏尔丁在巴勒斯坦长大,是一家盐厂老板的儿子。在去法国之前,他在特拉维夫的赫兹利亚希伯来文理高中上学。本-古里安听说他准备回来。当他到达时,本-古里安已经结识了另一群准备在原子领域工作的科学家。本-古里安对原子事业充满热情。"我们站在人类最伟大的革命面前——原子能的发现及其在世界经济中的应用。"他写道。苏尔丁向本-古里安描述了他曾工作过的核物理实验室及其运营成本,这样的实验室里有 3—4 名科学家,150 名工程师,还有 300—400 名员工。这给本-古里安留下了深刻的印象——以色列需要化学、电器和技术工业,最需要的是这些领域里具备专业知识的人才。[37]随后几年里,他密切关注在欧洲和美国从事科学研究的以色列学生。其中一位是他的女儿雷娜娜,按照他的说法,"根据科学团的任务",她在巴黎接受微生物学的高级培训。[38]1958 年 11 月,阿里埃

---

① 他有时以广岛为例,强调人们不能总是听从《圣经》中的禁令,即"一个人只会因为他自己的罪行而被处死"。在战争中,无辜的平民包括妇女和儿童,不可避免地沦为牺牲品。伦敦闪电战是如此,以色列国防军的许多报复行动也是如此。他后来写道:"如果日本能征得大部分民众的同意,不去攻击美国,那么第一批原子弹就不会落在广岛和长崎。"(Ben-Gurion to the Cabinet, Oct. 25, 1953, ISA; Ben-Gurion to Enrico Pratt, Sept. 13, 1961, BGA.)

勒·沙龙从英国留学归来，本-古里安写道："他学到的新本领是用短程和远程核弹头作战。"[39]

❖

本-古里安把科学视为对真理的追求。以色列理工学院的约哈南·拉特纳（Yohanan Ratner）将军写道："简直可以说他对科学的力量和使命怀着神秘的信念，相信科学能够解决一切难解的问题。"当一位宗教教育者告诉本-古里安，与信仰相比，他对科学感到失望时，本-古里安回答道："我同意科学有不足之处，但科学作为人类精神的最高表现，值得人们为之奉献，不断提升。"[40]最重要的是，他认为科学是推进犹太复国主义计划的一种手段，是这个国家主要的力量来源。因此，他要求以色列的大学和研究机构按照政府的政策为国家服务。

602

对于科学家和专家告诉他的事情，他并不总是感到轻松愉快。他对待他们就像对待律师一样。科学家们并不总是说些他想听的话，有时还试图迫使他实行某项政策。当这种情况发生时，他们作为专家的权威地位就被削弱了。本-古里安坚持认为，每个聪明的人都有能力仔细考虑每一个问题。当专家建议他不要做他想做的事情时，有时候，他会说这在专家的领域之外。"如果一个鞋匠告诉米开朗琪罗如何画鞋子，那是他的专长，"本-古里安说，"但如果他要说的是如何画人物的表情，那就不是他的专长。"他有时会侮辱专家，仿佛他们是他政治上的劲敌。"他们是自己领域的专家，热爱自己的学科，把它视为一切的总和。"他强调，尽管实际上需要的只是常识而已。[41]

"不可思议的巨大力量"

在与苏尔丁谈话的三个月后，本-古里安注意到内盖夫发现了

铀。两年半后，他重提此事。四个月后，他写道："我们需要从发展
预算中取出 100 万以色列镑来建造一个反应堆（包括重水和更多的
材料）。"[42] 1954 年秋，各大新闻头条宣称以色列正在提取铀，并已开发
出一种生产重水的方法。[43] 以色列国防军杂志《营地》（*Bamahaneh*）发
表了一篇长文章，题为《即将登场的原子时代》，开头是这样一句
话："这个议题像一颗原子弹那样震撼了新闻界。"这篇文章的作者
是一位年轻的士兵，对还没有从萨德博克回来的本-古里安来说，这
几乎是一首赞歌，鼓励他继续尝试。

"大胆的开始，"这本官方周刊评价道，"敢于冒险是他性格的一
部分。今天我们还无法理解或评估大卫·本-古里安这个人所做的一
切，包括建立国家和二战后那些决定命运的日子。"士兵记者们驱车
前往萨德博克，问他："我们如何才能占据一个已经被大国攻克的领
域呢？"本-古里安回答说："作为士兵，你们不需要问我敢不敢做的
问题。1948 年你们就有勇气面对阿拉伯人。"

这篇文章引用了以色列原子能委员会主席伯格曼在广播中的讲
话："我怀着敬意，颤抖地说出一个人的名字——大卫·本-古里安，
在这个领域，他从一无所有到有所创造。他支持一群年轻人提交的
计划，这些年轻人从不犹豫，也没有怀疑，他们推动了原子能委员
会的建立。本-古里安以他的远见和爱护支持着我们的工作。"文章
作者解释道："开发原子能的实验是本-古里安的'执念'……在我
们中间，不乏'务实'的人，他们怀疑最后的结果能否证明巨额支
出的合理性。"伯格曼指出以色列的原子能研究是与法国合作进行
的。法国科学家在以色列工作，以色列科学家加入他们的队伍。文
章作者引用本-古里安的发言称，在独立战争期间，是法国军队在通
往耶路撒冷的道路上取得了突破，确保了以色列能拥有自己的首都。
许多人已经忘记了这一点，但他（本-古里安）记得很清楚。

本-古里安告诉记者，他认为原子能是推动整个内盖夫走向繁荣的动力。同理，它也将推动工业和医药业的发展。这篇文章有很大一部分在解释什么是原子能，并用图表阐明这个概念。文章还刊登了一张本-古里安穿着军装的大幅照片，强调这个项目包括重水生产，"很大程度上"由国防部的研究和规划部门发起。当本-古里安在竞选过程中讲述这个故事时，他补充了新的内容——美国已经决定在其"原子能促进和平计划"的框架内向以色列提供一个核反应堆。[44]

❖

当时正处在美苏冷战期间，本-古里安谈到了全世界对美苏核对抗前景的恐惧感。他从什穆埃尔·福克斯那里收到的最后一封信非常悲观。本-古里安试图提振对方的精神。"我不是你信中所说的悲观主义者，"他写道，"原子的分裂带来了毁灭的危险，也带来了巨大的福音。战争并不是不可避免的，我们即将迎来人类历史上最伟大的革命之一。当我们知道如何利用原子来满足人类的需求时，10年前我们做梦也想不到的新世界将在我们面前打开。"[45]

本-古里安真诚地相信原子能可以造福人类。在一些诗意的时刻，他甚至认为原子能会实现犹太复国主义神话，即犹太人可以在一片无人居住的荒地上定居和耕种。他相信内盖夫还有尚未开发的水资源；他相信用管道可以把水从加利利输送到内盖夫；他相信海水淡化，相信太阳能，但更相信原子能。用他的话说，这是一种"不可思议的巨大力量"。他还相信，毋庸置疑，人类将在短短几年内利用它来发展工业、农业和交通运输业，"就像它已经被用在战争中一样，"他这样保证道，"就像爱因斯坦、奥本海默和泰勒这三位美国犹太人所完成的事业那样，以色列科学家也会为自己的民族付出同样的努力。"奥本海默和爱德华·泰勒都是犹太人，还是核武器之父，爱因斯坦也参与了发展核武器的倡议。①[46]

当本-古里安试图把以色列总统一职交给阿尔伯特·爱因斯坦时，没有任何理由不认为，他的动机是希望推进以色列的原子能研究。然而，到了 1954 年，当以色列试图说服罗伯特·奥本海默加入魏茨曼科学研究所时，情况大有不同。当时，奥本海默遭到参议员约瑟夫·麦卡锡（Joseph McCarthy）的追捕。以色列总理办公室主任泰迪·科勒克认为，现在是给他在以色列提供一个职位的合适时机。夏里特总理写道，第一步将邀请奥本海默在一年一度的魏茨曼纪念讲座上发表演讲。"这样我们可以评估，是否应该和他建立更长久的关系，与此同时，邀请本身是代表犹太人民和以色列对他表示敬意。"[47]

西奈半岛战争结束约两个月后，本-古里安才了解到，待议的国防预算中不包括原子研究。"这个主题对医学、农业、制造业和能源具有普遍的重要性，"他说，"无须多言，你们都知道原子能意味着什么。"以色列可能比欧洲国家更需要它。"它在军事上也有应用。"他补充道。他没有提及法国，而是说"一个准备在材料和技术等方面全方位协助我们的大国"。他称这是一个"历史奇迹"。他说完成这个项目需要 8—9 年的时间，"不过在此期间，科学会不断进步，可能会缩短我们实现目标的时间"。他援引了一个估算，成本为 5000 万美元。"我们需要在内盖夫建造一座完整的城市。"他说道。[48]

"一场持续不断的噩梦"

奥本海默是在以色列和法国签署核协议后抵达以色列的，他将

①以色列秘密安全机构的创始人西蒙·佩雷斯和鲁文·史罗亚拜访了包括爱德华·泰勒在内的美国犹太科学家。"我的照片是泰勒房间里唯一的一张。"本-古里安在日记中写道，并指出泰勒是"内盖夫的狂热爱好者"。（Ben-Gurion, Diary, Nov. 26, 1957, BGA.）

605

参加魏茨曼研究所举行的一个国际会议。1958 年初夏，他与本-古里安进行了一场可以说是决定性的谈话。"他的外表给人留下了深刻的印象，他有一张高贵的脸。"本-古里安在日记中写道。他告诉内阁："我的印象是，这个人身上闪耀着某种犹太人才有的光芒。"他原本不打算提及"一个不应该与他讨论的问题"，他接着说到"原子弹问题"。他的解释是在一般情况下，他不会和美国人谈论"这样的事情"。奥本海默更是如此，他的身份在美国非常敏感。令他吃惊的是，奥本海默自己提出了这个问题。他警告本-古里安，埃及有可能获得核武器。

"他表示他对埃及和苏联的结盟会给以色列带来什么样的影响，特别是在核反应堆问题上，深感忧虑。他认为这是一种巨大的威胁。"本-古里安说道。奥本海默建议以色列将此事提交给联合国安理会。本-古里安说："他在政治上非常天真。"但奥本海默还提出了一个更实际的建议。本-古里安说："在他看来，我们必须尽一切努力确保我们尽快拥有核电站。"奥本海默说 1947 年魏茨曼曾和他讨论过这个话题，但当时他持否定态度。因为当时唯一的核电站在美国，像以色列这样的小国负担不起。但是从那以后，很多事情都变了，技术也进步了。"这是一件非常重要的事情，"本-古里安反复说道，"他非常担心埃及与苏联的关系。"部长们可以由此推断，建造一座核电站可以保卫国家免受核武器的攻击。

因为奥本海默自己提出了这个话题，本-古里安继续讨论下去，"我和他谈过这件事"。他试图说服奥本海默，苏联并没有寻求核战争。"我向他解释，苏联没有理由引发世界大战，把自己置于危险之中，因为他们很确信无论如何他们都会赢。"他的意思是，苏联确信共产主义意识形态将在全世界取得胜利。奥本海默回答说，这是正确的，前提是苏联没有对付原子武器的手段。"但他相信，他们很可能拥有防御原子弹的办法，不仅是原子弹，还有氢弹，"本-古里安说，"他不确定苏联是否有这样的能力。他说，很有可能会有这样一种装置，可以感应到从某个位置发射的原子弹或氢弹，然后他们可以发送这个装置，这个装置会找到飞机或导弹，在途中就将其引爆。"奥本海默说，如果苏联有这样的设备，就不能保证他们不会发动战争。

本-古里安继续说道："他的话让我非常担忧，以前我就担心过，听完他的话后，我更担忧了。"他告诉内阁，最近他加入了一项研究，旨在探索未来两年以色列击退埃及和叙利亚袭击的可能性。届时，这些国家会将从苏联获得的设备投入使用。这些设备包括"带核弹头的导弹"。

在四个月前的内阁辩论中，本-古里安谈到了奥本海默。当时以色列的卫生部部长、来自马帕姆的伊斯雷尔·巴茨莱提议以色列支持苏联在中东建立无核区的倡议。亲苏的马帕姆和劳工团结党的部长们都支持这个想法，由本-古里安领导的其余内阁成员则拒绝了该提议。而司法部部长罗森利用这次机会表达他对以色列获得核能力的反对态度。"我必须说这件事让我无法休息，"他告诉他的同事们，"如果现在我们在这里决定或几乎决定采取某些措施，来开发满足战争需要的原子能，我不知道未来会发生什么。"本-古里安迅速纠正了他，强调："出于和平目的的原子能。"他还补充道："我要求你不要重复你的观点。"罗森继续发言。他说他知道，就科学水平而言，以色列有能力拥有核武器。他接受总理有关以色列不会将原子能用于战争的保证，但重要的是，他必须指出朝这个方向发展是不可取的。他说："我非常担心我们会变成一个苏联试图摧毁的国家。"不过，他也排除了苏联会对埃及高度信任，以至于将埃及变成一个"重要的核大国"的可能性。本-古里安按照奥本海默的想法来回应。

"你确定纳赛尔不会得到原子弹吗？"他问道，"你确定在某些特定情况下，当它试图攻击我们的时候，它不会得到原子弹吗？你可以发誓吗？你确定吗？我请你不要承担这样的责任。"他表示即便埃及得到的只是一个核反应堆，也是很危险的。他说："任何种类的原子能都可以用来制造原子弹。"

1957年，本-古里安曾向内阁提交10年计划，其中就包含"发展原子能"的目标。他在回答一位部长的提问时说："我排除了所有的安全问题，我在这里讲的是用于工业需求的原子能。"一年后，他与美国原子能科学家的谈话加剧了他的担忧。"早在和奥本海默谈话之前，对我而言，这件事已经是一场持续不断的噩梦，"他说，"尤其是那次谈话，再也没有给我任何喘息的机会。"他和同事们分享了他的担忧。"我想，"他引用《箴言篇》（12:25）的话说，"如果一个人心里有焦虑，他就应该说出来。"

教育部部长扎尔曼·阿兰（Zalman Aran）问奥本海默是否知道他在说什么，或者只是提出一个猜想。"如果这只是猜测，即使没有奥本海默，我也能想到这一点。"阿兰显然是在讽刺。本-古里安回答道，这位科学家的观点比阿兰有分量得多。"他对这样的事情是知情的。他知道这些词指的是什么。我只有普通人的理解能力。他对材料了如指掌。如果他们能带回来一个反应堆和专家，他知道这意味着什么。"为了支持奥本海默的论点和他本人在此前的讨论中说过的话，他重复了他从另一位美国物理学家、诺贝尔奖得主伊西多·艾萨克·拉比（Isidor Isaac Rabi）那里听到的话，大意是"每个原子反应堆都有制造炸弹的可能性"。

据本-古里安说，美国天然气和电力公司总裁兼首席执行官菲利普·斯波恩（Philip Sporn）也在敦促以色列建造一座核电站。英国提出可以出售这样一个工厂，但本-古里安拒绝了。"在安全问题上，我们无法从英国的提议中获益，那是以监管为条件的。"他解释道。本-古里安的结论是，对以色列来说，建造"一座重水生产厂"至关重要。他表示"没有重水也能造出一座核电站，但对我们来说太困难了"。重水可以从美国"廉价"获得，但使用起来也会受到监督。不久前还可以从挪威获得重水，虽然要价高一些，但无须接受检查。现在，挪威作为北约的盟友，自己也需要接受检查。"我们必须立即着手建设一个重水工厂，这样我们就不用依赖别人。"他说。几位内阁成员提醒他，以色列已经宣布有能力生产重水，本-古里安说目前的产量还太少，只能用于实验目的。

这是一个新课题。内阁讨论的记录显示，部长们对这些术语感到困惑。大多数人都难以理解本-古里安的真实意图，包括制造和使用重水的声明。一些部长怀疑本-古里安在误导他们，要么是故意的，要么是因为他自己不理解其中的概念。马帕姆和劳工团结党的部长们成为反对核项目的桥头堡。他们完全听信了本-古里安的说法，即任何用于和平用途的原子能工厂都可以成为生产核武器的基础。在回答他们的问题时，本-古里安说一个重水工厂将耗资1000万美元。"我认为我们可以从个人那里获得这些钱。"他补充道，意思是通过捐款。来自劳工团结党的内政部部长伊斯雷尔·巴尔-耶胡达（Israel Bar-Yehuda）反驳道："我真不知道除了用来做炸弹还能用来做什么。"本-古里安回应："它可以做很多事情。"[49]

609

❖

那一年，以色列开始在内盖夫北部某地建设核反应堆，距离为新移民建造的城镇迪莫纳不远。该项目是根据以色列在西奈战役前后与法国签署的协议进行的。经过10年无休止的对抗，本-古里安更加坚定了他在过去50年里至少坚持了45年的信条——以色列的未来取决于阿拉伯人得出不可能消灭犹太国家的结论。他认为这是达成和平的条件。"与阿拉伯人的和平终将到来——当我们增强了自身的实力后，阿拉伯人会意识到不可能消灭我们，而且，当他们拥有更自由、更民主的政权后，新的政府将满足人民的需求，让他们理解和平的重要性。"[50]罗森不时提醒本–古里安他的反对态度。一次谈话中，本–古里安告诉他："我们需要的是威慑，不是在战争中获胜。西奈战役不会再发生了。我们损失了175人，其中有50人是被我们自己的炮火击中。那场军事活动不会重演，如果继续打仗，我们将遭受更严重的损失，我们不能失去我们最好的年轻人。所以最重要的是威慑。"[51]罗森自此才明白迪莫纳的核项目旨在避免战争。这就是20世纪20年代雅博廷斯基和本–古里安称为"铁墙"的安全信条。但从40年代开始，激励本–古里安的关键词是"一场持续不断的噩梦"，这是他与奥本海默对话时用的词，后来他告诉了内阁。

尽管本–古里安相信历史进步论，对犹太复国主义的未来充满信心，他仍活在国家将被摧毁的持续不断的恐惧中。这是一种非常真实的焦虑，它的根源来自大屠杀。和许多以色列人一样，他援引大屠杀来支持他的政治主张。尽管大屠杀被人为地操纵了，它还是构成了以色列人身份认同中的核心部分。大屠杀导致宿命论的悲观主义产生，第二轮大屠杀始终有着明确的现实可能性。"我们谁也不能保证这个国家的生存，"他在1957年底说道，"我只能尽一切可能确保它的存在。但成功与否并不由我决定。"可以说，从大屠杀中吸取的教训在形塑他的安全观（包括核计划）方面发挥了关键作用。柏林出生的恩斯特·大卫·伯格曼不仅从科学和实践的角度指导这个项目，还奠定了思想基础。1966年夏天，他就这一问题与马帕姆领导人梅厄·雅里（Meir Yaari）通信。和本–古里安一样，伯格曼也认为阿拉伯国家可能获得核能力。他把这个结论作为大屠杀的一个教训。"核武器的扩散是不可避免的。"伯格曼写道，并列举了一些否认发展核武器的国家，但不能相信它们，其中之一是印度。他坚持认为："和平开发原子能的必然趋势是走向发展核武器。"他写道："我忘不了大屠杀对犹太人来说是怎样的惊吓，犹太人再也承受不起这样的场面了。"[52]在这一点上，本-古里安说得再好不过了。推进迪莫纳项目需要他有极大的勇气，决定放弃这个项目则需要更大的勇气。

"无论男女"

10周年阅兵结束两周后，泰迪·科勒克告诉本-古里安，他很担心摩西·达扬的精神状态。达扬已于1958年1月完成了他的总参谋长任期，不知道下一步该怎么办。在此期间，他被希伯来大学录取了。科勒克很擅长体察朋友的情绪。"他（达扬）正在经历一场非常严重的危机，"他说，"他觉得自己被忽略了，什么事都不需要他。"达扬的妻子露丝（Ruth）告诉本-古里安，达扬很沮丧。学校的内容对他来说远远不够。和20多岁的年轻人坐在一起上课也不是件愉快的事。他还饱受头痛的折磨，很明显和之前的受伤有关，那次他失去了一只眼睛。本-古里安从佩雷斯那里听说，达扬认为自己是国家未来的领导人。

当时达扬43岁，是以色列政坛的年轻人物之一。他还在军队的时候，就已经开始表达自己的一些观点，被外界视为对包括本-古里安在内的马帕伊老领导层的反叛。他给人的印象是他在组建一支年轻的卫队。[53]尽管西奈战役给他带来了英雄光环，也许正因为他的名气，他也树敌颇多。列维·艾希科尔告诉本-古里安，党内有些人担心达扬会发动军事政变。"我简直不敢相信自己的耳朵，"本-古里安写道，"我是说这个想法很荒谬。即使有人敢这样做，以色列国防军

611

也不会为他服务的。"他很可能已经怀疑谣言有一定的真实性，不时地想到这件事。无论如何，艾希科尔的警告让他明白了以前就可能意识到的事情——马帕伊的领导层将达扬视为威胁。当本-古里安告诉果尔达·梅厄，他打算在下届内阁中给达扬一个席位时，她说如果是这样，她就不会加入内阁。[1][54]

达扬就这样作为一个问题人物开始了他的政治生涯。本-古里安尊重他，但不太喜欢他。"摩西缺乏对人民的爱。"他在日记中写道。他以前曾对纳冯说过，"总参谋长爱的是以色列国防军，而不是士兵。但他是我们最好的总参谋长。"[55]当达扬陷入一桩特别尴尬的丑闻时，本-古里安出面为他辩护。

达扬儿时的朋友、陆军中校多夫·耶尔米亚（Dov Yermia）娶了一个叫哈达萨的女人。她是他的第二任妻子，在军队里担任他的秘书。达扬把耶尔米亚安排在以色列与叙利亚边境，他的妻子去了耶路撒冷，就读于希伯来大学。她住在以色列国防军军官的住所里，很快就和达扬发生了亲密关系。耶尔米亚将丑闻曝光。他给达扬写了封辱骂信，向达扬的妻子露丝投诉，还写信给本-古里安，要求国防部部长谴责这位前总参谋长。

本-古里安正在采法特附近的迦南山上度假，他手写了一封长长的、发人深省的回信。他首先向耶尔米亚保证，他理解对方的痛苦，即便如此，他也暗示达扬并不是唯一需要负责的人。"我知道这种事对个人的打击多么深刻和敏感，我并不是说你不仅需要对男人感到愤怒，也需要对女人感到愤怒（如果在这种情况下，愤怒是有逻辑基础的话），你必须明白，女人不是私有财产，而是自由的个人。那都不关我的事。"耶尔米亚要求他撤回对一个他称为"傲慢的伪君

_____

[1] 佩雷斯的想法要容易得多。他只是简单地告诉本-古里安，是他当选议会议员的时候了，之后他还希望能被任命为国防部副部长。（Yitzhak Navon, Diary, May 3, 1958, YNA.）

子"的人的支持，本-古里安则要求他将这件事私人的、主观的方面和它的公开后果区分开来。

"一个人可能一生都是苦行僧和圣人，但并不能成为一个成功的公众领袖。"本-古里安强调，反之亦然。他举了两个例子——大卫王和英国海军将军霍雷肖·纳尔逊（Horatio Nelson）。"《圣经》的编撰者都是大卫王朝的信徒，"他在信中写道，"他们的道德高尚体现在他们没有向人们隐瞒大卫可怕的罪行。"他写道，不仅是对他所爱慕的女子拔示巴，而且对她的丈夫赫梯人乌利亚也是如此，大卫王派乌利亚去打仗，就是为了抢走他的妻子。本-古里安强调大卫王对他的仆人和忠诚的战士乌利亚所做的，比他对拔示巴所做的要糟糕1000倍。然后先知内森责备了他——但并没有剥夺他的王权。直到今天，在犹太人的传说中，没有一个国王比大卫更受尊敬，尽管每个犹太人都知道大卫对拔示巴的丈夫做了什么。本-古里安继续说这件事和《圣经》中记载的许多其他事情不同，我们没有理由怀疑这个故事的真实性。当大卫王说，这样做事的人该死时，先知回答"你就是那个人"，但他接着说："即使你犯了罪，你也不会死。"结果大卫的后代一直持续到第一圣殿被毁。

第二个例子涉及英国历史上最受尊敬的人——纳尔逊，特拉法尔加海战的英雄。"所有英国人都知道他对英国大使的妻子做了什么（我记得是英国驻那不勒斯大使），但这并不影响英国人民对他们英雄的感激和钦佩，尽管，你肯定知道在维多利亚女王时代，英国盛行的是清教徒的观点，至少对公开的行为有所期待。"

本-古里安知道他所说的一切都不能减轻耶尔米亚的痛苦或愤怒，但这两个例子的教训是显而易见的。本-古里安写道："我认为去检查任何人的私生活，无论男女，以此来确定他们的公众地位和声誉是不可行的，也是错误的。"出于这个原因，他不同意耶尔米亚

613

怒斥达扬为一个伪君子，而且这是"有道理的和正义的"。毕竟达扬并不是道德卫士，也没有在男人和女人之间的亲密问题上扮演布道者的角色。"他所做的事情是在执行国家的命令。他不仅凭借自己出色的能力完成了命令，而且是冒着生命危险完成的，他对别人提出要求之前，首先对自己提出要求，在战斗中他一马当先，比部下冲得更快。"

在这里，他几乎一字不差地重复了一遍他之前的告诫，即必须把一个人生活中的私人和公共的部分分开。"在我看来，你混淆了两件不能混淆的事情。"他写道，并"真诚友好地"重申，他尊重耶尔米亚的感情，理解他的感受，但不会参与耶尔米亚的"公开报复"。"我内心犹豫了很久才答复你的，"他最后说，"如果我在某种程度上伤害了你，或者我的话使你感到痛苦，我请求你的原谅。"他祝耶尔米亚一切顺利，并在他的签名下面写道："如果您想见我本人，我也很乐意。"

100多岁的耶尔米亚在他去世前说，本-古里安对达扬的支持在以色列国防军和安全部队中制造了一种大男子主义的气氛。再一次，领袖的意志催生出一种价值体系，在这个体系中，有些事情是允许的，有些事情是禁止的。两人继续通信。耶尔米亚后来成为一名重要的和平活动家，他写信给本-古里安，抱怨以色列军事政权对待阿拉伯人不公正。本-古里安在回信的开头是这样写的："如果我不知道你上封信中怨恨情绪的背景，我早就把信扔进废纸篓了。"56

❖

614 　　1958年夏天，宝拉需要做手术，本-古里安经常去医院看望她。他的一名司机告诉纳冯："我们今天去看望她。她一边聊天一边走下楼梯。一听到他来了，她就低着头，好像要晕倒一样，又叹气，又呻吟。本-古里安温柔地靠近她，想帮助她下楼。她冲他喊道：'走开，马上回家。''别烦我，大卫。'" 司机认为她这么做很卑鄙。护士说宝拉身体很好，她是在表演，但她不敢亲口告诉本-古里安。纳冯告诉本-古里安："宝拉其实感觉很好，但当她看到你时，她会像今天一样表现。她想被你宠爱、关心和关注。护士希望你不要太在意今天发生的事。"本-古里安目瞪口呆。"他坐在那里，脸色苍白，拉长着脸，眼里充满了悲伤，"纳冯在他的日记里写道，"他只是摇摇头，一句话也没说。"[57]

当时本-古里安忙于在迪莫纳附近建造核反应堆。1959 年，他再次沉浸在竞选的激情中。在他 73 岁的时候，他领导着他的政党，竞选口号是"对老人说'是'!"马帕伊赢得了议会 120 个席位中的 47 个，比以往任何时候都多。本-古里安的权力达到顶峰后，开始了一场自我毁灭的运动。

第二十三章　拉冯事件

"我不相信我自己"

　　1959 年 6 月 16 日下午，总理兼国防部部长本-古里安取消全部日程，与一位出生于罗马尼亚、来自特拉维夫的著名算命先生萨莉·林克尔（Sally Linker）进行了长时间的会谈。林克尔大约 60 岁，是一个"秘密占卜者"，本-古里安特地用引号标注，这是《耶利米书》（11:20）中对上帝的形容。这场对话似乎以法语和意第绪语混合进行，林克尔不懂希伯来语。本-古里安提道："她说话时没有看我，把手放在膝盖上。"林克尔从描述本-古里安的性格开始——他意志坚定，很有活力，有时很固执，又常常因软弱而发怒，喜欢与人相处，但有时不想见任何人。他有着强烈的感情、丰富的经验、异于常人的敏锐。他需要养成好的习惯，不合脚的鞋子总让他疲惫，成功就在眼前，此后的四天他会感觉很好。

　　本-古里安认真地记下林克尔说的每一句话，甚至包括未完成的句子和单个词语。她给人的印象是，说话有些恍惚。他要她窥视一下他对其他人的想法，他没有透露这些人的身份。她没有捕捉到本-古里安对拉冯的感受。"我对她很失望。"他写道。但是，当阿摩司有了女儿（取名为露丝）时，他说："露丝正好是在我和这个罗马尼亚女人谈话后的第四天出生的，她曾告诉我，四天之内，在我身上会发生一些重要且快乐的事情。"他继续向她请教。

林克尔未婚无子，大部分时间住在一间租来的房间里，里面摆满了破布、植物，还有猫。她还画画。她的一个邻居是以色列议会的马帕伊议员汉娜·拉丹（Hannah Lamdan），她成了林克尔的赞助人，遇到熟人时就把她带来。本-古里安在选举后几天再次想起了她，在那次选举中，马帕伊议员占据了议会的 47 个席位。"几个月前，当她来找我时，她预言大选后一切都会变好，非常好，"他写道，"我没太在意，即使是现在，我仍然怀疑是否真的有人有预测未来的能力。"

1960 年，他又见过她两次，记录了她提出的政治和外交预测。当她告诉他，他需要严肃对待两三个人时，他问这些人是否是外国特工。她说他们不是。他问他们是否在以色列担任政治职务。她说是的，并再次警告他，他们野心勃勃。她看到"家庭问题"，还告诉他"会解决的"。

她向他保证，三个星期后就会有好转。

不到一个月，纳冯在日记中夹杂着希伯来语、英语和意第绪语记录了宝拉的一次情绪爆发。"我受不了了，我受够了……我说什么你都听不懂。他太自私了，什么都不在乎。只有他……他不关心孩子们。他不爱任何人，只爱他自己。我们结婚 40 年了。够了。我受不了了。但我是总理夫人。如果我不是，我会离开他。"[1]

几天后，本-古里安在白宫接受接见，并与德怀特·艾森豪威尔总统进行交谈。他还见到了联邦德国总理康拉德·阿登纳。当本-古里安向内阁报告这些会议时，他说："现在我累得要死，我不相信我自己……我对自己没把握。"[2]当他再一次见到在特拉维夫结识的罗马尼亚人林克尔时，她给了他几条如何克服疲劳的建议。[3]

在他担任总理的最后几年，出了一桩又一桩的丑闻。他成了自己那些奇思妙想的囚徒，令自己的声誉蒙羞。就在这个阶段，以色列与联邦德国的关系、对马帕伊的控制、迪莫纳反应堆的建设，这些议题都出现了戏剧性的变化，以色列和约翰·肯尼迪领导的美国之间也出现了新的危机。所有这些都是以拉冯事件为中心的难题的一部分。本-古里安的权力被削弱了，他的影响力也减弱了，他变得恶毒、暴躁，充满怨恨，令人难以忍受。1963 年 6 月，他最后一次辞去总理职务。在他余下的 10 年里，他成了以色列的李尔王。

❖

作为总理，本-古里安非常重视与联邦德国的关系，这不仅是因为两国关系带来的经济利益，还因为两国之间几乎从一开始就包括军事合作。"我认为（联邦）德国可以给我们很大的帮助，首先是在军事上，"1955 年初，他曾对内阁这样说，"它能为我们提供原材料，可能还有武器。"以色列议会的马帕伊成员派出过两名特使，劝他至少要"降低音量"。本-古里安对此反应激烈。"你凭什么告诉我谁是纳粹。"一名特使后来回忆道。他咕哝着，站起来踱步。"我的（侄女）佘恩德勒，他们杀了她，而你却告诉我，我什么都不懂。"他哥哥心爱的女儿被谋杀，但即使作为她的叔叔，作为一个犹太人和一个以色列人，他在这个问题上没有丝毫的顾忌，无论是在情感上，还是在道德上，当然也包括政治上。他坚称自己没有任何良心上的痛苦。[4]

1957 年 12 月，他告诉内阁，联邦德国准备向以色列出售一艘潜艇，并购买乌兹冲锋枪。[5]两周后，本-古里安通知部长们，总参谋长达扬将前往联邦德国推动潜艇交易。这件事泄露给了新闻界。本-古里安辞职，但几天后组建了一个新政府，与前任政府一模一样。左翼政党的部长们承诺支持立法，对泄露内阁会议信息的内阁部长实施刑事处罚。[6]

1959 年夏天，爆炸性新闻传来，《明镜周刊》报道了"乌兹交易"。

按照本-古里安的说法，协议旨在供应以色列制造的手榴弹和乌兹枪，其中许多已经装运，价值 4000 万美元。他援引相关会议记录表示，内阁已经批准了此项交易。代表劳工团结党和马帕姆的部长们称，他们不记得有过这样的内阁辩论，并很快指出，会议记录被篡改了。这次辩论异常激烈。"我不认为在五年后，在真正的战场上，我们一定会战胜阿拉伯军队。"本-古里安断言道。"我不相信，如果我们的军队失败了，还能有许多犹太人活下来，包括老人、妇女和儿童，上帝保佑，但愿这样的事不会发生。"这就是以色列需要威慑手段的原因，他补充道，"只有一个地方可以获取这些威慑手段，我不知道在（联邦）德国以外哪里还有。"

马帕姆的一位部长称，以色列制造的乌兹枪将被用来武装党卫军。本-古里安回应道，纳粹时期的德国和 20 世纪 60 年代的联邦德国是两个不同的国家。这次事件和过去类似的事件一样，只在很短的时间内就激起了公众的愤怒，反对党要求取消这项协议，但议会否决了这项提议。[7]捍卫与联邦德国合作的政策令他倍感压力，但也为他提供了助力。他受到的攻击越多，联邦德国就越有动力接近以色列。

"在原始部落，这是可能发生的"

联邦德国和年长的总理继续吸引着他。以色列驻科隆代表费利克斯·辛纳尔（Felix Shinnar）经常向他介绍联邦德国总理和联邦德国的最新情况——包括政治趋势、利益、势力和派系、阴谋诡计、流言蜚语等，并分享他对联邦德国的个人评价。直接的军事接触主要是在西蒙·佩雷斯和联邦德国国防部部长弗朗茨·约瑟夫·施特劳斯（Franz Josef Strauss）之间进行。他们定期会晤，偶尔会在远离公众视线的巴伐利亚小镇——施特劳斯的家中见面。施特劳斯的国内对手认为他是一个危险的军国主义者和民族主义者，许多以色列人都同意这一点。佩雷斯很钦佩他，尤其是他的权力。随着时间的推移，他们成了朋友。佩雷斯设法使联邦德国加入了他即将与法国缔结的协议。施特劳斯对此很感兴趣，因为他想用核武器来保卫联邦德国，对抗苏联。他和佩雷斯都相信威慑。本-古里安记下佩雷斯的说法，施特劳斯支持以色列有两个原因：他害怕苏联，讨厌苏联，以及他很佩服以色列国防军。所有这一切都是在阿登纳的配合下完成的。"他认为两国关系的保密性尤为重要。"本-古里安指出。因为这项军火交易在联邦德国也有反对者。几天前，他曾写信给阿登纳，说以色列有意与"欧洲"合作进行原子研究。几个月后，阿登纳问两名以色列外交官，以色列要多久才能生产出核武器，并说道："如果你有原子弹，那对你的安全会有好处。"[8]

过了很长一段时间，两位老人才聚在一起。他们最终同意，举行公开会议，定在1960年3月14日于纽约举行。"我们住在同一家酒店，"本-古里安告诉内阁，"我在他上面两层。我去看他了。"这家酒店就是华尔道夫阿斯托利亚酒店。阿登纳以几句赞美以色列的话开场，本-古里安告诉他，欧洲犹太人的灭绝给犹太人带来了致命的打击，因为有能力建立国家的是欧洲犹太人，而不是阿拉伯土地上的犹太人。他建议联邦德国在10年内向以色列提供5亿美元的贷款，每年5000万美元，用于发展农业、工业和航运业，为移民的吸收提供便利。"他立刻同意了。"本-古里安说。然后他要求买一艘小型潜艇，因为英国制造的潜艇太大了。最后，他提出要对方提供空对空导弹和地对地导弹，可能由联邦德国与法国联合提供。阿登纳说他已经从施特劳斯那里听说了要求，"这没问题"。这只是口头承诺。"我不能断定他是否会遵守。"本-古里安在报告的结尾处说道。[9]

620

这是一次具有历史意义的首脑会议，两位从未见过面的老人却很轻松自在，仿佛是老朋友。他们还交换了对世界各国领导人的看法，包括尚未当选的约翰·肯尼迪。大多数情况下是阿登纳提问，本-古里安回答。"你觉得呢，这个房间里有多少个麦克风？"总理突然问道。本-古里安回答说，他不知道有多少，但他肯定有一些。后来本-古里安对内阁说："他弯下腰，开始用法语小声说话，这样就没人会听到了。"在谈话的最后，本-古里安强调，他已经因会见阿登纳而备受攻击。但将集体罪责强加给整个民族并不符合犹太人的价值观。总理对他表示感谢。大约三个月前，本-古里安命令以色列的秘密安全机构把阿道夫·艾希曼从他阿根廷的家中绑走，带到以色列。[10]

❖

在华尔道夫阿斯托利亚酒店会面的两个月后，本-古里安在日记中写道："伊塞尔的信使今早来找我，他们已确认艾希曼的身份，并将其抓获，如果他们能把他送上飞机的话，下周他就被送到这里。如果没弄错的话，这将是一个成功而重要的行动。"大约半年前，伊塞尔·哈雷尔曾向他报告说，联邦德国黑森州检察官弗里茨·鲍尔（Fritz Bauer）发现艾希曼的下落。本-古里安注意到鲍尔是犹太人。本-古里安写道："我建议他不要告诉任何人，也不要要求引渡，而是告诉我们地址，如果我们在那里找到他，我们将逮捕他，并把他带到这里。"目前还不清楚这是否是他第一次听说此事——两年前哈雷尔就从鲍尔那里得到初步消息。他派了一个手下去阿根廷，但没能找到艾希曼。"我不能说已经尽力了。"哈雷尔后来承认。这也许不是巧合——以色列并没有花很多力气来寻找纳粹战犯。[11]

当本-古里安被告知可能已经逮捕了艾希曼时，他看到在以色列审判的一些好处。在他看来，审判过程才是最重要的，而不是惩罚本身。这就是为什么他下令不让阿根廷对艾希曼进行清算。他指挥司法部部长举行一次审判，揭露整个大屠杀的故事，不只是艾希曼在其中扮演的角色。

在本-古里安下令绑架艾希曼的几个月前，一股暴力浪潮席卷以色列。这股暴乱始于瓦迪萨利布（Wadi Salib），海法的一个前阿拉伯社区。[12]许多暴徒都出生在摩洛哥，他们抗议歧视。在给为调查暴乱专门成立的委员会的主席写的一封信中，本-古里安说："一个阿什肯纳兹的暴徒、小偷、皮条客或杀人犯将无法获得阿什肯纳兹社区的同情（如果确实有这样一个社区的话），同情的想法根本不会出现在他的脑海中。但在原始部落，这是可能发生的。"[13]

他再次开始关注伊斯兰世界的犹太人在以色列社会中日益增长的影响力。在得知艾希曼被捕的几天后，他又一次提到这一点。[14]

始于瓦迪萨利布的暴乱进一步坚定了他的信念，那就是必须通过一场共同的灾难，在情感上形成广泛的连接，将以色列人团结在一起，从而在这个国家树立一种道德观。大屠杀的审判除了对以色列社会有影响外，还能强化犹太复国主义的正当性，提升以色列在世界上的地位，终结那些对以色列政府的对德政策的频繁攻击，如反对者认为的这暴露出政府对大屠杀漠不关心的态度。

即将到来的审判确实重新唤起了人们对大屠杀的兴趣。当本-古里安访问法国时，戴高乐总统问本-古里安，为了拯救犹太人，是否还有更多的事要做。本-古里安回应道，英国人应该受到谴责。他隐瞒了以色列参与绑架艾希曼的事实，称绑架是由"作为大屠杀幸存者的犹太男孩"实施的，他们追捕艾希曼 15 年。"他们找到他，把他带到我们这里来。"他这样说。法国人按照他们的习俗，授予本–古里安他从未得到过的荣誉。"宝剑出鞘，剑刃抵在鼻子上。"他惊奇地回忆道。戴高乐承诺会保卫以色列，如果纳赛尔摧毁特拉维夫，那将引发一场世界大战。本–古里安说，以色列正在寻求核能力。他提到了核研究。戴高乐倾向于暂停这方面的合作，不过多亏西蒙·佩雷斯，最终还是达成了协议。[15] 但是，就在这一刻，1954 年那场惨败的幽灵正在死灰复燃。

622

"这件事才刚刚开始"

本–古里安在从萨德博克回来后的头几年，设法与以色列间谍在埃及的惨败保持距离。在某种程度上，这取决于他自己，这桩"肮脏的勾当"已经彻底完蛋，也被掩盖了。为此，他对两名主要肇事者平哈斯·拉冯和本雅明·吉布利表现得非常宽容。[16] 他任命同样负有责任的达扬为内阁成员。谣言和流言蜚语在军队里传开，多年后也传到政客和记者的手中。

1960 年 5 月，拉冯得知，以色列国防军情报部门的一名官员对调查这一事件而设立的奥尔森–多利委员会撒谎。他称是拉冯下达的命令，并用伪造的文件来支持他的证词。拉冯立即去见了总理兼国防部部长。本–古里安下令彻查此事，并根据调查结果强制吉布利退伍。拉冯对这一结果并不满意。他要求本–古里安发表声明，称自己是被诬陷的，以此洗清自己的罪名。这是一个阻止雪球滚向他的机会，但本–古里安似乎还没认识到这个雪球会有多大的冲击力。显然，他的政治能力正在衰退。他拒绝了拉冯的要求。他对事件的说法是合理的："拉冯没有明确命令吉布利进行'肮脏的勾当'，但他对吉布利说话的方式让吉布利认为这是国防部部长的意愿。只有在事情发生了，可怕的结果变得明朗后，拉冯才不再过问此事。"[17]

本-古里安需要特别小心谨慎，因为拉冯是一个比吉布利更危险的敌人。在要求澄清之前，拉冯已将此事泄露给当时发行量最大的日报《晚报》。该报很快成为他的主要盟友之一。他还自发参加了以色列议会外交和国防委员会的一次会议。[18]关于本-古里安的任期，他有很多话想说。这是一个很好的理由与他达成妥协，并制定一个双方都能接受的声明。这样做本来可以重新掩盖此事。但本-古里安并不同意。相反，他对拉冯说："我从来没有指控过你，如果别人这样做，我也不是可以宣布你无罪的法官。"从政治上讲，这是个错误。

马帕伊的两位领导人提出一条出路。夏里特将宣布，如果他当时知道他现在所知道的，他的调查很可能会得出另一个结论，那就是，拉冯将被无罪释放。拉冯接受这个说法，事件就会平息。事情就是这样。夏里特为此发表了一篇文章，而拉冯也发表了相应的声明。但本-古里安错过了机会。他告诉他们，他们可以做他们想做的，但不能以他的名义，也不会得到他的批准，或是征得他的同意。从那时起，本-古里安表现得像个犯罪嫌疑人。有一天，他突然命令摩萨德档案馆提供记录，意在证明他在埃及事件前几年没有参与伊拉克的爆炸事件。1960 年 11 月，他在给党内几位领导人写的信中说："从媒体来看，这件事才刚刚开始。"[19]

❖

这些事件将很快颠覆以色列政治体系中的权力关系，为新的权力关系奠定基础，但它们没有触及体系失灵的根源，也没有触及产生这些问题的意识形态冲突。正如丑闻的前身——"肮脏的勾当"，拉冯事件的焦点停留在谁在什么时候对谁说了什么，是谁在编造、伪装、煽动和撒谎，而谁没有这么做，至少表面上没有。压力集中在政治上——谁会得益，谁会受到伤害，谁在上升，谁在沉沦。[20]和过去一样，主要的问题仍是谁下的命令。但这个蹩脚计划的最主要谜团几乎从未被讨论过，到最后也没有确切的答案——怎么会有人相信在邮局和图书馆安放几枚炸弹就能阻止大英帝国离开埃及呢？

事实上，这次行动令埃及犹太人处于危险之中，但这一点对本-古里安来说没有任何威慑力。他认为每一个犹太人都是犹太复国主义潜在的战士。一个可以追溯到近50年前的基于非正规组织的防御传统，促使年轻的以色列国防军凭借地下部队和秘密行动这些诡计策略来创造历史。其他国家也是这么做的。在埃及发生的"肮脏的勾当"暴露出哈加纳，特别是帕尔马赫在年轻人中培育出的冒险主义，以及犹太人在精神上优于阿拉伯人的自负感。在西奈战役之前，以色列国防军的战备存在缺陷，他们更倾向于隐瞒真相，逃避失败的责任。对埃及和伊拉克的行动进行全面且完整的调查，可能会损害本-古里安的利益。[21]

作为终结这个问题的一系列安排中的一部分，内阁任命了一个由七名部长组成的委员会来调查此事，目的是恢复拉冯的名誉。本-古里安对此表示反对。他要求继续法律调查。他的立场让他面临辞职的危机。"我现在什么都不会参加，"他威胁道，"既不参加辩论，也不参加投票。"[22]尽管如此，七人委员会还是被任命了，这在很大程度上要归功于艾希科尔的努力。他设法做到了本-古里安从萨德博克回来后一直试图做的事——把这件事抛诸脑后。

"一个疯子的犯罪"

1960年底，拉冯事件成为本-古里安的主要困扰。人们形容本-古里安焦躁不安，注意力无法集中，好战。

他开始几乎完全以书面的形式与几十年来一直在他身边的同僚交流。显然，他要花大量时间起草信件。全世界都发现了迪莫纳附近的秘密核反应堆，在一个每个人都互相认识的国家，这是很难避免的。法国技术人员和工程师出现在贝尔谢瓦和迪莫纳的街道上，每个人都知道是什么把他们带到这里。去年12月，关于核反应堆建设的报道已经开始出现在海外媒体上。《纽约时报》说，中情局局长已经向总统当选人约翰·肯尼迪汇报了此事。①

法国人也担心新闻报道。本-古里安没有其他选择，他不情愿地通知以色列议会，以色列正在建造第二个"研究反应堆"，将在三四年内完成。他说这完全是为了和平的目的，否认以色列正在制造核弹。摩西·夏里特给他的儿子写信说，本-古里安的声明是"不真实的，这是他惯常的做法"。于是，一个新的问题出现，成为公众讨论的内容，《晚报》用整整一页的篇幅来讨论这个问题："以色列应该制造原子弹吗？"该报赞助了一个研讨会，讨论这个问题以及是否应该处决艾希曼。本-古里安的声明暂时避免了与美国公开对抗，但在幕后，两国关系出现了新的威胁。[23]

在本-古里安发表声明的两天后，七人委员会提交了调查结果。"老人很紧张。"纳冯写道。原因是，当拉冯出现在以色列议会外交和国防委员会面前时，他描述了以色列国防军一系列的惨败，并且批评了本-古里安和佩雷斯领导的核政策。正如本-古里安所预见的，这显然主要是他的过错。迪莫纳项目从一开始就饱受争议，部分是

① 有些信息似乎是美国驻特拉维夫大使馆提供的。奥格登·里德（Ogden Reid）大使被邀请到内盖夫进行访问。当他问他的护卫在迪莫纳不远处看到了什么时，他被告知那是一家新的纺织厂。本-古里安在日记中记录道，在他们的一次会面中，年轻的大使提高了嗓门。本-古里安让他马上离开房间。他必须记住，他只是一个大使，当他与一个国家的领导人说话时，即使是一个小国，他也必须以应有的礼貌说话。（Ben-Gurion, Diary, Jan. 5, 1961; Gris 2009, p. 90ff.）

出于对其宗旨和政策的反对，但大部分的非议都是针对个人的。政治家、科学家、军人、商人以及各种有远见的人物，包括冒险家都知道，他们正在见证一个拥有巨大权力和影响力的新实体。他们表现得好像谁能控制迪莫纳，谁就能控制这个国家一样。一些反对者认为核反应堆太贵了，一些人则警告说这将鼓励阿拉伯国家获得核武器，另一些人出于道德和哲学的原因表示反对，还有一些人对佩雷斯、达扬和其他"年轻卫士"权力的壮大愤恨不已。劳工团结党领导人伊斯雷尔·加利利和伊加尔·阿隆在核反应堆上的立场，让人想起本－古里安和帕尔马赫之间的冲突。劳工团结党的许多军事领导人，包括伊扎克·拉宾，都认为应该把资金用在加强军队建设上，以征服西岸为目标，而不是发展核武器。以色列国防军总参谋长茨维·特祖尔（Tzvi Tzur）向本－古里安保证，（征服西岸的）行动只需两天时间。但劳工团结党领导人没有立刻拒绝发展核手段的想法。[24]马帕姆本着国际左派和苏联的精神反对核扩散。夏里特写道，这个项目是本－古里安与佩雷斯"冒险和傲慢的产物"。[25]

拉冯短暂的国防部部长任期让他在这出戏里沦为次要的角色，但从一开始，他就像佩雷斯和达扬的政治对手，因此也是本－古里安和核项目的敌人。"拉冯对委员会的陈述是一个疯子的犯罪行为，他的激情已经把他逼疯了，"本－古里安强调，"他应该被审判。这是有限度的！我的极限就是安全被破坏的时候。"[26]

七人委员会认定，拉冯没有下达命令，埃及行动是在他不知情的情况下进行的。本－古里安明确强调建设反应堆的必要性，他发表了一段情绪化且相当混乱的独白，占了 15 页的会议纪要。他不时发脾气。和他过去威胁辞职的操纵手段不同，这次他的讲话听起来像是痛苦的、近乎绝望的呐喊。他一次又一次地指责拉冯，还指责内阁部长。他主要指控的是，拉冯对外交和国防委员会撒谎，而七人委员会就让"那堆谎言"通过了。"你们不可能不知道这些都是谎言，"他斥责道，"如果你们不知道，那你们确实太天真了。"他形容拉冯是个没有良心的人，是个无视国家法律、欺骗总理的"新斯大林"。他回应拉冯提到的事件，包括 1952 年以色列特工在伊拉克的秘密行动。拉冯称这些行动"就像在埃及的行动一样"。本-古里安回应说："拉冯根本不知道在那里发生了什么。"

伊拉克行动只是令他恼火的事件之一。几家支持拉冯的报纸指控本-古里安下达到埃及行动的命令。"既然我是主犯，我准备接受审判，"他说，"但不是和拉冯一起受审。我不想和那个人联系在一起，不管是生理上还是社交上。"

本-古里安的结局不出所料。"我不再是你们政府的一员了。"他宣布。他说他最好是立即辞职，但辞职容易被解读为"原子能问题"的一部分。他也不想让计划在耶路撒冷召开的犹太复国主义者代表大会尴尬，所以他要请假。法官罗森试图说些什么，但本-古里安打断了他的话。"我的假期就从这一刻开始。"他宣布，然后一句话也没说，就起身离开了。[27]

❖

他的辞职被视为马帕伊不同世代之间斗争的结果。由达扬和佩雷斯领导的年轻卫士，有时被称为"本-古里安的孩子们"，是对财政部部长列维·艾希科尔、工商部部长平哈斯·萨皮尔（Pinhas Sapir）、外交部部长果尔达·梅厄和拉冯本人领导的"中间一代"的威胁。他们都对迪莫纳项目表示怀疑。

几天后，本-古里安提高赌注，他威胁要离开马帕伊。[28]

628 **"有趣又悲伤的事"**

艾希曼审判开始的大约四个月前，阿登纳庆祝了他的 85 岁生日，本-古里安给他写了一封赞美信，赞扬他为恢复联邦德国的道德标准所作的努力。

他告诉总理一项开发内盖夫的计划，其中包括"我们五年前建造的新城镇迪莫纳和死海工程之间的定居点"。他可能指的是阿拉德（Arad）。阿登纳已经知道迪莫纳附近在建什么。本-古里安在向以色列议会介绍反应堆建设时，没有提及这个城镇。假如他没有在华尔道夫阿斯托利亚酒店里告诉阿登纳这件事，总理也可以在《纽约时报》上读到。[29]联邦德国总理承诺的对内盖夫的援助也可以资助迪莫纳附近的"纺织厂"。两位老人的口头协议在联邦德国的代号是"商业伙伴"（Geschäftsfreund）。不过，资金还没有到位。

❖

本-古里安将辞职推迟到1961年1月底，他继续领导着临时政府。2月初，马帕伊中央委员会向他屈服，解除了拉冯的犹太工人总工会秘书长职务。

拉冯的下台给了本-古里安一份没有荣耀的胜利，不过他的威望和精神状态都被削弱了。在接下来的三个月里，他经历了他所说的"有趣又悲伤的事"。他的笔迹再次变得难以辨认，线条向下倾斜到页面底部。[30]

❖

艾希曼案开庭六周后，本-古里安在科隆写信给费利克斯·辛纳尔："拖沓动摇了我对老人承诺的信心。我们谈过一笔长期贷款……14个月已经过去了。你需要和老人谈谈，这个承诺是否仍然有效。"他要立刻知道以色列是否会在"未来几天"内收到5000万美元。辛纳尔赶去见阿登纳，三天后他通知本-古里安，总理建议等到艾希曼审判结束。辛纳尔告诉他，"这是不可能的"，因为以色列没有收到这笔钱，却已经开始预支资金用于建设。阿登纳同意"尽快"支付

629

第一笔款项。[31]不久后，本-古里安在巴黎会见了联邦德国国防部部长施特劳斯，佩雷斯是唯一一位出席会议的人。联邦德国官方报告称，"本-古里安谈到核武器的生产"，除此之外，他还试图争取让以色列加入北约。[32]

1961 年 5 月底，他回到纽约华尔道夫阿斯托利亚酒店，这次是为了见肯尼迪总统。

❖

会面安排得很仓促。事实上，这是本-古里安强加给肯尼迪的，目的是尽快说服总统，以色列需要迪莫纳反应堆。这位年轻且缺乏经验的总统在处理其他问题上有些不知所措，包括古巴和柏林的危机。不过本-古里安施加了压力。"我收到指示，"以色列驻美国大使阿夫拉罕·哈曼（Avraham Harman）后来回忆道，"当你收到本-古里安的指示时，你就照他说的去做。你对此也无能为力。"他调动了所有的才能和人脉，但只能在纽约安排一次会面，还不是在白宫。肯尼迪当时正在去维也纳的路上，他将在那里会见苏联领导人尼基塔·赫鲁晓夫（Nikita Khrushchev）。本-古里安并没有从总统那里得到多少好处，肯尼迪明确表示他不会允许以色列发展核武器。当本-古里安称这个项目是为了和平时，总统回答说："一个女人不仅要有美德，还要有配得上美德的外表。"肯尼迪提议将反应堆置于国际核能检查的制度下。本-古里安只同意第三国参与，或许是挪威。他将反应堆与海水淡化计划联系起来，但措辞很谨慎："那是以色列的主要目标，也是目前唯一的目标。"他补充道："我们不知道未来会发生什么。也许三四年后我们需要一个生产钚的工厂。"本-古里安可能认为他应该争取时间。他还提出了购买鹰式空对空导弹的要求，肯尼迪暂时拒绝了他。哈曼大使很难指出会面有什么重大成就。"不多，不多。"他说。[33]

630

"只有费登奎斯能帮我"

以色列议会选举定于 1961 年 8 月中旬举行。这将是本-古里安最后一次领导马帕伊。他已经丧失了大获全胜的可能。艾希曼被捕和建立核反应堆的消息也无济于事。与肯尼迪的会面以及以色列制造的火箭"沙维特"2 号的发射也没有用。按照官方说法，这枚火箭本是用于气象研究的，但本-古里安和佩雷斯在发射前就让人拍了照片。本-古里安穿着军装。其他任何照片不允许发表。报纸庆祝以色列进入太空时代。本-古里安对内阁说："这件事有很大的军事价值，与气象无关。"他说发射时间并不是刻意选在大选前，而是受埃及阅兵式展示火箭的计划影响。按照负责火箭发射的政府公司主管梅厄·马尔多（Meir Mardor）所说，从军事角度来看，以色列的发射"远非完美"。马帕姆和劳工团结党的部长们提出抗议，本-古里安在发射前没有得到内阁的批准。其中一人要求对本-古里安的疏忽进行审判。交通部部长伊扎克·本-阿哈龙说，本-古里安之所以不公开，是为了选举。[34]本-古里安告诉以色列议会的外交和国防委员会，这不是军用火箭。[35]

这一天，本-古里安给人的印象是特别烦躁。一位政府部长问，他是否打算撤销内阁通过的七人委员会的决定。本-古里安说这个决定是空洞、无效的。"无论命令是否下达，就像对去年的雪一样，我毫无兴趣。"他说。但他不会停止要求司法调查，除非通过一项禁止他说话的法律。他说得越多，就越觉得受到迫害。他似乎失控了。"大家都站出来反对最严重的罪犯……我知道，我不仅仅是以色列最大的罪犯，我还反对犹太复国主义，反对以色列。"[36]

现在的选举结果对本-古里安而言很惨淡，说明人们对（埃及）

631

事件和拉冯被解雇，尤其是对老人感到特别失望。马帕伊失去五个席位，是它有史以来第二糟糕的表现。对本-古里安来说，这是一场灾难。他预言会出现腐败和堕落以及更多的政治勒索，稳定被破坏了，阴谋将变得更加丑陋。"以色列国值得同情。"他在日记中写道。[37]几个月后，他飞往缅甸，向佛教寻求宁静。

❖

他在那里受到了热烈的欢迎。自 1955 年乌努总理访问以色列以来，两国建立了包括军事合作在内的关系。[38]在访问正式结束后，作为乌努的私人朋友，本-古里安又在那里度过了一周，他在乌努的家中深入研究佛教教义。为此，乌努请了三位学者。一位懂英语，本-古里安通过翻译与另外两位交谈。他们每天都来这里，诵读大师的智慧篇章。两三天后，他说服自己他发现了佛教教义中一个别人从未注意到的自相矛盾之处。他的老师和乌努都礼貌地暗示他错了，但他为自己的"发现"辩护。一家缅甸报纸听到风声，说他们发生了争论。这很可能酿成一场外交事件，结果发现问题出在翻译上。

"我从他们那里学到了很多东西。"他回来后说，并给内阁做了一个长时间的讲座，总结了佛教教义的要点。在接下来的几周里，他致力于写一篇关于佛教的文章，并发表在《纽约时报》上。[39]

❖

此时，他完全被一位名为摩西·费登奎斯（Moshé Feldenkrais）的治疗师迷住了，这位富有魅力的治疗师减轻了一直困扰本-古里安的腰痛问题。费登奎斯是一位有趣且备受争议的人物，他最初在巴黎以柔道大师的身份成名。他出生于波兰，一战后，十几岁的费登奎斯来到巴勒斯坦。27 岁那年，他去了法国，希望攻读医学，最终学习了电气工程和物理学。二战期间，他住在苏格兰。他是一个火箭专家的消息传到了巴勒斯坦，在 1950 年被邀请回到以色列，并被招募到科学团里。《达瓦尔报》发表了一篇文章欢迎他的到来，这篇文章标榜他是当时伟大的科学家。事实证明，他对火箭了解不多，但一位叫阿哈龙·卡齐尔（Aharon Katzir）的指挥官告诉本-古里安，费登奎斯已经想出一种减轻疼痛的方法，并建议他试试。当时，本-古里安卧病在床，西奈半岛战役正在进行。费登奎斯的方法是基于"协调身体和精神"，本-古里安同意尝试。一年后，他写道："我背部的疼痛消失了，我确信它们不会再复发了。"他建议在以色列国防军中使用费登奎斯的方法。"我相信，正如他所做的那样，人不能把身体和心灵区分开。"[40]

有一段时间，费登奎斯每天早上都会拜访本-古里安，每次45分钟。本-古里安穿着内衣或睡衣，直到治疗结束。费登奎斯用他的手"锻炼他的身体"，正如他所说："简单的动作，拉，压，触摸。"作为这个过程的一部分，治疗师试图让他的病人对自己的身体有一种感觉和理解。他鼓励本-古里安每天坚持散步，并试着教他控制自己的记忆。有时本-古里安会敞开心扉，分享一些私密的想法。根据费登奎斯的说法，他们从没谈过政治。他试图让本-古里安控制他的情绪爆发。"就在前天，我们谈到了一个事实，你做事的风格带有过多的强制性。"他曾在本-古里安与贝京激烈交锋后斥责总理。"三思而后行。"[41]

本-古里安的治疗持续了大约15年，几乎直到他去世。他完全信任费登奎斯，像对待医生一样服从他的治疗。作为治疗的一部分，他把以色列最好的医生为他开的药物向费登奎斯咨询。医生们对费登奎斯的方法持怀疑态度，本-古里安试图说服他们这种方法有效。"你根本不知道人类大脑是如何运作的。"他曾经严厉批评过其中两位医生。[42]背痛又复发了，但他并没有对费登奎斯失去信心。1960年，在一次治疗后，他写道，觉得自己像个新的人。这些年来，他对治

633

疗师的依赖更深了。"我今天去了贝尔谢瓦，去医院检查左膝不时疼痛的原因，"他在1966年写道，"他们给我拍了X光片，并给我开了药——我怀疑它的疗效，但我正在用。我想只有费登奎斯能帮我。"[43]他派治疗师去见他的内阁部长们，包括摩西·达扬，以及其他高层人士。他还试图为建立身心协调研究所争取资金，但收效甚微。费登奎斯称他从未提出要求，也从未收到过钱。回想起来，本-古里安甚至从未问过付钱的事，这让他很生气。

尽管如此，费登奎斯还是赢得了全世界的关注。他的方法吸引了一批追随者，他被视为能让总理听话的人，1957年7月，他开始教本-古里安倒立。[44]费登奎斯认为，他正在帮助本-古里安实现一个从未实现过的童年梦想。他设法将这项技术传授给总理，但由于某种原因，他的主导地位妨碍了本-古里安执行这项运动的能力。他一直摔倒。"在他面前，我做不好。"本-古里安写道。但有一次，当费登奎斯不在时，他放松了。"我发现了正确的姿势，又试了一次，然后做到了，"他说，"现在我头朝下站在我的房间里，不再害怕我会摔倒或翻过去。"当时，他经常住在赫兹利亚的沙龙酒店。他在给女儿的信中写道："当然，报纸上也有。"而且出现了不止一次。他只穿着一件黑色的泳衣，在赫兹利亚海滩上倒立，吸引了记者、摄影师和好奇的旁观者。宝拉鼓励他们围观。[45]这些照片似乎让他快乐和骄傲，他开始担心衰老的问题。

"这种事不该发生在这样的人身上"

1961年6月，本-古里安前往伦敦，希望实现他的一个旧梦——与温斯顿·丘吉尔对话。以色列的地位和他个人的威望令他有机会接触世界各国的领导人。在不到一年半的时间里，他见到了艾森豪威尔总统、肯尼迪总统、戴高乐总统和阿登纳总理。在 20 世纪所有伟大的领导人中，除了列宁之外，他最敬佩的莫过于丘吉尔了。列宁年轻时给本-古里安留下了深刻的印象。有时，丘吉尔会激怒他，但本-古里安从不怀疑这位英国领导人对犹太复国主义的支持。丘吉尔身上有着本-古里安和英国人在闪电战中经历过的英雄般的坚韧，以及他非常钦佩的政治文化。丘吉尔的女儿莎拉（Sarah）和他的儿子伦道夫（Randolph）在萨德博克拜访了本-古里安，向他讲述了他们父亲的日常生活和精神状态。在本-古里安的印象里，丘吉尔身体健康、为人机警。[46]但两人从未见过面——主要是因为哈伊姆·魏茨曼一直小心翼翼地为他自己守护这种联系。

以色列驻圣詹姆斯法院大使亚瑟·劳里后来回忆道，英国首相哈罗德·麦克米伦（Harold Macmillan）和本-古里安共进午餐。当本-古里安和劳里告诉麦克米伦他们正在去拜访丘吉尔的路上时，首相警告他们，丘吉尔已经 87 岁了，身体不好。"我们来到丘吉尔在海德公园门口的公寓。"劳里回忆道。"我非常钦佩你们的人民和你本人。"丘吉尔说。这是一个很好的开始。但是"几乎不可能和他对话。他不仅耳聋，还患有硬化症"。本-古里安试着用高亢的嗓音说英语，"这可能让丘吉尔很难理解——他们之间几乎没有真正的交流"。当他们离开时，本-古里安说："这种事不该发生在这样的人身上，太可怕了。"据劳里说，尽管麦克米伦已经事先告知了丘吉尔的现状，"本-古里安仍然毫无思想准备"。[47]

劳里可能有点夸大其词。在他们见面时，丘吉尔至少还记得，他曾在 20 世纪 30 年代初写过一篇关于摩西的文章，这是一篇诙谐的政治文章。丘吉尔半认真半讽刺地写道，几乎所有与摩西有关的事情，包括十大瘟疫和红海的分离，实际上都发生了。他称赞犹太人明白宇宙中只有一个神，但谴责他们只为自己争取神的福祉。不过

635 后来又有一位伟大的先知出现了，他给全世界带来了爱与和平。

本-古里安对这篇文章并不熟悉，丘吉尔寄给他一份复印件，还有一封信，他说现在不会再用同样的方式写了。"我想他认识到用耶稣来结束这篇文章是对犹太人的冒犯。"本-古里安对内阁说。或者，在一个清醒的时刻，丘吉尔会发现他所写的关于犹太人试图获得上帝的专属赏赐的文章，很容易被解读为丘吉尔对犹太人企图获得专属圣地的批评。"他的精神很好，"本-古里安告诉他的同事们，但补充道，"看到这位伟人失去能力，真是太悲哀了。当你和他说话时，你需要大声喊叫。他抽雪茄，喝威士忌。当我问他身体状况怎么样时，他回复'我在等着'，意思是他在等待死亡。"[48]

❖

大约三个月后，本-古里安试图解决他和什洛莫·齐马赫之间的旧怨，两人的心结已经存在很多年了。他给这位童年时代的朋友写了一封很长的和解信。他写道，他听说齐马赫75岁生日的纪念活动将在总统官邸举行。很遗憾他不能离开萨德博克去参加活动，但在住棚节假期结束后他回到耶路撒冷时，他想邀请朋友来自己家中做客。他希望和对方进行一场友好的谈话，回忆61年前他们是如何创立以斯拉的，以及如何首先在普仑斯克的年轻人中，接着在镇上的老居民中"教"希伯来语和"传播"希伯来语的。

636 在第二封信中，本-古里安提到了齐马赫从巴勒斯坦寄到普仑斯克的信。这些信对他来说非常珍贵。当他去萨洛尼卡和伊斯坦布尔学习时，他把它们都带在身边。他说出住过的宾馆的名字。1914年8月，当他启程访问巴勒斯坦时，这些信件和其他物品都留在房间里。一战爆发，他在路上，无法返回，信件也丢失了。他写道："失去你的信，我很难过。那些信字迹清晰，充满活力，流畅生动，描述了你在巴勒斯坦的早期生活。"他说，当时他没想到齐马赫会成为"当代希伯来文学的支柱之一，比亚利克一代的一员"。当他搬到耶路撒冷为《团结报》编辑部工作时，齐马赫已经是一位"著名作家"。他写道，他在家里也见过其他作家。"我一言不发地听着他们说话。当时我很害羞。"他希望齐马赫作为一名作家的成功源于他们在以斯拉中的合作。接着，他又重复了一遍他对丢失这些信件感到多么遗憾，这些信件记载了"我们个人的生活和我们这一代人的生活，是犹太历史上的一个转折点"。他讲述了他们在 20 多岁时进行的政治辩论，一个站在锡安工人党这边，另一个站在青年工人党一边。"许多年来，不仅仅是这几年，我觉得我们之间似乎有了意识形态和政治上的隔阂。我是个活动家，你更倾向于马格内斯的思维方式，你不喜欢我的政治斗争。"他的政治对伯尔·卡兹尼尔森这样的人来说很重要，而且他在塞杰拉待的时间也比齐马赫长。他说："我在那里待了两年。"他几乎把自己在那里的时间又延长了一倍，就像他经常做的那样。当他写到他到达巴勒斯坦的希伯来日期时，他也记错了。他写道，在那些日子里，他做梦也没想到会看见以色列国。这是一封彬彬有礼的信，比之前的信件更私人化，但它的前三页毫无疑问是在总理办公桌上写的。

　　然后，在这封长达五页的信的第四页，本-古里安突然被年轻时的友谊冲昏头脑。齐马赫又一次成为两人中的老大。"在我的记忆中，你还是 57 年前那个英俊的年轻人，我年轻时的朋友，我灵魂的挚爱，一个与我分享青春梦想和幻想的朋友。"他告诉对方。"我不知道为什么要给你写这些东西，"他接着说，"但当我想起时，我被普仑斯克和华沙的记忆淹没了。"他还提到了什穆埃尔·福克斯和什洛莫·拉维，还有瑞秋·内尔金，即后来的瑞秋·拜特·哈拉赫米，他在普仑斯克曾经爱过的女孩，还有其他童年记忆。

　　有一件事比其他事都令人记忆深刻。当时，齐马赫从他父亲的

637

钱箱里偷了几百卢布来支付飞往巴勒斯坦的机票，本-古里安从齐马赫的父亲那里救下了他。"你来华沙找我，我把你藏在一个熟人那里，因为我们担心你父亲很快就会来找你，"本-古里安写道，"第二天，你父亲真的出现在诺沃夫斯基12号，普罗布克家中，恳求我让你们见面，但我不敢这么做，他抱着我的膝盖哭泣，我觉得我会因悲伤和羞愧而崩溃。你父亲恳求像我这样的孩子。最后我答应了，他承诺不带你回去，只在你离开前见你一面，向你道别。"

齐马赫被这个故事深深地伤害了，这个故事也出现在他自己编辑的普仑斯克纪念册中，以及本-古里安的回忆录里。"我必须说，本-古里安对这件事的描述肯定是不正确的，当他提到我父亲跪在他面前亲吻他，恳求他告诉他我在哪里，"齐马赫对他的女儿口述，"简直无法想象我父亲会跪在地上。一个犹太人不会跪下，尤其是像我父亲那样的犹太人。"他也否认本-古里安安排了一次适当的告别。"这样的事从来没有发生过。"他断言道。①49

在信的结尾处，本-古里安第三次说到他丢失了齐马赫的信，这次听起来确实很抱歉。他写道，他小心地保护着它们，在那个小旅馆里，他又提到了旅馆的名字——塔塔尔，好像他在参加法庭听证会一样。当他去伊斯坦布尔度暑假时，他把信件留在了伊斯坦布尔，他不知道世界大战会爆发。他深情地回忆起他们在普仑斯克青年时代的"美和善良"，然后第四次提到齐马赫的信，第二次写道："我记得你是一个英俊迷人的青年。"最后他以"沉浸在爱、渴望、钦佩

638

---

① 本-古里安的传记作家迈克尔·巴尔-佐哈尔注意到齐马赫感觉到被冒犯，并指出本-古里安曾给福克斯写过一封信，信中对齐马赫父亲到访自己房间时的情况进行了不同的描述。"他平静地和我说话，没有任何兴奋的迹象。"本-古里安写信给福克斯。这句话并不能证明本-古里安编造了另一个故事。它可能证明有人企图隐瞒这件事。据巴尔-佐哈尔说，无论如何，本-古里安后来向齐马赫道歉了。（Ben-Gurion to Shmuel Fuchs, Feb. 14, 1905, in Erez 1971, p. 49; Bar-Zohar 1977, p. 37.）

和童年时代的温暖之中"结束。齐马赫回应道，真正的友谊只能在年轻时获得，那时的观点和思想不会伤害彼此的感情。相反，"人越老，内心深处的力量就越把他带回到童年时代和青年时代的世界"。[50]于是，两人开始分享他们的晚年生活，就像分享他们的童年和青春一样。这些分享唤醒了几乎折磨他们一生的嫉妒心。

第二十四章　黄昏

"我们生活在原子时代"

临近 1960 年，本-古里安的认知能力日益衰退，逐渐与现实脱钩。1961 年夏末，应《看客》（Look）杂志邀约，他预测了此后 50 年人类的发展状况。他预言苏联将会发展成为民主国家，而欧洲会联盟。他还坚信，世界将组成一个自治民主政体联盟，在一个社会民主制度下团结起来，由一支全球警察部队来解决冲突，军队会被解散，联合国会在耶路撒冷建立世界法院。他的大多数预测都与科学发展有关，尤其是人脑的增强。强大的新能源使淡化海水成为可能，"全球空调会使各地气候变得温和"。人类还会定居月球和火星。他还预言，会有一种可以改变人类肤色的针剂，比如从黑色变成白色，或者反过来，这将终结美国的种族隔离。美国将被改造成一个福利国家，人均寿命逾百岁。他反复修改了六次，才终于完成自己对未来的预测。[1]

除了乐观外，本-古里安也为黑暗的前途所困扰。1962 年末，他再次对以色列人口集中在特拉维夫感到不安，重申他自 20 世纪 30 年代以来的恐惧，担心特拉维夫将成为第二个迦太基。危险从那时开

始悄然增长，他说："我们生活在原子时代——难道要大家全都聚在一起，好等着被原子弹消灭吗？"²

摩西·费登奎斯曾指出他的强迫行为，这一直是他性格的一部分，也是他领导力的核心，还有他发表挑衅言论的癖好，有时是作秀，有时却是情不自禁。³在他的个性中，政治家风度与政治、现实主义与幻想、勇气与冒险主义、独创性与固执之间的界限常常是模糊的。多年来，他提出的许多主张都令熟悉他的人惊讶不已。但因为他是一个如此受人敬畏的领导人，德高望重，不苟言笑，他的言论所产生的影响有时会超越其实际价值。有一次，他突然提议将特拉维夫改名雅法，或雅法·特拉维夫。⁴1952 年 1 月，他告诉内阁，解决与阿拉伯人冲突的唯一方法是使对方信仰犹太教，他还征求了专家意见。

人们很难评价这些提议，因为本-古里安总是带着激情，信心满满地提出来，似乎这些建议对国家和社会的未来至关重要。他曾试图证明犹太宗教律法实际上并没有禁止食用猪肉；他还曾根据自己的研究宣布，《出埃及记》里的以色列人不是《圣经》中说的 60 万，而是 600 人或再多一点。⁵在所有的场合，他都被对辩论和胜利的热情冲昏头脑，行为变得古怪。为了给他自认为正确的希伯来语用法争辩，他曾投入大量的时间和精力。

641

❖

1956 年，建立新中东的尝试失败后不久，他开始了进一步的政治提议，即使在当时看来，这些提议也显得不可思议。其中一个提议是西蒙·佩雷斯从巴黎带回来的，根据该提议，法国将允许以色列控制法属圭亚那，将位于巴西北部加勒比海南岸的法国领土变成以色列的殖民地，以色列派遣了一支专家小组前往圭亚那调查此事。几个月后，他向戴高乐总统提出了一项计划，在不终结法国统治的前提下，解决阿尔及利亚问题，包括在法国人和阿拉伯人之间划分区域，并在那里再安置 100 万法国人。[6]

那时，摩萨德负责人伊塞尔·哈雷尔称埃及总统纳赛尔招募了联邦德国科学家，制造能够击中贝鲁特（Beirut）以南任何目标的导弹。哈雷尔认为这个项目对以色列构成威胁。媒体很快开始发表报道，称联邦德国科学家的工作是希特勒统治下灭绝犹太人的延续。本-古里安怀疑哈雷尔言过其实，让军事情报局局长梅厄·阿米特（Meir Amit）取代了他。哈雷尔的下台在马帕伊引发轩然大波，一些人要求本-古里安下台。"伊塞尔变成另一个人，而果尔达正在策划阴谋。"纳冯写道。他说果尔达·梅厄反对与联邦德国建立关系，也反对迪莫纳项目。此外，她讨厌西蒙·佩雷斯，视其为威胁。[7]纳冯试图弄清楚本-古里安与梅厄之间"隐藏的心病"，但没有成功。"当他（本-古里安）寻求她（梅厄）的帮助时，她认为他不真诚。如果他不这么做，她认为他无视她。这种循环没完没了。爱、钦佩、仇恨和嫉妒交织在一起，这对搭档不幸的罗曼史已经无药可救了。"[8]

本-古里安应对联邦德国科学家歇斯底里的方式表明，他仍有能力作出合理而务实的决定。但他也担心阿登纳时代即将结束。他一再询问总理的健康状况，担心他死后，两国的协议会失效。1961 年，他同意西蒙·佩雷斯向联邦德国提出一项秘密协议，根据该协议，在必要的时候，以色列将接受联邦德国在以色列建立军事基地的要求。[9]当联邦德国科学家在埃及的事件达到高潮时，联邦德国发生了一场政治危机，国防部部长弗朗茨·约瑟夫·施特劳斯辞职，本-古里安担心迪莫纳项目的未来岌岌可危。与此同时，约翰·肯尼迪总统开始以更大决心防止核扩散，他要求将迪莫纳反应堆置于外界的监督之下。[10]

1963 年 4 月 17 日，埃及、叙利亚、伊拉克宣布建立阿拉伯联合共和国，目标包括"解放巴勒斯坦"。两天后，总参谋长特祖尔向内阁提供了一份关于事态发展的调查报告，重点是当下局势对约旦的政权稳定构成威胁。特祖尔认为约旦国王侯赛因有被暗杀的危险。他告诉部长们，以色列国防军可以在 12 个小时内占领除老城外的整个东耶路撒冷。提前 48 小时准备的话，24 小时的行动就可以拿下整个西岸。多年来，本-古里安曾无数次考虑过这样的计划，这次他反对的理由和过去一样："这次阿拉伯人不会逃跑。"他害怕这一点。[11]

果尔达·梅厄当时还在医院里，这意味着本-古里安同时还兼任外交部部长的职务。他以这个身份下令，给几十位总理和总统起草书信，文案大致相同，谴责阿拉伯人摧毁以色列的意图，要求联合国勒令阿拉伯人实现和平。虽然外交部的工作人员十分好奇本-古里安为何突然行动，但他们并不认为这偏离外交惯例。事实上，情绪激动的本-古里安一连给肯尼迪总统写了两封信——总共 16 页。外交部的一位官员甚至觉得第二封信是"病态"的。[12]两封信的意思是，本-古里安可能准备在迪莫纳项目上与美国妥协。

"我这辈子是看不到了"

643

他给肯尼迪的第一封信中表明了他的焦虑和急迫。他把阿拉伯国家联盟宣言中所说的"解放巴勒斯坦"一词当成立即发动攻击、摧毁以色列的实际计划。

"如果不彻底摧毁以色列人民，'解放巴勒斯坦'是不可能的。"他宣称。他详细援引了希特勒灭绝犹太人的一个声明。他写道，世界各国对希特勒的宣言都表现得"冷漠而平静，这促成了大屠杀"。"在纳粹占领下的所有国家（保加利亚除外），有 600 万犹太人，包括男人和女人、老人和青年、婴儿和幼童，都被烧死、勒死、活埋了。"

为了避免"解放巴勒斯坦"带来的灾难，本-古里安要求肯尼迪和赫鲁晓夫发表联合声明，确保所有中东国家的完整性，一旦有国家威胁要攻打任何一个国家，或保持战争状态，又或是拒绝承认其他国家，美苏都将撤出对该国的援助。他强调，该声明还需要对不遵守的国家进行制裁。他指出，苏联正在向埃及提供武器，美国正在向埃及提供经济援助。他知道发表这样一份声明的机会并不大，但是他觉得有必要告诉总统，中东局势已变得异常严峻。因此，他要求肯尼迪腾出一两个小时的时间来讨论解决这个问题的方法。他会在总统方便的任何日子"不为人知"地来到华盛顿。[13]他亲自起草了希伯来语版本的信，并反复修改，外交部的工作人员惊呆了，但还是为他准备好了英语版本寄往华盛顿。

在随后的一次内阁会议上，本-古里安集中讨论了如何阻止阿拉伯人进攻以色列。这样的讨论似乎应该等到一个新的阿拉伯国家联盟出现再进行。本-古里安打算讨论出制定长期路线的基本原则，届时他将不再担任领导。换句话说，他想在以色列的安全领域留下自己的遗产。为确保以色列的生存，他提出了四种选择：肯尼迪和赫鲁晓夫发表联合声明；以色列和美国结成军事同盟，或者与法国结成军事同盟；以色列正式加入北约；发展威慑性武器，据本-古里安所说，只需要开发导弹。他强调，第二种选择是指国会批准的同盟，规定对以色列的攻击将被视为对美国的攻击。自20世纪50年代以来，他一直在寻求美国的承诺，梦想着与美国结成军事同盟。1955年，本-古里安就曾说过，这是唯一有价值的东西。他所说的军事同盟需要包括一项关于迪莫纳的条款。迪莫纳成为犹太人的一种救赎。他多年前曾说过，两千年来犹太人都犯下"软弱的原罪"。[14]

与此同时，佩雷斯从华盛顿返回，向内阁报告了他与肯尼迪的谈话。总统问他，有关以色列核计划的进展可以告诉他多少，佩雷斯回答说，以色列不会制造核武器，也不会成为第一个向该地区引入核武器的国家。肯尼迪还对更换哈雷尔的原因，以及联邦德国科学家在埃及的工作表示好奇。这是一次正式会议，以色列驻美国大使阿夫拉罕·哈曼出席了会议。佩雷斯告诉部长们："肯尼迪本人没有照片帅。"[15]

在之后的一次内阁会议上，本-古里安被告知，美国驻以色列大使将在当天下午把肯尼迪的回信带给他。同时，本-古里安继续就威慑力量的本质发表自己的看法。"如果不想发动战争，我们就需要政治威慑力量或军事威慑力量。"他说。如果赫鲁晓夫接受了他的提议，他也会同意与苏联建立军事同盟。但是，这种可能就像以色列加入北约一样，并不现实，因此，有必要确认是否有可能得到"威慑性武器的真正帮助"。但这并不是讨论的重点，本-古里安从一个话题跳到另一个话题。[16]

肯尼迪的回信当天下午抵达，语气冷冰冰的，几乎带着讽刺的意味。总统当然理解以色列对"解放巴勒斯坦"声明的关心，但他认为这些措辞的实际含义与阿拉伯人过去发表过的无数类似声明没什么不同。美国仍然一如既往地关注以色列在该地区的安全与和平。他不认为美国会和苏联联合发表声明，即使这么做，也只会增强苏联在阿拉伯人眼中的重要性，增加苏联在阿拉伯世界的影响力。当本-古里安警告形势空前严峻时，肯尼迪不明白是什么意思。他感谢总理愿意搁置紧急事务赶赴华盛顿，如果在不公开的情况下召开会议，或许会有所帮助，但基于经验，他知道这并不可能。他承诺美国会加强与阿拉伯国家的关系，这些努力将有利于以色列，希望双方保持联络。[17]鉴于本-古里安已经说过，以色列正在面临被摧毁的紧急危险，这封信的态度简直过于倨傲。本-古里安感到被冒犯了，开始起草他长达九页的第二封信。

"您的来信令我十分失望。"他写道。这源于在那之前肯尼迪对以色列长期的支持和援助导致他产生的高期望值。这是一封私人信件。他说，他和阿拉伯人一起生活了几十年，在阿拉伯工人的田野里工作。一战前，他还曾在伊斯坦布尔与阿拉伯人一起学习，并在二战前与阿拉伯领导人进行过交谈。在战争期间，他听到许多阿拉伯领导人对希特勒的评价。"我了解他们，他们有能力效法纳粹。"他这样写道。他说纳赛尔实际上接受了民族社会主义意识形态。"毫无疑问，如果纳赛尔成功击败我们的军队，以色列的犹太人也会遭遇类似的事情。"他补充说，无法确定是今天还是明天发生。"我已经不再年轻了，我这辈子是看不到了，"他继续说，"但假如中东局势保持现状，我不敢否认这种可能性，尤其是阿拉伯领导人继续坚持针对以色列的好战政策。"他说在他有生之年这是否真的发生并不重要，重要的是有方法来阻止，他指的是上一封信中所说的美苏联合声明，他又一次详细地说明这一点。他认为，这是确保以色列生存的最安全方法。考虑到肯尼迪不会发表这样的声明，那就只能是以色列和美国之间签订"双边安全协议"。同样，像苏联给埃及提供武器一样，美国也应该向以色列提供所有同样类型的武器。[18]

外交部高级官员召开会议，共同起草这封信函的英语版本，其中一位是吉迪恩·拉斐尔（Gideon Rafael），他建议不要寄出这封信。他说："我们不能让总理发出这些荒唐而病态的内容。"他给仍然卧床不起的果尔达·梅厄看了草稿，她对"我不知道这个国家在我死后还能否继续存在"这句话尤为震惊，她指示拉斐尔说服本－古里安删掉这部分内容，但本－古里安只同意减轻语气。哈曼大使试图使这封信的语气更加温和，本－古里安听到后大为恼火，纳冯在日记中写道："他喊道：'让他们一起见鬼去吧！'脸涨得通红。这些蠢货，他们根本不明白自己在说些什么。"外交部给哈曼发电报，坚决要求他转交那封信，即使他不同意。[19]

对第二次大屠杀的恐惧可能是建立迪莫纳反应堆的主要理由。但是，本-古里安写给肯尼迪的信也可以被解读成以核计划为代价换取安全保证的提议。对于他要求肯尼迪签署的安全协议，没有其他解释，因为除了放弃迪莫纳项目，他也没什么可以给美国人的了。耶路撒冷的人也是这样理解的。

❖

外交部官员很快就接受了这个想法，开始制定相关政策。他们中的一些人从一开始就反对核项目——围绕着这个问题，外交官们争论纷纷。有人建议将迪莫纳项目视为以色列"解决根本安全问题的动力"，也有人提议把它作为"讨价还价的筹码"。吉迪恩·拉斐尔迅速向国防部总干事提交了一份安全协议草案，方便供肯尼迪参考。总干事哈伊姆·雅希尔（Haim Yahil）向果尔达·梅厄转达了一些他的想法。他写道，为了国家安全，以色列需要"具体的保障"，这有两个基础：其一是以色列有足够的力量在早期阶段阻止进攻，直到外部援助到达；其二是关于援助和如何提供援助的联合计划，其中有明确而详细的协议。雅希尔坚持认为，只有这样的安排才能起到威慑作用。他提议对美国人坦言不达成安全协议的后果。他说，如果没有安全协议，以色列将别无选择，只能选择照顾自己的利益，不放弃发展核能。如果美国愿意签署协议，或让以色列加入北约，以色列可以放弃发展核能。[20]

梅厄倾向于同意，她认为没有理由停止迪莫纳项目，她也将反应堆视为"讨价还价的筹码"。既然如此，她建议告诉美国人真相。"如果我们否认迪莫纳的存在，那就无法谈判，因为我们不能就不存在的东西拉锯。"她解释道。哈曼大使和驻华盛顿的以色列部长写信

647

给她说，他们"已了解"她在迪莫纳问题上的立场，很快将参照这种精神制定下一步工作。[21]

原则上，本－古里安愿意在一定的条件下用迪莫纳项目换取军事同盟，这让人想起他曾经同意延长英国委任统治，推迟以色列独立。他将迪莫纳项目未来的决定权留给了他的继任者达扬，但有理由相信，他还在任的时候，两人就这个问题进行了争论。达扬立场坚定。"能够改变安全平衡的是迪莫纳的最终产品，这才是最重要的，"他坚持认为，"没有任何别的东西可以取代它，也没有任何别的办法可以解决问题。我认为，只要我们有任何可能实现这一目标，我们就要尽一切努力去实现它，而不是做任何不利于实现它的事。"他认为与美国签订军事协议是危险的，甚至根本就不应该展开讨论。本－古里安和达扬从未有过如此根本和尖锐的分歧，达扬处在权力的巅峰，本－古里安再也无法忍受他了。佩雷斯认为不可能达成军事联盟，但同意考虑在发展反应堆方面作出妥协，以换取联邦德国向以色列提供 10 亿美元。"我们在联邦德国有 600 万选民。"佩雷斯不无嘲讽地说道。[22]

以色列与联邦德国的关系持续引发争议，让本－古里安神经紧张。他去了议会，引发了自赔款大辩论以来从未有过的难堪局面。有人说，自以色列议会成立以来，还从没有出现过这样的情况。

"一个人不可能永远理性"

本－古里安的演讲对外交政策引发的争议作出回应，原定为半小时，文稿已提前分发。但是本－古里安只讲了四分钟，抗议的尖叫声就已经盖过了他的声音。本－古里安援引 1933 年一份修正主义报纸上发表过的一篇文章，其中提到雅博廷斯基的支持者曾称赞过希特勒。赫鲁特派的几名成员站出来表示抗议，现场一阵骚乱，本-古里安的保镖一直保持警戒。

马帕伊的大多数成员没有支持本-古里安，相反，他们保持着尴尬的沉默。梅厄甚至强烈反对。新闻界的批评很严厉，有一篇报道导致本-古里安如同火山般爆发，这次他是以书面的形式来表达的。[23]

报道的作者是哈伊姆·古里，他是一位诗人，书写独立战争中的英雄主义、失败、战士之间的兄弟情谊。20世纪60年代初，他报道了艾希曼审判，这个议题很敏感，为他赢得了许多崇拜者。"不可原谅"是他对本-古里安议会演讲的评价，本-古里安立刻给古里写了一封信。"贝京是典型的希特勒式风格，"他写道，"种族主义者，准备在整个以色列地消灭所有的阿拉伯人，准备为他的神圣目标——绝对统治，采取一切手段。我认为他对以色列的内部和外部局势都构成了严重的威胁。"这封信长达三页，他说，他对古里提出的荒谬指控并不感到惊讶。艾希曼事件很可能给他留下了一种创伤，"有意或无意地影响了与审判无关的事情"。他坚持对自己在以色列议会中说过的任何一句话都不感到后悔。他还列举了一长串贝京的罪行，包括轰炸大卫王酒店、代尔亚辛和"阿尔塔莱纳号"事件。他预言，如果贝京要夺取对该国的控制权，"他会用自己的暴徒代替军队和警察，像希特勒统治德国一样统治以色列，用武力和野蛮镇压劳工运动。他的政治冒险主义将摧毁这个国家"。

一大早，这封信由总理府的特使送到古里那里。显然，办公室里没人想起来要阻止这封信寄出。古里惊恐万分。少数知道这封信的人，都在担心本-古里安已经失去了管理国家的能力。[24]

❖

几天后，一篇新闻报道激怒了以色列人，上一次这样还是因为联邦德国赔款引发的争议。公众了解到，以色列士兵正在联邦德国

649

接受军事训练。[25]合众国际社首发了报道。几小时后，梅厄赶到本-古里安的家中，要求他实行军事审查，阻止该条新闻报道在以色列传播，本-古里安拒绝了，他们一直争论到午夜之后。本-古里安坚持自己的立场，但同意就以色列与联邦德国的关系进行全面的讨论。新闻报道发布了，梅厄没有放弃。[26]

　　第二天是 1963 年 6 月 16 日，即将举行每周例行的内阁会议。在此之前，本-古里安召集了马帕伊的所有部长们，告知他们自己已经决定在那天辞职。不同以往，他没说要休假一两年，也没有为了满足他的要求而威胁辞职。他再次强调，自己已经没有精神和毅力承担任何责任了。一些部长坚持让他休假，他勉强答应，同意接受自己仍是以色列议会的成员。这次的仪式很简短。实际上，每个人都松了一口气。10 天后，列维·艾希科尔成立了新政府。纳冯问本-古里安为什么要这样做，"他抬起头，疲倦地看了我一眼。'一个人不可能永远理性。'他喃喃地说"。伊塞尔·哈雷尔形容他是一个可悲的人，消极而孤僻，记忆的衰退令他心烦意乱。费登奎斯说，大约在这个时候，他听到本-古里安问宝拉，他们住在特拉维夫的什么地方。[27]最终使本-古里安崩溃的不是一件事，而是积压在心中的各种紧张、焦虑，以及他身边的人，从拉冯到肯尼迪，从达扬到纳赛尔。这一切加在一起，远远超出了他的承受范围。

650

"我做不到了"

　　他不情愿地辞职了。"令我自己恼火的是，我做不到了。"他向挽留他的内阁部长们解释。他心情低落，面对离职，他写道："我几乎无法控制自己的感情和泪水。"作为总理，他的最后一个动作是确保阿里埃勒·沙龙的政治前途。[28]辞职后，他第一个去拜访了什洛莫·齐马赫。

　　1963 年 1 月，两人重新取得了联系。本-古里安打电话邀请齐马赫参加每周六晚在他家的《圣经》学习小组。"大卫邀请我去他家，我答应了，"齐马赫写道，"他渴望和我更亲近些，或许是因为年轻时的友谊有一种真诚的感觉。"他想，"他是孤独的，围绕他的一切荣耀都不能让他满足"。辞职后不久，本-古里安突然来访，但没有改变齐马赫对他的感受。齐马赫在日记中写道："他讲了整整一个小时，但并没有谈到最主要的问题——是什么令他辞职呢？"他非常了解本-古里安，了解他"灵魂中的每一道皱纹"，他能感觉到本-古里安的沮丧和"痛苦的失望"。本-古里安担心未来发生的事情会比已经发生的更糟糕。他看起来很健康，齐马赫说，"我觉得他胖了，肚子也大了"。"但他的表情里隐藏着一种犹豫，一种内在的焦虑，我不知道它从何而来，本质是什么。"齐马赫表示。在谈话中，本-古里安"进入了更高的领域"。齐马赫说，他指的是本-古里安对生物学和相关领域的兴趣。齐马赫不相信本-古里安真的对科学感兴趣。这位朋友写道："他太容易接受他读过的东西，并把它们当成自己的东西来说教。"在他看来，本-古里安的智力局限现在暴露得如此明显，令人扼腕叹息，他们两人年轻时就很清楚地意识到各自的局限性，齐马赫写道："他知道，他知道我知道。"这就是为什么他如此渴望精神上的东西，正如他的朋友所说，这是"他没有得到的东西对他的吸引力"。当本-古里安开始谈论细胞、组织、宇宙和其他类似事物的时候，齐马赫怀疑本-古里安已经失去了理智。"我坐在那里，对他深表同情。"他说。

651

　　本-古里安来找他时"毫无力量"，齐马赫写道。"他一生都孤独，我或许算一个密友。但一切并不理想，没有人靠近他，与他亲近的人首先是为了自己的利益利用他。在周围巨大的喧嚣中，他孤零零地站着，无人理睬，这是他最大的悲剧。"齐马赫继续和本-古里安待在一起，在他的印象中，本-古里安在没有"官职牵绊"后，很难适应普通公民的生活。他开始为《达瓦尔报》写文章，一系列有关以色列历史的冗长文章。遗憾的是，齐马赫认为文章写得并不是很好。"没有高度，没有深度，没有感情，没有思考。"他认为这些文章可能会损害本-古里安的声誉。他对此感到遗憾，考虑向他提供"一些写作技巧"，帮助他改善自己的风格，"但是我担心他不会接受我的建议"。[29]

不到一个月后，他们共同的朋友什洛莫·拉维去世。齐马赫写道："我不担心自己，但是我们这一代人正在一个接一个地逝去。"他们几天前才刚刚见过，齐马赫还称赞拉维气色不错，拉维却反驳说，外表其实是骗人的——他病得很重。齐马赫自己也不太健康，他的医生不许他前往艾因哈罗德参加葬礼。本-古里安和宝拉一同去了，他看上去心烦意乱，只是简短地念了悼词。几乎所有在世的开国元勋都到场了。[30]

❖

652　　本-古里安无法摆脱政治，扮演着一个引起骚动的牛虻角色，实际的影响却微不足道。退休四个月后，他召集了数十名追随者到他家，宣布他打算在下次大选中领导新政党竞选。他不打算重任总理一职，但也不排除这种可能。他写道："如果有人要求我净化污浊的空气，我相信自己无法拒绝。"[31]结果是，在他和伯尔·卡兹尼尔森创立马帕伊的35年后，马帕伊将他开除，由艾希科尔经营。

表面上看，这和拉冯事件有关。本-古里安坚持要求调查"是谁下达的命令"，而艾希科尔只想把这个问题抛到脑后，如果可能的话，把它忘掉。本-古里安无休止的要求、指责、抗议，似乎只不过是一个老人对自我破坏的痴迷。他想要真相——但大多数以色列人，包括他的仰慕者在内，对他只是感到恼火或同情。有些人试图分析他的行为，认为是开国元勋对继承人的嫉妒。大多数人只是不想再听到拉冯的消息。

❖

本-古里安带着新的拉菲党（Rafi，又名以色列劳工名单党）参加议会竞选，在这个包括摩西·达扬、以色列国防军前总参谋长茨维·特祖尔、作家伊扎尔·斯米兰斯基（Yizhar Smilansky）、西蒙·佩雷斯的圈子里，79 岁的他试图打造出年轻技术专家的形象。1965 年 11 月，该党赢得了以色列议会的 10 个席位。这是一次屈辱的失败。6 月时，他曾幻想自己的新政党将赢得 20 个甚至 25 个席位。[32]最终，以列维·艾希科尔为首的马帕伊和劳工团结党联合起来赢得了 45 个席位。在以色列，这是本-古里安生平第一次发现自己成了反对派。[33]

"纳赛尔不会做什么"

本-古里安不常去议会，大把时间都待在萨德博克，写文章，写回忆录，接待访客，包括外国媒体。每周他都会收到几十封来信，这些人觉得他能解答他们的问题，包括个人困扰。他乐此不疲，每天都花几个小时写回信。他的声望远高于拉菲党所赢得的区区 10 个席位，他的继任者是他最大的敌人。事实上，他对艾希科尔的敌意与日俱增，他把这位新总理视为人民的敌人。当他含蓄的时候，他说艾希科尔缺乏"作为一个总理所需要的道德和民族素质"。在他更放肆的时候，他骂他是骗子、欺诈者和懦夫。齐马赫自问，他的朋友对艾希科尔"粗俗的谩骂"来自哪里。正如人们可能预计到的，他提出一个心理学上的解释，可以追溯到普仑斯克。"它的根源，"

653

齐马赫写道，"来自一颗空虚的心，它想为青年时受到的侮辱寻求补偿，并试图从对他人的挑剔和对自我的提升中找到它们。"[34]

1966 年秋天的住棚节，约 1 万人来到萨德博克庆祝本-古里安的生日。他告诉所有人，自己已经 60 岁了——这是他在以色列居住的时间。以色列将此视为全国性的节日。以色列国防军在萨德博克的圆形剧场举行了大型仪式，包括演讲和视听节目。哈比玛剧院的首席演员阿哈龙·梅思金（Aharon Meskin）说了两句话："这个国家爱你，本-古里安。感谢你所做的一切，祝你身体健康。"本-古里安收到了来自世界各地的数千封贺电。在对措辞进行一番讨论后，内阁也发了贺电。艾希科尔不同意赞扬本-古里安对"国家发展"的贡献，因为他坚持认为自己的贡献更大。[35]

❖

1967 年 6 月，因为巴勒斯坦阿拉伯青年发起的暴力袭击，以色列与约旦关系恶化。这些青年大多是 1948 年被迫离开故土的难民的孩子。为什么以色列在独立战争中没有征服约旦河西岸以及耶路撒冷老城？这些问题再次在以色列引发讨论。《晚报》记者盖拉·科恩（Geula Cohen）为了报道独立日，采访了本-古里安，他提了一个他的孙子可能会问他的问题："爷爷，我的祖国的边界在哪里？"本-古里安回答说，祖国的边界与绿线相对应，但不排除边界线可能会改变，历史上边界经常发生改变。"我们希望维持和平的现状，"他说，"但是，如果阿拉伯人对和平不感兴趣，而对战争感兴趣，那么我们就战斗，那时边界可能会改变。"他对一再提出这个问题的以色列人也给予了同样的回答。科恩问他是否会鼓励一个以色列孩子写一首渴望统一耶路撒冷的歌。本-古里安回答说："如果他想写，就可以写。"他又补充说："我是不会写的。"这位记者也同时采访了前总参谋长伊加尔·雅丁，雅丁暗示本-古里安不想征服老城。《国土报》

的军事记者回忆道，夺取杰宁的战斗失败了。[36]重新关注 1948 年胜利时的边界，可能是因为当时阴郁低迷的气氛。

1967 年 5 月，埃及宣布禁止以色列通行蒂朗海峡。对此，本-古里安并不惊讶。"我认为纳赛尔不会做什么，他对关闭海峡很满意，这会提高他的地位。"他写道。他建议采取有限的行动，开放到埃拉特的航运。他也不认为形势非常紧迫。"军队很棒，但在这个时代，已经不需要再像大卫王对抗歌利亚那样战斗。"他写道。[37]他很可能已经知道了以色列国防军的战略—— 一场摧毁埃及空军的突袭。他回忆说，那也是独立战争中打败埃及的方式："一开始，我们就击败了他们的空军。"他曾经对内阁这么说过，几年后，他又重申了一次。[38]但是，以色列国防军的将领、大多数政客和专家，尤其是担惊受怕的公众，他们的想法恰恰和他相反。本-古里安反对以色列先发起袭击。他担心，一旦与埃及和叙利亚开战，约旦会占领西岸——从而吸纳更多的阿拉伯人。

他既不认为有必要立即征服西奈或加沙地带，也不认为有必要占领东耶路撒冷。他很清楚，六个月后，以色列的威慑能力将大大提高，可以避免战争。[39]这时，以色列开始大规模召集预备役。本-古里安认为这是个错误。当他这么告诉总参谋长时，拉宾惊慌失措，很快就因为精神崩溃而不得不接受治疗。

由于本-古里安没有公开说明，大多数以色列人都不知道这是他的意见。他们以为战争被推迟是因为艾希科尔的犹豫不决、软弱无能。本-古里安没有为总理发声，也没有采取任何行动来冷却好战的气氛。当他听到世界各个社会主义政党发表对马帕伊的支持声明时，他的评论是："马帕伊不支持以色列国。"[40]

他也没有利用自己的影响力来约束军队，除了那次与拉宾的残酷对话以外。当要求换掉艾希科尔的呼声越来越高时，本-古里安同意在家里接待他认为最危险、最令人反感的人——梅纳赫姆·贝京，他对贝京的反感更甚于艾希科尔。贝京起初试图向艾希科尔施压，要求本-古里安重返内阁，被拒后，他提议本-古里安重任总理，带领国家开始战斗。一直到他们见面时，贝京才惊讶地发现本-古里安反对战争，部分是因为本-古里安担心这会导致以色列占领阿拉伯人聚居的领土。[41]战争开始前四天，本-古里安在他的日记中抄下了他在一份19年前的新闻剪报中找到的数字，根据这份剪报，当时每个人都在夸大巴勒斯坦难民的数量。剪报上写道，即便是用最好的双筒望远镜也无法看清30多万难民，他本人常说的是60万。[42]

他支持艾希科尔下台，建议达扬担任总理兼国防部部长。他还暗示，如果达扬担任国防部部长，他将同意重新担任总理。"只要艾希科尔还是总理，我们会堕入地狱。"他写道。也许他觉得达扬会听从他的指导，或至少配合他的工作。但达扬喜欢战争，本-古里安也知道这一点。不过，搞垮艾希科尔的吸引力似乎让他无法抗拒。当艾希科尔勉强同意达扬可以加入政府担任国防部部长时，本-古里安立即同意了，前提是佩雷斯告诉艾希科尔，拉菲党（以色列劳工名单党）不认为他是领导政府的合适人选。[43]现在艾希科尔获得了包括贝京在内的广泛联盟的支持，贝京被指派为不管部部长。

六日战争的最终爆发是因为巴勒斯坦阿拉伯人一再攻击以色列，以及以色列也打算报复叙利亚和约旦。纳赛尔表面上动员了埃及军队，为叙利亚和约旦提供支持。1967年6月5日，以色列袭击埃及，军队受到了艾希科尔政府的压力，纳赛尔威胁要摧毁以色列也引发了广泛的恐慌。

"拆除那堵墙"

本-古里安在他特维拉夫的家中度过了战争的第一天。达扬答应去拜访他，向他汇报情况。在等他的时候，本-古里安开始阅读新一期的文学杂志《莫拉德》（*Molad*），该杂志刊登了他年轻时发给什穆埃尔·福克斯的一些信件。他如饥似渴地读着，仿佛第一次看到这些信。时间渐渐地过去了，他沉浸在回忆里，与现实发生的一切都隔绝开了，达扬并没有露面。"他的心肠很坏。"他曾经对纳冯这样评价达扬。[44]第二天，达扬派了一名总参谋部的军官通知他，在南方，空中和陆地的行动已经开始。"我认为这是一个严重的错误，"本-古里安写道，"过去一周发生的最伟大的事是艾希科尔被免职。"[45]他反对占领戈兰高地，但很快，他也被胜利和征服带来的狂喜所征服。[46]

世界各地的记者们追问他，接下来会发生什么。本-古里安发表公开声明：他主张从西奈半岛撤军，作为与埃及达成和平条约的一部分，该条约将保证从蒂朗海峡和苏伊士运河到达埃拉特的船只可以自由通行。加沙地带应继续处在以色列的控制之下，以色列应退出戈兰高地，作为与叙利亚达成和平条约的一部分。政府应该和约旦河西岸的居民代表进行谈判，建立一个在经济上与以色列相连的自治实体，通过海法、阿什杜德（Ashdod）或加沙出海。在难民同意和以色列提供援助的前提下，巴勒斯坦难民应从加沙地带转移至约旦河西岸。允许曾经居住在希伯伦的犹太人返回。以色列将保护耶路撒冷和在其控制下的其他圣地。以色列国防军将在约旦河西岸部署军队，以确保西岸与约旦的隔离，不会就耶路撒冷老城及其周边地区的未来举行任何谈判，从大卫王时代起，它就是以色列的首都，将来也永远如此。[47]

绝大多数以色列人还在对又一场大屠杀感到恐惧，突然之间，他们就走到了弥赛亚时代的边上。在本-古里安的一生中，他经历过不少这样的突然转折。他回忆起独立战争结束时的一幕。"所有的犹太人都陶醉在胜利中，"那时他写道，"一年前，每个犹太人都说我们没有机会，今天人人都说我们无人可挡。"[48]他带头呼吁犹太人迁入老城，好像在为独立战争期间没有做到的事寻求救赎。战后不到两周，他就提议拆除旧城墙。他说："这将统一耶路撒冷，使它更容易向东面、南面、北面和西面扩张。"这是他思想中的弱点的最佳证明，多年来，他不断提出这类奇思妙想，一如既往地坚持自己的想法，一遍又一遍地重申："拆除那堵墙。"他称这面墙没有历史价值，因为它是16世纪在奥斯曼苏丹的命令下建造的。[49]令他不好受的是，在一场他自己反对的战争中，耶路撒冷老城被艾希科尔的政府接管，贝京也在这个政府工作。

对老城的征服弥补了许多以色列人眼中一个犹太国家政治秩序里的主要缺陷，这个缺陷是由本-古里安在19年前造成的。直到几天前，本-古里安还认为1949年设定的边界是与阿拉伯人达成最终协议的基础。从这个意义上讲，六日战争是巴勒斯坦战争的第二回合，西奈战役似乎只是一个临时插曲。新的形势把他带回到犹太复国主义的黎明阶段。他沉浸在"深刻而愉悦的体验中"，他写道："只有在我到达佩塔提克瓦的第一个晚上，我才有过如此深刻的体验。当时我听到了豺狼的嚎叫和驴的嘶鸣，我才感觉到自己已经身处我们国家的新家园，而不是流浪在异国他乡。"[50]

本-古里安觉得历史又从头开始了，他想和穆萨·阿拉米重续友谊。过去30年里，他常常引用阿拉米的话来证明他的论点，即阿拉伯人不需要和平。10年前，他告诉纳冯，他想念阿拉米，想要找到他。当时阿拉米在伦敦。本-古里安试图通过电话联系他，可惜信号不好，糟糕的交流过程仿佛是一种隐喻，证实了他对与巴勒斯坦阿拉伯人沟通的看法。"我能听到他的声音，但他听不到我的。之后情况稍微好了一点，他听到了我的声音，但我听不到他了。"本-古里安在日记中写道。[51]

❖

对约旦河西岸和加沙地带的征服让以色列人突然直面了巴勒斯坦冲突的真相，包括难民的痛苦，他们渴望消除民族灾难，夺回从1947 年开始失去的家园、房屋和财产。许多以色列人认为他们已经到了历史的十字路口，需要作出选择了。当战争还在进行时，一场关于犹太复国主义者的基本价值观的辩论重新点燃。很少有人能提出真正的替代方案，但齐马赫做到了。这场战争使他的观点更加极端，许多以色列人同样如此，包括左翼、中间派和右翼人士，许多人都像齐马赫一样，渴望有个新的开始。"去找到阿拉伯人，对他们说——我们这些年来都做错了……现在我们来到你们这里，在阿拉伯部落，在你们的保护下生活。"[52]

即使未达成和平条约，为了确保犹太人在民主的以色列占多数，需要立即从其他国家吸纳 200 万犹太人，或者驱逐约旦河西岸和加沙地带的居民，或者放弃占领的领土，包括东耶路撒冷。在约旦河西岸重新安置那些 1947—1949 年生活在加沙的难民的想法一直未能得到执行，回想起来，这才是那些年犯下的最大错误。[53]有一次，内阁会议还提出让加拿大和巴西接收加沙难民。以色列犹太人很快就在约旦河西岸的北部和南部定居，他们称那里为犹地亚和撒玛利亚，就像本-古里安到巴勒斯坦的 60 年里，犹太人"一个村庄接一个村庄地"在中部和北部定居一样。从这个意义上讲，六日战争实现了本-古里安的追求，推动了犹太复国主义向前发展。在 1967 年 8 月访问戈兰高地之后，他改变了主意，宣布以色列永远不应该离开那里，即使以和平条约作为交换。随后的几个月中，他含糊其词地说起过去的一个想法："如果我必须在一个和平的小以色列与一个不和平的大以色列之间作出选择，我宁愿选择小以色列。"对这句话印象深刻的人不知道，本-古里安从来不相信和平的可能性，他一直梦想着拥有整个以色列，这是他的终极愿望。"当我们的邻国拒绝和平时，我们的政府要是有能力和意愿坚守占领的土地就好了。"他在 1967 年 7 月写道。他一如既往地认为，以色列的生存取决于数百万犹太移民。"如果犹太复国主义运动无需言语宣传，每一个犹太复国主义者就能来到这里，我们早就在约旦河两岸成为多数，那么在一战前以色列就能建国，更不必说在二战前了。"他写道。"我们现在必须关注繁荣世界的一大波移民——战争的危险仍未过去。"[54]他在特拉维夫待了大约三个月，沉浸在政治、战争和两者之间的关系里，然后回到萨德博克，开始写作。

"我的宝拉很敬佩你"

1968 年 1 月，宝拉因中风去世。以色列总统及许多内阁部长、议会成员都参加了葬礼，艾希科尔总理引人瞩目地缺席了，但他发表了一份哀悼声明。贝京也在来宾之列。联邦德国大使也前来吊唁。本–古里安决定把亡妻葬在他为自己选的墓地，一个悬崖顶上，可以俯瞰寻河河床摄人心魄的沙漠美景，他又一次提到"我一直觉得自己会先走"。

他立刻回到了日常工作的状态。"当时我没注意到宝拉的死对他造成很大的冲击。"他的保镖之一说。萨德博克的耶霍舒亚·科恩也有同感，对本–古里安来说，妻子的死并不是他生命中的"地质断层线"。①[55]

660

————————

① 在宝拉死后一年，他在试图说服贝京一起推翻艾希科尔的时候，提起了她。"出于某种原因，我的宝拉很敬佩你。"他写信给贝京说。他不否认自己在很多事情上都与贝京意见相左，但他坚持说："就个人而言，我从没有对你怀恨在心。近年来，我越来越了解你，也越来越欣赏你，我的宝拉对此也非常高兴。"（Ben-Gurion to Menachem Begin, Feb. 6, 1969, BGA.）

　　这是他有生以来第一次，感觉自己无牵无挂，与公众生活脱节。拉菲党最终成了一页过往，多数成员转投了马帕伊和劳工团结党，两者最后合并成立了工党。本-古里安带着他剩下的追随者，换了个新名字参加了选举，最终只赢得了四个席位，其中一个席位属于伊塞尔·哈雷尔。1970 年，本-古里安终于从议会辞职。他偶尔也会接待贵客，包括联邦德国前总理康拉德·阿登纳。他依然抨击总理艾希科尔，在他给果尔达·梅厄写的一封 33 页的长信里也有这类言辞。[56]除了控诉他说谎和腐败，他现在还新加了"愚蠢"。在六日战争胜利大游行中，他没有坐在主席台，而是坐在观众席中，显然是为了避免与艾希科尔握手，这似乎也是他在当晚的颁奖典礼上拒绝接受以色列奖的原因。几个月后，当本-古里安在太巴列温泉度假时，艾希科尔去世了，他拒绝离开度假村去参加葬礼。[57]

　　当他说希望死在宝拉前头时，他大概是在表达一种信念，即妻子不应该在丈夫之前死去，就像母亲不应该在小孩之前死去一样。宝拉死后，他就不再吃肉了，就像他小时候妈妈去世一样。1973 年 1月，他在萨德博克告诉帮他写回忆录的耶胡达·埃雷兹，他曾经还想再要一个孩子，但宝拉不想。伊扎克·纳冯在日记中写道，宝拉告诉过他："我从来没有告诉过本-古里安我堕胎过多少次，三个孩子对我来说足够了。"宝拉逝世两周年之际，本-古里安的两个曾孙出世，一个男孩和一个女孩。他的儿媳回忆道，他想告诉宝拉这个消息，但不知道如何联系她。他的孙子说："我认为在她去世的那一刻起，他就开始死去了。"[58]

第二十五章　另一种犹太人

"可怕的事发生了"

　　1958 年夏天的一个周六，本-古里安迎来了一位美国客人。这位客人称自己是个无神论者，妻子不是犹太教徒，女儿也跟随了母亲的选择。他的儿子却受了割礼。本-古里安问他，如果他是一个无神论者，那为什么要受割礼呢？"不知道，我希望他信犹太教吧，也没什么理由。"他回答道。这位客人正是《纽约时报》的塞勒斯·里昂·苏兹贝格二世（Cyrus Leo Sulzberger Ⅱ），本-古里安问他："那什么是犹太教呢？"苏兹贝格说他不知道。第二天，本-古里安和内阁谈到这场对话，那一天，内阁提出了这样的问题：谁是犹太人？[1]

　　和世界上的其他领袖一样，本-古里安相信自己可以改变本国人民的历史进程。他有着坚定不移的决心和无限的想象力，两者使他相信一切皆有可能，几乎所有的代价都是合理的。这是他作为领导者的力量——人民相信他，因为他相信自己。因此，领导层的其他同事允许他独立作出一些决定。他的价值观和世界观不像是他自称的社会主义者，也不是他的敌人所谴责的极权主义者，更像是英国和美国的自由主义者。

在以色列建国前的 30 年里，他在推动犹太复国主义方面发挥了决定性作用，完成了政治、军事、社会、经济和文化基础设施建设，在英国撤离巴勒斯坦后，使以色列尽快建成犹太国家成为可能。他的成功并不彻底，他的权力也不是绝对的，但在建国后的第一个 15 年中，以色列在他的领导下变得更加强大，他给这个国家之后进一步的发展奠定了基础。

相比之下，他对整个犹太人群体的影响要小得多，犹太复国主义运动一直未能使世界上大多数犹太人信服——这是它最大的失败。事实证明，它对希特勒和斯大林无能为力，这是它最大的悲剧。犹太复国主义者只能拯救一小部分被纳粹迫害的犹太人，直到本-古里安时代结束后的许多年，他们也未能说服苏联允许犹太人在以色列定居。巴勒斯坦战争结束了大多数犹太人在伊斯兰世界的生活，他们中的大多数最后都去了以色列，这是本-古里安在世界犹太人历史上留下的最持久的烙印。

他的崇拜者和对手都承认，他是那一代人中最与众不同的人。但悖论是，他的独特几乎成了他那一代许多人的常态。作为犹太人，他们和非犹太人很不一样。作为犹太复国主义者，他们和犹太人又不太一样。作为以色列人，他们和阿拉伯人不同。作为劳工运动的支持者，他们在以色列也很不同。

本-古里安可以和原子物理学家就宇宙是否是一种心智展开哲学辩论，但他无法回答一些关于以色列人的根本问题。[2]最清楚地提出这些问题的是什穆埃尔·福克斯。犹太民族能否在祖先的土地上重生，而不招致靠刀剑生活的诅咒？以色列和世界其他地方的犹太人有什么联系？什么是世俗犹太教？福克斯暗示，如果他能找到答案，那他或许就会定居以色列了。本-古里安选择留在这里，尽管这个国家恐怕世世代代都要经历战乱。他想要说服自己，成为一个世俗犹太

663

人，即使他其实并不清楚这到底该如何定义，他也很难定义谁是犹太复国主义者。[3]

❖

英国高级长官阿瑟·沃科普曾问过他什么是犹太人：是宗教吗？还是种族呢？英国人的"种族"一词包含了民族和国家的意思，这使问题越发复杂。"我说，第一，视自己为犹太人的人，"本-古里安写道，总结他的回答，"第二，被他人视作犹太人的人，即不被外邦人认可为英国人、法国人、德国人等身份的人。"[4]他小心翼翼地回避着这个问题，生怕踩雷。"犹太人就是犹太人，"他在另一个场合强调，"我是一个犹太人，仅此而已，这就足够了。"这个问题事实上威胁到世俗犹太人与犹太教徒在政治上的共存。

由于以色列被定义为一个犹太国家，因此需要制定一条法律，规定谁是犹太人，谁不是犹太人，以及谁有权成为以色列公民。20世纪50年代中期，带着非犹太配偶（多数为女性）抵达以色列的东欧移民增多，本-古里安要求接受他们为以色列人。"就算这个女人来自德国，并非每个德国人都是纳粹。"[5]根据《回归法》的规定，他们一般都可以获得以色列公民的身份。该条法律允许每一个犹太人，除少数特殊情况，都可以成为以色列国民。本-古里安认为《回归法》赋予犹太人一项"他们与生俱来的"权利，因为他们最初都来自巴勒斯坦。他说，这项权利在以色列建国之前就存在，是这个国家的组成部分。本着这样的精神，他争取为这部法律取个有诗意的名字。[6]问题是如何登记异族通婚夫妇的子女。内政部根据犹太人的宗教律法，按照母亲的宗教信仰对孩子们进行了分类。1957年冬天，一名五岁男孩阿哈龙·斯坦伯格（Aharon Steinberg）引发关注，他的父母住在离帕德斯汉娜（Pardes Hannah）不远的移民营地里。

他的父亲是大屠杀幸存者，第一任妻子和三个孩子都在波兰遇害。后来他与一名非犹太裔女子结婚，有了两个孩子。全家移民到以色列不久，阿哈龙不幸离世。由于他是基督教妇女的儿子，没受过割礼，犹太当局驳回了他父母想要把他葬在犹太墓地的请求。但是基督教会也拒绝向他开放墓地，因为孩子的父亲是犹太教徒。痛失爱子的父母将儿子的遗体运到当地市政大楼，当地一名拉比命令将这名男孩葬在墓地栅栏外的空地，不允许父亲做传统的卡迪什祈祷。这件事引起了轩然大波。"可怕的事发生了，"本-古里安对内阁说，"难怪会引起轰动，这不仅是以色列的污点，也是犹太教的污点。我们一直反对反犹主义，反对歧视，反对种族主义。"因此，有关身份登记的辩论已经上升到民族认同危机的层面。[7]

1958 年 3 月，以色列内政部部长、来自劳工团结党的伊斯雷尔·巴尔-耶胡达裁定，任何真诚地宣称自己是犹太人的人都将被登记为犹太人，除非能证明他不是犹太人。由于该指令不符合犹太宗教律法，两位宗教内阁成员辞职。政府并没有因此而垮台，但本-古里安希望他们回到岗位。起初，他假装这场争端只是行政事务，因此他专注于寻找一种允许身份登记的可能，避开犹太人身份的本质问题，但是做不到。于是他建议那些虔诚地宣称自己是犹太人的父母必须确认他们没有信奉其他宗教，并声明他们的儿子受过割礼。这个问题仍然悬而未决，因为没有任何外部证据适用于证明女孩的犹太身份，而且宗教机构很可能仅仅因为只有父母的声明而拒绝进行割礼。本-古里安建议内阁通过实行"全民割礼"来解决这个问题，由医生进行这项工作。部长们就外科手术的重要性进行了长时间的辩论，他们都是男人，果尔达·梅厄没有出席会议。本-古里安坚持将割礼纳入犹太儿童的定义中。他的发言几乎带着宗教的狂热。"这是世世代代犹太人显著的标志，"他宣布，"我不知道这是否始于亚伯拉罕时代，那时候还没我。我不知道《创世记》里讲的故事是

665

传说、神话还是历史事实，我倾向于认为这是悠久的历史传统，数千年来，它一直是犹太人的显著标志。"他警告，如果以色列国将其搁置不理，那么犹太人内部的分裂会更加严重。

本-古里安并没有要求以色列退伍军人家的男孩强制进行割礼，世俗犹太父母的未割礼男孩仍将被视为犹太人。这种情况在以色列极为罕见，但本-古里安为这一原则而斗争。

"犹太人不信犹太教也依然是犹太人。"他这样主张。他还注意到其他宗教也实行割礼。[8]

原则问题依然悬而未决，他主要的目标仍然是政治性的——限制官方拉比的权力。为此，本-古里安不仅试图推行"全民割礼"，还对犹太身份引起争议的社区的地位作出裁决——他坚持认为，卡拉伊姆人（Karaites）和撒玛利亚人（Samaritans），这两个在古代从犹太教中分离出来的团体，应该被接受为犹太人。尽管他一直说自己不相信种族理论，但他又说"一名库希特（Cushite）妇女不可能是犹太人"——他指的是《民数记》记载的摩西曾娶过的库希特部落妇女。"库希特"一词的传统意义是"黑色皮肤"，在现代希伯来语中它等同于"黑人"（Negro）。但是 10 年后，他接受了法拉沙人（Falashas）的犹太身份，当时埃塞俄比亚的犹太人被称为法拉沙人。他说自己并未努力争取他们移民以色列，因为他不了解他们的意愿。[9]这时他表现得像个政客一样，与拒绝接受这个群体的犹太宗教权威对抗。作为一名政客，他还让内阁邀请几十名"智慧的犹太人"，共同解决犹太人身份的难题。

他们向 51 位拉比、哲学家、作家和学者提出了这个问题。他们都是男人，大多数生活在美国或欧洲。表面上看，他们只是在提供身份登记的建议，但实际上，他们在定义谁是犹太人。这可能是历史上唯一一次，一个政府请求其他国家的公民帮助，来划分自己国民的身份。他们的答复毫无新意，也没有给出任何解决方案，这种方式归根结底只能满足好奇心。[10]本-古里安在处理犹太人与非犹太人的婚姻问题上也遇到了困难，这也促成了这次对"智慧的犹太人"的民意调查。他认为，在以色列生活能确保异族通婚的子女可以像犹太人一样生活，而居住在其他地方的异族通婚的孩子将远离犹太传统。他对大屠杀期间数千名犹太儿童的命运非常感兴趣，这些儿童受到基督教的家庭和修道院庇护，得到解救。他认为这些孩子是国家的资产，禁止他们接受基督徒教育，要求送他们回父母家中，或安置在巴勒斯坦的公共机构中。[11]但他原则上反对异族通婚。"我认为这不是一个好现象，"他说，"首先，对婚姻本身不好，还会有很多并发的问题，虽然也有例外。"[12]在这件事上，他很难将自己作为国家领导人的角色与自己儿子的事区分开来。

"发家致富"

1946 年 1 月的最后一周里，阿摩司·本-古里安给父亲打电话，告诉他自己已坠入爱河，准备结婚。他已经给母亲写过信。阿摩司当时是英军部队的一名军官，两个月前，因病住在利物浦的军队医院。他的父母反对这桩婚事，本-古里安立刻前往英国，向他解释这事对他自己和他的前途来说"有多么的不可取"。但是他对劝说效果也不乐观，他写信给宝拉说："我不确定能否把他从自己惹来的麻烦中解救出来。"问题是阿摩司的恋人玛丽·卡洛（Mary Callow）不是犹太人，她来自爱尔兰海马恩岛一个英国教会家庭，即将完成护士的学习，在医院邂逅了阿摩司。他们的结合当然会给他们在巴勒斯坦的生活带来麻烦，更会给阿摩司的父亲——当时的犹太代办处（执行委员会）主席，带来更大的麻烦。[13]

本-古里安对于犹太人与非犹太人之间的通婚持极为保守的态度，这源自他年少时的经历。他的初恋是瑞秋·内尔金，她有一个叔叔，娶了非犹太女子，并改信了基督教。齐马赫后来回忆，那位住在普伦斯克的叔叔，每次经过犹太区时，孩子们都会对他大喊："内尔金，叛徒！"有时候他甚至需要警察的帮助来躲避这些孩子。《圣经》中的人物以斯拉被本-古里安和他的朋友们定为他们第一个组织的名字，他曾要求过："从现在起，别把你们的女儿嫁给他们的儿子，或让你们的儿子娶他们的女儿。"（《以斯拉》9:12，10:3）大约18岁的时候，本-古里安在报纸上读到，犹太复国主义运动的领导人之一马克斯·诺道娶了一位非犹太妇女，他感到非常沮丧，立即写信给他的朋友什穆埃尔。诺道曾被提名为世界犹太复国主义组织主席赫茨尔的继任者，他在接受报纸采访时说，家庭生活使他遭受了诽谤和非议。

本-古里安后来提到，他第一次遇到跨族通婚是在塞杰拉，一名犹太教师娶了一名非犹太妇女。1936年，著名的犹太复国主义领袖耶胡达·迈蒙拉比告诉本-古里安，从德国来的难民中至少有1000名非犹太妇女。"我说过我们不会像纳粹那样做。"本-古里安写道。他问迈蒙拉比，他是否愿意给有基督徒妻子的德国犹太复国主义者发放移民证书，迈蒙说他会，但是如果只有一个证书，他会优先选择那些没有基督徒妻子的犹太复国主义者。本-古里安记录了他的回答，未加评论。三年后，他驳回了犹太妇女和阿拉伯男子之间的婚姻。"我非常赞成不仅要达成协议，还要建立更密切的关系，更多接触与合作。但是我现在还没准备好让女儿嫁给一个阿拉伯人，倒也不是出于宗教原因，我不信教。也不是出于种族原因，而是因为在我看来，阿拉伯男人同犹太妇女通婚还不够格。"1966年，他问他的亲密伙伴阿夫拉罕·沃尔芬森（Avraham Wolfensohn），如果他的女儿说她想嫁给一个非犹太人,他会怎么说。沃尔芬森回答说,他不会反对。本-古里安问:"如果她甚至爱上一个黑人呢?"沃尔芬森说,他不会反对"她与任何她爱上的男人结婚——我反对种族主义"。本-古里安的回复是:"这可没那么简单。"[14]

这就是为什么本-古里安试图说服儿子分手的原因,一方面是出于对犹太人身份的认识,另一方面因为诺道所说的"诽谤和非议"。他称与阿摩司的会晤是一次"听证会",好像这是一场党内会议,而不是父子之间的真挚对话。"生气或责备是没有用的,也毫无理由,"他给宝拉写信说,"大吼大叫也无济于事。"他希望这件事还没有彻底失败,但又不太确信。"我觉得这件事还没那么严重,尽管我也不确定它是否不严重。"他写道,并用了一些处理危机时才用的复杂句子,试着通过"友好的对待,不带强迫和威胁"来解决问题。但在他见到玛丽·卡洛之前,就已经彻底失败了。

他没赶上婚礼,阿摩司和玛丽在利物浦火车站的铁轨处等着他,两人已经结为夫妇。"玛丽给我的印象不错。"他写信给宝拉,小心翼翼地解释。阿摩司说,他父亲见到玛丽的第一眼就喜欢上了她,甚至还附在自己耳边说道:"很好,很好,能发家致富。"本-古里安没向宝拉汇报儿媳的长相,只说:"她是个聪明伶俐、意志坚定的女孩,明白要面对的是什么,她深爱着阿摩司,做好了一切准备,她担心在任何情况下她的父母都不会同意他们的事。甚至她的父母可能再也不会和她说话了,但她仍然决定要和阿摩司在一起,就像露丝那时候一样,从方方面面都成为一个犹太女性。"为了强调玛丽对儿子的积极影响,他又补充道:"阿摩司已经戒烟了,他答应玛丽和我从此都不再吸烟了,儿子也变节俭了。"[15]

阿摩司住院期间,利物浦的大拉比伊塞尔·耶胡达·昂特曼(Isser Yehuda Unterman)去探望了他,本-古里安于是写了一封充满感情的感谢信给他，他写道："我不会忘记你的善举。"[16] 婚礼之后，本-古里安请求昂特曼来帮助玛丽皈依，显然，是为了加快进度。而这位拉比的回信"带着悲伤和冒犯"。他以少有人能及的方式指责本-古里安。拉比写道，他对异族婚姻很熟悉，也理解阿摩司。他曾两次邀请阿摩司去家里，一次是口头，一次是函件。如果阿摩司去了，他一定会趁"为时不晚"和他聊聊玛丽的事，他推测："说不定我能说什么打动他，至少他就不会这么草率鲁莽了。"他还提到自己在上帝的帮助下，成功阻止过一些年轻人"堕入异族女人的陷阱"，但是阿摩司没去他家。昂特曼暗示，作为犹太人民在巴勒斯坦的领袖，本-古里安要负责的不只是自己儿子的行为，还包括阿摩司这一代人的选择。"我们这些'极端主义者'想陪着年轻人，我们的内心对他们充满了爱，以至于忽略了某些罪过和罪恶，真是太奇妙了！而那些'宽容的'、传播开放思想的人和我们保持着距离，太不幸了。"他也讲到了点子上，他告诉本-古里安完成一次恰当的皈依可能需要数年时间，他建议给玛丽找一个合适的老师。

本-古里安写信对玛丽说，自己收到了源源不断的新婚祝贺，并向她保证，她在巴勒斯坦会受到热烈欢迎。他答应帮她，列出了自己的三个理由："为你，为阿摩司，为了宝宝。"当时玛丽处于孕早期，本-古里安希望在他们到达巴勒斯坦、宝宝出生之前就完成她的皈依。幸运的是，一位来自纽约的新派拉比约阿希姆·普林茨（Joachim Prinz）刚好在伦敦，他和本-古里安是老相识了。据普林茨说，本-古里安邀请他到办公室，本-古里安拿出宝拉的电报给他看，她要求皈依，她写道阿摩司不可以带着一个没有皈依的非犹太妻子回国。

普林茨答应为玛丽简化流程，但是玛丽不愿意，她说自己一心向往住在阿摩司的国度，成为这个国家的一分子，她声明自己不相信基督教的核心信条，但是和父母在一起的时候并不抗拒，一样参加礼拜。她还直截了当地拒绝了拉比让她改名为米里亚姆的建议。普林茨确信她不会留在巴勒斯坦，于是给了她一张皈依证。但由于他是个新派拉比，巴勒斯坦的官方拉比并不认同她的犹太身份。普林茨后来偶然遇到宝拉，她告诉他，其实心里并不觉得儿媳就是真正的犹太人了。玛丽留在了以色列，多年后进行了正式的皈依。[17]

670

"我相信上帝"

本－古里安在赎罪日也工作，还吃猪肉，但在宝拉死后，在他发表的给宝拉的书信集中，这部分内容被删除了。[18]很多犹太人践行着这种局部的、相当不确定的、个体还有差异的"世俗主义"。伯尔·卡兹尼尔森不吃猪肉，但有次在伦敦的时候，他在赎罪日当天去拜访了卡尔·马克思的墓地。他在日记中写道，伊扎克·纳冯参加了赎罪日犹太教会活动，但余下时间都在听大马士革广播电台。[19]本－古里安一生对犹太教的态度一直不明确，从他抵达巴勒斯坦那天起，他就很少出现在犹太会堂。他去犹太会堂时通常是在国外。他说第一次在以色列参加犹太会堂的聚会是在以色列议会的就职典礼上，他特意说自己并没有在那里祈祷。"我希望你的上帝能原谅我的过错。"他对写信询问他的一位公民这样说。[20]他在希伯来语《圣经》中寻求自己身份的根源，他的犹太复国主义也与希伯来《圣经》紧密相关。"犹太人的坚忍源于两件事，"他曾经写道，"以色列国和《托拉》。"[21]有时他将犹太复国主义与宗教相提并论，称其为"犹太复国主义信仰"，甚至提到"犹太复国主义者的诫命"，他将犹太复国主义视为犹太人"灵魂中藏着的光"。[22]但他并没有就此打住。关于宗教在以色列公共生活中的地位的辩论多到数不清，在其中一场辩论中，他的独白以近乎恳求的口吻开始："我不认为《托拉》来自天堂，《托拉》是人类写的，它的价值不会因为是人类写的而降低。相反，如果是从天上来的，犹太人在其中又算什么呢？犹太人民的伟大之处在于书写了《托拉》。有些人觉得《托拉》是从天堂来的，但我不相信，我是另一种犹太人。"[23]

671 这是他的感受的精确定义，甚至是他的理想定义，他想成为"另一种犹太人"。但是，他不认为犹太民族的后代有权加入其他宗教，这表明，他不相信完全世俗的犹太教，这一点从他反对通婚和坚持男性割礼可以证明。为了解决这个矛盾，他曾进行过一次无望的尝试，他提到犹太律法的经典守则时说："《犹太法典》（*Shulchan Aruch*）对我来说是犹太人的价值观，但我们没有义务按照它来约束日常生活。"[24]也包括上帝。

本-古里安不是无神论者——他从未否认过上帝的存在。但是，受斯宾诺莎影响，他并不把上帝视作自然之外的超实体。他倾向于将上帝与自然，包括人类的存在相结合。他认为犹太人在上帝选择犹太人之前就选择了上帝。他第一次尝试将这个想法写下来，是在18岁，他在《约书亚记》（24:22）"你为自己选择了上帝"和《申命记》（26:17-18）中找到了证明，这个论点对他十分重要，因为正如犹太复国主义所倡导的那样，一个选择自己上帝的民族可以塑造自己国家的命运。

在他看来，斯宾诺莎是"自《圣经》以来最伟大的犹太哲学家"，直到阿尔伯特·爱因斯坦出现。他还认为斯宾诺莎是过去300年来"第一位犹太复国主义者"。在他退居萨德博克后写的一篇早期文章中，他要求将斯宾诺莎的作品翻译成现代希伯来语，以纠正犹太人永久禁止他和他的作品的不公正待遇。[25]他的文章引用了一种理论，认为斯宾诺莎的思想源于佛教，他认同这种看法。佛教似乎让他着迷，因为他认为佛教的伦理教义里没有上帝，他坚持认为人类可以塑造自己的道德价值观，并决定自己的命运。"在我看来，犹太教是一种历史经验。"他在日记中写道，但是他很难解释这句话的意思。"上帝是宇宙的、普遍的、永恒的存在。确实，《圣经》充满了对造物主的信心，毫无疑问，摩西、耶利米和其他先知都听到了上帝的声音，但上帝没有对他们说话。燃烧的灌木丛和西奈山的故事全是摩西的历史，而不是上帝的历史。"[26]

随着年龄的增长，本–古里安的信仰斗争也变得更加深刻。他越来越相信某种上帝的存在，即使不是犹太信仰的上帝。"犹太信仰是犹太教的一部分，但犹太教不是犹太信仰的一部分，"他写道，"因为犹太信仰在不同世代之间发生着变化。"[27] 1967 年底，他写道："我相信上帝，但是在 613 条诫命的问题上，有各种不同的意见……事情没那么简单。"[28] 一年后，一位访客问他是否信奉上帝。"问题是当你说出这个词时，你在想什么，"他回答道，"大多数犹太人都把上帝看作是一个大胡子老人，坐在他的宝座上说起话来……我不相信上帝说什么……但我也不相信世界上只有物理力量。我不能假设。我曾问过一位科学界的伟人，大脑是否只是一个物理过程。"他指的是丹麦物理学家、犹太裔诺贝尔奖获得者尼尔斯·玻尔（Niels Bohr）。当本–古里安试图说服他"宇宙会思考"时，玻尔回答说，宇宙中只有物理过程。"那牛顿的大脑是如何通过物理过程，实现如此伟大的创新？"本–古里安想知道，"或者爱因斯坦的理论呢？或者其他科学发现呢？在整个宇宙中，有一个叫心智的东西，不管它叫什么，都高于物理过程。"

他回忆起访问瑞典乌普萨拉（Uppsala）的经历。"他们给我看了一台可以测量百万分之一秒的机器，"他回忆道，"我知道，从理论上讲，一秒不仅可以分成百万分之一，还可以分成十亿分之一，依

672

此类推，永无止境。但是，他们怎么做到的呢?" 答案听起来很简单："他们告诉我机器旋转得非常快，当我想知道的时候就让它停下来，然后我就知道了。按照这个逻辑，这就是百万分之一秒。" 他说他知道自己每分钟走 80 步，"但一秒钟是很短的时间，可以除以一百万吗?!" 他说，他无法想象这世上不存在某种更高的力量或"统治者"。"我们称之为心智，但是它的名字并不是决定因素，它不仅仅是一个物理过程。就是这样!"[29] 在 1970 年，他列举了一些被他视为"犹太教永恒本质"的原则，其中有"爱人如爱己"和"这国不可举刀攻击那国"。在名单的最前面，他写道："信仰一位创造万物的神。"[30] 他没有承认自己想成为"另一种犹太人"的渴望，但他承认自己不可能是一个完全世俗的犹太人。

673　　他难以定义自己的犹太教，也很难确定以色列和国外的犹太人之间应该建立什么样的关系。他的孙子阿隆（Alon），曾被本-古里安称为一半犹太人、一半英国人，这里他带着一点犹太复国主义者的讽刺意味——后来阿隆去了纽约，多年来经营华尔道夫阿斯托利亚酒店。[31]

"在克利夫兰高唱《希望》"

1961 年，与约翰·肯尼迪会面时，总统将本-古里安拉到房间里其他人听不到的一个角落，对他说："你知道，我是被纽约犹太人选出来的，我愿意为你做些事情。" 他指的是为以色列提供援助，本-古里安感到震惊。"我是个外国人，代表一个小国家，我作为一个犹太人而来，而不是作为选民。" 他受到了双重侮辱，首先是作为以色列总理，其次是以美国犹太人的名义。[32] 当然，从一战以来，他就知道事情就是这样。这就是为什么他后来问起本-兹维，战争期间他在华盛顿是否遇到了"伍德罗",即威尔逊总统。他理所当然地认为,实现犹太复国主义计划的道路要经过白宫,美国犹太人应该提供帮助。

但是多年来,他不时纠结于如何将犹太复国主义的责任分配给流散的犹太人和以色列人,这是一个复杂而敏感的主题,充满矛盾以及多年来不断变化的意识形态情感。本-古里安和其他犹太复国主义领导们不厌其烦地在书籍、文章和演讲中讨论这个问题。这不仅仅是一个哲学问题,它常常困扰着以色列人。

❖

1962 年夏天,两个犹太人的案件在以色列掀起波澜。一个是 10 岁的男孩,出生于苏联,名为尤塞勒·舒马赫(Yossele Schumacher)。另一个叫罗伯特·索布伦(Robert Soblen),一位 60 岁的精神病医生,他在美国被判定为苏联间谍,被判无期徒刑,但在上诉期间已获保释。尤塞勒是从以色列偷渡到纽约。索布伦则是逃回了以色列。

这个男孩成为一场关于学业的家庭纠纷的受害者。他的祖父希望他接受哈瑞迪犹太教的教育。有一次,哈瑞迪极端组织"城市卫士"(Neturei Karta)的成员鼓励他,让他以女孩身份离开以色列。本-古里安说:"在我看来,自从以色列建国以来,还没有发生过这样的丑闻。"他要求摩萨德负责此事,摩萨德长官伊塞尔·哈雷尔向内阁展示了"城市卫士"用意第绪语写的反对犹太复国主义的信件和传单。除此之外,还指控他们蓄意破坏摩洛哥犹太儿童的移民。丑闻触及世俗犹太人的神经,引发了一场关于世俗以色列人的价值观的情绪化的辩论,尤塞勒被视为"我们所有人的孩子",带他回来被描绘成一项积极的、重要的国家挑战。每个人都在问"尤塞勒在哪"。

1962 年 7 月 1 日,本-古里安通知内阁,已在纽约找到尤塞勒。

他说将男孩从美国带回以色列，需要得到美国移民当局的同意。随后，他在声明中说起另一件事："应内政部部长的要求，我特此宣布，今天早上七点半，索布伦医生已经乘飞机前往英国……一名医生被派去暗中跟随着他，但他不知道这回事。"索布伦大概不知道的另一个秘密是，本-古里安对内阁也有所隐瞒——从特拉维夫飞往伦敦的航班上，有一位乘客是美国特工，特地陪同索布伦乘飞机返回美国。

就在本-古里安通知内阁找到尤塞勒·舒马赫的同一天早上，索布伦被驱逐出以色列，这是外交协商的结果。哈雷尔曾致电以色列驻美国大使，要求他打电话告诉美国总检察长罗伯特·肯尼迪（Robert Kennedy），为尤塞勒的回国作出适当的安排。为了响应美国的要求，也为了加快尤塞勒回国，索布伦被草率地驱逐出境，甚至没给他提出上诉的机会。本-古里安告诉以色列议会，他对索布伦的

675 驱逐负有责任，尽管索布伦也是犹太人。他在内阁会议上表现得极为愤怒。"我认为这是我们国家的耻辱，"他说，"有一个新的犹太英雄——索布伦博士，一个骗子、欺诈者。"[33]索布伦在伦敦待了一段时间，在英国当局决定将他引渡到美国时，他服毒身亡。

索布伦不是第一个在以色列寻求庇护的犹太罪犯。法律或许会驱逐他们，但这个故事揭示出了内部的矛盾，挑战了以色列作为受迫害犹太人庇护所的意识形态承诺。[34]本-古里安继续将世界上所有的犹太人视为一个单一的民族，坚信返回锡安体现了所有犹太人的利益。这导致他将犹太人分为四类：犹太复国主义者、同情者、冷漠者和敌人。大多数犹太人要么是同情者，要么是冷漠者。他说，世界上很少有犹太复国主义者。他主要将此视为犹太人而不是犹太复国主义者的失败。"过去几百万犹太人为返回锡安祈祷、渴望、希望、祝愿、痛苦一直到死，但是几代犹太人都没能回来，"他说，

"犹太民族是否回到了自己的土地上？只有一小部分人，很少。"[35]

他的基本假设是，每个犹太人都应该在以色列定居，作为犹太复国主义者，他们的职责就是在这里定居。1950 年，他宣布："阿拉伯人不需要住在这里，就像美国犹太人不应住在美国一样。"[36]但是，犹太复国主义的事业非常依赖那些不想住在以色列的犹太人的资助和支持。本-古里安本人也曾体验过这种依赖，他曾长期依靠父亲生活，他非常清楚，许多犹太人担心犹太复国主义会损害他们作为他国公民的地位。"以色列渴望成为世界犹太人的中心，这会威胁流散犹太人的权利。"他说。许多波兰犹太人自称为波兰的爱国者，从未想过要离开自己的国家。德国和其他国家的犹太人也是如此。[37]

作为巴勒斯坦地方领导人，本-古里安地位越稳固，就越倾向于强调海外犹太人的责任，即使他们留在自己的国家，也有责任促进犹太复国主义的实现。在《贝尔福宣言》发表后不到一年，他提议建立一个世界犹太人大会，获得国际法承认的"执政权"，有权向全世界的犹太人征税，而这笔钱将流向巴勒斯坦。1947 年，他重拾过去的观点，将全世界的犹太人描述为"人质"。如果以色列不"绝对公正"地对待阿拉伯少数民族，他们（全世界的犹太人）将面临打击报复的危险。[38]

676

他知道，如果没有美国犹太人的金钱和投票，犹太复国主义将永远无法实现目标。他还意识到，许多美国犹太人对犹太复国主义的帮助要比留在他们历史上的祖国更有用。因此，他学会了奉承那些帮助过他的政党的捐款人，他在美国学会了很多夸张的做法。"我认为实际上，美国犹太人参与劳工运动比《贝尔福宣言》带来的外交胜利更重要。"他在给纽约的一位熟人写信时说道。[39]

因此，巴勒斯坦的犹太复国主义者致力于让犹太人留在其他国家，在该国施加权力和影响力。作为开拓者，本-古里安不想承认这一点，"英国的犹太内阁大臣，或印度的犹太总督，根本不可能解决犹太人的任何问题。"他写道。[40]但是，作为一个寻求最大支持的"犹太复国主义传教士"，他曾宣称，犹太复国主义也必须为确保波兰、俄国（苏联）和其他国家的犹太人享有平等权利而战。他说，政治和经济权利的重要性不亚于国家权利。[41]有时，他坚持认为，建立一个犹太国家本身并不是目的，而仅仅是犹太人救赎的一个阶段。"这个国家不仅是巴勒斯坦犹太人的国家，也不可能仅仅由巴勒斯坦的犹太人建设和守卫，"他说，"国家是为犹太人建立的，我们只有动员全部的力量，国家才会诞生。"1948 年初，他说："没有犹太人民的帮助，我们就不会获胜。"果尔达·梅厄后来说了同样的话。支持以色列的犹太人为独立战争的大部分活动提供了资金，而且在许多情况下，他们违反了美国的法律，迪莫纳核反应堆也要依靠世界各地特定的一些犹太人来提供部分资金。[42]

这种依赖至关重要，但有时令人沮丧，甚至感到羞辱。本-古里安欣赏他在美国犹太人中发现的团结，但有时他无法克制自己。一位慈善家向本-古里安描述他把芝加哥附近的度假屋命名为巴勒斯坦，想以此取悦他。本-古里安建议道："那你为什么不在特拉维夫建一幢避暑别墅，把它叫芝加哥呢？"①[43]

石油大亨、美国犹太人委员会主席雅各布·布劳斯坦（Jacob Blaustein）曾设法得到本-古里安的书面承诺，要求以色列不干涉美国犹太人的生活，不要以双重忠诚来吸引他们。在这里，本-古里安承认了犹太人生活在以色列境外的合法性，这与犹太复国主义的原

---

① 作为总理，本-古里安曾经退还一张美国犹太人寄给他的 10 美元的支票。"我们不能让自己成为慈善的对象。"他告诉内阁。1967 年初，他前往美国，为米德希特萨德博克（Midreshet Sde Boker）筹款，这是一个基布兹的教育和研究机构。（Ben-Gurion to the Cabinet, June 1, 1952, ISA; Ben-Gurion to *Ha'aretz*, Jan. 23, 1967, BGA.）

则相矛盾。[44]但他拒绝承认流散的犹太人是犹太复国主义者，并为多年前他在提到世界各地的犹太复国主义活动分子时，将"犹太复国主义者"一词放在引号里而自豪。他认为，巴勒斯坦的犹太复国主义比其他地方的犹太复国主义要多得多。"在克利夫兰高唱《希望》是犹太复国主义者的行为，"他说，"在内盖夫战斗，建设内盖夫——这也是犹太复国主义者的行为，但是两者之间难道没有区别吗？"只有少数美国犹太人同意他的观点。美国犹太妇女复国主义组织哈达萨主席罗斯·哈尔普林（Rose Halprin）就说过他的观点很幼稚。[45]

本-古里安随时追踪世界上流散犹太人的情况，指出他们在本国的影响力也可能是问题所在。他曾忧心忡忡地分析过美国犹太人的地位，指出身为犹太人与身为美国公民并不矛盾，这也是犹太复国主义无法取得成功的原因。[46]他喜欢这样说，反犹主义的每一种表现都可以成为"助推器"，这是赫茨尔的基本思想。"反犹分子将是我们最坚定的朋友，"他写道，"反犹国家将是我们的盟友。"[47]犹太复国主义运动与纳粹之间的《哈瓦拉计划》，以及大屠杀后将犹太人从东欧和伊斯兰国家撤出的协议，都是这一论点的有力证明。

与联邦德国进行的赔偿谈判，让世界承认以色列是所有大屠杀受害者的代表，对以色列来说具有重要的意识形态和政治意义。这样的原则曾催生一项提议，给死在纳粹手中的 600 万犹太人中的每一个人授予以色列的公民资格。本-古里安持保留意见，没有立刻拒绝这个想法。他担心德国人会将其视为勒索。事实证明，与德国人的谈判中，由以色列以外的犹太组织进行协调是更好的方法，容易取得好结果。[48]

678

"回家了"

许多在以色列生活的人，无论是自愿还是意外成为难民，都觉得在"流亡"中过得更好，他们难以融入以色列社会，这促使本-古里安加强宣传以色列身份认同，尤其是在年轻人中。这是他分配给军队的任务之一。他坚持认为以色列的犹太人不只是"流散海外的犹太人的集合"。用他的话说，"我们不可能看不到这里是一个犹太民族，具有独立民族的特征。"这种做法也对美国犹太人造成威胁。①

为了说服自己在以色列的生活比在其他地方"更充实"，许多以色列人倾向于看不起那些选择留在自己国家的流散犹太人。本-古里安也有这种倾向。他有时对世界其他地方的犹太人表示蔑视，有时为他们感到羞耻。"裁缝和鞋匠在那里有什么价值？"他曾这样问美国的犹太劳工协会。他坚定地认为，巴勒斯坦犹太工人总工会正在努力为犹太人创造更健康的社会结构。[49]

679 "犹太复国主义运动产生的最珍贵的东西不是新的思想，而是新型人类。"本-古里安在马帕伊的创立大会上说。[50] 他本人并不是犹太复国主义引以为傲的在巴勒斯坦创造的"新犹太人"典范。如他自己所说，他本质上仍是一个波兰犹太人，他的双脚牢牢地扎根在东欧国家建立的社会、政治和精神体系中。他从未完全摆脱诗人肖尔·切尔尼科夫斯基所说的"祖国风貌的烙印"。记忆和情感的紧密纽带将他与自己的青年时代联系在一起，有时他被思念的情绪压倒，

---

① 理查德·克罗斯曼曾是为联合国分治决议奠定基础的英美委员会的一员，他得出的结论是，巴勒斯坦的犹太人正在结成一个与流散犹太人不同的国家，部分是因为他们有争取独立并为之奋斗的意愿，正如美国人在独立战争中流血而最终建国一样。（Crossman 1946，p. 203.）

就去莫斯科看《恶灵》。1950 年，在参加特拉维夫《奶牛场工人特维》（*Tevye the Dairyman*）的制作后，他写信给男主角耶霍舒亚·贝尔特诺沃（Yehoshua Bertonov），说这是他一生中最深刻、最震撼的事之一。[51]

在巴勒斯坦定居后，他尽可能地与自己的出生地保持联系，多年来，这种需求不断增长。当他旅行至波兰时，甚至在他父亲离开小镇之后，他也会造访普仑斯克。当他告诉父亲自己打算来看他时，他会和父亲说，自己"回家了"。[52]普仑斯克是他的耶路撒冷，他在那里说意第绪语，也用意第绪语写了许多信给宝拉。在巴勒斯坦，他曾一度否定自己的母语，但随着年龄增长，他开始自我和解。1951 年，他支持废除用意第绪语演出戏剧的禁令，在内阁会议上，他有时在演讲中加入意第绪语的表达。当他说希伯来语或英语时，能听出意第绪语的口音。[53]

以色列的能力是有限的，无法接纳所有需要它的犹太人，而且它倾向于优先考虑那些可能有用的人，这对犹太复国主义理想的内在逻辑提出了更大的挑战。

❖

在 20 世纪 30 年代初，本-古里安已经充分地意识到他年轻时所接受的意识形态的不完善和内在矛盾。"在我的一生中，从我记事开始，我就是一个犹太复国主义者，"他在 1940 年说，"但我一直在挣扎，我总是看到，我做的每件事，我想的每件事，都证明了我仍然不是一个百分之百的犹太复国主义者。"[54]他不时感到有必要增强他的犹太复国主义意识。"每个犹太复国主义者都发现自己在攻击内心的犹太复国主义者。"他曾经这样说过。[55]到了晚年，他开始说自己不再是犹太复国主义者。"我不知道'犹太复国主义'这个词的含义和定义，在我年轻的时候我一度以为自己知道。现在我怀疑这个词是否有意义。"他在六日战争之后写道。[56]

这正是他最主要的缺点：他领导了一场从未就其基本原则达成一致的运动。

"死亡激起了我的兴趣"

本-古里安的会议安排越来越短，日记也越写越短。[57]在他接受的最后一次采访中，他再次讲述了一个阿拉伯学生的故事，这个学生因本-古里安在一战期间被驱逐出巴勒斯坦而感到高兴。他再次说道，他不知道那个年轻人经历过什么，也许他已经去世了，无论如何，"他向我预告了今天的局面"。[58]

萨德博克和特拉维夫的保镖记录了他的日常活动，他们照顾他吃饭、洗衣，甚至熨烫衬衫。耶胡达·埃雷兹惊讶地注意到，本-古里安穿着得体，胡子刮得干干净净。他继续写他的回忆录，每天出去散步。每隔几个月就去耶路撒冷看什洛莫·齐马赫，齐马赫总是抱怨自己现在活跃不起来，感到无聊，心脏虚弱。本-古里安并没有说什么来提振他的情绪。"大卫昨天在这里待了将近两个小时，"齐马赫在1968年10月写道，"他胖了，脸有些浮肿，一直坐在那儿聊天，说着他以前说过很多遍的事情，一样的夸张，一样的捏造，以及在他的讲述中，'我'永远是所有事件的中心以及背后的推动力量。"

齐马赫感觉到本-古里安喜欢和他共处，当他的保镖走进房间提醒他会面结束时，本-古里安"几乎训斥了他"，坚持坐着不动，直到保镖又折回来，坚持要他离开。他又一次伤害了他童年时的朋友。"当然，他使我想起了我父亲逝去前的那几年艰难时光，"齐马赫说，"他再次谈到了在塞杰拉度过的时间，以及他在那里的英勇事迹。他又一次说，他最想做个农夫。他谈到了伊加尔·阿隆、摩西·达扬、阿巴·埃班，最终以艾希科尔收尾。他对我说：'我会去以色列议会，因为我必须向国家解释为什么我要求解雇艾希科尔和他的整个政府，他们当然会说我疯了，但我得说出我的想法，把我的话说出来是我的责任。'"齐马赫写道，他表现得和蔼可亲，见到自己的妻子汉克也很高兴。

681

　　齐马赫和他的妻子汉克当时住在一个由中欧裔以色列人协会管理的养老院中。本-古里安及其保镖的出入引起了人们的注意。齐马赫总是带着极大的敬意接待他。当他离开时，本-古里安说："现在我在耶路撒冷有了另外一个角落。"齐马赫感觉到本-古里安非常孤独，需要温暖的友谊。"既然童年的友谊是永恒的，让我们在它的光芒下温暖自己吧。"齐马赫说。瑞秋·拜特·哈拉赫米也来看望齐马赫，并给他看了她收到的来自本-古里安的信。"我在世界上只剩下两个亲近的人，"他写道，"你瑞秋，以及什洛莫·齐马赫。"这样的日子持续了两年半。"今天下午，本-古里安来了，待了一个小时，"齐马赫在 1971 年 12 月写道，"他脸色苍白，身体僵硬。"他"情绪低落"，说"一切进展得都很慢"。[59]

　　直到这个阶段，耶胡达·埃雷兹才不得不放弃乐观态度，承认本-古里安正在加速衰老。几位来见他的访客感到困惑，他们发现本-古里安健忘又迷糊，有时甚至认不出他们。1973 年 2 月，他仍计划参加内盖夫新道路的开通仪式。大家都在等他，但在最后一刻，他的医生禁止他离开家。[60]他经常接受医学监测，大体上没生病，感觉尚可，但手上的疼痛令他难以写作。[61]每天报纸都会送到他的手中，但他想要紧跟时事的意愿已经减弱了。埃雷兹说，他还在读三天前的报纸。[62]他谈到了"阿尔塔莱纳号"和阿洛索洛夫的谋杀案，并终于讲出为什么他不信任伊加尔·阿隆。"他与阿拉伯人一起长大。"

本-古里安说。[63]

1973 年 8 月，本-古里安还待在萨德博克，小屋闷热不堪，风扇也罢工了，令人难以忍受。他躺在床上，不时咳嗽，手里拿着痰盂。他的保镖看到他依然穿着得体，干净整洁。在与国防部的协调下，他们鼓励熟人去拜访他，不让他感到孤独。他的一名保镖阿哈龙·塔米尔（Aharon Tamir）为他提供了温暖的家庭气氛，邀请他周五晚上到家中吃晚饭，本-古里安坐在地毯上，与塔米尔的小女儿一起玩。这是塔米尔极大的善意——在本-古里安生命的最后几年，没有什么比等待残酷无情的衰老更让他恐惧的了。他对阿登纳的衰老过程感到敬畏，有一次他在日记中写道：“阿登纳 81 岁，打算再执政 10 年。在联邦德国，有一种苏联发明的注射剂，可以延续老人的生命。”他要求自己的私人医生哈伊姆·谢巴博士（Dr. Chaim Sheba）去调查他听说过的改善记忆力的药丸，还派了另一位医生前往瑞士进行研究。“死亡激起了我的兴趣，”他曾对国防部部长办公室主任哈伊姆·伊斯雷尔说，“到我这把年纪，我知道自己大限将至了。”他说，如果他有机会再来一次，他想学习生物学，研究人的大脑。从夏入秋，埃雷兹注意到本-古里安已经停止写回忆录了，这表明他的末日快要来临了。“在他走前的八个月，他已经不想活了，我记得他没有任何欲望。”他的儿媳玛丽回忆道。“听到和看到那样的本-古里安，简直是地狱，”果尔达·梅厄说，“但是时间很短。”两年前，他曾写信给她：“有时候，我不相信自己还活着，几乎我所有的亲密朋友都不在了。”[64]他在给米里亚姆·科恩的最后一封信中写道：“我想见你。”作家伊扎尔·斯米兰斯基把他比作李尔王，他没说他想到的是莎士比亚戏剧的哪一场，也许是第三幕第二场，李尔王称自己为“一个贫穷、虚弱、软弱、被鄙视的老人”，也许是第四幕第六场，格洛斯特（Gloucester）宣布“国王疯了”，然后想：“我最好分散注意力，这样，我的思想就能从悲伤中解脱出来，错误的想象会带来悲伤，让人失去对自己的了解。"①[65]

❖

1973 年 10 月 6 日，埃及和叙利亚的军队对以色列发动了双管齐下的进攻，当本-古里安争取犹太人独立时，他已经在考虑这一轮战争了。超过 2200 名以色列士兵牺牲，仅次于独立战争中的死亡人数。整个战争期间，本-古里安在特拉维夫的家中度过。西蒙·佩雷斯每天来一到两次，向他汇报情况。几天后，本-古里安中风，为此他在特尔哈绍莫医院接受治疗，随后出院回家。医院派了医生去为他做检查。"本-古里安坐在床边，"医生在日记中写道，"他一动不动地盯着，床单是湿的。"他身边只有男人，显然是指他的保镖。"专注、务实，话很少。"医生这样形容他们。"我环顾四周，房子看起来很冷，没有女人或任何柔和的迹象，我甚至没看到桌上有桌布或花，假花也没有。"他面对着本-古里安坐着，但没法把眼前的本-古里安和印象中的联系起来。"我眼前的是一头疲惫的老狮子。"医生写道。做完身体检查后，他努力检测病人的认知能力，问道："你对战争有什么看法，本-古里安？""什么战争？"本-古里安回应道。医生惊呆了，"那一刻，我想到了那些肉身已经消逝的人，他们在历史上的地位是不会变的"。[66]

本-古里安的 87 岁生日在孤独中度过，他知道战争，还给一个失去儿子的助手写了吊唁信。在信中，他写道，这是迄今为止最严重、最残酷的战争。[67]伤者还包括他的孙子阿隆。11 月底，本-古里安再次中风住院。被允许探视的极少数访客中，大多数人无法与他交流。[68]摩西·达扬是最后来的人之一。"在他最后的日子里，他的大脑

① 一位来自普伦斯克的老朋友曾说过，本-古里安还是个男孩时，曾在消防站的业余剧院里演出，剧目包括《李尔王》。(Teveth 1977, pp. 39, 492.)

是模糊的，"达扬写道，"他无法说话，闭着眼睛，皱起嘴巴，看起来好像陷入沉思，但并不烦恼。相反，他的脸看起来温和而安详。他平静地离开了世界，生命慢慢消逝。"[69]

1973 年 12 月 1 日，接近上午十点半，本-古里安与世长辞。赎罪日战争在五周之前结束了，结局是以色列勉强幸存，而不是获胜。这场战争给以色列留下了深刻的创伤，并给人一种模糊的感觉，好像一切都会和过往不同。本-古里安的死在此刻有了象征意义，以色列不仅与一个人分离，也与整个民族意识分离了。每个人都把他埋葬在沙漠的决定与他想让内盖夫繁荣的心愿联系在一起。人们不由得怀疑，他是否认为建造一座国家坟墓吸引定居者来到这里，比他在世时激励的那部分人还要多。他可能想到的是哈伊姆·魏茨曼在雷霍沃特的墓地。像魏茨曼一样，他不想埋在以赫茨尔命名的山上，死后还要留在赫茨尔的阴影里。雅博廷斯基已经被重新下葬，就在艾希科尔的墓地附近。本-古里安还要求，葬礼不要悼词，在塞杰拉他也没有为两个朋友念悼词。最终，葬礼主要由祈祷组成。在他去世前几个月写的遗嘱里，他不再为成为"另一种犹太人"而奋斗，也没有下令改变传统的宗教仪式。他去世时，经济上相当宽裕，不久前，他的继承人已经开始争夺遗产，尤其是那幢特拉维夫的房子。最后他把房子留给了国家，向公众开放，他的著作也留给了国家。此外，他还要求，同他生前一样，保留他在萨德博克的小屋。[70]他多活了几年，但他应该庆幸没有活到四年后看到梅纳赫姆·贝京当选总理，他可能从未想过会发生这种事，就像他从未想过贝京或其他人会和埃及签署和平条约一样。

一年后，齐马赫逝世。他的生活质量已经降到基本标准以下，他患有严重的心脏病。1973 年 8 月，他的体重仅剩 117 磅。"对写作的渴望有着不可估量的力量。"他在日记中写道。这是他写下的最后一句话。1971 年 12 月，他和本-古里安见了最后一面，他们互相抱怨"国家的精神在消逝"。本-古里安说："如果我们不能保持体面，那就没法留在这里了。"齐马赫同意他的看法，这也许是自 70 年前两人在普沃卡初识以来第一次有共同的想法。[71]

注 释

缩写词

BB:柏林德国联邦档案馆

BGA:本-古里安档案馆

CAHJP:耶路撒冷犹太人历史中央档案馆

CZA:犹太复国主义中央档案馆

GSA:甘什穆埃尔基布兹档案馆

HIJC:阿夫拉罕·哈曼当代犹太人研究所

HIJC-OHA:阿夫拉罕·哈曼当代犹太人研究所—口述历史档案馆

IDFA:以色列国防军档案馆

ISA:以色列国家档案馆

JFK:约翰·肯尼迪总统图书馆和博物馆

JIA:雅博廷斯基研究所档案馆

LEA:列维·艾希科尔档案馆

LMA:平哈斯·拉文研究所劳工运动档案馆

LPA:摩西·夏里特以色列工党档案馆

NA(UK):英国国家档案馆

YBZ:雅得·本-兹维档案馆

YNA:伊扎克·纳冯档案馆

YTA:雅得·塔宾金档案馆

YY:雅得·雅丽研究与文献中心

序言 追随历史的足迹

1. Ben-Gurion, Diary, Jan. 30, 1940, BGA.

2. Ben-Gurion, Diary, Feb. 5, 1940, and Nov. 29, 1940, BGA.

3. Ben-Gurion to Hazaz, July 10, 1968, BGA.

4. Ben-Gurion, Diary, May 2, June 10, July 16, 20, 1953, BGA; Ben-Gurion to Allon, May 11, 1953, BGA; Yehuda Erez, interview transcript, BGA.

5. Ben-Gurion, Diary, Feb. 5, 1940, BGA.

6. *Ma'ariv*, Jan. 6, 1967; Ben-Gurion to Rachel Mishal, Jan. 19, 1967; Ben-Gurion to Alexander Peli, Jan. 26, 1967; Ben-Gurion, Diary, Aug. 1, 1960, BGA.

7. *Davar*, Sept. 28, 1967.

8. Mordechai Ben-Tov, interview transcript, BGA.

9. Ben-Gurion to Shmuel Fuchs, Dec. 18, 1904, in Erez 1971, p. 39.

10. Yitzhak Lamdan 1955. The number of dead is computed according to http://www.izkor.gov.il/.

11. Ben-Gurion, Diary, May 8, 1948, BGA.

12. Whartman 1961.

13. Shachar 2002, p. 523ff.; Feldstein 1998, p. 354ff.

14. Ben-Gurion at the Mapai Council, Jan. 12, 1949, in Rafi Mann 2012, p. 247.

15. Ben-Gurion to the Cabinet, July 15, 1958, ISA.

16. Ben-Gurion at the Zionist Congress, Dec. 10, 1946, in Ben-Gurion 1993a, p. 249.

17. Ben-Gurion, Diary, May 14, 1948, BGA; Ben-Gurion 1969b, 1, p. 106; Cabinet meeting, Oct. 20, 1953, ISA.

18. Moshe Carmel, interview transcript, p. 54, BGA.

19. Ben-Gurion, Diary, March 1, 29, 1948, BGA.

20. Ben-Gurion to the Mapai Central Committee, Sept. 29, 1936, BGA; Ben-Gurion at the Zionist Executive, Feb. 11, 1945, BGA.

21. Ben-Gurion to the Mapai Central Committee, Sept. 29, 1936, BGA.

22. Ratner 1978, pp. 347ff., 382; Yanait, interview transcript, July 17, 1975, p. 13, BGA; Carmel, interview transcript, BGA.

23. Carmel, interview transcript, BGA.

24. Yanait, interview transcript, Jan. 11, 1978, p. 11, BGA.

25. Ben-Gurion with writers, March 27, 1949, BGA.

26. Ben-Gurion, Diary, Dec. 25, 1948, BGA; Ben-Gurion to Halperin, Sept. 21 and Oct. 10, 1948, BGA; Ben-Gurion 1954b; Ever Hadani 1955, p. 162.

27. Ben-Gurion, Diary, Dec. 26, 1953; Ben-Gurion 1954b; E. A. Simon to Ha'aretz, Dec. 24, 1953; Panim el Panim, Dec. 22, 1954.

28. Ben-Gurion 1958, pp. 92ff., 155ff.

29. Ben-Gurion, Cabinet meeting, July 7, 1957, ISA; Ben-Gurion at an IDF ceremony, April 27, 1955, BGA; Ben-Gurion, Diary, Sept. 18, 1967, BGA.

30. Ben-Gurion, Cabinet meeting, March 29, 1955; Babylonian Talmud, Megilah 16a.

31. Ben-Gurion to Moshe Sharett, June 25, 1937, in Ben-Gurion, Diary, June 25, 1937, BGA.

32. Peres and Landau 2011; Shilon 2013; Anita Shapira 2014; Goldstein (in process).

第一部分　问鼎权力之路

1.Ben-Gurion interviewed by Yosef Avner, Avraham Kushnir, and Tom Segev, Nitzotz, April 28, 1968.

第一章　誓言

1. Ben-Gurion interview with Ya'akov Ashman, Nov. 25, 1963, BGA.

2. Friedman 1994, p. 175ff.; Ben-Gurion 1963a, p. 31; Lavi 1957, p. 59.

3. Bartal and Gutman 2001.

4. Ben-Gurion 1974b, p. 18; N. M. Gelber 1963, p. 24ff.

5. Ben-Gurion 1963a, p. 34; Lavi 1957, p. 15ff.; Ben-Gurion, eulogy for Lavi, July 12, 1964, BGA; Zemach 1983, p. 21; Michelson 1963, p. 125.

6. Zemach 1983, pp. 10, 18; Krieger testimony, Bracha Habas Archive, NL.

7. Habas 1952, p. 16; Memoirs of Avigdor Gruen, p. 9, BGA, subject file 470-1-18; Ben-Gurion, 1974b, pp. 9, 16, 19; Zemach 1983, p. 19; Ben-Gurion 1963a, p. 32.

8. N. M. Gelber 1963, esp. p. 169; Teveth 1977, p. 26.

9. Zemach 1983, pp. 20, 11, 23; Ben-Gurion 1974b, p. 14; Lavi 1957, p. 28.

10. Ben-Gurion, Cabinet meeting, Oct. 20, 1953, ISA.

11. Ben-Gurion 1961; Ben-Gurion at the Anglo-American Commission, March 11, 1946, in Ben-Gurion 2014, p. 939.

12. Ben-Gurion to Haim (last name not identified), Oct. 27, 1953, BGA, p. 31ff.; Philip Cruso, Yehudit Simhoni, Rachel Yanait Ben-Zvi, Geulah Ben-Eliezer, Emmanuel Ben-Eliezer, Yariv Ben-Eliezer, interview transcripts, BGA; Ben-Gurion to Golda Meir, Aug. 28, 1952; Ben-Gurion to Ehud Avriel, Sept. 11, 1952, BGA; Ben-Gurion to Shimon Shetreet, Aug. 2, 1961, BGA; Ben-Gurion to the Knesset, July 2, 1951, in Ben-Gurion 1957, p. 166; see also BGA, Shabtai Teveth collection, concepts, motherhood; Ben-Gurion to the Mapai Central Committee, March 7, 1948, BGA.

13. Ben-Gurion to the Jewish Agency Executive, Nov.21, 1945, BGA; Teveth 2004,4, p.181.

14. Kavshana, interview transcript, BGA; Ben-Gurion to the Knesset, July 2, 1951, in Ben-Gurion 1957, p. 166; Ben-Gurion 1974b, pp. 8–32; Ben-Gurion 1963a, p. 31; on fights with non-Jewish children, see also Gruenbaum 1963, p. 94.

15. Ben-Gurion 1974b, p. 30; Zemach 1983, pp. 11, 16, 20.

16. Ben-Gurion 1974b, p. 31.

17. Ben-Gurion to Shmuel Fuchs, Dec. 14, 1904, in Erez 1971, p. 36; Ben-Gurion to Yitzhak Hildesheimer, Jan. 15, 1960, BGA; Teveth 1999, p. 29.

18. Ben-Gurion interview with Malcolm Stuart, April 1, 1968, BGA; *Nitzotz*, April 28, 1968; Ben-Gurion at the Sejera celebration, Sept. 25, 1962; Ben-Gurion interview with Ya'akov Ashman, Nov. 25, 1963, BGA; Bar-Zohar 1977, p. 26; Ben-Gurion to his wife and children, May 14, 1942, BGA.

19. Goldstein 2016; Laqueur 1972, p. 75ff.; Laskov 1999, 1, p. 393ff.

20. Ben-Gurion 1974b, p. 7.

21. *Hamelitz*, June 18, 1896.

22. Ben-Gurion 1974b, p. 16.

23. *Hamelitz*, May 12, 1898.

24. Zemach 1983, p. 24; Lavi 1957, p. 51.

25. Zemach 1983, p.25; Ben-Gurion 1974b, p.31ff.; Ben-Gurion to Hildesheimer, Jan. 15, 1960, BGA.

26. N. M. Gelber 1963, p. 24; Zemach 1963b, p. 168; Klinitz-Vigdor 1963, p. 228; Zalkin 2001, 2, p. 402.

27. Ben-Gurion to Shmuel Fuchs, June 28, 1904, in Erez 1971, p. 18.

28. Zemach 1983, p. 25; Lavi 1957, pp. 29, 63ff.; Shlomo Zemach to Shmuel Fuchs, Oct. 23, 1904, courtesy of Yoram Verete.

29. Zemach 1983, pp. 22, 19, 27; Shlomo Zemach to Shmuel Fuchs, twoundated letters, courtesy of Yoram Verete.

30. Zemach 1983, p. 18; Zemach 1996, p. 225.

31. Shlomo Zemach to Shmuel Fuchs, June 1, 1904, and June 2, 1904, courtesy of Yoram Verete.

32. Ben-Gurion to Shmuel Fuchs, June 14, 1904, BGA, correspondence.

33. Zemach 1983, p. 21.

34. Lavi 1957, p. 30.

35. Lavi 1957, p. 49.

36. Lavi 1957, p. 30ff.; Zemach 1983, p. 20.

37. Shlomo Zemach to Shmuel Fuchs, June 13, 1904, and June 2, 1904, courtesy of Yoram Verete; Ben-Gurion 1974, p. 30; Lavi, "LeZikhro shel Simcha Isaac," *Davar*, April 20, 1936; see also Habas, "Ehad veDoro," *Dvar Hashavua*, Jan. 19, 1950.

38. Lavi 1957, pp. 63, 33ff.

39. Shlomo Zemach to Shmuel Fuchs, June 13, 1904, and Oct. 23, 1904, courtesy of Yoram Verete; Zemach 1983, p. 24.

40. Shlomo Zemach to Shmuel Fuchs, June 26, 1904, and Oct. 23, 1904, courtesy of Yoram Verete.

41. Zemach 1983, p. 30; Shlomo Zemach to Shmuel Fuchs, June 26, 1904, courtesy of Yoram Verete.

42. Habas 1952, facing p. 33; Ben-Gurion 1974b, p. 33.

43. Zemach 1983, pp. 24, 26; Ben-Gurion 1974b, p. 7; Habas, "Ehad veDoro," *Dvar Hashavua*, Feb. 6, 1950.

44. *Hamelitz*, June 18, 1896.

45. Zemach 1963a, p. 60; Zemach 1983, p. 25.

46. *Zikhronot shel Avigdor Gruen*, p. 4, BGA, subject files 470-1-18; Yatziv 1963, p. 235.

47. Avigdor Gruen to Theodor Herzl, 1901, in Ben-Gurion 1971a, p. 6; *Zikhronot shel Avigdor Gruen*, p. 4, BGA, subject files 470-1-18; Zemach 1963a, p. 41; Ben-Gurion 1974b, p. 27.

48. Ben-Gurion 1963a, pp. 35, 22; Ben-Gurion to Shmuel Fuchs, Feb. 6, 1905, in Erez

1971, p. 47.

49. Taub memoirs, LI, IV-104-543-1; *Hatzefirah*, Sept. 27, 1900.

50. Ben-Gurion 1971a, p. 10ff.; Ben-Gurion 1974b, p. 32ff.; Ben-Gurion to Emanuel Ben-Gurion, Aug. 11, 1968, BGA; Lavi 1957, p. 62; Holtzman 1993, p. 191ff.; Berdichevsky 1897.

51. Zemach 1983, pp. 24, 29.

52. Alroey 2008, p. 65.

53. Herzl 1989, p. 45.

54. *Hamelitz*, April 4, 1899; Stefan Zweig 2012, p. 158.

55. Stefan Zweig 2012, p. 158.

第二章 《火卷》

1. Ben-Gurion 1974b, p. 51.

2. Ben-Gurion to Shmuel Fuchs, June 2, 1904, in Erez 1971, p. 3.

3. Ben-Gurion 1974b, p. 37; Ben-Gurion 1971a, p. 11.

4. Ben-Gurion to Shmuel Fuchs, June 14, 1904, in Erez 1971, p. 13.

5. Ben-Gurion to Shmuel Fuchs, July 2, 1904, in Erez 1971, p. 3.

6. Avigdor Gruen to Theodor Herzl, 1901, in Ben-Gurion 1971a, p. 6.

7. Ben-Gurion to Shmuel Fuchs, Nov. 6, 1904, in Erez 1971, p. 31.

8. Ben-Gurion to Shmuel Fuchs, June 14, 15, 18, Nov. 6, 1904, in Erez 1971, p. 11ff.; Shlomo Zemach to Shmuel Fuchs, June 2, 1904, and July 13, 1904, courtesy of Yoram Verete; Zemach 1983, p. 30; Ben-Gurion 1971a, p. 11.

9. Zemach 1983, p. 30; Lavi 1957, p. 70.

10. Habas 1952, p. 40.

11. Ben-Gurion to Shmuel Fuchs, July 16, 22, 1904, in Erez 1971, pp. 21ff., 25.

12. Ben-Gurion to Shmuel Fuchs, Sept. 27, 1904, in Erez 1971, p. 29; Teveth 1977, p. 494.

13. Ben-Gurion to Shmuel Fuchs, Sept.24,27, Nov.6, Dec.14, 1904, in Erez 1971, pp. 28, 29, 31, 37.

14. Ben-Gurion to Shmuel Fuchs, Dec. 18, 1904, in Erez 1971, p. 39.

15. Ben-Gurion to Shmuel Fuchs, Jan. 22, 1905, in Erez 1971, p. 40.

16. Ben-Gurion to Shmuel Fuchs, Feb. 6, 14, 1905, in Erez 1971, pp. 47, 49.

17. Zemach 1983, pp.28,31; Shlomo Zemach to Shmuel Fuchs, Oct.23,1904, and Sept. 12, 1904, courtesy of Yoram Verete.

18. Lavi 1957, p. 66ff.

19. Lavi 1957, p. 73.

20. Zemach 1983, p. 23; Ben-Gurion to Shmuel Fuchs, Feb. 14, 1905, in Erez 1971, p. 49; Ben-Gurion to Shmuel Fuchs, July 22, 1904, in Erez 1971, p. 25.

21. Ben-Gurion to Shmuel Fuchs, July 22, 1904, in Erez 1971, p. 25.

22. Zemach 1996, p. 225.

23. Ben-Gurion to Shmuel Fuchs, Sept. 27, Nov. 6, 1904, in Erez 1971, pp. 29, 32.

24. Ben-Gurion to Shmuel Fuchs, Nov. 6, 1904, in Erez 1971, p. 31.

25. Ben-Gurion to Shmuel Fuchs, Nov. 20, 1904, Jan. 22, 1905, in Erez 1971, pp. 35, 41.

26. Ben-Gurion to Shmuel Fuchs, Nov.6, 1904, Jan. 22, April 2, 1905, in Erez 1971, pp. 31, 41, 55.

27. Ben-Gurion to Yitzhak Fuchs and Lipa Taub, Feb. 21, 1905, in Erez 1971, p. 43; Ben-Gurion 1949, 3, p. 140; "Mah Helkenu," *Hatzefirah*, May 4, 1905; Ascher 1994, p. 157ff.; Ury 2012; Alroey 2008, p. 47; Ben-Gurion to Shmuel Fuchs, May 9, 1905, in Erez 1971, p. 57.

28. Ben-Gurion to Ussishkin, March 30, 1905; Ben-Gurion to Shmuel Fuchs, April 2, Jan. 2, 1905, in Erez 1971, pp. 52, 55, 40; Alroey 2011, p. 170ff.

29. Shlomo Zemach to Shmuel Fuchs, undated; Shlomo Zemach to Shmuel Fuchs, Aug. 17, 1906; Shlomo Zemach to Shmuel Fuchs, Oct. 23, 1904, all courtesy of Yoram Verete.

30. Shlomo Zemach to Shmuel Fuchs, Oct. 21, 1906, courtesy of Yoram Verete.

31. Ben-Avram and Nir 1995, pp. 96, 80; Segev 2000, p. 249ff.; Ben-Gurion 1971a, p. 372ff.; Ben-Gurion interview with Oryan, Nov. 12, 1969, HICJ.

32. Shlomo Zemach to Shmuel Fuchs, June 2, 1904, courtesy of Yoram Verete; Ben-Gurion to Shmuel Fuchs, June 2, July 22, 24, 1904, in Erez 1971, pp. 8, 25, 27.

33. Ben-Gurion to Shmuel Fuchs, Nov. 6, 14, Dec. 14, 1904, and Ben-Gurion to Shmuel Fuchs, Feb. 14, 1905, in Erez 1971, pp. 31, 36, 50; Zemach 1963, p. 38; Shlomo Zemach to Shmuel Fuchs, June 2, 1904, courtesy of Yoram Verete; Shlomo Zemach to Shmuel Fuchs, Jan. 9, 1906, courtesy of Yoram Verete.

34. Blatman 2001, 2, p. 493ff.; Frankel 1990, p. 147ff.

35. Mintz 1986a, p. 33 ff.; Ben-Gurion 1971a, p. 16; Teveth 1977, p. 75.

36. Ben-Gurion 1971a, p. 16; Ben-Gurion to Shmuel Fuchs, Feb. 6, 14, April 2, 1905, in Erez 1971, pp. 47, 49, 55; Zoref 1965, p. 266ff.

37. Ben-Gurion 1971a, p. 13; Ben-Gurion 1974b, p. 41.

38. Ben-Gurion to his wife and children, May 14, 1942, BGA; Ben-Gurion 1971a, p. 8.

39. Ben-Gurion to Shmuel Fuchs, May 9, 1905, in Erez 1971, p. 58.

40. Lavi 1957, pp. 68, 75ff.

41. Shlomo Zemach to Shmuel Fuchs, two undated letters, courtesy of Yoram Verete; Ben-Gurion 1971a, p. 16.

42. Yosifon 1963, p. 197ff.; Ben-Gurion interview with Ya'akov Ashman, Nov. 25, 1963, p. 7, BGA; Ben-Gurion to Moshe Nahmanowitz, Oct. 15, 1961, BGA; Teveth 1977, p. 75; Ben-Gurion 1974b, p. 41; Ben-Gurion to his wife and family, May 14, 1942, BGA.

43. Hirsch Nelkin to Rachel Nelkin, March 23, 1906, and Elazar Nelkin to Rachel Nelkin, March 27, 1906, in Rachel Beit Halahmi 2006, p. 40ff.; Rachel Beit Halahmi 1963,

p. 363.

44. Hirsch Nelkin to Rachel Nelkin, March 23, 1906, and Elazar Nelkin to Rachel Nelkin, March 27, 1906, in Rachel Beit Halahmi 2006, p. 40ff.; Rachel Beit Halahmi 1963, p. 363.

45. Ben-Gurion to his wife and children, May 14, 1942, BGA.

46. Habas 1952, facing p. 32.

47. Elazar Nelkin to Rachel Nelkin, March 27, 1906, in Rachel Beit Halahmi 2006, p.45ff.

48. Ben-Gurion to Emmanuel Ben-Gurion, Aug. 11, 1968, BGA.

49. Ben-Gurion to Rachel Beit Halahmi, Dec. 26, 1953, BGA.

50. Lavi 1957, p. 75.

51. Ben-Gurion 1949, 3, p. 140.

52. Rachel Beit Halahmi 2006, p. 79; Yehezkel Beit Halahmi 1963, p. 369; Zoref 1965, p. 103ff.

53. 英文版译注：比亚利克的这几句诗引自阿塔尔·哈达里(Atar Hadari)翻译的《比亚利克之歌》中的诗句，并作了细微的修改。《比亚利克之歌》由纽约州锡拉丘兹大学出版社 2000 年出版。

54. Bialik 1942, p. 88; Ratosh 1974; Fichman 1974, pp. 309ff., 314 ff.; Moked 2014, p. 23.

第三章 鸟儿

1. Zemach 1983, p. 61; Ben-Gurion 1971a, p. 18.

2. Ben-Gurion 1974b, p. 57ff; Teveth 1977, p. 502, note 34; Alroey 2004, p. 79ff.

3. Ben-Gurion to his father, Aug. 21, 28, 1906, in Erez 1971, p. 65ff.

4. Ben-Gurion to his father, undated, in Erez 1971, p. 70.

5. Ben-Gurion to his father, undated and Oct.1,1906,in Erez 1971,pp.71,75.

6. Ben-Gurion to his father, undated, in Erez 1971, p. 70.

7. Memoirs of members of the Second Aliyah, BGA, subject file 377, M.T. 62; Memoirs of Tuvia Solomon, in Yaari 1974, p. 245ff.; Mordechai Eliav 1978, p. 3ff.

8. Ben-Arieh 1999, p. 120.

9. Carmel 1999, p. 143ff.; Laskov 1999, 1, p. 351ff.

10. Ben-Arieh 1999, pp. 78ff., 113; Ben-Arieh 1977, p. 317ff.

11. Laskov 1999, 1, p. 354.

12. Carmel 1973, p. 198 ff.

13. Berlowitz 2010, p. 100ff.; Dinur 1954-61, 1, p. 194 ff.

14. Tzachor 1994, p. 15.

15. Laskov 1999, 1, p. 387; Ben-Artzi 1999, 2, p. 356.

16. Kressel 1953, p. 12.

17. Ben-Gurion to his father, undated and Oct. 11, 1906, in Erez 1971, pp. 71, 75;

Lavi 1957, pp. 15ff., 168; Zemach 1965, p. 62ff.; Kavashna, interview transcripts, BGA.

18. Rachel Beit Halahmi 2006, p. 79; Ben-Gurion to his father, Sept. 7, 1906, in Erez 1971, p. 69.

19. Ben-Gurion interview with Malcolm Stuart, 1968, interview transcripts, p. 48, BGA; Ben-Gurion interview with Avraham Avi-hai, HIJC-OHA, p. 49.

20. Ben-Gurion to his father, undated, in Erez 1971, p. 70; Ben-Gurion 1971a, pp. 23, 69, 76; Ben-Gurion to Hazaz, July 10, 1968, BGA.

21. Alroey 2002, p. 33ff.

22. Alroey 2004, pp. 169, 128, 208ff.; Yanait Ben-Zvi 1962, p. 86; Ben-Gurion interview with Levi Yitzhak Hayerushalmi, Feb. 28, 1972, BGA; Zemach 1983, p. 33.

23. Yanait Ben-Zvi 1962, p. 86; Yanait interview, July 17, 1975, p. 2, BGA; Erez 1971, p. 76.

24. Teveth 1977, p. 503, note 17; Alroey 2004, p. 27; Ben-Artzi 1999, 2, p. 358; Lavi 1957, p. 176; Anita Shapira 1980, 1, pp. 100, 272.

25. Zemach 1965, p. 196.

26. Ben-Gurion interview with Malcolm Stuart, 1968, p. 48, BGA.

27. Ben-Artzi 2002, 2, p. 356.

28. Yanait Ben-Zvi 1962, p. 94.

29. Ben-Gurion to his father, Oct. 11, Dec. 16, 18, in Erez 1971, pp. 75, 89, 91.

30. Ben-Gurion 1916a.

31. Ben-Gurion to Shmuel Fuchs, Jan. 2, 1907, in Erez 1971, p. 93.

32. Ben-Gurion to his father, Sept. 13, Nov. 8, 1906, in Erez 1971, pp. 74, 82; Yanait Ben-Zvi 1962, p. 94; Ben-Gurion 1916a; Ben-Gurion 1971a, p. 18; Ben-Gurion 1974b, p. 30.

33. Ben-Gurion 1916a.

34. Ben-Gurion to his father, Dec. 16, 1906, in Erez 1971, p. 89; Ben-Gurion 1916a.

35. Ben-Ami, interview transcript, BGA.

36. Philip Cruso, Shaul Avigur, and Ya'akov Katzman, interview transcripts, BGA; Zemach 1996, p. 226.

37. Katzman, interview transcripts, BGA.

38. Ben-Gurion to his father, July 24, May 5, 1907, in Erez 1971, pp. 108, 120.

39. Ben-Gurion to his father, Oct. 16, 1906, Aug. 25, 1909, in Erez, 1971, pp. 80, 140; Ben-Gurion to Ralph Goldman, Sept. 3, 1951, BGA.

40. Ben-Gurion to his father, Feb. 8, May 23, 1907, in Erez 1971, pp. 103, 107.

41. Ben-Gurion to Shmuel Fuchs, Jan. 2, 1907, in Erez 1971, p. 94.

42. Ben-Gurion to his father, Oct. 15, 1909, in Erez 1971, p. 145.

43. Ben-Gurion to his father, Aug. 4, 1907, in Erez 1971, p. 109.

44. Zemach 1965, p. 107ff.

45. Lavi 1957, pp. 253, 257ff., 329.

46. Rachel Beit Halahmi 2006, p. 76.

47. Ben-Gurion to his father, Oct. 16, 1906, in Erez 1971, p. 80.

第四章　外国劳工

1. Ben-Gurion to his father, Oct. 19, Nov. 8, 1906, in Erez 1971, pp. 76, 83.

2. Ben-Gurion to Shmuel Fuchs, Jan. 2, 1907, in Erez 1971, p. 93.

3. Ben-Gurion to his father, Dec. 18, 1906, May 13, Nov. 7, 1907, in Erez 1971, pp. 91, 105, 112; Ben-Gurion 1916a.

4. Ben-Gurion to Shmuel Fuchs, Jan. 2, 1907, and Ben-Gurion to his father, May 13, 1907, in Erez 1971, pp. 93, 106.

5. Ben-Gurion to Shmuel Fuchs, Jan. 2, 1907, in Erez 1971, p. 93.

6. Ben-Gurion to his father, June 30, 1909, in Erez 1971, p. 133.

7. Ben-Gurion interview with Malcolm Stuart, 1968, p. 44, BGA.

8. Ben-Gurion to his father, Oct. 19, 1906, in Erez 1971, p. 77.

9. Ben-Gurion interview with Levi Yitzhak Hayerushalmi, 1972, BGA; Ben-Gurion to Israel Shohat, Jan. 15, 1956, BGA; Habas 1952, p. 108.

10. Ben-Zvi 1945.

11. Ben-Gurion 1971a, p. 23ff.

12. Gorny 2002, p. 440; Karlinsky 2000, p. 149ff.

13. Ben-Gurion 1916a; Ben-Gurion at the Sejera celebrations, Feb. 25, 1962, BGA.

14. Yitzhak Kavashna, interview transcript, BGA.

15. Ben-Gurion during Education Month, 1941; Ben-Gurion 2008, p. 379.

16. Ben-Gurion, Diary, Nov. 20, 1927, BGA.

17. Lavi 1957, pp. 219, 254ff.

18. Lavi 1957, p. 334ff.

19. Horwitz 1981, p. 124ff.

20. Ben-Gurion 1925; Ben-Gurion 1931, p. 92; Ben-Gurion, " Hapo'el Ha'ivri Veha'aravi," in Ben-Gurion 1931, p. 105; Sheffer 2015, p. 34.

21. Ludvipol 1901.

22. *Hatzefirah*, April 25, 1890, June 9, 1890, April 7, 1891, April 11, 1891, Dec. 9, 1891, Jan. 31, 1892, and more; Israel memorial website for fallen soldiers, http://www.izkor. gov.il, and the National Insurance Institute of Israel's memorial website for victims of terror and hate crimes, http://www.laad.btl.gov.il.

23. Anita Shapira 1992, p. 84ff.

24. Ahad Ha'am, "Emet Mi'eretz Yisra'el" and "Hayishuv Ve'apotrosav," 1949, pp. 29, 236; Gorny 1975, p. 82; Rokach to Levontin, May 20, 1886, quoted in Anita Shapira 1992, p. 507, note 14.

25. Giladi 1999, 1, p. 503ff.; Ahad Ha'am, "Hayishuv Ve'apotrosav,"1949, p. 225.

26. Gorny 1975, p. 72ff.; Yosef Lamdan 1999, p. 215ff.; Frankel 1990, p. 149; Segev

2000, pp. 150–51.

27. Epstein 1907, p. 193ff.

28. Anita Shapira 1992, p. 95ff.; Moshe Smilansky to Ahad Ha'am, Sept. 6, 1913, National Library of Israel, Ahad Ha'am Archive, 7912119.

29. Moshe Smilanksy 1936a, p. 42; Anita Shapira 1992, p. 509, note 48.

30. Herzl 1989, p. 52.

31. Anita Shapira 1992, pp. 89, 91.

32. Ben-Gurion 1971a, pp. 49, 470, 516.

33. Yosef Haim Brenner, quoted in Anita Shapira 1992, p. 85; Moshe Smilansky 1936b, p. 214; Zemach 1965, p. 105; Horwitz 1981, p. 122; Eliezer Ben-Yehuda and Yehiel Mihal Pines to James Finn, Aug. 17, 1883; Druyanov 1909, 1, p. 96.

34. Ben-Gurion 1932, p. 7; Kressel 1953, p. 13.

35. Ben-Gurion 1932, p. 4; Ussishkin, "Haprogramah Shelanu," 1934, p. 118; Ben-Gurion to Shmuel Fuchs, Jan. 22, 1905, in Erez 1971, p. 41.

36. Moshe Smilansky 1936b, p. 214.

37. Moshe Smilansky 1936a, p. 214.

38. Ben-Gurion 1911c.

39. Ben-Gurion 1910a.

40. Hapo'el Hatza'ir, Aug. 31, 1908; Zemach 1965, p. 154.

41. Ben-Gurion 1932, p. 3; Ben-Gurion 1916a, p. 102ff.; Penslar 1991.

42. Ussishkin, "Haprogramah Shelanu," 1934, p. 117ff.

43. Vladimir Dubnow to Simon Dubnow, Oct. 20, 1882; Laskov 1982, pp. 507, 522.

44. Ben-Gurion 1972, 2, p. 48ff.; Teveth 1977, p. 583ff.

45. Teveth 1977, p. 101.

46. Ben-Gurion to his father, Oct. 19, 1906, in Erez 1971, p. 78; Ben-Gurion 1971a, p. 25.

47. Yanait Ben-Zvi 1962, p. 86.

48. Teveth 1977, p. 581ff.

49. Ben-Gurion to his father, Dec. 18, 1906, in Erez 1971, p. 91.

50. Ben-Gurion to his father, Jan. 15, May 13, 1907, in Erez 1971, pp. 97, 107; Ben-Gurion 1971a, p. 32.

51. Yiddisher Kempfer, Jan. 18, 1907, in Teveth 1997, p. 104.

52. Dinur 1954–64, 1, p. 203ff.; Tsoref 1998, p. 15; Lev 1983, p. 135ff.

53. Habas 1952, p. 108.

54. Lazar 2012, p. 49ff.

55. Ben-Gurion interview with Levi Yitzhak Hayerushalmi, 1972, BGA; Erez 1971, p. 77.

56. Ben-Gurion 1971a, p. 35.

57. Ben-Gurion to his father, Dec. 16, 1906, Feb. 8, May 13, 1907, in Erez 1971, pp.

96, 101.

58. Ben-Gurion to Yitzhak Ziv-Av, July 13, 1964, BGA.

第五章 塞杰拉

1. Hareuveni 1999, p. 33; Burkhardt 1822, p. 333; Yankelevitch 2001, p.97ff.

2. Ben-Gurion to his father, Feb. 1, 1909, Feb. 1, 1908, in Erez 1971, pp. 166, 124.

3. Ben-Gurion to Shimon Kesselman, Feb. 28, 1962, BGA; Ben-Gurion 1916a, p. 106.

4. Anita Shapira 1992, p. 89; Kayla Giladi testimony, Bracha Habas Archive, NL; Yankelevitch 2001, p. 111ff.

5. Ben-Avram and Nir 1995, pp. 96, 80; Segev 2000, p. 249ff.

6. Ben-Gurion 1916a, p. 102, BGA; Ben-Gurion to his father, Nov. 7, 1907, in Erez 1971, p. 112; Ben-Gurion at the Sejera celebrations, Sept. 25, 1962, BGA.

7. Ben-Gurion at the Sejera celebrations, Sept. 25, 1962, BGA; Ben-Gurion to Yitzhak Ziv-Av, Sept. 2, 1973, BGA; Ever Hadani 1955, p. 222.

8. Ben-Gurion 1971a, p. 34; Ben-Gurion at the Sejera celebrations, Sept. 25, 1962, BGA; Zemach 1983, p. 33.

9. Ben-Gurion 1971a, p. 32, Teveth 1977, p. 137.

10. Zemach 1983, p. 68ff.; Ben-Gurion at the Sejera celebrations, Sept. 25, 1962, BGA; Kayla Giladi testimony, Bracha Habas Archive, NL.

11. Yankelevitch 2001, p. 108ff.; Ben-Gurion to his father, May 5, 1908, in Erez 1971, p. 120.

12. Ben-Zvi et al. 1962, p. 17; Ben-Gurion 1911, "Reshit haShmirah ha'Ivrit," BGA, Sejera subject file; Ben-Gurion 1971a, p. 36; Alroey 2009, p. 77ff.

13. Ben-Gurion at a party in honor of Eliyahu Krause, Nov. 15, 1951, BGA.

14. Ben-Gurion 1955b, p. 311ff.; Ever Hadani 1955, p. 223ff.; Ben-Gurion 1971a, pp. 17, 37, 44ff.; Ben-Gurion at the Sejera celebrations, Sept. 25, 1962, BGA.

15. Ben-Gurion at the Sejera celebrations, Sept. 25, 1962, BGA; Ben-Gurion to his father, Feb. 1, 1908, in Erez 1971, p. 116; *Hador*, Jan. 24, 1950; Ben-Gurion, Diary, Jan. 21, 1955, BGA; Ben-Gurion to Larna Yashar, Dec. 6, 1970; Ben-Gurion to David Goldman, March 2, 1969, BGA.

16. Michaeli 1991, p. 136.

17. Ben-Gurion to his father, Nov. 7, 1907, May 5, 1908, in Erez 1971, pp. 112, 120; Rachel Beit Halahmi 2006, p. 90.

18. Rachel Beit Halahmi 2006, pp. 76, 80ff.; Ben-Gurion to his father, May 13, 1907, in Erez 1971, p. 106; Teveth 1977, pp. 502, 148, 520, note 28.

19. Teveth 1977, p. 147ff.; Zemach 1983, p. 68.

20. Ben-Gurion to his father, June 30, 1909, Jan. 21, 1910, in Erez 1971, pp. 136, 149.

21. Teveth 1977, p. 143.

22. Ben-Gurion 1971a, p. 44ff.; Yanait Ben-Zvi 1962, p. 96ff; Ben-Zvi et al. 1962, p. 20; Michaeli 1991, p. 42ff.

23. Ben-Gurion 1971a, p.46ff.; Ya'akov Webman testimony, BGA, subject file 34/ 242405; Korngold, Ministry of Defense Memorial site, http://www.izkor.gov.il/HalalView. aspx?id=506380; Shweiger, Ministry of Defense Memorial website, http://www.izkor.gov.il/ HalalKorot.aspx?id=506518; Melamed, Ministry of Defense Memorial website, http://www. izkor.gov.il/HalalView.aspx?id=506083.

24. Ben-Zvi et al. 1962, p. 20; Lev 1983, p. 135ff.

25. Yanait Ben-Zvi interviewed by Nahum Barnea,*Davar*, Nov. 23, 1979.

26. Yanait Ben-Zvi and Avigur, interview transcripts, BGA.

27. Ben-Gurion, Cabinet meeting, Sept. 23, 1952, NA; Ben-Gurion to the Jewish Agency Executive, April 6, 1941, in Ben-Gurion 2008, p. 342.

28. Search for the Hashomer Archive, Ben-Gurion subject file; Ben-Gurion to Israel Shohat, Jan. 15, 1956; Israel Shohat to Ben-Gurion, April 12, 1957, BGA; Ben-Gurion, Diary, April 26, 1957, BGA.

29. "Israel Shohat Mesaper al Manya," *Davar*, Nov. 27, 1959.

30. Ben-Gurion to his father, July 29, Sept. 26, Oct.15,1909, in Erez 1971, pp.138ff., 112, 142, 143; Ben-Gurion to his father, Jan. 21, 1910, in Erez 1971, p. 149.

31. Ben-Gurion to his father, Aug. 21,1909, in Erez 1971, p.140; Ben-Gurion 1971a, p.48.

32. Ben-Gurion to his father, Nov. 14, Dec. 25, 1909, Jan. 21, 1910, in Erez 1971, p. 146ff.

33. Ben-Gurion to his father, May 9,1909, in Erez 1971, p.128; Ben-Gurion 1916a, p. 103ff.; Ben-Gurion to donors, Sept. 24, 1970, interview transcript, BGA, file 39, "Ben-Gurion with journalists"; Ben-Gurion 1971a, p. 34.

第六章　驱逐出境

1. Ben-Gurion to his father, March 31, 1909, in Erez 1971, p. 127.

2. Naor and Giladi 1993, p. 60ff.; Bloom 2008, p. 212ff.

3. Naor and Giladi 1993, p. 72ff.

4. Ben-Gurion, "Reshit Avodati Hasifrutit," April 1920, BGA, general chronological documentation 206; Ben-Gurion at the jubilee celebration for *Ha'ahdut*, July 10, 1960, and March 25, 1962, BGA; Ben-Gurion 1971a, p. 50ff.; Yanait Ben-Zvi, 1962, p. 85; Zerubavel 1953.

5. Yanait, interview transcript, July 17,1975, p.10, BGA; Witztum and Kalian 2013, p.46.

6. Yanait Ben-Zvi 1962, p. 134.

7. Ben-Gurion 1910c.

8. "Telegram," *Ha'ahdut*, March 31, 1911.

9. Ben-Zvi 1967, p. 174ff.

10. "Megamatenu," *Ha'ahdut*, July–Aug. 1910; Yanait Ben-Zvi 1962, p. 133; Ben-Zvi at the Po'alei Zion Convention, April 23, 1910; Tsoref 1998, p. 34.

11. *Hatzvi*, Jan. 27, 1909.

12. Bloom 2008, p. 112ff.; Rosenman 1992, p. 27.

13. Bloom 2008, p. 318ff.

14. Ben-Gurion at the Council of the Po'alei Zion organization, *Ha'ahdut*, Nov. 11, 1910; Nini 1996, p. 18ff.; Ben-Gurion 1912; Ben-Gurion 1971a, pp. 34, 324.

15. Gorny 1988, p. 75.

16. Yehoshua 1971, 4, p. 32; Kroyanker 2005, p. 264; Genichovsky 1993; *Josephus*, 1956, 2, p. 539, 3, p. 105; Yanait Ben-Zvi 1962, p. 103; Holtzman 1993, p. 193.

17. Reuveni 1932, pp. 41, 151, 165, 211, 214.

18. Ben-Gurion 1911a; Ben-Gurion 1911b; Ben-Gurion 1911c.

19. Zemach 1983, p. 75.

20. Ben-Gurion and Shlomo and Hemda Zemach to Rachel Beit Halahmi, undated, GSA, Rachel and Yehezkel Beit Halahmi file; Yehoshua 1971, 4, p. 32.

21. Ben-Gurion 1910a; Yosef Lamdan 1999, 1, p. 225.

22. Haver 1910.

23. Ben-Gurion 1911b.

24. Yanait Ben-Zvi 1962, p. 156.

25. Ben-Gurion 1910b.

26. Ben-Gurion to Po'alei Zion in the United States, Dec. 25, 1906, BGA.

27. Ben-Gurion to Rachel Beit Halahmi, undated, GSA, Rachel and Yehezkel Beit Halahmi file.

28. Ben-Gurion to his father, Aug. 6, 1911, in Erez 1971, p. 156.

29. Ben-Gurion to his father, Oct. 11, 1911, in Erez 1971, p. 156.

30. Ben-Gurion 1971a, p. 50ff.; Ben-Gurion to Hazaz, July 10, 1968, BGA.

31. Ben-Gurion 1971a, p. 52; Ben-Gurion to Eliyahu Elyashar, May 19, 1964, BGA.

32. Ben-Gurion to his father, March 3, 1912, in Erez 1971, p. 203.

33. Stroumsa, interview transcript, p. 40, BGA; Ben-Gurion ("Dan") 1911e.

34. Ben-Gurion to his father, April 21, 1912; Ben-Gurion to Ben-Zvi, March 31, June 28, 1912, in Erez 1971, pp. 212, 216, 220; Ben-Gurion, "Reshit Avodati Hasifrutit," April 1920, p. 3, BGA, general chronological documentation, 1919–20; copy of forged diploma, "Ishur Limudim Vetziyunim shel Ben-Gurion Miturkiyah Beshanim 1912–1914," BGA.

35. Memoirs of Avigdor Gruen, p. 9, BGA, subject file 470-1-18; Ben-Gurion to his father, Jan. 28, 1912, in Erez 1971, p. 188.

36. Ben-Gurion to his father, Sept. 28, Nov. 25, Dec. 7, 1911, Jan. 18, Jan. 28, Aug. 12, Sept. 2, 1912, in Erez 1971, pp. 163, 179, 183, 176, 186, 221, 231, 234.

37. Ben-Gurion to his father, Nov. 25, 1911, July 26, 1912, in Erez 1971, pp.

176, 228.

38. Stroumsa, interview transcript, p.9, BGA; Yanait Ben-Zvi, interview transcript, Nov. 16, 1976, p. 6, BGA; Ben-Gurion to his father, Feb. 5, 1914, inErez 1971, p. 295.

39. Ben-Gurion to his father, July 15, 1912, in Erez 1971, p. 226.

40. Ben-Gurion to Zerubavel, Jan. 26, 1912, in Erez 1971, p. 184.

41. Stroumsa, interview transcript, p. 3, BGA; Ben-Gurion to Ben-Zvi, Feb. 11, March 8, March 31, 1912, BGA; Ben-Gurion to David Bloch-Blumenfeld, June 6, 1913, in Erez 1971, pp. 194, 210, 273, and editor's note, p. 170.

42. Ben-Gurion to his father, April 1, May 3, 1912, in Erez 1971, pp. 194, 214, 217.

43. Ben-Gurion to his father, July 15, June 28, Aug. 12, 1912, in Erez 1971, pp. 219, 226, 235.

44. Ben-Gurion to his father, July 13, 15, Oct. 15, 1912, in Erez 1971, pp. 225ff., 241.

45. Ben-Gurion to his father, Oct. 15, Nov. 5, Nov. 12, 1912, in Erez 1971, pp. 241ff., 245, 246.

46. Stefan Zweig 2012, p. 115.

47. Ben-Gurion 1971a, p. 56.

48. Ben-Gurion to Bloch-Blumenfeld, Dec. 21, 1912, in Erez 1971, p. 250.

49. Ben-Gurion to his father, June 28, 1912, in Erez 1971, p. 220.

50. Ben-Gurion to his father, Dec. 29, 1913, in Erez 1971, p. 293.

51. Ben-Gurion to his father, Dec. 11, 1913, Feb. 5, 1914, in Erez 1971, pp. 291, 294.

52. Yanait Ben-Zvi, interview transcript, Nov. 16, 1976, p. 6, BGA; Ben-Zvi 1967, p. 201ff.; Ben-Gurion 2008, editor's note, p. 300.

53. Ben-Gurion to his father, Sep.23, 1912, March 2, April 3, April 20, 1913, in Erez 1971, pp. 239, 263, 264, 268.

54. Ben-Gurion to his father, April 23, May 21, 1913, in Erez 1971, pp. 269, 272.

55. Ben-Gurion to his father, July 26, 1912, July 12, 1914, in Erez 1971, pp. 228, 317; transcript of grades, May 15, 1952, BGA, personal documents; Baron 2008, p. 80ff.; Ben-Gurion to Rachel Beit Halahmi, Oct. 5, 1913, GSA, Rachel and Yehezkel Beit Halahmi file.

56. Baron 2008, p. 92ff.

57. Stroumsa, interview transcript, p. 8, BGA.

58. Israel Shohat, "Shelichut Vaderech," in Ben-Zvi et al. 1962, p. 35ff.; Ben-Gurion to Bloch-Blumenfeld, June 6, 1913, in Erez 1971, p. 237; Ben-Gurion to his father, July 31, 1913, in Erez 1971, p. 276; Ben-Zvi 1967, p. 201ff.

59. Ben-Gurion, "Likrat He'atid," in Ben-Gurion 1931, p. 1ff.

60. Y.Z., "Michtav Miyafo," *Ha'ahdut*, Dec.30, 1914; *Hapo'el Hatza'ir*, Jan.1, 1915, p. 16; Giladi and Naor 2002, p. 457; Teveth 1977, p. 265.

61. Ben-Gurion 1914; Mintz 1988, p. 69ff.

62. Reuveni 1932, pp. 105, 151ff.

63. Ben-Bassat 2014, p. 52ff.

64. Y.Z., "Michtav Miyafo,"*Ha'ahdut*, Dec. 30, 1914; Ben-Zvi 1967, p. 201ff.

65. Memorandum to Djemal Pasha, Feb. 21, 1915, BGA; Ben-Gurion 1972, p. 50; Ben-Gurion 1971a, pp. 50, 76ff.; Ben-Zvi 1967, p. 217ff.; Yanait Ben-Zvi, interview transcript, Dec. 6, 1976, p. 7, BGA.

66. Morgenthau to Louis Marshall, Sept. 16, 1914, and other documents, LPAP3/710; Ben-Gurion and Ben-Zvi to Glazebrook, end of 1917 (?), BGA, correspondence 1915-17; Ben-Gurion, Diary, March 29, 1915, BGA; Ben-Gurion 1971a, p. 73; Ben-Zvi 1967, p. 217ff.; Teveth 1977, p. 293; Friedman 1991, p. 168ff.

67. Elam 1984, p. 22ff.; Shmuel Katz 1993, p. 37.

68. Ben-Gurion and Ben-Zvi to Djemal Pasha, Feb. 21, 1915, BGA; Ben-Gurion and Ben-Zvi to Brandeis, 1916, BGA, general chronological documentation; Ben-Zvi 1967, p. 223; Ben-Gurion 1971a, p. 222.

69. New York Passenger Lists 1820-1957, Patris, David Bengorion [sic], May 16, 1915, ancestry.com; David Green-Ben-Gurion Registration Card, June 5, 1917, United States World War I Draft, Family Search.org.

70. Ben-Gurion 1971a, p. 75; Ben-Gurion to Eliezer Canaani, May 13, 1964, BGA.

71. Ben-Gurion, Diary, May 3, 1915, BGA.

72. Ben-Gurion, Diary, April 3, 13, 14, 28, May 15, 1915; Ben-Gurion to Shmuel Fuchs, Jan. 2, 1907, in Erez 1971, p. 93; Ben-Gurion, "LeYahadut America," Sept. 3, 1950, in Ben-Gurion 1962a, 2, p. 366.

第七章　新世界

1. Ben-Gurion 1971a, p. 79ff.; Ben-Gurion, Diary, May 17, June 2, 1915, BGA.

2. Ben-Gurion interview with Avraham Avi-hai, Aug. 23, 1972, HIJC.

3. Ben-Gurion 1971a, p. 76.

4. Ben-Gurion, Diary, May 27, 1915, BGA.

5. Ben-Gurion, Diary, May 15, 17, June 1, 5, 7, 9, BGA; Mintz 1983, p. 181ff.

6. Ben-Gurion, Diary, May 27, 1915, BGA.

7. Ben-Gurion, Diary, May 26, 1915, BGA.

8. Ben-Gurion, Diary, May 29, July 4, 5, 1915, BGA; handwritten correction to the diary, BGA, Shabtai Teveth collection, people; Ben-Gurion to Shmuel Fuchs, Jan. 29, 1955, BGA; Ben-Gurion 1971a, p. 16; Berl Cohen 1986.

9. Shmuel Fuchs to Ben-Gurion, May 14, 1955, BGA.

10. Jonathan Shapiro 1971, p. 90ff.; Tuchman 1981, p. 208ff.

11. Po'alei Zion communication 18, June 28, 1915, BGA, general chronological documentation; Ben-Gurion and Ben-Zvi, "Hehalutz: Printsipn un Aufgaben," in Basok 1940, p. 14; " Di Yesodos fun ' Hekhalutz, '" 1917, BGA, general chronological

documentation; Ben-Gurion, Diary, Aug. 9, 1915, BGA; Ben-Gurion to Ben-Zvi, Aug. 9, 1915, BGA; Ben-Zvi 1967, p. 230.

12. Guttman, interview transcript, p. 17, BGA; Cruso interview transcript, BGA; Ben-Gurion to Ben-Zvi, Dec. 13, 1915, March 8, July 19, 1916, BGA, general chronological documentation; Ben-Gurion to Hirsch Ehrenreich, Jan. 6, 1916, in Erez 1971, p. 333.

13. Ben-Gurion and Ben-Zvi to Brandeis, 1916, BGA, general chronological documentation.

14. Ben-Gurion 1971a, p. 81; Ben-Zvi 1967, p. 226.

15. Ben-Gurion, Diary, Nov. 9, 1940, BGA; Ben-Gurion to Ben-Zvi, Feb. 3, 1918, BGA, general chronological documentation.

16. Ben-Gurion, Diary, July 8, 1915, BGA.

17. Ben-Gurion to Hirsch Ehrenreich, Jan. 6, 7, 1916, BGA; Erez 1971, pp. 333, 334; Teveth 1977, p. 552.

18. Y. Z. Rabinowitz, "Hakdamah," p. D, and Yehoshua Tohn, "Mesirut Nefesh," p. 17ff.; Frankel 1958, p. 88ff.

19. Zerubavel et al. 1916.

20. Ben-Gurion, Diary, May 15, 1916, BGA.

21. Ben-Gurion to Ben-Zvi, June 22, May 9, 1916, BGA.

22. Ben-Gurion, "Likrat He'atid," in Ben-Gurion 1931, p. 1ff.

23. Ben-Gurion to Ben-Zvi, May 9, 1916, BGA; Chashin and Ben-Gurion 1916, p. 8ff.; Ben-Gurion to his father, July 1919, BGA.

24. Mordechai Eliav 1980, p. 13.

25. "Peace Army for Palestine," New York Times, April 27, 1917; Ben-Zvi 1967, p. 232.

26. Ben-Gurion to his father, Dec. 5, 1919, in Erez 1971, p. 442; Ben-Gurion 1971a, p. 85.

27. Reinharz 1993, pp. 31, 114; Segev 2000, p. 33ff.; Teveth 1977, p. 374.

28. "Britain Favors Zionism," New York Times, Nov. 9, 1917; "Zionists Get Text of Britain's Pledge," New York Times, Nov. 14, 1977; Segev 2000, p. 50.

29. Ben-Gurion at the Po'alei Zion Convention, Yiddisher Kempfer, Oct. 27, 1916.

30. Ben-Gurion 1971a, pp. 92, 98ff.

31. Ben-Gurion 1971a, pp. 86, 97ff.; Samuel Schulman, "Jewish Nation Not Wanted in Palestine," New York Times, Nov. 25, 1917.

32. "Jewish Socialists Acclaim Zionism," New York Times, Nov. 30, 1917; Ben-Gurion to his father, Dec. 5, 1919, in Erez 1971, p. 445.

33. Ben-Gurion 1971a, p. 86; Avrech 1965, p. 13; Erez 1953.

34. Avrech 1965, pp. 13, 21; Yiddisher Kempfer, Dec. 14, 1917.

35. Mordechai Eliav 1980, p. 19.

36. Ben-Gurion and Ben-Zvi 1918; Ben-Gurion to his father, July 1, 1919, BGA.

37. Ben-Gurion and Ben-Zvi 1918, p. 318ff.; Ben-Gurion, "Livirur Motza Hafalahin," "Letoldot Hafalahin," Ben-Gurion 1931, pp. 13ff., 26ff.

38. Ben-Gurion and Ben-Zvi 1980, pp. 44ff., 122, 228; Ben-Gurion, "Gevulei-Artzeinu Ve'admatah," Ben-Gurion 1931, p. 34ff.

39. Ben-Gurion to his father, July 1, 1919, BGA; Ben-Gurion to his father, Dec. 5, 1919, in Erez 1971, p. 445.

40. Ben-Gurion to the Cabinet, Aug. 9, 1949, NA; Reinharz 1993, pp. 81ff., 167ff.; Shmuel Katz 1993, p. 103ff.; Elam 1984.

41. Ben-Zvi 1967, p. 237; Elam 1984, p. 183ff.

42. Ben-Gurion to Kaplansky, Oct. 21, 1918, BGA; Ben-Gurion 1971a, p. 155; Ben-Gurion to the Po'alei Zion Central Committee, Jan. 18, 1918, in Erez 1971, p. 335.

43. Ben-Zvi 1967, p. 237; Ben-Gurion 1971a, p. 98.

44. Ben-Gurion to Paula, June 25, 1918, in Erez 1971, p. 369.

45. Elam 1984, p. 190; Ben-Gurion to the Mapai Central Committee, March 7, 1941, in Ben-Gurion 2008, p. 252ff.

46. Ben-Zvi to Yanait, June 14, 1918, in Tsoref 1998, p. 81; Ben-Gurion to Paula, June 1, 3, 13, 20, 24, 1918, April 15, 1919, in Erez 1971, pp. 348, 350, 353, 367, 416; Paula to Ben-Gurion, June 5, 28, 1918, April 15, 1919, BGA; quoted also according to Ben-Gurion to Paula, June 1, 1919, letters by Ben-Gurion to Paula from his period of service in the British Army and the Jewish Legion, May 30, 1918-July 20, 1919, BGA, personal archive of Yehuda Erez.

47. Ben-Gurion to Paula, Aug. 6, 1918, April 15, 1919, in Erez 1971, pp. 348, 416, quoted also according to Ben-Gurion to Paula, April 15, 1919, letters from Ben-Gurion to Paula from his period of service in the British Army and the Jewish Legion, May 30, 1918-July 20, 1919, BGA, personal archive of Yehuda Erez.

48. Paula Ben-Gurion, July 9, Aug. 17, 8, 29, June 29, Aug. 17, July 21, 1918, BGA; Ben- Gurion to Paula, June 13, 1918, in Erez 1971, p. 353.

49. Ben-Gurion to Paula, June 14, 21, 15, Sept. 7, 1918, in Erez 1971, pp. 355, 364, 357, 389, quoted also according to Ben-Gurion to Paula, June 15, 1918, letters by Ben-Gurion to Paula from his period of service in the British Army and the Jewish Legion, May 30, 1918-July 20, 1919, BGA, personal archive of Yehuda Erez.

50. Ben-Gurion at a gathering of recruits, April 20, 1943, in Ben-Gurion 1949, 3, p. 132.

51. Tsoref 1998, p. 78; Ben-Gurion, Diary, July 16, 23, 1918, BGA; Segev 2000, p. 74.

52. Ben-Gurion to the Cabinet, Sept. 7, 1950, ISA.

53. Ben-Gurion 1971a, p. 96.

54. Ben-Gurion to Kaplansky, Oct. 21, 1918, BGA.

55. Ben-Gurion, Diary, Aug. 12-28, 1918, BGA; Ben-Gurion to Tzipora and Moshe

Koritani, Dec. 29, 1918, in Erez 1971, p. 408.

56. Ben-Gurion to Yanait, Oct. 21, 1918, in Erez 1971, p. 399.

57. Ben-Gurion to Paula, Sept. 17, 1918. Note that a photocopy of the original, preserved in BGA, bears the date Sept. 5, 1918, and is corrected in Ben-Gurion's handwriting to October 5. Several words cannot be deciphered. Ben-Gurion to Paula, Sept. 23, Oct. 2, 3, 1918, in Erez 1971, pp. 389, 390, 392, 394; Paula to Ben-Gurion, Sept. 13, 1918, BGA; Ben-Gurion, Diary, Oct. 2, 1918, BGA.

第八章 权威

1. Ben-Gurion, Diary, Nov. 7, 1923, BGA; "Red Moscow a Whirl on Revolution Day," *New York Times*, Nov. 8, 1923.

2. Ben-Gurion 1971a, p. 181; Histadrut Council, Nov. 8, 1921, BGA; David Zakai, interview transcript, BGA; Ben-Gurion to the Histadrut founding convention, Nov. 28, 1920, in Erez 1972, p. 41.

3. Ben-Gurion, Diary, Oct. 18, 19, 1918, BGA; Anita Shapira 1988, p. 48; Ben-Gurion to the Mapai Convention, Aug. 23, 1946; Ben-Gurion 1993a, p. 154.

4. Ben-Gurion 1971a, p. 110; Tzachor 1981, p. 17ff.; Anita Shapira 1980, p. 121ff.

5. Shiloni 1985; Segev 2000, p. 65ff.; Ben-Gurion to Paula, July 16, 1919, in Erez 1971, p. 426.

6. Ben-Gurion to Paula, Nov. 18, 1918, in Erez 1971, p. 400.

7. Ben-Gurion to the Thirteenth Congress of Po'alei Zion, version 2, p. 25, BGA; Ben-Gurion to Paula, March 3, 1919, in Erez 1971, p. 414.

8. Ben-Gurion to the Thirteenth Congress of Po'alei Zion, Feb. 22, 1919, BGA.

9. Tzachor 1981, p. 38.

10. Ben-Gurion 1971a, p. 118.

11. Ben-Gurion 1971a, p. 116ff.; Yitzhak Ben-Zvi to Rachel Yanait, Nov. 24, 1918; Ben-Zvi 1967, p. 263.

12. Tzachor 1981, pp. 25, 140.

13. Ben-Gurion to Paula, March 3, 1919, in Erez 1971, p. 413.

14. Paula to Ben-Gurion, Sept. 14, 1918, March 1, Nov. 15, Sept. 24, July 30, 1919, Sept. 30, Oct. 30, 1918, BGA.

15. Paula to Ben-Gurion, April 7, 1919, Nov. 15, 1918, June 23, 1919, Nov. 22, 26, 1918, June 26, 1919, BGA; Ben-Gurion to Paula, May 17, July 16, 1919, in Erez 1971, pp. 420,426.

16. Paula to Ben-Gurion, April 11, 1919, BGA; Ben-Gurion to Paula, April 15, May 17, 1919, in Erez 1971, pp. 415, 420; Ben-Gurion to his sister Tzipora, Dec. 29, 1918, in Erez 1971, p. 409; Ben-Gurion to Paula, May 8, 1919, Nov. 18, 1918, in Erez 1971, pp. 400, 409, 418; Ben-Gurion to his father, July 1, 1919, BGA.

17. Teveth 1977, p. 19; Ben-Gurion, Diary, Dec. 7, 8, 12, 13, 1918.

18. Teveth 1977, p. 476; Ben-Gurion to his father, Nov. 24, 1919, in Ben-Gurion 1971a, p. 153.

19. Ben-Gurion to the Provisional Committee, July 9, 1919, CZA J1/8777.

20. Intelligence reports from meetings, copies in English, BGA, general chronological documentation, 1919-20.

21. Ben-Gurion 1971a, pp. 130, 143; Segev 2000, p. 122ff.

22. Teveth 1980, p. 65; Barnea 1981, p. 156.

23. Minutes of the Ahdut Ha'avodah Executive, Jan. 20, 1921, BGA, minutes, Ahdut Ha'avodah; Ben-Gurion to Po'alei Zion in New York, Oct. 10, 1920, in Erez 1972, p. 8.

24. Ben-Gurion to David Eder, Sept. 12, 1919; Ben-Gurion to David Blumenfeld, Sept. 16, 1919; Eder to Ben-Gurion, Sept. 17, 1919; Ben-Gurion to the Provisional Committee, Sept. 30, 1919, BGA.

25. David Yizraeli to Ya'akov Ettinger, Nov. 28, 1919, BGA; Glass 2002, p. 199ff.

26. Ben-Gurion, Diary, April 12, 1919, Oct. 19, 24, 1924, BGA.

27. Segev 2000, p. 133ff.

28. Ben-Zvi, Diary, ed. Rachel Yanait Ben-Zvi, manuscript in YBZ, p. 4ff.; Moshe Smilansky 1921; Ben-Gurion, Diary, July 13, 1922, BGA; Kontres 19, Jan. 1923.

29. Ben-Gurion to the Executive of the Provisional Committee, June 23, 1919, Hadashot Miha'aretz, July 4, 1919; Ben-Gurion 1919.

30. Doar Hayom, April 28, 1920.

31. Y.K., "Aleinu Levater Hapa'am," Doar Hayom, April 20, 1920.

32. Yemima Rosenthal 1979, p. 43; Teveth 1980, p. 59.

33. Dinur 1954-64, 1, 2, p. 665; Ben-Gurion to Po'alei Zion, New York, Oct. 19, 1919, in Erez 1972, p. 8.

34. Minutes of the Eighth Session of the Provisional Committee, Oct. 22-23, 1919, CZA J1/8782.

35. Yemima Rosenthal 1994, p. 165ff.

36. Kontres 47, July 1920; Ben-Gurion to Po'alei Zion in America, Jan. 6, Feb. 10, 1921, in Erez 1972, pp. 2, 5; Segev 2000, p. 144.

37. Ben-Gurion to his father, Sept. 7, 1920, in Erez 1972, p. 17; Ben-Gurion at a press conference, July 27, 1946, in Ben-Gurion 1993a, p. 91; Ben-Gurion to his father, Oct. 5, 1920, in Erez 1972, p. 24; Ben-Gurion to Rachel Yanait Ben-Zvi, Oct. 9, 1910, in Erez 1972, p. 26; Ben-Gurion to Shlomo Kaplansky, April 24, 1923, in Erez 1972, p. 125; Reader's card, BGA, general chronological documentation, 1921-22.

38. Ben-Gurion to Rachel Yanait and Ytizhak Ben-Zvi, Jan. 21, 1921, BGA; Ben-Gurion to Rachel Yanait, Oct. 9, 1920, in Erez 1972, p. 26; Berl Katznelson to Ben-Gurion, Oct. 2, Nov. 22, 1920, BGA; Moshe Shertok to Ben-Gurion, June 1, 1921, in Moshe Sharett 2003, p. 190; Teveth 1980, p. 119.

39. Dinur 1954-64, 2, 1, pp. 128ff., 148; Moshe Shertok to Ben-Gurion, June 1, July

24, 1921, in Moshe Sharett 2003, pp. 190, 274; Rivka Hoz to Eliyahu Golomb, July 25, 1921, in Moshe Sharett 2003, p. 276.

40. Tomaszewski 2001, p. 421.

41. Final report, Jan. 1, 1922, JDC Archive, AR 1921/1932, file 130.

42. Ben-Gurion to Zalman Rubashov, Dec. 14, 1921, in Erez 1972, p. 92.

43. Ben-Gurion to his father, June 6, 1921, March 23, 1922, in Erez 1972, pp. 66, 97.

44. *Hatzefirah*, May 3, 4, 1921; Zemach1983, p. 116.

45. Moshe Shertok to Geula and Yehuda Shertok, May 7, 1921, in Moshe Sharett 2003, p. 166; Segev 2000, p. 173ff.

46. "Lefanim Ulahutz," *Ha'aretz*, May 9, 1921; "Lechol Beit Yisra'el," May 1921, *Knesset Yisra'el*, 1949, p. 45.

47. Ben-Gurion to the Zionist Executive, July 12, 1921, in Yogev and Freundlich 1984, p. 283; Ben-Gurion to his father, Aug. 5, 1921, in Erez 1972, p. 76; Moshe Shertok to Eliyahu Golomb, May 19, 1971, in Moshe Sharett 2003, p. 229.

48. Berl Repetur, Zvi Lieberman, Walter Preuss, interview transcripts, BGA; Ben-Gurion, Diary, April 3, 1922, BGA; Ben-Gurion to his father, March 28, 1922, in Erez 1972, p. 97; Teveth 1980, p. 619, note 34.

49. Ben-Gurion, Diary, Feb. 11, 13, 15, 16, March 20, April 5, 1922, BGA.

50. Ben-Gurion to the Council of the World Union of Po'alei Zion in Vienna, Sept.1, 1921, in Erez 1972, p. 80ff.; Tzachor 1981, p. 206ff.

51. Ben-Gurion to a Po'alei Zion delegation, March16, 1920, in Haim Golan 1989, p. 189ff.; Gorny 1973, p. 175.

52. Ben-Gurion to his father, Aug. 5, 1921, March 28, 1922, in Erez 1972, pp. 76, 98; Moshe Sharett to Eliyahu Golomb, Nov. 20, 1921, in Sharett 2003, p. 92.

53. Paula to Ben-Gurion, Sept. 10, 1921, BGA.

54. Ben-Gurion to his father, June 6, Aug. 5, 1921, March 28, 1922, in Erez 1972, pp. 66,76, 97; Binyamin Ben-Gurion interview with Shabtai Teveth, BGA, Teveth collection, file 1100.

55. Ben-Gurion, Diary, April 8, 7, 24, 5, 29, June 26, 1922, BGA.

56. Ben-Avram and Nir 1995, p. 10.

57. Adams, Frank, et al. 1928, pp. 14, 707.

58. Nordheimer 2014.

59. Avraham Tarshish interview transcript, BGA; Anita Shapira 1989, p.157ff.

60. Lavi 1968, p. 8.

61. Lavi 1947, pp. 58, 63.

62. Lavi 1947, pp. 67, 115, 120; Stein 1984, p. 56ff.

63. Ben-Gurion eulogy for Shlomo Lavi,1963, http://www.en-harod.org.

64. Lavi 1947, pp. 129, 287, 156, 162.

65. Lavi 1947, p. 193; Avraham Tarshish, interview transcript, BGA.

66. Lavi 1947, pp. 135, 136, 193; Ben-Gurion to the Histadrut Executive, May 15, 1923, BGA.

67. Lavi 1947, p. 189; Ben-Gurion, Diary, Jan. 14, 1922, BGA; Avraham Tarshish interview transcript, BGA; Dov Hoz to Rivka Golomb, Pesach 1921, BGA, Dov Hoz personal archive.

68. Tzachor 1990, p. 128ff.

69. Ben-Gurion, Diary, Oct. 9, 1922, BGA.

70. Ben-Gurion to the Histadrut Executive, Dec.13, 1922, April 11, 1923, BGA; Lavi 1947, pp. 185, 195; Ein Harod, Tel Yosef, and [Jezreel] Valley Settlement file 1921–23, BGA, Yehuda Erez personal archive.

71. *Miheienu—Iton Gdud Ha'avodah* 40, June 21, 1923, Labor Archive edition, 1971.

72. Ben-Zvi and others at the secretariat of the Histadrut Executive, June 15, 1923, BGA; Sternhell 1986, p. 262ff.

73. "10,000 Men Working on Moscow's Big Fair," *New York Times*, July 22, 1923.

74. Ben-Gurion 1971a, p. 220ff.; Frederick Kisch to the first secretary, July 6, 1923; Ben-Gurion to Paula, Aug. 14, 1923; Ben-Gurion to the members of the Histadrut Executive, Aug. 14, 1923, Ben-Gurion to the Histadrut Executive, Aug. 24, 1923, BGA.

75. Gorny 1971, p. 120; Ben-Gurion to a Po'alei Zion delegation, Nov. 11, April 11, 1920, in Haim Golan 1989, p. 46.

76. Ben-Gurion interview with Dov Goldstein, *Ma'ariv*, Sept. 28, 1966; Ben-Gurion 1971a, p. 380.

77. Ben-Gurion 1971a, p. 453; Ben-Gurion at a gathering of enlistees, April 20, 1943, in Ben-Gurion 1949, 3, pp. 142, 155.

78. Ben-Gurion to the Provisional Committee, Feb.24,1920, CZA J18785/6; Ben-Gurion to the Fourth Congress of Ahdut Ha'avodah, Sept. 7, 1924, in Ben-Gurion 1955a, p. 221; Ben-Gurion to a Po'alei Zion delegation, March 17, 1920, in Haim Golan 1989, p. 201; Ben-Gurion 1925; Kolatt 1988, p. 118ff.; Sternhell 1986, p. 269.

79. Ben-Gurion to a rally in Tel Aviv, *Davar*, April 18, 1928; Ben-Gurion to the Mapai Council, March 7, 1941, in Ben-Gurion 2008, pp. 248, 376; Berl Repetur, interview transcript, BGA.

80. Berl Repetur, Akiva Govrin, interview transcripts, BGA.

81. Ben-Gurion 1971a, p. 228ff.; Ben-Gurion, Diary, Sept. 1, 1923, BGA.

82. Ben-Gurion, Diary, Aug. 30, 31, Nov. 7, 1923, BGA; "Red Moscow a Whirl on Revolution Day," *New York Times*, Nov. 8, 1923.

83. Ben-Gurion 1971a, pp. 232, 237, 241; Rotberg report on the Moscow Fair, secretariat of the Histadrut Executive, Feb. 8, 1924, BGA.

84. Elazar Galili 1988, pp.27,31; Elazar Galili interview, Jan.4, 1976, conversation 14, HIJC-OHA; Ben-Gurion, Diary, Jan. 26, 1924, BGA.

85. Ben-Gurion 1971a, p. 262ff.

86. Ben-Gurion 1971a, p. 245.

87. Ben-Gurion 1971a, p. 268.

第九章　丑闻

1. Ben-Gurion, Diary, March 20, 1926, Oct. 17, 1924, BGA.

2. Ben-Gurion to the offices of the World Union of Po'alei Zion, March 8, 1926, in Erez 1972, p. 309; Ben-Gurion to Meir Sheli-Bogdan, March 15, 1926, in Erez 1972, p. 311; Ben-Gurion, Diary, Jan. 21, Feb. 2, BGA.

3. Teveth 1980, p. 180ff.; Tzachor 1981.

4. Ben-Gurion, Diary, Oct. 7, 1922, BGA.

5. Ben-Gurion, "Haroshet," in Ben-Gurion 1955a, p. 216ff.

6. Ben-Gurion to the Zionist Executive, May 27, 1924, BGA, general chronological documentation; Ben-Gurion to the secretariat of the Histadrut Executive, June 30, 1924; Ben-Gurion 1925.

7. Yitzhak Lufban, "Hasbarah,"*Hapo'el Hatza'ir*, Dec. 26, 1924.

8. Ben-Gurion to the secretariat of the Histadrut Executive, April 26, 1924,BGA; Ben-Gurion to Ben-Zvi, July 18, 1924, BGA, general chronological documentation; Ben-Gurion 1971a, p. 313.

9. Ben-Gurion, Diary, April 3, July 6, 1924, BGA.

10. Ben-Gurion, Diary, June 5, 1924, BGA.

11. Ben-Gurion, Diary, Feb. 17, 1922, BGA; Ben-Gurion 1971a, p. 205.

12. Berl Repetur, interview transcript, BGA.

13. Berl Repetur, interview transcript, BGA.

14. Ben-Gurion, Diary, March 22, 24, 25, 27, 1924, BGA.

15. Erez 1953.

16. Mordechai Ish Shalom and Yehiel Duvdevani, interview transcripts, BGA.

17. Ben-Gurion to David Zakai, Oct. 26, 1924, in Erez 1972, p. 242; Ben-Gurion to Meir Sheli-Bogdan, Dec. 17, 1924, in Erez 1972, p. 282.

18. Ben-Gurion to MacDonald, July 25, 1923, in Erez 1972, p. 140; Ben-Gurion to the National Council, Aug. 21, 1923, in Erez 1972, p. 149; Ben-Gurion 1971a, p. 220; Shchori 1990, p. 272ff.

19. Ben-Gurion, Diary, Oct. 9, 10, 1926, BGA.

20. Ben-Gurion to David Zakai, Oct. 26, 1924, in Erez 1972, p.240; Ben-Gurion to Ze'evi, Nov. 19, 1924, in Erez 1972, p. 262; Ben-Gurion to Meir Sheli-Bogdan, Dec. 31, 17, 1924, in Erez 1972, pp. 288, 282; Ben-Gurion, Diary, Jan. 7, May 26, 1925, BGA; Teveth 1980, pp. 186, 252.

21. Isser Harel, interview, GMA, LMA, oral documentation, fourth interview, p.18; Anita Shapira 1988, p. 63.

22. Nakdimon and Mayzlish 1985, p. 241ff.; Dinur 1954–64, 2, 1, pp. 227, 252;

Segev 2000, p. 208ff.; Ben-Gurion to the Assembly of Representatives, *Ha'aretz*, March 8, 1922; Barzilay 1985; Ben-Gurion, Diary, July 1, 1924, BGA.

23. Nakdimon and Mayzlish 1985, pp. 197ff., 224ff.; Katzman 1985.

24. Ben-Gurion, Diary, April 28, 1924, BGA.

25. Decisions of the Histadrut Council, April 27–29, 1924, minutes, June 14, 1924, p. 2, BGA, Teveth collection, concepts, faction; Ben-Gurion, Diary, April 28, 1924, BGA.

26. Sprinzak to the Histadrut Convention, Feb. 20, 1923, BGA, Teveth collection, concepts, faction; Ben-Gurion and Sprinzak to the secretariat of the Histadrut Executive, June 25, 1924, BGA.

27. Ben-Gurion to the Histadrut Executive, May 26, 1922, BGA; Ben-Gurion, Diary, Oct. 10, 1929, BGA; Ben-Gurion to David Zakai, April 24, 1924, BGA.

28. Manya Shohat to Ben-Gurion, July 23, 1926, and Ben-Gurion to Manya Shohat, July 26, 1926, in Reinharz et al. 2005, p. 184.

29. Shohat 1962, p.69ff; Shaul Avigur, interview transcript, p. 7ff.; BGA; Dinur 1954–64, 2, 1, p. 234ff.

30. Ben-Gurion to the Third Histadrut Convention, July 10, 1927, BGA.

31. Ben-Gurion 1971a, p. 317.

32. http://history.state.gov/milestones/1921-1936/immigration-act.

33. Tomaszewski 2001, p. 422; Ben-Avram and Nir 1995, pp. 107, 193; Lissak 1994, 2, p. 173ff.

34. Ben-Gurion to the Agricultural Center, March 7, 1924, BGA; Ben-Gurion to the Hehalutz Central Committee, April 9, 1924, in Erez 1972, p. 205.

35. Ben-Gurion, Diary, April 7, 1924, BGA; Ben-Gurion to the Hehalutz Central Committee, Berlin, April 9, 1924, BGA; Ben-Gurion to the Hehalutz Central Committee in Russia, June 26, 1924, in Erez 1972, p. 221; Ben-Gurion, Diary, May 5, 1924, BGA.

36. Ben-Gurion to the Zionist Executive, Nov. 18, 1924, in Erez 1972, p. 260.

37. Giladi 1973, p. 47.

38. David Izmozhik, "Lo Yoshieinu Zeh,"*Hayishuv*, Aug. 6, 1926; Giladi 1973, p. 47.

39. Ben-Gurion 1949, 5, pp. 58–59.

40. Ben-Gurion to his sister Tzipora, Nov. 19, 1924, in Erez 1972, p. 263.

41. Ben-Gurion to his father, Aug. 5, 1921, in Erez 1972, p. 76.

42. Ben-Gurion interview with Noah Orian, Nov. 12, 1969, HIJC; Teveth 1980, photographs; Giladi 1971, p. 131; Geula's report card, 1927, BGA, general chronological documentation.

43. Yigael Yadin, interview transcript, BGA.

44. Barel 2014, p. 68ff.

45. Ohana 2003, p. 57ff.; Keren 1988, p. 112ff.

46. Ben-Gurion to a gathering of fishermen,Dec.23, 1943,in Ben-Gurion 1949,3,p.193.

47. Ben-Gurion, Diary, Sept. 13, Nov. 6, 1924, BGA.

48. Ben-Gurion, Diary, Dec. 3, 1925, BGA.

49. Moshe Smilansky to the Assembly of Representatives, according to *Davar*, Jan. 18, 1926; Ben-Gurion, Diary, Jan. 8, 1926, BGA.

50. Zemach 1983, pp. 76, 92, 102ff., 108, 115, 130; Zemach to Ben-Gurion, April 12, 1920, BGA; Ben-Gurion to his father, Aug. 5, 1921, in Erez 1972, p. 76.

51. Zemach to Ben-Gurion, Feb. 22, 1926, LMA 104IV, file 6; Ben-Gurion, Diary, March 3, 1926; BGA subject file, Smilansky, Moshe, suit against Ben-Gurion.

52. Avodah Ivrit Bamoshavot 1911 – 34, BGA, subject files; *Davar*, Dec. 28, 1927; *Ha'aretz*, Dec. 29, 1928.

53. Ben-Gurion, "Hapoe'l Ha'ivri Veha'aravi," "Avodah Ivrit o Me'urevet Bamoshavot," in Ben-Gurion 1931, p. 105ff.; "Al Bit'hon Hayishuv Vetafkid Hasochnut Basha'ah Zo," Oct. 20, 1929, BGA.

54. Ben-Gurion, "Avodah Ivrit o Me'urevet Bamoshavot," in Ben-Gurion 1931, p. 170; Ben-Gurion 1932.

55. Ben-Gurion, Diary, July 13, 1922, BGA; Ben-Gurion at the Ahdut Ha'avodah Convention, *Kontres* 119, Jan. 21, 1923; Teveth 1985, p. 100ff.

56. Ben-Gurion, "Al Hafelah Ve'admato," in Ben-Gurion 1931, p. 61.

57. Ben-Gurion, "Gevulei Artzenu Va'admatah," Ben-Gurion 1931, p. 34; Ben-Gurion, Diary, July 1, 1924, BGA; Tsoref 1998, p. 56.

58. Ben-Gurion, "Al Hafelah Ve'admato," "Al Gevulei Ha'aretz," "El Hapo'alim Ha'aravim," "Shnei Gormim," in Ben-Gurion 1931, pp. 61, 62, 67ff., 72ff., 98; Ben-Gurion to the secretariat of the Histadrut Executive, March 30, June 16, 1924, BGA; Ben-Gurion to Yitzhak Ben-Zvi, July 18, 1934, BGA; Ben-Gurion 1971a, pp. 269ff., 312.

59. Ben-Gurion, Diary, April 3, 1924, BGA.

60. Ben-Gurion, Diary, March 20, 21, Dec. 1, 1924, Jan. 10, 1925, BGA.

61. Berl Repetur, interview transcript, p. 130, BGA.

62. Memoirs of Avigdor Gruen, p. 16, BGA, subject file 470-1-18.

63. Ben-Gurion to his father, Nov. 24, 1919, in Ben-Gurion 1971a, p. 154ff.

64. Ben-Gurion to his father, Oct. 5, 1920, in Ben-Gurion 1971a, p. 159ff.

65. Ben-Gurion to his father, Sept. 17, 1920, in Ben-Gurion 1971a, p. 159ff.

66. Ben-Gurion to his father, Sept. 30, 1931, in Erez 1972, p. 90; Ben-Gurion to Tzipora, Aug. 23, 1922, in Erez 1972, p. 112; Ben-Gurion to Tzipora, Aug. 8, 1922, BGA; Hagani 2010, p. 16ff.

67. Ben-Gurion to his father, March 28, 1922, in Erez 1972, p. 99.

68. Ben-Gurion to his father, Aug. 4, 1923, BGA; Ben-Gurion to his father, July 2, 1924, in Erez 1972, p. 225ff.

69. Ben-Gurion, Diary, July 12, 14, 18, 1925, BGA.

70. Ben-Gurion, Diary, April 5, 1926, BGA.

71. Ben-Gurion, Diary, June 6–7, 1926, BGA.

72. Ben-Gurion, Diary, June 12, 1924; Dov Hoz to his wife, Pesach 1921, BGA.

73. Giladi 1971, p. 128ff.

74. Lissak 1994, 2, p. 214ff.

75. Ben-Gurion to an Ahdut Ha'avodah assembly, Oct. 26, 1926, in Greenberg 1989, p. 24ff.; Ben-Gurion, Diary, July 22, 1924, BGA.

76. Ha'aretz, Jan. 17, 1926; Ben-Gurion, Diary, Dec. 30, 1925, BGA; Cahan, "The Palestine Labor Movement," Forverts, Dec. 10, 1925.

77. Giladi 1971, p. 138ff.

78. Ben-Gurion, Diary, Jan. 16, May 22–25, 1924.

79. Kontres 290, Jan. 21, 1927; Histadrut Council, Feb. 2, 1972, BGA, general chronological documentation; Ben-Gurion to Sprinzak at the Histadrut Council, Feb. 1927, BGA; Ben-Gurion, Diary, Feb. 2, 1927, BGA.

80. Ben-Gurion, Diary, March 10, 1927, BGA; Ben-Gurion, Yosef Sprinzak, et al. at the Histadrut Executive, March 24, 1927, BGA;Davar, March 11–14, 1927.

81. Ben-Gurion, Diary, June 20, 1922, BGA; Teveth 1980, p. 242 ff.

82. Ben-Gurion, Diary, Jan.7, 1926, BGA; Accounting Department to Ben-Gurion, July 1, 1924, BGA, general chronological documentation.

83. "Al Dargat Hamaskoret Vetashlumeha Bamosdot Hahistadrut," Davar, June 13, 1927; Teveth 1980, pp. 356, 381ff.

84. Ben-Gurion 1971a, pp. 569, 334, 546, 311, 333ff.; Ben-Gurion, "Likrat Have'idah," in Greenberg 1989, pp. 44–49; Ben-Gurion to the Zionist Executive, Nov. 18, 1924, in Erez 1972, p. 260; Ben-Gurion, Diary, July 22, 1924, BGA.

85. Erez 1972, p. 368; Segev 2000, p. 2.

86. Yemima Rosenthal 1979, p. 136.

87. Ben-Gurion, Diary, June 14, 1927, BGA.

88. The Third Histadrut Convention, July 1927, Ben-Gurion, minutes, pp.14, 27, 36, 42, 43.

89. Arlosoroff and Katznelson at the Third Histadrut Convention, July 7, 1927, BGA minutes, pp. 30ff., 45.

90. Proceedings of the Third Histadrut Convention, July 22, 1927, BGA, minutes, p. 265; Avizohar 1990, p. 71.

第十章 联合

1. Ben-Gurion, Diary, Nov. 12, July 9, Sept. 8, 1935, BGA.

2. Haim Israeli, interview transcript, BGA.

3. Ben-Gurion, Diary, May 25, 1928, BGA; Ze'ev Sherf, interview transcript, BGA; Anita Shapira 1980, p. 295.

4. Data from the National Insurance Institute Memorial Site, http://www.laad.btl.gov.il.

5. Ben-Gurion and Jabotinsky at the National Council, Oct. 16, 1928, CZA J1/7232;

Davar, Oct. 18, 1928; Ben-Gurion, "Al Hakotel Veha'ikar," in Ben-Gurion 1931, p. 256; *Doar Hayom*, Oct. 17, 1928; Jabotinsky 1953, pp. 251−60.

6. *Doar Hayom*, July 4, 1929; Jabotinsky 1932.

7. Lavi 1947, p. 277.

8. Hillel Cohen, 2013; Segev 2000, p. 295ff.

9. Ben-Gurion, Diary, Sept. 4, 8, 9, Oct. 11, 1929, BGA; Ben-Gurion, "Al Me'ora'ot Av," "Birurim," "Darkeinu Hamedinit la'ahar Hame'ora'ot," "Hamediniyut Hahistzonit shel Ha'am Ha'ivri," "Avtonomiah Le'umit Vayahasei Shekhenim," in Ben-Gurion 1931, pp. 173, 181, 165, 224, 129, 264, 214, 130; Ben-Gurion to the Histadrut Executive, Sept. 5, 1929, BGA.

10. Ben-Gurion 1971a, pp. 388, 472; Ben-Gurion, "Al Me'ora'ot Av," "Darkeinu Hamedinit la'ahar Hame'ora'ot," "Nokhah Ha'emet," in Ben-Gurion 1931, pp. 175, 125, 142.

11. Ben-Gurion, Diary, April 11, 19, May 12, June 28, July 2, 28, 1933, BGA; *Davar*, March 21, 1933; *Hazit Ha'am*, Nov. 4, 1932; Teveth 1980, p. 541ff.; Shmuel Katz 1993, p. 825ff.; Bechor et al. 1985, p. 39ff.

12. Ben-Gurion, "Hasihah," Ben-Gurion 1931, p.151; Ben-Gurion 1971a, pp.337ff., 298ff.

13. Ben-Gurion, Diary, Nov. 5−7, 1929, May 5, 1930, March 11, 1936, BGA; Ben-Gurion to the National Council, Oct. 15, 1928, CZA J1/7232; "Darkeinu Hamedinit la'ahar Hame'ora'ot," in Ben-Gurion 1931, pp. 226, 168; Teveth 1985, p. 152ff.

14. Ben-Gurion, "Autonomiyah Le'umit Vayahasei Shechenim," in Ben-Gurion 1955a, p. 79ff.; Teveth 1985, p. 118ff.

15. "Al Bit'hon Hayishuv Vatafkid Hatziyonut Basha'ah Zo," Oct. 20, 1929, BGA.

16. Ben-Gurion, Diary, Nov. 3, 8, 1929, BGA; Ben-Gurion, "Hanahot Lekevi'at Mishtar Mamlachti Behetem Latvi'ot Hamandat Leshe'ifot Ha'am Ha'aravi Veletzarchei Ha'aravim in Ba'aretz," Nov. 23, 1929, BGA; Ben-Gurion, "Hamediniyut Hahistzonit shel Ha'am Ha'ivri," in Ben-Gurion 1931, p. 182ff.; "Al Bit'hon Hayishuv Vatafkid Hatzi yonut Basha'ah Zo," Oct. 20, 1929, BGA.

17. Ben-Gurion to the Ein Harod Convention, 1924, in Ben-Gurion 1931, p. 7.

18. Ben-Gurion, "Tazkir Lava'adat Hahakirah," Dec.24, 1929, in Ben-Gurion 1931, p.208.

19. Dinur 1954−64, 2, 1, pp. 298, 359, 417ff.; Dinur 1954−64, 2, 1, p. 1296; Segev 2000, p. 194.

20. Ben-Gurion, Diary, July 14, 1924, Nov.3, 5, 1925, May 10, 1929, BGA; Dinur 1954−64, 2, 1, p. 258ff.; Dinur 1954−64, 2, 3, p. 1294.

21. Ben-Gurion, Diary, Sept. 21, 1929, BGA.

22. Dinur 1954−64, 2, 1, p. 424ff.

23. Ben-Gurion, "Hakamat Ko'ah Tzva'i Yehudi" (Sept. 6, 1963), in Ben-Gurion 1963b.

24. Ben-Gurion, Diary, Sept. 9, 1929, BGA; Ve'idat Ha'ihud, 1/1930/-5-7, BGA;

Davar, Jan. 8, 9, 1930; Teveth 1980, p. 482; Gorny 1973, p. 315ff.; Avizohar 1990, p. 62ff.; Erez 1971, p. 95, editor's note.

25. Segev 2000, p. 335ff.

26. Ben-Gurion, "Shtei He'arot Lavikuah Hapolitit," "Nochah Ha'emet," "Mizrah Uma'arav," in Ben-Gurion 1931, pp. 234, 241, 247; Ben-Gurion to the Mapai Council, Oct. 25, 1930, BGA.

27. Ben-Gurion et al. at the Mapai Council, Oct. 25, 1930, BGA.

28. Ben-Gurion, Diary, July 10, 17, 1930, BGA; Ben-Gurion to his father, June 5, 1929, in Erez 1974, p. 50; Ben-Gurion to Paula, July 17, 1939, in Erez 1974, p. 97; Ben-Gurion to Golomb, July 17, 1930, in Erez 1974, p. 112; Ben-Gurion to his father, July 29, 1930, in Erez 1974, p. 113.

29. Ben-Gurion to Paula, Aug. 27, 1930, in Erez 1974, p. 53; Elam 1990, pp. 211ff., 292ff.; Segev 2000, p. 332.

30. Teveth 1980, 2, pp. 492, 639.

31. Ben-Gurion, Diary, June 29, 1929, BGA.

32. Paula to Ben-Gurion, Aug. 10, 1930, BGA.

33. Elam 1990, p. 125.

34. Ben-Gurion to Paula, Aug. 12, 1929, in Erez 1974, p. 66; Ben-Gurion, "Al Bit'hon Hayishuv Ubitzrono," in Ben-Gurion 1931, p. 187.

35. Ben-Gurion, Diary, Dec. 26, 1930, BGA; "Me'eretz-Yisrael," Ha'olam, July 26, 1929; Elam 1990, pp. 139, 353.

36. Fisher 1994, p. 286; Weizmann to Felix M. Warburg, Jan. 16, 1930, in Litvinoff 1978, p. 201.

37. Elam 1990, pp. 266, 361; Ben-Gurion to colleagues, Sept. 2, 1930; Erez 1974, p. 134.

38. Ben-Gurion interview with Noah Orian, Nov.12,1969, HIJC-OHA10(56),p.7;Ben-Gurion, Diary, July 29, 1930, July 11, Aug. 15, 1931, BGA; Ben-Gurion 1971a, p. 480ff.; Ben-Gurion 1973, p. 140.

39. Elam 1990, p. 360ff.

40. Ben-Gurion 1971a, p. 578; Ben-Gurion 1932, p. 16ff.

41. Ben-Gurion to Paula, May 11, 1933, in Erez 1974, p. 252; Teveth 1980, p. 578.

42. Ben-Gurion, Diary, Sept. 10, April 29, 1931, BGA; Teveth 1980, p. 574ff.

43. Ben-Gurion, Diary, April 19, 23, 29, 1931, BGA.

44. Ben-Gurion to Klapholz, Sept. 27, 1932, BGA; Ben-Gurion, Diary, Sept. 10, 1932, BGA.

45. Ben-Gurion to Heschel Frumkin, Sept. 16, 1930, in Erez 1974, p. 145;*Davar*, Feb. 13, 1933; Daniel Heller 2017, pp. 16ff.

46. *Davar*, March 21, 1933.

47. Ben-Gurion to Klapholz, June 26, 1933, BGA.

48. Ben-Gurion, Diary, May 10, 1933, BGA.

49. Haim Ya'ari, interview transcript, BGA; Ben-Gurion, Diary, Aug. 26, 1932, April 22, 1933, BGA.

50. Ben-Gurion, Diary, March 1, April 8, May 9, 18, June 6, 1933, BGA; Ben-Gurion to Israel Marminsky, June 5, 1933, in Erez 1974, p. 296.

51. Ben-Gurion, Diary, June 7, 1933, BGA.

52. Ben-Gurion, Diary, May 26, 27, 1933, BGA; Baruch Azanya, Haim Ya'ari, interview transcripts, BGA.

53. Yemima Rosenthal 1979, pp. 222, 295.

54. Oznia, interview transcript, BGA.

55. Ben-Gurion to Paula, April 25, June 2, 1933, in Erez 1974, pp. 240, 192; Hillel Dan, interview transcript, BGA; Ben-Gurion, Diary, June 6, 1934.

56. Ben-Gurion, Diary, April 7, 24, May 24, 30, 1933, BGA; Ben-Gurion to Klapholz, April 29, 1933, BGA.

57. Ben-Gurion 1933; Ben-Gurion, Diary, April 22, 23, May 1, 7, 9, 24, 27, 29, June 15, 3, 1933, BGA; Dan, interview transcript, BGA.

58. Ben-Gurion, Diary, July 27, 1933, BGA.

59. Ben-Gurion, Diary, June 17, 23, 27, 1933, BGA; Ben-Gurion to Paula, March 26, 1933, in Erez 1974, p. 317; Bechor et al. 1985, pp. 17, 39ff.; Eliyahu Dobkin, Anshel Reiss, interview transcripts, BGA.

60. Ben-Gurion, Diary, June 17, 23, 27, 28, July 3, 1933, BGA.

61. Ben-Gurion to Klapholz, July 7, 1933, BGA.

62. Ben-Gurion, Diary, July 3, 1936.

63. Ben-Gurion, Diary, July 26, 1933, BGA; Dan, interview transcript, BGA.

64. Teveth 1987b, p. 25ff.

65. Ben-Gurion to Klapholz, August 19, 1932, BGA.

66. Ben-Gurion to Klapholz, Dec. 18, 1933, BGA.

67. Ben-Gurion to Klapholz, Feb. 19, July 8, 1934, BGA.

68. Teveth 1987b, p. 98; Rega Klapholz, subject file, Shabtai Teveth archive, BGA.

69. Klapholz to Baratz, Feb. 15, 1936, courtesy of the Degania Alef Archive; Baratz's letters to Klapholz, 1932–34, courtesy of Oren Baratz.

70. Ben-Gurion, pocket diary, Aug. 28, 1933, BGA; Teveth 1987, p. 68; Ben-Gurion to Klapholz, July 1, 1933, BGA.

第十一章　对话

1. Ben-Gurion, Diary, April 16–20, 1935, BGA; Katznelson, Diary, April 16–20, 1935, CAHJP, 4-006-1924-263; Padeh 1993, p. 203; "Be'ayat Hakarka'ot: Hanegev Ve'akabah," submitted to Louis Brandeis, June 4, 1935, in Ben-Gurion 1972, p. 321ff.

2. Ben-Gurion to Paula, Sept. 6, 1933, in Erez 1974, p. 354.

3. Ben-Gurion 1972, p. 435ff.; Ben-Gurion, Diary, Sept. 14, 1935, BGA; Ben-Gurion 1971c.

4. Ben-Gurion, Diary, Aug. 30, Sept. 7, 1935, BGA.

5. Ben-Gurion to the Histadrut Convention, Jan. 10, 1934, in Ben-Gurion 1972, pp. 11, 13; Davar, Jan. 14, 1934; Ben-Gurion to Edmond de Rothschild, Jan. 5, 1934, in Ben-Gurion 1972, p. 4ff.; Ben-Gurion to Louis Brandeis, Jan. 5, 1934, BGA.

6. Ben-Gurion to the National Council, Dec. 12, 1938, BGA.

7. Ben-Gurion to Edmond de Rothschild, Jan.5, 1934, in Ben-Gurion 1972, p.4ff.; Ben-Gurion to Louis Brandeis, Jan. 5, 1934, BGA.

8. Ben-Gurion to Shmuel Fuchs, Dec. 14, 1904, in Erez 1971, p. 391; Ben-Gurion 1971a, p. 312.

9. Ben-Gurion to the Mapai Council, Oct. 26, 1933, BGA; Ben-Gurion to members of Hano'ar Ha'oved, Dec. 4, 1937, in Ben-Gurion 1974a, p. 460; Ben-Gurion to Zionist emissaries in Warsaw, April 19, 1933, and Ben-Gurion to Mapai members, July 9, 1933, in Ben-Gurion 1971, pp. 611, 644; Ben-Gurion, Diary, April 22, 1933, BGA.

10. Ben-Gurion to Chaim Weizmann, Oct. 26, 1933, in Erez 1974, p. 360; Anglo-American Committee of Inquiry 1946, 1, p. 185.

11. Segev 1993, p. 18ff.

12. "Mistorei Hatransfer," "Ervat Haha'avarah," Hayarden, Nov. 10, 13, 1935.

13. Ben-Gurion to the National Council, Davar, Dec. 17, 1935; Ben-Gurion to the Jewish Agency Executive, Nov. 23, 1935, BGA; Ben-Gurion to the Political Committee, May 4, 1936, in Ben-Gurion 1973, p. 143.

14. Ben-Gurion to the Political Committee, April 7, 1936; Ben-Gurion to the Jewish Agency Executive, May 19, 1936; Ben-Gurion to Zalman Shazar, May 31, 1936, in Ben-Gurion 1973, pp. 113, 203, 225; Segev 1993 pp. 42-43, 31ff.

15. Ben-Gurion to the National Council, May 5, 1936, p. 164; Ben-Gurion and Moshe Shertok to the high commissioner, July 9, 1936, in Ben-Gurion 1973, pp. 162, 322.

16. Ben-Gurion to the Zionist Executive, Dec.29, 1935, in Ben-Gurion 1972, p.566; Ben- Gurion to the National Council, Dec. 12, 1938, BGA; Ben-Gurion to the Zionist Executive, Oct. 3, 1938, in Ben-Gurion 1982b, p. 290; Davar, Nov. 16, 1938.

17. Ben-Gurion to the Zionist Congress, Aug. 24, 1933, in Ben-Gurion 1971a, p. 661.

18. Ben-Gurion at the Mapai Council, Jan. 19, 1933, BGA.

19. Ben-Gurion, Diary, Dec. 12, 1933, June 1, 1935, June 11, 1937, BGA.

20. Halamish 1993, p. 98ff.

21. Segev 2000, p. 394ff.; Katznelson to the Mapai Central Committee, July 18, 1934, in Ben-Gurion 1972, p. 127.

22. Ben-Gurion to Simon Marks, Dec. 31, 1935, in Ben-Gurion 1972, p. 570.

23. Ben-Gurion, Diary, Dec. 19, 1938, BGA; Ben-Gurion to Paula, March 23, 1938, Ben-Gurion 1982b, p. 168.

24. *Davar*, March 1, 1935.

25. Jabotinsky, "Der Krieg,"*Der Moment*, April 14, 1933, JIA, articles, 119/1933.

26. Ben-Gurion, Diary,June 27, 1933, BGA;Teveth 1982; Bechor et al. 1985; Shmuel Katz 1993, p. 885ff.; Yemima Rosenthal 1979, pp. 276, 277, 279; Segev 1994, p. 16ff.

27. Ben-Gurion, Diary, Sept. 13, Oct. 3, 4, 9, 1934, BGA; Shmuel Katz 1993, p. 885ff.

28. Ben-Gurion to the Mapai Central Committee, Oct. 28, 1934, BGA.

29. Weizmann to the Zionist Congress, Aug. 10, 1937, in Ben-Gurion 1974a, p. 416.

30. Ben-Gurion, Diary, Sept. 4, 1934, July 20, 1936, BGA; Ben-Gurion 1971a, p. 477; Yegar 2011, p. 163ff.

31. Jabotinsky 1949, p. 207.

32. Jabotinsky 1953, p.251ff.; Ben-Gurion, "Al Me'ora'ot Av," in Ben-Gurion 1931, p.177ff.

33. Ben-Gurion to Jabotinsky, Oct.28, 1934, and Jabotinsky to Ben-Gurion, Oct.29, 1934, in Ben-Gurion 1972, pp. 199, 214; Ben-Gurion, Diary, Oct. 31, 1934, BGA; Ben-Gurion, Diary, Oct. 28, 31, 1934, BGA; Jabotinsky to Edna Ya'akobi, Nov. 4, 1934, JIA, letter 2393; Shmuel Katz 1993, p. 927ff.

34. Ben-Gurion, Diary, Nov. 1, 1934, BGA; Shaltiel 1990, p. 437.

35. Ben-Gurion to Berl Katznelson at the Mapai Central Committee, Feb.21,1934, BGA; Ben-Gurion 1972, p. 182ff.; Ben-Gurion, Diary, Oct. 24, 29, Nov. 8, 1934, BGA; Berl Katznelson, Diary, Nov. 8, 1934, LPA, 4-006-1924-263.

36. Ben-Gurion to Amos, Nov.8, 1934, in Ben-Gurion 1972, p.229; Ben-Gurion to Amos, May 7, 1935, BGA.

37. Ben-Gurion to the Cabinet, Jan. 23, 1951, ISA.

38. Ben-Gurion to Paula, June 18, 1936, in Ben-Gurion 1968, p. 154.

39. Mary Ben-Gurion, interviewed by Shabtai Teveth, May 6, 1974, BGA, Teveth collection, file 361.

40. Amos Ben-Gurion interviewed by Dov Goldstein, *Ma'ariv*, Oct. 17, 1986; Ahuvia Malchin, Haim Cohn, Geula Ben-Eliezer, interview transcripts, BGA; Ben-Gurion to Paula, June 4, to Amos, July 27-28, to Renana, March 1, 1938, and Jan. 8, 1939, in Ben-Gurion 1968, pp. 171, 220, 274; Ben-Gurion to the Cabinet, Jan. 23, 1951, ISA.

41. Renana Leshem-Ben-Gurion interviewed by Ze'ev Segal, *Bamahaneh*, Nov. 24, 1976.

42. Ben-Gurion, Diary, Nov. 7, 1934, BGA; Shmuel Katz 1993, p. 923.

43. Yemima Rosenthal 1979, p. 296;*Davar*, March 26, 1935; Ben-Gurion, Diary, Sept 7, 1935, Aug. 16, 1939, BGA.

44. Ben-Gurion to the Mapai Central Committee, July 6, 1938, BGA.

45. Ben-Gurion, Diary, April 20, 1936, BGA.

46. Teveth 1985, p. 285ff.

47. Ben-Gurion, Diary, April 20, May 31, 1936, Dec. 16, 1938, BGA; "Old Kever

Ahim," *Davar*, April 20, 1936; Heschel Yeivin 1937, p. 1ff.

48. Yemima Rosenthal 1979, pp. 259, 265.

49. Ben-Gurion to the Mapai Central Committee, Sept. 29, 1936, in Ben-Gurion 1973, p. 443.

50. Ben-Gurion to the Mapai Central Committee, July 6, 1938, BGA; Ben-Gurion to Moshe Sharett, in Ben-Gurion, Diary, June 26, 1937, BGA; Teveth 1987b, p. 155ff.; Segev 2000, pp. 370−71.

51. Stern 1974, p. 15; Ben-Gurion to the Jewish Agency Executive, May 19, 1936, in Ben- Gurion 1973, p. 200; *A Survey of Palestine*, 1946, 1, pp. 141, 185.

52. Ben-Gurion to the Mapai Central Committee, Sept. 29, 1935, BGA; Segev 2000, p. 350ff.; Ben-Gurion to the members of the Zionist Executive in London, Nov. 2, 1933, CZA S25/4224; Ben-Gurion, Diary, June 25, 1937, BGA.

53. Ben-Gurion to the Jewish Agency, May 19, 1936, and to Moshe Sharett, Aug. 2, 1936, in Ben-Gurion 1973, pp. 198, 356.

54. Ben-Gurion, Diary, Sept.4, 1934, BGA; Ben-Gurion 1972, p. 163ff.; Ben-Gurion to Arthur Wauchope, July 29−30, 1934; Ben-Gurion to Judah Magnes, Sept. 7, 1934, in Ben-Gurion, Diary, BGA; Moshe Glickson to MosheShertok, Feb. 28, 1946 (Conversations with Arabs, 1934−45), CZA S25/8085; Meetings with Arabs, April 23, 1936, CZA S25/10188; Ben-Gurion to the Jewish Agency Executive, May 19, 1936, in Ben-Gurion 1973, p. 198ff.; Ben-Gurion 1967, p. 19; Lazar 2012, p. 11ff.; Ben-Gurion to the German and Austrian Immigrants Association, March 20, 1941, in Ben-Gurion 2008, p. 299; Ben-Gurion to the Cabinet, Jan. 20, 1952, and April 26, 1953, NA; Ben-Gurion to Martin Buber, Feb. 24, 1958, in Ben-Gurion, Diary, Feb. 24, 1958, BGA; Ben-Gurion interview with Walter Laqueur, 1960, BGA; Ben-Gurion, interview with *Nitzotz*, April 28, 1968.

55. Ben-Gurion with the high commissioner, July 29−30, 1934, CZA S2517/1; Ben-Gurion, Diary, Aug. 11, 1936, Nov. 26, 1938, BGA; Segev 2000, pp. 365, 382.

56. Ben-Gurion, Diary, June 18, Aug. 16, 1936, BGA; Ben-Gurion to the Mapai Central Committee, July 6, 1938, BGA.

57. Elam 1979, p. 58ff.

58. Ben-Gurion, Diary, June 1, May 20, 1935, April 22, 1936, BGA.

59. Ben-Gurion, Diary, May 17, 1935, July 23, 1936, June 6, 1935, BGA; Ben-Gurion 1973, p. 380; Ben-Gurion, Diary, May 19, 1935, BGA.

60. Ben-Gurion, Diary, March 6, Aug. 22, 1936, BGA; Ben-Gurion to the Mapai Central Committee, Sept. 11, 1936, in Ben-Gurion 1973, p. 430.

61. Ben-Gurion, Diary, May 23, July 1, June 11, 1935, BGA.

62. Ben-Gurion, Diary, May 21, July 1, Oct. 12, 1935, BGA; Ben-Gurion to Amos, July 27, 1937, in Ben-Gurion 1968, p. 176; Segev 2000, p. 397ff.

63. Ben-Gurion, Diary, June 30, 1937, BGA.

64. Ben-Gurion, Diary, June 8, 1936, June 9, 1937, BGA.

65. Ben-Gurion, Diary, Oct. 16, 1935, BGA.

66. Ben-Gurion, Diary, Nov. 15, 1935, BGA.

67. Ben-Gurion, Diary, June 14, 1936, BGA; Ben-Gurion to Paula, June 14, 1936, in Ben-Gurion 1968, p. 151.

68. Ben-Gurion, Diary, June 10, 11, 1936.

69. Weizmann and Ben-Gurion conversation with William Ormsby-Gore, June 30, 1936, in Ben-Gurion 1973, p. 308ff.; Rose 1990, p. 200.

70. Ben-Gurion to the Mapai Central Committee, July 9, 1936, in Ben-Gurion 1973, p. 326ff.; Ben-Gurion to the Histadrut Convention, Davar, Jan. 14, 1934.

71. Ben-Gurion to the Mapai Central Committee, Sept. 29, 1936, in Ben-Gurion 1973, p. 445.

72. Segev 2000, pp. 387-88.

73. Ben-Gurion, Diary, July 10, 11, 14, 17, 1936, BGA; Ben-Gurion to the Mapai Central Committee, Sept. 29, 1936, in Ben-Gurion 1973, p. 445.

74. Ben-Gurion, Diary, Dec. 23, 24, 1936, BGA.

75. Ben-Gurion, Diary, Jan. 25, June 2, 23, 1937, BGA; Ben-Gurion to Paula, June 22, 29, 1937, in Ben-Gurion 1968, p. 174; Ben-Gurion to Chaim Weizmann, Aug. 22, 1937, in Ben-Gurion 1974a, p. 422ff.

76. Royal Commission 1937, pp. 306, 394.

77. Ben-Gurion to Amos, Oct. 5, 1937, BGA; Ben-Gurion to the Jewish Agency Executive, June 12, 1938, BGA; Ben-Gurion to the Mapai Central Committee, Feb. 5-6, 1937, in Ben-Gurion 1974a, pp. 26, 60ff., 370.

78. Ben-Gurion, Diary, July 3, 1937, BGA.

79. Ben-Gurion, Diary, July 6, 23, 1937, BGA.

80. Ben-Gurion, Diary, July 11, 12, 3, 1937, BGA.

81. Ben-Gurion, Diary, July 12, 1937, BGA.

82. Royal Commission 1937, p. 390ff.

83. Ben-Gurion, Diary, July 4, 6, 1937, BGA; Ben-Gurion to Amos, July 27, 1937, BGA.

84. Dotan 1979; Avizohar and Friedman 1984.

85. Davar, July 13, 1937.

86. Ben-Gurion, Diary, July 3, 1937, BGA.

87. Ben-Gurion to Moshe Sharett, June 26, 1937, BGA.

88. Rachel Yanait, interview transcript, July 17, 1975, BGA.

89. Ben-Gurion, Diary, June 11, 1937, BGA; Ben-Gurion to the Mapai Central Committee, July 1, 1937; Ben-Gurion to the World Union of Po'alei Zion, July 29, in the Congress plenum, Aug. 7, Dec. 12, 1937, in Ben-Gurion 1974a, pp. 165, 334ff., 392; Ben-Gurion to the Zionist Executive, March 10, 1938, in Ben-Gurion 1982b, p. 132.

90. Herzl 1960, 2, p. 74.

91. Ben-Gurion to the World Union of Po'alei Zion, July 29, 1937, in Ben-Gurion 1974a, p. 366.

92. Ben-Gurion, Diary, July 17, 1937, BGA; lists by Ben-Gurion of Arab villages in the north, BGA, subject files 19, 27; Ben-Gurion to the Jewish Agency Executive, June 12, 1938, BGA; Yossi Katz 2000, p. 68ff.

93. Ben-Gurion to members of Brit Shalom, in "Hapo'el Ha'ivri Veha'aravi," in Ben-Gurion 1931, pp. 105, 182ff.

94. Ben-Gurion to Berl Katznelson, Nov. 19, 1930, in Erez 1974, p. 166.

95. Ben-Gurion, Diary, Nov. 12, 1935, BGA; Ben-Gurion and Moshe Sharett to the high commissioner, July 9, 1936, in Ben-Gurion 1973, p. 324.

96. David Hacohen, interview transcript, BGA; Anita Shapira 1980, pp. 559, 608; Ben-Gurion, Diary, July 12, 1937, BGA.

97. Lavi 1947, p. 283; Lavi to his sister, Aug. 13, 1937, in Lavi 1968, p. 311.

98. Zemach 1983, p. 153ff., 164; Anita Shapira 2004, p. 78ff.

99. Zemach 1983, pp. 153ff., 164, 174; Anita Shapira 2004, p. 78ff.; Govrin 2008, 3, p. 365ff.

100. Ben-Gurion, Diary, Aug. 12, 1937, BGA.

101. Ben-Gurion to Paula, Nov. 7, 1937, in Ben-Gurion 1968, p. 214.

102. Ben-Gurion to Geula, Feb. 18, Sept. 26, 1938, BGA.

103. Segev 2000, p. 413; Wolfensohn 2014, p. 189.

104. Ben-Gurion, Diary, Oct. 7, 1937, Jan. 2, 1939, BGA; Ben-Gurion to the Jewish Agency Executive, June 12, Dec. 11, 1938, BGA; Segev 2000, p. 403ff.; Teveth, "Gilgulei Hatransfer Bamahshavah Hatziyonit," in Teveth 1999, p. 245ff.; Morris 2000, p. 23ff.; Messer 1996, p. 19.

105. Ben-Gurion to Paula, March 1, Oct. 1, 1938, in Ben-Gurion 1968, pp. 219, 235; Ben-Gurion to Renana, Sept. 30, 1938, BGA.

106. Paula to Ben-Gurion, Oct. 25, 1938, in Teveth 1987b, 3, p. 266.

107. Doris May to Ben-Gurion, June 9, 1938, BGA.

第十二章　战争风云

1. Yitzhak Avneri 1987, p. 126ff., 1929; David H. Shapiro 1994, p. 165ff.; Zertal 1990, p. 87ff.; Ofer 1988, p. 474.

2. Ben-Gurion at a party with colleagues, Sept. 8, 1939, BGA.

3. Elam 1979, pp. 74ff., 101ff.; Ben-Gurion, Diary, Oct. 19, 1935, April 11, 1937, BGA; Ben-Gurion to the International Union of Zionist Labor Parties Council, Aug. 18, 1936, in Ben-Gurion 1973, p. 381, BGA.

4. Ben-Gurion, Diary, April 19, 1939, BGA.

5. Ben-Gurion, Diary, July 1, 7, 1935, Feb. 24, Dec. 5, 1936, May 5, 1939, BGA; Ben-Gurion to the Zionist Executive, March 22, 1937, in Ben-Gurion 1974a, p. 103.

6. Ben-Gurion, Diary, April 7, 1939, BGA; Ben-Gurion to the National Council, Dec. 12, 1938, BGA; Golani 2008, p. 340ff.

7. Ben-Gurion, Diary, Jan. 16, 1939, BGA.

8. Ben-Gurion to Paula, Sept. 14, 1937, in Ben-Gurion 1968, p. 196; Ben-Gurion, Diary, Jan. 15, 1939, BGA.

9. Ben-Gurion to Zalman Shazar, in Ben-Gurion, Diary, May 31, Dec. 9, 1936, BGA; Ben-Gurion to Paula, Oct. 7, 1938, in Ben-Gurion 1968, p. 238.

10. Ben-Gurion, Diary, Dec. 16, 1938, April 30, June 13, 1939, BGA.

11. Shoshana Vardinon interviewed by the author, Feb. 23, 2013.

12. Ben-Gurion, Diary, March 20, April 27, 1937, BGA; Binyamin Eliav 1990, p. 101ff.

13. Ben-Gurion, Diary, July 4, 1939, BGA;Davar, July 5, 6, 1939.

14. Ben-Gurion to the Mapai Central Committee, Jan. 31, Feb. 5, 1934, in Ben-Gurion 1972, p. 17ff.; Ben-Gurion to the Mapai Central Committee, June 29, 1938, in Ben-Gurion 1982b, p. 220ff.

15. Ben-Gurion at a party with colleagues, Sept. 8, 1939, BGA.

16. Ben-Gurion, Diary, Dec. 16, 1938, BGA.

17. Ben-Gurion, Diary, July 22, 1937, Sept. 27, 29, 30, Oct. 17, 1938; Binyamin Eliav 1990, p. 134ff.; Dinur 1954-64, 2, p. 1063ff.

18. Dinur 1954-64, 2, p. 833ff.; Ben-Gurion, Diary, Dec. 16, 1938; June 6, 13, 1939, BGA; Ben-Gurion to the International Union of Zionist Labor Parties Council, Aug. 18, 1936, in Ben-Gurion 1973, p. 380; Ben-Gurion to the Zionist Congress, Aug. 18, 1939, in Ben-Gurion 1987, p. 505.

19. Ben-Gurion to Arthur Wauchope, April 2, 1936, BGA.

20. Ben-Gurion, Diary, Dec. 12, 1938, BGA; Ben-Gurion to the Mapai Central Committee, Dec. 15, 1938, in Ben-Gurion 1982b, p. 416.

21. Ben-Gurion, Diary, Dec. 10, 1938, BGA; Ben-Gurion to the Jewish Agency Executive, Dec. 11, 1938, in Ben-Gurion 1982b, p. 408.

22. Ben-Gurion to the Jewish Agency Executive, June 26, 1938, in Ben-Gurion 1982b, p. 219ff.; Davar, July 12, 1938.

23. Ben-Gurion to the Mapai Central Committee, Dec. 10, 1938, BGA, Mapai minutes; Ben-Gurion at the Zionist Congress, Aug. 18, 1939, and at the World International Union of Zionist Labor Parties Council, April 26, 1939, in Ben-Gurion 1987, pp. 506, 271.

24. Davar, Aug. 7, 1938; Ben-Gurion, Diary, Sept. 20, Oct. 14, 1939, BGA; Ben-Gurion to Paula, Sept. 20, 1938, in Ben-Gurion 1968, p. 231.

25. Ben-Gurion, Diary, Sept.20, 1938, BGA; Ben-Gurion to Paula, Sept.20,1938, in Ben-Gurion 1968, p. 225.

26. Ben-Gurion, Diary, Sept. 23, 27, 1938.

27. Ben-Gurion, Diary, Nov. 30, Oct. 1, 1938, including Ben-Gurion to Amos and

Geula, BGA.

28. Ben-Gurion to the Mapai Central Committee, Dec. 7, 1938, in Ben-Gurion 1982b, p. 397; Avizohar 1987, "Hatziyonut Halohemet," in Ben-Gurion 1987, p. 22.

29. Yitzhak Avneri 1987, p.129; Ben-Gurion, Diary, Dec. 10,1938, Jan.3,1939; David H. Shapiro 1994, p. 165ff.

30. Ben-Gurion, Diary, Feb. 16, 1939, BGA; Segev 2000, p. 415ff.; "Policy in Palestine on the Outbreak of War," Sept. 26, 1938, NA (UK) FO 371/21864 E5603/G; Chamberlain to the Ministerial Committee on Palestine, April 20, 1939, NA (UK) CAB 24/285 C.P. 8939.

31. Ben-Gurion, Diary, June 18, 1936, BGA; Ben-Gurion to the Jewish Agency Executive, Nov. 6, 1939, in Ben-Gurion 1997, p. 237.

32. Ben-Gurion, Diary, March 7, 1939, BGA.

33. Ben-Gurion, Diary, March 13,Nov.8,1939, and Ben-Gurion to the Zionist Congress, Aug. 28, 1939, in Ben-Gurion 1987, pp. 200ff., 507.

34. Ben-Gurion to youth organizations, May 24,1939, in Ben-Gurion 1987, p. 327ff.; Ben-Gurion to the Jewish Agency Executive, Oct. 20, 1938, in Ben-Gurion 1982b, p. 346; Ben-Gurion to the Zionist Congress, Aug. 21, 1939, in Ben-Gurion 1987, p. 523.

35. Ben-Gurion, Diary, May 4, 1939, BGA; Yitzhak Maor, interview transcript, BGA.

36. Ben-Gurion to the Zionist Congress, Aug. 19, 1939, in Ben-Gurion 1987, p. 512.

37. *Davar*, Jan. 31, 1939.

38. Ben-Gurion to the Jewish Agency Executive, Sept. 17, 1939, BGA.

39. Ben-Gurion at a Zionist assembly for the unity of the Jewish community, April 13, 1941, in Ben-Gurion 2008, p. 350.

40. Ben-Gurion to Paula, Jan. 1, 1939, BGA; Ben-Gurion to security personnel, Sept. 8, 1939, in Ben-Gurion 1949, 3, p. 14; Ben-Gurion, Diary, Sept. 11, 1939, BGA; Ben-Gurion to the Histadrut Executive, Sept. 11, 1939, in Ben-Gurion 1997, p. 71.

41. "Some Notes on the Jewish Military Effort," July 31, 1940, BGA, general chronological documentation; Ben-Gurion 2008, p. 63ff.

42. Ben-Gurion, Diary, April 1, 1939, BGA; Ben-Gurion to youth organizations, May 24, 1939, in Ben-Gurion 1987, p. 328; Ben-Gurion to the Mapai Central Committee, Sept. 12, 1939, in Ben-Gurion 1997, p. 76.

43. Undated data, CZA J1/6283/1; Volunteer Declaration, May 18, 1939, CZA J/133. 549; Ben-Gurion, Diary, Nov. 15, 1939, BGA.

44. Ben-Gurion, Diary, April 30, 1939, BGA; Ben-Gurion et al. to the Jewish Agency Executive, Sept. 17, 1939, BGA.

45. Ben-Gurion, Diary, Sept. 28, Oct. 9, 1939, BGA.

46. Ben-Gurion, Diary, Oct. 7, 1939, Jan. 21, 1940, BGA.

47. Ben-Gurion, Diary, Oct. 18, 1939, BGA; Avizohar 1997, p. 6ff.

48. Ben-Gurion, Diary, Nov. 14, 15, 1939, BGA; Ben-Gurion to Eliyahu Golomb, in

Ben-Gurion, Diary, Nov. 23, 1939, BGA.

49. Stern 1974, p. 100ff.

50. Menachem Ussishkin to the Zionist Executive, March 14, 1940, BGA.

51. Avizohar 1997, p. 27ff.

52. Slutsky 1973, 3, p. 141.

53. Avizohar 1997; Werner Senator to the Jewish Agency Executive, April 8, 1940, in Ben-Gurion 1997, pp. 17, 488.

54. Avizohar 1997, p. 27; Slutsky 1973, 3, p. 137.

55. Avizohar 1997, p. 29; Ben-Gurion to the Mapai Central Committee, Dec. 7, 1938, in Ben-Gurion 1982b, p. 397; Ben-Gurion, Diary, June 20, 1939, BGA.

56. Ben-Gurion, Diary, Oct. 12, 1939, BGA.

57. Rachel Yanait, March 8, 1978, p. 10ff., interview transcript, BGA.

58. Ben-Gurion, Diary, Jan. 31, 1940, BGA.

59. Ben-Gurion, Diary, Nov. 30, 1939, BGA; Organization Department to the Jewish Agency Executive, Jan. 24, 1940, Richard Lichtheim reports, Jan. 1, 1940, BGA, subject file: Holocaust of European Jewry.

60. Ben-Gurion to the Smaller Zionist General Council, March 14, 1940, in Ben-Gurion 1997, pp. 469, 475.

61. Ben-Gurion to a meeting of the Smaller Zionist General Council, Feb. 29, 1940, in Ben-Gurion 1997, p. 457ff.

62. Avizohar 1997, p. 26; Teveth 1987b, 3, p. 341.

63. Mortimer 2010, p. 28.

64. Ben-Gurion to Paula, Sept. 8, 1941, in Ben-Gurion 2008, p. 81.

65. Ben-Gurion, Diary, Sept. 11, 12, 14, 15, 1940, BGA; Ben-Gurion to the Mapai Central Committee, Feb. 19, 1941, in Ben-Gurion 2008, p. 199.

66. Ben-Gurion to Paula, May 31, Sept. 16, 1940, in Ben-Gurion 2008, pp. 38, 91.

67. Ben-Gurion 2008, p. 81.

68. Ben-Gurion to the Mapai Central Committee, Feb.19,1941,and Ben-Gurion to Paula, July 1, 1940, in Ben-Gurion 2008, pp. 5, 51, 81, 230; Arthur Lourie, June 7, 1976, interview transcript, BGA.

69. Ben-Gurion to Paula, Sept. 8, 1940, and Ben-Gurion to the Smaller Zionist Executive, Feb. 24, 1941, in Ben-Gurion 2008, pp. 5, 81, 230; Ben-Gurion, Diary, June 7, 1940, BGA.

70. Ben-Gurion to Blanche Dugdale, Sept. 21, 1940, BGA, Teveth collection, subject file: Churchill; Ben-Gurion interview with Noah Orian, Nov. 12, 1969, p. 11, HIJC-OHA; Ben-Gurion to the Mapai Central Committee, Feb. 19, 1941, in Ben-Gurion 2008, p. 205.

71. Ben-Gurion to the Jewish Agency Executive, Feb.16,1941, in Ben-Gurion 2008, p.185.

72. Ben-Gurion, Diary, Sept. 22, 1940, BGA; Wolfensohn 2014, p. 189.

73. Ben-Gurion to Paula, Sept. 16, 1940, in Ben-Gurion 2008, p. 91.

74. Arthur Lourie interview with Teveth, July 18, 1977, and Lourie to Teveth, Aug. 18, 1977, BGA, Teveth collection, people; Teveth 1987, p. 351; Doris May to Lourie, March 31, 1942, July 2, 1944, Shabtai Teveth collection, files 1198, 1205, 1206, BGA.

75. Ben-Gurion, Diary, Nov. 12, 13, 19, 1940, BGA; Ofer 1988, p. 50ff.; Slutsky 1973, 3, p. 152ff.

76. Ben-Gurion to members of Hashomer Hatza'ir, March 13, 1941, in Ben-Gurion 2008, p. 279.

77. Ben-Gurion to Paula, Sept. 8, 1940, in Ben-Gurion 2008, p.81, and the note on p. 200; Ben-Gurion, Diary, Sept. 22, 1940, BGA.

78. Ben-Gurion with members of Hakibbutz Ha'artzi and with the German and Austrian Immigrants Association, March 11, 13, 1941, in Ben-Gurion 2008, pp. 279, 273ff., 289.

79. Ben-Gurion, Diary, Sept. 11, 18, 1940, BGA; Meeting at the Jewish Agency office, Sept. 18, 1940, in Ben-Gurion 2008, p. 92ff.; Ben-Gurion 2012, pp. 520, 526, editor's note no. 6.

80. Ben-Gurion, Diary, Oct. 15, 1940; Ben-Gurion to Paula, Nov.9, 1940, and Ben-Gurion to the Jewish Agency Executive, Feb. 16, 1941, in Ben-Gurion 2008, pp. 138, 197; Ben-Gurion, Diary, Oct. 6, 1940, BGA.

81. Ben-Gurion to Paula, July 1, 1940, and Ben-Gurion to the Jewish Agency Executive, Feb. 16, 23, 1941, in Ben-Gurion 2007, pp. 51, 182, 222; Ben-Gurion, Diary, Oct. 4, 7, 1940, BGA; "*Excambion* Brings Mrs. Ratherborne, M.P.," *New York Times*, Nov. 25, 1941.

第十三章　犹太复国主义者的警惕

1. *Davar*, Feb. 21, 23, 1941; Ben-Gurion to the Mapai Central Committee, March 5-8, 1941, BGA; Ben-Gurion to the General Zionists, April 10, 1941, Ben-Gurion 2008, p. 348.

2. Ben-Gurion to the Jewish Agency Executive, March 14, 1941, in Ben-Gurion 2008, p. 292; Ben-Gurion 2012, p. 305.

3. Ben-Gurion to the Mapai Central Committee, Feb.19,1941, BGA; Ben-Gurion 2008, p. 274.

4. Segev 1991, p.60; Ben-Gurion, Diary, Sept.19, 1939, Nov.22, 1940,BGA; Ben-Gurion to the Mapai Central Committee, Feb. 19, 1941, in Ben-Gurion 2008, p. 207; Ben-Gurion to Paula, May 31, 1940, BGA; Weizmann to Moyne, June 21, 1941, Letters and Papers of Chaim Weizmann 1979, p. 156ff.; Litvinoff 1988, p. 377ff.

5. Ben-Gurion, Diary, Nov. 22, 1940, BGA; Moshe Sharett to the Jewish Agency Executive, April 27, 1941, BGA; Ben-Gurion to the Zionist Executive, May 7, 1941, and Ben-Gurion to members of the Haganah, March 26, 1941, in Ben-Gurion 2008, pp. 397, 324.

6. Segev 1993, p. 68; Moshe Sharett and Ben-Gurion to the Jewish Agency Executive, April 27, 1941, BGA.

7. Ben-Gurion to the Mapai Central Committee, March 5, 1941, and at a meeting of the

Mapai Central Committee, Feb. 19, 1941, in Ben-Gurion 2008, pp. 244, 208.

8. Ben-Gurion to the Mapai Central Committee, Feb. 19, 1941, in Ben-Gurion 2008, p. 244.

9. Ben-Gurion to the Mapai Council, March 5, 1941, in Ben-Gurion 2008, p.244ff.; Ben-Gurion 1949, 3, p. 58.

10. Ben-Gurion to the Mapai Council, March 7-8, 1941, to the General Zionists, April 10, 1941, at a monthly seminar, April 1941, in Ben-Gurion 2008, pp. 254, 252, 249, 349, 378, 299.

11. Ben-Gurion to the Mapai Council, March 8, 1941, to the Jewish Agency Executive, April 6, 1941, to the Mapai Council, March 7-8, 1941, to the German Immigrants Association, March 11, 1941, to Hitahdut Bnei Hamoshavot, April 14, 1941, in Ben-Gurion 2008, pp. 253, 342, 252ff., 254, 273, 347, 360, 255.

12. Ben-Gurion to the Mapai Convention, June 22, 1941, and to the Jewish Agency Executive, March 16, 1941, in Ben-Gurion 2008, pp. 426, 291.

13. Ben-Gurion to the Mapai Council, March 5, 1941, to members of the Haganah, March 26, 1941, to the Jewish Agency Executive, May 16, 1941, in Ben-Gurion 2008, pp. 243, 324, 408.

14. Ben-Gurion to the German Immigrants Association, March 20, 1941, to Rabbi Berlin, April 2, 1941, to the Jewish Agency Executive, April 6, 1941, in Ben-Gurion 2008, pp. 306, 337, 343.

15. Ben-Gurion to the General Zionists, April 10, 1941, and to the Mapai Central Committee, Feb. 19, 1941, in Ben-Gurion 2008, pp. 348, 218.

16. Ben-Gurion to the Jewish Agency Executive, March 23, 1941, in Ben-Gurion 2008, p. 309ff.

17. Ben-Gurion to the German Immigrants Association, March 11, 1941, and to Hashomer Hatza'ir, March 13, 1941, in Ben-Gurion 2008, pp. 264ff., 281.

18. Ben-Gurion 2008, p.148, editor's note; Ussishkin and Ben-Gurion to the Jewish Agency Executive, March 16, May 16, 1941, in Ben-Gurion 2008, pp. 292, 409.

19. Ben-Gurion to the Jewish Agency Executive, March 23, 1941, to Hitahdut Bnei Hamoshavot, April 14, 1941, to the Jewish Agency Executive, June 15, 1941, Yitzhak Gruenbaum to the Jewish Agency Executive, April 6, 1941, in Ben-Gurion 2008, pp. 313, 361, 427, 340ff.; Elam 1979, p. 150ff.

20. Shlomo Zemach to Ben-Gurion, undated, BGA, Shabtai Teveth collection, persons; Zemach 1983, p. 171; Zemach 1996, p. 289.

21. Ben-Gurion and Eliezer Liebenstein to the Mapai Central Committee, June 25, 1941, BGA; Ben-Gurion to Paula, Aug. 19, 1941, BGA; Ben-Gurion 2012, p. 258, editor's note; Ben-Gurion to the Jewish Agency Executive, Oct. 4, 1941, BGA; Rose 1990, p. 234; *Davar*, Feb. 14, 1964.

22. Ben-Gurion, Diary, July 9, 29, 1942; Ben-Gurion to the Jewish Agency Executive,

Oct. 6, 1942, BGA.

23. Ben-Gurion to Moshe Sharett, Feb. 8, 1942, in Ben-Gurion 2012, p. 337.

24. Ben-Gurion, Diary, Dec. 30, 1941, BGA.

25. Ben-Gurion, Diary, Dec. 21, 31, 1941, and Shabtai Teveth collection, people, Nyles, BGA.

26. "A Zionist Army?" *New York Times*, Jan. 22, 1942.

27. Ben-Gurion to Berl Locker, Dec. 27, 1941, BGA; Ben-Gurion, Diary, Dec. 27, 1941, BGA.

28. Conversation with Henry Morgenthau, Jan. 6, 1942, Ben-Gurion to Langer, Jan. 19, 1942, interview with members of the staff of the coordinator of information, Jan. 13, 1942, in Ben-Gurion 2012, pp. 276, 315, 304.

29. Ben-Gurion, Diary, December 2, 1941, Jan. 6, 1942, BGA; conversation with Ambassador Bullitt, Feb. 10, 1942, in Ben-Gurion 2012, p. 348.

30. Ben-Gurion, Diary, Dec. 28, 1941, Jan. 2, 10, 1942, BGA; Ben-Gurion to Arthur Lourie, Jan. 27, 1942, BGA.

31. Ben-Gurion, Diary, Dec. 6, 27, 1941, BGA.

32. Ben-Gurion, Diary, May 5, 1942, BGA; Ben-Gurion to Berl Locker, Jan. 26, 1942, and Ben-Gurion to Doris May, Feb. 13, 1942, in Ben-Gurion 2012, pp. 324, 372.

33. Ben-Gurion to Arthur Lourie, Jan. 1, 1942, in Ben-Gurion 2012, p. 257.

34. Ben-Gurion, Diary, Sept. 8-11, 1935, July 14, 1936, BGA; Ben-Gurion to Miriam Cohen, April 24-27, 1942, BGA, Shabtai Teveth collection, 1206, 1205; Teveth 1987b, p. 402ff.

35. Ben-Gurion to Fritz Simon, Jan.11, 1942, Ben-Gurion to Paula, Jan.25, April 22, 1942, in Ben-Gurion 2012, pp. 288, 323, 428; Paula Ben-Gurion's will, May 19, 1942, BGA, general chronological documentation, April-May 1942.

36. Ben-Gurion to Renana, Feb. 18, 1942, Ben-Gurion to Paula, March 24, 1942, in Ben-Gurion 2012, pp. 370, 396.

37. Weizmann 1949, p. 426ff.; passage from *Trial and Error* that was not included in the book, Weizmann Archive, 1-2948; Ben-Gurion, Diary, Dec. 1, 2, 1941, BGA; Ben-Gurion, memorandum, Dec. 5, 1941, in Ben-Gurion 2012, p. 169ff.

38. Ben-Gurion to John Winant, Jan. 19, April 15, 1942; Ben-Gurion to Felix Frankfurter, April 16, 1942; Ben-Gurion to Moshe Sharett, Feb. 8, 1942; Ben-Gurion to Samuel Rosenman, Feb. 10, 1942; Ben-Gurion to Berl Locker, Jan. 4, 1942, in Ben-Gurion 2012, pp. 414, 418, 337, 342.

39. Chaim Weizmann to Vera Weizmann, April 29, 1920, in Reinharz 1978, p. 347.

40. Letters and Papers of Chaim Weizmann 1977, pp. 342-43.

41. Meeting in Wise's office, June 27, 1942, in Ben-Gurion 2012, p. 518ff.; *Biltmore Program*, May 10, 1942, BGA, general chronological documentation, April-May 1942; Ben-Gurion to the Biltmore Conference, May 10, 1942, in Ben-Gurion 2012, p. 435ff.; *Test of*

Fulfillment, BGA; Ofer 1988, p. 235ff.; Ben-Gurion to the Jewish Agency Executive, Oct. 4, 1942, BGA.

42. *Davar*, May 14,1942; Ben-Gurion to Paula, May14, 1942, and to Geula, May 19, 1942, BGA; Ben-Gurion, 2012, p. 449ff.; Hagani 2010, p. 169ff.

43. Ben-Gurion to the Jewish Agency Executive, May 12, 1942, BGA; Ben-Gurion to Chaim Weizmann, June 11, 1942, BGA.

44. Chaim Weizmann to Ben-Gurion, June 15, 17, 1942, Ben-Gurion to Chaim Weizmann, June 16, 1942, in Ben-Gurion 2012, pp. 495ff., 500ff., 507.

45. Ben-Gurion to Stephen Wise, June 19, 1942, in Ben-Gurion 2012, p. 501; Chaim Weizmann to Stephen Wise, June 20, 1942, in Michael Cohen 1979, p. 311ff.; Nahum Goldmann, interview transcript, BGA.

46. Meeting in Wise's office, June 27, 1942, in Ben-Gurion 2012, p. 518; English original, "Special Meeting, June 27, 1942," BGA.

47. Weisgal 1971, p. 175.

48. Louise Levinthal, interview transcript, BGA, p. 6.

49. Weizmann to Lewis Namier, June 27, 1942, in Michael Cohen 1979, p. 317.

50. Ben-Gurion to American members of the Zionist Executive, Aug. 3, 1942, in Ben-Gurion 2012, p. 585; Chaim Weizmann to Stephen Wise, June 20, 1942, and to the Jewish Agency Executive, Oct. 22, 1942, in Michael Cohen 1979, pp. 312ff., 359ff.

51. Ben-Gurion to Felix Frankfurter, June 22, 1942, in Ben-Gurion 2012, p. 511; unidentifed signature to Sir George Gater, July 14, 1942, NA (UK) CO 733/462/7; Weizmann to Lewis Namier, June 27, 1942, in Michael Cohen 1979, p. 317; Lord Halifax to the Foreign Office, June 1, 1942, NA (UK) FO 371/31379.

52. Ben-Gurion to Arthur Lourie, July 1, 1942, BGA; Ben-Gurion, Diary, July 1, 1942,BGA.

53. Memorandum on the Defense of Palestine and the Jews, July 2, 1942, BGA, general chronological documentation, June–Aug. 1942.

54. Ben-Gurion to Felix Frankfurter, July 6, 1942, in Ben-Gurion 2012, p. 550.

55. Ben-Gurion to Moshe Sharett, July 8, 1942, in Ben-Gurion 2012, p. 555.

56. "May We Present," *The Rotarian*, Jan. 1942, p. 5; *New York Times*, April 1, 1976; Watts 1942.

57. Kettaneh 1942.

58. Minutes of conversation with Francis Katany [*sic*], July 29, 1942, BGA, general chronological documentation, June–Aug. 1942.

59. Ben-Gurion to the Jewish Agency Executive, Oct. 6, 1942, BGA.

60. Anshel Reiss, Shraga Netzer, Baruch Azanya, Rose Halprin, interview transcripts, BGA.

61. Apolinary Hartglas to the Jewish Agency Executive, Sept. 11, 1940, BGA; Porat 1986, p. 30.

62. "Extinction Feared by Jews in Poland," *New York Times*, March 1, 1942.

63. Ben-Gurion to convention of Pioneer Women, June 14, 1942, BGA, record of meetings.

64. "Alliesn Are Urged to Execute Nazis," *New York Times*, July 2,1942; Bauer 1987, p.61ff.

65. Press conference, July 20, 1942, and Ben-Gurion to Eliezer Kaplan, July 8, 1942, in Ben-Gurion 2012, pp. 572, 556; "Nazi Punishment Seen by Roosevelt," *New York Times*, July 22, 1942.

66. Elam 1979, pp.166,139; Weizmann to Moshe Sharett, Aug.12,1942, Michael Cohen 1979, p. 344; Ben-Gurion to the Jewish Agency Executive (USA), Aug. 3, 1942, and to the Emergency Committee, Sept. 17, 1942, in Ben-Gurion 2012, pp. 586, 619.

67. Ben-Gurion to the Mapai Council, March 5-8, 1941, in Ben-Gurion 1949, 3, p. 58.

68. Ben-Gurion to the Jewish Agency Executive, Oct. 6, 1942, BGA; Ben-Gurion to the Emergency Committee, Sept. 17, 1942, in Ben-Gurion 2012,p. 620.

69. Ben-Gurion, Diary, Sept. 20, 1942, BGA.

第十四章　大屠杀与分裂

1. Goldblum report, undated, BGA, general chronological documentation; Ben-Gurion to Miriam Cohen, Feb. 1, 1943, BGA; Avihu Ronen 1986, p. 76ff.

2. Yitzhak Gruenbaum and Moshe Shapira to the Jewish Agency Executive, June 30, 1942; Y. Eshed to the Council of Hakibbutz Hameuchad, July 5, 1942, in Brenner 1984, pp. 106, 129, 180; "Hatza'ah Letochnit Hibul Ba'aretz Lemikreh Shetikabesh al yedei Ha'oyev," Jan. 19, 1942, BGA, general chronological documentation; Yoav Gelber 1990a; Kanaan 1974, pp. 137, 139, 168, 209;*Davar*, Nov. 5, 1942.

3. Ben-Gurion with representatives of party branches, Oct. 13, 1942, BGA; Ben-Gurion at the Moshavim Convention, Oct. 10, 1942, *Davar*, Oct. 11, 1942; Ben-Gurion to Katznelson, Oct. 5, 1942, BGA, general chronological documentation.

4. Anita Shapira 1980, p. 674ff.; Ben-Gurion, Diary, Oct. 23, 1942, BGA.

5. Ben-Gurion to the Mapai Council, Jan. 1944, in Ben-Gurion 1949, 4, p. 102ff.; Ben-Gurion to the Jewish Agency Executive, Oct. 11, 1942, BGA.

6. Zemach 1983, p. 172; Ben-Gurion to the Mapai Council, March 6, 1944, BGA.

7. Ben-Gurion on Herzl Day, July 10, 1944, BGA; Ben-Gurion at the Am Ve'admato exhibition, March 2, 1945, in Ben-Gurion 1949, 3, p. 225; Ben-Gurion to Ben-Zion Katz, Sept. 1, 1957, BGA.

8. Ben-Gurion to the Mapai Convention, June 12, 1941, and to the General Zionists, April 10, 1941, in Ben-Gurion 2008, pp. 426, 348; Ben-Gurion to the Mapai Convention, Oct. 25, 1942, in Ben-Gurion 1949, 4, p. 89; Ben-Gurion to a gathering of Mapai activists, Sept. 8, 1942, BGA.

9. Zemach 1983, p. 174.

10. Ben-Gurion with party branch representatives, Oct. 13, 1942, BGA.

11. Ben-Gurion to the Mapai Convention, Oct. 25, 1942, and with party branch representatives, Oct. 13, 1942, BGA.

12. Lavi 1968, pp. 322ff., 355.

13. Ben-Gurion to the Jewish Agency Executive, Nov. 22, 1942, BGA; Ben-Gurion to Miriam Cohen, Nov. 23, 1942, BGA; "Yediot al Ma'asei Hazeva'ot Lehashmadat Yehudim Ba'artzot Hakibutsh mipi Anshei Hakevutzah Sheba'ah Misham," Nov. 23, 1942, BGA, general chronological documentation.

14. Porat 2009, p. 449ff.

15. Ben-Gurion, Diary, Nov. 11, Dec. 21, 1942, July 6, 1943, Sept. 14, 1944, BGA; Ben-Gurion to Agudat Israel, Oct. 29, 1944, BGA; Ben-Gurion to Mapai activists, Dec. 8, 1942, BGA; Ben-Gurion to Yehoshua Kastner, Feb. 2, 1958, BGA; Morgenstern 1971, p. 60ff.

16. Ben-Gurion to the Jewish Agency Executive, Dec. 6, 1942, BGA; Segev 1993, p. 99.

17. Ben-Gurion with Mapai activists, Dec. 8, 1942, BGA.

18. Ben-Gurion with Mapai activists, Dec. 8, 1942, BGA; Ben-Gurion to the Mapai Central Committee, Aug. 24, 1943, BGA.

19. Ben-Gurion to the Jewish Agency Executive, July 23, 1944, BGA.

20. Ben-Gurion to the Mapai Central Committee, Aug. 24, 1943, BGA.

21. Gruenbaum to the Zionist Executive, Jan. 18, 1943; Dobkin to the Histadrut Executive, Dec. 12, 1942, BGA; Ben-Gurion to the Jewish Agency Executive, July 23, 1944, BGA; Porat and Weitz 2002, p. 119; Segev 1993, p. 97ff.; Porat 1986, p. 173ff.; Friling 1998, p. 350ff.

22. Ben-Gurion to the Economic Research Institute, Nov. 24, 1942, BGA; Ben-Gurion to the Mapai Convention, Oct. 25, 1942, in Ben-Gurion 1949, 3, p. 98ff.; Dvora Hacohen 1994b; Ben-Gurion to Mapai activists, Dec. 8, 1942, BGA; Ben-Gurion to the Mapai Convention, Oct. 25, 1942, BGA.

23. Ben-Gurion, Diary, Nov. 23, Aug. 2, 1943, BGA.

24. Ben-Gurion to the Jewish Agency Executive, Jan. 16, 1942, BGA; Ben-Gurion, Diary, Oct. 25, April 7, May 2, 1943, BGA; Segev 1993, p.102ff.; Ben-Gurion, "Teshuvah Ledivrei Hashalit," Assembly of Representatives, March 24, 1943, p. 3, BGA.

25. Porat 1986, p. 201ff.; Segev 1993, p. 84.

26. Ofer 1988, p. 470ff.; Ben-Gurion to the Mapai Convention, Oct. 25, 1942; Segev 1993, p. 86ff.

27. Ben-Gurion to the Mapai Convention, Oct. 25, 1942, in Ben-Gurion 1949, 4, p. 66.

28. Eban 1977, p. 43.

29. Friling 1998, p.421ff.; A. Gasner to Ben-Gurion and Ben-Gurion to Gasner, Sept.1, 14, 1943, BGA; Ben-Gurion to the Assembly of Representatives, Nov. 30, 1942, BGA.

30. Ehud Avriel, interview transcript, p. 32, BGA; Friling 1998, p. 381ff.

31. Porat 2011, p.119ff.; Ben-Gurion to industrialists and business leaders, Sept. 23, 1943, BGA; Ben-Gurion to the Jewish Agency Executive, Nov. 10, 1935, in Ben-Gurion 1972, p. 504; Ben-Gurion to the Mapai secretariat, Feb. 10, 1942, BGA.

32. Friling 1998, p. 335; Bauer 1994, p. 100.

33. Ben-Gurion to the Jewish Agency Executive, Oct. 26, 1943, BGA.

34. Ben-Gurion to the Political Committee, June 16, Nov. 3, 1943, BGA; "Zionist Disagreements: Mr. Ben-Gurion Resigns," *Times* (London), Oct. 29, 1943, NA (UK) CO 733/462/7; Reuven Rubik Rosenthal, personal communication with the author; Ben-Gurion, Diary, Feb. 18, 1943, BGA; Moshe Sharett 1978, 1, p. 184.

35. Bauer 1994, p.191ff.; Friling 1994, p.229ff.; *Attorney General v. Adolf Eichmann*, 1962, p.133; Himmler, memorandum, Dec. 10, 1942, BB Sammlung Schumacher R 187/240.

36. Yitzhak Gruenbaum to the Jewish Agency Executive, April 2, May 1, 25, 1944, BGA.

37. Ben-Gurion to the Mapai Council, May 31, 1944, BGA.

38. Porat 1986, p. 401.

39. Yitzhak Gruenbaum, Ben-Gurion, et al. to the Jewish Agency Executive, June 11, 1944, BGA; Bauer 2015; Friling 1998, p. 771; Frister 1987, p. 289; Ben-Gurion to Binyamin Nahari, Feb. 10, 1965, BGA.

40. Ben-Gurion, Diary, May 13, 1944.

41. Ben-Gurion on Herzl Day, July 10, 1944, BGA; Ben-Gurion at the "Am Va'admato" exhibition, March 2, 1945, in Ben-Gurion 1949, 3, p. 225.

42. Stern 1974, p. 191ff.

43. David Hacohen 1974, p.85; Amos Ben-Gurion interview with Dov Goldstein, *Ma'ariv*, Oct. 17, 1986; Shlomo Lavi to Leah Meron-Katznelson et al., Aug. 1944, *Ma'arachot* 1968, p. 350ff.; Ze'ev Sherf, interview transcript, cassette 97, p. 5, BGA.

44. Joel Brand and Ben-Gurion to the Mapai secretariat, Oct. 17, 1944, BGA.

45. Segev 1993, p. 76ff.; Ben-Gurion to Mapai activists, Dec. 8, 1942, BGA; Anita Shapira, "Berl, Ha'antishemiyut Vehasho'ah," in Porat 2009, p. 237ff.

46. Ben-Gurion to the Jewish Agency Executive, Sept. 8, 1944, afternoon, BGA.

47. Ben-Gurion to the Cabinet, March 29, 1955, ISA; Segev 1993, p. 97.

48. Ben-Gurion to Israel Galili, Jan. 29, 1960, BGA.

49. Ben-Gurion 1964a, pp. 167, 177.

50. Ben-Gurion, Diary, May 8, 1945, BGA; Ben-Gurion to Paula, May 11, 1945, BGA.

第二部分　权力的局限

1. Ben-Gurion interviewed by Yosef Avner, Avraham Kushnir, and Tom Segev, *Nitzotz*, April 28, 1968.

第十五章 地图

1. Ben-Gurion to the Mapai Council, Aug. 8, 1947, and to the Assembly of Representatives, Oct. 2, 1947, in Ben-Gurion 1993b, pp. 278, 379.

2. Ben-Gurion, Diary, Feb. 13, 14, 1947, BGA; Ben-Gurion 1993a, p. 364ff.; Ben-Gurion 1969b, p. 65; Watching report, March 17-20, 1945, NA(UK)FO 141/1056.

3. Ben-Gurion, Diary, May 21, 1945, BGA; Ben-Gurion 1963b, April 24, 1964; Slater 1970, pp. 21 - 28ff.; Rudolf Sonneborn to Amalie Katz, April 4, 1919, http://rudolf sonneborn. blogspot. co. il/2008/03/letter-18-march-20-1919. html; Ben-Gurion to the Mapai secretariat, Nov. 22, 1945, BGA; Ben-Gurion 2014, p. 574; Haim Slavin, Adolf Robison, Ira Eisenstein, interview transcripts, BGA.

4. Paula to Ben-Gurion, date unclear, 1945, IDFA, Ben-Gurion deposit, selected documents from file 3469-800/1973.

5. Ben-Gurion 2014, p. 130.

6. Ben-Gurion 2014, p. 227ff.

7. Judah Nadich, interview transcript, BGA.

8. Weitz 1980, p. 53ff.; Ben-Gurion to the Mapai secretariat, Nov. 22, 1945, BGA; Judah Nadich, interview transcript, BGA; Ben-Gurion to the Jewish Agency Executive, Feb. 24, 1946, BGA; Segev 1993, pp. 115ff., 120; Zerach Warhaftig, interview transcript, BGA.

9. Ben-Gurion to the Mapai Central Committee, Nov. 22, 1945, BGA; Moshe Sharett to Moshe Sneh and Shaul Avigur, Sept. 27, 1945, courtesy of the Moshe Sharett Heritage Association; Ben-Gurion, Diary, Oct. 20, 26, 1945, BGA; Kenan 1991, p. 343ff.

10. Ben-Gurion to the Jewish Agency Executive, Nov. 21, 1945, BGA; Ben-Gurion 2014, p. 544ff.; Ben-Gurion to Paula, Feb. 9, 1946, in Ben-Gurion, Diary, BGA.

11. Ben-Gurion to the Jewish Agency Executive, Nov. 21, 1945, BGA; Ben-Gurion 2014, p.544ff.; Ben-Gurion to Paula, Feb. 9, 1946, in Ben-Gurion, Diary, BGA.

12. Ben-Gurion, Diary, Oct. 27, 1945, BGA; Zoirav to Ben-Gurion, Nov. 2, 1947, BGA.

13. Avriel, interview transcript, BGA; Ben-Gurion to the Mapai secretariat, Nov. 22, 1945, and to the Jewish Agency Executive, Nov. 21, 1945, BGA.

14. Ben-Gurion 2014, p. 398; Ben-Aharon, interview transcript, BGA; Ben-Gurion to the Histadrut Convention, Feb. 1, 1945, BGA.

15. Ben-Gurion to the Jewish Agency Executive, Nov. 22, 1945, BGA; Ben-Gurion, Diary, Feb. 3, 1946, and Ben-Gurion to Paula, Feb. 9, 1946, BGA; Ben-Gurion at the final session of the International Union of Zionist Labor Parties Convention, Dec. 24, 1946, BGA, Shabtai Teveth collection, file 162, item 256192.

16. Ben-Gurion to the Jewish Agency Executive, Feb. 11, 1945, BGA.

17. Ben-Gurion to the Zionist General Council, Dec. 11, 1945, BGA; Kenan 1991, p. 351ff.; Slutsky 1973, 3, p. 1036; Dobkin to the Jewish Agency Executive, April 30, 1946, BGA; Segev 1993, p. 123ff.

18. Ben-Gurion to the Mapai secretariat, Nov. 22, 1945, BGA; Bauer 1974, pp. 120, 126, 304; "Hagolah Hayehudit be-1946," *Davar*, Feb. 4, 1947.

19. Bauer 1974, pp. 269, 262; Ben-Gurion, Diary, Oct. 3, 1945, Jan. 20, 22, 25, June 24, Sept. 24, 1946, BGA.

20. Ben-Gurion 1993a, p. 192.

21. Ben-Gurion, Diary, Sept. 13, 26, 1945, BGA; Nachmani 1987, p. 65ff.

22. Ben-Gurion 2014, p. 692; Segev 2010, p. 79; Crossman 1946, p. 102; Kenan 1991, p. 343ff.

23. Crossman 1946, p. 71.

24. Segev 2000, p. 348.

25. Ben-Gurion to the Anglo-American Commission, March 26, 1946, *Public Hearings Before the Anglo-American Committee of Inquiry*, in the possession of the author, p. 11ff.

26. Ben-Gurion, Diary, Feb. 13, 1946, BGA.

27. Ben-Gurion to the Anglo-American Commission, March 11, 1946, *Public Hearings Before the Anglo-American Committee of Inquiry*, in the possession of the author, p. 3.

28. *The Jewish Case*, 1947, pp. 69, 64.

29. Ben-Gurion to the Anglo-American Commission, March 26, 1946, *Public Hearings Before the Anglo-American Committee of Inquiry*, in the possession of the author, pp. 13, 19, 15; Ben-Gurion to a public assembly, Oct. 10, 1946, in Ben-Gurion 2014, p. 1030.

30. Ben-Gurion to the Anglo-American Commission, March 11, 1946, *Public Hearings Before the Anglo-American Committee of Inquiry*, in the possession of the author, pp. 9, 15, 16, 20; *The Jewish Case*, p. 74.

31. Ben-Gurion to the Anglo-American Commission, March 11, 1946, *Public Hearings Before the Anglo-American Committee of Inquiry*, in the possession of the author, p. 25ff.

32. Crossman 1946, p. 138.

33. Crossman 1946, p. 115ff.

34. Ben-Gurion, "Teshuvah Lidvar Hashalit," Assembly of Representatives, March 24, 1943, p. 6, BGA; *Public Hearings Before the Anglo-American Committee of Inquiry*, in possession of the author, p. 5ff.

35. Ben-Gurion to the Anglo-American Commission, March 11, 1946, *Public Hearings Before the Anglo-American Committee of Inquiry*, in the possession of the author, pp. 24ff, 30, 36.

36. Kaplan to the Jewish Agency Executive, May 29, 1946, BGA; Crossman 1946, p. 156ff.

37. Hoffman 2015, p. 298ff.

38. Alfasi 1994, 3, p. 172ff.

39. Ben-Gurion to Harold MacMichael, April 21, 1944, CZA S25/197.

40. Slutsky 1973, 3, p. 531.

41. Slutsky 1973, 3, p. 530ff.; Ben-Gurion, Diary, Sept. 24, 1946, BGA; Ben-Gurion

to the Histadrut Convention, Nov. 26, 1944, in Ben-Gurion 1949, 2, p. 289ff.; Lapidot 1994.

42. Stern 1974, p. 210.

43. Moshe Sneh and Menachem Begin, Oct. 9, 1944, CZA S25/206.

44. Responses to questions from the public, April 18, 1947, p. 10, BGA.

45. Shaltiel 2000, pp. 213, 255, 257, 277.

46. Avriel testimony, in Ben-Gurion 1993a, p. 60; Ben-Gurion, Diary, July 8, 1946, BGA.

47. Shaltiel 2000, pp. 276, 268.

48. Ben-Gurion to Moshe Sharett, July 24, 1946, CZA S25/10016; Ben-Gurion, Diary, Sept. 12, 1946, and Ben-Gurion to Paula, July 8, 11, 1946, BGA.

49. Ben-Gurion to Felix Frankfurter, July 17, 1946, BGA; Ben-Gurion to the Mapai Convention, Aug. 23, 1946, BGA 1993a, p. 158.

50. Ganin 1978, p. 227ff.; Ben-Gurion 1993a, p. 98ff.; Segev 2000, p. 49.

51. Mordechai Surkis, interview transcript, p. 2, BGA; Ben-Gurion at Zeilsheim DP camp, Oct. 14, 1946, in Ben-Gurion 2014, p. 1043; Proceedings of the 22nd Zionist Congress, p. 21, CZA J28.

52. Harry S Truman to Clement Attlee, Oct. 3, 1946, FRUS, Vol. VII, document 544, p. 703.

53. Ben-Gurion to Chaim Weizmann, Oct. 28, 1946, in Ben-Gurion 1993a, p. 221ff.

54. Ben-Gurion to Zalman Rubishov, Dec. 20, 1946, in Ben-Gurion 1993a, p. 288; Ben-Gurion, Diary, Sept. 14, Oct. 1, 1946, BGA; Mordechai Surkis, interview transcript, BGA; Moshe Gurari, interview transcript, p. 2, BGA.

55. Ben-Gurion to the Jewish Agency Executive, Dec. 29, 1946, Ben-Gurion 1993a, pp. 297, 232; Chaim Weizmann to the Zionist Congress, Dec. 11, 1946, in Proceedings of the 22nd Zionist Congress, p. 341, CZA J28.

56. Ben-Gurion 2014, p. 1030ff.

57. Ben-Gurion with George Henry Hall, June 20, 1946, BGA, Shabtai Teveth collection, people, Crossman; Ben-Gurion to Arthur Creech Jones, Jan. 2, 1947, in Ben-Gurion 1993a, p. 309; Ben-Gurion at the Royal Institute of International Affairs, Oct. 12, 1945, BGA.

58. Meir 1975, p. 154; Ben-Gurion, Diary, Aug. 28, 1947, BGA.

59. "Palestine: A Study of Partition," April 1947, NA(UK)CO 537/2344.

60. Brook at Cabinet, Feb. 14, 1947, NA(UK)CAB/195/5; colonial secretary to high commissioner, Feb. 17, 1947, NA(UK)FO 371 618736; John Gutch to Trefford Smith, Feb. 25, 1947, NA(UK)CO 537 2326; Horowitz 1951, p. 172ff; Segev 2000, p. 482ff.

61. Ben-Gurion to Ernest Bevin, Feb. 12, 1947, in Ben-Gurion 1993a, p. 354.

62. Ben-Gurion to Paula, in Ben-Gurion, Diary, Feb. 14, 15, 1947, BGA; Cabinet, Feb. 14, 1947, NA(UK)CAB/195/5; Ben-Gurion to William Jowitt, Feb. 13, 1947, BGA; Lord Chancellor memorandum, Feb. 14, 1947, NA(UK)PREM 8/627; Ben-Gurion to the

Mapai Council, Aug. 9, 1947, 1993b, p. 284.

第十六章 分治

1. *Ha'aretz*, *Davar*, Nov. 30, 1947; Ben-Gurion to Eliezer Whartman, memoirs of the signers of the Declaration of Independence, BGA; Ben-Gurion to Haganah personnel, Jan. 15, 1948, in Ben-Gurion 1951, p. 37; Ben-Gurion 1993b, p. 503, editor's note.

2. Ben-Gurion to the Mapai Council, Aug. 8, 1947, BGA.

3. Ben-Gurion to the Security Committee, June 7, 1947, BGA; letter to members of the Palmach, Oct. 17, 1948, BGA; Ben-Gurion to the UN Committee, July 7, 1947, in Ben-Gurion 1993b, p. 263; Ben-Gurion 1963b, Aug. 2, 1964.

4. Ben-Gurion to the Mapai secretariat, March 15, 1947, BGA; Ben-Gurion, Diary, June 4, 1947, BGA; Directives to the Haganah Command, June 18, 1947; Avizohar 1993, p. 48; Ben-Gurion 1993b, p. 305ff.

5. Ben-Gurion to the Mapai secretariat, Oct. 30, 1947, in Ben-Gurion 1993b, p. 440; Zvi Ayalon, interview transcript.

6. Barel 2014, p. 91ff.

7. Ben-Gurion, Diary, March 26, April 9, 25, May 6, Dec. 29, 1947, March 28, 1948, BGA; Ben-Gurion 1993b, p. 143, editor's note 3; Ben-Gurion 1969b, p. 69ff.

8. Ben-Gurion to Paula, Oct. 7, 1938, in Ben-Gurion 1968, p. 238; Ben-Gurion, Diary, Dec. 16, 1938, BGA.

9. Ben-Gurion, Diary, March 26, 1947, BGA; Ben-Gurion 1993b, p. 142ff.; Ben-Gurion 1969b, p. 78.

10. Ben-Gurion, Diary, May 27, 1947, March 2, 1948, BGA.

11. Moshe Shapira and Ben-Gurion to the Security Committee, Oct. 23, 1947, BGA; Rabin 1979, p. 37.

12. Ben-Gurion, Diary, April 16, 1947; Ben-Gurion to the Security Committee, Oct. 23, June 8, 1947; Ben-Gurion 1969b, pp. 69, 271.

13. Ben-Gurion, Diary, June 27, 1947, BGA.

14. Ben-Gurion to the Mapai secretariat, March 25, Oct. 30, 1947, BGA; Ben-Gurion, Diary, May 6, 1947, BGA; Ben-Gurion at a gathering of Palmach commanders, Sept. 14, 1948, in Ben-Gurion 1951, p. 241.

15. Ben-Gurion to the Zionist Congress, Dec. 18, 1946, and to the Zionist General Council, April 6, 1948, in Ben-Gurion 1969b, pp. 68ff., 78; Ben-Gurion to a meeting of Palmach commanders, in Ben-Gurion 1951, p. 242.

16. Meir, June 13, 1978, p. 20, interview transcript, BGA.

17. Ben-Gurion to the Security Committee, June 8, 1947, BGA.

18. Stern 1974, p. 263ff.

19. Ben-Gurion to the Security Committee, Dec. 4, 1947, BGA.

20. Avizohar 1993b, p. 32; Ben-Gurion, Diary, April 17, 1947, BGA.

21. Ben-Gurion to the Mapai secretariat, Oct. 30, 1947, to the Mapai Council, Aug. 9, 1947, to the Zionist General Council, Aug. 26, 1947, to the Histadrut Executive, Aug. 6, 1947, in Ben-Gurion 1993b, pp. 445, 332, 341, 317.

22. Stern 1974, pp. 268, 263, 271; Avizohar 1993b, pp. 27, 81.

23. Ben-Gurion to the Mapai secretariat, April 21, Aug. 2, 1947, BGA; Ben-Gurion to the Histadrut Executive, Aug. 6, 1947, and to the Mapai Council, Aug. 8, 1947, in Ben-Gurion 1993b, pp. 316ff., 277.

24. Ben-Gurion to the Histadrut Executive, Aug. 6, 1947, and to the Mapai Council, Aug. 8, 1947, in Ben-Gurion 1993b, pp. 316ff., 277; Stern 1974, p. 271; Halamish 1990, p. 302ff.

25. Ben-Gurion to the Histadrut Executive, March 26, 1947, and to the Mapai Council, Aug. 9, 1947, Ben-Gurion 1993b, pp. 66, 328.

26. Ben-Gurion 1993b, p. 126, editor's note 13, and p. 417, editor's note 3.

27. Zemach 1947; Zemach 1983, p. 182.

28. Ben-Gurion to the Mapai secretariat, April 21, 1947, BGA.

29. Replies to questions from the public, April 18, 1947, and Ben-Gurion to the Mapai secretariat, April 24, 1947, BGA; Ben-Gurion, Diary, April 18, 1948, BGA; Naor 1988, p. 182ff.; Bein 1982, p. 271ff.

30. Ben-Gurion, Diary, March 6, 1938, BGA; Ben-Gurion to UNSCOP, July 7, 1947, in Ben-Gurion 1993b, p. 256.

31. Halamish 1990, p. 302.

32. Eban 1997, pp. 92–93; Ben-Gurion to Paula, Sept. 2, 1947, Ben-Gurion to a public meeting, Nov. 25, 1947, Ben-Gurion to the Assembly of Representatives, Oct. 2, 1947, and Ben-Gurion statement, Nov. 30, 1947, in Ben-Gurion 1993, pp. 349, and editor's note there, 493, 382, 502; Ben-Gurion to the Jewish Agency Executive, Nov. 30, 1947, BGA; Ben-Gurion to the Histadrut Executive and Mapai Central Committee, Dec. 3, 1947, in Ben-Gurion 1982a, p. 20; Ben-Gurion to the Mapai Central Committee, Dec. 13, 1947, and to the Mapai secretariat, Dec. 30, 1947, in Ben-Gurion 1949, 5, p. 255; Sheffer 2015, p. 345.

33. Ben-Gurion to the Jewish Agency Executive, May 22, 1947, BGA.

34. Ben-Gurion to the Mapai secretariat, Dec. 3, 1947, in Ben-Gurion 1949, 5, p. 259.

35. Ben-Gurion to the Mapai Council, Aug. 9, 1947, in Ben-Gurion 1993b, p. 284.

36. Ben-Gurion to the Mapai Central Committee, Oct. 11, 1947, and the Jewish Agency Executive, Oct. 26, 1947, in Ben-Gurion 1993b, pp. 394, 428; Ben-Gurion to the Histadrut Executive, Dec. 3, 1947, in Ben-Gurion 1982a, p. 21.

37. Ben-Gurion to the Mapai Central Committee, Dec. 3, 1947, in Ben-Gurion 1982a, p. 22; Ben-Gurion to the Zionist General Council, March 10, 1948, in Ben-Gurion 1982e, p. 132.

38. "Tokhnit Likrat Pelishah," Oct. 6, 1947, in Ben-Gurion 1993b, p. 390, also Shabtai Teveth collection, people, BGA; *Davar*, Jan. 24, 1946; Ben-Artzi, interview

transcript, BGA; Ben-Gurion, Diary, Nov. 13, 1947, BGA.

39. "Hatkafah al Shnei Ha'otobusim," Dec. 4, 1947, BGA; Segev 2007.

40. Ben-Gurion, Diary, Dec. 22, 1947, BGA.

41. Ben-Gurion, Diary, Dec. 23, 1947, BGA; Moshe Kol, interview transcript, BGA.

42. Ben-Gurion to the Cabinet, Oct. 19, 1953, BGA.

43. Ben-Gurion 1993b, p. 147, editor's note 2, p. 440, editor's note 5; Slutsky 1973, 3, pp. 1325, 1372.

44. *Davar*, Dec. 12, 1947.

45. Ben-Gurion, Diary, Dec. 1, April 3, 1947.

46. Ben-Gurion, Diary, Dec. 11, 1947, BGA.

47. Galili to the Security Committee, Dec. 11, 1947, BGA; Amarami and Maletzky 1981, p. 154ff.; Operations Branch report, Dec. 19, 1947, in Ben-Gurion 1982a, Dec. 20, 1947, Jan. 1, 1948, pp. 61, 97.

48. Golda Meir with the high commissioner, Dec. 17, 1947, in Yogev 1979, p. 79ff.

49. Ben-Gurion, Diary, Sept. 19, 1947, BGA.

50. Ben-Gurion, Diary, Dec. 25, 27, 1947, BGA.

51. Ben-Gurion to the Council of the International Union of Zionist Labor Parties, Aug. 18, 1936, in Ben-Gurion 1973b, p. 381; *Davar*, Dec. 12-28, 1947; Slutsky 1973, 3, p. 1383.

52. Ben-Gurion to the Council of the International Union of Zionist Labor Parties, Aug. 18, 1936, in Ben-Gurion 1973c, p. 381; Ben-Gurion to the Security Committee, Jan. 1, 1947, in Ben-Gurion, Diary, BGA; Ben-Gurion to the Mapai Central Committee, Jan. 8, 1948, in Ben-Gurion 1951, p. 29.

53. Ben-Gurion, Diary, Feb. 23, 1948, BGA.

54. Ben-Gurion, Diary, March 11, 1948; Segev 2000, pp. 515-16.

55. Ben-Gurion to the Mapai Council, Feb. 7, 1948, in Ben-Gurion 1951, p. 62.

56. Ben-Gurion to the Zionist General Council, April 6, 1948, in Ben-Gurion 1949, 3, p. 288.

57. Ben-Gurion, Diary, March 20, 1948, BGA; press release, in Ben-Gurion 1982a, p. 313; Joseph Heller 2010, p. 61ff.

58. Ben-Gurion 1969b, p. 79.

59. Ben-Gurion, Diary, April 23, May 24, 1948, BGA; Morris 2008, p. 140ff.

60. Sapir and Ben-Gurion at the Security Committee, Oct. 23, 1947, March 30, April 4, 1948, BGA.

61. Ben-Gurion, Diary, May 2, 1947, BGA; Avizohar 1993b, p. 13.

62. Avizohar 1993b, pp. 12, 41; Ben-Gurion to the Security Committee, Oct. 23, 1947, BGA; Ben-Gurion, Diary, Oct. 22, 30, 1947, March 7, April 20, 1947, BGA.

63. Ben-Gurion 1969b, p. 86; Generals' revolt, Israel Galili's version, July 1948, BGA, general chronological material; Ben-Gurion, Diary, May 3, 5, 1948, BGA.

64. Ben-Gurion, Diary, May 1, 1948, BGA.

65. Ben-Gurion, Diary, Dec. 11, 1947, BGA.

66. Ben-Gurion, Diary, Dec. 10, 1947, March 10, 1948, BGA.

67. Ezra Danin, interview transcript, BGA.

68. Ben-Gurion, Diary, May 1, 1948, BGA; Ben-Gurion to the Cabinet, Nov. 7, 1948, ISA; Morris 2008, p. 140ff.

69. Ben-Gurion, Diary, Dec. 11, 1947, Feb. 10, April 30, May 21, 1948, BGA.

70. Ben-Gurion with invited guests, Jan. 21, 1948, and Ben-Gurion to the Zionist General Council, April 6, 1948, in Ben-Gurion 1951, pp. 41ff., 86ff.

71. Ben-Gurion to the Mapai Council, Feb. 7, 1948, and to the Zionist General Council, April 6, 1948, in Ben-Gurion 1951, pp. 68ff., 92.

72. Ben-Gurion to the Zionist General Council, April 6, 1948, in Ben-Gurion 1951, p. 92.

73. Gouri 1982, p. 11ff.

74. Ben-Gurion to the Security Committee, Feb. 3, 1948, BGA.

75. Ben-Gurion to UNSCOP, July 7, 1947, and Ben-Gurion to the Mapai secretariat, June 11, 1947, in Ben-Gurion 1993b, pp. 264, 213; Ben-Gurion to the Zionist General Council, April 6, 1947, in Ben-Gurion 1982a, p. 345; Ben-Gurion to S.E., Feb. 5, 1954, in Ostfeld 1988, p. 241.

76. Shtiftel 2008, pp. 291, 298, 318ff., 330.

77. Summary of meeting, May 6, 1948, BGA, Shabtai Teveth collection, concepts, Plan Dalet; Slutsky 1973, 3, p. 447.

78. Ben-Gurion, Diary, Jan. 2, 1948, BGA; Messer 1996, pp. 118, 121; Shtiftel 2008, pp. 375, 299, 217; Morris 2008, p. 146.

79. Shtiftel 2008, pp. 275, 299; Ben-Gurion to the Jewish Agency Executive, April 11, 1948, BGA; Jewish Agency to Abdullah, April 12, 1948, in Yogev 1979, p. 625ff.; Ben-Gurion, Diary, May 1, 1948, BGA; Morris 2005, p. 79ff.

80. Morris 1991, p. 405.

81. Sharett and Ben-Gurion to the People's Administration, May 12, 1948, in People's Administration (Minhelet Ha'am) 1978, p. 47ff.; Ben-Gurion, Diary, March 16, 1948; Sheffer 2015, p. 367; Ben-Gurion to the Histadrut Executive, May 10, 1945, BGA.

82. Ben-Gurion, Diary, May 11, 1948, BGA; Nakdimon 2011, p. 33ff.; Ben-Gurion to the Cabinet, Sept. 26, 1948, ISA.

83. Ben-Gurion 1993b, p. 5, editor's note 1.

84. Ben-Gurion to the Security Committee, Feb. 10, 1948, BGA; Ben-Gurion, Diary, Oct. 6, 1947, July 20, 29, 1948, BGA; Ehud Avriel, Golda Meir, interview transcripts, Aug. 7, 1977, p. 11, BGA.

85. Ben-Gurion, Diary, April 24, May 11, 24, 1948, BGA.

86. Ben-Gurion to the Mapai Central Committee, May 11, 1948, BGA; Ben-Gurion,

Diary, May 7, 1948, BGA.

87. Ben-Gurion, Diary, May 11, 1948, BGA; Shlaim 2007, p. 25ff.

88. Avizohar and Bareli 1989, p. 480ff.

89. Tzachor 1994, p. 183ff.

90. Yigael Yadin, Ben-Gurion, and Pinchas Rosen at the People's Administration, May 12, 1948, in Minhelet Ha'am 1978, pp. 6, 28; Elam 201, p. 150ff.; Ben-Gurion, Diary, April 25, 1948, BGA.

91. Ben-Gurion, Diary, May 14, 1948, BGA.

92. *Davar*, May 14, 1948; Lavi 1968, p. 167.

第十七章　战争

1. Mann 2012, p. 69.

2. *Davar*, Sept. 9, 1948; Gurari, interview transcript, BGA; Ben-Gurion, Diary, March 8, 1948, BGA; Levy 1986, p. 77ff.; Reuven Grossman dedication to Ben-Gurion, courtesy of the Ben-Gurion House Library; Ben-Gurion to Hannah and Reuven Grossman, Aug. 1, 1948, BGA.

3. Yigael Yadin, interview transcript, BGA.

4. Ben-Gurion, Diary, March 20, 1948, BGA.

5. Ben-Gurion to the Mapai Central Committee, Jan. 6, 1948, Ben-Gurion 1949, 5, p. 275.

6. Yigael Yadin, interview transcript, BGA.

7. Ben-Gurion, Diary, March 28, Oct. 16-18, 20, Nov. 17, 1948, inter alia, BGA; Ben-Gurion 1982a, p. 331, editor's note 6; Moshe Carmel, interview transcript, BGA.

8. Moshe Carmel, interview transcript, BGA.

9. Ben-Gurion to the Cabinet, May 26, June 20, Dec. 19, 1948, BGA; Yigael Yadin, interview transcript, BGA; Yigael Yadin interview with Dov Goldstein, *Ma'ariv*, May 6, 1973; Rabin 1979, p. 55.

10. Moshe Sharett, Ben-Gurion, and Ze'ev Haklai at the Mapai Council, June 19, 1948, BGA.

11. Ben-Gurion, Diary, May 16, 1948, BGA.

12. Ben-Gurion et al. in the Cabinet, June 20, 1948, ISA.

13. Ben-Gurion et al. in the Cabinet, June 22, 1948, ISA; Nakdimon 1978, p. 257.

14. Ben-Gurion, Diary, June 22, 1948, BGA; Yigael Yadin, interview transcript, BGA; Rabin 1979, p. 566ff.

15. Ben-Gurion to the Committee of Five, July 3, 1948, in Anita Shapira 1985, p. 128.

16. Ben-Gurion to the Committee of Five, July 6, 1948, in Anita Shapira 1985, p. 239ff.; Oren 1985, p. 50ff.

17. Anita Shapira 1985, p. 240; Yigael Yadin, interview transcript, BGA.

18. Ben-Gurion to the Provisional State Council, June 23, 1948, courtesy of Shlomo

Nakdimon; Ben-Gurion to the Knesset, Jan. 4, 1949, *Divrei Haknesset*, 1949, p. 434; *Davar*, Jan. 5, 1950.

19. Moshe Shapira, Aharon Zisling, and Mordechai Bentov in the Cabinet, July 7, 1948, ISA.

20. Ben-Gurion et al. in the Cabinet, July 11, 1948, ISA.

21. Ben-Gurion to Moshe Dadashov, Oct. 17, 1948, BGA; Ben-Gurion, Diary, Sept. 14, 16, 1948, BGA; Ben-Gurion to Aharon Zisling in the Cabinet, Oct. 18, Dec. 12, 1948, ISA.

22. Ben-Gurion, Diary, March 21, May 28, May 14, 1948, Oct. 30, 1947, BGA.

23. Jaffe 2015, p. 50ff.; Ben-Gurion, Diary, July 16, 17, 1948, BGA.

24. Ben-Gurion, Diary, May 11, 24, 30, 1948, BGA; Ben-Gurion to the Cabinet, May 30, June 16, 1948, ISA.

25. Ben-Gurion, Diary, May 17, 24, 27, 31, June 1, 6, 1948, BGA; Ben-Gurion to the Cabinet, May 20, 1948, ISA; Arieh Levontin to *Ha'aretz*, Dec. 13, 2000; Mula Cohen 2000, p. 142ff.

26. Ben-Gurion, Diary, June 4, 1948, BGA; Ben-Gurion to the Cabinet, July 14, 1948, ISA.

27. Yitzhak Rabin interview with Shabtai Teveth, Jan. 8, 1989, and Yigal Allon interview with Elhanan Oren, Sept. 10, 1970, BGA, Teveth collection, concepts, Lod and Ramla, BGA; "Allon: The Arabs of Lod and Ramla Were Not Expelled," *Davar*, Oct. 25, 1979.

28. Zvi Ayalon to brigade commanders, July 6, 1948, YTA, Zisling archive, division 9, container 9, file 1.

29. Allon and Rabin to the Yiftach and 8th Brigades, July 12, 1948, BGA, Shabtai Teveth collection, concepts, Lod and Ramla.

30. Ben-Gurion, Diary, July 12, 1948, BGA; Ben-Gurion to the Cabinet, July 14, 1948, ISA.

31. Ben-Gurion 1982a, p. 513, editorial comments, and p. 589, editorial note 2.

32. Ben-Gurion 1982a, p. 589, editorial note 2; Ben-Gurion to the Cabinet, July 14, 1948, ISA.

33. Segev 1986, p. 27; Aharon Zisling to the Political Committee of Mapam, July 14, 1948, BGA, Teveth collection, concepts, Lod and Ramla; Oren 1976, p. 123ff.

34. Avi-Yiftah(Shmaryahu Gutman)1948, p. 452ff.

35. Ben-Gurion, Diary, Sept. 26, 1948, BGA.

36. Ben-Gurion, Diary, Sept. 17, 22, 1948, BGA; Ben-Gurion et al. in the Cabinet, Sept. 18, 19, 20, 1948, ISA.

37. Ben-Gurion to the Cabinet, Sept. 29, 1948, BGA.

38. Ben-Gurion to the Security Committee, July 20, 1948, BGA; Ben-Gurion in the Cabinet, Sept. 20, 21, 1948, ISA.

39. Ben-Gurion et al. in the Cabinet, Sept. 26, 1948, ISA; Lavid 2012, p. 68ff.; Ben-Gurion, Diary, Sept. 26, 1948, BGA. For a later plan to expel Christian Arabs from the

Galilee, see Walter Eitan to Moshe Sharett, December 4, 1948; *Ha'aretz*, December 21, 2018.

40. Ben-Gurion to the Cabinet, Sept. 20, 1948, ISA.

41. Ben-Gurion to the Cabinet, June 16, 1948, ISA; Ben-Gurion, Diary, May 19, July 12, June 9, 17, 18, 1948, BGA.

42. Ben-Gurion to the Security Committee, July 20, 1948, BGA; Ben-Gurion to the Cabinet, Aug. 1, 1948, ISA; Ben-Gurion, Diary, Sept. 8, 1948, BGA.

43. Ben-Gurion to the Cabinet, Oct. 6, 1948, ISA.

44. Ben-Gurion et al. in the Cabinet, Oct. 6, 1948, ISA.

45. Ben-Gurion, Diary, July 16, 17, 1948, BGA; Levy 1986, p. 313ff.

46. Ben-Gurion to the Mapai secretariat, Oct. 11, 1947, and to the Jewish Agency Executive, Oct. 26, 1947, in Ben-Gurion 1993b, pp. 394, 428.

47. Ben-Gurion to the Cabinet, Jan. 3, 1950, ISA.

48. Ben-Gurion to the People's Administration, May 12, 1978, and to the Cabinet, Dec. 19, 1948, ISA.

49. Ben-Gurion to the Cabinet, June 16, Sept. 12, 26, 1948, ISA; Ben-Gurion, Diary, Oct. 2, 1948, BGA.

50. Ben-Gurion to the Cabinet, Oct. 26, 31, 1948, ISA.

51. Ben-Gurion, Diary, Nov. 11, 29, 1948, BGA; Yigael Yadin et al. in the Cabinet, Nov. 18, 1948, ISA.

52. Ben-Gurion to the Cabinet, Oct. 4, 18, 1949, ISA.

53. Ben-Gurion, Diary, Oct. 22, 1948, BGA; Baruch Rabinov, interview transcript, BGA; Gilad 1953, p. 935.

54. Ben-Gurion, Diary, July 3, 1937, June 16, 1948, BGA; Ben-Gurion to the Security Committee, Feb. 3, 1948, ISA.

55. Ben-Gurion, Diary, Oct. 6, 8, 1948, in Ben-Gurion 1982a, p. 739, editorial note 6; Ben-Gurion to the Cabinet, June 16, Oct. 31, 1948, ISA.

56. Mann 2012, p. 229, note 2.

57. Ben-Gurion to the Cabinet, June 16, Dec. 30, 1948, ISA; Ben-Gurion conversation with an unidentified member of Mapam, 1969, BGA, division of minutes and meetings, p. 31; Anita Shapira 2004, p. 425ff.

58. Ben-Gurion, Diary, March 11, June 9, 12, 28, 1949, BGA.

59. Ben-Gurion, Diary, May 24, 1948, BGA; Ben-Gurion 1982a, p. 824, editorial note 6; Haim Gvati, interview transcript, BGA.

60. Gershon Zak, interview transcript, BGA.

61. Baruch Azanya, interview transcript, cassette 173, p. 29, BGA.

62. Ben-Gurion, Diary, Dec. 3, 1948, Jan. 8, 1949, BGA.

63. Ben-Gurion, Diary, Dec. 25, 1948, BGA.

64. Ben-Gurion lecture, Jan. 21, 1948, in Ben-Gurion 1951, p. 50; Ben-Gurion, Diary,

Nov. 27, 1948, BGA; Ben-Gurion to the Security Committee, June 8, 1947, BGA; Ben-Gurion to the Cabinet, Sept. 26, 1948, ISA; Ben-Gurion to the Mapai Central Committee, Jan. 6, 1948, in Ben-Gurion 1949, p. 275; Ben-Gurion to the Mapai Central Committee with the Knesset faction, July 22-23, 1949, BGA; Ben-Gurion to the Cabinet, June 22, 1948, ISA; Ben-Gurion, Diary, July 15, 1948, BGA.

65. Baruch Rabinov, interview transcript, BGA; Ben-Gurion to the Cabinet, Sept. 20, 1948, ISA.

66. Ben-Gurion, Diary, July 14, 1948, BGA; Ben-Gurion to the Cabinet, July 14, 1947, ISA.

67. Ben-Gurion, Diary, June 2, 7, 18, July 20, 1948, BGA; Segev 1986, p. 68ff.; Sheetrit and Gruenbaum in the Cabinet, June 19, 1948, ISA; Ben-Gurion to the Cabinet, Nov. 11, 1956, ISA.

68. Aharon Zisling to the Cabinet, May 10, 1949, BGA; Segev 1986, p. 27ff., Ben-Gurion 1969b, p. 165; Ben-Gurion to the Mapai Council, Feb. 7, 1948, in Ben-Gurion 1951, p. 65.

69. Aharon Zisling to the Cabinet, June 27, 1948; Aharon Zisling and Mordechai Bentov to the Cabinet, July 14, 1948; Ben-Gurion, Aharon Zisling, et al. in the Cabinet, Nov. 14, 17, 1948; Ben-Gurion to the Cabinet, May 6, 1949, ISA; Ben-Gurion to Moshe Shapira, Nov. 19, 1948, BGA; Riftin report, YTA, Israel Galili collection, 116488; Ben-Gurion 1982a, p. 812.

70. Ben-Gurion, Diary, May 1, Nov. 11, 1948, BGA.

71. Ben-Gurion, Diary, Aug. 22, 1949, BGA.

72. Ben-Gurion, Diary, July 15, 1948, BGA; Ben-Gurion 1982a, p. 835ff.

73. Allon to Ben-Gurion, March 24, 1949, in Anita Shapira 2004, p. 445ff.

74. Ben-Gurion to the Cabinet, March 16, 1949, ISA.

75. Ben-Gurion to the Cabinet, Nov. 7, 1948, ISA.

76. Ben-Gurion, Diary, Jan. 31, 1950; Kroyanker 2002, p. 92ff.; David Kroyanker to the author; Davar, Feb. 12, 17, 1948; Ben-Gurion, Diary, June 25, 1948.

77. Ben-Gurion to the Cabinet, Oct. 17, 1951, ISA; Ben-Gurion, Diary, June 16, 1948, Jan. 14, 1952, BGA; Morris 2008, p. 406.

78. Segev 1986, p. 45; Lavi to the Mapai Central Committee, July 24, 1948, BGA; Ben-Gurion to the Cabinet, June 16, 1948, ISA.

79. Ben-Gurion 1979, p. 22; Ben-Gurion to the Cabinet, Oct. 11, 1949, BGA; Morris 1991, p. 179ff.

80. Ben-Gurion, Diary, May 18, 1948; and Jan. 1, 1949, BGA; Shraga Netzer, interview transcript, cassette 14, p. 6, BGA.

81. Ben-Gurion to the Cabinet, May 19, 1948, ISA; Ben-Gurion to the Cabinet, July 21, 1948, Dov Yosef, Diary, notebook 2, photocopy in possession of the author.

82. Ben-Gurion to the Security Committee, July 20, 1948, BGA; Ben-Gurion to the

Provisional State Council, May 4, 1948, in Ben-Gurion 1982a, p. 387; Ben-Gurion to the Cabinet, June 16, 1948, ISA.

83. Segev 2000, p. 514ff.

84. Yitzhak Ben-Zvi to the Mapai Central Committee, April 15, 1937, in Ben-Gurion 1974a, p. 158.

85. Ben-Gurion, Diary, Jan. 20, June 25, 1948, BGA; Ben-Gurion to the Cabinet, June 14, 1948, ISA; Dov Yosef to the Cabinet, April 26, 1953, ISA.

86. Ben-Gurion, Diary, May 19, 21, 1948, BGA; Ben-Gurion to the Cabinet, May 19, 23, 1948, ISA.

87. Cohen-Levinovsky 2014, p. 231.

88. Ben-Gurion to the Cabinet, June 16, 1948, Oct. 17, 1951, ISA.

89. Segev 1986, p. 31; Aharon Zisling to the Cabinet, June 16, 1948, ISA.

90. Ben-Gurion to the Cabinet, Sept. 12, June 16, 1948, Aug. 5, 1956, Jan. 5, 1949, ISA; Ben-Gurion interview with Avraham Avi-hai, Dec. 25, 1969, HICJ-OHA, p. 21; Segev 1986, p. 30; Ben-Gurion, Diary, July 18, 1948, Jan. 4, 11, 1949, BGA.

91. Ben-Gurion 1969b, p. 264; Ben-Gurion to the Cabinet, March 15, 1949, ISA; Ben-Gurion, Diary, Jan. 4, 1949, BGA.

92. Ben-Gurion to the Cabinet, June 16, 1948, ISA.

93. Ben-Gurion, Diary, Jan. 6, 1948, BGA; Yehudit Simhoni, interview transcript, p. 11, BGA.

94. Press release, Jan. 1, 1948, in Ben-Gurion 1951, p. 20; Ben-Gurion to the Zionist General Council and to the Mapai Council, Aug. 15, Aug. 8, 1947, in Ben-Gurion 1993b, pp. 338, 324.

95. Ben-Gurion, Diary, May 18, June 3, 1948, BGA; Ben-Gurion to the Cabinet, Oct. 20, 1953, ISA.

96. Ben-Gurion to the Cabinet, June 2, July 28, 1948, ISA; Shraga Netzer, Aharon Beker, interview transcripts, BGA.

97. Mordechai Bentov to the Cabinet, July 9, 1948, ISA.

98. Ben-Gurion, Diary, Feb. 8, 29, 1948, BGA.

99. Ben-Gurion, Diary, Nov. 27, 1947, BGA; Ben-Gurion to the Cabinet, June 16, 1948, and to the Mapai Council, June 19, 1947, in Ben-Gurion 1982a, pp. 526, 534.

100. Ben-Gurion, Diary, Jan. 3, 1949, BGA.

101. Ben-Gurion to the Cabinet, Dec. 19, 1948, ISA; Bar-On 2015, p. 79ff.; Kadish and Kedar 2005, p. 74; Ben-Gurion 1959, p. 3; Ben-Gurion to Shimon Shershevsky, Sept. 16, 1969, BGA.

102. Ben-Gurion to Yehoshua Manoah, July 30, 1961, BGA.

103. Directive to the Haganah Command, June 18, 1947, in Ben-Gurion 1993b, p. 304; Ben-Gurion to the Cabinet, Aug. 1, 1948, ISA.

104. Ben-Gurion to UNSCOP, in Ben-Gurion 1993b, p. 264; Ben-Gurion to the Cabinet,

Oct. 17, 1951, ISA.

105. Directive to the Haganah Command, June 18, 1947, in Ben-Gurion 1993b, p. 304; Ben-Gurion to the Cabinet, Oct. 21, 1948, June 12, 1949, ISA.

106. Ben-Gurion to the Cabinet, Aug. 1, 1948, ISA; Ben-Gurion, Diary, June 19, 1948, BGA; Ben-Gurion 1982a, p. 814, editors' introduction; Golda Meir, interview transcript, Aug. 7, 1977, p. 11, BGA.

107. Ben-Gurion to the Cabinet, March 20, 1949, ISA.

108. Ben-Gurion, Diary, Jan. 18, 1949, BGA.

109. Ben-Gurion, Diary, April 27, 1953, BGA; Sivan 1991.

110. Ben-Gurion to the Cabinet, Nov. 14, 1948, ISA; Ben-Gurion, Diary, April 7, 1950, BGA.

111. Ben-Gurion to Meir in the Cabinet, March 20, 1949, BGA.

第十八章　新以色列人

1. Alterman 1949; "Hagigat Siyum Hamilyon Harishon," *Davar*, Dec. 16, 1949; BGA, Shabtai Teveth collection, concepts, "Avak Adam"; Ben-Gurion to the Cabinet, July 20, 1952, ISA.

2. Ben-Gurion, Diary, Dec. 23, 1950, July 2, 1951, BGA; Segev 1986, p. 95; Ben-Gurion to the Knesset, March 8, 1949, in *Divrei Haknesset*, 1, p. 54; Ben-Gurion to the Knesset, April 26, 1949, *Divrei Haknesset*, 1, p. 399.

3. Ben-Gurion, Diary, Jan. 1, 1948, BGA; Ben-Gurion to the Cabinet, April 26, July 12, Dec. 13, 1949, ISA; Ben-Gurion, "Netzah Yisra'el," "Yisra'el Vehatefutzah," in Ben-Gurion 1964a, p. 133ff.; Ben-Gurion, Diary, Aug. 17, 1948, BGA; Segev 1986, p. 96ff.

4. Ben-Gurion, Diary, Aug. 9, 1953, BGA.

5. Ben-Gurion to the Cabinet, July 20, 1952, ISA.

6. Ben-Gurion, "Netzah Yisra'el," in Ben-Gurion 1964a, p. 177.

7. Ben-Gurion to the Cabinet, June 16, 1948, ISA.

8. "Duach al Matzavam shel Yehudei Iraq," Feb. 3, 1943, BGA; Ben-Gurion to the Mapai Central Committee, Feb. 24, 1943, BGA; Ben-Gurion to the Jewish Agency Executive, March 7, 1943, BGA; Ben-Gurion, "Al Mediniyutenu Hatziyonit," in Ben-Gurion 1949, 3, p. 133ff.; Ben-Gurion, Diary, Oct. 18, 1943, BGA; Anita Shapira 1980, p. 685; Slutsky 1973, 3, p. 163ff.; Ben-Gurion to the Jewish Agency Executive, Feb. 11, 1945, BGA; Ben-Gurion, Diary, Nov. 10, 1945, BGA.

9. Ben-Gurion to the Jewish Agency Executive, Feb. 11, 1946, BGA; "Netzah Yisra'el," in Ben-Gurion 1964a, pp. 143, 148.

10. Segev 2000, p. 150ff.

11. Jabotinsky 1981, p. 91.

12. Ben-Gurion to the Mapai Central Committee, July 22-23, 1949, BGA; Segev 1993, p. 153ff.; Ben-Gurion to the Cabinet, Jan. 10, 1950, ISA; Dvora Hacohen 1994a, p. 301ff.;

Segev 1986, pp. 116, 139; Ben-Gurion 1954a, p. 37.

13. Ben-Gurion, "Netzah Yisra'el," in Ben-Gurion 1964a, p. 157; Ben-Gurion to the Knesset, Feb. 14, 1951, *Divrei Haknesset*, 8, p. 1102; Ben-Gurion, "Otonomiyah Leumit Veyahasei Shechenim," in Ben-Gurion 1931, p. 130; Ben-Gurion with the IDF high command, April 6, 1950, BGA.

14. Segev 1986, p. 156ff.

15. Ben-Gurion, Diary, July 30, 1945, BGA; Ben-Gurion to Yigael Yadin, Nov. 27, 1950, BGA; Ben-Gurion to the Cabinet, Aug. 5, 1956, March 6, 1955, ISA.

16. Ben-Gurion, Diary, Sept. 9, Nov. 23, 1951, BGA; Ben-Gurion and Golda Meir to the Cabinet, May 24, 1949, ISA; Ben-Gurion with the IDF high command, April 6, 1950, BGA; Ben-Gurion to Yigael Yadin, Nov. 27, 1950, BGA; Ben-Gurion to the Knesset, Aug. 18, 1952, in Ben-Gurion 1962a, 4, p. 90.

17. Ben-Gurion to the Cabinet, March 3, 1949, ISA; Ben-Gurion and Yigael Yadin to the Cabinet, July 20, 1952, ISA; Ben-Gurion to the IDF high command, April 6, 1950, BGA.

18. Ben-Gurion to the Cabinet, Jan. 27, July 20, 1952, ISA.

19. Ben-Gurion, Diary, Aug. 6, 1948, BGA.

20. Yadin to the Cabinet, April 26, 1950, Feb. 15, 1951, ISA.

21. Ben-Gurion to the IDF high command, April 6, 1950, BGA; Yigael Yadin and Ben-Gurion to the Cabinet, April 26, 1950, and Ben-Gurion to the Cabinet, Aug. 3, 1952, ISA.

22. Ben-Gurion to the Cabinet, Dec. 2, 1951, ISA; Segev 1986, p. 155ff.

23. Ben-Gurion to the Cabinet, April 26, Oct. 18, 1953, ISA; Moshe Shapira, Yosef Serlin, and Israel Rokach to the Cabinet, Feb. 4, Nov. 15, 1953, ISA.

24. Morris 1993, p. 54ff.

25. Ben-Gurion, "Netzah Yisra'el," in Ben-Gurion 1964a, p. 148.

26. Ben-Gurion at the Sejera celebrations, Sept. 25, 1962, BGA; Ben-Gurion, "Beyehuda Uvegalil," in Ben-Gurion 1931, p. 271; Ben-Gurion to the Histadrut Convention, Feb. 7, 1923, in Ben-Gurion 1971a, p. 216; Ben-Gurion, Diary, June 6, 12, 1939, BGA; Shabbetai Pinhas to Ben-Gurion, March 17, 1941, BGA; "Metzukat Hakurdim Yotzei Sejera," BGA, subject files, Sejera; Ben-Gurion to the Mapai Council, June 19, 1948.

27. Ben-Gurion to the Cabinet, Aug. 1, 1948, ISA.

28. Ben-Gurion, Diary, Sept. 14, 1949, Jan. 9, May 28, 1950, March 4, 1951, BGA.

29. Ben-Gurion to the Mapai Central Committee, July 22, 1949, BGA.

30. Ben-Gurion to the Knesset, Jan. 16, 1950, *Divrei Haknesset*, 3, p. 536; Ben-Gurion, Diary, April 8, 1950, ISA.

31. Ben-Gurion, Diary, March 28, 1950, BGA.

32. Ben-Gurion to the Cabinet, July 12, 1950, ISA.

33. Ben-Gurion to the Knesset, Aug. 15, 1949, *Divrei Haknesset*, 2, p. 1339.

34. Ben-Gurion 1971b, p. 135; Ben-Gurion at the Sejera celebrations, Sept. 25, 1962, BGA; Ben-Gurion, Diary, Aug. 29, 1950, BGA.

35. Segev 1986, p. 155ff.; Lissak 1986, p. 109ff.

36. *Davar*, May 23, 1950; Ben-Gurion, Diary, Dec. 29, 1950, June 29, Sept. 9, Nov. 23, 1951, April 22, Oct. 15, 1952, April 24, July 11, 1953, BGA.

37. Segev 1986, p. 190ff.; "Din Vaheshbon Va'adat Hahakirah Hamamlachtit be'inyan Parshat Hi'almutam shel Yeladim Mivein Olei Teman Bashanim 1948–1954," p. 27, ISA.

38. Ben-Gurion, Diary, Sept. 28, 1949, BGA.

39. Ben-Gurion to the Cabinet, Feb. 9, 1953, BGA.

40. Ben-Gurion, Diary, Dec. 3, 27, 1949, BGA; Segev 1986, p. 128ff.; Ben-Gurion to the Mapai secretariat, April 22, 1949, BGA.

41. Ben-Gurion to the Cabinet, Feb. 1, 1951, ISA.

42. Immigration emissaries to the Jewish Agency, Feb. 25, 1950, in possession of the author.

43. Segev 1986, p. 296ff.

44. Ben-Gurion to the Cabinet, Aug. 31, Sept. 7, 1950, Jan. 20, Feb. 7, 10, 1952, July 19, 1953, ISA.

45. Ben-Gurion to the Cabinet, June 7, 1950, Oct. 11, 1951, ISA; Eliezer Kaplan to the Cabinet, Aug. 31, 1950, ISA.

46. Ben-Gurion to the Knesset, Aug. 8, 1950, *Divrei Haknesset*, 6, p. 2499; Ben-Gurion to the Knesset, Oct. 8, 1951, *Divrei Haknesset*, 10, p. 251.

47. Ben-Gurion to the Cabinet, Sept. 24, Oct. 5, 1950, Sept. 26, 1951, ISA; Segev 1986, p. 310ff.

48. Yosef 1975, p. 228ff.; Segev 1986, p. 145ff.

49. Ben-Gurion to Yoel Hanohi, Aug. 27, 1965, BGA.

50. *Dvar Hashavua*, Nov. 10, 1949; Ben-Gurion, Diary, Sept 28, 1949, BGA; Ben-Gurion to the Knesset, Feb. 14, 1951, *Divrei Haknesset*, 8, p. 1102; Segev 1986, p. 185ff.

51. Ben-Gurion to Yisrael Yeshayahu, Sept. 21, 1954, BGA; Ben-Gurion to the Cabinet, March 18, 1953, ISA; Gershon Zak, interview transcript, BGA.

52. Ben-Gurion to Yigael Yadin, Nov. 27, 1950, BGA; Ben-Gurion to the Cabinet, Jan. 18, March 29, 1951, ISA; Ben-Gurion, Diary, March 28, June 29, 1950; Ben-Gurion to Yigael Yadin, June 29, 1951, BGA.

53. Ben-Gurion to Yigael Yadin, Nov. 27, 1950, BGA.

54. D. Ben Dov to the executive of the Jewish Agency's Absorption Department, Nov. 20, 1949, BGA; Ben-Gurion to the Knesset, Feb. 14, 1951, *Divrei Haknesset*, 8, p. 1102; Ben-Gurion et al. to the Cabinet, Jan. 10, May 10, June 14, Dec. 6, 1950, Jan. 3, 1951, ISA; Aryeh Dayan 2002.

55. Ben-Gurion to Yehuda Leib Maimon, Jan. 12, and to Yitzhak-Meir Levin and Yehuda Leib Maimon, Feb. 20, 1950, BGA; Ben-Gurion to the Cabinet, Jan. 17, 1950, ISA.

56. Moshe Shapira and Ben-Gurion to the Cabinet, Jan. 18, 1951, ISA.

57. Ben-Gurion to the Cabinet, Jan. 18, 1951, ISA; Zameret 1997, p. 141ff.

58. Ben-Gurion to the Cabinet, Jan. 18, 1951, June 7, 1953, July 8, 1962, ISA; Brown 2011, p. 267.

59. Ben-Gurion, Diary, Oct. 20, 1952, BGA; Navon 2015, p. 113ff.

60. Yitzhak-Meir Levin to the Cabinet, July 12, 1950, April 17, 1953, ISA; Ben-Gurion to Yitzhak-Meir Levin, April 10, 1949, BGA.

61. Ben-Gurion to Dov Tzvi Rothstein, Jan. 29, 1954, BGA; Golda Meir to the Cabinet, July 12, 1950, ISA.

62. Ben-Gurion to the Cabinet, Jan. 17, 1950, ISA.

63. Yeshayahu Leibowitz, interview transcript, BGA, p. 19ff.; Ostfeld 1988, p. 209ff.

64. Ben-Gurion, Moshe Shapira, Yehuda Leib Maimon, and Golda Meir to the Cabinet, July 12, 1950; Yitzhak-Meir Levin to the Cabinet, Nov. 28, 1948; Ben-Gurion to the Cabinet, Jan. 17, 1950, March 1, 1951, ISA.

65. "Dat Vemedinah Bamemshalah," 1953, ISA, including: Dec. 8, 15, 1948, May 24, 1949 (stores), March 23, 1952, July 5, 1953 (pork); Feb. 6, 1949 (prayer at the opening of Knesset sessions); July 12, 19, 1950 (public transportation and work on the Sabbath), Oct. 24, 1950 (public transportation and work on the Sabbath), Jan. 25, 1951 (autopsies), May 16, 1948 (IDF swearing-in ceremony); June 1, 1952 (death penalty).

66. Ben-Gurion et al. to the Cabinet, Aug. 9, 1949, Jan. 17, Feb. 2, 1950, ISA; Ben-Gurion, Diary, Jan. 9, May 31, 1950, ISA.

67. Ben-Gurion, Diary, Nov. 3, 1948, BGA.

68. Ben-Gurion to the Cabinet, Feb. 21, 1950, ISA.

69. Elon 1951.

70. Ben-Gurion, Diary, June 15, July 2, 3, 10, 13, Jan. 26, 1951, BGA; Ziv 1958, p. 120.

71. Ben-Gurion, Diary, July 31, 1951, ISA.

72. Ben-Gurion to the Cabinet, July 12, 1950, ISA.

73. Dvora Hacohen 1994a, p. 314.

74. Ben-Gurion, Diary, June 25, 1953, BGA.

75. Ben-Gurion, Diary, March 11, Sept. 28, 1949; Ben-Gurion to Roni Baron, Sept. 28, 1949, BGA.

76. Ostfeld 1988, p. 9; Navon 2015, p. 95.

77. Ben-Gurion to the Cabinet, Nov. 8, 1953, ISA.

78. Ben-Gurion to the Cabinet, Dec. 20, 1948, ISA.

79. Ben-Gurion and Pinchas Rosen to the People's Administration, May 12, 1948, in Minhelet Ha'am 1978, p. 28; Ben-Gurion, "Hadegel," in Ben-Gurion 1951, p. 198; Ben-Gurion to the Cabinet, May 18, 1949, Jan. 10, 1950, ISA.

80. Ben-Gurion to the Cabinet, June 16, 14, July 12, 1949, Nov. 30, 1958, ISA.

81. Zerach Warhaftig, interview transcript, BGA.

82. Ben-Gurion to Ehud Sprinzak, Feb. 10, 1965, BGA.

83. Ben-Gurion, Diary, Dec. 14, 16, 17, 1949, BGA; Segev 1986, p. 40ff.

84. Dorit Rosen, Ruth Segal-Havilio, Sarah Meltzer, Malka Leef, Ehud Avriel, interview transcripts, BGA.

85. Dorit Rosen, Ruth Segal-Havilio, Sarah Meltzer, interview transcripts, BGA; Navon 2015, p. 111.

86. Navon 2015, pp. 110ff., 220.

87. Yitzhak Tunik, Yehuda Erez, interview transcripts, BGA.

88. Dorit Rozin, Ruth Sigal-Havilio, Sarah Meltzer, Malka Leef, interview transcripts, BGA.

89. Mazal Jibli, interview transcript, BGA.

90. Mazal Jibli, interview transcript, BGA; Yariv Ben-Eliezer, interview transcript, BGA.

91. Rivka Katznelson to Ben-Gurion, May 7, 1961, BGA.

92. Rivka Katznelson diary, Jan. 10, July 23, 1931, Feb. 8, 1949, Gnazim.

93. Rivka Katznelson Archive, Gnazim; Rivka Katznelson interview with Sarit Fuchs, *Ma'ariv*, July 22, 1988.

94. Rivka Katznelson to Simon Halkin, Nov. 25, 1974, Gnazim 175, 23484; Teveth 1987b, p. 27.

95. Rivka Katznelson interview with Shabtai Teveth, Oct. 2, 1977, BGA, Shabtai Teveth collection, subjects, Ben-Gurion and women.

96. Rivka Katznelson interview with Shabtai Teveth, Oct. 2, 1977, BGA, Shabtai Teveth collection, subjects, Ben-Gurion and women; Rivka Katznelson interview with Sarit Fuchs, *Ma'ariv*, July 22, 1988.

97. Rivka Katznelson interview with Sarit Fuchs, *Ma'ariv*, July 22, 1988; Rivka Katznelson to Simon Halkin, Nov. 25, 1974, Gnazim, 175, 23484 1; Ben-Gurion to Rivka Katznelson, Jan. 7, Feb. 17, March 1, June 1, 1963, Rivka Katznelson Archive, Gnazim, 894/15ff.; Rivka Katznelson diary, date unclear, and "Al Ben-Gurion," Gnazim kaf-24972, kaf-25644; Ben-Gurion, Diary, June 7, 1963, BGA.

第十九章　焦虑

1. Ben-Gurion, Diary, Sept. 23, 1951, BGA; Yigael Yadin, interview transcript, p. 37, BGA; Ben-Gurion to the Cabinet, Sept. 23, 1952, ISA.

2. Ben-Gurion, Diary, Aug. 30, 1950, BGA.

3. Ben-Gurion, Diary, Sept. 1, 1954, BGA.

4. Ben-Gurion interview with Ya'akov Ashman, Nov. 25, 1963, BGA; Bar-Zohar 1978, p. 1153; Dr. Moshe Rachmilevich to Batya Even-Shoshan, Feb. 4, 1970, BGA.

5. Ben-Gurion to the Zionist General Council, May 5, 1949, in Ben-Gurion 1962a, 1, p. 127; Ben-Gurion to the Cabinet, Aug. 30, 1949, ISA.

6. Ben-Gurion to the Cabinet, June 28, 1950, Jan. 20, 1952, ISA.

7. Ben-Gurion to the Zionist General Council, May 5, 1949, in Ben-Gurion 1962a, p. 127; Ben-Gurion to the Cabinet, Aug. 30, 1949, ISA.

8. Segev 1986, p. 294; Ze'ev Sherf, interview transcript, BGA.

9. Ben-Gurion to the Cabinet, Jan. 3, 1950, May 6, July 12, 1949, ISA; Ben-Gurion, Diary, Feb. 9, 20, 28, June 25, 1950, BGA; Ben-Gurion 1951, p. 7ff.

10. Ben-Gurion to the Cabinet, Jan. 3, 1950, ISA; Ben-Gurion to Yigael Yadin, Nov. 27, 1950, BGA.

11. Ben-Gurion, Diary, Nov. 25, Dec. 19, 1950, BGA; Ehud Avriel, interview transcript, BGA; Ben-Gurion's trip in the Israeli press, BGA, press clippings division, Nov. - Dec. 1950; Ben-Gurion to the Cabinet, Dec. 20, 1950, ISA; Doris May to Ben-Gurion, Nov. 5, 1950, BGA; Sir Knox Helm to the Foreign Office, Nov. 27, 28, 1950, NA(UK), FO 371/82530.

12. Ben-Gurion to the Cabinet, Feb. 15, 1951, ISA.

13. Ben-Gurion to the Cabinet, Oct. 12, 25, 1951, ISA.

14. Ben-Gurion to the Cabinet, Feb. 10, 1952, ISA.

15. Ben-Gurion to Moshe Sharett, Sept. 15, 1949, and to the Cabinet, Jan. 20, 1953, BGA; Ben-Gurion to the Cabinet, Oct. 25, 1951, ISA.

16. Goschler 2005.

17. Ben-Gurion et al. in the Cabinet, Dec. 27, 1950; Bechor-Shalom Sheetrit to the Cabinet, March 2, 1949, ISA.

18. Moshe Shapira, David Remez, et al. to the Cabinet, March 2, 1949, ISA; Ya'akov Sharett 2007, p. 105ff.

19. Ben-Gurion to the Cabinet, Jan. 3, 1951, ISA.

20. Ben-Gurion et al. to the Cabinet, Nov. 1, 1949, Feb. 15, Dec. 27, 1950, Jan. 3, Feb. 2, 8, Nov. 4, 1951, ISA; Ben-Gurion, Diary, April 21, 29, 1950, BGA; Weitz 2007, p. 11ff.

21. Ben-Gurion, Diary, April 29, 1950, BGA.

22. Ben-Gurion, Diary, Sept. 25, 1951, July 21, 1952, BGA; Segev 1993, p. 200ff.

23. Carlebach 1951; Ben-Gurion, Golda Meir, and Mark Dvorzhetski to the Mapai Central Committee, Dec. 13, 1951; Ya'akov Sharett 2007, pp. 253, 221ff., 237ff.

24. *Herut*, Jan. 8, 1952.

25. Ben-Gurion to the Cabinet, Jan. 13, 1952, June 28, 1953, ISA; Ben-Gurion to Haim Gouri, June 16, 1961, BGA; Ya'akov Sharett 2007, p. 328; Segev 1993, p. 211ff.

26. Ya'akov Sharett 2007, p. 448ff.

27. Ben-Gurion, Diary, April 12, 1953; *Davar*, April 19, 1953.

28. Ben-Gurion to the Cabinet, March 23, 1952; Segev 1993, p. 230ff.

29. Moshe Sharett to the Cabinet, March 2, 1949; Golda Meir and Ben-Gurion to the Cabinet, March 22, 1953; Ben-Gurion to the Cabinet, Sept. 7, 23, 1953, ISA.

30. Ben-Gurion to the Cabinet, Feb. 22, 1953, ISA.

31. Ben-Gurion to the Cabinet, Feb. 22, 1953, ISA.

32. Ben-Gurion to the Cabinet, July 6, 1952, ISA.

33. Yitzhak Navon, Diary, Nov. 10, 1952, YNA.

34. Ben-Gurion, Diary, Oct. 6, 1950, July 1, 2, Sept. 16, 1949, BGA.

35. Ben-Gurion, Diary, Oct. 6, 1950, July 1, 2, Sept. 16, 1949, BGA; Ben-Gurion to the Mapai Central Committee, March 10, 1951, Feb. 6, 1953, BGA; Zameret 1997, p. 190ff.; Reshef 1987, p. 114ff.

36. Ben-Gurion to the Cabinet, Jan. 13, 1952, Feb. 10, May 31, June 21, 1953, ISA.

37. Ben-Gurion to the Cabinet, May 31, 1953, ISA.

38. Ben-Gurion to the Mapai Political Committee, Nov. 23, 1952, Jan. 16, 1953, BGA.

39. Ben-Gurion to Moshe Shapira, Oct. 16, 1949, BGA; Lahav 1999, p. 154ff.; Ben-Gurion to members of the Cabinet, Jan. 20, 1953, BGA.

40. Navon 2015, p. 137ff.

41. Yehoshua Cohen to Haim Israeli, June 17, 1984, BGA; Oded Bauman to Haim Israeli, April 18, 1984, BGA, Shabtai Teveth collection, people, Ben-Gurion and Sde Boker; Ben-Gurion to Baruch Zuckerman, Dec. 19, 1953, BGA.

42. Grisaru 1971; Davar, May 29, 1952; Ma'ariv, June 25, 1962; Ben-Gurion, Diary, Oct. 13, 1952; Ben-Gurion to Zuckerman, Nov. 18, 1953, BGA.

43. Ben-Gurion to Ehud Avriel, Sept. 11, 1952; Ben-Gurion to the Histadrut, Sept. 12, 1952, BGA; Ben-Gurion to the Jewish Agency, Sept. 14, 1952, BGA.

44. Ben-Gurion, Diary, Oct. 5, 12, 23, 1952, BGA.

45. Ben-Gurion, Diary, Oct. 30, 1952, BGA.

46. Ben-Gurion, Diary, May 14, 1953, BGA; Ben-Gurion to the Cabinet, April 26, May 24, July 5, 1953, ISA; Ben-Gurion to the members of the Cabinet, Jan. 20, 1953, BGA.

47. Ben-Gurion to the Knesset, Divrei Haknesset, 4, Jan. 1950, 3, p. 434ff.; Ben-Gurion to the Foreign Affairs and Defense Committee, June 20, 1950, BGA; Ben-Gurion to the Cabinet, May 24, 1953, ISA.

48. Yitzhak Navon, Diary, Nov. 9, 1952, YNA.

49. Golda Meir, interview transcript, cassette 392, p. 25, BGA.

50. Ben-Gurion to Leo Cohen, Nov. 16, 1948, BGA; Ben-Gurion to the Cabinet, Feb. 2, 1949, ISA.

51. Weisgal 1971, p. 260ff.

52. Ben-Gurion, Diary, Nov. 15, 1952, BGA; Eban 1977, p. 166.

53. Ben-Gurion, Diary, Nov. 23, 1952; Golda Meir, interview transcript, cassette 269, p. 1, BGA.

54. Ben-Gurion to the members of Sde Boker, May 28, 1953, BGA; Ben-Gurion to the Cabinet, May 24, 1953, ISA.

55. Ben-Gurion, Diary, May 14, 1949, BGA.

56. Yitzhak-Meir Levin and Ben-Gurion to the Cabinet, Jan. 20, 1952; Ben-Gurion to the Cabinet, Feb. 1, May 24, 1953, ISA; Ben-Gurion, Oct. 19, 1952, in Freundlich 1981–92, p. 578; Ben-Gurion to the founding congress of Mapai, Jan. 6, 1930, in Ben-Gurion 1931,

p. 226.

57. Moshe Sharett to the Cabinet, July 12, 1949, ISA; Segev 1986, p. 32.

58. Shlaim 2007, p. 47ff.

59. Shlaim 2000, p. 52ff.; Segev 1986, p. 18; Rabinovich 1991, p. 59ff.

60. Ben-Gurion to the Cabinet, Jan. 20, 1952, April 26, June 7, 1953, ISA.

61. *Davar*, Feb. 7, 1951; Ben-Gurion, Diary, Feb. 6, 1952, BGA; Bar-On 2014, p. 90; Morris 1996, p. 221; Ziv 1958, p. 108.

62. Ben-Gurion to Moshe Shapira, April 10, 1949, BGA; Morris 1993, p. 143ff.

63. Morris 1993, pp. 40, 137ff.; Lt. Col. Yitzhak Shani to the Cabinet, Nov. 15, 1953, ISA.

64. Ben-Gurion to the Cabinet, Dec. 3, 22, 1952, ISA; Ben-Gurion, Diary, Dec. 17, 1952, Jan. 4, 1953, BGA.

65. Ben-Gurion, Diary, Jan. 4, 5, 1953, BGA.

66. Ben-Gurion to the Cabinet, Feb. 4, 1953, ISA; *Davar*, Feb. 4, 1953.

67. Ben-Gurion to the Cabinet, Feb. 4, Pinhas Rosen to the Cabinet, Feb. 24, Ben-Gurion et al. to the Cabinet, Feb. 9, 1953, ISA; Ben-Gurion, Diary, March 9, 1953, BGA.

68. Ben-Gurion, Diary, July 8, 19, 1953, BGA.

69. Ben-Gurion, Diary, Oct. 4, 1953, April 6, 1954, BGA; Sheleg 1998, p. 128.

70. Yehoshua Cohen, interview transcript, BGA.

71. Elron 2016, pp. 106, 129ff.

72. Moshe Dayan to the Cabinet, Jan. 25, 1953, ISA; Turgan 2015, p. 350; Drori 2006, p. 243ff.; Nevo study, July 1954, IDFA, 694/60/20.

73. Elron 2016, p. 37ff.; Ben-Gurion to the Cabinet, March 1, 8, 1953, ISA; Ben-Gurion to the Knesset Foreign Affairs and Defense Committee, March 10, 1953, ISA; Ben-Gurion to the Cabinet, Oct. 17, 1960, ISA.

74. Ben-Gurion to the Cabinet, May 24, 1953, ISA.

75. Ben-Gurion, Diary, June 23, 1953, BGA.

76. Ben-Gurion to the Cabinet, May 24, 1953, ISA; Ben-Gurion, Diary, Aug. 11, 1953, BGA.

77. Ben-Gurion to the Cabinet, May 24, April 26, May 7, 1953, ISA.

78. Ben-Gurion, Diary, Nov. 16, 1948, BGA; Ben-Gurion to the Cabinet, Jan. 20, 1952, ISA; Ben-Gurion, Diary, July 6, 1953, BGA.

79. Ben-Gurion to the Cabinet, Feb. 9, May 24, June 11, 1953, ISA.

80. Ben-Gurion to Moshe Sharett in the Cabinet, June 11, 1953, ISA.

81. Morris 1993, p. 256ff.

82. *Davar*, Oct. 14, 1953; Morris 1993, p. 227ff.

83. Ben-Gurion et al. in the Cabinet, Oct. 18, 1953, ISA; Moshe Sharett, Diary, Oct. 13, 1953 in Sharett 1978, 1, p. 49; Ben-Gurion 1965, p. 13.

84. Ben-Gurion et al. in the Cabinet, Oct. 18, Nov. 22, 1953, ISA; Morris 1993,

p. 256ff.

85. Ben-Gurion to the Cabinet, June 11, 1953, ISA; Morris 1993, pp. 108, 124ff., 179ff.

86. Ben-Gurion, Diary, Oct. 22, 1953, BGA; Sharon at Ben-Gurion House, Oct. 20, 1997, BGA, item 242452.

87. Uri Even 1974, p. 75.

88. Ariel Sharon at a gathering of officers from Brigade 202, April 25, 1957, courtesy of the Sharon family; Ben-Gurion, Diary, April 25, 1957, BGA.

89. Moshe Dayan 1976, p. 115.

90. Moshe Sharett, Diary, Oct. 14, 1953, in Sharett 1978, 1, p. 34ff.; Moshe Sharett to the Cabinet, Oct. 18, 1953, ISA.

91. Moshe Sharett to Nahum Goldmann, June 15, 1948, in Freundlich 1992, p. 163.

92. Ben-Gurion to Mapai's Political Committee, Nov. 2, 1953, BGA; Ben-Gurion 1972, p. 410; Ben-Gurion to Paula, Oct. 7, 1937, BGA.

93. Ben-Gurion, Diary, Nov. 19, 1951, BGA; Yechiam Weitz 2014a, p. 332ff.; Navon 2015, p. 144ff.; Elhanan Yishai, Shaul Avigur, interview transcripts, BGA.

94. Moshe Sharett, Diary, Nov. 17, 25, 1953, in Sharett 1978, 1, pp. 155ff., 193ff.; Ben-Gurion, Diary, Aug. 19, 1953, Oct. 4, 1951, BGA; Pinhas Rosen and Moshe Shapira to the Cabinet, Nov. 29, 1953, ISA.

95. Ben-Gurion to the Cabinet, Oct. 19, 20, 1953, ISA; Ben-Gurion, Diary, Oct. 19, 1948, BGA; Elron 2016, p. 410.

96. Ben-Gurion to Elimelech Avner, March 24, 1949, BGA; Ben-Gurion to the Cabinet, Nov. 8, 15, 1953, ISA; Kafkafi 1998, p. 168ff.

97. Ben-Gurion to the Cabinet, Nov. 15, 1953, ISA.

98. Ben-Gurion to Yitzhak Ben-Zvi, Nov. 2, 1953, BGA; Ben-Gurion to the Cabinet, Oct. 17, 1960, ISA.

99. Navon 2015, p. 99; Ben-Gurion interview with Malcolm Stuart, April 1968, p. 86, BGA; Golda Meir, interview transcript, p. 8, BGA.

100. Moshe Sharett, Diary, Nov 19, 1953, in Sharett 1978, 1, p. 164.

101. Moshe Sharett, Diary, Nov. 11, 1953, in Sharett 1978, 1, p. 140.

102. Ben-Gurion and Yosef Serlin to the Cabinet, Dec. 6, 1953, ISA.

103. Ben-Gurion, Diary, Dec. 17, 1953, BGA.

第二十章 肮脏的勾当

1. Navon 2015, p. 139; Ben-Gurion, Diary, Dec. 14, 1953, BGA.

2. Berl Repetur, interview transcript, BGA; Rivka Hoz to Dov Hoz, April 19, 1940, BGA, Shabtai Teveth collection, people; Ben-Gurion to the Knesset, Jan. 16, 1950, *Divrei Haknesset*, 3, p. 536; Ben-Gurion to the Cabinet, July 12, 1950, ISA; Ben Gurion to Baruch Zuckerman, Dec. 19, 1953, BGA; Ben-Gurion, Diary, Jan. 8, 1951, BGA.

3. Ben-Gurion, Diary, Feb. 5, 1952; *Davar*, Dec. 11, 1951; Kafkafi 1993, p. 427ff.; Tzachor 1994, p. 211ff.; *Davar*, Dec. 11, 1951.

4. Ben-Gurion to Shlomo Lavi, Jan. 11, 1954, BGA.

5. Shlomo Lavi to the Knesset, July 11, 1950, *Divrei Haknesset*, 6, p. 2173.

6. *Ma'ariv*, June 11, Nov. 23, 1954; Ben-Gurion to Yehuda Erez, June 29, 1954, BGA.

7. *Davar*, May 29, 1952; Grisaru 1971, p. 7.

8. Minutes of Sde Boker members' assembly, Oct. 17, 1953, *Dvar Hashavua*, Oct. 17, 1986.

9. *Davar*, Oct. 19, Nov. 11, 1953; *Ma'ariv*, Dec. 15, 1953; Yehoshua Cohen, interview transcript, BGA; Ben-Gurion, Diary, Dec. 17, 18, 1953, Jan. 4, 7, 1954; Ben-Gurion to Amos, Dec. 22, 1953, BGA.

10. Ben-Gurion, Diary, Sept. 1, 1954, BGA; Ben-Gurion to Marcus Winter, Dec. 23, 1954; Ben-Gurion to Moshe Sharett, Dec. 14, 1953, BGA; Ben-Gurion to Zalman Aran, Dec. 26, 1953, BGA.

11. Ben-Gurion to Yitzhak Ben-Zvi, Nov. 2, 7, 1953, BGA; Nehemiah Argov to the Mapai Central Committee, Nov. 4, 1953, BGA; Ben-Gurion on the radio and in a farewell letter to the IDF, Dec. 7, 1953, in Ben-Gurion 1958, pp. 14, 21; Shaul Avigur, interview transcript, BGA, p. 30.

12. Gordon(no date), *Sefer Iyov*.

13. Ben-Gurion to Dov Yosef, March 4, 1954, BGA.

14. Ben-Gurion, Diary, and Ben-Gurion to the Knesset secretariat, Dec. 26, 1953, BGA.

15. Ben-Gurion, Diary, Dec. 19, 1953, Jan. 18, 1954, BGA; Ben-Gurion to Dov Yosef, Jan. 23, 1954, BGA; Ben-Gurion to Teddy Kollek, Aug. 15, 1954, BGA.

16. Ben-Gurion, Diary, March 10, Sept. 19, 1954, BGA.

17. Ben-Gurion, Diary, March 6, 1954, BGA; Ben-Gurion 1954c; *Dvar Hashavua*, Jan. 21, 1954.

18. Dorit Rosen, interview transcript, BGA; Ben-Gurion to Amos, Dec. 22, 1953, BGA.

19. Ben-Gurion, Diary, Dec. 14, 1953, BGA; Navon 2015, p. 139; Yeshoshua Cohen, Dorit Rosen, Baruch Zuckerman, Mazal Jibli, interview transcripts, BGA; Ben-Gurion to Amos, Dec. 22, 1953, BGA; Paula to Renana, Jan. 20, 1954, BGA; Moshe Sharett, Diary, Jan. 29, 1954, in Sharett 1978, p. 329.

20. Ben-Gurion to Paula, Jan. 13, 18, 1954, BGA; Navon 2015, p. 111.

21. Ben-Gurion, Diary, Oct. 5, 1954, BGA.

22. Ben-Gurion, Diary, Dec. 18, 1953, Feb. 23, 24, 1954, BGA.

23. Moshe Sharett, Diary, Jan. 29, Feb. 1, 1954, in Sharett 1978, pp. 329, 333.

24. Ben-Gurion, Diary, Jan. 9, 16, 18, 27, Feb. 6, 27, 1954, BGA; Moshe Dayan 1976, p. 120ff.; Moshe Sharett, Diary, Jan. 29, 1954, in Sharett 1978, p. 329.

25. Amos Oz to Ben-Gurion, April 23, and Ben-Gurion's reply, March 28, 1954, BGA (其中一个显然记错了月份).

26. Navon 2015, p. 142.

27. Ben-Gurion to Ben-Zion Dinur, March 20, 1954, BGA; Ben-Gurion, Diary, March 10, April 1, May 5, 1954, BGA.

28. Kafkafi 1998, p. 200; Moshe Sharett, Diary, June 9, 1954, in Sharett 1978, p. 539.

29. Ben-Gurion, Diary, June 22, 1954, BGA.

30. *Dvar Hashavua*, June 17, 1954.

31. Moshe Sharett, Diary, Jan. 4, 7, 1955, in Sharett 1978, pp. 624, 632.

32. Ben-Gurion, Diary, Feb. 27, Sept. 4, 17, 1954, BGA.

33. Ben-Gurion, "Pahot Miflagot Ufahot Miflagtiyut," in Ben-Gurion 1958e, p. 135ff.; Ben-Gurion to the Mapai Central Committee, Sept. 16, 1954, in Ben-Gurion 1958, p. 140ff.; Moshe Sharett, Diary, May 17, 25, 1954, in Sharett 1978, pp. 488, 516; Ben-Gurion with Mapai leaders, Dec. 16, 1954; Ehud Avriel, interview transcript, BGA; Goldberg 1992, p. 51ff.; Kedar 2015, p. 198ff.

34. Aryeh Nehemkin, interview transcript, BGA.

35. Ben-Gurion, Diary, Dec. 29, 1947, June 19, 22, 1951, BGA.

36. Ben-Gurion, Diary, Aug. 7, 1954, BGA; Ben-Gurion to A. S. Stein, Aug. 17, 1955, BGA.

37. Moshe Sharett, Diary, Jan. 31, Feb. 15, June 8, 1954, in Sharett 1978, pp. 331, 358, 535.

38. Ben-Gurion, Diary, Aug. 24, 1954, BGA.

39. Moshe Sharett, Golda Meir, and Pinhas Lavon to the Ministerial Defense Committee, July 19, 1954, ISA gimmel-4/1269.

40. Mordechai Bentzur to the acting IDF intelligence chief, Oct. 5, 1954; IDF General Staff meeting, Nov. 1, 1954; copies of orders handed down without dates, quoted on the IDF Archives website, http://www.archives.mod.gov.il, May 2015; Eshed 1979, p. 17ff.

41. Israel Rokach, Peretz Bernstein, and Pinchas Rosen to the Cabinet, Feb. 6, 1955, ISA.

42. Nehemiah Argov, Diary, Oct. 18, 1954, quoted on the IDF Archives website, http://www.archives.mod.gov.il, May 2015.

43. Rabin 1979, p. 95.

44. Yehoshafat Harkabi to Binyamin Gibli, Dec. 3, 1954, *Davar*, Oct. 16, 1994.

45. Kafkafi 1998, p. 128ff.; "Mah Ha'emet al Parshat Baghdad," *Yediot Aharonot*, June 17, 1966; Israel Galili, "Haruei-Baghdad Venidoni Kahir," *Lamerhav*, Dec. 17, 1954; Ben-Gurion, Diary, July 19, 1963, BGA; Hillel 1985, p. 329ff.; Segev 2006; Moshe Dayan to the Cabinet, Jan. 1, 1960, ISA; Ben-Gurion 1965, p. 40.

46. Copies of documents in Eshed 1979, p. 260ff., on Dayan's trip, p. 63.

47. Moshe Sharett, Diary, Jan. 12, 1954, in Sharett 1978, p. 666.

48. Moshe Sharett, Diary, Jan. 12, 1954, in Sharett 1978, p. 666.

49. Moshe Sharett, Diary, Jan. 25, 1955, quoted from the online edition of the Moshe

Sharett Heritage Society, http://www.sharett.org.il/cgi-webaxy/sal/sal.pl?ID=880900_sharett _new&dbid=bookfiles&act=show&dataid=734, Ben-Gurion, Diary, Nov. 9, 1964, BGA.

50. Moshe Sharett, Diary, Jan. 25, 18, Feb. 12, 1953, in Sharett 1978, pp. 683, 671, 722.

51. Moshe Sharett, Diary, Feb. 10, 1955, Dec. 8, 1954, in Sharett 1978, p. 718.

52. Moshe Sharett, Diary, Jan. 10, 13, Feb. 7, 1955, and Moshe Sharett to Pinhas Lavon, Dec. 22, 1954, in Sharett 1978, pp. 638, 649, 709, 606; Moshe Sharett, Pinhas Lavon, Moshe Dayan, et al. to the Cabinet, Jan. 16, 1955, Jan. 1, 1961, ISA; "Lo Bagadeti: Parashat Uri Ilan, Helek Rishon—Sipur Hama'aseh," ISA website, http://israelidocuments.blogspot.co.il/2014/01/blog-post_13.html.

53. Moshe Sharett, Diary, March 29, May 23, Aug. 26, 1954, in Sharett 1978, pp. 419, 511, 570; Ben-Gurion, Diary, Aug. 7, 1954, BGA; Nehemiah Argov, Diary, Aug. 7, 1954, BGA, Shabtai Teveth collection, people.

54. Ben-Gurion to Shmuel Fox, Jan. 29, May 14, 1955; Shmuel Fox to Ben-Gurion, April 19, 1954, BGA.

55. Dayan at a meeting of the General Staff, Nov. 1, 1954, quoted on the IDF Archives website, http://www.archives.mod.gov.il, May 2015.

56. Gaon 2008.

57. Moshe Sharett, Diary, Jan. 8, 1955, in Sharett 1978, p. 634ff.

58. Ben-Gurion, Diary, Feb. 17, 18, 1955, BGA.

59. Moshe Sharett, Diary, Feb. 21, 1955, in Sharett 1978, p. 748ff.

60. Ben-Gurion et al. to the Cabinet, May 3, 1949, ISA; Toubi 2003, p. 139ff.

61. Ben-Gurion, Diary, Feb. 27, 1954, BGA; Moshe Sharett, Diary, April 23, Sept. 26, 1954, in Sharett 1978, pp. 477, 582; Pinhas Lavon, Moshe Dayan, et al. to the Cabinet, April 11, May 2, 30, 1954, ISA; Pinhas Lavon to the Ministerial Committee on Defense, July 19, 1954, ISA, gimmel-4/1269.

62. Moshe Sharett, Diary, Feb. 27, March 1, 1955, in Sharett 1978, p. 748ff.

63. Ben-Gurion with Ariel Sharon, March 1, 1955, courtesy of the Sharon family.

64. Ben-Gurion to the Cabinet, March 6, 1955; Ben-Gurion to the chief of staff, March 8, 1955, BGA.

65. Ben-Gurion to the Cabinet, March 6, 1955, ISA.

66. Sharon to a gathering of officers, April 25, 1957, courtesy of the Sharon family.

67. Moshe Sharett, Diary, March 13, 1955, in Sharett 1978, p. 840.

68. Moshe Sharett, Diary, March 5, 11ff., in Sharett 1974, p. 816ff.; Moshe Dayan to the General Staff, March 7, 1954, BGA; Seckbach 2013, p. 37ff.; Blum and Hefetz 2005, p. 117ff.

69. Moshe Sharett, Diary, March 8, 13, 1953, in Sharett 1978, pp. 832, 840.

70. Ben-Gurion to the Cabinet, March 6, 13, 1955, ISA; Ben-Gurion to the General Staff, March 7, 1954, BGA.

71. Tamir 2002, p. 1129; Moshe Sharett, Diary, March 16, 1955, in Sharett 1978, p. 847.

72. Ben-Gurion and Pinchas Rosen to the Cabinet, July 10, 1955, ISA; Moshe Sharett, Diary, March 16, July 10, 1955, in Sharett 1978, pp. 847, 1087.

73. Ben-Gurion, Diary, Feb. 21, 1955, BGA; Binyamin Gibli, interview transcript, BGA; Teveth 1992, p. 217.

第二十一章 第二回合

1. Ben-Gurion to the Cabinet, March 29, 1955, ISA; Ben-Gurion to the chief of staff, March 31, 1955, in Bar-On 1992, p. 428; Meir Rabinowitz, interview transcript, BGA; *Davar*, March 27, 28, 19, 1955.

2. Moshe Dayan 1976, pp. 185, 190ff.

3. Ben-Gurion, Diary, Oct. 18, 1956, BGA; Procopius, p. 179.

4. Ben-Gurion Diary, April 6, 1955, BGA; Ben-Gurion to the Cabinet, March 29, 1955, ISA; Moshe Dayan 1976, p. 143.

5. Moshe Sharett, Diary, March 27, 29, April 3, 1955, in Sharett 1978, pp. 865, 874, 894; Pinchas Rosen to the Cabinet, Nov. 25, 1956, ISA; Ben-Gurion et al. to the Cabinet, March 29, April 4, 1955, ISA; Moshe Dayan 1976, p. 143; Weitz 2015, 20, 3, p. 131ff.

6. Ben-Gurion, Diary, Jan. 6, 1955, BGA; Moshe Sharett, Diary, Jan. 6, 1966, in Sharett 1978, p. 631.

7. *Ma'ariv*, July 5, 1955; Ben-Gurion, Diary, May 7, 23, 1955, BGA.

8. Ziv 1958, p. 274; *Ma'ariv*, May 30, July 17, 1955; Moshe Sharett, Diary, July 10, 1955, in Sharett 1978, p. 1086; *Davar*, July 18, 24, 25, 1955; *New York Herald Tribune*, July 18, 1955.

9. *Davar*, July 18, 1955; *Ma'ariv*, July 17, 22, 24, 25, 1955.

10. Ben-Gurion to Israel Levin, Aug. 14, 1955, BGA.

11. Moshe Sharett, Diary, Oct. 19, 1955, in Sharett 1978, p. 1211.

12. Burns 1962, p. 69ff.

13. Tzipora Sharett to her children, Aug. 24, 1955, in Moshe Sharett 1978, p. 1149.

14. "Elmore Jackson, 78, Quaker Mideast Envoy," *New York Times*, Jan. 19, 1989.

15. Moshe Dayan 1976, p. 151; Morris 1993, p. 349; BGA, subject file, Elmore Jackson; Golani 1997, p. 57ff.

16. Ben-Gurion et al. to the Cabinet, Aug. 28, Sept. 24, 1955, ISA; Moshe Dayan 1976, p. 143; Toubi 2003, p. 157; Morris 1993, p. 358ff.

17. Golani 1997, p. 63ff.; Bar-On 1992, p. 83; Sharett and Ben-Gurion to the Cabinet, Oct. 3, 1955, ISA; Moshe Sharett, Diary, Oct. 3, 1955, in Sharett 1978, p. 1185.

18. Moshe Sharett, Diary, Oct. 13–15, 21, 1955, in Sharett 1978, pp. 1208ff., 1235.

19. Moshe Dayan 1976, p. 162; Moshe Sharett, Diary, June 10, 1956, in Sharett 1978, p. 1423; Golani 1997, p. 63ff.

20. Elron 2016, p. 146ff.; Golani 1997, p. 84ff.

21. "Nevo," July 1954, IDFA, 20/694/1960.

22. Dov Tamari to the author, Aug. 26, 2016.

23. Moshe Dayan 1976, pp. 169, 174ff.

24. Moshe Dayan in the journal of the Bureau of the Chief of Staff, Oct. 23, 1955, in Bar-On 1992, p. 64; Shalom 1991, p. 141ff.

25. Moshe Sharett, Diary, Oct. 19, 1955, in Sharett 1978, p. 1211.

26. Moshe Sharett, Diary, Nov. 2, 3, 1955, in Sharett 1978, pp. 1281, 1284; Davar, Nov. 3, 1955; Morris 1993, p. 360ff.

27. Bar-On 1992, p. 429; Bar-On 2012, p. 69; Moshe Dayan 1976, pp. 153, 162ff.

28. Moshe Sharett, Diary, Oct. 22, 1955, in Sharett 1978, p. 1239.

29. Burns 1962, p. 69ff.; Moshe Sharett to the Cabinet, Aug. 21, 1955; Ben-Gurion et al. to the Cabinet, Sept. 9, 1955, ISA.

30. Ben-Gurion to the Cabinet, July 22, 1956, ISA; NA(UK)FO 371/115884; Bar-On 1992, p. 107ff.; Ben-Gurion 1979, p. 11ff.

31. Ben-Gurion, Diary, Jan. 15, 17, 1956, BGA.

32. Ben-Gurion to the Cabinet, Feb. 26, Oct. 7, 1956, ISA; Ben-Gurion, Diary, Aug. 2, 1956, BGA.

33. Bar-On 2007, p. 87ff.; Moshe Sharett, Diary, Dec. 25, 27, 1955, Jan. 8, 1956, in Sharett 1978, pp. 1314, 1316ff., 1328; Ha'aretz, Dec. 16, 1955; Tzipora Sharett to her children, Dec. 25, 1955, Jan. 5, 1956, in Moshe Sharett 1978, pp. 1315, 1327; Eban 1978, p. 187.

34. Ben-Gurion, Golda Meir, Moshe Shapira, et al. to the Cabinet, April 8, 1956, ISA; Bar-On 1991, p. 87ff.; Morris 1993, pp. 371ff., 628.

35. Israel National Insurance Institute, Atar Hantzahah Lezecher Ha'exrahim Halelei Pe'ulot Ha'evah, http://www.laad.btl.gov.il; Ma'ariv, April 12, 13, 1956.

36. Ben-Gurion to the Cabinet, April 13, 1956, ISA.

37. Ben-Gurion et al. to the Cabinet, April 13, 1956, ISA; Moshe Sharett, Diary, April 13, 1956, in Sharett 1978, p. 1392ff.

38. Moshe Sharett, Diary, April 13, 1956, in Sharett 1978, pp. 1392ff., 1405.

39. Moshe Sharett, Diary, June 14, 10, 28, 1956, in Sharett 1978, pp. 1436, 1423, 1504.

40. Moshe Sharett, Diary, June 28, 1956, in Sharett 1978, p. 1505, 1517 in the Ideological Circle, June 10, 16, 1956, in Sharett 1978, pp. 1423, 1496.

41. Ma'ariv, July 27, 1956.

42. Moshe Dayan 1976, p. 217; Ben-Gurion, Diary, Aug. 18, 1956, BGA; Ben-Gurion to the Cabinet, Aug. 19, 1956, ISA.

43. Moshe Dayan to the Cabinet, Aug. 22, 1954, ISA; Moshe Dayan to a gathering of Northern Command officers, April 8, 1956, Eyal Kafkafi papers, Kibbutz Ravid Archive.

44. Ben-Gurion 1969b, p. 518.

45. Ben-Gurion to the Cabinet, April 29, 1956, ISA.

46. Ben-Gurion, Diary, April 29, 1956, BGA; Isser Harel, interview for the LMA(Golda Meir Archive).

47. Bar-Zohar 2006, p. 174.

48. Ben-Gurion, Diary, July 31, 1956, BGA.

49. Ben-Gurion, Diary, July 25, 28, 29, Aug. 4, 1956, BGA.

50. Moshe Dayan 1976, p. 217; IDF Operations Branch planning, Jan. 1955, Eyal Kafkafi papers, Kibbutz Ravid Archive.

51. Ben-Gurion with representatives of the Working Intelligentsia, Dec. 12, 1955, BGA; Ben-Gurion to Israel Shohat, Jan. 15, 1956, BGA.

52. Ben-Gurion, Diary, Aug. 4, 1956, BGA; Ben-Gurion to the Cabinet, Aug. 5, 1956, ISA; Doris May to Ben-Gurion, March 27, 1953, BGA.

53. Ben-Gurion, Diary, Aug. 4, 13, Sept. 19, 1956, BGA.

54. Ben-Gurion, Diary, Sept. 3, 1956, BGA; Moshe Dayan 1976, p. 223.

55. Golani 1994, p. 117ff.

56. Ben-Gurion, Diary, Aug. 3, 1956, BGA.

57. Ben-Gurion, Diary, Sept. 22, 25, 1956, BGA.

58. Ben-Gurion, Diary, Oct. 17, 19, 22, BGA.

59. Ben-Gurion, Diary, Oct. 3, 1956, BGA.

60. Ben-Gurion, Diary, Oct. 22, 1956, BGA; Golani 1994, p. 117ff.; Bar-Zohar 2006, p. 210ff.; Bar-On 1992, p. 276ff.; Ben-Gurion to the Cabinet, Oct. 28, 1956, ISA; Gazit 2016, p. 94.

61. Ben-Gurion et al. to the Cabinet, Oct. 28, 1956, ISA; Navon 2015, p. 178ff.

62. Moshe Dayan 1965, p. 84; Ben-Gurion, Diary, Nov. 7, 1956, BGA; Ben-Gurion to the victory ceremony, Nov. 6, 1956, BGA; Navon 2015, p. 180; Gazit 2016, p. 98ff.

63. *Davar*, Nov. 6, 1956; Ben-Gurion to the Cabinet, Nov. 11, 1956, ISA; Ben-Gurion to the Knesset, Nov. 12, 1956, *Divrei Haknesset*, 21, p. 462; Navon 2015, p. 180; Reuven Rubik Rosenthal 2000, p. 11ff.

64. Ben-Gurion to the Knesset, Dec. 7, 1956, *Divrei Haknesset*, 21, p. 197ff.; Shaltiel 1996, p. 348; Ben-Gurion, Diary, Nov. 8, 1956, BGA; Moshe Dayan 1976-82, p. 317.

第二十二章　对老人说"是"

1. Ben-Gurion to the Cabinet, April 13, 1958, ISA; Ben-Gurion, Diary, Feb. 24, April 24, 1958, BGA; *Davar*, April 24, 1958.

2. Ben-Gurion, introduction to Harman and Yadin 1948, no page numbers; Ben-Gurion, Diary, Jan. 18, 1953, BGA; Ziv, Statistical Appendix, no page numbers; Ben-Gurion to the Cabinet, June 16, 1957, ISA.

3. Ben-Gurion to the Cabinet, June 16, 1967, ISA.

4. Ben-Gurion et al. to the Cabinet, Nov. 25, Dec. 23, 1956, ISA.

5. Ben-Gurion, Diary, Nov. 12−13, 1956, BGA; Ben-Gurion to the Cabinet, Jan. 13, Feb. 25, 27, March 1, 1957, ISA; Lavi, open letter to BGA, Nov. 28, 1956, BGA; Ziv 1958, p. 430.

6. Flexer 1980, p. 192ff.; Ben-Gurion, Diary, Oct. 5, 1954, BGA.

7. Nehemiah Argov to Ben-Gurion, Nov. 2, 1957, BGA; Nehemiah Argov to his acquaintances, Nov. 2, 1957, and Nehemiah Argov, Diary, Oct. 16, 1954, in Argov 1959, pp. 182, 206.

8. Nehemiah Argov, Diary, May 26, 30, June 7, 9, July 7(?), Aug. 10, 7, 23, Sept. 6, Oct. 18, 1954, Feb. 12, 1955, IDFA 383/1976/2208, 2181-890/1973.

9. Navon 2015, p. 93; Kollek 1979, p. 161; Yehuda Erez, Yigael Yadin, Yariv Ben-Eliezer, interview transcripts, BGA.

10. Rivka Katznelson, interview with Shabtai Teveth, Oct. 2, 1977, BGA, Shabtai Teveth collection, subjects, Ben-Gurion and women.

11. Navon 2015, p. 192ff.; Davar, Nov. 5, 1957; Ben-Gurion to the Knesset, Nov. 18, 1957, Divrei Haknesset, 23, p. 177.

12. Moshé Feldenkrais, interview transcript, BGA.

13. Yitzhak Navon, Diary, Nov. 18, 1957, YNA.

14. Alterman 1957; Navon 2015, p. 120; Ben-Gurion, Diary, Oct. 22, 1958, BGA.

15. Ben-Gurion to his friends, Nov. 5, 1957, in Yisraeli 2005, pp. 40, 49.

16. Ben-Gurion, Diary, May 9, 1958, BGA.

17. Ben-Gurion to the Cabinet, May 5, June 8, 1958, ISA.

18. Ben-Gurion to the Cabinet, Oct. 20, 1953, ISA.

19. Ben-Gurion to a Keren Hayesod gathering, Oct. 29, 1947, in Ben-Gurion 1993b, p. 436; Ben-Gurion to the Cabinet, June 16, 1948, ISA.

20. Israel Barzilai to the Cabinet, March 11, 1956, and Ben-Gurion to the Cabinet, June 10, 1956, ISA; Yozgof-Orbach and Soffer 2016, p. 30ff.

21. Benziman and Monsour 1992, p. 101ff.; Segev 1986, p. 43ff.; Azriel Carlebach 1953; Bar-Yosef 2014, 2016.

22. Ben-Gurion to the Cabinet, May 27, 1962, ISA; Ben-Gurion to the Knesset, Feb. 20, 1963, Divrei Haknesset, 36, p. 1212ff.

23. Ben-Gurion to the Cabinet, Feb. 26, 1956, ISA.

24. Ben-Gurion, Diary, Dec. 16, 17, 20, 1956, Nov. 2, 1958, BGA; Moshe Sharett, Diary, Dec. 19, 1956, in Sharett 1978, p. 1925.

25. Segev 1993, p. 299ff.

26. Ben-Gurion to the Cabinet, Nov. 11, 1956, ISA.

27. Pinchas Rosen to the Cabinet, Nov. 23, 1958, ISA; Ben-Gurion, Diary, Oct. 30, 1958, BGA.

28. Friedmann 2015, p. 243ff.; Ben-Gurion to the Cabinet, Nov. 16, 1958, ISA.

29. Ben-Gurion, Diary, Nov. 24, 1958, April 25, June 6, 1959, Jan. 29, Feb. 5, 1960, BGA; Ariel Sharon at Ben-Gurion House, Oct. 20, 1997, BGA, item 242452.

30. Arie Lova Eliav 1983, 2, p. 99ff.

31. Ben-Gurion, Diary, Nov. 15, 1956, BGA; Ben-Gurion to the Cabinet, Jan. 13, 1957, ISA.

32. Navon 2015, p. 103; Shlomo Zeira 1960, p. 147; Ben-Gurion to Shlomo Zeira, Oct. 15, 1961, BGA.

33. Ben-Gurion to Paula, Nov. 27, 1933, BGA.

34. Ben-Gurion to Ehud Avriel, March 4, 1948, BGA.

35. Ben-Gurion, Diary, June 1, July 16, Nov. 16, 1948, Sept. 28, 1949, BGA; Bachrach 2009.

36. Ben-Gurion, Diary, Aug. 15, 1945, BGA; Ben-Gurion to the Cabinet, Sept. 14, 1950, ISA.

37. Ben-Gurion with members of Hakibbutz Hameuchad, Sept. 11, 1948, in Ben-Gurion 1951, p. 236; Ben-Gurion, Diary, Nov. 16, Dec. 12, 25, 1948, March 16, 1949, BGA.

38. Ben-Gurion, Diary, Nov. 14, 1948, BGA.

39. Ben-Gurion, Diary, Nov. 24, 1958, BGA.

40. Ben-Gurion to Yosef Schechter, June 20, 1957, BGA; Ratner 1978, p. 338; Keren 1988, p. 28ff.

41. Ben-Gurion to the Cabinet, June 14, 16, 1948, July 12, 1949, Nov. 30, 1958, ISA.

42. Ben-Gurion, Diary, June 16, 1949, Sept. 5, Dec. 13, 1951, BGA.

43. *Ma'ariv*, Nov. 16-17, 1954; *Ha'aretz*, Nov. 21, 1954.

44. *Bamahaneh*, Nov. 25, 1954; Avner Cohen 1998, p. 44ff.; Moshe Sharett to the Cabinet, May 22, 1955, ISA.

45. Ben-Gurion to Shlomo Fuchs, May 14, 1955, BGA.

46. Ben-Gurion, "Daroma," Jan. 17, 1955, in Ben-Gurion 1958, p. 297.

47. Moshe Sharett, Diary, May 9, 23, 1954, in Sharett 1978, pp. 483, 508.

48. Ben-Gurion to the Cabinet, Dec. 24, 1956, ISA.

49. Ben-Gurion, Diary, May 20, 31, June 2, 3, 1958, BGA; Ben-Gurion et al. to the Cabinet, June 16, 1957, Feb. 2, June 1, 1958, ISA; Yitzhak Navon, Diary, May 3, June 1, 1958, YNA.

50. Ben-Gurion, Diary, Dec. 19, 1958, BGA.

51. Ben-Gurion, Diary, March 5, 1962, BGA.

52. Ben-Gurion to the Cabinet, Dec. 1, 1957, ISA; Ernst David Bergmann to Meir Yaari, July 6, 1966, YY, 6 19. 7-95.

53. Ben-Gurion, Diary, May 19, 4, 3, 6, 23, Oct. 24, 1958, BGA; *Davar*, June 6, 1958.

54. Ben-Gurion, Diary, Nov. 26, 4, 1958, BGA.

55. Ben-Gurion, Diary, Jan. 27, 1959, BGA; Yitzhak Navon, Diary, Nov. 18,

1957, YNA.

56. Ben-Gurion to Dov Yermia, Sept. 14, 1959, IDFA, quoted from *Ha'olam Hazeh*, Jan. 5, 1972; Ben-Gurion to Dov Yermia, Oct. 2, Dec. 22, 1959, BGA.

57. Yitzhak Navon, Diary, July 20, 1958, YNA.

第二十三章　拉冯事件

1. Ben-Gurion, Diary, June 16, 9, 1959; Navon 2015, p. 11; Yitzhak Navon, Diary, Aug. 23, 1960, YNA.

2. Ben-Gurion to the Cabinet, March 27, 1960.

3. Ben-Gurion, Diary, June 16, Nov. 12, 1959, Feb. 26, July 26, 1960, BGA; Yitzhak Navon interview with Shabtai Teveth, Sept. 19, 1980, and Malka Leef, interview transcript, BGA, Shabtai Teveth collection, people; Nevo 1993.

4. Ben-Gurion to the Cabinet, April 24, 1955, ISA; Israel Kargman, interview transcript, BGA, p. 15; Ben-Gurion to the Cabinet, June 18, 1961, ISA.

5. Ben-Gurion to the Cabinet, Jan. 8, 1956, June 6, 16, Dec. 1, 22, 1957, ISA.

6. Ben-Gurion et al. to the Cabinet, Dec. 8, 15, 22, 24, 30, 1957, ISA.

7. Ben-Gurion et al. to the Cabinet, June 26, 1959, ISA; Ben-Gurion et al. to the Knesset, July 1, 1959, *Divrei Haknesset*, 27, p. 2403ff.; Shihor, 1958, p. 40ff.

8. Ben-Gurion, Diary, Dec. 29, 1957, April 4, 1958, BGA; Siebenmorgen 2015, p. 163ff.; Ben-Gurion to the Cabinet, Dec. 15, 1957, ISA; Maurice Fischer to Golda Meir, July 18, 1958, ISA 130. 02/2457/10.

9. Ben-Gurion to the Cabinet, March 27, 1960, ISA; Shalom 1996, p. 604ff.

10. Ben-Gurion, Diary, Dec. 6, 1959, BGA.

11. Ben-Gurion, Diary, May 15, 1960, Dec. 6, 1959, BGA; Ben-Gurion and Isser Harel to the Cabinet, May 29, 1960, ISA; Mossad report on the pursuit of Nazi criminals, 2007, Yad Vashem Archive.

12. Levi Eshkol et al. to the Cabinet, July 12, 19, 27, Aug. 23, 1959, ISA.

13. Ben-Gurion to Moshe Etzioni, Aug. 3, 1959, BGA.

14. Ben-Gurion to the Cabinet, June 5, 1960, ISA.

15. Ben-Gurion to the Cabinet, July 3, 1960, ISA; Bar-Zohar 1978, p. 1371ff.; Raz 2015, p. 226.

16. Ben-Gurion, Diary, Jan. 3, 1960, BGA.

17. Ben-Gurion to Moshe Sharett, Oct. 26, 1960, in Sharett 1978, p. 764.

18. Ben-Gurion, Diary, May 5, Sept. 26, 28, Oct. 10, 1960, BGA; *Ma'ariv*, Sept. 26–28, 1960; Teveth 1992, pp. 228, 373.

19. Ben-Gurion, Diary, Sept. 26, 28, Oct. 20, 1960, BGA; *Davar*, Oct. 21, 1960; *Ma'ariv*, June 20–26, 1960; Ben-Gurion to Levi Eshkol et al., Nov. 12, 1960, BGA, LEA, container 2, file 9.

20. Kafkafi 1998, p. 128ff.; "Mah Ha'emet al Parshat Baghdad," *Yediot Aharonot*, June

17, 1966; Israel Galili, "Harugei-Baghdad Venidonei Kahir," *Lamerhav*, Dec. 17, 1954; Ben-Gurion, Diary, July 19, 1963, BGA; Hillel 1985, p. 329ff.; Segev 2006; Moshe Dayan to the Cabinet, Jan. 1, 1960, ISA.

21. Ben-Gurion to the Cabinet, Oct. 30, 1960, ISA.

22. Ben-Gurion et al. to the Cabinet, Oct. 30, 31, 1960, ISA.

23. Ben-Gurion to the Knesset, Dec. 21, 1960, *Divrei Haknesset*, 30, p. 545; Sharett to his son Ya'akov, Jan. 5, 1961, courtesy of the Moshe Sharett Heritage Society; Raz 2015, p. 55ff.; Avner Cohen 1998, p. 76ff.; *Ma'ariv*, Feb. 17, 1961.

24. Ben-Gurion, Diary, May 13, 1961, BGA.

25. Sharett to his son Ya'akov, Jan. 5, 1961, courtesy of the Moshe Sharett Heritage Society.

26. Yitzhak Navon, Diary, Oct. 20, Dec. 25, 1960, YNA; Raz 2013, p. 114ff.

27. Pinchas Rosen, Ben-Gurion, et al. to the Cabinet, Dec. 25, 1960, ISA.

28. Yitzhak Navon, Diary, Nov. 13, 15, 23, Dec. 3, 1960, YNA.

29. "Carrot and Stick," *New York Times*, Dec. 25, 1960.

30. Ben-Gurion, Diary, Jan. 30, March 29, 1961, BGA.

31. Ben-Gurion to Konrad Adenauer, Jan. 1, 1961, ISA, div. 43, gimmel-7229/11; Ben-Gurion to Felix Shinnar, May 16, 1961, ISA, Foreign Ministry, div. 130. 09 2355/3; Felix Shinnar to Ben-Gurion, May 19, 1961, ISA, Foreign Ministry, div. 130. 09 2355/6.

32. Carstens memorandum, June 12, 1961, AAPD 1965, Bd. 1 Dok 2; Bar-Zohar 2006, p. 239.

33. Ben-Gurion to the Cabinet, June 11, 1961, and to the Knesset Foreign Affairs and Defense Committee, June 11, 29, 1961, ISA; Avraham Harman interview with Reudor Manor, Feb. 3, 1975, Hebrew University, Institute of International Relations, quoted courtesy of David Harman; Memorandum of Conversation, May 30, 1961, FRUS, 1961–1963, 17, doc. 57; Avner Cohen 1998, p. 79ff.

34. Ben-Gurion et al. to the Cabinet, July 9, 1961, ISA; Raz 2015, p. 117.

35. Ben-Gurion to the Cabinet, July 9, 1961, ISA; Ben-Gurion to the Knesset Foreign Affairs and Defense Committee, Aug. 1, 1961, ISA.

36. Ben-Gurion et al. to the Cabinet, July 9, 16, 1961, ISA.

37. Ben-Gurion, Diary, Aug. 16, 1961, BGA.

38. David Hacohen to the Cabinet, March 11, 1956, ISA; Bar-Zohar 2006, p. 242.

39. Ben-Gurion to the Cabinet, Dec. 31, 1961, ISA; "Ben-Gurion Examines the Buddhist Faith," *New York Times Magazine*, April 29, 1962b.

40. *Dvar Hashavua*, Oct. 20, 1950; Cohen-Gil 2013, p. 21ff.; Ben-Gurion to A. Kalev, Oct. 11, 1957, BGA; Ben-Gurion to Eli Friedman, Feb. 8, 1967, BGA.

41. Moshé Feldenkrais, interview transcript, BGA.

42. Ben-Gurion to Dr. Chaim Sheba, May 16, 1962, BGA; Ohry and Tsafrir 2000.

43. Ben-Gurion, Diary, Feb. 16, March 2, 1966, BGA.

44. Ben-Gurion, Diary, May 11, Oct. 26, 1957, May 20, Aug. 20, 21, Oct. 30, 1958, March 12, 1959, BGA; Yitzhak Navon to Ben-Gurion, Nov. 25, 1958, BGA; Teachers Seminar to Feldenkrais, March 17, 1958, BGA.

45. Ben-Gurion, Diary, July 4, 1957; Ben-Gurion to Renana, Sept. 15, 1957, BGA; *Yediot Aharonot*, Sept. 15, 1957; *Ma'ariv*, Sept. 17, 19, 1957.

46. Ben-Gurion, Diary, May 23, July 23, 1958, BGA.

47. Lourie, interview transcript, Aug. 7, 1976, p. 8ff., and Aug. 25, 1977, p. 8ff., cassette 276, BGA.

48. Ben-Gurion to the Cabinet, June 11, 1961, ISA; Churchill 2009.

49. Ben-Gurion, "Ne'urei Be-Płońsk," in Zemach 1963c, p. 35; Ben-Gurion 1971a, p. 12; Zemach 1983, p. 32.

50. Ben-Gurion to Shlomo Zemach, Sept. 21, and Shlomo Zemach to Ben-Gurion, Sept. 28, 1961, BGA, Shabtai Teveth collection, people, Zemach.

第二十四章　黄昏

1. Daniel M. Mich to Ben-Gurion, June 21, 1961, and Ben-Gurion to Daniel M. Mich, Aug. 4, 1961; Ben-Gurion to Zalman Shragai, Sept. 18, 1968, BGA.

2. Ben-Gurion to the Cabinet, Dec. 23, 1962, ISA.

3. Ben-Gurion to the Cabinet, March 23, 1958, ISA.

4. Ben-Gurion to the high commissioner, Feb. 12, 1935, in Ben-Gurion 1972, p. 282; Ben-Gurion et al. to the Cabinet, June 7, 1949, June 28, 1950, Jan. 20, 1952, ISA.

5. Ben-Gurion to the Cabinet, Nov. 30, 1952, ISA; Ben-Gurion, "Yetziyat Mitzra'im," lecture to the Israel Press Association, May 12, 1960, in Ben-Gurion 1969a, p. 243ff.

6. Ben-Gurion, Diary, March 6, 26, Aug. 12, 1959, BGA; Golda Meir, interview transcript, Aug. 7, 1977, cassette 269, BGA, p. 12; Bar-Zohar 2006, p. 236ff.

7. Yitzhak Navon, Diary, March 27, 31, April 14, 17, 26, 1963, YNA.

8. Yitzhak Navon, Diary, April 19, May 13, 1963, YNA.

9. Ben-Gurion, Diary, Jan. 1, Feb. 24, June 5, 1963, BGA; Bar-Zohar 2006, p. 268.

10. Avner Cohen 1998, p. 115ff.

11. Ben-Gurion, Diary, July 14, 28, Aug. 1, 16, 1958, BGA; Yitzhak Navon, Diary, July 13, 24, 1958, YNA.

12. Gideon Rafael in a consultation on the dispatch of the prime minister's letter to Kennedy, May 8, 1963, ISA, Foreign Ministry, 3377/9.

13. Goldstein 2012, p. 436; undated draft and Ben-Gurion to John F. Kennedy, April 12, May 12, 1963, ISA, Foreign Ministry, 4317/8.

14. Ben-Gurion to Mapai's founding convention, March 6, 1930, in Ben-Gurion 1931, p. 219; Ben-Gurion to the Cabinet, April 3, 1955, ISA.

15. Ben-Gurion, Diary, May 12, 1955, BGA; Ben-Gurion et al. to the Cabinet, April 30, 1963, BGA; Bialer 1998, p. 241ff.

16. Ben-Gurion et al. to the Cabinet, May 5, 1963, ISA.

17. Secretary of state to the ambassador of Israel, May 6, 1963, ISA, Foreign Ministry, 4317/8.

18. Ben-Gurion to Kennedy, May 12, 1963, ISA, Foreign Ministry, 4317/8.

19. Rafael 1981, p. 117; Avner Cohen 1998, p. 115ff.; Foreign Ministry to the embassy, April 25, 1963, ISA, Foreign Ministry, 4317/8; Yitzhak Navon, Diary, April 26, 1963, YNA.

20. Haim Yahil to Golda Meir, May 21, 1963, ISA, Foreign Ministry, 4317/8.

21. Gideon Rafael to Haim Yahil, May 8, 1963; Haim Yahil to Golda Meir, May 13, 1963; Discussion of Israel-American relations, headed by the foreign minister, June 13, 1963; Avraham Harmon and Mordechai Gazit to Golda Meir, June 25, 1963, ISA, Foreign Ministry, 4317/8; Avner Cohen and William Burr 2019.

22. Consultation on the exchange of letters with the president of the United States, Sept. 6, 1963, ISA, Foreign Ministry, 101177/10.

23. Ben-Gurion to Konrad Adenauer, May 15, 1963, BGA; Ben-Gurion, Diary, May 16, 1963, BGA; Ben-Gurion et al. to the Knesset, May 13, 1963, *Divrei Haknesset*, 17, p. 1821ff.; *Ma'ariv*, May 14, 1963; Segev 1993, pp. 374-75; Navon 2015, p. 254ff., Yitzhak Navon, Diary, May 13, 1963, YNA; *Ha'aretz*, May 14, 1963; Ben-Gurion, Diary, Sept. 28, 1964, BGA.

24. Gouri 1963; Ben-Gurion to Haim Gouri, May 15, 1963, BGA; Haim Gouri in conversation with the author.

25. *Ma'ariv*, June 16, 1963.

26. Goldstein 2012, p. 436ff.

27. Golda Meir et al. to the Mapai secretariat, Aug. 17, 1963, BGA; Medzini 2008, p. 394; Ben-Gurion to the Cabinet, June 16, 1963, ISA; Mapai secretariat, June 17, 1963, LPA 2-24-1963-73; Navon 2015, p. 267; Ben-Gurion, Diary, June 16, 1963, BGA; Isser Harel interview with Drora Beit-Or, Feb. 7, 1986, cassette 14, LMA; Moshé Feldenkrais, interview transcript, BGA.

28. Ben-Gurion, Diary, May 18, June 18, 1963, BGA.

29. Zemach 1996, Jan. 8, 20, June 24, 1963, pp. 57ff., 81ff.; July 21-Aug. 9, 1963, p. 91ff.

30. Ben-Gurion, Diary, July 25, 1963, BGA; *Davar*, July 24, 26, 1963.

31. Ben-Gurion, Diary, May 13, 1965, BGA.

32. Ben-Gurion, Diary, Nov. 1, 1965, BGA.

33. Ben-Gurion, Diary, Nov. 1, 1965, BGA.

34. Ben-Gurion, Diary, Nov. 1, 1965, BGA; Ben-Gurion 1965, p. 142; Ben-Gurion to Shaul Avigur, Jan. 7, 1967; Ben-Gurion to *Davar*, March 26, 1967, BGA; Ben-Gurion, Diary, May 22, 1967, quoted in Bar-Zohar 2006, p. 393.

35. Ben-Gurion, Diary, Oct. 17, 24, 1966, BGA; Segev 2007, pp. 90ff., 109; *Ma'ariv*, Oct. 3, 1966.

36. Ben-Gurion, interview with Geula Cohen, *Ma'ariv*, May 12, 1957; Ben-Gurion to Tzvi Ben-Arav, May 4, 1967, BGA; Segev 2007, p. 182ff.

37. Ben-Gurion, Diary, May 21, 26, 1967, BGA.

38. Ben-Gurion to the Cabinet, Oct. 19, 1953, Oct. 29, 1961, BGA.

39. Ben-Gurion, Diary, May 21, 1967, BGA; Segev 2007, p. 247ff.

40. Ben-Gurion, Diary, May 30, 1967.

41. Ben-Gurion, Diary, May 28, 1967.

42. Ben-Gurion, Diary, June 1, 1967, BGA; Ben-Gurion to the Cabinet, July 2, 1961, BGA.

43. Ben-Gurion, Diary, May 31, 1967; Bar-Zohar 2006, p. 399.

44. Yitzhak Navon, Diary, May 2, 1959, YNA.

45. Ben-Gurion, Diary, May 6, 1967, BGA; Ben-Gurion to Yosef Givoli, June 6, 1967, BGA.

46. Levi Eshkol et al. to the Cabinet and the Ministerial Defense Committee, June 6-16, 1967, ISA; Segev 2007, p. 419ff.

47. Press release, June 18, 1967, BGA.

48. Ben-Gurion to the Cabinet, Dec. 19, 1949, ISA.

49. Ben-Gurion, Diary, June 19, 1967, BGA.

50. Ben-Gurion to Yosef Weitz, June 12, 1967, BGA.

51. Ben-Gurion, Diary, June 17, 1967, BGA; Yitzhak Navon, Diary, Aug. 10, 1958, YNA.

52. Zemach 1996, Sept. 16, 1967, p. 230ff.

53. Segev 2007, p. 523ff.; Eshkol et al. to the Cabinet, June 14, 1967, ISA.

54. Ben-Gurion, Diary, Aug. 27, 1967, BGA; Ben-Gurion interviewed by Yosef Avner, Avraham Kushnir, and Tom Segev, *Nitzotz*, April 28, 1968; Ben-Gurion to Yehuda Ben-Azar, July 17, 1967, BGA.

55. Aharon Tamir, Yehoshua Cohen, interview transcripts, BGA.

56. Ben-Gurion, Diary, May 5, 1966, BGA; Ben-Gurion to Meir, Jan. 21, 1969, BGA.

57. Ben-Gurion interviewed by Yosef Avner, Avraham Kushnir, and Tom Segev, *Nitzotz*, April 28, 1968; Ben-Gurion, Diary, Feb. 29, 1969, BGA; *Ma'ariv*, May 3, 1968; Amos Elon 1981, p. 21.

58. Evening on Paula at Ben-Gurion House, May 15, 1968; Avrech 1965; Nina and Naomi Zuckerman, Ralph Goldman, Emmanuel and Yariv Ben-Eliezer, interview transcripts, BGA; Yehuda Erez, Diary, Jan. 3, 1973, BGA; Navon 2015, p. 265; Ben-Gurion, Diary, Jan. 6, 1970, BGA; Mary Ben-Gurion interview with Shabtai Teveth, BGA, Shabtai Teveth collection, file 361.

第二十五章 另一种犹太人

1. Ben-Gurion to the Cabinet, July 6, 1958, ISA.

2. Ben-Gurion, Diary, June 8, 1963, BGA.

3. Ben-Gurion, Diary, June 8, 1963, BGA; Shmuel Fox to Ben-Gurion, April 19, 1954, BGA.

4. Ben-Gurion, Diary, Nov. 26, 1938, BGA.

5. Ben-Gurion to the Cabinet, May 3, 1949, ISA.

6. Ben-Gurion to the Cabinet, May 10, 1950, ISA; Ben-Gurion to the Knesset, July 3, 1950, *Divrei Haknesset*, 6, p. 2037.

7. Ben-Gurion to the Cabinet, Dec. 8, 1957, ISA.

8. Ben-Gurion to the Cabinet, July 6, 13, 1958, ISA; Ben-Gurion to Nisan Metzger, Oct. 3, 1964, BGA; Friedmann, 2015, p. 351ff.

9. Ben-Gurion to the Cabinet, Dec. 8, 1957, July 12, 1958, ISA; Ben-Gurion to Yitzhak Malaka, Nov. 6, 1968, BGA.

10. Ben-Gurion et al. to the Cabinet, July 15, 1958, ISA; Ben-Refael 2001.

11. Ben-Gurion to the Jewish Agency Executive, Nov. 21, 1945, BGA.

12. Ben-Gurion to the Cabinet, May 3, 1949, ISA.

13. Ben-Gurion to Paula, Feb. 10, 1946, BGA.

14. Zemach 1983, p. 9; Ben-Gurion to Shmuel Fuchs, June 2, 1904, in Erez 1971, p. 35; Ben-Gurion to the Cabinet, March 5, 1949, Dec. 8, 1957, ISA; Ben-Gurion, Diary, Feb. 13, 1936, BGA; Ben-Gurion to the Committee for the Investigation of the Arab Problem, Feb. 6, 1940, in Ben-Gurion 1997, p. 406; Wolfensohn 2014, p.80.

15. Ben-Gurion to Paula, Feb. 10, May 1, 1946, BGA; Amos Ben-Gurion interview with Dov Goldstein, *Ma'ariv*, Oct. 17, 1986.

16. Ben-Gurion to Rabbi Isser Yehuda Unterman, Jan. 28, 1946, BGA.

17. Prinz 2008, p. 237ff.

18. Ben-Gurion 1968, p. 235.

19. Anita Shapira 1980, pp. 529, 548; Yitzhak Navon, Diary, Sept. 29, 1952, YNA.

20. Ben-Gurion to the Cabinet, March 16, 1958, ISA; Yehuda Erez, interview transcript, p. 8, BGA; Ben-Gurion, Diary, Feb. 4, 1949, Oct. 7, 1954, Jan. 28, 1955, BGA; Ben-Gurion to Y. Yerushalmi, Nov. 3, 1954, BGA.

21. Ben-Gurion 1954a, p. 43.

22. Ben-Gurion to the Mapai Council, Jan. 19, 1933, p. 42, BGA; Ben-Gurion to the Mapai Council, March 5-8, 1941, in Ben-Gurion 1949, 3, p. 60ff.

23. Ben-Gurion to the Cabinet, March 9, 1952, ISA.

24. Ben-Gurion to the Cabinet, Feb. 2, 1950, ISA.

25. Ben-Gurion to Amos Frisch, May 4, 1967, BGA; Ben-Gurion 1953c; Ben-Gurion to Moshe Zilberg, Dec. 7, 1970, BGA.

26. Ben-Gurion, Diary, Jan. 28, 1955, BGA.

27. Ben-Gurion to Nisan Metzger, Oct. 3, 1964, BGA.

28. Ben-Gurion to Moshe Bernstein, Dec. 16, 1967.

29. Ben-Gurion interviewed by Yosef Avner, Avraham Kushnir, and Tom Segev, *Nitzotz*, April 28, 1968.

30. Ben-Gurion to Moshe Zilberg, Dec. 7, 1970, BGA.

31. Ben-Gurion interview with George Hall, June 20, 1946, BGA; Teveth 2004, p. 661ff.

32. Ben-Gurion interviewed by Yosef Avner, Avraham Kushnir, and Tom Segev, *Nitzotz*, April 28, 1968; Ben-Gurion oral history interview, JFK 1, 7/16/1965.

33. Ben-Gurion et al. to the Cabinet, Feb. 25, July 1, 8, 15, 22, 1962, ISA; Harel 1982a, p. 108ff.; Harel 1989, p. 412ff.

34. Moshe Shapira et al. to the Cabinet, Feb. 20, Nov. 26, 1950; Ben-Gurion et al. to the Cabinet, Feb. 2, 1958, ISA.

35. Ben-Gurion to Paula, Oct. 7, 1938, in Ben-Gurion 1968, p. 243; Ben-Gurion 1971a, p. 280.

36. Ben-Gurion to the Mapai Knesset faction, Jan. 15, 1950, LPA 2-011-1950-10.

37. Letter to the Mapai Central Committee, July 1, 1937, in Ben-Gurion 1974a, p. 260; Heller 2017, p. 17ff.

38. Segev 2000, p. 47; Ben-Gurion, "Hamediniyut Hatziyonit," July 5, 1943, in Ben-Gurion 1949-50, p. 272; Ben-Gurion to the Palestine Council, Dec. 21, 1918, CZA J1/8766/2; Ben-Gurion to Ernest Bevin, Feb. 14, 1947, NA(UK), CO 537/2405.

39. Ben-Gurion to Baruch Zuckerman, July 26, 1923, in Erez 1972, p. 142.

40. Ben-Gurion to the Mapai Central Committee, July 1, 1937, in Ben-Gurion 1974a, p. 265.

41. Ben-Gurion to a Po'alei Zion Smol delegation, March 17, 1941, in Ben-Gurion 2008, p. 293.

42. Ben-Gurion to the Cabinet, Dec. 19, 1948, ISA; Ben-Gurion to the Jewish Agency Executive, Oct. 22, 1939, in Ben-Gurion 1997, p. 144; Ben-Gurion in a broadcast, Oct. 26, 1946, in Ben-Gurion 1993a, p. 221; Ben-Gurion at a gathering of Magbit Hahitgayesut, Feb. 17, 1948, in Ben-Gurion 1949, 5, p. 283; Raz 2015, p. 115.

43. Adolf Robison, interview transcript, BGA.

44. Liebman 1974, p. 271ff.

45. Rose Halprin, interview transcript, cassette 236, p. 2, BGA; Ben-Gurion to the Cabinet, May 26, 1960, ISA; Ben-Gurion interview with Avraham Avi-hai, Aug. 23, 1972, HICJ-OHA 13513, p. 11: Ben-Gurion at the jubilee celebration of *Ha'ahdut*, July 10, 1960, BGA.

46. Elam 1990, p. 561; Ben-Gurion, Diary, Jan. 22, 1939, ISA.

47. Theodor Herzl, Diary, June 13, 1895, in Herzl 1960, 1, p. 83.

48. Ben-Gurion to the Cabinet, July 20, 1961, ISA.

49. Berl Repetur, interview transcript, BGA.

50. Ben-Gurion, "Darkeinu Hamedinit La'ahar Hame'ura'ot," Ben-Gurion 1931, p. 213.

51. Ben-Gurion to Yehoshua Bertonov, Aug. 28, 1950, BGA.

52. Ben-Gurion to his father, Nov. 26, 1924, in Erez 1972, p. 270; Baruch Azanya, interview transcript, BGA.

53. Ben-Gurion to the Cabinet, June 16, 1948, April 26, 1949, July 18, 25, 1951, ISA.

54. Ben-Gurion to the Zionist General Council, March 14, 1940, in Ben-Gurion 1997, p. 468.

55. Ben-Gurion to the Jewish Agency Executive, May 16, 1941, in Ben-Gurion 2008, p. 405; Ben-Gurion to the Zionist General Council, March 14, 1940, in Ben-Gurion 1997, p. 468.

56. Ben-Gurion to the Cabinet, Nov. 10, 1948, ISA; Ben-Gurion, Diary, Jan. 22, 1950, BGA; Ben-Gurion at a party for the remaining members of the First Zionist Congress, Aug. 17, 1947, in Ben-Gurion 1949, 5, p. 214; Ben-Gurion to the Political Committee of the UN General Assembly, May 12, 1947, in Ben-Gurion 1993b, p. 114; Ben-Gurion to Dov Ben-Meir, Dec. 16, 1967, BGA; Holtzman 1993, p. 191ff.

57. Ben-Gurion agenda, Jan. 24–31, 1970, BGA.

58. Ben-Gurion interview with Mordechai Barkay, *Davar*, July 24, 1970.

59. Zemach 1996, Oct. 6, 1968, p. 249ff., March 17, 1969, p. 257, March 15, 1971, p. 290.

60. Yehuda Erez, Diary, Jan. 10, 1972, Feb. 13, 1973, BGA.

61. Aharon Tamir, interview transcript, BGA.

62. Yehuda Erez, Diary, Oct. 22, 1973, BGA.

63. Yehuda Erez, Diary, May 7, 1973, BGA; Aharon Tamir, interview transcript, BGA.

64. Ben-Gurion, Diary, Sept. 4, 1956, BGA; Ben-Gurion to Dr. Chaim Sheba, Nov. 11, 1969, and Dr. Chaim Sheba to Ben-Gurion, Nov. 19, 1969, BGA; Shilon 2013, p. 223; Yehuda Erez, Diary, Oct. 26, 1973, BGA; Israeli 2005, p. 225; Ben-Gurion interview with Mordechai Barkay, *Davar*, July 24, 1970; Mary Ben-Gurion interview with Shabtai Teveth, BGA, Shabtai Teveth collection, file 361; Golda Meir, interview transcript, BGA; Ben-Gurion to Golda Meir, Jan. 21, 1969, BGA; Ben-Gurion to Miriam Cohen, June 27, 1973, BGA, Shabtai Teveth collection, file 1205.

65. Yizhar Smilansky 1993, p. 2.

66. Quoted from the pages of a diary provided to the author.

67. Ben-Gurion to Hannah and Elhanan Yishai, Oct. 30, 1973, BGA.

68. Malka Leef, Ya'akov Grauman, Matilda Gez, Mordechai Surkis, interview transcripts, BGA.

69. Moshe Dayan 1982, p. 688.

70. *Ma'ariv*, Dec. 2, 1973; Ohana and Feige 2010; Mary Ben-Gurion interview with Shabtai Teveth, BGA, Shabtai Teveth collection, file 361; Ben-Gurion will, BGA, Shabtai Teveth collection, people, will.

71. Zemach 1996, Dec. 15, 1971, p. 290.

引用文献

Adams, Frank, et al. 1928. *Reports of the Experts, Submitted to the Joint Palestine Survey Commission*. Boston: Daniels Printing Co.

Aderet, Ofer. 2015. "Haprotokolim Hosfim: HaShabak Yada al Kavanat Harotze'ah Lehitnakesh BiIsrael Kastner." *Ha'aretz*, Jan. 11.

Ahad Ha'am. 1949. *Kol Kitvei Ahad Ha'am*. Dvir.

Alfasi, Yitzhak, ed. 1994. *Ha'irgun Hatzeva'i Hale'umi Be'eretz Yisra'el*. Jabotinsky Institute.

Almogi, Yosef. 1980. *Ba'ovi Hakorah*. Idanim.

Alroey, Gur. 2002. "Haherkev Hademografi shel 'Ha'aliyah Hasheniyah.'" *Israel 2*, p. 33ff.

Alroey, Gur. 2004. *Immigrantim*. Yad Ben-Zvi.

Alroey, Gur. 2008. *Hamahapechah Hasheketah*. Merkaz Zalman Shazar.

Alroey, Gur. 2009. "Meshartei Hamoshavah o Rodanim Gasei Ruah?" *Cathedra* 133 (Sept.), p. 77ff.

Alroey, Gur. 2011. *Mehapseit Moledet*. Ben-Gurion Institute.

Alterman, Natan. 1949. "Yom Hamilyon." *Davar*, Dec. 16.

Alterman, Natan. 1957. "Moto shel Nehemiah." *Davar*, Nov. 8.

Alterman, Natan. 1963. *Pundak Haruhot*. Amikam.

Amarami, Ya'akov, and Menachem Maletzky. 1981. *Divrei Hayamim Lemilhemet Hashihrur*. Ministry of Defense.

Amichal Yeivin, Ada. 1995. *Sambatyon*. Sifriyat Beit El.

Amit, Meir. 2002. *Ken, Adoni Hamifaked!* Sifriyat Ma'ariv.

Anglo-American Committee of Inquiry. 1946. *A Survey of Palestine*. Jerusalem: Government Printer (Palestine).

Argov, Nehemiah. 1959. *Pirkei Yoman*. Yedidim.

Ascher, Abraham. 1994. *The Revolution of 1905: Russia in Disarray*. Palo Alto, Calif.: Stanford University Press.

Avi-Yiftah (Gutman), Shmaryahu. 1948. "Lod Yotzet Legalut." *Mibifnim* 13:3 (Nov.), p. 452ff.

Avizohar, Meir, and Avi Bareli, eds. 1989. *Achshav o Le'olam Lo*. Ayanot.

Avizohar, Meir, and Isaiah Friedman, eds. 1984. *Iyunim Batochnit Hahalukah 1937–1947*. Ben-Gurion University.

Avizohar, Meir. 1987. "Hatziyonut Halohemet." p.17ff. in David Ben-Gurion. *Zichronot*

6. Am Oved.

Avizohar, Meir. 1990. *Bere'i Saduk*. Am Oved.

Avizohar, Meir. 1993a. "Hiluf Mishmarot." p.1ff. in David Ben-Gurion. *Likrat Ketz Hamandat*. Am Oved.

Avizohar, Meir. 1993b. "She'on Hahol." p.5ff. in David Ben-Gurion. *Pa'amei Medinah*. Am Oved, p. 5ff.

Avizohar, Meir. 1997. "Ma'arachah betoch Ma'arachah." p.1ff. in David Ben-Gurion. *Nilahem Ka'umah*. Am Oved.

Avneri, Uri. 2014. *Optimi*. Yediot Aharonot.

Avneri, Yitzhak. 1987. "Mered Aliyah." *Cathedra* 44 (June), p. 126ff.

Avnion, Eitan. 2000. *Milah Bemilah*. Eitav.

Avrech, Mira. 1965. *Paula*. Am Hasefer.

Bachrach, Uriel. 2009. *Beko'ah Hayeda*. N.N.D. Media.

Bacon, Gershon. 2001. "Hahevrah Hamasortit Batemurot Ha'etim." p.453ff. in Israel Bartal and Israel Gutman, eds. *Kiyum Veshever*. Merkaz Zalman Shazar. Vol. 2.

Barel, Ari. 2012. "Epistemologiyah Tziyonit." *Iyunim Bitkumat Yisra'el* 22, p. 91ff.

Barel, Ari. 2014. *Melech Mehandes*. Ben-Gurion Institute.

Barnea, Nahum. 1981. *Yorim Uvochim*. Zemora Bitan Modan.

Bar-On, Mordechai. 1991. *EtgarBetigrah*. Ben-Gurion Heritage Center.

Bar-On, Mordechai. 1992. *Sha'arei Azah*. Am Oved.

Bar-On, Mordechai. 2007. "Alei Zait." in Mordechai Bar-On, ed. *Et Milhamah Va'et Shalom*. Keter.

Bar-On, Mordechai. 2012. *Moshe Dayan: Israel's Controversial Hero*. New Haven, Conn.: Yale University Press.

Bar-On, Mordechai. 2015. *El Mul Pnei Hamilhamah*. Efi Meltzer.

Baron, Natan. 2008. *Shoftim Umishpetantim Be'eretz Yisra'el*. Magnes.

Bartal, Israel. 2010. "Al Harishoniyut: Zeman Umakom Ba'aliyah Harishonah." p.15ff. in Yaffa Berlowitz and Yosef Lang, eds. *Lesohe'ah Tarbut*. Hakibbutz Hameuhad.

Bartal, Israel, and Israel Gutman, eds. 2001. *Kiyum Vashever*. Merkaz Zalman Shazar.

Bar-Yosef, Dror. 2014. *Herut Ha'adam Behashkafato shel Menachem Begin*. Merkaz Moreshet Begin.

Bar-Yosef, Dror. 2016. *Ma'avakah shel Tenu'at Herut Levitul Hamimshal Hatzeva'i*. Merkaz Moreshet Begin.

Barzilay, Amnon. "Mi Natan et Hahora'ah?" *Ha'aretz*, March 15, 1985.

Bar-Zohar, Michael. 1970. *Hamemuneh*. Weidenfeld and Nicolson.

Bar-Zohar, Michael. 1977-78. *Ben-Gurion*. Am Oved.

Bar-Zohar, Michael. 2006. *Ka'of Hahol*. Yediot Aharonot.

Basok, Moshe, ed. 1940. *Sefer Hehalutz*. Jewish Agency.

Bauer, Yehuda. 1974. *Habrihah*. Moreshet and Sifriat Poalim.

Bauer, Yehuda. 1987. *Hasho'ah*: *Hebetim Histori'im*. Moreshet and Sifriat Poalim.

Bauer, Yehuda. 1994. *Jews for Sale*: *Nazi-Jewish Negotiations*, *1933–1945*. New Haven, Conn.: Yale University Press.

Bauer, Yehuda. 2001. *Yehudim Lemechirah*: *Masa Umatan bein Yehudim LeNazim*, *1933–1945*. Yad Vashem.

Bauer, Yehuda. 2015. "Hasemel Halo Nachon: Madua Ha'amerikanim Lo Hayu Yecholim Lehaftzitz et Auschwitz." *Musaf Ha'aretz*, Oct. 4.

Bechor, David, et al. 1985. *Va'adat Hakirah Lehakirat Retzah Dr. Haim Arlororoff*. No publisher.

Beer, Israel. 1955. "Kravot Latrun." *Ma'arachot* 96 (Oct.), p. 7ff.

Bein, Alex. 1982. *Aliyah Vehityashvut Bimdinat Yisra'el*. Am Oved. Hasifriyah Hatziyonit.

Beit Halahmi, Rachel. 1963. " Bein Płońsk Le'eretz Yisra'el." p. 363ff. in Shlomo Zemach, ed. *Sefer Płońsk Uvnoteha*. Irgun Yotzei Płońsk.

Beit Halahmi, Rachel. 2006. *Halomot she'einam Supurei Agadah*. Gan Shmuel.

Beit Halahmi, Yehezkel. 1963. "Zichronot." p.396ff. in Shlomo Zemach, ed. *Sefer Płońsk Uvnoteha*. Irgun Yotzei Płońsk.

Ben-Aharon, Yitzhak. 1977. *Be'ein Hase'arah*. Hakibbutz Hameuhad.

Ben-Arieh, Yehoshua. 1977. *Ir Bere'i Tekufah*. Yad Ben-Zvi.

Ben-Arieh, Yehoshua. 1999. " Hanof Hayishuvi." p. 75ff. in Israel Kolatt, ed. *Toldot Hayishuv*. Vol. 1. Israel Academy of Sciences.

Ben-Artzi, Yossi. 2002. "Hahityashvut Hayehudit Be'eretz-Yisra'el." p. 345ff. in Israel Kolatt, ed. *Toldot Hayishuv* 2. Israel Academy of Sciences.

Ben-Avram, Baruch, and Henri Nir. 1995. *Iyunim Ba'aliyah Hashelishit*. Yad Ben-Zvi.

Ben-Bassat, Yuval. 2014. "Mivrakim Othomani'im." *Zemanim* 126 (Spring), p. 52ff.

Ben-Gurion, David. 1905. "Mah Helkenu." *Hatzefirah* 4 (May).

Ben-Gurion, David. 1910a. "Leverur Matzavenu Hamedini." *Ha'ahdut* 3 (Sept.–Oct.).

Ben-Gurion, David. 1910b. "Leshe'elat Hayishuv Hayashan." *Ha'ahdut* 2 (Sept. 10).

Ben-Gurion, David. 1910c. "Midvarna De'umtei o Pakid Dati?" *Ha'ahdut* (July–Aug.).

Ben-Gurion, David. 1910d. "Ma'aseh Kalon." *Ha'ahdut* (July–Aug.).

Ben-Gurion, David. 1911a. "Even Mikir Tizak." *Ha'ahdut* (Jan. 20).

Ben-Gurion, David. 1911b. "Bamidron." *Ha'ahdut* (Sept. 17).

Ben-Gurion, David. 1911c. "Hapkidut Vehapo'alim." *Ha'ahdut* (March 22, 24).

Ben-Gurion, David. 1911d. "Hag Ha'avodah." *Ha'ahdut* (Jan.).

Ben-Gurion, David. 1911e. "Mihabamah Ha'ivrit Birushalayim." *Ha'ahdut* (March 15).

Ben-Gurion, David. 1912. "Hukah Ahat." *Ha'ahdut* (April 1).

Ben-Gurion, David. 1914. "Im Bitul Hakapitulatziyon." *Ha'ahdut* (Sept. 20).

Ben-Gurion, David. 1916a. "Bihudah Uvagalil." *Luah Ahi'ezer* 2 (1921).

Ben-Gurion, David. 1916b. "Di Farnikhtung fun der Armenisher Oytanami in Terkey." *Yiddisher Kempfer* (Aug. 27).

Ben-Gurion, David. 1917. "Unter Tsiens Fon." *Yiddisher Kempfer* (Nov. 30).

Ben-Gurion, David. 1919. "Le'asefat Hanivharim." *Kuntres* 24 (Oct.).

Ben-Gurion, David. 1920. "Anu Ma'ashimim." *Kuntres* 8 (April).

Ben-Gurion, David. 1925. "Irgun, Avodah, Chinuch." *Kuntres* (Nov. 27).

Ben-Gurion, David. 1931. *Anachnu Veshcheneinu*. Davar.

Ben-Gurion, David. 1932. *Avodah Ivrit*. Histadrut Ha'ovdim.

Ben-Gurion, David. 1933. *Legende un Virklekhkayt*. Lige farn Arbetenden Erets-Yisroel in Poyln.

Ben-Gurion, David. 1943. *Teshuvah Lidvar Hashalit*. Mapai.

Ben-Gurion, David. 1944. "Beshelihut Hahistadrut Lemoskvah." *Mibifnim* (June).

Ben-Gurion, David. 1949-50. *Bama'arachah* 1-5. Mapai.

Ben-Gurion, David. 1951. *Behilahem Yisra'el*. Mapai.

Ben-Gurion, David. 1953a. *Al Hakomunism Vehatziyonut*. Mapai. (Also in installments in *Davar*, beginning Jan. 23.)

Ben-Gurion, David. 1953b. "Bli Et." *Davar*, Aug. 14.

Ben-Gurion, David. 1953c. "Netaken Hame'uvat." *Davar*, Dec. 25.

Ben-Gurion, David. 1954a. "Netzah Yisra'el." p. 7ff. in *Shenaton Hamemshalah*. Hamadpis Hamemshalti.

Ben-Gurion, David. 1954b. "Ha'avdut Bechitvei Aplaton." *Eshkolot* 2, p.1ff.

Ben-Gurion, David. 1954c. "Why I Retired to the Desert." *New York Times*, March 28.

Ben-Gurion, David. 1955a. *Mi ma'amad Le'am*. Ayanot.

Ben-Gurion, David. 1955b. "Avodah Ushemirah Bagalil." p. 309ff. in Efraim and Menachem Talmi, eds. *Sefer Hagalil*. Amihai.

Ben-Gurion, David. 1957. *Hazon Vaderech* 3. Am Oved.

Ben-Gurion, David. 1958. *Hazon Vaderech* 5. Am Oved.

Ben-Gurion, David. 1959. *Ha'am Utzeva'o*. IDF.

Ben-Gurion, David. 1961. "Autobiografiyah." *Davar*, Oct. 1.

Ben-Gurion, David. 1962a. *Hazon Vaderech* 1, 2, 4. Am Oved.

Ben-Gurion, David. 1962b. "Ben-Gurion Examines the Buddhist Faith." *New York Times Magazine*, April 29.

Ben-Gurion, David. 1963a. "Ne'urei BePłońsk." p.31ff. in Shlomo Zemach, ed. *Sefer Płońsk Uvnoteha*. Irgun Yotzei Płońsk.

Ben-Gurion, David. 1963b. "Baderech Letzava Ulemedinat Yisra'el." Series of articles. *Davar*, Aug. 2, 1963-Feb. 5, 1965.

Ben-Gurion, David. 1964a. *Netzah Yisra'el*. Ayanot.

Ben-Gurion, David. 1964b. *Hapo'el Ha'ivri Vehahistadrut*. Tarbut Vesifrut.

Ben-Gurion, David. 1964c. "Havikuah Vehanigud Nimshach." *Davar*, April 10, 14.

Ben-Gurion, David. 1965. *Devarim Kahavayatam*. Am Hasefer.

Ben-Gurion, David. 1967. *Pegishot im Manhigim Arvi'im*. Am Oved.

Ben-Gurion, David. 1968. *Michtavim el Paula ve'el Hayeladim*. Am Oved.

Ben-Gurion, David. 1969a. *Iyunim Batanach*. Am Oved.

Ben-Gurion, David. 1969b. *Medinat Yisra'el Hamehudeshet*. Am Oved.

Ben-Gurion, David. 1971a. *Zichronot 1*. Am Oved.

Ben-Gurion, David. 1971b. *Yihud Veyi'ud*. Ma'arachot.

Ben-Gurion, David. 1971c. "Kesharai im Yitzhak Tabenkin." *Davar*, July 16.

Ben-Gurion, David. 1972. *Zichronot 2*. Am Oved.

Ben-Gurion, David. 1973. *Zichronot 3*. Am Oved.

Ben-Gurion, David. 1974a. *Zichronot 4*. Am Oved.

Ben-Gurion, David. 1974b. *Beit Avi*. Hakibbutz Hameuhad.

Ben-Gurion, David. 1979. *Sihot im Manhigim Aravi'im : Tosefet*. Ben-Gurion Heritage Institute.

Ben-Gurion, David. 1982a. *Yoman Hamilhamah*. Ministry of Defense.

Ben-Gurion, David. 1982b. *Zichronot 5*. Am Oved.

Ben-Gurion, David. 1987. *Zichronot 6*. Am Oved.

Ben-Gurion, David. 1993a. *Likrat Ketz Hamandat*. Am Oved.

Ben-Gurion, David. 1993b. *Pa'amei Medinah*. Am Oved.

Ben-Gurion, David. 1997. *Nilahem Ka'umah*. Am Oved.

Ben-Gurion, David. 2008. *Matif Tziyoni*. Ben-Gurion Institute.

Ben-Gurion, David. 2012. *Biltmore : Tochnit Medinit*. Ben-Gurion University.

Ben-Gurion, David. 2014. *Bikurim Begei Haharigah*. Ben-Gurion University.

Ben-Gurion, David, and Yitzhak Ben-Zvi. 1918. *Erets Yisroel in Fargangenheit un Gegenvart*. Poaley Tsien Palestine Komitet.

Ben-Gurion, David, and Yitzhak Ben-Zvi. 1980. *Eretz-Yisra'el Ba'avar Uvahoveh*. Yad Ben-Zvi.

Ben-Meir, Dov. 1978. *Hahistadrut*. Carta.

Ben-Refael, Eliezer. 2001. *Zehuyot Yehudiyot*. Ben-Gurion Heritage Institute.

Benziman, Uzi. 1985. *Sharon : Lo Otzer Be'adom*. Adam.

Benziman, Uzi, and Atallah Mansour. 1992. *Dayarei Mishneh*. Keter.

Ben-Zvi, Yitzhak. 1945. " Lereshit Darkah shel Ha'aliyah Hasheniyah." *Davar*, March 28.

Ben-Zvi, Yitzhak. 1967. *Zichronot Verashumot*. Yad Ben-Zvi.

Ben-Zvi, Yitzhak, et al., eds. 1962. *Sefer Hashomer*. Dvir.

Berdichevsky (Berdyczewski), Micha Josef. 1897. "Al Parshat Derachim : Michtav Galui el ' Ahad Ha'am.' "*Hashiloah* (March).

Berdichevsky (Berdyczewski), Micha Josef. 1967. *Tzefunot Ve'agadot*. Am Oved.

Berlin, Isaiah. 2004. *Letters 1927–1946*. Cambridge, U.K. : Cambridge University Press.

Berlowitz, Yaffa. 2010. "Hamoshavah Ha'ivrit." p. 70ff. in Yaffa Berlowitz and Yosef Lang, eds. *Lesohe'ah Tarbut*. Hakibbutz Hameuhad.

Bialer, Uri. 1998. "Ben-Gurion Veshe'elat Ha'orientatziyah." p.217ff. in Anita Shapira, ed. *Atzma'ut*. Merkaz Zalman Shazar.

Bialik, Hayim Nahman. 1942. *Kol Kitvei Hayim Nahman Bialik*. Dvir.

Bilski Ben-Hur, Raphaella. 1988. *Kol Yahid Hu Melech*. Dvir.

Blatman, Daniel. 2001. "Habund." p.493ff. in Israel Bartal and Israel Gutman, eds. *Kiyum Veshever* 2. Merkaz Zalman Shazar.

Bloom, Etan. 2008. *Arthur Ruppin and the Production of Modern Hebrew Culture*. Ph.D. diss. Tel Aviv University.

Blum, Gadi, and Nir Hefetz. 2005. *Haro'eh*. Yediot Aharonot.

Bodenheimer, Arieh (Buda). 2010. *Bizchut Hehaver MiPłońsk*. Hakibbutz Hameuhad.

Brenner, Uri, ed. 1984. *Nochah Iyum Hapelishah*. Yad Tabenkin.

Brown, Benjamin. 2011. *HeHazon Ish*. Magnes.

Burkhardt, John Lewis. 1822. *Travels in Syria and the Holy Land*. London: John Murray.

Burns, E.I.M. 1962. *Between Arab and Israeli*. London: George Harp.

Cahan, Abraham. 1925. "The Palestine Labor Movement." *Forward*, Dec. 10.

Cała, Alina. 2001. "Tenu'at Hahitbolelut BePolin." p.337ff. in Israel Bartal and Israel Gutman, eds. *Kiyum Vashever* 1. Merkaz Shalman Shazar.

Carlebach, Azriel. 1951. "Amalek." *Ma'aiv*, Oct. 5.

Carlebach, Azriel. 1953. "Za'aki Eretz Ahuvah." *Ma'ariv*, Dec. 25.

Carmel, Alex. 1973. *Hityashvut Hagermanim*. Hahevrah Hamizrahit Hayisra'elit.

Carmel, Alex. 1999. "Pe'ilut Hama'atzamot Be'eretz Yisra'el." p.143ff. in Israel Kolatt, ed. *Toldot Hayishuv* 1. Israel Academy of Sciences.

Chashin, Alexander, and David Ben-Gurion, eds. 1916. *Yizkor*. Poaley Tsien Palestine Komitet.

Churchill, Winston. 2009. p.299ff. in Winston Churchill. *Thoughts and Adventures*. Wilmington, Del.: ISI.

Cohen, Avner. 1996. "Kennedy, Ben-Gurion, Vehakrav al Dimona." *Iyunim Bitkumat Yisra'el* 6:110.

Cohen, Avner. 1998. *Israel and the Bomb*. New York: Columbia University Press.

Cohen, Avner, and William Burr, eds. 2015. *The U.S. Discovery of Israel's Secret Nuclear Project*. National Security Archive, George Washington University. http://nsarchive.gwu.edu/nukevault/ebb510.

Cohen, Avner, and William Burr. 2019. "How a Standoff with the U.S. Almost Blew Up Israel's Nuclear Program." *Ha'aretz*, May 3.

Cohen, Berl. 1986. *Leksikon fun der Yidish Shraybers*. New York: Ilman-Kohen.

Cohen, Geula. 1995. *Sipurah shel Lohemet*. Hamidrashah Hale'umit a.sh. Renee Mor.

Cohen, Hillel. 2013. *Tarpat*. Keter.

Cohen, Michael, ed. 1979. *The Letters and Papers of Chaim Weizmann*. Series A—Letters 20. Jerusalem: Transaction Books, Rutgers University, Israel Universities Press.

Cohen, Mula. 2000. *Latet Ulekabel*. Hakibbutz Hameuhad.

Cohen-Friedheim, Rachel. 2011. "Hayah o Lo Hayah? Hakibutzim Lo Ratzu Liklot Olim Mi'artzot Ha'islam." *Iyunim Bitkumat Yisra'el* 21:317ff.

Cohen-Gil, Moshe. 2013. *Hayisra'elim Shebikshu Lerape et Ha'olam*. Keter.

Cohen-Levinovsky, Nurit. 2014. *Pelitim Yehudim Bemilhemet Ha'atzma'ut*. Am Oved.

Crossman, Richard. 1946. *Palestine Mission: A Personal Record*. London: Hamish Hamilton.

Danin, Ezra. 1987. *Tziyoni Bechol Tnai*. Kidum.

Dayan, Aryeh. 2002. "Gerush Amka." *Ha'aretz*, April 2.

Dayan, Dudu. 1991. *Osim Medinah*. Ministry of Defense.

Dayan, Moshe. 1965. *Yoman Ma'arechet Sinai*. Am Oved.

Dayan, Moshe. 1976–82. *Avnei Derech*. Idanim.

Dinur, Ben-Zion, ed. 1954 – 64. *Sefer Toldot Hahaganah*. Hasifriyah Hatziyonit and Ma'arachot.

Dotan, Shmuel. 1979. *Pulmus Hahalukah*. Yad Ben-Zvi.

Dror, Yuval. 1979. "Hagerim Harusi'im." *Cathedra* 10 (Jan.):34ff.

Drori, Ze'ev. 2006. "Tzava Vehevrah Bemedinat Yisra'el." *Iyunim Bitkumat Yisra'el* 16:243ff.

Druyanov, Alter. 1909. *Ketavim*. Hava'ad Leyishuv Eretz-Yisra'el.

Eban, Abba. 1977. *An Autobiography*. New York: Random House.

Eban, Abba. 1997. *Abba Eban: An Autobiography*. Random House.

Eilon, Avraham. 1959. *Hativat Givati Bemilhemet Hakomemiyut*. Ma'arachot.

Elam, Yigal. 1979. *Hahaganah*. Bitan Modan.

Elam, Yigal. 1984. *HaGedudim Ha'ivri'im*. Ma'arachot.

Elam, Yigal. 1990. *Hasochnut Hayehudit*. Hasifriyah Hatziyonit.

Elam, Yigal. 2012. *Mah Hitrahesh Kan*. Am Oved.

Elath, Eliahu. 1958. "Sihot im Musa Alami." *Yahadut Zemanenu* 3:1ff.

Eliav, Arie Lova, 1983. *Taba'ot Edut*. Am Oved.

Eliav, Binyamin. 1990. *Zichronot Mehayamim*. Am Oved.

Eliav, Mordechai. 1978. "Hevlei Habereshit shel Petah Tikvah." *Cathedra* 9 (Oct.):3ff.

Eliav, Mordechai. 1980. "Letoldot Hasefer." In David Ben-Gurion and Yitzhak Ben-Zvi, *Eretz Yisra'el Be'avar Uvahoveh*. Yad Ben-Zvi and Ben-Gurion Heritage Institute, p. 11ff.

Elon, Amos. 1951. "Hamashiah Ba." *Ha'aretz*, Jan. 13.

Elon, Amos. 1981. *Hayisra'elim*. Adam.

Elron, Ze'ev. 2016. *Likrat Hasivuv Hasheni*. Modan and IDF-Ma'arachot.

Epstein, Yitzhak. 1907. "She'elah Na'a'amah." *Hashiloah* 17:193ff.

Erez, Yehuda, ed. 1953. *David Ben-Gurion: Album*. Ayanot.

Erez, Yehuda, ed. 1971. *Igrot David Ben-Gurion*, vol. 1. Am Oved.

Erez, Yehuda, ed. 1972. *Igrot David Ben-Gurion*, vol. 2. Am Oved.

Erez, Yehuda, ed. 1974. *Igrot David Ben-Gurion*, vol. 3. Am Oved.

Eshed, Haggai. 1979. *Mi Natan et Hahora'ah*. Idanim. Eshel, Nimrod. 1994. *Shevitat Hayama'im*. Am Oved.

Even, Uri. 1974. *Arik: Darko shel Lohem*. Bustan.

Ever Hadani. 1955. *Hityashvut Bagalil Hatahton*. Masada.

Falk, Aner. 1987. *David Melech Yisra'el*. Tammuz-Bar.

Feldstein, Ariel. 1998. "Shlosha Yamim Behodesh Iyar." *Iyunim Bitkumat Yisra'el* 8:354ff.

Fichman, Jacob. 1974. "Megilat Ha'esh." p. 314. in Gershon Shaked, ed. *Bialik: Yetzirato Lesugeha Bere'i Habikoret*. Bialik Institute.

Fisher, Louise, ed. 1994. *Chaim Weizmann*. Israel State Archives.

Fisher, Louise, ed. 2007. *Moshe Sharett: The Second Prime Minister*. Israel State Archives.

Flatau, Israel. 1963. "R. Avraham Gruen." p.272. in Shlomo Zemach, ed. *Sefer Płońsk Uvnoteha*. Irgun Yotzei Płońsk.

Flexer, Yechiel. 1980. *Mar'ot Haknesset*. Self-published.

Foreign Relations of the United States, 1946: *The Near East and Africa* 7, 17 (1969). Washington, D.C.: U.S. Department of State.

Frankel, Jonathan. 1958. "Sefer ' Yizkor' Mishnat 1911." *Yahadut Zemaneinu* 4:88ff.

Frankel, Jonathan. 1990. "Hitnagedut Hasotzialism Letziyonut." p.147ff. in Haim Avni and Gideon Shimoni. *Hatziyonut Umitnagdeha Ba'am Hayehudi*. Hasifriyah Hatziyonit.

Freundlich, Yehoshua, ed. 1992. *Te'udot Lamediniyut Hahutz*. Israel State Archives.

Friedman, Isaiah. 1991. "Hitarvutan Shel Germaniyah Ve'Artzot Habrit." p. 168ff. in Mordechai Eliav, ed. *Bamatzor Uvamatzuk*. Yad Ben-Zvi.

Friedman, Isaiah. 1994. "Herzl Ufulmus Uganda." *Iyunim Bitkumat Yisra'el* 4:175ff.

Friedmann, Daniel. 2015. *Lifnei Hama'hapechah*. Yediot Aharonot.

Friling, Tuvia. 1994. "Istanbul 1944." *Iyunim Bitkumat Yisra'el* 4:299ff.

Friling, Tuvia. 1998. *Hetz Ba'arafel*. Ben-Gurion Heritage Center.

Frister, Roman. 1987. *Lelo Pesharah*. Zmora Bitan.

Furlonge, Geoffrey. 1969. *Palestine Is My Country*. London: John Murray.

Gali, Elkana. 1962. "Petek Shehishir Ahad Hasarim Hevi et Habchiah Ledorot." *Yediot Aharonot*, March 16.

Galili, Elazar. 1988. *Zichronotav*. Afikim.

Galili, Israel. 1990. *El Ve'al*. Hakibbutz Hameuhad.

Ganin, Zvi. 1978. "Tochnit Hahalukah Vashelihut Dr. Nahum Goldmann." *Hatziyonut*:227.

Gaon, Boaz. 2008. "Dayan Natan et Hahora'ah." *Ma'ariv*, Oct. 8.

Gazit, Shlomo. 2016. *Bitzematim Machri'im*. Yediot Aharonot.

Gelber, N(athan) M(ichael). 1963. "Toldot Yehudei Płońsk Uvnoteha." p. 9ff. in Shlomo Zemach, ed. *Sefer Płońsk Uvnoteha*. Irgun Yotzei Płońsk.

Gelber, Yoav. 1990a. " 'Masada': Haganah al Eretz-Yisra'el Bemilhemet Ha'olam Hasheniyah." Bar-Ilan.

Gelber, Yoav. 1990b. *Moledet Hadashah*. Yad Ben-Zvi.

Genichovsky, Dov. 1993. "Hamilhamah neged Haprutzot." p.417ff. in Ya'akov Gross, ed. *Yerushalayim 1917–1918*. Koresh.

Giere, Jacqueline, and Rachel Salamander. 1995. *Ein Leben aufs neu*. Vienna: Christian Brndstaetter.

Gilad, Zrubavel, ed. 1953. *Sefer Hapalmach*. Irgun Havrei Hapalmach.

Giladi, Dan. 1971. "Hamashber Hakalkali." *Hatziyonunt* 2:119ff.

Giladi, Dan. 1973. *Hayishuv Bitkupfat Ha'aliyah Harivi'it*. Am Oved.

Giladi, Dan. 1999. "Hamoshavot Shelo Behasut Habaron." p.503ff. in Israel Kolatt, ed. *Toldot Hayishuv*, vol. 1. Israel Academy of Sciences.

Giladi, Dan, and Mordecai Naor. 2002. "Hayishuv Bamilhemet Ha'olam." p.457ff. in Israel Kolatt, ed. *Toldot Hayishuv*, vol. 1. Israel Academy of Sciences.

Gilbert, Martin. 2007. *Churchill and the Jews*. New York: Simon & Schuster.

Glass, Joseph B. 2002. *From New Zion to Old Zion: American Jewish Immigration and Settlement in Palestine, 1917–1939*. Detroit, Mich.: Wayne State University Press.

Golan, Haim, ed. 1989. *Mishlahat Po'alei Zion*. Yad Tabenkin.

Golan, Matti. 1989. *Rofe*. Zmora-Bitan.

Golani, Motti. 1994. "Dayan Movil Lemilhamah." *Iyunim Bitkumat Yisra'el* 4:117ff.

Golani, Motti. 1997. *Tehiyeh Milhamah Bakayitz*. Ma'arachot.

Golani, Motti. 2008. "Hameina'i shel 'Homah Umigdal.' " p.340. in Ya'akov and Rena Sharett, eds. *Shoher Shalom*. Moshe Sharett Heritage Society.

Goldberg, Giora. 1992. "Ben-Gurion ve-'Hazit Ha'am.' " *Medinah, Mimshal, Veyehasim Beinle'umi'im* 35:51ff.

Goldstein, Yossi. 1996. "Ussishkin U'farashat Uganda.' " *Hatziyonut* 20:9ff.

Goldstein, Yossi. 2003. *Eshkol*. Keter.

Goldstein, Yossi. 2012. *Golda*. Ben-Gurion University.

Goldstein, Yossi. 2016. *Anu Hayinu Harishonim*. Bialik Institute.

Goldstein, Yossi. In progress. *Ben-Gurion: Biografiyah*. Bar-Ilan University.

Gordon, Shmuel Leib. Undated. *Sefer Iyov*. Masada.

Gorny, Yosef. 1971. *Hitahdut Tzionit Sotzialistit*. Tel Aviv University.

Gorny, Yosef. 1973. *Ahdut Ha'avodah*. Tel Aviv University.

Gorny, Yosef. 1975. "Shorasheha shel Toda'at Ha'imut." *Hatziyonut*:72ff.

Gorny, Yosef. 1988. "Mi ma'amad Le'am." p.73ff. in Shlomo Avineri, ed. *David Ben-*

Gurion. Am Oved.

Gorny, Yosef. 2002. "Hayishuv Hehadash." p.415. in Israel Kolatt, ed. *Toldot Hayishuv*, vol. 2. Israel Academy of Sciences.

Goschler, Constantin. 2005. *Schuld und Schulden*, *Die Politik der Wiedergutmachung fuer NS Verfolgte seit* 1945. Goettingen: Wallstein.

Gouri, Haim. 1963. "Al Habushah." *Lamerhav*, May 14.

Gouri, Haim. 1982. "Otzmah." *Ma'arachot* 285 (Dec.): 11ff.

Govrin, Nurit. 1989. *Dvash Misela*. Ministry of Defense.

Govrin, Nurit. 2006. "Shetei Predot: David Ben-Gurion UShlomo Zemach." *Ha'aretz*, May 29.

Govrin, Nurit. 2008. *Kriyat Hadorot*. Carmel.

Greenberg, Yitzhak. 1989. *Ra'ayon Hevrat Ha'ovdim*. Am Oved.

Gris, Ze'ev. 2009. "Manhigut Ruhanit Vecho'ah Politi." p.20ff. in Israel Rozenson and Oded Yisraeli, eds. *Heyil Baru'ah*. Ministry of Defense.

Grisaru, Nimrod. 1971. "Reshito shel Kibbutz Sde Boker." Photocopy of final course paper in the National Library of Israel.

Grodzensky, Shlomo. 1965. "Mitoch Hirhurim Ba'ishiyut shel D. Ben-Gurion." *Davar*, Aug. 27.

Gruen, Avraham. 1963. "Sihot im Admorim." p.272ff. in Shlomo Zemach, ed. *Sefer Płońsk Uvnoteha*. Irgun Yotzei Płońsk.

Gruenbaum, Yitzhak. 1963. "Yalduti." p.86ff. in Shlomo Zemach, ed. *Sefer Płońsk Uvnoteha*. Irgun Yotzei Płońsk.

Habas, Bracha. 1950. "Ehad Vedoro." *Dvar Hashavua* (weekly series in forty-seven installments).

Habas, Bracha. 1952. *David Ben-Gurion Vedoro*. Masada.

Hacohen, David. 1974. *Et Lesaper*. Am Oved.

Hacohen, Dvora. 1994a. *Olim Bisa'arah*. Yad Ben-Zvi.

Hacohen, Dvora. 1994b. *Tochnit Hamilyon*. Ministry of Defense.

Hagani, Amira. 2010. *Beguf Rishon Rabim*. Hakibbutz Hameuhad.

Halamish, Aviva. 1990. "Hakrav al ' Exodus. ' " p. 302ff. in Anita Shapira, ed. *Haha'apalah*. Tel Aviv University and Am Oved.

Halamish, Aviva. 1993. "Ha'im Haytah Shenat 1933 Nekudat Mifneh?" *Iyunim Bitkumat Yisra'el* 3:98ff.

Harel, Isser. 1982a. *Mivtza Yossele*. Idanim.

Harel, Isser. 1982b. *Mashber Hamad'anim*. Sifriyat Ma'ariv.

Harel, Isser. 1989. *Bitahon Vedemokratiyah*. Idanim.

Hareuveni, Imanuel. 1999. *Leksikon Eretz-Yisra'el*. Yediot Aharonot.

Harman, Avraham, and Yigael Yadin, eds. 1948. *Be'asor Leyisra'el*. Masada.

Haver, Yosef. 1910. "Al Hizayon Hashmad." *Hapo'el Hatza'ir* (Nov.-Dec.).

Hayo'etz Hamishpati Lamemshalah neged Adolf Eichmann: *Pesak Hadin*. Merkaz Hahasbara.

Hazkani, Shay. 2015. "Sipuro shel Hadoh Hahatrani al ' Be'ayat Hamizrahim' BeTzahal." *Ha'aretz*, Aug. 12.

Heller, Daniel. 2017. *Jabotinsky's Children*: *Polish Jews and the Rise of Right-Wing Zionism*. Princeton, N.J.: Princeton University Press.

Heller, Joseph. 1981. "Hamediniyut Hatziyonit Bazirah Habeinleumit." *Shalem* 3:213ff.

Heller, Joseph. 2010. *Yisra'el Vehamilhamah Hakarah*. Ben-Gurion Research Institute for the Study of Israel and Zionism.

Herzl, Theodor. 1960. *Kitvei Herzl*. Neuman.

Herzl, Theodor. 1960. *The Complete Diaries of Theodor Herzl*. Raphael Patai, ed. New York: Herzl Press and Thomas Yoseloff.

Herzl, Theodor. 1989. *The Jewish State*. New York: Herzl Press.

Heschel Yeivin, Yehoshua. 1937. *Pesha Hadamim shel Hasochnut*. No publisher.

Hestermann, Jenny. 2016. *Inszenierte Versoehnung*. Frankfurt: Campus.

Hillel, Shlomo. 1985. *Ruah Kadim*. Yediot Aharonot.

Hoffman, Bruce. 2015. *Anonymous Soldiers*: *The Struggle for Israel*, *1917 – 1947*. New York: Knopf.

Holtzman, Avner. 1993. "Bein MichaYosef Berdichevsky LeDavid Ben-Gurion." *Iyunim Bitkumat Yisra'el* 3:191ff.

Horowitz, David. 1951. *Bishlihut Medinah Noledet*. Schocken.

Horwitz, Dalia. 1981. "Rashei Hamosdot Hatziyoni'im." *Hatziyonut* 7:95.

Jabotinsky, Ze'ev. 1932. "Ken Lishbor." *Hazit Ha'am*. Dec. 2.

Jabotinsky, Ze'ev. 1949. "Mah Aleinu La'asot: Ha'avodah Be'eretz Yisra'el." p.21. in Ze'ev Jabotinsky. *Ketavim Tzionim*. E. Jabotinsky.

Jabotinsky, Ze'ev. 1953. "Al Kir Habarzel." p.260ff. in Ze'ev Jabotinsky. *Ketavim*. E. Jabotinsky. Vol. 11.

Jabotinsky, Ze'ev. 1981. *Ekronot Manhim Live'ayot Hasha'ah*. Jabotinsky Institute.

Jaffe, Aharon. 2015. "Baderech LeYisra'el Maftzitzim et Kahir." *Ma'arachot* 450 (April):50ff.

The Jewish Case Before the Anglo-American Committee of Inquiry on Palestine. 1947. Jerusalem: The Jewish Agency for Palestine.

Josephus with an English Translation by Ht. St. J. Thackeray. 1956. Cambridge, Mass. and London: Harvard University Press and William Heinemann.

Kabalo, Paula. 2003. "Ezrahim Mitbagrim: Kinus Hatalmidim BeSheikh Munis." *Yisra'el* 4:123ff.

Kabalo, Paula. 2007. *Shurat Hamitnadvim*. Am Oved.

Kadish, Alon, and Benjamin Z. Kedar, eds. 2005. *Me'atim mul Rabim ?* Magnes.

Kafkafi, Eyal. 1993. "Hakera Be'Ein Harod." *Iyunim Bitkumat Yisra'el* 3:437ff.

Kafkafi, Eyal. 1998. *Anti-Mahiah*. Am Oved.

Kagan, Berl. 1986. *Lexicon of Yiddish Writers*. New York: Ilman-Kohen.

Kanaan, Haviv. 1974. *200 Yemei Haradah*. Mul-Art.

Kanari, Baruch. 2009. "Yitzhak Tabenkin, Hasho'ah, Umilhemet Ha'olam Ha'sheniyah." p. 420ff. in Dina Porat, ed. *Sho'ah Mimerhak Tavo: Ishim Bayishuv Ha'eretz-Yisra'eli Vayahasam Lanatzism Velasho'ah, 1933–1948*. Yad Ben-Zvi.

Kantrovitz, Nati. 2007. "Lahatzot et Hashichehah." *Yisra'el* 12:217ff.

Karlinsky, Nahum. 2000. *Prihat Hehadar*. Magnes.

Katz, Shmuel. 1993. *Jabo*. Dvir.

Katz, Yossi. 1998. "Eitan Beda'ato." *Iyunim Bitkumat Yisra'el* 8:347ff.

Katz, Yossi. 2000. *Medinah Baderech*. Magnes.

Katzman, Avi. 1985. "Hayav Umoto shel Haterorist Ha'ivri Harishon." *Koteret Rashit* 10 (July).

Katznelson, Berl. 1949. *Ketavim*. Mifleget Po'alei Eretz-Yisra'el.

Kedar, Nir. 2004. "Hamamlachtiyut Harepublikanit." *Iyunim Bitkumat Yisra'el* 14:131ff.

Kedar, Nir. 2015. *Ben-Gurion Vehahukah*. Dvir.

Kenan, Irit. 1991. "She'erit Hapleitah." *Iyunim Bitkumat Yisra'el* 1:343ff.

Keren, Michael. 1988. *Ben-Gurion Veha'intelektu'alim*. Ben-Gurion University.

Kettaneh, Francis A. 1942. "From Chariots to Tanks." *The Rotarian* (May):16.

Kettaneh, Francis A. 1949. *A Proposed Solution of the Palestine Refugee Problem* 1949. Council on Foreign Relations.

Klinitz-Vigdor, Tova. 1963. "Reshit Hasafah Ha'ivrit Be'irenu." p. 228. in Shlomo Zemach, ed. *Sefer Płońsk Uvnoteha*. Irgun Yotzei Płońsk.

Knesset Yisra'el. 1949. *Hava'ad Hale'umi: Sefer Te'udot*.

Kolatt, Israel. 1988. "Ha'im Haya Ben-Gurion Sotziyalist?" p.118. in Shlomo Avineri, ed. *David Ben-Gurion*. Am Oved.

Kollek, Teddy. 1979. *Yerushalayim Ahat*. Ma'ariv.

Kressel, Getzel. 1953. *Em Hamoshavot Petah Tikvah*. Petah Tikvah Municipality.

Kroyanker, David. 2002. *Shechunot Yerushalayim*. Jerusalem Institute for Israel Studies and Keter.

Kroyanker, David. 2005. *Rehov Yafo*. Jerusalem Institute for Israel Studies and Keter.

Lahav, Pnina. 1999. *Yisra'el Bamishpat*. Am Oved.

Lam, Vered. 1990. "Me'ahevet David." *Monitin*, Sept.

Lamdan, Yitzhak. 1955. *Yizkor*. Ministry of Defense.

Lamdan, Yosef. 1999. "Ha'aravim Vehatziyonut, 1882–1914." p.215ff. in Israel Kolatt, ed. *Toldot Hayishuv*, vol. 1. Israel Academy of Sciences.

Laor, Dan. 2013. *Alterman*. Am Oved.

Lapidot, Yehuda. 1994. *Hasaizon*. Jabotinsky Institute.

Laqueur, Walter. 1972. *A History of Zionism*. New York: Holt, Rinehart and Winston.

Laskov, Shulamit, ed. 1982. *Ketavim Letoldot Hibat Tziyon*. Tel Aviv University.

Laskov, Shulamit. 1979. *Habilu'im*. Hasifriyah Hatziyonit.

Laskov, Shulamit. 1999. "Hamoshavot shebli Temichah." p.351ff. in Israel Kolatt, ed. *Toldot Hayishuv*, vol. 1. Israel Academy of Sciences.

Lavi, Shlomo. 1936. "Lezichro shel Simcha Isaac."*Davar*, April 20.

Lavi, Shlomo. 1947. *Megilati BeEin-Harod: Ra'ayonot, Zichronot, Uma'asim*. Am Oved.

Lavi, Shlomo. 1948. "El Hano'ar Hameshuseh."*Davar*, July 29.

Lavi, Shlomo. 1957. *Aliyato Shel Shalom Lish*. Am Oved.

Lavi, Shlomo. 1968. *Ma'arachot*. Ayanot.

Lavid, Lior. 2012. "Bechiyah Ledorot."*Yisra'el* 4:68ff.

Lavie, Aviv. 2005. "Huhlat Vekuyam."*Ha'aretz*, Oct. 8.

Lazar, Hadara. 2012. *Shisha Yehidim*. Hakibbutz Hameuhad.

Lev, Uziel. 1983. "MiBar-Giora LeHashomer." p.135ff. in Shmuel Stempler, ed. *Hayishuv Ba'et Hahadashah*. Ministry of Defense.

Levy, Yitzhak. 1986. *Tish'a Kabin*. Ma'arachot.

Liebman, Charles S. 1974. "Diaspora Influence on Israel: The Ben-Gurion-Blaustein 'Exchange' and Its Aftermath." *Jewish Social Studies* 36:271ff.

Lissak, Moshe. 1986. "Binyan Mosdot Betefisat Ben-Gurion." p.109ff. in Shlomo Avineri, ed. *David Ben-Gurion*. Am Oved.

Lissak, Moshe. 1994. "Aliyah, Kelitah, Uvinyan Hevrah." p.173ff. in Moshe Lissak, ed. *Toldot Hayishuv*, vol. 2. Israel Academy of Sciences.

Litvinoff, Barnet, ed. 1978. *The Letters and Papers of Chaim Weizmann*. Jerusalem: Israel Universities Press, 1978.

Louis, Roger. 1984. *The British Empire in the Middle East 1945–1951*. Oxford, U.K.: Clarendon.

Ludvipol, Avraham. 1901. "Be'eretz Ha'avot."*Hatzefirah*, Feb. 27.

Lufban, Yitzhak. 1933. "Betzilo Shel Tzlav Hakeres."*Hapo'el Hatza'ir*, March 21.

Man, Rafi. 2012. *Hamanhig Vehatikshoret*. Am Oved.

Mann, Nir. 2012. *Hakiryah Bishnot Kinunah*. Carmel.

Mansour, Atallah. 2004. *Hofen Adamah*. Ministry of Education.

McDonald, James G. 2015. *To the Gates of Jerusalem*. Bloomington: Indiana University Press.

Medzini, Meron. 2008. *Golda*. Yediot Aharonot.

Meir, Golda. 1975. *My Life*. Weidenfeld and Nicolson.

Meiri, Shmuel. 1971. *Kehilat Płońsk*. Ministry of Education and Culture.

Meltzer, Emanuel. 2001. "Hama'arach Hapoliti shel Yahadut Polin." p.427. in Israel Bartal and Israel Gutman, eds. *Kiyum Vashever*. Merkaz Zalman Shazar. Vol. 1.

Messer, Oded. 1996. *Tochniyot Operativiyot shel Hahaganah*. Hamerkaz Letoldot Ko'ach Hamagen.

Michaeli, Ben-Zion. 1991. *Ben-Gurion BeSejera*. Ministry of Defense.

Michelson, Mottel. 1963. "Magefat Haholira Vehupah Beveit Ha'almin." p. 125ff. in Shlomo Zemach, ed. *Sefer Płońsk Uvnoteha*. Irgun Yotzei Płońsk.

Minhelet Ha'am. 1978. *Protokolim*. Israel State Archives.

Mintz, Matityahu. 1983. "Yozmat Pinhas Rutenberg." *Hatziyonut* 8:181ff.

Mintz, Matityahu. 1986a. *Haver Veyariv*. Yad Tabenkin.

Mintz, Matityahu. 1986b. "Bein David Ben-Gurion LeYitzhak Ben-Zvi." *Cathedra* 44:81ff.

Mintz, Matityahu. 1988. "Hakontzeptziyah Hahistorit." *Hatziyonut* 13:69ff.

Moked, Gabriel. 1971. "Va'ad Hahatzalah." *Yalkut Moreshet* 13 (June):60ff.

Moked, Gabriel. 1982. "Tefisot Meshihiyot." *Cathedra* 24 (July):52ff.

Moked, Gabriel. 2014. *Tefisot Hayahadut shel Hayim Nahman Bialik*. Emda Hadashah—Achshav.

Morris, Benny. 1987. *The Birth of the Palestinian Refugee Problem*. Cambridge, U.K.: Cambridge University Press.

Morris, Benny. 1991. *Ledatah shel Be'ayat Haplitim Hafalastinim*. Am Oved.

Morris, Benny. 1993. *Israel's Border Wars 1949–1956*. Oxford: Claredon.

Morris, Benny. 2000. "He'arot al Hahistoriografiyah Hatziyonit." p.23. in Benny Morris. *Tikun Ta'ut*. Am Oved.

Morris, Benny. 2005. "The Historiography of Deir Yassin." *Journal of Israeli History* 24, no. 1 (March), 79ff.

Morris, Benny. 2008. *1948: A History of the First Arab-Israeli War*. New Haven, Conn.: Yale University Press.

Mortimer, Gavin. 2010. *The Blitz*. Oxford, U.K.: Osprey.

Nachmani, Amikam. 1987. *Great Power Discord in Palestine*. London: Frank Cass.

Nakdimon, Shlomo. 1978. *Altalena*. Idanim.

Nakdimon, Shlomo. 2011. "May 1948." p.33ff. in Avraham Diskin, ed. *Mi'Altalena ad Henah*. Carmel and Begin Heritage Center.

Nakdimon, Shlomo, and Shaul Mayzlish. 1985. *De Haan*. Modan.

Naor, Mordechai, and Dan Giladi, eds. 1993. *Eretz Yisra'el Bame'ah Ha'esrim*. Ministry of Defense.

Naor, Mordechai, ed. 1988. *Aliya Bet*. Yad Ben-Zvi.

Navon, Yitzhak. 2015. *Kol Haderech*. Keter.

Ne'eman, Yuval. 1995. "Yisra'el Be'idan Haneshek Hagar'ini." *Nativ* 5:35ff.

Neumann, Boaz. 2009. *Teshukat Hahalutzim*. Am Oved.

Nevo, Amos. 1983. "Kach Tichnen Ben-Gurion Legayer et HaBedu'im." *Yediot Aharonot*,

Shivah Yamim, Nov. 25.

Nevo, Amos. 1993. "Sali Shel Haruhot." *Yediot Aharonot*, *Shivah Yamim*, Jan. 15.

Nini, Yehuda. 1996. *Hahayit o Halamti Halom*. Am Oved.

Nordheimer, Nur Ofer. 2014. *Eros and Tragedy: Jewish Male Fantasies and the Masculine Revolution of Zionism*. Boston: Academic Cultural Press.

Ofer, Dalia. 1988. *Derech Hayam*. Yad Ben-Zvi.

Ohana, David. 2003. *Meshihiyut Vemamlachtiyut*. Ben-Gurion Research Institute for the Study of Israel and Zionism.

Ohana, David, and Michael Feige. 2010. "Halvayah al Saf Matzok." *Israel* 17:25ff.

Ohry, Avi, and Jenny Tsafrir. 2000. "David Ben-Gurion, Moshé Felden Kreis, and Raymond Dart." *Israel Medical Association Journal* 2:1 (Jan.):66ff.

Oren, Elhanan. 1976. *Baderech el Ha'ir*. Ma'arachot.

Oren, Elhanan. 1985. "Mashber Hapikud Ha'elyon." *Ma'arachot* 298 (March – April):50ff.

Orian, Noah. 2012. *Hameyased Hanishkah*. Hasifriyah Hatziyonit.

Ostfeld, Zehava, ed. 1988. *Hazaken Veha'am*. IDF Archive.

Padeh, Benny. 1993. "Eilat Bahazon Hatziyoni." *Ariel* (June):203.

Palestine Royal Commission. *Report*. London: HM Stationery Office. 1937.

Peled, Ammatzia. 2007. *Madrich Harehovot*. University of Haifa.

Penslar, Derek J. 1991. *Zionism and Technocracy: The Engineering of Jewish Settlement in Palestine, 1870–1918*. Bloomington: Indiana University Press.

Penslar, Derek Jonathan. 2004. "Herzl Veha'aravim Hafalastini'im." *Yisra'el* 6:149ff.

Peres, Shimon, in conversation with David Landau. 2011. *Ben-Gurion: A Political Life*. New York: Nextbook-Schocken.

Picard, Avi. 2013. *Olim Bimsorah*. Ben-Gurion Institute for the Study of Israel and Zionism.

Poles. 1962. "Habchiyah Ledorot o Hinuh Lekalut Hada'at." *Ha'aretz*, March 23.

Porat, Dina. 1986. *Hanhagah Bemilkud*. Am Oved.

Porat, Dina. 2009. "Aseh Hakol Leamet Mivrakecha." p.449. in Dina Porat, ed. *Sho'ah Mimerhak Tavo: Ishim Bayishuv Ha'eretz-Yisra'eli Vayehesam Lanatzism Ulesho'ah, 1933–1948*. Yad Ben-Zvi.

Porat, Dina. 2011. *Kafeh Haboker Bere'ah He'ashan*. Am Oved and Yad Vashem.

Porat, Dina, and Yechiam Weitz, eds. 2002. *Bein Magen David Letelai Tzahov*. Yad Vashem and Yad Ben-Zvi.

Prinz, Joachim. 2008. *Rebellious Rabbi*. Bloomington: Indiana University Press, 2008.

Procopius. 1914. *History of the Wars*. Cambridge, Mass.: Harvard University Press.

Rabin, Yitzhak. 1979. *Pinkas Sherut*. Ma'ariv.

Rabinovich, Itamar. 1991. *Hashalom Shehamak*. Keter.

Rabinowitz, A.Z., ed. 1911. *Yizkor*. No publisher.

Rafael, Gideon. 1981. *Besod Le'umim*. Idanim.

Raider, Mark A. 1998. *The Emergence of American Zionism*. New York: New York University Press.

Ram, Hannah. 1977. "Hathalot Shel Avodat Adamah Biydei Yehudim Be'eizor Yafo." *Cathedra* 6 (Dec.):20ff.

Ratner, Yohanan. 1978. *Hayai Ve'ani*. Schocken.

Ratosh, Yonatan. 1974. "Shirat Ha'ahavah Hazarah etzel Bialik." p. 309. in Gershon Shaked, ed. *Bialik: Yetzirato Lesugeha Bere'i Habikoret*. Bialik Institute.

Raz, Adam. 2013. "Baderech LeDimona: Reshitah Shel Hamahloket al Mediniyut Hagar'in HaYisra'elit." *Politika* 25:107ff.

Raz, Adam. 2015. *Hama'avak al Hapetzazah*. Carmel.

Reinharz, Jehuda, ed. 1978. *The Letters and Papers of Chaim Weizmann*. Series A— *Letters*. Vol. IX. Jerusalem: Transaction Books, Rutgers University, Israel Universities Press.

Reinharz, Jehuda. 1993. *Chaim Weizmann: The Making of a Statesman*. New York: Oxford University Press.

Reinharz, Jehuda, et al., eds. 2005. *Im Hazerem Venegdo*. Yad Ben-Zvi.

Reshef, Shimon. 1987. "Ben-Gurion Vehachinuch Ha'ivri." *Cathedra* 43 (March):114ff.

Reuveni, Aharon. 1932. *Bereshit Hamevuchah*. Omanut.

Rogel, Nakdimon. 1993. "Mi Harag et Avraham Yosef Berl." *Cathedra* 69 (Sept.):165ff.

Rogel, Nakdimon. 1999. "Mah Yada Ben-Gurion al Tel Hai?" *Iyunim Bitkumat Yisra'el* 1:28ff.

Ronen, Avihu. 1986. "Shelihutah Shel Helinkah." *Yalkut Moreshet* 42:55ff.

Ronen, Moshe. 2013. *Tehomot Ushehakim*. Yediot Aharonot.

Rose, Norman. 1990. *Chaim Weizmann*. Domino.

Rosenfeld, Aharon. 1982. *Hayai*. No publisher.

Rosenfeld, Shalom. "Bizchut Hahistoriyah Uvignut Hahastakah." *Ma'ariv*, April 12, 1963.

Rosenman, Avraham. 1992. *Hashamashim Ruppin Ve'Eshkol*. World Zionist Organization.

Rosenthal, Reuven Rubik. 2000. *Kafr Qasim*. Hakibbutz Hameuhad.

Rosenthal, Yemima, ed. 1994. *Chaim Weizmann*. Israel State Archives.

Rosenthal, Yemima. 1979. *Khronologiyah Letoldot Hayishuv*. Yad Ben-Zvi.

Salmon, Yosef. 1990. "Teguvat Haharedim." p.51ff. in Haim Avni and Gideon Shimoni. *Hatziyonut Umitnagdeha Ba'am Hayehudi*. Hasifriyah Hatziyonit.

Salomon, Ya'akov. 1980. *Bedarki Sheli*. Idanim.

Schulman, Samuel. 1917. "Jewish Nation Not Wanted in Palestine." *New York Times*, Nov. 25.

Scott, Ury Y. 2012. *Barricades and Banners: The Revolution of 1905 and the*

Transformation of Warsaw Jewry. Palo Alto, Calif.: Stanford University Press.

Seckbach, Efrat. 2013. "Pe'ulat Hanakam shel Meir Har-Zion." *Yisra'el* 21:37ff.

Segev, Tom. 1986. 1949: *The First Israelis*. New York: Free Press.

Segev, Tom. 1993. *The Seventh Million: The Israelis and the Holocaust*. New York: Hill & Wang.

Segev, Tom. 2000. *One Palestine, Complete: Jews and Arabs Under the British Mandate*. New York: Metropolitan Books.

Segev, Tom. 2006. "Pezatzot Be'Iraq." *Ha'aretz*, April 7.

Segev, Tom. 2007. "Hehalal Harishon." *Ha'aretz*, Dec. 4.

Segev, Tom. 2007. *1967: Israel, the War, and the Year that Transformed the Middle East*. New York: Metropolitan Books.

Segev, Tom. 2010. *Simon Wiesenthal: The Life and Legend*. New York: Doubleday.

Shachar, Yoram. 2002. "Hatiyutot Hamukdamot." *Iyunei Mispat* 26:2 (Nov.):523ff.

Shaked, Gershon, ed. 1974. *Bialik: Yetzirato Lesugeha Bere'i Habikoret*. Bialik Institute.

Shaked, Gershon. 1977. *Hasiporet Ha'ivrit*. Keter and Hakibbutz Hameuhad.

Shalom, Zaki. 1991. "Mediniyut Habitahon." *Iyunim Bitkumat Yisra'el* 1:141ff.

Shalom, Zaki. 1996. "Pegishat Ben-Gurion-Adenauer, March 14, 1960, Malon Waldorf Astoria." *Iyunim Bitkumat Yisra'el* 6:604ff.

Shaltiel, Eli, ed. 1996. *David Ben-Gurion: Mivhar Te'udot*. Israel State Archives.

Shaltiel, Eli. 1990. *Pinhas Rutenberg*. Am Oved.

Shaltiel, Eli. 2000. *Tamid Bemeri*. Am Oved.

Shamir, Shlomo. 1994. *Bechol Mechir LeYerushayim*. Ma'arachot.

Shapira, Anita. 1977. *Hama'avak Hanichzav*. Hakibbutz Hameuhad.

Shapira, Anita. 1980. *Berl*. Am Oved.

Shapira, Anita. 1985. *Mipiturei Harama ad Peruk HaPalmach*. Hakibbutz Hameuhad.

Shapira, Anita. 1988. "Ben-Gurion VeBerl: Shnei Tipusei Manhigut." p.45ff. in Shlomo Avineri, ed. *David Ben-Gurion*. Am Oved.

Shapira, Anita. 1989. *Hahalichah el Kav Ha'ofek*. Am Oved.

Shapira, Anita. 1992. *Herev Hayonah*. Am Oved.

Shapira, Anita. 2004. *Yigal Allon*. Hakibbutz Hameuhad.

Shapira, Anita. 2009. "Berl, Ha'antishemiyut Vehashoah." p.237ff. in Dina Porat, ed. *Sho'ah Mimerhak Tavo: Ishim Bayishuv Ha'eretz-Yisra'eli Vayehesam Lanatzism Ulesho'ah, 1933-1948*. Yad Ben-Zvi.

Shapira, Anita. 2014. *Ben-Gurion: Father of Modern Israel*. New Haven, Conn.: Yale University Press.

Shapira, Anita, ed. 1990. *Ha'apalah*. Tel Aviv University and Am Oved.

Shapira, Anita, ed. 2001. *Medinah Baderech*. Merkaz Zalman Shazar.

Shapiro, David H. 1994. *La'alot Bechol Haderachim*. Am Oved.

Shapiro, Jonathan. 1971. "Hamahloket Bayahadut Artzot Habrit." *Hatziyonut* 2:90ff.

Sharett, Moshe. 1968-1974. *Yoman Medini*. Am Oved.

Sharett, Moshe. 1978. *Yoman Ishi*. Ma'aiv.

Sharett, Moshe. 2003. *Yemei London*. Moshe Sharett Heritage Institute.

Sharett, Moshe. 2013. *Davar Davur*. Moshe Sharett Heritage Institute.

Sharett, Ya'akov, ed. 2007. *Pulmus Hashilumim*. Moshe Sharett Heritage Society.

Shavit, Ya'akov, ed. 1983. *Havlagah o Teguvah*. Bar-Ilan.

Shchori, Ilan. 1990. *Halom Shehafach Lekrach*. Avivim.

Sheffer, Gabriel. 2015. *Moshe Sharett*. Carmel.

Sheleg, Yair. 1998. *Ruah Hamidbar*. Ministry of Defense.

Shepard, Richard F., and Vicky Gold Levi. 2000. *Live and Be Well: A Celebration of Yiddish Culture in America*. New Brunswick, N.J.: Rutgers University Press.

Sherf, Ze'ev. 1959. *Sheloshah Yamim*. Am Oved.

Shihor, Shmuel. 1958. *1958-1961. Eser Hashanim Harishonot*. Ha'aretz.

Shilon, Avi. 2013. *Ben-Gurion: Epilog*. Am Oved.

Shiloni, Zvi. 1985. "Temurot Bahanhaga." *Cathedra* 35 (April):58ff.

Shlaim, Avi. 2000. *The Iron Wall: Israel and the Arab World*. New York: Norton.

Shlaim, Avi. 2007. *Lion of Jordan: The Life of King Hussein in War and Peace*. Allen Lane.

Shohat, Israel. 1962. "Shelihut Vaderech." in Yitzhak Ben-Zvi et al. *Sefer Hashomer*. Dvir.

Shtiftel, Shoshana, ed. 2008. *Tochnit Dalet*. Ministry of Defense.

Siebenmorgen, Peter. 2015. *Franz Josef Strauss: Ein Leben im Uebermass*. Munich: Siedler.

Sinai, Smadar. 2013. *Hashomrot Shelo Shamru*. Hakibbutz Hameuhad.

Sivan, Emmanuel. 1991. *Dor Tashah*. Ma'arachot.

Slater, Leonard. 1970. *The Pledge*. New York: Simon & Schuster.

Slutsky, Yehuda. 1973. *Sefer Toldot Hahaganah*, vol. 3. Am Oved.

Smilansky, Moshe. 1921. "Hame'ora'ot Birushalayim." *Ha'aretz*, Feb. 24.

Smilansky, Moshe. 1936a. "Leshe'elot Eretz Yisra'el." p.1ff. in Moshe Smilansky. *Kitvei Smilansky*, vol. 11. Hitahdut Ha'ikarim.

Smilansky, Moshe. 1936b. "Hatziyonut Hama'asit." p.36ff. in Moshe Smilansky. *Kitvei Smilansky*, vol. 11. Hitahdut Ha'ikarim.

Smilansky, Yizhar. 1993. "Hu Hayah Savur Shehasofrim Ya'aniku La'am et Hamabat Hahistori." *Iyunim Bitkumat Yisra'el* 3:1ff.

Soker, Y., and Yitzhak Ivri. 1933. "Im Aliyato Shel Hitler." *Hapo'el Hatza'ir*, May 26.

Stein, Kenneth W. 1984. *The Land Question in Palestine, 1917-1939*. Chapel Hill: University of North Carolina Press.

Stern, Eliahu. 1974. *Khronologiyah Letoldot Hayishuv*. Yad Ben-Zvi.

Sternhell, Ze'ev. 1986. *Binyan Umah o Tikun Hevrah*. Am Oved.

Tamir, Shmuel. 2002. *Ben Ha'aretz Hazot*. Zmora-Bitan.

Tarle, Eugene. 1942. *Napoleon's Invasion of Russia*. New York: Oxford University Press.

Teveth, Shabtai. 1977. *Kinat David*, vol. 1. Schocken.

Teveth, Shabtai. 1980. *Kinat David*, vol. 2. Schocken.

Teveth, Shabtai. 1982. *Retzah Arlosoroff*. Schocken.

Teveth, Shabtai. 1985. *Ben-Gurion Ve'arviyei Yisra'el*. Schocken.

Teveth, Shabtai. 1987a. *Ben-Gurion: The Burning Ground, 1886 – 1948*. Boston: Houghton Mifflin.

Teveth, Shabtai. 1987b. *Kinat David*, vol. 3. Schocken.

Teveth, Shabtai. 1992. *Onat Hagez Vekalban*. Ish Dor.

Teveth, Shabtai. 1999. *Hashanim Hane'elamot*. Dvir.

Teveth, Shabtai. 2004. *Kinat David*, vol. 4. Schocken.

Toeplitz, Uri. 1992. *Sipurah shel Hatizmoret Hafilharmonit*. Sifriyat Poalim.

Tohn, Yehoshua. 1911. "Mesirut Nefesh." p.17ff. in *Yizkor*. No publisher.

Tomaszewski, Jerzy. 2001. "Hayehudim Bemeshek Polin." p.415ff. in Israel Bartal and Israel Gutman, eds. *Kiyum Veshever*. Merkaz Shalman Shazar. Vol. 1.

Toubi, Ya'akov. 2001. "Mediniyut Yisra'el klapei Retzu'at Azah." *Jama'ah* 7:9ff.

Toubi, Ya'akov. 2003. "David Ben-Gurion, Moshe Sharett, Vesugiyat Ma'amadah shel Retzu'at Azah." *Iyunim Bitkumat Yisra'el* 13:139ff.

Tsoref, Haggai, ed. 1998. *Yitzhak Ben-Zvi*. Israel State Archives.

Tsur, Muki, ed. 1998. *Im Einech Bodedah*. Hakibbutz Hameuhad.

Tsur, Ya'akov. 1968. *Yoman Paris*. Am Oved.

Tuchman, Barbara W. 1981. "The Assimilationist Dilemma: Ambassador Morgenthau's Story." p.208ff. in Barbara Tuchman. *Practicing History*. New York: Knopf.

Turel, Sarah. 2006. *Gilguleha shel Utopia*. Eretz Israel Museum.

Turgan, Sagi. 2015. "Kur Hahituh." p.332. in Alon Kadish, ed. *Tashah Ve'eilah*. Modan.

Twenty-Second Zionist Congress. 1947. *Din Veheshbon Stenografi*. Zionist Organization Executive.

Tzachor, Ze'ev. 1981. *Baderech Lehanagat Hayishuv*. Yad Ben-Zvi.

Tzachor, Ze'ev. 1990. "Va'adat Habirur Livdikat Hakibbutz Hahasha'i." *Cathedra* 58 (Dec.):128ff.

Tzachor, Ze'ev. 1994. *Hehazon Vehaheshbon*. Yediot Aharonot.

Ury, Scott. 2012. "Yehudim Tze'irim, Arim Gedolot." *Zemanim* 119 (Summer):58ff.

Ussishkin, Menachem. 1934. *Sefer Ussishkin*. Hava'ad Lehotza'at Hasfer.

Verses, Shmuel. 2001. "Hasifrut Ha'ivrit BePolin." p.151ff. in Israel Bartal and Israel Gutman, eds. *Kiyum Vashever*. Merkaz Zalman Shazar. Vol. 1.

Vester, Valentine, ed. 2008. *The American Family Album*. Jerusalem: The American Colony.

Watts, Lawrence D. 1942. "A District Governor in Palestine."*The Rotarian* (Dec.):41ff.

Weisgal, Meyer. 1971. *So Far*. New York: Random House.

Weitz, Yechiam. 1980. "She'erit Hapletah."*Yalkut Moreshet* 19 (May):53ff.

Weitz, Yechiam. 2001. "Hapredah Meha'av Hameyased." p.73ff. in Anita Shapira, ed. *Medinah Baderech*. Merkaz Zalman Shazar.

Weitz, Yechiam. 2007. "Moshe Sharett Vaheskem Hashilumim." p. 11. in Ya'akov Sharett, ed. *Pulmus Hashilumim*. Ha'amutah Lemoreshet Moshe Sharett.

Weitz, Yechiam. 2012. *Bein Jabotinsky LiMenachem Begin*. Magnes.

Weitz, Yechiam. 2014a. "Pinhas Lavon Bazirah Hapolitit." *Iyunim Bitkumat Yisra'el* 24:332ff.

Weitz, Yechiam. 2014b. "Shnei Turim, Shnei Panim."*Cathedra* 152 (July):111ff.

Weitz, Yechiam. 2015. "Why Was Moshe Sharett Deposed?"*Israel Studies* 20(3):131ff.

Weizmann, Chaim. 1937. *Devarim*. Mitzpeh.

Weizmann, Chaim. 1942. "Palestine's Role in the Solution of the Jewish Problem." *Foreign Affairs* 20(2) (Jan.):324ff.

Weizmann, Chaim. 1949. *Trial and Error*. Philadelphia: Jewish Publication Society of America. Vol. 2.

Whartman, Eliezer. 1961. *Ra'ayonot im Hotmei Megilat Ha'atzma'ut*. Self-published.

Witztum, Eliezer, and Moshe Kalian. 2013. *Yerushalayim shel Kedushah*. Henry Near.

Wolfensohn, Avraham. 2014. *Ben-Gurion Ba'asor Ha'aharon Lehayav*. Self-published.

Yaari, Avraham, ed. 1974. *Zichronot Eretz-Yisra'el*. Masada.

Yanait Ben-Zvi, Rachel. 1962. *Anu Olim*. Am Oved.

Yanait Ben-Zvi, Rachel. 1976. *Manya Shochat*. Yad Ben-Zvi.

Yankelevitch, Esti. 2001. "David Hayim: Hapakid she-'Ne'elam,' Vehakamat Havat Hahachsharah BeSejera."*Cathedra* 98 (Jan.):97ff.

Yatziv, Y. 1963. "Avigdor Gruen." p.235. in Shlomo Zemach, ed. *Sefer Płońsk Uvnoteha*. Irgun Yotzei Płońsk.

Yegar, Moshe. 2011. *Toldot Hamahlakah Hamedinit*. Hasifriyah Hatziyonit.

Yehoshua, Ya'akov. 1971. *Yaldut Birushalayim Hayeshanah*. Reuven Mas.

Yisraeli, Haim. 2005. *Megilat Haim*. Yediot Aharonot.

Yogev, Gedalia, and Yehoshua Freundlich, eds. 1984. *Haprotokolim shel Hava'ad Hapo'el Hatziyoni*. Hasifriyah Hatziyonit.

Yogev, Gedalia, ed. 1979. *Te'udot Mediniyot Vediplomatiyot*. Israel State Archives and Central Zionist Archives.

Yosef, Dov. 1975. *Yonah Vaherev*. Masada.

Yosifon, Yechezkel. 1963. "Hashevitah Harishonah BeWarsaw." p. 197ff. in Shlomo

Zemach, ed. *Sefer Płońsk Uvnoteha*. Irgun Yotzei Płońsk.

Yozgof-Orbach, Nicola, and Arnon Soffer. 2016. *Bein Yihud Le'ibud Hagalil*. Chaikin Cathedra for Geostrategy, University of Haifa.

Yustus, H. 1963. "Hashtikah Hamahridah." *Ma'ariv*, March 22.

Zalkin, Mordechai. 2001. "Hahaskalah Hayehudit BePolin." p.391ff. in Israel Bartal and Israel Gutman, eds. *Kiyum Vashever*. Merkaz Shalman Shazar. Vol. 2.

Zameret, Zvi. 1997. *Al Gesher Tzar*. Ben-Gurion Heritage Center.

Zariz, Ruth. 1990. "Berthold Storfer." p.124ff. in Anita Shapira, ed. *Haha'apalah*. Tel Aviv University and Am Oved.

Zeira, Shlomo. 1960. *Ha'atom Besherut Ha'adam*. Amihai.

Zeira, Yosef. In process. *Kakalat Yisra'el*.

Zemach, Shlomo, ed. 1963c. *Sefer Płońsk Uvnoteha*. Irgun Yotzei Płońsk.

Zemach, Shlomo. 1947. "Kishlono Shel Mi?" *Ha'aretz*, March 14.

Zemach, Shlomo. 1963a. "Hahasidut BePłońsk." p.24ff. in Shlomo Zemach, ed. *Sefer Płońsk Uvnoteha*. Irgun Yotzei Płońsk.

Zemach, Shlomo. 1963b. "Ha'arachah Lehevrat Dorshei Hatorah Vehahochma, May 1867." p.228. in Shlomo Zemach, ed. *Sefer Płońsk Uvnoteha*. Irgun Yotzei Płońsk.

Zemach, Shlomo. 1965. *Shanah Rishonah*. Am Oved.

Zemach, Shlomo. 1983. *Sipur Hayai*. Dvir.

Zemach, Shlomo. 1996. *Pinkasei Reshimot*. Am Oved.

Zertal, Idith. 1990. "Bein Musar Lepolitikah." p. 87ff. in Anita Shapira, ed. *Haha'apalah*. Tel Aviv University and Am Oved.

Zerubavel, Ya'akov. 1953. "Miyemei Habereshit shel Ha'itonut Hasotziyalistit Be'eretz-Yisra'el." *Al Hamishmar*, July 31.

Zerubavel, Ya'akov, Yitzhak Ben-Zvi, and Alexander Chashin, eds. 1916. *Yizkor*. Poaley Tsien Palestine Komitet.

Ziv, Aryeh. 1961. *1958-1961: Yoman Iruei Shalosh Hashanim*. Ha'aretz.

Zoref, Efraim. 1964-65. *Gal-ed: Memorial Book to the Community of Racionz*. Ha-Irgun shel Ole Ratsyonz.

Zweig, Ronald, ed. 1991. *David Ben-Gurion: Politics and Leadership in Israel*. London: F. Cass.

Zweig, Stefan. 2012. *Ha'olam Shel Etmol*. Mahbarot Lesifrut.

致　谢

　　我以前写过的书，还没有哪一部如同本书般得到了如此多人的帮助，我真的非常感激。首先，我要感谢我的同行前辈们，此前，好几位传记作家一头扎入本-古里安撰写的浩如烟海的书面材料中，他们所撰写的几百部专著和文章一起构成了令人钦佩的史学成就，如果没有这一切的话，这本书的创作也无从谈起。

　　其次，我要向很多历史档案馆表达我的感激之情，这些档案馆绝大部分都位于以色列。但不幸的是，以色列的官方档案馆仍然受到管理规定的限制，它们所收藏的大部分材料不对公众开放，因而无法用于研究。在许多情况下，这些材料并不包含任何危害国家安全的内容；最糟的是，不面向公众开放的话反而可能会对国家的历史产生不利的影响。一些材料之所以禁止向公众开放，是因为要遵循军方审查人员的指令，而有些材料则宣称是为了保护隐私。

　　然而，我接触过的每个档案馆的工作人员都诚心诚意且竭尽所能地帮助我，他们为我提供了热情周到的服务。我首先要感谢的是位于萨德博克的本-古里安档案馆。该档案馆除了保存本-古里安本人的各种文稿资料外，其工作人员还采访了为数众多的认识他的人，因此制作了一系列极为重要的采访合辑，制作人包括伊加尔·唐耶兹和格申·里夫林等。此外，我还在此找到了本-古里安的传记作家沙巴泰·特维斯使用过的宝贵资料。我还要感谢以色列国家档案馆、犹太复国主义中央档案馆、平哈斯·拉文研究所劳工运动档案馆、摩西·夏里特以色列工党档案馆、摩西·夏里特遗产研究所档案馆、伊扎克·纳冯档案馆、雅得·雅丽研究与文献中心、雅得·塔宾金档案馆、雅博廷斯基研究所档案馆、梅纳赫姆·贝京遗产中心档案馆、阿里埃勒·沙龙档案馆、以色列国会档案馆、以色列国防军档案馆、哈加纳历史档案馆、犹太人历史中央档案馆、纳粹屠犹国家纪念馆档案馆、魏茨曼档案馆、拜特哈绍莫档案馆、海法市政档案馆、甘什穆埃尔基布兹档案馆、德加尼亚阿莱夫档案馆、卡法吉拉迪档案馆、拉维德基布兹档案馆、希伯来语作家藏书档案馆、费利西亚·布鲁门塔尔档案馆、以色列漫画博物馆、本-古里安故居以及海法大学尤尼斯和索拉亚·纳扎里安图书馆。我还得到了以色列国家图书馆手稿部的帮助，获得了耶路撒冷希伯来大学伦纳德·戴维斯国际关系学院和阿夫拉罕·哈曼当代犹太人研究所提供的访谈汇编。以色列国家图书馆和特拉维夫大学苏拉斯基中央图书馆运营维护的网站"犹太人历史报道"对我帮助甚大。其他国际网站也给予我很大帮助，其中包括维基百科网站。

我还要感谢英国、美国和德国的国家档案馆。在纽约，我在美国犹太人联合分配委员会档案馆、《犹太前进日报》档案馆和纽约公共图书馆收获甚丰。位于波士顿的约翰·肯尼迪总统图书馆和博物馆以及慕尼黑的当代历史研究所对我的创作也有助益。拜访本-古里安出生地普伦斯克市的市政档案馆，对我而言是一次特别愉悦的经历，在这个档案馆中，本-古里安的记忆被精心保留了下来。

❖

在我为撰写本书而进行调查研究时，我惊奇地发现，不少人手中仍然保留着档案馆没有收藏的本-古里安的私人信件和照片。甘什穆埃尔基布兹的内塔·西文向我展示了本-古里安寄给她祖母瑞秋·拜特·哈拉赫米的一张明信片。这张明信片是 100 多年前从伊斯坦布尔寄出的，上面还完整、清晰地保留着当年奥斯曼帝国的邮票和邮戳。当她允许我把这张明信片拿在手中时，我激动得不能自已。我还要感谢以色列第五任总统伊扎克·纳冯的儿子埃雷兹·纳冯，他很慷慨地将他父亲日记的部分内容提供给我；我也要感谢吉拉德·沙龙，他向我提供了他的父亲阿里埃勒·沙龙在以色列国防军中服役时期的文件资料。约拉姆·韦雷特允许我引用他祖父什洛莫·齐马赫以前写的非公开信件。大卫·哈曼的父亲曾经担任以色列驻美国大使，他为我提供了他父亲所接受的一系列采访实录。戈尼·里夫林·特瑟的父亲编辑过本-古里安的日记，她提供了她父亲的部分文件资料。纳瓦·艾森允许我查看她姑姑里夫卡·卡兹尼尔森的文件资料。

除了文献资料之外，我还很幸运地得到了许多人的帮助，他们回答了我的问题，一些人还参与了我充满悬念的工作，帮助我探寻并还原本-古里安生活中那些神秘且不为人知的过往。他们中的许多人都是以色列和其他国家的大学教职人员与研究人员。我非常欣赏他们的专业能力和慷慨热心，特别是他们的耐心细致。他们是：古尔·阿尔罗伊、阿夫拉罕·艾维·海、乌里·阿夫纳里、乌里尔·巴赫拉赫、伊扎克·克林顿·贝利、奥伦·巴拉兹、摩德采·贝昂、尤西·本-阿尔齐、尤瓦尔·本-巴萨、亚里夫·本-埃利泽、丹尼尔·布拉特曼、艾夫纳·科恩、瑞秋·埃里尔、埃本·福克斯、奥斯纳特·加夫里利、什洛莫·加齐特、罗夫·加齐曼、哈伊姆·古里、泽伊夫·格里斯、埃利亚胡·哈科恩、迈克尔·克伦、大卫·克罗扬克、丹·劳尔、沃纳·劳特、乌里·卢布拉尼、汉娜·迈塞尔、加布里埃尔·莫克、什洛莫·纳克迪蒙、西蒙·佩雷斯、约尔·佩雷兹、汉娜·波拉克、亚当·拉兹、埃德娜·拉兹、杜里特·拉兹、耶胡达·赖因哈兹、卢比克·罗森塔尔、多夫·塔马里、娜莉·泰勒、肖莎娜·瓦迪农、丹·瓦迪农、露丝·维斯、阿夫拉罕·沃尔芬森和约瑟夫·泽拉。

亚里·达扬参与了我的档案研究工作，除了帮我查找文档资料外，还帮助我消化理解这些资料。哈伊姆·瓦茨曼和露丝·阿奇拉玛分别帮我将本书翻译成英语和德语，他们的帮助使我少走了很多弯路。

在我完成初稿之际，我从好朋友们那里得到了许多不同的意见，这使我受益匪浅，他们帮我最终理解了我究竟想在书中传达什么信息，这些人是纳胡姆·巴尼亚、叶奇安姆·威兹和阿夫拉罕·库什尼尔。阿维·卡兹曼用聪明才智、一丝不苟的态度和灵感编辑了本书。

最后，我非常感谢我的朋友兼经纪人黛博拉·哈里斯，感谢她在我所有书籍的撰写和出版过程中给予我的帮助。

汤姆·塞格夫